Heike Solga
Ohne Abschluss
in die Bildungsgesellschaft

Heike Solga

Ohne Abschluss in die Bildungsgesellschaft

Die Erwerbschancen gering qualifizierter Personen aus soziologischer und ökonomischer Perspektive

Verlag Barbara Budrich
Opladen & Farmington Hills, MI 2005

Gedruckt auf säurefreiem und alterungsbeständigem Papier.

Die Deutsche Bibliothek – CIP-Einheitsaufnahme
Ein Titeldatensatz für die Publikation ist bei Der Deutschen Bibliothek erhältlich.

ISBN 978-3-938094-07-5

Satz: Technische Medien- und Grafikdienste des Max-Planck-Instituts
für Bildungsforschung, Berlin
Umschlaggestaltung: disegno, Wuppertal – www.disenjo.de
Druck: paper & tinta, Warschau
Printed in Europe

Inhaltsverzeichnis

Verzeichnis der Tabellen

Verzeichnis der Abbildungen

Vorwort

Das vorliegende Buch entstand im Rahmen der Selbstständigen Nachwuchsgruppe „Ausbildungslosigkeit: Bedingungen und Folgen mangelnder Berufsausbildung“ am Max-Planck-Institut für Bildungsforschung, Berlin, dessen Leiterin ich von 1999 bis 2004 gewesen bin. Während meiner Arbeit an diesem Buch wurde mir umfangreiche Hilfe und Unterstützung unterschiedlichster Art zuteil.

Mein besonderer Dank gilt Justin Powell, Sandra Wagner und Lisa Pfahl, die mich als DoktorandInnen in der Nachwuchsgruppe mit ihren theoretischen Ideen, ihrem Elan und ihrem *Commitment* für die Arbeit in unserer Gruppe immer wieder intellektuell herausgefordert und mir in praktischen Dingen stets zur Seite gestanden haben.

Wichtige theoretische und empirische Impulse sowie vielfältige Unterstützung für meine Forschung erhielt ich von meinem langjährigen Mentor Karl Ulrich Mayer, der mir stets ein kritischer und interessierter Gesprächspartner gewesen ist und hoffentlich auch weiterhin bleiben wird. Dafür möchte ich mich an dieser Stelle ganz herzlich bedanken. Vielfältige Ideen dieses Buches beruhen zudem auf intensiven Diskussionen mit Aage Sørensen, die wir während seiner Aufenthalte in Berlin und meines Forschungsaufenthalts in Harvard führten und die wir leider aufgrund seines zu frühen Todes viel zu früh beenden mussten.

Für ihre hilfreichen Diskussionen und Kommentare möchte ich mich ebenfalls bei meinen Kollegen und Kolleginnen aus dem Forschungsbereich „Bildung, Arbeit und gesellschaftliche Entwicklung“, insbesondere bei Martin Diewald, Anne Goedicke und Heike Trappe bedanken. Für die kompetente und intensive Hilfe bei der Datenaufbereitung bedanke ich mich sehr bei den studentischen Mitarbeitern unserer Gruppe Dietmar Hobler und Kai Maaz. Dem Redakteur Jürgen Baumgarten sowie Marianne Hauser von den Technischen Medien- und Grafikdiensten des Instituts sei für die technische Fertigstellung des Buchmanuskripts gedankt.

Sowohl inhaltliche als auch moralische Unterstützung erhielt ich von meiner langjährigen Freundin Sabine Schenk, die mich als kritische Leserin des ersten Entwurfs dieses Buches mit zahlreichen Anregungen zu sicherlich „zielführenden" Verbesserungen motiviert hat.

Last but not least gilt mein herzlichster Dank Christoph Scherrer, der mich bei der Arbeit an diesem Buch liebevoll unterstützt und begleitet hat – obgleich er das Versprechen der kulinarischen Buchbetreuung aufgrund seines Pendelns nur sporadisch einhalten konnte. Dies ausgiebig nachzuholen, ist nun einer der Pläne für das „Leben nach dem Buch".

Berlin, Dezember 2004 Heike Solga

1 Einleitung: Die Erwerbschancen gering qualifizierter Personen – Die Soziologisierung eines ökonomisierten „Randproblems“

Die unterlassene Ausbildung der Denkkraft in der Jugend rächt sich in der ganzen übrigen Lebenszeit. (Rousseau, 1762, Emil oder Über die Erziehung, Bd. 1., S. 185)

Auf Armin Pongs Frage *In welcher Gesellschaft leben wir eigentlich?* antwortete Karl Ulrich Mayer mit: Wir leben in einer *Bildungsgesellschaft,* denn „Bildung wird das alles bestimmende Thema des 21. Jahrhunderts sein“ (Mayer, 2000b, S. 197). Die Ergebnisse der PISA-2000-Studie lagen zu diesem Zeitpunkt noch nicht vor. Nein, seine Antwort bezog sich nicht auf die Diskussion über das schlechte Abschneiden des deutschen Bildungssystems im internationalen Schulleistungsvergleich, sondern auf die zunehmende Bedeutung von Bildung und Ausbildung für die langfristigen Lebenschancen der Mitglieder in unserer Gesellschaft (vgl. auch Mayer, 2000a). Es gehört beinahe schon zu den Volksweisheiten, dass das Bildungssystem in modernen Gesellschaften als eine wichtige – wenn nicht gar als die wichtigste (Freeman, 1999, S. 18) – *Gatekeeping*-Institution und Verteilungsinstanz für soziale und berufliche Positionen fungiert. Schul- und Ausbildungslaufbahnen mit ihren jeweils spezifischen Übergängen und Abschlüssen bestimmen maßgeblich die späteren beruflichen Karrierewege und Arbeitsmarktchancen.

Doch was ist es, das Bildung und ihre Zertifikate auf dem Arbeitsmarkt heute so wichtig werden lässt? Sind es: (i) die *formalen* Aspekte von Bildungszertifikaten (wie z.B. ihr *Signal*wert auf dem Arbeitsmarkt und ihre Kompetenzausweisung); (ii) sind es ihre *informellen* Aspekte (da sie soziale Gruppenzugehörigkeiten definieren); oder (iii) sind es ihre *identitätsstiftenden* Aspekte (da sie spezifische Fremd- und Selbsttypisierungen von Angehörigen unterschiedlicher Bildungsgruppen in Gang setzen)?

Die Beantwortung dieser Frage ist der zentrale *Gegenstand dieses Buches*. Die Suche nach der Antwort bzw. den Antworten wird jedoch aus einer Perspektive erfolgen, die in der Literatur nur selten zu finden ist – nämlich aus der Perspektive *gering qualifizierter Personen,* also jener Personen, die über kein Bildungszertifikat verfügen oder nur einen Bildungsabschluss besitzen, der nicht dem gesellschaftlichen Mindeststandard genügt.

Nicht nur in der Politik, auch in der sozialwissenschaftlichen Forschung wurden gering qualifizierte Personen lange Zeit „vergessen". Die Bildungsexpansion der letzten 50 Jahre wurde fast ausschließlich mit dem *Blick nach oben* betrachtet. Untersucht und diskutiert wurde, ob eine Chancengleichheit beim Zugang zu höherer Bildung (zum Abitur und zur Hochschule) hergestellt werden konnte und ob damit der „Aufstieg durch Bildung" gelang (vgl. die Zusammenfassung von Müller, 1998). Bildungs-, beschäftigungs- und sozialpolitisch zumindest ebenso wichtig sind Antworten auf die Fragen, wer *nicht* mithalten konnte im Bildungswettlauf und welche soziale Position diese Personen in der heutigen Bildungsgesellschaft einnehmen (können)[1]. Wieso?

Die Existenz der sozialen Gruppe *gering qualifizierter* Personen ist genuines Produkt der Bildungsexpansion des letzten Jahrhunderts und ihrer sozialstrukturellen sowie wirtschaftlichen Konsequenzen. Die steigende Bedeutung von Bildung sowie die deutliche Zunahme der Bildungsbeteiligung der Bevölkerung haben zum einen überhaupt erst ihre Definition und Sichtbarkeit hervorgebracht, zum anderen aber auch eine veränderte gesellschaftliche Stellung von Personen mit geringer Bildung hervorgerufen. Bei ihnen – den gering qualifizierten Personen – kumulieren als „Verlierer des Bildungswettlaufs" heute die Beschäftigungsprobleme (vgl. Heid, 1988). Sie sind nun in einer Zeit *gering qualifiziert*, in der es fast allen anderen gelingt, am Bildungswettlauf und -wettbewerb teilzunehmen. Die anderen sind mit dem Fahrstuhl eine Etage höher gefahren, sie aber sind in ihrem Stockwerk *geblieben* – um, qualitativ abgewandelt, eine Metapher von Beck (1985) zu verwenden.

Sie sind heute Kumulationspunkt vielfältiger sozialer Ungleichheiten. Unter ihnen befinden sich vermehrt: Langzeitarbeitslose oder in der neuen Terminologie „Überflüssige" (Bude, 1998; Castel, 1996; Solga, 2002a), Sozial- und Einkommensschwache als zu „aktivierende" Gesellschaftsmitglieder, Migranten, Aussiedler und Asylbewerber, behinderte Menschen sowie Jugendliche, die über „Maßnahmen" auf den Weg der gesellschaftlich definierten Normalität zu bringen sind. So ist zum Beispiel die Armutsquote von Personen ohne Schulabschluss mit 13,5 Prozent deutlich höher als die von (Fach-)Hochschulabsolventen (2,4 %) (Datenreport, 2000, S. 588). Sozialwissenschaftlich eröffnet die Betrachtung gering qualifizierter Personen damit zugleich wichtige allgemeine Erkenntnismöglichkeiten, denn bei ihnen (und ihren fehlenden Zertifikaten) sollten sich die Funktionen, die Zertifikate erfüllen, besonders deutlich zeigen (Blossfeld, 1983, S. 223).

---

1 In Deutschland verlässt heute jeder zehnte Schulabgänger/jede zehnte Schulabgängerin die Schule ohne einen Hauptschulabschluss. Darüber hinaus sind mehr als eine Million junge Erwachsene bzw. rund 15 Prozent der 20- bis 29-Jährigen ohne abgeschlossene Berufsausbildung (BIBB/EMNID, 1999).

In der politischen Diskussion begegnen uns heute *drei Interpretationsmuster* für die Beschäftigungsprobleme gering qualifizierter Personen (Osterman, 1993, S. 115):

(a) Es handele sich um ein *Motivationsproblem* dieser Personen, das heißt, sie wollen nicht arbeiten.

(b) Es handele sich um ein *Kompetenzproblem*, das heißt, sie seien aus Kompetenzgründen „nicht beschäftigungsfähig".

(c) Es handele sich um ein reines *Nachfrageproblem*, da es zu wenig niedrig qualifizierte Jobs gibt.

Diese Positionen scheinen gesichert und argumentativ ausgereizt zu sein. Leider muss jedoch festgestellt werden, dass sie nur begrenzt auf systematischen und die Komplexität geringer Bildung berücksichtigenden Analysen basieren. Bisher gibt es nur sehr wenige systematische Untersuchungen zu den Bildungsbiografien und Erwerbsverläufen gering qualifizierter Personen. Ausnahmen sind die frühe empirische Untersuchung zu *Jugendlichen ohne Berufsausbildung* von Schweikert und seinen Kollegen und Kolleginnen (1976) sowie die „Nachfolgestudie" des Bundesinstituts für Berufsbildung im Jahr 1998 (BIBB/EMNID, 1999), die Studien zu Teilnehmern und Teilnehmerinnen an verschiedenen Projekten der Jugendhilfe, durchgeführt vom Deutschen Jugendinstitut (z.B. von Lex, 1997), und Untersuchungen im Rahmen des Bremer Sonderforschungsbereichs 186 „Statuspassagen und Risikolagen im Lebensverlauf" (z.B. im Teilprojekt von Schumann zu Lebenschancen, Berufswegen und Delinquenz von Haupt- und Sonderschulabsolventen und -absolventinnen). Es gibt weitere Studien zu „benachteiligten Jugendlichen" (z.B. Stauber & Walther, 1999, 2000). In diesen Studien wurde der Zusammenhang von Bildung und Beschäftigung jedoch nicht systematisch bearbeitet.

Als Desiderat der bisherigen Forschung kann gelten, dass sie zumeist nur *einzelne* Statuspassagen der Bildungs- und Berufsbiografien gering qualifizierter Personen untersucht haben, das heißt entweder ihre soziale Herkunft, ihre Schulbiografie, ihr Scheitern beim Übergang in eine reguläre Ausbildung oder ihren Berufseinstieg. Zudem handelt es sich bei diesen Studien um historische *Moment*aufnahmen, das heißt um Querschnittsuntersuchungen. Eine systematische theoretische und empirische Analyse der historischen Veränderungen in den Biografien gering qualifizierter Personen sowie der langfristigen Konsequenzen eines geringen Bildungserfolgs (im Kindes- bis zum jungen Erwachsenenalter) im Lebens- und Erwerbsverlauf steht daher noch aus.

Und noch ein weiteres Desiderat bezüglich der Forschung zum Zusammenhang von (geringer) Bildung und Beschäftigung ist zu verzeichnen: Die Arbeitsmarktsoziologie hat dieses Forschungsfeld fast vollständig, wenn auch nicht den ÖkonomInnen, so doch den ökonomischen Theorien – wie der Humankapitaltheorie, der *Signaling*-Theorie oder dem *Job-Competition*-Modell – überlassen.

Die *soziologische* Arbeitsmarktforschung hat damit eine starke Ökonomisierung erfahren – allerdings ohne den damit verbundenen Erkenntnisverlust zu reflektieren. Von daher verwundert es nicht, dass in der ökonomischen und soziologischen Arbeitsmarktforschung zu gering qualifizierten Personen das gleiche dominante Erklärungsmuster zu finden ist: Die empirische Beobachtung, dass gering qualifizierte Personen seit den Rezessionen ab Mitte der 1970er Jahre in vielen westlichen Ländern überproportional von (Langzeit-)Arbeitslosigkeit betroffen sind und ihnen, wenn überhaupt, nur noch eine Beschäftigung auf Einfacharbeitsplätzen gelang bzw. gelingt, wird mit der so genannten *Verdrängungsthese* erklärt. Als Ursache der historischen Verschlechterung der Erwerbschancen gering qualifizierter Personen wird ein verstärkter Verdrängungswettbewerb auf dem Arbeitsmarkt von oben nach unten verantwortlich gemacht. Infolge einer *Kapazitäts*diskrepanz zwischen Qualifikationsangebot und -nachfrage werden – so die These – gering qualifizierte Personen von höher qualifizierten Personen von ihren angestammten Arbeitsplätzen, wenn nicht gar vom Arbeitsmarkt überhaupt *verdrängt* (siehe ausführlicher in Abschnitt 5.2). Das Ergebnis dieses Verdrängungswettbewerbs ist

Abbildung 1.1: Qualifikationsspezifische Arbeitslosenquoten und die relative Benachteiligung ausbildungsloser Personen, Westdeutschland, 1975 bis 2000

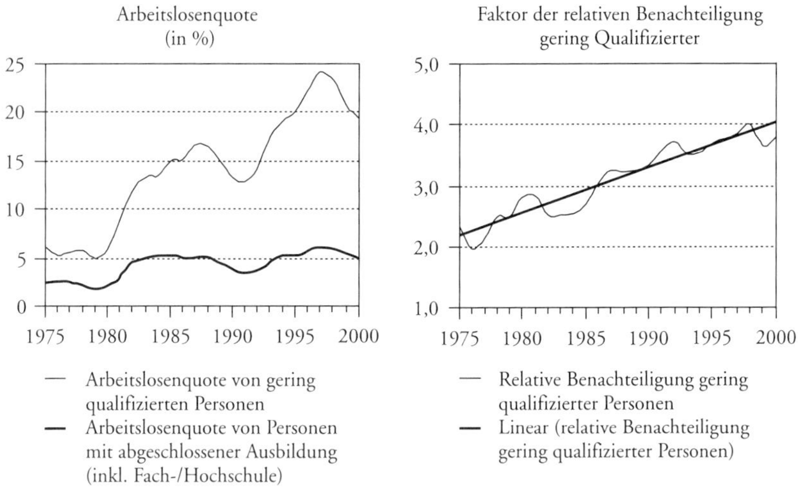

Quelle: Reinberg & Hummel, 2002, S. 27.

– so die Schlussfolgerung von ÖkonomInnen wie SoziologInnen – ein Auseinanderdriften der Beschäftigungschancen von gering und höher qualifizierten Personen, wie es in Abbildung 1.1 für Westdeutschland zu sehen ist.

Die Arbeitslosenquote gering qualifizierter Personen ist nicht nur *absolut* angestiegen (Abb. 1.1, linke Grafik). Auch ihr *relatives* Arbeitslosigkeitsrisiko im Vergleich zu höher qualifizierten Personen hat drastisch zugenommen (Abb. 1.1, rechte Grafik). Hier kam es seit den 1970er Jahren zu einer Verdopplung, sodass sie heute ein vierfach höheres Risiko der Betroffenheit von Arbeitslosigkeit tragen. Im Ergebnis hat sich die Schere zwischen gering und höher qualifizierten Personen immer weiter geöffnet. Eine derartige Benachteiligung gering qualifizierter (junger) Erwachsener ist auch in anderen westlichen Industriegesellschaften zu beobachten (Abb. 1.2).

Zu fragen ist allerdings, ob für diese deutliche Benachteiligung gering qualifizierter Personen und deren absolute und insbesondere relative Zunahme allein *Verteilungs*veränderungen im Arbeitsangebot und in der Arbeitsnachfrage verantwortlich zeichnen, wie von der Verdrängungsthese nahegelegt wird. Oder ob wir nicht auch nach Erklärungen suchen müssen, die *Verhaltens*veränderungen auf den beiden Seiten der Rekrutierungsprozesse auf dem Arbeitsmarkt mit berücksichtigen: Inwieweit hat sich das Bewerbungsverhalten gering qualifizierter Personen verändert, und inwiefern trägt ein stärker diskreditierendes Verhalten seitens höher qualifizierter *Gatekeepers* (im Bildungssystem und auf dem Arbeitsmarkt) zur Disqualifizierung gering qualifizierter Personen als „nicht beschäftigungsfähig" bei?

Die „ökonomisierte" Arbeitsmarktforschung bzw. der Verzicht auf einen genuin soziologischen Erklärungsbeitrag klammert eine derartige Problemsicht aus und schränkt damit unser Verständnis für das soziale Phänomen von geringer Bildung in der Bildungsgesellschaft stark ein. Dieser Verzicht bedeutet zum einen ein Ignorieren der *Ursachen* geringer Bildung für die Erklärung von Veränderungen im Zusammenhang von Bildungs(miss)erfolg und Beschäftigung. Zum anderen werden nur ökonomische *Markt*veränderungen, nicht jedoch soziale *Verhaltens*veränderungen der Marktakteure berücksichtigt.

Theoretische Erklärungen und empirische Evidenzen dafür, dass *Verhaltens*veränderungen einen wichtigen und notwendigen Erklärungsbeitrag für die Öffnung der „Schere" liefern, werden in diesem Buch entwickelt und präsentiert. Es werden die Ausgrenzungsmechanismen und Barrieren aufgedeckt, die einer gleichberechtigten Teilhabe gering qualifizierter Personen an Bildung und Erwerbsarbeit entgegenstehen. Die *Problemgeschichten* gering qualifizierter Personen beginnen in der Regel bereits in der Kindheit und Schulzeit und nicht erst auf dem Arbeitsmarkt. Im Unterschied zu mikroökonomischen Theorien sind sie daher auch als ein integraler Faktor ihrer Benachteiligung auf dem Arbeitsmarkt zu konzeptualisieren.

Abbildung 1.2: Relatives Arbeitslosigkeitsrisiko gering qualifizierter 25- bis 29-Jähriger (ISCED 0/1/2) im internationalen Vergleich, 1998

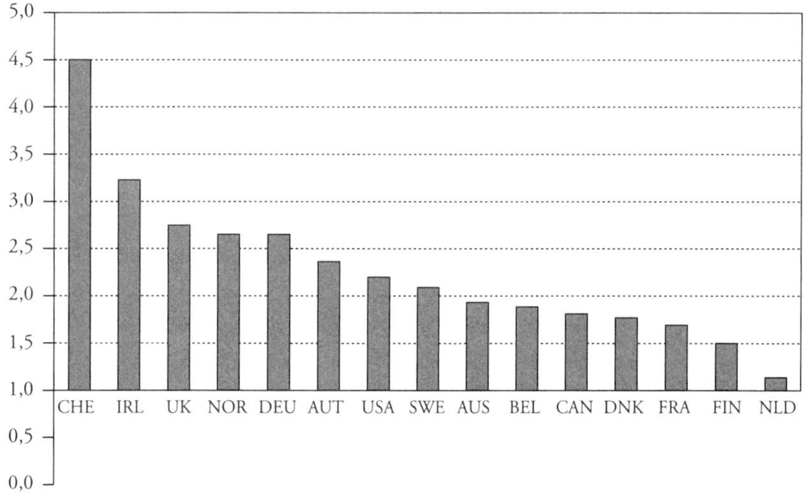

Relatives Arbeitslosigkeitsrisiko gering qualifizierter 25- bis 29-Jähriger, 1998 = Arbeitslosenquote der Personen ohne höheren Sekundarschulabschluss (ISCED 0/1/2) dividiert durch die Arbeitslosenquote der Personen mit höherem Sekundarschulabschluss (ISCED 3–4). Für das Jahr 1998 gab es die „neuesten" vollständigsten OECD-Daten zu den alters- und qualifikationsspezifischen Arbeitslosenquoten. <http://www.oecd.org/> (13.01.2003), Online-Datenbank „Labour Market Statistics-Indicators". Länderabkürzungen (von links nach rechts): Schweiz, Irland, Großbritannien, Norwegen, Deutschland, Österreich, USA, Schweden, Australien, Belgien, Kanada, Dänemark, Frankreich, Finnland, Niederlande. ISCED steht für *International Standard Classification of Education* (von 1997) der OECD. Diese definiert sieben vertikale Bildungsniveaustufen: 0 = vorschulische Bildung, 1 = Primarbildung, 2 = einfache Sekundarbildung (Sek I), 3 = höhere Sekundarbildung (Sek II), 4 = postsekundäre, nichttertiäre Bildung (z.B. Techniker- und Fachschulausbildungen), 5 = tertiäre Bildung (5A = Vollstudium, 5B = Kurzstudiengänge) und 6 = höhere tertiäre Bildung (z.B. Promotion) (OECD, 2000d, S. 371f.).

Die Berücksichtigung ihrer Problemgeschichten verändert zugleich die oben genannten, in der öffentlichen und politischen Diskussion anzutreffenden *Interpretationsmuster* der Ursachen der Beschäftigungsprobleme gering qualifizierter Personen: Ihre „individuellen" Defizite (d.h. ihre konstatierten Motivations- und/oder Kompetenzdefizite) werden so *entindividualisiert* und zum Ergebnis institutioneller Ausgrenzungsmechanismen. Zudem wird das nachfrageseitige Interpretationsmuster in Frage gestellt, da ihre durch ein „Bildungsversagen" gekennzeichneten Lebensverläufe *einerseits* „Verwundungen" hinterlassen (können), durch die ihre Beschäftigungsmotivationen „verletzt" wären, und *andererseits* ihre problematischen Lebensverläufe zugleich auch Diskreditierungen durch ihre „gebildete" Umwelt hervorrufen (können), durch die ihre Beschäftigungschancen selbst bei einer ausreichenden Arbeitsnachfrage beeinträchtigt wären.

Anliegen und Aufbau des Buches

Zentrales Anliegen ist es, einen Beitrag zur Verflechtung von Bildungssoziologie und Arbeitsmarktforschung bzw. von sozialer Ungleichheit im Bildungssystem, auf dem Arbeitsmarkt und in den Lebenschancen zu liefern. Aus den oben dargestellten (insbesondere theoretischen) Defiziten der bisherigen Forschung ergeben sich daraus zwei thematische Schwerpunkte: Zum einen eine *(Re-) Soziologisierung* der Erklärungen des Zusammenhangs von (geringer) Bildung und Beschäftigung und zum anderen eine *Dynamisierung* von Bildung als Sozialstrukturkategorie – am Beispiel der Bildungskategorie gering qualifizierter Personen. Auch wenn die empirischen Beispiele und Analysen vor allem aus dem deutschen Kontext stammen, wird dennoch eine *allgemeine theoretische Analyse des Zusammenhangs von geringer Bildung und Arbeitsmarktplatzierung und dessen historischer Entwicklung* bereitgestellt.

Hinsichtlich der *Soziologisierung* geht es um die Entwicklung genuin soziologischer Erklärungen. Diese lenken den Blick auf die notwendigen Prozesse des *Zustandekommens* von Transaktionen auf dem Arbeitsmarkt und damit auch auf selbstselektive Faktoren im Bewerbungsverhalten seitens der (potenziellen) „Arbeitsanbieter". In Bezug auf die *Dynamisierung* gilt es die Problemgeschichten gering qualifizierter Personen einzubeziehen – und zwar als historische Veränderung des *kollektiven* Lebensverlaufs der Gruppe gering qualifizierter Personen sowie als *individuelle* Lebensverläufe gering qualifizierter Personen. Gemeinsam kann so gezeigt werden, dass ihre soziale Ausgrenzung institutionell angelegt ist und historisch – mit den Veränderungen im Bildungs- und Ausbildungssystem – systematisch verstärkt wurde.

Sowohl die Ökonomie als auch die Bildungs- und Sozialstrukturforschung operiert in der Regel mit relativ feststehenden Klassifikationsschemata. Diese *statischen* Klassifikationsschemata verleiten uns leider dazu zu meinen, dass zum Beispiel die Gruppe gering qualifizierter Personen in den 1950er Jahren die gleiche gewesen sei wie heute, nur weil wir ihr den gleichen Namen geben. Doch diese Gruppe hat sich hinsichtlich ihrer sozialen Zusammensetzung stark verändert, begleitet von einer Veränderung ihrer Stellung innerhalb der Sozialstruktur. Während gering Qualifizierte vor 50 Jahren noch Angehörige einer relativ großen sozialen Gruppe waren, stellen sie heute – gemessen am heutigen Bildungsstandard – eine „normabweichende Minderheit" dar. Gleiches gilt für andere Klassifikationsschemata und dadurch definierte soziale Gruppen: Gruppengröße, Gruppenzusammensetzung und ihre gesellschaftlichen Deutungsmuster und Perzeptionen haben sich verändert. Derartige Veränderungen hinter den Kulissen gleicher Gruppenlabels sind Ausgangs- und Angelpunkt der soziologischen Überlegungen des vorliegenden Buches.

Zudem gilt es im Folgenden – sowohl aus mikroökonomischer wie soziologischer Sicht –, *Prozesse statt Zustände* bildungskategorialer Differenzierungen zu thematisieren und zu analysieren. Dies lenkt unsere Aufmerksamkeit auch auf die Prozesse des „Gering-qualifiziert-*Werdens*" und nicht nur auf den Zustand des „Gering-qualifiziert-*Seins*". Für diese Dynamisierung bedarf es jedoch auch einer analytischen Sprache, die verhindert, dass Prozesse zu „Dingen" reduziert werden (Schwalbe, 2000, S. 776). Diesem Ziel dient die hier verwendete lebensverlaufsanalytische Betrachtungsweise.

Der Begriff „geringe Bildung" wird im vorliegenden Buch in einem breiten Verständnis verwendet. *Geringe Bildung* steht für ein Bildungsniveau, das in einer Gesellschaft als mangelhaft und unzulänglich angesehen wird. Diese Definition ist relativ und kontextabhängig, da das jeweils vorhandene gesellschaftliche Bildungsniveau und ein soziokultureller sowie historisch veränderbarer Bildungsstandard zu Grunde gelegt werden. Sie ist damit anschlussfähig an die Armuts- und Exklusionsdebatte sowie an den *relativen* Begriff der „Bildungsarmut" von Allmendinger (1999).

Das Buch besteht aus vier Teilen. Im *ersten Teil* werden eine soziologische Begriffsbestimmung der Bildungsgesellschaft bereitgestellt (Kap. 2) sowie überblickartig die zentralen Erklärungsmechanismen vorgestellt, die im Buch herausgearbeitet und behandelt werden (Kap. 3). Die Begriffsbestimmung der Bildungsgesellschaft und die Diskussion ihrer meritokratischen Leitfigur erlauben es, Bildung und Kompetenzen in den anschließenden Betrachtungen als Ergebnisse institutioneller Prozesse zu begreifen, die die Definition, Außenwahrnehmung und soziale Komposition von Bildungserfolg und Bildungsgruppe bestimmen. Kapitel 3 – die Einführung in die zentralen Mechanismen – dient vor allem der Orientierung und dem besseren Verständnis der beiden folgenden Teile II und III.

Im *zweiten Teil* werden die mikroökonomischen Erklärungen zum Zusammenhang von geringer Bildung und Beschäftigungschancen dargestellt. Dabei wird zunächst die Inzidenz eines generellen Wettbewerbsnachteils gering qualifizierter Personen behandelt (Kap. 4) und anschließend die historisch beobachtbare Zuspitzung dieses Wettbewerbsnachteils (Kap. 5). Dabei wird der bereits erwähnte *Verdrängungsmechanismus* spezifiziert und zudem ein *Diskreditierungsmechanismus* abgeleitet. In Kapitel 6 werden die Defizite der ökonomischen Sichtweise behandelt und die sich daraus ergebenden Schwerpunkte der soziologischen Betrachtungsweise thesenartig vorgestellt.

Im *dritten Teil* wird geringe Bildung als soziale Strukturkategorie von Erwerbs- und Lebenschancen einer *relationalen* soziologischen Betrachtungsweise unterzogen. Die wichtigsten theoretischen Grundlagen sind das Konzept der kategorialen Grenzziehungen von Tillys (1998) sowie neoinstitutionelle und rolleninteraktionistische Überlegungen. Die soziologischen Erklärungen einer generellen Arbeitsmarktinferiorität von gering qualifizierten Personen (Kap. 7) werden in Kapitel 8 durch die Berücksichtigung historischer Veränderungen dynamisiert. Dies erlaubt zwei soziologische Erklärungsmechanismen herzuleiten: eine *soziale Verarmung* der Gruppe gering qualifizierter Personen und ihre zunehmende *institutionelle Identitätsbeschädigung* (kurz: Stigmatisierung). Es schließen sich zwei empirische Kapitel an: In Kapitel 9 werden die strukturellen Veränderungen hinsichtlich der institutionellen Identitätsbeschädigungen bei Jugendlichen ohne Schulabschluss in Westdeutschland untersucht. Eine empirische Analyse, in der die Relevanz der ökonomischen sowie soziologischen Erklärungsursachen behandelt wird, erfolgt in Kapitel 10.

Der *vierte Teil* der Arbeit beschäftigt sich mit der Varianz des Arbeitsmarktschicksals gering qualifizierter Personen aufgrund der Merkmale Geschlecht (Kap. 11) und ethnische Zugehörigkeit (Kap. 12). Beide Merkmale werden sowohl als Gruppenparameter (Interkohortenvarianz) als auch als zugeschriebene Individualmerkmale (Intragruppenvarianz) behandelt. Im *Abschlusskapitel 13* werden der Ertrag der „soziologisierten und dynamisierten" Behandlung des Zusammenhangs von geringer Bildung und Beschäftigung sowie einige politische Implikationen diskutiert.

Jedem Kapitel ist ein Aphorismus[2] oder Zitat gewissermaßen als die *Leitidee* der nachfolgenden Ausführungen vorangestellt. Zur Übersichtlichkeit wurden die Fußnoten innerhalb der *Teile* und die Abbildungen und Tabellen kapitelweise nummeriert.

2 Soweit nicht anders ausgewiesen, stammen sie aus dem Buch „Zwischen den Zeiten" von Hans-Jürgen Quadbeck-Seeger, 1994, 2. erw. Aufl., Weinheim: VCH.

Teil I
Einführung: Der Bildungswettbewerb und das untere Ende der Bildungshierarchie

Bildung und Bildungslosigkeit, Besitz und Besitzlosigkeit, diese Gegensätze müssen, wenn sie nicht entweiht werden sollen, ganz und gar der Kritik anheimfallen. (Karl Marx, Die heilige Familie, MEW Bd. 2, S. 38)

Eine Verständigung über die Bedeutung von Bildung in modernen Gesellschaften ist nicht nur angesichts des Titels des Buches „(…) in die Bildungsgesellschaft" empfehlenswert. Sie ist auch notwendig, um die ökonomischen wie soziologischen Erklärungen für die abnehmenden Beschäftigungschancen von gering qualifizierten Personen „sozial eingebettet" diskutieren zu können.

Im ersten Teil des Buches geht es daher zum einen um eine Bestimmung des Begriffs „Bildungsgesellschaft" und ihr Verhältnis zur *Meritokratie* (Kap. 2). Zum anderen wird in Kapitel 3 eine theoretische Einführung für die im zweiten und dritten Teil diskutierten ökonomischen und soziologischen Erklärungsbeiträge geliefert. Ziel dieser einführenden Bemerkungen ist es, (a) das Verständnis für die Notwendigkeit einer ökonomischen *und* soziologischen Sichtweise auf die Erwerbschancen gering qualifizierter Personen zu erhöhen, (b) mit der „Vorwegnahme" der in Teil II und III abgeleiteten Erklärungsmechanismen die Neugier für die weiteren Ausführungen zu wecken und (c) einen „roten Faden" bereitzustellen.

2 Bildungsgesellschaft und Meritokratie

Um Legitimität zu erwerben, bedarf jede Institution einer Formel, die deren Richtigkeit in Vernunft und Natur gründet. (Douglas, 1991, S. 79f.)

In Alltags- wie wissenschaftlichen Diskursen definiert die *Bildungsgesellschaft* die Angebotsseite, während die *Wissensgesellschaft* die Nachfrageseite charakterisiert. In diesen Diskursen stellt die *Bildungsgesellschaft* als „gebildete Gesellschaft" (*„the Educated Society"* in Riesman, 1967/1997, S. 266) ein Resultat der Bildungsexpansion des 20. Jahrhunderts dar. Sie ist Ausdruck der gestiegenen Beteiligung der Bevölkerung an höherer Bildung. Demgegenüber wird die *Wissensgesellschaft* als Ausdruck einer gestiegenen Nachfrage nach Bildung bzw. Kompetenzen behandelt, deren Notwendigkeit insbesondere aus einer veränderten Gestaltung der gesellschaftlichen Arbeitsteilung im Allgemeinen und der Arbeitsteilung in Produktionsprozessen im Besonderen abgeleitet wird (Beck, 1999; Bell, 1990, 1994).

„Die nachindustrielle Gesellschaft ist in zweifacher Hinsicht eine Wissensgesellschaft: einmal, weil Neuerungen mehr und mehr von Forschung und Entwicklung getragen werden (oder unmittelbarer gesagt, weil sich aufgrund der zentralen Stellung des theoretischen Wissens eine neue Beziehung zwischen Wissenschaft und Technologie hier ausgebildet hat); und zum anderen, weil die Gesellschaft – wie aus dem aufgewandten höheren Prozentsatz des Bruttosozialprodukts und dem steigenden Anteil der auf diesem Sektor Beschäftigten ersichtlich – immer mehr Gewicht auf das Gebiet des Wissens legt." (Bell, 1975, S. 219)

Die zunehmende Bedeutung von Bildung für nahezu alle Positionen in modernen Gesellschaften wird damit vor allem als *funktionale Notwendigkeit* diskutiert. Für Kerr und seine Mitarbeiter folgt der steigende Bedarf an höher qualifizierten Arbeitskräften funktional aus dem Markt als Modus kapitalistischer Produktion und den Verwertungs- und Profitinteressen des modernen (Industrie-)Kapitals (Kerr, Dunlop, Harbison, & Myers, 1966). Demzufolge bedürfen moderne Gesellschaften veränderter Formen sozialer Ungleichheit, und zwar insbesondere solcher, die Bildung, Verdienst und Leistung honorieren, um so individuelle Aufstiegshoffnungen und -bemühungen als Anreize für immer währende Lernprozesse seitens der Gesellschaftsmitglieder zu stimulieren und so die vorhandenen Bildungstalente/-ressourcen zu aktivieren. Gleiches vertritt Bell (1994, S. 695): „The post-industrial society, in its initial logic, is a meritocracy (...) based on technical skills and higher education. Without those achievements one cannot fulfil the requirements of the new social division of labor which is a feature of that society."

Aus funktionalistisch-modernisierungstheoretischer Sicht wird daraus eine Veränderung des Zugangsmechanismus zu Bildung abgeleitet (Blau & Duncan, 1967; Parsons, 1970; Treiman, 1970). Bildung dürfe nicht mehr nur den höheren Gesellschaftsgruppen vorbehalten sein; notwendig sei eine Bildung für alle, jedoch in den Grenzen von Talent, Begabung und Intelligenz: „(...) the most important claim of all is full access to education, within the limits of one's talent and potential." (Bell, 1994, S. 692) Daraus ergibt sich die normative Forderung nach einem neuen Allokationsmodus in modernen Gesellschaften: Statt der sozialen Platzierung entlang askriptiver Merkmale der geburtsmäßigen Herkunft (wie Klasse, Rasse, Ethnie usw.) sei eine meritokratische Selektion erforderlich, in der *erworbene* Merkmale wie Bildungskarrieren, Schulnoten, Bildungsabschlüsse und Qualifikationen den Zugang zu Positionen und insbesondere höheren sozialen Positionen bestimmen (Marshall, Swift, & Roberts, 1997; Tessaring, 1998, S. 121; Wolbers, de Graaf, & Ultee, 2001, S. 7). Das Bildungssystem wird so zur „Verteilungsinstanz für soziale und berufliche Positionen" (Collins, 1979, S. 3; Fend, Knörzer, Nagl, Specht, & Väth-Szusdziara, 1976, S. 10).

Die damit formulierte Forderung an das Bildungssystem ist, nicht nur „Diener der Erziehungsaufgaben der Familie" (Schelsky, 1962, S. 17 f.) zu sein. Gemäß der liberalen Sicht auf Modernisierungsprozesse (Dahrendorf, 1965) muss die Schule vielmehr als moderne *Gegenkraft* zur Familie – dem Interessenten und Handlungsträger einer Reproduktion standesmäßiger Ungleichheiten – gestaltet werden und die unterschiedlichen sozialen Voraussetzungen und Ressourcen ausgleichen (vgl. Müller, 1998, S. 86).

In diesem Buch wird jedoch ein anderer Begriff der *Bildungsgesellschaft* verwendet, mit dem dieses wissenschaftliche wie Alltagsverständnis der sich funktional wechselseitig bedingenden Nachfrage- und Angebotsdefinition kritisch reflektiert wird. Die Grundannahme meiner Begriffsbestimmung ist, dass die Konsequenzen von Bildungszertifikaten auf dem Arbeitsmarkt nur adäquat betrachtet werden können, wenn Bildung und ihre Zertifikate als „ein etablierter und historisch gewachsener Legitimationsmodus [sozialer Ungleichheit begriffen werden; H.S.], der aufgrund seiner Geschichtlichkeit breite gesellschaftliche Akzeptanz genießt" (Geißler & Orthey, 1996, S. 193). Das heißt, Bildung wird hier vor allem im Hinblick auf ihre Allokations- und Zertifizierungsfunktion behandelt.

Mit dieser Sichtweise von Bildung verbindet sich eine andere Begriffsbestimmung von *Bildungsgesellschaft,* in deren Zentrum Bildung als gesellschaftlich legitimierter *Verbindungsmodus* von Arbeitsangebot und -nachfrage im Beschäftigungssystem steht. Grundbedingung für eine derartige Verbindungsfunktion ist die Beobachtbarkeit, Messbarkeit und Vergleichbarkeit von individuellen Bildungsleistungen und damit deren Codifizierung in Form von Zeugnissen, Testaten/Testergebnissen, Lizenzen und Ähnlichem. *Zertifikate* werden in unserer Gesellschaft als eine Zusammenfassung der Kompetenzen von Personen betrachtet. Diese *Zusammenfassung* ist Gegenstand spezieller bürokratischer, anerkannter Prozeduren, durch die die in Zertifikaten „ausgewiesenen" Kompetenzen als abgesichert, kontrolliert und damit vorhanden erachtet werden (vgl. Heimer, 1984).

Als *Bildungsgesellschaft* werden insofern all jene Gesellschaften definiert, in denen die Zuweisung von Personen zu sozialen Positionen (bzw. die Verbindung von Arbeitsanbietern und Arbeitsplätzen) als eine Allokation nach erbrachten Bildungsleistungen erfolgt – allerdings nur dann, wenn die Bildungsleistungen in Bildungstiteln (im weitesten Sinne) codifiziert und vergegenständlicht wurden. Empirisch gesprochen heißt das: Bildungsgesellschaften sind Gesellschaften, in denen es einen systematischen Zusammenhang zwischen codifizierten Bildungsleistungen und der Besetzung von sozialen Positionen bzw. Arbeitplätzen gibt. Ein solcher Zusammenhang konnte in allen modernen westlichen Gesellschaften mehrfach repliziert werden. In jedem ökonometrischen Modell erweist sich der Einfluss von Bildung auf die Vielzahl der abhängigen Variablen zur Messung der Arbeitsmarktplatzierung als signifikant. Über die statistische Korrelation hinaus handelt es sich dabei um Gesellschaften, in denen dieser Zusammenhang regelhaft, systematisch sowie normativ und damit über institutionelle Arrangements hergestellt wird. Gemeint sind somit Gesellschaften, in deren Gesellschaftsorganisation das Bildungssystem eine zentrale Rolle spielt (Blossfeld & Shavit, 1993, S. 26; von Friedeburg, 1986, S. 173) und Bildung als öffentliches Gut der staatlichen Kontrolle obliegt (von Friedeburg, 1986, S. 175; Offe, 2000, S. 2).

Kurz gesagt, Bildungsgesellschaften sind in erster Linie *Zeugnisgesellschaften* (Bell, 1975, S. 340) und nicht *Kompetenzgesellschaften* (wie die eingangs genannte und verbreitete Definition impliziert). Nicht die Leistung, sondern der Leistungsnachweis (in Form von Bildungszertifikaten) ist eine notwendige Voraussetzung für den Zugang zu gehobenen Positionen. Bildungsgesellschaften im hier verwendeten Sinne sind daher leistungsstrebend, -bezogen und -belohnend *und* zeichnen sich dadurch aus:

– dass Leistung und Kompetenzen durch organisierte Bildungsprozesse hervorgebracht werden,

- dass die Leistungserbringung in der Symbolik von Bildungszertifikaten vergegenständlicht wird und
- dass soziale Ungleichheiten durch die Bildungsbeteiligung begründet werden bzw. begründbar sind.

Dies setzt die in allen modernen Gesellschaften spätestens nach dem Zweiten Weltkrieg zu beobachtende Bildungsexpansion als eine Öffnung des Bildungssystems voraus. Ohne sie könnten soziale Platzierungen nicht mit Bildungserfolgen in Zusammenhang gebracht werden.

Die Definitionsmerkmale *meiner* Bildungsgesellschaft entsprechen zwei der drei konstitutiven Elemente einer „meritokratischen Gesellschaft" (Young, 1958, 1994), die Goldthorpe (1996, S. 255 f.; Hervorhebung H.S.) folgendermaßen zusammengefasst hat[1]:

(1) „positions of responsibility (...) should be *allocated* on the basis of demonstrated competence",
(2) „the matching of education opportunity is bound to *natural ability*",
(3) „‚achievement' is the basis of social inequality in industrial society (...). Social inequality that results can then claim *legitimacy*."

Die Definitionen von *meritokratischer Gesellschaft* und *Bildungsgesellschaft* überschneiden sich damit im ersten und dritten Element, unterscheiden sich aber hinsichtlich des zweiten Elements, der Begabungsannahme. Das heißt, *Bildungsgesellschaften* können, müssen aber nicht meritokratisch sein. Sie können auch „nur" *kredentialistisch* sein (Collins, 1979), sodass der Zusammenhang von sozialer Herkunft und erreichter sozialer Platzierung fortbesteht – allerdings nun über (organisierte) Bildungsprozesse und deren Resultate vermittelt wird (siehe Abschnitt 7.1).

Diese Unterscheidung zwischen Bildungsgesellschaft und Meritokratie ist wichtig. Sie ermöglicht es einerseits, zwischen Realität und normativem Ideal zu unterscheiden und damit das meritokratische Ideal als legitimatorische Formel sozialer Ungleichheit in der Bildungsgesellschaft behandeln zu können: „(...) to provide the structure of inequality in modern societies with a meritocratic legitimation" (Goldthorpe, 1996, S. 260). Dies ermöglicht den Verweis darauf, dass Statuszuweisungsregeln im Allgemeinen und Personalrekrutierungs- und -managementstrate-

---

1 In gleicher Weise bestimmt Bell meritokratische Gesellschaften als jene Gesellschaften, in denen „certification of achievement becomes a condition of higher employment" (Bell, 1972, S. 34) und Schichtung nach Herkunft durch erbrachte Leistung ersetzt wird (S. 42). Boudon folgt in seinem zweiten Axiom dieser Definition: „(...) if a high position is available, it is much more likely to be filled by an individual with a higher level of education" (Boudon, 1974, S. 7) und „the level of educational attainment becomes one of the *major* determinants of status" (S. 3; Hervorhebung H.S.).

gien im Besonderen der Legitimation zur Aufrechterhaltung sozialer Ordnung bedürfen und Verstöße direkt oder indirekt sanktioniert werden können (z.B. als Verstöße gegen Antidiskriminierungsgesetze oder durch eine zu hohe Personalfluktuation, Arbeitsunzufriedenheit und Leistungszurückhaltung seitens der Arbeitnehmer) (vgl. Cohen & Pfeffer, 1986, S. 2f.).

Zum anderen erlaubt diese Sicht, das meritokratische Ideal und die darüber begründeten *institutionalisierten* Bildungskategorien als *soziale Tatsachen* (Durkheim, 1895/1995, 1893/1992) zu behandeln, die als dauerhafte Handlungsrahmen einen äußeren Zwang auf die Individuen ausüben, gleichzeitig jedoch durch die Handlungen und Interaktionen von Individuen im Bildungs- und Beschäftigungssystem ständig sozial hergestellt und reproduziert werden (müssen). Formalisierte Bildungszertifikate und eine weit verbreitete zertifikatsbasierte Rekrutierungspraxis seitens der Unternehmen und Organisationen erhöhen die Homogenität institutioneller Verfahren und Strukturen und damit die gesellschaftliche Legitimität eines solchen Organisationshandelns (vgl. DiMaggio & Powell, 1983; Meyer & Rowan, 1977).

Eine grafische Darstellung der hier verwendeten Definition von *Bildungsgesellschaft* ist in Abbildung 2.1 zu finden. Die durchgezeichneten Pfeile zeigen die definitorisch direkt aufeinander bezogenen Begriffsdimensionen an. Der gestrichelte Pfeil von der Kompetenz- zur Zeugnisdimension von Bildung signalisiert den vermittelten Zusammenhang von Kompetenz und Bildungsgesellschaft, das heißt, dass Kompetenz nur in ihrer zertifizierten Form soziale Relevanz erhält. Der gepunktete Pfeil von der sozialen Verfasstheit von Bildungsgesellschaften (kredentialistisch bis meritokratisch) über die meritokratische Leitfigur hin zur Grundbestimmung moderner Gesellschaften als Bildungsgesellschaft kennzeichnet die Notwendigkeit gesellschaftlich anerkannter meritokratischer Bildungssemantiken und -interpretationen zur Aufrechterhaltung dieser Grundbestimmung.

Zusammenfassend ist zunächst festzuhalten: In der so (von mir) definierten *Bildungsgesellschaft* werden soziale Ungleichheiten über die Bildungsbeteiligung der Individuen *vermittelt*, ohne dass damit real eine Trennung von Herkunft und Bildungserfolg gegeben sein muss. Zugleich bedarf es jedoch dieser Vermittlung und ihrer meritokratischen Legitimation, um *codifiziertes Wissen* als Verbindungsmodus zwischen Personen und Positionen in Bildungsgesellschaften aufrechterhalten zu können (siehe Abschnitt 2.2). Die Berücksichtigung dieser normativen und legitimatorischen Bedeutung von Bildung (als handlungsleitendes Ordnungs- und „Plausibilisierungs"konstrukt) für die gesellschaftliche Organisation sozialer Platzierung, Differenzierung und Ungleichheit ermöglicht es, Bildung nicht nur als *Statuszuweiser*, sondern auch als *Sinngeber, alltägliche Sinnkonstruktion und individuelle Handlungsmotivation* zu betrachten. Letzteres heißt, dass Bildung im

Abbildung 2.1: Die Bildungsgesellschaft – Eine grafische Begriffsbestimmung

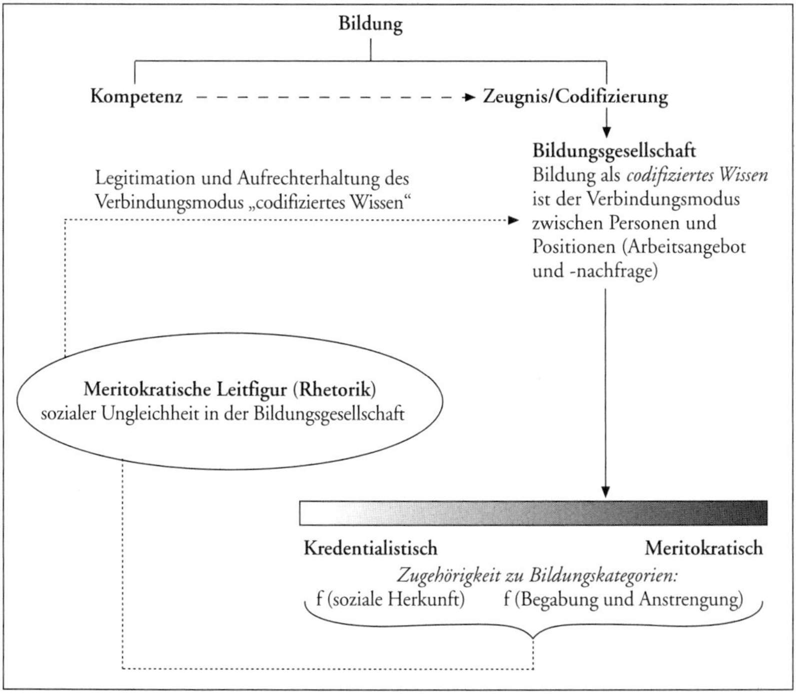

f (x) ≡ „Funktion von x".

Alltags- und Arbeitsmarkthandeln als *Ressource* für wirtschaftliche Produktivität, individuelle Lebensgestaltung sowie gesellschaftliche Statuszuweisung thematisierbar wird, und bildungsgenerierte Ungleichheiten als legitimierte Ungleichheiten erfahrbar werden.

Im Folgenden befassen wir uns genauer mit dem Grundverständnis moderner Gesellschaften als *Bildungsgesellschaften*. Dies erfolgt in drei Schritten. In einem ersten Schritt werden die normativen Grundzüge des meritokratischen Zuweisungsmechanismus – als normative Leitfigur und Selbstdefinition von Bildungsgesellschaften – diskutiert (Abschnitt 2.1). Diese Selbstdefinition ruft – wie in Abschnitt 2.2 gezeigt wird – entsprechend dem Thomas-Theorem[2] Handlungs-

2 „If men/women define a situation as real, then it is real in its consequences."

kalküle und -zuschreibungen hervor, die zu Handlungen veranlassen, so *als ob* es real eine meritokratische Allokation gäbe. Dies hilft zu erklären, warum ein gesellschaftlicher Konsens bezüglich des Leistungsprinzips (so die meritokratische Alltagssemantik) besteht und dieser Konsens auch von den „Leistungsschwachen" getragen wird. Abschließend wird die *wissenschaftliche* Definition von Bildung für die Existenz und Aufrechterhaltung einer meritokratischen Zuweisungsrhetorik in modernen Gesellschaften selbst kurz thematisiert (Abschnitt 2.3). Dabei geht es nicht um eine ausführliche wissenssoziologische Betrachtung, sondern darum, in der nachfolgenden Diskussion der Beschäftigungschancen von gering qualifizierten Personen auch zu einer kritischen Selbstreflexion der „wissenschaftlichen Realitätsbeeinflussung" anzuregen.

2.1 Die meritokratische Leitfigur sozialer Ungleichheit in Bildungsgesellschaften

In *meritokratischen Gesellschaften* soll *Leistung* nicht nur *neben* das alte Prinzip der sozialen Schichtung nach sozialer Herkunft als ein zusätzliches Prinzip hinzutreten. Vielmehr bedeutet Meritokratie „earned status by competence" (Bell, 1972, S. 65) und damit die *Ersetzung* sozialer Schichtung nach ständischer Herkunft durch eine soziale Schichtung nach individueller Leistung (vgl. Boudon, 1974, S. 3; Dahrendorf, 1957, S. 65). Das Individuum, seine Talente, Begabungen und Anstrengungen sollen zur *Ursache* sozialer Ungleichheit werden. In Anlehnung an Young (1958) bezeichnet Bell die Meritokratie entsprechend dieser Ursachenzuschreibung als eine „natürliche Aristokratie" (Bell, 1975, S. 313) und „genetische Lotterie" (S. 316).

Dieses meritokratische Grundverständnis ist mit dem *Leistungsprinzip* so tief in unserem alltagsweltlichen Denken verankert, dass das Besondere seiner wissenschaftlichen Betrachtung auch und gerade darin besteht, die dieser Selbstverständlichkeit immanenten Charaktereigenschaften und Ursachenzuschreibungen in Bildungsgesellschaften kritisch zu reflektieren.

Aus der oben genannten Definition von *Meritokratie* und den sie begleitenden Argumenten für ihre funktionale Notwendigkeit in modernen Gesellschaften lassen sich *fünf Charakterzüge der meritokratischen Leitfigur* sozialer Ungleichheit in Bildungsgesellschaften ableiten. Dabei handelt es sich um: (1) die „natürliche" Fundierung sozialer Ungleichheit, (2) die Definition von Ungleichheit als gesellschaftliches Funktionserfordernis, (3) die Notwendigkeit organisierter Bildungsprozesse, (4) die individuelle statt kategoriale Ungleichheitsdefinition sowie (5) die Entpersonifizierung der Definition von Leistung.

Erster Charakterzug: Die „natürliche" Fundierung sozialer Ungleichheit

Mit der meritokratischen Leitfigur von Bildungsgesellschaften werden Bildungsunterschiede in „Begabungsunterschiede" redefiniert. Der soziale Status erscheint als kausales Resultat von biologischen Intelligenz- und Begabungsunterschieden, sodass soziale Ungleichheiten letztlich als „Natur" ontologisiert bzw. als „natürliche Unterschiede" festgeschrieben werden (wie z.B. geschehen bei Herrnstein & Murray, 1994; Scarr, 1996). Dies ist unter anderem mit dafür verantwortlich, dass auch die wissenschaftliche Bestimmung des Grades an meritokratischer Allokation letztlich in die *Nature-Nurture*-Frage mündet (vgl. z.B. Diewald, 1999; Gou & Stearns, 2002; Rutter, 1997): Zu welchem Anteil sind individuelle Leistungsunterschiede durch biologische Faktoren zu erklären und zu welchem Anteil durch soziale Faktoren?

„(...) durch die jeweilige, individuell unterschiedliche genetische Ausstattung (wird) die Ausbildung von individuell unterschiedlichen Persönlichkeitseigenschaften – wie beispielsweise kognitive und soziale Kompetenzen, Belastungsresistenz oder Ehrgeiz – in größerem oder kleinerem Umfang gesteuert. (...) Entwicklungspotentiale sind hier einerseits definiert über die in den Genen angelegten ‚natürlichen Ungleichheiten' innerhalb einer Population. Die *dann* einsetzenden gesellschaftlichen Steuerungen von Lebenswegen und Entwicklungen *können hinsichtlich der gesellschaftlichen Produktion sozialer Ungleichheiten nun vor dem Hintergrund eingeschätzt werden, dass die vorher vorhandenen natürlichen Ungleichheiten in Rechnung gestellt werden.*" (Diewald, 1999, S. 32f.; Hervorhebung H.S.)

Damit wird von einer (zumindest analytisch) additiven, stufenweisen Verbindung zwischen *biologischer* Geburt und *sozialer* Umwelt ausgegangen – nicht jedoch von einer interdependenten, nicht mehr trennbaren Verbindung, wie sie Rousseau (1755/2000) beschreibt: „Es ist kein kleines Unternehmen, in der wirklichen Natur des Menschen das ursprüngliche von dem Künstlichen zu unterscheiden, und einen Zustand zu ergründen, der nicht mehr zu finden, vielleicht niemals da gewesen ist (...)." (S. 87)

Darüber hinaus wäre wohl als Erstes aufzuklären, ob nicht auch in Bezug auf *Begabung/Intelligenz* – wie bereits nachgewiesenermaßen in Bezug auf die Körpergröße (Tanner, 1994, S. 1) – vererbungsbedingt vor allem *Inner*gruppenunterschiede erzeugt werden, während Unterschiede *zwischen* (gesellschaftlich definierten) Gruppen hauptsächlich durch Umweltfaktoren zu erklären sind (vgl. Gould, 1995; Tilly, 1998, S. 4).

Mit dieser *Nature-Nurture*-Dualisierung wird ausgeblendet, dass der Rückgriff auf (biologische) Begabung/Intelligenz ein *sozial vereinbartes* Kriterium der Leistungsdefinition darstellt. Mit der Annahme der *Natürlichkeit* von Bildungsunterschieden kommt es nach Douglas (1991, S. 81f.) zu einem Legitimationserhalt durch den Bezug auf die „Natur“[3]. Dies verstellt den Blick dafür, dass es in der Natur gar keine natürliche „Kategorisierung“ von Begabungsunterschieden gibt und Bildungskategorien demzufolge soziale Konstrukte sind, die eines gesellschaftlichen Definitionsprozesses (sozialen Kategorisierungsprozesses) bedürfen (vgl. Goldthorpe, 1996, S. 277; Powell, 2004). So erscheinen mit dieser *Naturalisierung* nicht nur die Bildungskategorien, sondern letztlich auch ihre Konsequenzen (z.B. auf dem Arbeitsmarkt) als gegebene, als funktional erforderliche und nicht als sozial konstruierte Sachverhalte.

Schließlich ist zu fragen, warum *Bildung* im Unterschied zu sozialer Herkunft als ein *erworbenes* Merkmal definiert wird, wenn Meriten, Verdienst bzw. Bildungserfolg auf angeborenen Begabungsunterschieden beruhen würden. *Erworben* wäre der Bildungserfolg nur dann, wenn er das Resultat aus Begabung/Intelligenz und Anstrengung wäre (Young, 1958, S. 4) und Bildungszertifikate vor allem einen Indikator für Letzteres (für die Anstrengungskomponente) darstellen würden. Dann wäre aber nicht unbedingt Kompetenz, sondern vielmehr *Fleiß* das eigentliche Platzierungskriterium, und Bildungszertifikate würden soziale Ungleichheit durch Indikation von fehlenden Anstrengungen legitimieren. Dies impliziert die häufig anzutreffende Annahme, dass die „Sieger“ im Bildungswettbewerb ihre Chance genutzt haben, die „Verlierer“ die gleichen Chancen hatten, sie aber nicht genutzt haben.

Mit dieser Annahme werden jedoch sozial ungleiche Ausgangsbedingungen und strukturelle Benachteiligungen im Bildungserwerb (wie Altersgrenzen, Anwesenheitszeiten und standardisierte Zeiträume der Leistungserbringung, z.B. in Form der Definition von Klassenstufen, Semestern, Ausbildungsjahren) ausgeblendet (Heid, 1988, S. 7; Lamprecht, 1991, S. 136). Bildungsfortschritte, die trotz dieser sozialen und strukturellen „Behinderungen“ erreicht werden, verlangen jedoch (auch wenn sie nicht zu Höchstleistungen führen) in der Regel eine größere Anstrengung, die in Bildungszertifikaten gerade nicht zum Ausdruck kommt, sondern „universalistisch“ neutralisiert wird.

Die „natürliche“ Fundierung sozialer Ungleichheit mithilfe der meritokratischen Formel ist insofern ein in sich widersprüchliches Unterfangen: Einerseits sollen soziale Faktoren beim Bildungserwerb neutralisiert/kompensiert werden, andererseits ist die Bildungsklassifikation sowie -zertifizierung selbst ein hochgradig sozialer Prozess.

---

3 In gleicher Weise sprechen Gildemeister und Wetterer (1992, S. 241) in Bezug auf Geschlecht von einer „Naturalisierung sozialer Klassifikationen“.

Zweiter Charakterzug: Ungleichheit als gesellschaftliches Funktionserfordernis

In Bildungsgesellschaften ist die institutionalisierte Ergebnisungleichheit das Ergebnis unterschiedlicher Bildungsanforderungen und Verhaltenserwartungen des Marktes, der daran geknüpften Belohnungsansprüche der Gesellschaftsmitglieder sowie bildungsbasierten Allokationsregeln. Diese Belohnungs*differenzen* werden als ein allgemeines Funktionserfordernis gesellschaftlicher Arbeitsteilung (zur weiteren Leistungssteigerung und maximalen Verwertung produktiver Ressourcen) und persönlicher Identität (zur Ermöglichung der Individualattribution von Leistung und Anstrengung) definiert (Davis & Moore, 1945; Parsons, 1972; vgl. auch Bell, 1975, S. 316f., 1994, S. 688; Krebs, 2000, S. 9). Der zu Grunde liegende Gedankengang für Letzteres – die Individualattributation von Leistung – kommt im folgenden Zitat prägnant zum Ausdruck:

> „Zum Nobelpreisträger kann nun einmal nur jemand avancieren, dem die Natur eine übermäßig durchschnittliche Begabung geschenkt hat. Aber was soll's? Gönnen wir ihr den Nobelpreis für das Großartige, was sie daraus gemacht hat! Wollte man, da Verdienst nie verdient ‚all the way down' ist [Nozick, 1974, S. 225], sondern immer nur vermischt mit Fremdverursachtem (Geburt, Talente, soziale Umgebung) auftritt, Verdienst gar nicht mehr anerkennen, zerstörte man mit dem Verdienstprinzip auch persönliche Identität. Denn niemand könnte sich seine Fähigkeiten und Leistungen mehr zuschreiben." (Krebs, 2000, S. 27)

Unangetastet und weiterhin als notwendiger Anreiz erachtet bleibt damit eine Hierarchisierung von Berufspositionen und deren ungleiche soziale sowie ökonomische Anerkennung (vgl. Teichler, 1976, S. 23). Aufgrund der Modernisierung seien nun allerdings Allokations- und Belohnungsstrukturen gefragt, die soziale Ungleichheiten in modernen Gesellschaften eher „functional rather than segmental/segmented" strukturieren (Hechter, 1994, S. 487). *Differenz* wird somit als notwendig zur Herstellung sozialer Ordnung definiert, während *Gleichheit* in den Ergebnissen als dysfunktional, wenn nicht gar als unmöglich tabuisiert wird. Damit reduziert sich das Anliegen einer meritokratischen Gesellschaft auf eine Veränderung von Zuweisungsprozessen unter Vernachlässigung der Veränderung von Ungleichheitsstrukturen auf der Ergebnisseite, wobei nur Letztere zu einer spürbaren Reduzierung sozialer Ungleichheit führen würden (Devine, 1997, S. 201).

Meritokratie definiert also den Charakter von Allokationsprozessen – wer bekommt Zugang zu welchen Positionen und warum –, nicht jedoch den Zustandsraum für Allokationsprozesse – warum und inwiefern werden soziale Positionen ungleich be- bzw. entlohnt. Die Ungleichheit in den Ergebnissen und damit in den Lebensbedingungen und -chancen bleibt somit weitgehend unberührt. Insofern wird die Bedeutung funktionalistischer Gerechtigkeitsnormen und Differenzierungsideologien – als die eigentlichen Ursachen sozialer Ungleichheit – mit der meritokratischen Leitfigur verhüllt bzw. *ent*thematisiert (siehe auch dritter Charakterzug).

Dritter Charakterzug: Die Notwendigkeit organisierter Bildungsprozesse

Bildungszertifikate können ihre legitimatorische Kraft nur dann entfalten, wenn sie zugleich eine Deutung als Qualifikations- bzw. Kompetenzsignale ermöglichen. Die Beteiligung an *organisierten* Bildungsprozessen impliziert deshalb nicht nur die *Interpretationsmöglichkeit*, „dass gelernt wird", sondern auch eine Ausweisung und Kontrolle dessen, „wie und was gelernt wird" (vgl. Geißler & Kutscha, 1992, S. 27). Man könnte einwenden, dass „qualifications are an incomplete measure of skills, since they fail to include skills acquired outside the education system" (McIntosh, 2000, S. 4) oder dass die „Messung des Qualifikationsniveaus anhand der absolvierten Schul- und Ausbildungsjahre ein weniger verlässlicher Anhaltspunkt für die tatsächliche Kompetenz (ist) als eine Messung durch individuelle Tests" (CEDEFOP, 1999, S. 21). Doch genau darum geht es *nicht* – denn wären Kompetenzen alles, was Personen brauchen, um erfolgreich bei der Arbeitsplatzsuche zu sein, so wäre der Arbeitsmarkt heute deutlich kompetitiver, da viele Kompetenzen auf sehr unterschiedlichen Wegen erworben werden können. Kompetenzen müssen jedoch in einer solchen Art und Weise erworben werden, dass sie vertrauenswürdige (quasi bereits kontrollierte) Informationen für den Beschäftiger bereitstellen (vgl. Heimer, 1984).

Das heißt, der Kompetenznachweis bedarf organisierter, zertifizierter und dadurch legitimierter Bildungsprozesse. Dies wird mit der *Annahme* verbunden, dass dem meritokratischen Prinzip umso mehr entsprochen wird, je selektiver die Bildungszertifikate hinsichtlich Begabung, Talent und Bildungsanstrengung sind: „Selektive Bildungstitel stellen sicher, dass die Eigner dieser Titel hochqualifiziert sind" (Groß, 2000, S. 382). Meritokratie bedeutet daher nicht nur eine *„Verschränkung* von Qualifikations-, Selektions- und Legitimationsprozessen" (Elsner, 1998, S. 5; Hervorhebung H.S.), sondern eine *Gleichsetzung* dieser Prozesse. Dadurch werden die aus Bildungstiteln abgeleiteten sozialen Ungleichheiten durch das funktionalistische Gerechtigkeitsprinzip legitimierbar (Groß, 2000, S. 382) – und zwar, indem wir „als die ‚Tauglichen' jene definieren, die eine Ausbildung haben und Anspruch auf eine berufliche Identität erheben können" (Newman, 2000, S. 36).

In diesem Sinne geht es nicht um eine „Gesellschaft von Gleichen, sondern um eine Gesellschaft von Gerechten" (Bell, 1975, S. 342), und dies gilt als gegeben, wenn Unterschiede aus der Anerkennung persönlicher Leistungen resultieren – und zwar dergestalt, dass die

„Dauer und Art der Teilnahme der Individuen an *formalen Bildungsprozessen* als maßgebliche Voraussetzung und Begründung für ihr gesellschaftliches Schicksal gelten (...) unabhängig davon, ob die ausgewiesenen Qualifikationen für eine privilegierte Positionsrolle wirklich relevant sind und ihre Privilegien begründen können oder nicht." (Offe, 1975, S. 243; Hervorhebung H.S.)

Vierter Charakterzug: Individuelle statt kategoriale Ungleichheitsdefinition

Die meritokratische Formel der Ablösung „partikularistischer Kriterien der Statuszuweisung" durch „universalistische Leistungskriterien" (Müller & Mayer, 1976, S. 15) impliziert die Ablösung *kategorial* definierter Ungleichheit nach Status/Klasse/Schicht (sowie auch Geschlecht) durch eine *individuell* definierte Ungleichheit nach Leistung (Bell, 1975, S. 306). *Individualisierung* wird damit zum primären Prinzip gesellschaftlicher Organisation erhoben. Demzufolge besteht das Wesen von *Individualisierung* in modernen Gesellschaften nicht, wie Beck (1986) und andere meinen, in einer Zunahme an *individuell bestimmbaren* Optionen und Risiken. Vielmehr steht *Individualisierung* dafür, dass Chancen und soziale Risiken in ein individuelles Optimierungsproblem *umdefiniert* werden (Hirsch, 1977, S. 185). Strukturell bedingte Risiken und gesellschaftliche Verantwortung werden damit auf individuelle Verantwortung und Entscheidungen abgeladen (Mayer, 1987, 1991b). Ihrem Wesen nach sozial strukturierte Handlungsweisen und -resultate werden so als Produkte *individualisierten* Verhaltens erlebbar und bewertbar: „Educational opportunities open to each *individual separately* does not mean ‚open to all'." (Hirsch, 1977, S. 6) und *„The individual* seeking access to the scarce facility [e.g., jobs; H.S.] has to ‚invest' in order to gain selection." (Hirsch, 1977, S. 31; Hervorhebung H.S.)

Mit dieser ihr immanenten Individualisierung verdeckt die meritokratische Leitfigur, dass Bildung nicht nur Wissen und Leistungsfähigkeit, sondern auch und vor allem ein *positionales Gut* ist (Hirsch, 1977), das den einzig legitimen „Verteidigungsmechanismus zum Schutze des eigenen ‚Marktanteils'" darstellt (Bell, 1975, S. 304; vgl. auch Goldthorpe, 1996, S. 265; Hirsch, 1977, S. 5; Thurow, 1979). Damit wird ignoriert (bzw. unterschlagen), dass „ascriptive forces find ways of expressing themselves as ‚achievement'" (Halsey, 1977, S. 184; vgl. auch Kohli, 1990, S. 26). Die Tatsache, dass wir – gemessen an der Annahme einer meritokratischen Allokation – viel zu selten soziale Abstiege in der Generationenfolge beobachten können, signalisiert empirisch, dass *social heritage*-Faktoren am Werk sind, die vor derartigen Abstiegen von einer Generation zur nächsten schützen (Boudon, 1974, S. 128).

Ferner ist der meritokratischen Allokationslogik eine „tendency to minimize age-grading" immanent (Riesman, 1967/1997, S. 271), da insbesondere der *vor-*

berufliche Bildungserfolg bzw. -misserfolg die soziale Platzierung beim Berufseinstieg bestimmt und auch die späteren Erwerbschancen prägt (vgl. Blossfeld, 1985; Teichler, 1976, S. 349). Dies verweist auf die Notwendigkeit, dass die Individuen ihren „Leistungsnachweis" früh im Lebensverlauf zu erbringen haben, sodass statt lebenslanger eine zeitlich befristete Konkurrenz stattfinden kann, die den „frühen Siegern" lebenslange Renditen sicherstellt.

Auch wenn in modernen Gesellschaften allein die individuelle Bildungsbeteiligung soziale Ungleichheit legitimieren würde – da Begründungen unter Verwendung von Geschlechterzugehörigkeit, ethnischer und sozialer Herkunft usw. als illegitim angesehen werden und ihre „bewiesene" Verwendung (z.B. aufgrund von Antidiskriminierungsgesetzen) sanktionierbar ist –, darf dies nicht unhinterfragt mit der Annahme gleichgesetzt werden, dass Bildungsbeteiligung und -erfolg die strukturellen Ursachen sozialer Ungleichheit in modernen Gesellschaften definieren. Würde in der meritokratischen Allokationsformel von *Bildung* und insbesondere von *Bildungstiteln* statt von individueller Leistung gesprochen werden, so bliebe der Bezug zu *kategorialen* Ungleichheiten und damit die Suche nach strukturellen statt individuellen Ursachen sozialer Ungleichheit erhalten. Von daher ist Riesman zwar einerseits zuzustimmen, dass:

> „One of the problems in a meritocracy is the nature of the formal tests for achievement and accomplishment. These are universalistic, and hence more or less metrical. By metrical, I mean that they allow people to be ranked along a single, quasi-quantitative dimension." (Riesman, 1967/1997, S. 266)

Andererseits geht es nicht (nur) um die implizite Eindimensionalität des Leistungsprinzips[4], sondern vor allem um die Ursachen sozialer Ungleichheit und die vermeintlich „flüssigen" Übergänge von einem Kompetenzniveau zum nächsten. Insbesondere Letzteres trägt dazu bei, dass eine relationale Sichtweise vermieden wird, in der eine Person bzw. Gruppe nur deshalb als *besser* eingestuft werden kann, weil eine andere notwendigerweise als *schlechter* definiert werden muss und die Grenzen zwischen diesen Gruppen nicht zufälliger, sondern systematischer Natur sein müssen (siehe Teil II und III).

---

4 Diesem Einwand könnte man zum Beispiel mit den beiden Transformationsregeln von Boudon (1974) begegnen. Ihm zufolge würde das Primat der meritokratischen Transformationsregel die Zuordnung von Bildungsniveau und Arbeitsmarktplatzierung sicherstellen, wobei bei einem Überangebot an Bewerbern mit gleichem Bildungsniveau – gemäß seinem Dominanzprinzip – *zusätzlich* die soziale Herkunft berücksichtigt wird. Doch auch hier wird von einem Leistungsprimat ausgegangen und die Korrelation von Leistung und Herkunft als ein stufenweiser und nicht als ein gemeinsamer Selektionsprozess konzeptualisiert.

Diese Einwände scheinen die meritokratische Leitfigur nicht zu erschüttern. Mit der Abkehr von einer kategorialen Erklärung sozialer Ungleichheit hin zu einer individuellen Erklärung, begleitet von dem universellen Phänomen der Bildungsexpansion, gelingt es, die strukturellen Ursachen sozialer Ungleichheit in den Hintergrund zu drängen und ihr gleichzeitig den Anschein meritokratischer Legitimation zu geben (vgl. Blossfeld & Shavit, 1993, S. 38f.; Müller & Mayer, 1976, S. 19). Der Prozess der Herstellung von Bildungsunterschieden verschwindet damit im *Ergebnis*, das heißt in den auf universalistischen Leistungskriterien basierenden Bildungszertifikaten, da der eigentliche soziale Prozess des Bildungserwerbs auf Begabungsunterschiede reduziert wird (vgl. erster Charakterzug).

Fünfter Charakterzug: Entpersonifizierung der Definition von Leistung

Indem die meritokratische Formel sozialer Ungleichheit den „Akzent auf die persönliche Leistung und den *verdienten*, von Gleichgestellten bestätigten Status (legt)" (Bell, 1975, S. 340; Hervorhebung H.S.), wird die Definitionsmacht statushöherer Gruppen ausgeblendet. Die Definition von Verdienst und Leistung wird entpersonifiziert.

Kompetenzen werden – durch ihre Verbindung zu Begabungen – als eine „natürliche" Leistungsbewertung definiert. Doch diese Kompetenzen bedürfen zum einen der *Wahrnehmung und Bewertung*, zum Beispiel seitens der Lehrer und Lehrerinnen – und damit von sozial eingebetteten Personen und ihren *sozial strukturierten* Wahrnehmungsprozessen. Zum anderen bedürfen diese Kompetenzen und Begabungen nach ihrer „Entdeckung" der *Förderung und Ausbildung*, die – aus konflikttheoretischer Sicht – mit der Stratifizierung von Bildungssystemen eben *nicht* herkunftsunabhängig sind, und zwar deshalb nicht, weil der Zugang zu den unterschiedlichen Bildungsgängen auf der *Bewertung* vorangegangener Leistungen beruht und damit den eben genannten sozial stratifizierten Wahrnehmungen von Lehrern und Lehrer und Eltern unterliegt (siehe Abschnitt 7.1).

Mit dieser Ignoranz der Bedeutung sozialer Perzeptionsprozesse von Kompetenzen und Begabungen, die mit der meritokratischen Leitfigur und ihrer „Naturalisierung" sowie „Individualisierung" von Bildungsungleichheiten einhergeht, werden Leistungsunterschiede funktionalistisch als „sozial gegebene" und nicht als „sozial konstruierte" Sachverhalte dargestellt (Goldthorpe, 1996, S. 277). Ausgeblendet wird, dass die Definition von Leistungskriterien den Bildungsinstitutionen und *nicht* den Bildungsteilnehmern obliegt (Jencks & Riesman, 1968; vgl. auch Fischer u.a., 1996, S. 156; Schober-Gottwald, 1976, S. 183): „(...) the university (...) as the gatekeeper, it has gained a quasi-monopoly in determining the future stratification of the society." (Bell, 1994, S. 695)[5] Zudem sind es Personen bzw. soziale Gruppen, die allesamt den höheren Statusgruppen angehören, die als *Gatekeepers* in Bildungsinstitutionen, auf dem Arbeitsmarkt und in der Politik über die Erbringung von Leistung, ihren Nachweis und ihre Renditen entscheiden (Riesman, 1967/1997, S. 268; Turner, 1994, S. 263).

Zusammenfassend und im Vorgriff auf Abschnitt 2.2. ist festzuhalten, dass diese fünf Charakterzüge der meritokratischen Leitfigur nicht nur einer Legitimation der ungleichen Verteilung von Arbeitsmarktchancen, basierend auf Zertifikation, dienen (können). Die leistungsbezogene Einstellungs-, Beförderungs- und auch Entlassungspraxis hilft auch, den Glauben an die „Meritokratie" aufrechtzuerhalten (Bhagwati & Srinivasan, 1977, S. 2; Jones u.a., 1984, S. 97). Anders formuliert, die Auswahl nach Leistung legitimiert nicht nur den Glauben an eine meritokratische Allokation, sondern trägt zugleich zum Erhalt und zur Stärkung dieses Glaubens bei und wird von daher nicht nur von den „Gewinnern" des meritokratischen Wettbewerbs akzeptiert, sondern auch für seine „Verlierer" handlungsrelevant (siehe Abschnitt 2.2). Die meritokratische Leitfigur sozialer Ungleichheit in Bildungsgesellschaften ist damit *Bedingung* und *Ziel* qualifikationsbasierter Personalrekrutierung. Zugleich wird deutlich, dass die Charakterisierung von Gesellschaften als *Wissensgesellschaften* – und die daraus abgeleitete Notwendigkeit von Bildungsanreizen (siehe oben) – selbst einen wesentlichen Bestandteil der meritokratischen Rhetorik sozialer Ungleichheit in Bildungsgesellschaften darstellt.

Die Auseinandersetzung mit der meritokratischen Allokationsrhetorik weist ferner darauf hin, dass es in der Tat gerechtfertigt und notwendig ist, Bildungsgesellschaften zunächst nur als *Zeugnisgesellschaften* mit einer meritokratischen Leitfigur sozialer Ungleichheit zu kennzeichnen (vgl. Giloth, 1998, S. 242; Goldthorpe, 1996, S. 265; Reitz, 2001b, S. 1). Dies ermöglicht die analytische Trennung von Prozessen der Statusdistribution nach Zertifikaten *und* deren Begründung unter Rückgriff auf „naturalisierte Bildungsstereotype".

2.2 Die Loyalität der Zertifikatslosen

Jede Gesellschaft – sofern sie nicht den Zwang einer Diktatur anwenden will – bedarf zur Aufrechterhaltung ihrer gesellschaftlichen Ordnung der Loyalität ihrer Mitglieder, insbesondere jener, die am unteren Ende der Sozialhierarchie stehen

5 Coleman verweist ferner darauf, dass die Bildungsinstitutionen nicht nur für die Definition der Leistungskriterien, sondern auch für deren Erfüllung verantwortlich sind: „The responsibility to create achievement lies with the educational institution, not the child." (Coleman, 1968, S. 22)

(Turner, 1994, S. 260f.). Institutionen haben diese loyalitätsstiftende Bedeutung – und dies vor allem deshalb, weil sie „dem Individuum als objektive Faktizitäten unabweisbar gegenüberstehen. Sie sind da, außerhalb der Person, und beharren in ihrer Wirklichkeit, ob wir sie leiden mögen oder nicht." (Berger & Luckmann, 1980, S. 64) Der Einfluss dieser Institutionen „liegt dabei weniger in irgendeiner Form von Zwang oder Sanktionsandrohung, statt dessen steuern sie Kognition über die Konstruktion sozialer Wirklichkeit: Institutionelle Strukturen sozialen Sinns erscheinen als selbstverständlicher Aspekt einer vorgegebenen Realität." (Vollmer, 1996, S. 316) Bildung in ihrer institutionellen Gestalt von Bildungssystemen sowie Zertifikaten wird als eine solche legitime soziale Institution angesehen und erfahren. Und Bildungszertifikate stellen damit „socially acceptable selection procedures" (Spence, 1974, S. 83) dar. Wieso?

Gestützt wird dieses Ansehen durch die Alltagsauffassung, dass höher gebildete Personen bessere Arbeit leisten würden sowie zuverlässiger und umsichtiger seien als geringer qualifizierte Personen, und dass Bildung mit der Bildungsexpansion und der immer breiteren Bildungsbeteiligung an Exklusivität verloren hätte (Meyer, 1994, S. 735). Vor diesem Hintergrund wird die Bildungsexpansion „im öffentlichen Bewußtsein als Erfolg durchgesetzter Chancengleichheit verstanden" (von Friedeburg, 1997, S. 44). Als Resultat verkehrte sich auch die alltägliche Verwendung des Bildungsbegriffs: Aus dem besonderen Verweis auf den erfolgreichen Abschluss eines höheren (Berufs-)Bildungsabschlusses wurde ein besonderer Verweis auf das Fehlen eines Bildungsabschlusses. Der Zertifikatsinhaber wurde nun zur *primären* Konstruktion von „Leistung". Für Zertifikatslose lassen sich in dieser Konstruktion keine positiven Definitionsmerkmale benennen. Mit der *Individualisierung* von Bildungserfolg (siehe Abschnitt 2.1) und der allseits gestiegenen Bildungsbeteiligung verbindet sich eine *Misserfolgs*definition, in der das fehlende Bildungszertifikat einen Ausweis des Mangels an geforderten und von den übrigen Gesellschaftsmitgliedern erbrachten Fähigkeiten und Motivation darstellt (Offe, 1975, S. 242). Insbesondere in Systemen mit hohem Zertifizierungsgrad ist die „zertifizierte Leistung" und weniger die „erworbene Berufserfahrung" das entscheidende Kriterium der Statuszuweisung (Russell & O'Connell, 2001, S. 15 und 18; vgl. auch Allmendinger, 1989).

Abgesehen davon präsentiert sich *Bildung* in allen modernen Gesellschaften als *Chance* – auch wenn sich diese Chance erst auf dem Arbeitsmarkt und nicht im Bildungssystem realisiert (Friebel, Epskamp, Knobloch, Montag, & Toth, 2000, S. 94; Lamprecht, 1991, S. 132; Müller & Mayer, 1976). Der Gebrauch dieser Chance scheint, nicht zuletzt dank des meritokratischen Konsenses und der ihm immanenten „Individual"-Attribution, von der Anstrengung und Initiative des Einzelnen abhängig zu sein (Jones u.a., 1984, S. 59; Turner, 1994, S. 263). „Das

Überleben der Tauglichsten" wird damit als gerechtes Prinzip definiert und empfunden (Newman, 2000, S. 36)[6]: „Many also believe that competence should be rewarded by success, while incompetence should be punished by failure." (Jencks u.a., 1994, S. 329)

Dieser Konsens wird auch von den „weniger Tauglichen" – in der Begriffswelt der Bildungsgesellschaft: von den gering Qualifizierten und Zertifikatslosen – geteilt, und zwar paradoxerweise gerade deshalb, weil Leistung bzw. Bildungszertifikate in scheinbar so *konsequenter* Weise die Statuszuweisung bestimmen (Fend, Knörzer, Nagl, Specht, & Väth-Szusdziara, 1973, S. 895ff.; Furlong, 1997, S. 58):

> „Research has shown that individuals tend to make reward comparisons on the basis of categorical similarities. As Lansberg (1989) argues, individuals who believe in equal rewards within categories are more likely to accept differences in rewards across categories." (Baron & Pfeffer, 1994, S. 197)

Eine wichtige Rolle spielt dabei die Tatsache, dass mit der Bildungsexpansion nun auch einer größeren Zahl von Kindern der unteren sozialen Schichten der Zugang zu höheren Bildungseinrichtungen gelang:

> „In particular, there is evidence (…) that a convergence of class-based educational experiences is helping to obscure structure continuities. In the circumstances, changes in the educational system can be seen as providing a powerful legitimacy in advanced capitalism, the young people increasingly regarding educational failures as a personal shortcoming rather than as a consequence of the social position." (Furlong, 1997, S. 69f.)

Für die Alltagswahrnehmung kommt es dabei vor allem auf absolute Steigerungsraten an, da relative Betrachtungsweisen (wie z.B. *odds ratios*, historische Vergleiche der Zugangschancen als Verhältnisse von Wahrscheinlichkeiten), wie sie in der Wissenschaft richtigerweise verwendet werden, der alltäglichen Beobachtung kaum zugänglich bzw. den meisten Menschen unverständlich sind.

Warum auch die „Zertifikatslosen" so handeln, *als ob* das meritokratische Ideal bereits Realität wäre, und warum auch sie ihre Inferiorität auf ihre fehlende Leistung attribuieren, dafür lassen sich im Wesentlichen *fünf Gründe* anführen:

Erstens: Diese Anerkennung dient der Aufrechterhaltung einer „unbeschadeten" Selbstidentität, wobei sie vor allem auf die Anstrengungskomponente rekurrieren und sich eher als „zu faul" und nicht als „zu dumm" definieren[7]. Der Verzicht auf Anstrengungen kann als Resultat *eigener* Entscheidungen wahrgenom-

---

6 Vgl. auch Block & Dworkin, 1976; Fischer u.a., 1996, S. 206f.; Jones u.a., 1984, S. 296; Murnane & Levy, 1996, S. 82.

7 Insbesondere in der Jugend- und jungen Erwachsenenphase gehört es gerade in „diesen Gruppen" zum guten Ton, sich schulisch nicht hervorzutun (Gans, 1999, S. 241; Schreiber-Kittl & Schröpfer, 2002; Warzecha, 2001).

men und dargestellt werden (Rosenholtz & Simpson, 1984). Insofern bietet die meritokratische Rhetorik auch ihnen eine „Handlungsstrategie", mit ihrer Inferiorität umgehen zu können – und zwar *ohne* ihr Selbstwertgefühl beschädigen zu müssen, denn „man könnte ja, wenn man wollte"[8].

Zweitens: Die Zustimmung zur meritokratischen Definition von Erfolg als Ergebnis individueller Lernanstrengung erhält auch ihnen zumindest die Aussicht, ihren Status durch eigene Anstrengung verändern zu können. Die Wahrnehmung von Bildungsleistung als *erworbenes Merkmal* ermöglicht ihnen, in einer (scheinbar) auch von ihnen „kontrollierbaren Situation" zu leben (Crocker, Major, & Steele, 1998, S. 509; Goldthorpe, 1996, S. 282; Jencks u.a., 1994, S. 329).

Drittens: Die Notwendigkeitsfunktion von Bildungsabschlüssen als Optionsscheine für Erwerbs*chancen* (Beck, 1985, S. 319; Friebel u.a., 2000, S. 94) enthält auch für sie Leistungsanreize. Sie erlaubt die Annahme, dass sie über den (wenn auch späteren) Erwerb von Bildungszertifikaten ihre Marktchancen verbessern könnten. Für Zertifizierte wie Zertifikatslose ist die Aufrechterhaltung des Glaubens an eine meritokratische Allokation für den Aufbau einer persönlichen Identität notwendig: für die einen, um sich ihres „Erfolgs" freuen und ihn ihrer Leistung zuschreiben zu können (Bell, 1975, S. 317; Krebs, 2000, S. 27); für die Erfolglosen, um einen „Ausweg" aus ihrer Inferiorität bzw. eine Möglichkeit der „Behebung" ihres Makels zu sehen, nämlich durch nachträglichen Bildungserwerb (vgl. Heid, 1988, S. 7; Lamprecht, 1991, S. 136; Tepperman & Djao, 1990, S. 216).

Viertens: Die konsequente Anwendung von Bildungszertifikaten ermöglicht den Zertifikatslosen durch ihren „high-consensus stereotype about their inferiority" (Jones u.a., 1984, S. 206) eine stabile Verortung im Sozialsystem und damit den Aufbau adaptiver Verhaltensweisen: „They know their place." (S. 206)

Fünftens: Schließlich muss bei all dem beachtet werden, dass nicht nur indirekt das Verhalten bzw. der Erfolg der Zertifizierten den Erfahrungshorizont der

---

8 Zur Illustration sei hier ein Befund aus einer Befragung von 106 Abgängern von Sonderschulen für Lernbehinderte im Raum Dortmund und Köln erwähnt (zum Datensatz siehe Pfahl, 2003a). Von den 88 Probanden, die die offene Frage „Kannst du uns einen Grund nennen, warum du auf die Schule für Lernbehinderte gekommen bist?" beantwortet haben, gaben 30 Prozent an, dass sie zu faul waren und/oder aufgrund ihres störenden Verhaltens auf die Sonderschule überwiesen wurden. Knapp 10 Prozent gaben „Sprachprobleme" an (es handelt sich hierbei um Probanden nichtdeutscher Herkunft). Weitere 11 Prozent sahen in einer chronischen Krankheit die Ursache. 42 Prozent nannten als Grund zwar Leistungsschwäche und Lernschwierigkeiten – vor allem in Form von Schulnoten –, jedoch in der deutlichen Mehrzahl ohne Verweis auf „fehlende geistige Kapazitäten". Die restlichen 7 Prozent nannten insbesondere „soziale Gründe" (unter anderem „keine Hilfe bei Hausaufgaben" oder Probleme in der Familie).

Zertifikatslosen mitbestimmen. In direkter Weise definieren und zumeist beschränken Zertifizierte (als *Gatekeepers* an unterschiedlichen Stellen des gesellschaftlichen Lebens) zugleich den Handlungsspielraum der Zertifikatslosen (Jones u.a., 1984, S. 207). Als Mehrheit setzen Zertifizierte die Evaluationskriterien, nach denen Personen zu bewerten und zu behandeln und nach denen Aufgaben und Positionen zu verteilen sind (S. 80). Dies führt nicht nur zu *Als-ob*-Handlungsweisen gemäß dem Thomas-Theorem, das heißt veranlasst durch den Glauben an eine meritokratische Allokation, sondern auch zu *self-fulfilling prophecies* einer akkumulierten, letztlich real vorhandenen Leistungsdifferenz von Zertifikatslosen. Diese kommen zum Beispiel dadurch zu Stande, dass Lehrer und Lehrerinnen Kinder mit ungleichen Leistungen unterschiedlich fordern und fördern und so zu einer kumulativen Vergrößerung der Leistungsunterschiede zwischen guten und schlechten Schülern und Schülerinnen beitragen (Erikson & Jonsson, 1996, S. 11; Jones u.a., 1984, S. 177; Kerckhoff, 1976), oder dadurch, dass Zertifikatslose heute häufiger arbeitslos sind und infolgedessen seltener als früher die Möglichkeit zur Kompetenzaneignung im Berufsleben erhalten (Thurow, 1999, S. 142 und 145) und seltener die Möglichkeit der „Präsentation" vorhandener Kompetenzen gegenüber anderen und sich selbst haben (ausführlicher in Teil II und III).

Vor diesem Hintergrund wird verständlich, warum Rekrutierungen, Beförderungen und Entlassungen, sofern sie auf Leistungsinformationen basieren, Legitimation und in heutigen Zeiten das wichtige „Signum der Rationalität" erhalten (Minssen, 2001, S. 191). Zusammenfassend ist daher festzuhalten, dass die meritokratische Leitfigur sozialer Ungleichheiten in Bildungsgesellschaften – ihre Akzeptanz und Aufrechterhaltung – einen für die Gesellschaftsmitglieder, die gesellschaftliche Ordnung und den sozialen Frieden „notwendigen Mythos" darstellt (Goldthorpe, 1996, S. 283).

Dennoch ist darauf hinzuweisen, dass dieser meritokratische Mythos die Gefahr der Stigmatisierung der Leistungsschwächeren bzw. Zertifikatslosen als „Dumme" (so geschehen in Herrnstein & Murray, 1994) oder gar als „Überflüssige" in sich birgt (so kritisch reflektiert in Bude, 1998; Krafeld, 2000; Rifkin, 1996; Solga, 2002a). So kann er zu Ausgrenzungen – mit all ihren Konsequenzen auch für den sozialen Frieden (siehe die Fallbeschreibungen in „Das Elend der Welt" von Bourdieu u.a., 1997) – führen. Da die Leistungsträger ihren Erfolg nicht nur einer *natürlichen Lotterie,* sondern auch ihren eigenen Anstrengungen zuschreiben wollen, schützt der meritokratische Glaube nicht davor, dass Zertifikatslose als „Faule" stigmatisiert und „als Verschulder ihrer eigenen Lage ausgegrenzt" werden (Newman, 2000, S. 26). Mit der Begründung einer zu geringen Leistungsanstrengung werden sie letztlich doch für ihren Misserfolg *individuell* verantwortlich gemacht (Gallie & Paugam, 2000, S. 19f.; Jones u.a., 1984, S. 57). Ausdruck dessen ist unter anderem der in der Öffentlichkeit ständig wiederkehrende Verweis auf das „Leben der Sozialhilfeempfänger auf Staatskosten", die „undeserving poor", die Debatten um eine vermeintliche „Sozialstaatsabhängigkeit" („welfare generosity"), den „Sozialhilfemissbrauch"[9] oder die vielerorts vorgebrachten Überlegungen und zunehmend eingeführten Maßnahmen des „Welfare-to-Workfare" (siehe Diskussion in Gallie & Paugam, 2000; Gans, 1999; Mutz & Sing, 2001; Peck, 1999).

Neben der *Loyalität* der Zertifikatslosen, deren Gründe hier thematisiert wurden, sind – entsprechend Hirschman (1970) – noch zwei andere Handlungsoptionen von Zerifikatslosen in der Bildungsgesellschaft zu nennen: *Exit* und *Voice*. Die Möglichkeiten eines aktiven Aufbegehrens *(Voice)* sind wohl, milde formuliert, als eingeschränkt zu beurteilen. So sinkt mit ihrem abnehmenden Bevölkerungsanteil selbst ihr politisches Einfluss- bzw. Berücksichtigungspotenzial als „Wähler". Dies wird noch dadurch verstärkt, dass unter ihnen der Anteil ethnischer Minderheiten und/oder nicht wahlberechtigter Personen aufgrund des Fehlens der Staatsbürgerschaft ihres Aufenthaltslandes zunimmt (siehe Kap. 12). Und schließlich verhindert ihr Glauben an eine meritokratische Allokation den Aufbau einer oppositionellen Solidarität innerhalb der gering qualifizierten Gruppe. Damit sind kollektive Protestformen ihrerseits eher unwahrscheinlich (vgl. auch Tilly, 1998, S. 11; Wright, 1999, S. 10)[10].

Als Form des *Exits* stehen ihnen deviante „Alternativkarrieren" zur Verfügung (vgl. z.B. Eckert, 2001) sowie der Ausstieg aus der *Mainstream Society*, zum Beispiel durch Obdachlosigkeit. Nehmen sie keine staatlichen Unterstützungsleistungen in Anspruch, verschwinden sie aus den Statistiken und damit „einfach von der Bildfläche" (Gans, 1999, S. 247). Solange sie nicht als Obdachlose, Bettler, Kriminelle usw. in Erscheinung treten, sind sie als Personen für den Großteil der Bevölkerung „unsichtbar". Zugleich sind auf diese Weise die Konsequenzen ihrer Zertifikatslosigkeit statistisch nicht erfasst (bzw. nur in der Kriminalstatistik erfassbar). Darüber hinaus wird ein Teil der Zertifikatslosen dadurch „unsichtbar",

---

9 Pressemitteilungen des Bundesministeriums für Arbeit vom 20.12.2001: „Sozialhilfemissbrauch wird wirksamer verhindert".

10 Neben der oben genannten soziologischen Literatur gibt es auch in der sozialpsychologischen Forschung Untersuchungen, die diesen Zusammenhang von „Zugehörigkeitsglaube", Gruppenidentität und -verhalten bestätigen: „(...) the extent to which group members perceive themselves to be able to move from one group to another (...) had strong effects on disadvantaged group's reaction to its deprivation: those in the completely closed condition were the only ones who showed evidence of collective protest." (Brewer & Brown, 1998, S. 573)

dass sie lieber auf die Hilfe von Freunden und Verwandten – sofern möglich – zurückgreifen als auf (stigmatisierende und/oder als erniedrigend empfundene) staatliche Unterstützungsangebote (vgl. Gans, 1999, S. 246; Hagen & Niemann, 2000).

2.3 Die akademische Bildungsstory als kulturelles Element der Bildungsgesellschaft

Nicht nur Individualisierung, Globalisierung und Digitalisierung haben einen festen Platz im öffentlichen politischen wie privaten Diskurs, auch die Bildungs- und Leistungsgesellschaft gehört zum festen Repertoire der Medien, Parteien und Bürger – und dies nicht erst seit PISA. Eine ZEIT-Recherche (im Internet, durchgeführt am 26.04.2002) für die Ausgaben von 01/2001 bis 17/2002 zeigt, dass das Wort *Bildung* 925-mal erwähnt wurde, das Wort *Leistung* 711-mal, *Chancengleichheit* 95-mal, *Begabung* 90-mal, *Humankapital* 30-mal und *Leistungsgesellschaft* 16-mal. Im täglichen Spiegel-Online wurde das Wort *Leistung* zwischen dem 01.01.2000 und 26.04.2002 insgesamt 1.344-mal verwendet (d.h. im Durchschnitt fast 2-mal täglich).

Doch die Diskussion um die deutschen Resultate in der PISA-2000-Studie (Baumert u.a., 2001) ließ einen Sachverhalt deutlich zu Tage treten: Es sind weniger der soziale Sprengstoff und die soziale Skandalträchtigkeit der immer noch vorhandenen ausgeprägten Chancen*un*gleichheit im deutschen Bildungssystem, die Politik und Öffentlichkeit beunruhigen, als vielmehr die *wirtschaftliche* Vergeudung von wertvollem *Begabungspotenzial*[11]. Es geht um Deutschlands Image als „Bildungsnation", als „Heimstätte der Dichter und Denker" im Allgemeinen und – so das Klagen der Unternehmen[12] – um einen „ausbildungsfähigen" Nach-

---

11 Im CDU-Bildungsprogramm herrscht die wirtschaftliche Sichtweise vor: „Aus dem Mangel an qualifzierten Fachkräften erwächst eine weitreichende Gefährdung der Leistungsfähigkeit unserer Volkswirtschaft." (CDU-Bundesgeschäftsstelle, 1994). Ähnliches findet sich beim Bundesbildungsministerium der rot-grünen Regierung: „Unsere Gesellschaft ist darauf angewiesen, vorhandene Leistungspotentiale nicht zu vergeuden, sondern zu erkennen und zu nutzen." (Bundesbildungsministerium, 1999, S. 4). Und im bildungspolitischen Leitantrag des SPD-Bundesparteitags im Herbst 2001 (nach Bekanntgabe der Ergebnisse von *PISA 2000*) heißt es im gleichen Tenor, dass Deutschland „(...) als rohstoffarmes Land (...) seinen Platz als führende Wirtschaftsmacht und damit Wohlstand und soziale Sicherheit für die hier lebenden Menschen nur erhalten könne, wenn wir mehr in die Köpfe insbesondere junger Menschen investieren." (Vorstand der SPD, 2001, S. 351)

12 Siehe zum Beispiel den Beitrag von Barbara Gillmann „Klagen der Unternehmen verhallten jahrelang ungehört: Unternehmen schließen Bildungslücken der Lehrlinge selbst" im Handelsblatt (vom 31.07.2002).

wuchs in ausreichender Zahl im Besonderen. Insofern ist es nicht nur bei der gleichen Bezeichnung des deutschen Abschneidens bei der PISA-2000-Studie als „Bildungskatastrophe" geblieben; es scheint sich auch wenig am primären Diskursmuster von *Bildung als Humankapital* seit Picht (1964) geändert zu haben.

Generell sind in der Leistungs- und Bildungsdebatte die *funktionalistischen* Argumente der meritokratischen Leitfigur unverkennbar und dominant. Stellvertretend seien Beispiele aus der Grundwertediskussion nicht der FDP, die als liberale Partei diesen Diskurs natürlich führt, sondern der SPD genannt. In seiner Rede am 26.04.2000 anlässlich des „Forums Grundwerte: Gerechtigkeit" formulierte Clement (damals noch in seiner Funktion als Stellvertretender Parteivorsitzender der SPD) folgende Gedanken (Clement, 2000, S. 9ff.; Hervorhebungen H.S.):

- „Die Erwirtschaftung des Wohlstands kommt vor seiner Verteilung – und zwar im Interesse von Leistung und von Gerechtigkeit." (S. 11)
- „Moderne soziale Marktwirtschaften hingegen können die Chancen auf Gleichheit erhöhen, ohne jedoch Gleichheit *im Ergebnis* zu sichern und zu versprechen." (S. 11)
- „Es gibt Menschen, die können das hohe Tempo in der Wirtschaft nicht mithalten; sie bleiben dann, zum Teil jahrelang, ‚außen vor'. Aber niemand ist ohne irgendein *Talent,* und wir sollten und dürfen es uns gesellschaftlich nicht leisten, Talente zu vergeuden. Denn Talente sind unser Reichtum von morgen. Wir müssen deshalb Wege finden, um die ‚Emanzipation der Talente' von standardisierten Regeln und Traditionen voranzubringen." (S. 12)
- „Gerechtigkeit (heißt) in diesem Sinne in erster Linie Gleichheit der Chancen, aber nicht Gleichheit der Ergebnisse, die die Einzelnen erzielen, *wenn sie ihre Chance nutzen.*" (S. 13)
- „Das Bildungssystem wird künftig mehr denn je zum Schlüssel für soziale Gerechtigkeit. (…) Ich würde nicht so weit gehen zu sagen, dass die für soziale Gerechtigkeit elementaren Fragen der Beschäftigung und der individuellen Lebenschancen allein im Bildungssystem entschieden werden. Aber ich bin davon überzeugt, dass *das Bildungssystem für die Zuteilung von Arbeits- und Lebenschancen noch mehr an Bedeutung gewinnen wird, als es heute schon der Fall ist.*" (S. 14)
- „Chancengleichheit und Leistungsorientierung sind keine Gegensätze, sie *gehören direkt zusammen.*" (S. 15)

Die Überschneidungen dieser Äußerungen von Clement mit der in Abschnitt 2.1 geführten Diskussion zur Bildungsgesellschaft und ihrer meritokratischen Leitfigur sind nicht zu übersehen. Er benutzt deren funktionalistische Argumentation zur Erklärung der Notwendigkeit von Ergebnisungleichheiten; auch bei ihm erscheint soziale Platzierung als „Chance", die es zu nutzen gilt, und als „verdiente Belohnung", wenn man sie genutzt hat; auch von ihm wird das Bildungssystem zur Förderinstitution von „Talenten" hochstilisiert, wodurch es sinnvollerweise immer mehr zum zentralen Ort für die Zuteilung von Arbeits- und Lebenschancen werden soll.

Die Übernahme dieser durch die Wissenschaft bereitgestellten Denkfiguren und Erklärungen findet man nicht nur in der *deutschen* Öffentlichkeit, sondern auch in den anderen modernen Gesellschaften. Bei Giddens (als Chefberater von Blair) findet man beispielsweise in seiner Rede auf der gleichen Veranstaltung folgende Bezüge zu Meritokratie, Chancengleichheit und Bildungsgesellschaft (Giddens, 2000, S. 20ff.; vgl. auch Giddens, 1997, 2001):

– „Die Sozialdemokraten müssen sich weiterhin für die Umverteilung einsetzen, jedoch mit einem anderem Schwerpunkt. Die Abhängigkeit von der passiven Umverteilung der Einkommen oder des Vermögens kann nicht das Ziel sein. Das erste Merkmal des neuen europäischen Sozialmodells ist der auf Vermögen basierende Egalitarismus – (…)." (S. 20, im Englischen spricht er von einem „asset-based egalitarianism")
– „Es gilt, den neuen Sozialpakt um die Doppelthemen ‚Chancen und Verantwortung' herumzuweben." (S. 21)
– „Die Angehörigen der Mittelschicht sind im großen und ganzen bereit, Programme für soziale Gerechtigkeit zu akzeptieren, solange es dabei um Chancengleichheit geht. Sie möchten Maßnahmen jedoch nicht auf ein passiv transferiertes Einkommen reduziert sehen, das Menschen zugute kommt, die trotz finanzieller Unterstützung die Chancen, die ihnen ihr Leben bietet, nicht nutzen." (S. 22)
– „Der relativ hohe Grad an Chancengleichheit in den EU-Staaten wird einen Wettbewerbsvorteil in der neuen Weltwirtschaft ausmachen." (S. 23)

Für die USA – wo *Zeugnisse* vor allem in Form von Testergebnissen und *College-* bzw. Universitätsabschlüssen erbracht werden (Brown, 1995; Collins, 1979; Lemann, 1999) – bedarf der Bezug zwischen dem wissenschaftlichen und dem öffentlichen Diskurs um *Meritokratie* wohl kaum der Erwähnung, da der US-amerikanische Individualismus „vom Tellerwäscher zum Millionär" gerade auf dem Glauben verwirklichter Chancengleichheit beruht: „American beliefs about inequality and talents are rooted so deeply in American individualism (…) Americans usually interpret events as the result of individual will." (Fischer u.a., 1996, S. 207)

Die wissenschaftliche Behandlung der Themen Bildungsgesellschaft, Meritokratie und Chancengleichheit ist also „very similar to the stories modern societies tell about themselves" (Meyer, 1994, S. 730). Das ist Übertragungsprozessen in beiden Richtungen, von der wissenschaftlichen Theorie ins Alltagshandeln und vom Alltagshandeln in die Wissenschaft, geschuldet. So stellt die Wissenschaft als

„Medium der Objektivierung" (Berger & Luckmann, 1980) einerseits Erklärungsmodelle für praktische Fragen und *wissenschaftlich anerkannte* Semantiken zur Begründung von Entscheidungen zur Verfügung (Rueschemayer & Mahoney, 2000, S. 1590), die die soziale Ordnung als *objektiv gegeben* erscheinen und erfahrbar werden lassen (vgl. Berger & Luckmann, 1980). Der wissenschaftliche Diskurs über Bildung, Bildungstitel und Qualifikation ist damit sicherlich nicht unbeteiligt an ihrer Interpretation und gestiegenen Bedeutung im gesellschaftlichen Alltag (vgl. auch Hirsch, 1977, S. 48).

Andererseits reflektiert diese Dominanz einer funktionalistischen Sichtweise sozialer Ungleichheit und Stratifikation in der Wissenschaft zugleich die zentrale Bedeutung, die Bildung, Humankapital und Leistungswettbewerb in den letzten 50 Jahren in unserer Gesellschaft erhalten haben (Bourdieu, 2001, S. 174ff.; Meyer, 1994, S. 734; Parkin, 1982, S. 179). Während man dem Titel des von Dahrendorf 1972 verfassten Aufsatzes „Von der Industriegesellschaft zur Bildungsgesellschaft. Soll Deutschland wieder hinterherhinken?" noch eine gewisse Empörung gegenüber der ungenügenden Wahrnehmung der Bedeutung von Bildung entnehmen kann, stellen Qualifikation, Zusatzqualifikation, Weiterbildung und lebenslanges Lernen heute das politische wie wissenschaftliche Universalkonzept sozialer Integration und sozialer Gerechtigkeit dar. Damit einhergehend „(beherrschen) die politischen Zielformeln wie *activation*, *responsibility*, Vermeidung von *dependency* die Debatte" in Politik, Öffentlichkeit und Wissenschaft (Offe, 2000, S. 7; vgl. auch Krafeld, 2000, S. 15). In wechselseitiger Beeinflussung von Wissenschaft und gesellschaftlichem Alltagswissen besteht die Grundidee vieler dieser Aktivierungsmaßnahmen (der wissenschaftliche Begriff dafür ist *agency*) daher vor allem in einer Veränderung des Individuums und nicht in einer Veränderung gesellschaftlicher Strukturen – im Sinne der Beseitigung struktureller Ursachen für das „Verlieren im Bildungswettbewerb" (siehe Abschnitt 8.2 und Kap. 9).

Doch nicht nur die Begriffe der funktionalistischen Bildungstheorien haben Eingang ins gesellschaftliche Leben gefunden. Auch Begriffe einer eher konflikttheoretischen Sichtweise beeinflussen das Leben von gering qualifizierten Personen – und das nicht immer nur zum Positiven. Stellvertretend seien folgende Begriffe genannt, die neben ihrer herrschaftskritisierenden Funktion zugleich auch eine stigmatisierende Wirkung haben (können): Benachteiligte, Randgruppen, soziale Problemgruppen. Wenn in den folgenden Kapiteln sowohl ökonomische wie soziologische Theorien zur Erklärung der langfristigen Konsequenzen von geringer Bildung auf dem Arbeitsmarkt diskutiert werden, wird es daher an der einen oder anderen Stelle auch sinnvoll sein zu fragen, inwieweit die jeweiligen theoretischen Erklärungen ihrerseits zur „Realität" der Arbeitsmarktchancen von gering qualifizierten Personen beitragen.

3 „Dunkelgrau in allen Theorien" – Einführung in die sozialen Mechanismen der Benachteiligung gering qualifizierter Personen

Die Theorie bestimmt, was wir beobachten können. (Albert Einstein)

Der Einfluss von Bildung auf die Erwerbschancen von Personen wird mithilfe von ökonomischen und soziologischen Theorien erklärt, allerdings überwiegt selbst in soziologischen Texten die Verwendung ökonomischer Theorien. Warum ist dies problematisch? Paradigmen und Theorieansätze leiten nicht nur unsere Forschung. Sie limitieren sie zugleich, indem sie festlegen, welche Fragen wir stellen und welche Antworten wir auf diese Fragen suchen. Die Dominanz ökonomischer Theorien in der Arbeitsmarkt- und Bildungssoziologie[13] führte zu einer Einengung der untersuchten Fragestellungen und Erklärungsangebote. Die Arbeitsmarktchancen von Personen werden als ökonomische Sachverhalte, primär als Kapazitätsfragen des Verhältnisses von Arbeitsangebot und -nachfrage oder als Optimierungsaufgaben seitens der Unternehmen und der Arbeitsanbieter (sprich Beschäftigten und Beschäftigungssuchenden) thematisiert. Arbeitsmarktchancen als soziologischer Sachverhalt, das heißt als eine Frage der sozialen Verankerung von Personen, sind hingegen untertheoretisiert.

Eine soziologische Betrachtungsweise der Arbeitsmarktchancen als Prozesse und Resultate sozialer Integration und Verankerung kann jedoch dazu beitragen, scheinbar *exogene* Eigenschaften von Angehörigen unterschiedlicher Bildungsgruppen (wie z.B. soziale Verkehrskreise und die für das Bewerbungsverhalten relevanten sozialen Dominanzverhältnisse) als *endogene* Sachverhalte der Allokationsprozesse im Bildungs- und Beschäftigungssystem zu begreifen (vgl. Granovetter, 1986, S. 8; Tilly, 1998, S. 239f.).

13 So sind zum Beispiel bei Lenhardt zwei der (seiner Meinung nach) drei wichtigsten Theorieansätze in der Bildungs*soziologie* ökonomische Theorien: der Arbeitskräftebedarfsansatz und die Humankapitaltheorie. Nur dort, wo keine marktförmigen Beziehungen bestehen, zum Beispiel bei Berufsgruppen mit kollektiven Rechten, seien seiner Meinung nach (soziologische) Professionalisierungstheorien anzuwenden (Lenhardt, 2001, S. 317).

Von daher ist es nicht die Analyseebene, die eine Erklärung zu einer soziologischen oder ökonomischen werden lässt. Beide – Ökonomie und Soziologie – untersuchen Arbeitsmarktprozesse auf unterschiedlichen Analyseebenen, auf der individuellen, der organisatorischen, der systemischen, der beruflichen oder der sektoralen Ebene. Es ist vielmehr die Natur des erklärenden Mechanismus, der zwischen Soziologie und Ökonomie differenziert. Ökonomische Theorieansätze – mit ihrer Konzeptualisierung des Arbeitsmarkts als einem ökonomischen System – lenken unsere Aufmerksamkeit vor allem auf die *individuellen Entscheidungsprozesse* der Arbeitsanbieter und/oder der Arbeitsnachfrager. Bildung beeinflusst diese Entscheidungsprozesse zum einen als individuelles Merkmal von Personen, sei es als Investitionsleistung der Anbieter, die es zu amortisieren gilt, oder als Produktivitätssignal für die Nachfrager, das eine gewisse Leistungskapazität der Arbeitskräfte verspricht. Zum anderen dient Bildung in diesen Entscheidungsprozessen als strukturelles Merkmal des Arbeitsangebots und/oder der Arbeitsnachfrage (d.h. als Verteilungsparameter der Erwerbspopulation und Arbeitsplatzstruktur), das die Verwertungsinteressen (der Anbieter wie Nachfrager) einschränkt oder begünstigt.

In den soziologischen Theorieangeboten wird der Arbeitsmarkt hingegen als ein sozialstrukturelles System, ein System *sozialer Beziehungen* begriffen. Das heißt, sowohl die Anbieter als auch die Nachfrager auf dem Arbeitsmarkt werden als Angehörige sozialer Gruppen (Klassen/Schichten, Status- und Berufsgruppen, Bildungsgruppen, Geschlechtergruppen, ethnische Gruppen usw.) betrachtet. Zudem werden die institutionellen Regelungen von Bildungs- und Beschäftigungssystemen nicht nur auf ihre ökonomische Effizienz hin thematisiert. Soziologisch interessieren diese Regelungen vielmehr als soziale Strukturgeber von Rekrutierungs- und Platzierungsprozessen sowie als Strategien der Legitimierung dieser Prozesse. Die soziologische Perspektive öffnet damit den Blick für die sozialen Kontextbedingungen – quasi für die Sozialstruktur – dieser Entscheidungs- und Platzierungsprozesse. Dazu gehören:

- die vorhandenen sozialen Erwartungen, mit denen diese Akteure im Entscheidungsprozess konfrontiert werden (soziale Normen und kulturelle Leitbilder),
- die soziale Einbindung der entscheidenden Akteure (als Angehörige sozialer Gruppen und beispielsweise damit einhergehender sozialstruktureller Unterschiede in den Informations-, Reputations- und Rekrutierungsnetzwerken) und
- die Ressourcenausstattung von Personen (als Resultat sozialstrukturell unterschiedlicher Lebensgeschichten und damit verbundener spezifischer Aneignungsprozesse von Kompetenzen, Lebensentwürfen/-zielen sowie auch beruflichen und sozialen Identitäten).

Eine derartige soziologische Betrachtungsweise der Erwerbschancen gering qualifizierter Personen ist notwendig, um einerseits einer *Individualisierung* der Ursachen ihrer Benachteiligungen auf dem Arbeitsmarkt und andererseits der *primären* Lokalisierung dieser Ursachen im Strukturwandel des Arbeitsmarkts und im Verhältnis von Qualifikationsangebot und Nachfrage zu begegnen. In Bezug auf Letzteres ist es erforderlich, den *gesamten* Lebensverlauf von gering qualifizierten Personen zu betrachten. Gering qualifizierte Personen haben spezifische Lebens- und Problemgeschichten, die *vor* ihrem Berufseinstieg beginnen, die von einer „abweichenden“ Chronologie und (inhaltlichen) Sequenzialität ihrer Erwerbsbiografien geprägt sind und die durch soziale Bedingungen und Beziehungen außerhalb des Arbeitsmarkts mitgestaltet werden. In Bezug auf Ersteres – die Individualisierung – haben bereits die Überlegungen im zweiten Kapitel darauf hingewiesen, dass *Leistung* und *Bildung* sozial konstruierte Kategorien sind. Diese Konstruktion impliziert formale Regelungen und institutionalisierte Prozeduren, durch die Bildung für die Zuweisungsprozesse auf dem Arbeitsmarkt erst handlungsrelevant wird. Als soziale Kategorie beinhaltet Bildung mehr als nur einen ökonomischen Investitions- und Produktivitätsausweis. Mit der Bestimmung von Schul- und/oder Ausbildungsabschlüssen als Zugangsberechtigungen und Eintrittsvoraussetzungen für bestimmte Berufspositionen beinhaltet diese Definition auch institutionalisierte (normative und herrschaftsgestützte) Ansprüche der Zertifikatsträger gegenüber den Zertifikatslosen. Zudem gehen mit der zumeist *kategorialen* Definition von Bildung Grenzziehungen des sozialen Aktionsfelds und Sozialisationsraums der Angehörigen unterschiedlicher Bildungsgruppen einher, die ihrerseits zu sozialstrukturellen Unterschieden in der sozialen (durchaus arbeitsmarktrelevanten) Ressourcenausstattung, der sozialen Einbindung und der Verarbeitung von Lebenserfahrungen führen (vgl. Teil III).

Dieser Verweis auf die Notwendigkeit einer soziologischen Perspektive dient keinesfalls dazu, die existierende Deutungsmacht der ökonomischen Theorien (oder zumindest ihre beanspruchte Deutungsmacht; siehe Becker, 1986, S. 112) durch einen „soziologischen Ethnozentrismus“ zu ersetzen (vgl. Cole, 2001, S. 30). Weder die Soziologie noch die Ökonomie ist allein in der Lage, die Komplexität der Konsequenzen einer geringen Bildung auf dem Arbeitsmarkt zu erfassen: „We must find a language that recognizes the partial truth of each perspective but also their partial blindness to the other aspects and how they must have to be taken into account in a fully adequately explanation.“ (Alford & Friedland, 1985, S. 31)

Anliegen der nun folgenden theoretischen Kapitel (Teil II und III) ist es daher, die jeweiligen Stärken, aber auch Defizite der ökonomischen und soziologischen

Erklärungsangebote für die Bestimmung der Beschäftigungschancen von gering qualifizierten Personen sowie ihre Vereinbarkeit zu einer komplementären Erklärung herauszuarbeiten.

Für beide, die Soziologie und die Ökonomie, gilt es dabei, eine statische Betrachtungsweise hinsichtlich der Erwerbschancen von gering Qualifizierten zu vermeiden. Daher ist es *zum einen* erforderlich, den *individuellen Lebensverlauf* von gering qualifizierten Personen einzubeziehen – und zwar als Ressourcenakkumulationsprozess wie auch als Bilanzierungskriterium für die Leistungsbewertung des Einzelnen (vgl. Mayer, 1987). Diese *Bilanzierung* der Vergangenheit beeinflusst zukünftige Entscheidungssituationen – und zwar sowohl die seitens der gering qualifizierten Personen als auch die seitens der Beschäftiger. Mit einer derartigen *intra*generationalen Betrachtungsweise kann nicht nur die Kumulativität von Benachteiligung untersucht werden. Sie erlaubt auch zu thematisieren, ob die Ausgrenzungsprozesse in den Lebensgeschichten und Erwerbsverläufen gering qualifizierter Personen heute wesentlich früher beobachtbar sind als in früheren Geburtsjahrgängen und welche Folgen dies für die Erwerbschancen gering qualifizierter Personen und ihre soziale Position in unserer Gesellschaft hat.

Es ist also notwendig, *Prozesse statt Zustände* sozialer Ungleichheit zu analysieren und damit den dynamischen, prozessualen Charakter des Einmündens von Individuen zum Beispiel in die Gruppe der gering Qualifizierten, die kumulativen Prozesse sozialer Ungleichheit im Lebensverlauf und die dadurch verursachte kategoriale Verstetigung in Rechnung zu stellen. Eine rein ökonomische Perspektive setzt die Einmündungsprozesse im Wesentlichen voraus (siehe Kap. 4 und 5), während die soziologische Betrachtungsweise die Konsequenzen und Veränderungen dieser Einmündungsprozesse in die Erklärung integriert (bzw. integrieren kann) (siehe Kap. 6, 7 und 8).

Zum anderen gilt es, die historische Veränderung des *kollektiven Lebensverlaufs* der Gruppe der gering Qualifizierten zu berücksichtigen. Das heißt zu fragen, wer Angehöriger dieser Gruppe zu unterschiedlichen historischen Zeitpunkten ist, welche *Abwanderungsprozesse* mit der Bildungsexpansion aus dieser Gruppe in höhere Bildungsgruppen stattgefunden haben und wie sich die Perzeption dieser Gruppe in der Gesellschaft (d.h. seitens der Beschäftiger, der *Gatekeepers* in Bildungs- und arbeitsmarktpolitischen Institutionen und/oder durch sie selbst) verändert hat. Dadurch wird es möglich, das Verhältnis der Gruppe gering qualifizierter Personen zu den anderen Bildungsgruppen als ein historisch bewegliches und sich sozial wandelndes zu begreifen und die Veränderung und Beständigkeit in den Auswirkungen geringer Bildung für die Erwerbschancen zu reflektieren. Dies beinhaltet sowohl die historische Veränderung im Verhältnis der Bildungsgruppen *zueinander* als auch – und dies kann nur eine soziologische Betrachtungsweise leisten – soziale Verankerung (die sozialen Beziehungen) von gering qualifizierten Personen *innerhalb* ihrer „eigenen" Bildungsgruppe.

Die Beachtung dieser beiden Dynamiken (der historischen und der intragenerationalen) bei der Erklärung der Erwerbschancen gering qualifizierter Personen ermöglicht es zu zeigen, dass die Benachteiligung von gering Qualifizierten auf dem Arbeitsmarkt ihrem Wesen nach *kein* neues soziales Problem darstellt. Vielmehr lassen schlechtere wirtschaftliche Rahmenbedingungen, gestiegene gesellschaftliche Bildungsstandards und sozialstrukturelle Veränderungen innerhalb der Gruppe gering qualifizierter Personen „das zugrundeliegende Problem in einer Schärfe und Härte unabweisbar hervortreten" (Willand, 1987, S. 47). Sie radikalisieren die Risiken von gering qualifizierten Personen als eine zu allen Zeiten benachteiligte Personengruppe (Hiller, 1996, S. 22).

Als zu Grunde liegende soziale Mechanismen dieser Radikalisierung werden im Folgenden *vier soziale Prozesse* – die komplementär, zum Teil interdependent verlaufen – herausgearbeitet. Aufgrund ökonomischer Strukturverschiebungen, die vor allem zu Veränderungen im Rekrutierungsverhalten seitens der Beschäftiger führten, lassen sich folgende Mechanismen benennen (siehe Teil II):

(1) der (ökonomische) Mechanismus der kaskadenartigen *Verdrängung* von oben nach unten auf dem Arbeitsmarkt *(Verdrängungsthese)* sowie
(2) die *Diskreditierung* gering qualifizierter Personen als Folge einer veränderten *Signal*wirkung von Bildungsleistungen auf dem Arbeitsmarkt *(Diskreditierungsthese).*

Infolge der Zunahme struktureller Risiken sozialer Ausgrenzung, die das Bewerbungsverhalten gering qualifizierter Personen verändern, werden folgende Mechanismen bedeutsam (siehe Teil III):

(3) die *Verringerung der Netzwerkressourcen und Erfahrungskontexte* von gering qualifizierten Personen für die Arbeitsplatzsuche aufgrund einer sozialen Homogenisierung bzw. „Verarmung" dieser sozialen Gruppe *(These der sozialen Verarmung)* sowie
(4) neuartige *institutionelle Stigmatisierungsprozesse,* zum Beispiel durch eine verstärkte Diskreditierung auf dem Arbeitsmarkt (siehe zweiter Mechanismus) und veränderte und/oder expandierende institutionelle *tracking*-Praxen vor dem und beim Arbeitsmarkteinstieg, die mit neuartigen Selbsttypisierungs- und vermehrten Selbstselektionsprozessen „beantwortet" werden *(Stigmatisierungsthese).*

Diese vier Mechanismen stellen *keine* alternativen Erklärungen dar, sondern komplementäre Prozesse, die insgesamt in abnehmenden Beschäftigungschancen gering qualifizierter Personen resultieren. Zusammen geben sie Auskunft über das Wie und Warum einer stärkeren Begrenzung der Handlungsspielräume von gering qualifizierten Personen auf dem Arbeitsmarkt. Mithilfe der beiden soziologischen

Erklärungsmechanismen (drittens und viertens) werden die in der Ökonomie als residuale und exogene Faktoren behandelten *sozialen Kontexte* und *individuellen Präferenzen* in die (zudem wechselseitig zusammenhängenden) Entscheidungsprozesse der beiden Arbeitsmarktakteure – Arbeitssuchende und Arbeitsnachfrager – integriert und endogenisiert (vgl. auch Wilensky, 1960, S. 549).

Bevor jedoch diese Mechanismen in den folgenden Kapiteln entwickelt und dargestellt werden, soll kurz definiert werden, was unter einer *Verringerung der Erwerbschancen von gering qualifizierten Personen* verstanden werden soll. Sie liegt dann vor,

- wenn gering qualifizierte Personen überproportional von Arbeitslosigkeit betroffen sind und ihr Arbeitslosigkeits- und Langzeitarbeitslosigkeitsrisiko historisch zugenommen hat, und/oder
- wenn sich für gering qualifizierte Personen historisch abnehmende Zugangschancen zu qualifizierten Arbeitsplätzen zeigen, sodass gering Qualifizierte, wenn sie erwerbstätig sind, zunehmend nur noch auf Einfacharbeitsplätzen eine Beschäftigung finden. Diese Arbeitsplätze sind dadurch gekennzeichnet, dass sie eine geringe Beschäftigungssicherheit aufweisen, ein höheres Arbeitslosigkeitsrisiko tragen, zumeist schlechte Arbeitsbedingungen besitzen und kaum Zugang zu betriebsinternen Beförderungswegen eröffnen (Abschnitt 4.4 und 4.5).

In Bezug auf das (Langzeit-)Arbeitslosigkeitsrisiko gilt es zu erklären, ob und warum ihr Entlassungsrisiko gestiegen ist und/oder ihre Wiederbeschäftigungschancen abgenommen haben. In Bezug auf die Qualität ihrer Arbeitsplätze ist zu bestimmen, warum und inwiefern sich ihre Zugangschancen zu qualifizierten Arbeitsplätzen verringert haben: Betraf/betrifft dies vor allem den *direkten* Zugang zu qualifizierten Positionen und/oder den *indirekten* Zugang über interne Aufstiege von einfachen zu qualifizierten Arbeitsplätzen? Einschränkend ist an dieser Stelle darauf hinzuweisen, dass die theoretischen Überlegungen dieses Buches diese Fragen weitergehend bearbeiten als die empirischen Analysen (für die z.T. die Datenlage unzureichend ist, siehe Erklärungen in Kap. 9 und 10). Insofern wird hier zum Teil auch ein Forschungsprogramm für zukünftige empirische Analysen und Datenerhebungen aufgezeigt.

Teil II
Ökonomische Betrachtungsweise – Bildung als individuelles Qualifikationsmerkmal in der Arbeitsmarktkonkurrenz

Economics: Workplace inequality reflects individual choices, technical demands, and optimal decision-making figures. (Bielby &Baron, 1986, S. 763)

Zur Erklärung eines generellen Zusammenhangs zwischen individueller Bildungsleistung und Erwerbschancen (Arbeitslosigkeitsrisiko und Platzierungsqualität) werden in der ökonomischen Arbeitsmarktforschung vor allem folgende theoretische Ansätze verwendet: die Humankapitaltheorie, die *Signaling*-Theorie, das *Job-Competition*-Modell, Segmentationskonzepte sowie das *Vacancy-Competition*-Modell. Diese Ansätze werden häufig parallel verwendet („Theorie x sagt dies und Theorie y sagt jenes") und als konkurrierende, alternative Erklärungen gesehen. Meiner Meinung nach stellen diese Theorieansätze in der oben genannten Reihenfolge jedoch eine Entwicklung dar, in der dialektisch über These–Antithese–Synthese das *Vacancy-Competition*-Modell (Vakanzkettenmodell) die vollständigste ökonomische Erklärung für die unterschiedlichen Arbeitsmarktchancen der verschiedenen Bildungsgruppen bietet[1]. Alle dem Vakanzkettenmodell *vorgelagerten* Ansätze sind partiell in dieses Modell integrierbar und gleichzeitig um ihre jeweiligen Erklärungsdefizite „komplettiert". Daher wird im Folgenden die Bezeichnung *informiertes Vakanzkettenmodell* verwendet.

Dies wird nun mit Bezug auf die Erklärung der geringeren Erwerbschancen von gering qualifizierten Personen im Vergleich zu höher Qualifizierten dargestellt (Kap. 4). Mit dem Modell von theoretischen Entwicklungsstufen wird versucht, die sonst übliche eklektizistische Verwendung dieser Theorien zu vermeiden. In Kapitel 5 werden – basierend auf dem *informierten Vakanzkettenmodell* – die ökonomischen Mechanismen *Verdrängung* und *Diskreditierung* als Erklärungen für die Verringerung der Erwerbschancen gering qualifizierter Personen entwickelt. In Kapitel 6 werden ihre Erklärungsbeiträge, aber auch ihre Erklärungsdefizite diskutiert.

---

1 Für die marxistischen Segmentationsansätze gilt dies nicht, da sie nicht mit dem neoklassischen Paradigma vereinbar sind (vgl. Fine, 1998, S. 125 f).

In der Darstellung dieser ökonomischen Erklärungen wird zum Teil auch eine soziologische Interpretationsperspektive eingenommen. Das heißt, die theoretischen Erklärungen werden zwar als ökonomische Theorien behandelt, da sie in ihrem Kern von der Lösung von „Optimierungsproblemen" ausgehen. Dennoch erlauben insbesondere die Segmentationstheorien und das Vakanzkettenmodell auch die Betrachtung von Institutionen (wie formale Rekrutierungsregelungen und Arbeitsplatzdefinitionen) aus der Sicht sozialer Beziehungen.

Kapitel 4 und 5 folgen einer sequenziellen Argumentationslogik, die als Grundstruktur auch dem dritten Teil zu Grunde liegt. Zunächst werden die *generelle* Inzidenz einer Arbeitsmarktbenachteiligung von gering qualifizierten Personen und intragenerationale Veränderungsprozesse dieser Benachteiligung erklärt. Anschließend wird deren Magnitude im Kontext sich *verändernder* Rahmenbedingungen diskutiert (historische Dynamisierung).

4 Die Inzidenz eines generellen Wettbewerbsnachteils gering qualifizierter Personen: Von der Humankapitaltheorie zum informierten Vakanzkettenmodell

Instead of people looking for jobs, there are jobs [i.e., employers; H.S.] looking for (...) „suitable" people. (Thurow, 1972, S. 68)

Alle ökonomischen Theorien gehen davon aus, dass mit steigender Bildung die Leistungsfähigkeit von Personen zunimmt. Bildung wird generell als ein Prozess der Aneignung fachlicher Kenntnisse und Fähigkeiten sowie sozialer Kompetenzen definiert.

4.1 Start: Humankapitaltheorie

Am stärksten und frei von „Verwerfungen" ist diese Grundannahme in der *Humankapitaltheorie* (Becker, 1964; Bowman, 1966). Sie geht davon aus, dass die Unterschiede in den Erwerbschancen von Personen das Ergebnis ihrer unterschiedlichen Produktivitätsniveaus sind. Bildung wird hier als eine individuelle Investition in Humankapitalressourcen seitens der Arbeitsanbieter definiert, die aufgrund der damit verbundenen höheren Produktivität (für die Beschäftiger) „belohnt" wird. Unterschiede in den Erwerbschancen von Männern und Frauen sowie zwischen Personen unterschiedlicher ethnischer Herkunft werden gemäß der Humankapitaltheorie daher als Produktivitätsunterschiede aufgrund ungleicher individueller Bildungsanstrengungen und -investitionen erklärt (Becker, 1991; Strober, 1989, S. 202) – ungeachtet der Frage, inwieweit dafür auch eine kategorial strukturierte Bewertung und Wahrnehmung von Bildungsanstrengungen sowie strukturell ungleiche Bildungschancen verantwortlich sind.

Beim Berufseinstieg sind es ausschließlich die Schul- und Ausbildung, die die Produktivität von Personen bestimmen; in späteren Phasen der Erwerbskarriere kommen Erwerbs- und Berufserfahrungen aufgrund eines *on-the-job learning* hinzu (vgl. Mincer, 1974). Zudem wird davon ausgegangen, dass der Bildungserwerb nicht nur berufliche Kompetenzen fördert, sondern auch „individuelle Modernität" (beispielweise soziale Erfahrungen, Karriereambitionen, Arbeitsdisziplin, Unterordnungs- und Leitungskompetenzen, Lerninteresse), die gleichfalls zu einer höheren individuellen Produktivität beitragen (Brown, 1995; Graff, 1996; Inkeles & Smith, 1974). Bildung als Ausdruck von Humankapital und individueller Produktivität wird dabei ausschließlich als eine Eigenschaft von Personen konzeptualisiert: „Human capital is the stock of skills and productive knowledge *embodied in people*." (Rosen, 1989, S. 136; Hervorhebung H.S.)

Die von Becker (1964) vorgenommene Unterscheidung zwischen allgemeinem (beruflichen) und betriebsspezifischem Humankapital reflektiert dabei nur, von wem die Investitionen getätigt wurden und wem damit die „Rückzahlungen" zufallen, den Beschäftigten oder den Betrieben. Dies soll nicht weiter ausgeführt werden, da diese Unterscheidung für die Erklärung der schlechteren Erwerbschancen von gering qualifizierten Personen nur bedingt relevant ist (siehe unten).

Die Ableitung der Erwerbschancen von ungleich gebildeten Personen basiert damit ausschließlich auf der Betrachtung der Angebotsseite und der Konkurrenz von Personen um Löhne als Renditen für getätigte Bildungsinvestitionen (und ihr *On-the-Job-learning*). Die Beschäftigung von gering qualifizierten Personen zu niedrigeren, wenn nicht gar Niedriglöhnen wird hier durch zweierlei erklärt. Erstens: Sie haben keine oder vergleichsweise sehr geringere Bildungsinvestitionen getätigt. Zweitens: Sie haben eine derart geringe Produktivität, dass (aus Arbeitgebersicht) nur Niedriglöhne marktgängig sind.

Für Gesellschaften mit einem stark berufsspezifischen Ausbildungssystem wird die Annahme einer generell höheren Produktivität mit höherer Bildung etwas eingeschränkt. Die im Ausbildungssystem erlernten spezifischen beruflichen Fähigkeiten und Fertigkeiten müssen auf dem Markt im Sinne von „produktivem Kapital" verwertbar sein, sprich nachgefragt werden. Geschieht dies nicht, dann haben diese Personen aufgrund ihrer in der Ausbildung angeeigneten Humankapitalressourcen zwar immer noch bessere Erwerbschancen als Personen mit einer geringeren oder fehlenden Berufsausbildung, aber schlechtere Chancen als jene Personen, die nicht nur ihre allgemeinen, sondern auch berufsspezifischen Humankapitalressourcen zum Einsatz bringen bzw. „vermarkten" können.

Aus der Humankapitaltheorie lassen sich ein systematischer Zusammenhang von Bildung und Erwerbschancen sowie eine Erklärung für das Auseinanderdriften der Erwerbschancen unterschiedlicher Bildungsgruppen über den Erwerbsverlauf hinweg ableiten. Der soziale Mechanismus, der sowohl für diesen Zusammenhang als auch das Auseinanderdriften verantwortlich gemacht wird, ist eine Personalrekrutierung auf der Basis individueller Produktivität unter Verwendung von Bildungsleistung und Erwerbserfahrung als messbarem und damit beobachtbarem Indikator für die Beschäftiger.

In Bezug auf gering qualifizierte Personen bedeutet dies Folgendes: Gemäß der Humankapitaltheorie haben sie bereits am Beginn ihrer Erwerbskarriere schlechtere Beschäftigungschancen als höher Qualifizierte. Aufgrund ihrer geringen Qualifikation und der Erwartung, sie doch noch durch besser qualifizierte Personen ersetzen zu können, haben Beschäftiger zudem nur ein geringeres Interesse, in das betriebsspezifische Humankapital dieser Personen zu investieren. Dadurch haben sie zugleich ein höheres Entlassungsrisiko. Im Ergebnis sollten die damit verbundenen Zeiten der Nichterwerbstätigkeit und häufigeren Unterbrechungen in einem zunehmend größeren Abstand zu höher Qualifizierten im Erwerbsverlauf resultieren[2].

Obgleich der Zusammenhang zwischen individuellem Bildungsniveau und Erwerbschancen (sowohl im Hinblick auf das Qualifikationsniveau der Beschäftigung als auch im Hinblick auf die Beschäftigungssicherheit bzw. -unsicherheit) empirisch für alle modernen Industriegesellschaften (für kapitalistische und bezüglich des Arbeitsplatzniveaus auch für staatssozialistische[3]) gezeigt werden konnte, weist der hier unterstellte Mechanismus vielfältige Defizite bei der Widerspiegelung von Arbeitsmarktprozessen auf – und zwar auch dann, wenn man bei der ökonomischen Betrachtungsweise bleibt. Zu diesen Defiziten gehören:

Erstens – Informationsdefizit: Aus dem Besuch von Schulen und Ausbildungseinrichtungen lässt sich nicht unmittelbar die Produktivität von Personen ableiten, vor allem nicht für die sehr unterschiedlichen Einsatzfelder von Personen mit gleicher (Aus-)Bildung auf dem Arbeitsmarkt und in Unternehmen. Von daher können Beschäftiger gar nicht die „wahre" Produktivität von Personen und ihre Grenznutzenproduktivität im jeweiligen Unternehmen wissen, selbst wenn sie einen Ausweis über die Bildungsleistungen von Personen (z.B. absolvierte Schuljahre) haben. Zudem stehen auch den Arbeitsanbietern nicht alle notwendigen Informationen

---

2 Bei der empirischen Untersuchung der Erwerbschancen müsste man in Übereinstimmung mit diesen theoretischen Überlegungen die individuelle Bildungsleistung, stellvertretend für das Produktivitätsniveau, über die „Anzahl der absolvierten Schuljahre" messen. Nur so kann der unterstellte *lineare* Zusammenhang zwischen Schulbesuch und Produktivitätssteigerung adäquat abgebildet werden (vgl. Sørensen, 1998, S. 26). Teilweise findet man allerdings – trotz der Bezugnahme auf die Humankapitaltheorie – auch die *diskrete* Messung über erworbene Bildungszertifikate. Dies ist insofern inadäquat, weil (1) die Produktivitätsdefinition damit bürokratischen Prozeduren anheim gestellt wird (vgl. Heimer, 1984) deren Verselbstständigungstendenz und institutionelle Trägheit zu einer Diskrepanz zwischen Zertifikat und tatsächlicher individueller Produktivität führen können, und weil (2) von einem freizügigen Erwerb von Zertifikaten bei „entsprechender Gegen- bzw. Bildungsleistung" ausgegangen und damit die Lizenzierungsfunktion von Zertifikaten ausgeblendet wird (siehe Abschnitt 4.4 und Kap. 5).

3 Siehe zum Beispiel für die DDR: Huinink & Solga, 1994; Solga, 1995; Solga & Konietzka, 1999; für Polen: Mach & Solga, 1997; Wesolowski & Mach, 1985; für die Tschechoslowakei: Machonin, 1970; und für Ungarn: Szelenyi, 1988.

zur Verfügung, um einschätzen zu können, ob sie tatsächlich den Maximalbetrag für ihre „geleisteten Investitionen" erhalten oder wo sie ihn erhalten könnten.

Zweitens – Nachfragedefizit: Er blendet die Nachfrageseite aus. Selbst bei marktgängigen Löhnen bestimmt sich die Nachfrage nach Arbeit nicht nur durch das Angebot an Arbeit, sondern vor allem auch durch die zu produzierenden Produkte und die dafür erforderlichen (oder dafür für erforderlich gehaltenen bzw. definierten) Qualifikationen.

Drittens – Institutionsdefizit: Es wird von einem einzigen, homogenen Arbeitsmarkt ausgegangen, auf dem alle Personen (für jeden Job) miteinander konkurrieren. Arbeitsmärkte sind aber bekanntermaßen segmentiert und bestimmte Berufspositionen lizenziert.

Viertens – Regulierungsdefizit: Die Humankapitaltheorie setzt einen unregulierten Arbeitsmarkt voraus, auf dem Arbeitgeber beim Vorhandensein von produktiveren, sprich besser gebildeten Personen schlechter qualifizierte Personen uneingeschränkt entlassen können und wollen (dies wäre schon angesichts von Einarbeitungskosten nicht immer effizient).

Auch wenn die Humankapitaltheorie angesichts dieser Defizite nur einen eingeschränkten wissenschaftlichen Erklärungswert besitzt, so spielt sie für die Erklärung der schlechteren Erwerbschancen von gering Qualifizierten meines Erachtens eine nicht zu unterschätzende Rolle. Sie unterstützt als „Medium der Objektivierung" mehr als die folgenden Theorien die meritokratische Leitfigur von Bildungsgesellschaften (siehe Kap. 2). Bildung wird mit ihr (wissenschaftlich) als individuelle Leistung mit verdienten Rückzahlungen definiert. Damit enthält sie ein starkes Legitimationspotenzial für bildungsbasierte Selektionsprozesse. Gemäß dem meritokratischen Ideal unterstellt sie dabei eine Gleichheit der Bildungschancen, da nur so der Erfolg im Bildungssystem den individuellen Leistungsanstrengungen von Personen zugerechnet werden kann, die es in Form von Löhnen zu „bezahlen" gilt. Darüber hinaus liefert ihre Produktivitätsannahme ein Rationalitätsargument für Rekrutierungsentscheidungen. Beides, Rationalitätskonstruktion und Legitimation, sind wichtige Voraussetzungen für die Erklärungswirksamkeit der folgenden ökonomischen Theorien.

4.2 Zwischenstufe: Signaling-Theorie

Die *Signaling*-Theorie (Spence, 1973, 1974; Stigler, 1962; Stiglitz, 1975) bleibt zunächst auf der Angebotsseite. Im Unterschied zur Humankapitaltheorie beachtet sie jedoch, dass Beschäftiger bei Rekrutierungsentscheidungen mit einer Unsicherheit über das „wahre" und zukünftige Produktivitätsniveau von Personen konfrontiert sind (siehe Informationsdefizit). Wollen sie nicht aufwendige Leistungstests und langwierige Auswahlverfahren durchführen, so müssen sie leicht beobachtbare, kostengünstige und zuverlässige Indikatoren verwenden (vgl. Riley, 1976, S. 254; Simon, 1991, S. 26; Stiglitz, 1975), die

- *erstens* ihr Risiko einer „falschen" Auswahl (sprich einer unfähigen oder einer nur mit sehr hohen Zusatzkosten fähigen Person) zufrieden stellend reduzieren;
- die *zweitens* eine hohe Aussagekraft hinsichtlich der zukünftigen Leistungsfähigkeit besitzen;
- mit denen sie *drittens* ihr Gesicht wahren können, rational, ökonomisch und heutzutage auch „politisch korrekt" zu handeln: „[devices that; H.S.] save our face as rational, economic men" (Keynes, 1973, S. 114); und
- deren Verwendung *viertens* den Arbeitsmarktwettbewerb und die Anreizstrukturen für eine ausreichende Leistungsbereitstellung seitens der Arbeitsanbieter nicht in Frage stellt.

Beschäftiger treffen ihre Rekrutierungsentscheidungen daher basierend auf *Wahrscheinlichkeitsannahmen* über die Leistungsfähigkeit von Personen *(ability)*, sich bestimmte Fähigkeiten und Fertigkeiten (nach ihrer Einstellung) kostengünstig aneignen zu können, sowie auf Wahrscheinlichkeitsannahmen über die Arbeitsmotivation und Leistungsbereitschaft von Personen (England, 1994, S. 60; Spence, 1974, S. 8; Thurow, 1975, S. 172). Für die Einschätzung dieser Wahrscheinlichkeiten werden so genannte *market signals* verwendet. Marktsignale sind individuelle Aktivitäten und Eigenschaften, die zur Beurteilung der potenziellen Leistungsfähigkeiten von Individuen herangezogen werden und dem Beschäftiger als leicht zugängliche Informationen zur Verfügung stehen (Bridges, 1996, S. 175; Spence, 1974, S. 1). Gemäß Spence (1974, S. 9f.) ist der Terminus *Signal* den beobachtbaren, von den Personen *selbst veränderbaren* Personeneigenschaften vorbehalten; der Begriff *Index* bezeichnet hingegen beobachtbare, von den Personen *nicht* veränderbare Merkmale (wie Geschlecht, Alter und ethnische Herkunft)[4].

Mithilfe dieser Signale und Indizes können Beschäftiger *Gruppen* definieren, die ihnen eine Wahrscheinlichkeitsannahme über die Leistungsfähigkeit von Personen als Angehörige dieser Gruppen erleichtern sollen (England, 1994, S. 61). Dieser Vorgang ist auch als *statistische Diskriminierung* (Arrow, 1972; Phelps, 1972) bekannt. Allgemein wird von statistischer Diskriminierung dann gesprochen, wenn „Entscheidungen über das einzelne Individuum auf der Grundlage der Verhaltenswahrscheinlichkeit von Beschäftigungsgruppen" (Blossfeld & Mayer, 1988, S. 265) getroffen werden. Dabei dienen die mit der Gruppenzugehörigkeit verbundenen

---

4 In der Soziologie entspricht dies der Unterscheidung zwischen „erworbenen" und „zugeschriebenen" Merkmalen von Personen.

Stereotype bezüglich des tatsächlichen und möglichen Verhaltens der Gruppenmitglieder als Bewertungskriterien der zukünftigen Leistungsfähigkeit von Individuen (Reskin, 2000b, S. 322). Mit dem Begriff „statistisch" soll angezeigt werden, dass Auswahlentscheidungen auf statistischen Verteilungen (bzw. Verteilungsannahmen) des Verhaltens der verschiedenen Gruppen basieren. Der Begriff „Diskriminierung" kennzeichnet die *Unterscheidung* von Personen nach ihrer (vermeintlichen) Leistungsfähigkeit entsprechend ihrer Gruppenzugehörigkeit[5].

Damit lässt statistische Diskriminierung seitens der Beschäftiger auch zu, dass die Annahme über vorhandene Leistungsunterschiede zwischen Personen möglicherweise nicht den realen Leistungsdifferenzen entspricht (Spence, 1974, S. 61): Erstens, weil nicht alle Angehörigen einer Gruppe dem Stereotyp entsprechen müssen. Zweitens, weil es sich bei dieser Gruppenbewertung um ein Wahrscheinlichkeitskonstrukt handelt, das auf Beobachtungen einzelner Gruppenmitglieder und nicht konkreter Personen beruht. Doch um Letzteres geht es Beschäftigern aus Kosten- und Zeitgründen auch nicht. Ihr Ziel ist es vielmehr, mit einer hohen *Wahrscheinlichkeit* leistungsfähige Personen auszuwählen und Personen mit einer als unzureichend betrachteten Leistungsfähigkeit auszusortieren – und dabei zugleich das Risiko gering zu halten, leistungsfähige Personen fälschlicherweise nicht auszuwählen. Zudem verleiht die Verwendung von „erworbenen" Gruppenmerkmalen (wie z.B. Sprachkenntnisse, berufliche Fertigkeiten und Kenntnisse sowie Berufserfahrung) den Rekrutierungsprozessen und der damit verbundenen Ungleichbehandlung von Personen eine rationale Begründungssemantik.

Ein *Marktsignal* erfüllt das oben formulierte *Wahrscheinlichkeits*ziel umso besser, desto größer sein Bezug zur erwarteten/erwartbaren Leistungsfähigkeit von Personen ist. Da es sich zudem um ein beobachtbares Merkmal von Personen handeln muss, geht es vor allem um den Bezug zu dem (in der Vergangenheit) demonstrierten Leistungsvermögen von Gruppen. Eines der wichtigsten Signale ist daher *Bildung* (Berg, 1971; Blossfeld & Mayer, 1988; Faia, 1981; Spence, 1974). In der Literatur wird dafür auch der Begriff des „educational screening by firms" (Riley, 1976, S. 254) verwendet. Die herausragende Bedeutung von „erbrachten" Bildungsleistungen für die Einstellungsentscheidungen seitens der Beschäftiger

---

5 Das Konzept der statistischen Diskriminierung geht daher davon aus, dass „erworbene" Merkmale unabhängig von den so genannten „askriptiven" Merkmalen existieren. Es vernachlässigt meiner Meinung nach unzulässigerweise den mit „askriptiven" Merkmalen interdependenten Zuschreibungscharakter von „erworbenen" Merkmalen (wie Bildungsniveau und -erfolg; siehe auch Kap. 2, 7, 8 und 12). Ein grundlegendes theoretisches Problem des Begriffs „statistische Diskriminierung" besteht insofern darin, dass „erworbene" Gruppeneigenschaften hier nur als Resultat *individueller* Aktivitäten und zugleich als *exogene* Faktoren von Aneignungsprozessen erklärt werden (vgl. Mueser, 1989, S. 28; Tilly, 1998, S. 101).

lässt sich durch zweierlei erklären: zum einen durch die Qualifizierungsfunktion von Bildung und ihren gesellschaftlich anerkannten Bezug zur potenziellen Leistungsfähigkeit von Personen; zum anderen dadurch, dass sie die vier Zielvorgaben (siehe oben) sehr gut erfüllt.

Dies soll im Folgenden mit Blick auf die Erklärung der geringeren Erwerbschancen von gering qualifizierten Personen dargestellt werden. Gemäß der *Signaling*-Theorie nutzen Beschäftiger die Sortierleistung und Filterfunktion von (Aus-) Bildungssystemen und gehen dabei von folgenden Annahmen aus:

Erstens: Je kleiner eine Bildungskategorie ist, desto geringer ist auch die Leistungsvarianz innerhalb der Gruppe (die geringste Varianz haben logischerweise „Einergruppen", sprich einzelne Personen). Damit verbindet sich zugleich die Annahme: Je kleiner die Gruppe mit dem geringsten Bildungserfolg in einer Gesellschaft ist, das heißt, je stärker ein Bildungssystem „Erfolglose" definiert und auszufiltern vermag, desto höher ist die Wahrscheinlichkeit, dass es sich bei diesen Personen um solche mit einer relativ geringen Leistungsfähigkeit handelt, und desto geringer ist das Risiko, dass leistungsfähige Personen aufgrund ihrer Zugehörigkeit zu dieser Gruppe in korrekter Weise nicht ausgewählt werden[6].

Zweitens: Informationen über Unterschiede im Bildungserfolg von Personen erhalten Beschäftiger (leicht und kostengünstig) aus der Beobachtung der Anzahl der besuchten Schuljahre, der Absolvierung von Klassenstufen und/oder des Erwerbs unterschiedlicher Schul- und Ausbildungszertifikate (Spence, 1974, S. 14). Diese Merkmale sind kategorisierbar und können als Gruppenmerkmale genutzt werden. Sie bieten die Möglichkeit, Personen nach ihrem Bildungserfolg in *hoch, ausreichend* und *unzureichend leistungsfähig* bzw. alltagssprachlich in *höher, adäquat* und *unqualifiziert* einzuteilen. Damit leistet die *Signaling*-Theorie einen wichtigen Beitrag zur akademischen Bildungsstory, unterstützt sie doch solche Begrifflichkeiten wie *non-employability* (Beschäftigungsunfähigkeit), das *Profiling* bzw. *Screening* der Beschäftigungsfähigkeit von Personen sowie die Konnotation der „Leistungsbeeinträchtigung" für „benachteiligte" *Gruppen*, deren Angehörige *individuelle* Leistungs- und Motivationsdefizite zeigen. Berechtigt durch das Vorweisen eines „Zeichens der [individuellen; H.S.] Unfähigkeit" (vgl. Castel, 2000, S. 411) für eine gleichberechtigte Teilnahme am Ausbildungs- und Arbeitsmarkt, haben gering qualifizierte Personen in vielen westlichen Gesellschaften dann auch Zugang zu spezifischen Sozialtrans-

6 Umgekehrt gilt: Je größer die höchste Bildungsgruppe ist, desto größer ist die Varianz der Leistungsfähigkeit innerhalb dieser Gruppe und desto höher ist das Risiko, eine weniger leistungsfähige Person auszuwählen. In Situationen mit einer „unzureichenden" Sortier- und Differenzierungswirkung der Bildungseinrichtungen müssten Beschäftiger daher weitere Marktsignale und -indizes oder *On-the-Job-screening*-Prozesse zur weiteren Unterteilung zu großer Bildungsgruppen verwenden.

ferleistungen oder Parallelsystemen ergänzender Angebote (Braun, 2002, S. 768; Stauber & Walther, 1999). Ziel dieser Angebote/Maßnahmen ist es, sie „beschäftigungsreif" (in Deutschland kommt hinzu: „ausbildungsreif") zu machen. Die Grundidee dieses Aktivierungsansatzes besteht daher ganz im Sinne der *Signaling*-Theorie (wie auch der Humankapitaltheorie) vor allem in einer Beseitigung „individueller Defizite" und nicht in der Beseitigung struktureller Benachteiligungen und Ausgrenzungsrisiken auf dem (Ausbildungs- und) Arbeitsmarkt.

Drittens: Für die Gültigkeit der Annahme, dass der Bildungserfolg von Personen Auskunft über deren potenzielle Leistungsfähigkeit gibt, wird von folgenden Mechanismen ausgegangen: zum einen von Selbstselektionsprozessen bei den „individuellen Bildungsentscheidungen" und zum anderen von Fremdselektionsprozessen im Bildungssystem, die eine Übereinstimmung zwischen den Leistungsbewertungskriterien des Bildungssystems und denen der Beschäftiger erzeugen. Hinsichtlich der *Bildungsentscheidungen* und der erbrachten Bildungsleistungen wird unterstellt, dass Personen mit längeren Schulzeiten und besseren Schulleistungen eine höhere Leistungsmotivation, Leistungsfähigkeit und Belastbarkeit haben (z.B. durch ihr erfolgreiches Bestehen von Prüfungssituationen) (Riley, 1976, S. 259; Rosen, 1989, S. 145; Spence, 1974, S. 58; Weiss, 1995, S. 137). Zudem signalisiert ihre „Ausdauer" im (Aus-)Bildungssystem auch für Arbeitgeber vorteilhafte Persönlichkeitsmerkmale, wie zum Beispiel Lernmotivation und -interesse, Verantwortungsbewusstsein, Zuverlässigkeit (vgl. Graff, 1996, S. 278)[7]. Von daher ist es auch nicht ausgeschlossen, dass Firmen von vornherein ein höheres Bildungsniveau verlangen, als für den Arbeitsplatz erforderlich ist, um den Auswahlprozess (und die dafür benötigte Zeit) nicht unnötig mit Bewerbungen von Personen aus der niedrigsten Bildungsgruppe „zu belasten": „Firms may demand more education than is required for a job to deter applications from people who have difficulty succeeding in school." (Weiss, 1995, S. 136)

Genauso wie in der Humankapitaltheorie wird hier von einem Bildungssystem mit realer Chancengleichheit ausgegangen, da der Bildungserfolg als individueller Verdienst (als „Ergebnis harter Arbeit") definiert wird, wenn nicht gar als „angeborene Leistungsfähigkeit" (die die Selbstselektionsprozesse im Bildungssystem steuert). Hinsichtlich der *Leistungsbewertungskriterien des Bildungssystems* wird angenommen, dass Bildungseinrichtungen und ihre *Gatekeepers* die Schüler und Schülerinnen vor allem hinsichtlich ihrer Lernfähigkeit, ihrer Sozialkompetenzen (Sprachgewandtheit, Kommunikationsfähigkeit, Präsentationsvermögen, Empa-

7 Der Gebrauch von Bildung als Entscheidungshilfe stellt daher im Prinzip nichts anderes dar als die Verwendung von existierenden und anerkannten Strukturen und den Verzicht der Etablierung neuer spezialisierter Strukturen, die den gleichen Zweck erfüllen würden. Dies erfolgt mit dem Ziel, Kosten für die Organisation und das Unternehmen zu sparen (Mayhew, 1970).

thie usw.) und „Arbeitstugenden" (wie Pünktlichkeit, Fleiß, Unterordnungsvermögen u.Ä.) beobachten, all diese Kriterien bei der Leistungsbewertung einbeziehen und die Schüler und Schülerinnen in die „entsprechenden" Bildungsgruppen einsortieren (Murnane & Levy, 1996, S. 30; Spence, 1974):

> „Education may serve as a pure screening device or filter, through which employers identify individuals with certain qualities *that the educational process tests and certifies but does not itself produce.* (...) Since direct information about these attributes [intelligence, motivation, discipline; H.S.] would be extremely expensive for employers to acquire, a proxy for the information is obtained – notably in credentials of some form as evidence of the candidates' passage through the educational system." (Hirsch, 1977, S. 47; Hervorhebung H.S.)

In Gesellschaften mit beruflichen Ausbildungssystemen sind die Beschäftiger zudem selbst Bestandteil dieser *Sorting-* und *Screening-*Prozesse. Sie können die Ausbildungszeit als Überprüfung der durch das Schulsystem signalisierten individuellen Leistungsfähigkeit sowie als Probephase nutzen, ohne dabei an einen langfristigen Vertrag gebunden zu sein (Harhoff & Kane, 1995, S. 15; Shackleton, 1995, S. 30). Den Arbeitgebern anderer Betriebe dienen Ausbildungszertifikate bzw. abgebrochene Ausbildungen – als Beobachtungen „ihrer Kollegen" – gleichfalls als *Screening-*Ausweis für die Einstellung von Personen. Hier wird also der allgemeine *Signaling-*Charakter von Bildungsleistungen und -zertifikaten auf dem Arbeitsmarkt durch *On-the-Job-screening-*Prozesse während der Ausbildungszeit komplettiert.

Im Ergebnis dieser unterstellten Selbstselektionsprozesse im Bildungssystem, der Sortierleistung von Bildungseinrichtungen sowie der Verwendung des individuellen Bildungserfolgs als Indikator der Leistungsfähigkeit von Personen seitens der Beschäftiger haben Personen mit höheren Bildungsleistungen bessere Einstellungschancen als geringer qualifizierte Personen. Ableitbar ist allerdings zugleich, dass die *Signaling-*Theorie (wie auch die Humankapitaltheorie) bei der untersten Bildungsgruppe von *absoluten* Erwerbschancen ausgeht. Das heißt, sind Beschäftiger mit der in den Bildungsleistungen signalisierten Leistungsfähigkeit von Personen nicht zufrieden, so werden diese nicht eingestellt. Diese „Unzufriedenheit" ist umso größer, je größer die vermutete Distanz zu den höheren Bildungsgruppen ist (und sie damit als „suspekte Personen" gelten, die es ihren Altersgenossen und -genossinnen nicht gleich tun konnten).

Aber auch für die höheren Bildungsgruppen wird gemäß der *Signaling-*Theorie im Prinzip von *absoluten* Erwerbschancen ausgegangen. In der Humankapitaltheorie resultierten diese absoluten Erwerbschancen aus der Annahme, dass Löhne und Platzierungen dem individuellen Grenzprodukt von Personen entsprechen („Jeder bekommt das, was er/sie verdient"). In der *Signaling-*Theorie geht es zwar um Wahrscheinlichkeitsannahmen über die zukünftige Leistungsfähigkeit von Personen, eine Platzierung von Personen *entsprechend* dieser Leistungswahrscheinlichkeit wird jedoch nicht aufgehoben – sie ist immer noch das definierte Ziel von Rekrutierungs- und *On-the-Job-screening*-Prozessen.

Bezogen auf die vier eingangs formulierten Zielvorgaben, die effiziente Marktsignale für Auswahlprozesse erfüllen sollten, lässt sich für das Signal „individuelle Bildungsleistung" im Allgemeinen und „gering(st)e Bildungsleistung" im Besonderen Folgendes festhalten: (1) Bildung reduziert das Risiko einer „falschen" Auswahl. Ist allerdings die unterste Bildungsgruppe zu groß (d.h. differenzieren die Selbst- und Fremdselektionsprozesse im Bildungssystem nur in geringem Maße), so verringert eine Auswahl nach Bildungszertifikaten zwar das Risiko, als leistungsunfähig definierte Personen auszuwählen; sie erhöht allerdings auch das Risiko der Nichtauswahl von leistungsfähigen Personen. In dieser Situation sind weitere *Signale* (und *Indizes*) einzubeziehen. Das bedeutet (2), je stärker Selbst- und Fremdselektionsprozesse im Bildungssystem Personen nach ihrer Bildungsleistung differenzieren, desto aussagekräftiger gilt das „Bildungssignal". Die Bildungsauswahl lässt (3) Rekrutierungsentscheidungen rational und meritokratisch aussehen und trägt damit (4) zu Anreizen für den Bildungserwerb und das Demonstrieren von Leistungsbereitschaft in der Gesellschaft bei.

Welche Erwartungen lassen sich nun daraus für die *Erwerbschancen von gering qualifizierten Personen* bzw. für Mitglieder der untersten Bildungsgruppe einer Gesellschaft formulieren? Für den *Erwerbseinstieg* sollte vor allem der erreichte Schul- bzw. Ausbildungsabschluss von zentraler Bedeutung sein, sodass gering qualifizierte Personen bereits hier deutlich schlechtere Erwerbschancen haben als höher Qualifizierte. Der Zugang zu qualifizierten Arbeitsplätzen sollte ihnen, sofern ihre gezeigten Bildungsleistungen unterhalb der dafür „erforderlichen" (oder geforderten) Qualifikationsanforderungen liegen, weitgehend verwehrt bleiben. Diese Qualifikationsanforderungen variieren allerdings mit der *Gruppengröße* der gering qualifizierten Personen: Ist diese Gruppe sehr groß, werden sie weniger hoch angesetzt, um den Pool an möglichen Bewerbern nicht zu stark einzugrenzen; ist diese Gruppe sehr klein, werden sie höher angesetzt, da davon ausgegangen wird, dass das Risiko der Ausgrenzung „ausreichend qualifizierter" Bewerber gering ist (siehe oben).

Im weiteren *Erwerbsverlauf* sollte die Differenz zu den Angehörigen der höheren Bildungsgruppen zunehmen, da eine unterschiedliche Berufserfahrung und die Kontinuität bzw. Diskontinuität im Erwerbsverlauf als *screening devices* die Vermutung einer unzureichenden Leistungsfähigkeit bestärken: Frühe Gewinner „are seen as ‚high potential' people who can do no wrong, and who are given additional opportunities and challenges while those who do not win the early competition are given little or no chance to prove themselves again" (Rosenbaum, 1979, S. 236).

Insgesamt sollten gering qualifizierte Personen daher ein höheres Entlassungsrisiko, geringere Wiederbeschäftigungschancen und einen schlechteren Zugang zu qualifizierten Berufspositionen haben. In empirischer Hinsicht stimmen diese Erwartungen mit denen der Humankapitaltheorie überein, der Erklärungsmechanismus ist jedoch ein anderer: Nicht Produktivität, sondern die von den Beschäftigern vermutete Wahrscheinlichkeit der Leistungsfähigkeit bestimmt deren Rekrutierungsentscheidungen. Beide Theorien konzeptualisieren Bildung dabei als ein *individuelles* Charakteristikum von Personen, als das Ergebnis einer individuellen Investitionsentscheidung bzw. das Ergebnis individueller Bildungsentscheidungen entsprechend der jeweils eigenen Leistungsfähigkeit.

Für die empirische Analyse der Erwerbschancen von Angehörigen unterschiedlicher Bildungsgruppen hat die *Signaling*-Theorie darüber hinaus eine wichtige Implikation. Sie bietet ein *Gegen*argument zu der derzeitigen Strömung in der ökonomischen wie soziologischen Forschung (auch und gerade in Bezug auf die Untersuchung von statistischer Diskriminierung und von Bildung als *Signal* individueller Leistungsfähigkeit), das Set an zu berücksichtigenden individuellen Eigenschaften und Merkmalen möglichst auszudehnen. Dies erfolgt mit dem Ziel, die vorhandenen individuellen Unterschiede in der Leistungsfähigkeit zu „messen“. Wenn jedoch „firms use education choice to draw inferences about unobserved attributes then the coefficient of education is fully capturing the effects of that inference process“ (Weiss, 1995, S. 135). Anders formuliert: „If employers cannot measure ability directly, why should we expect economists to be able to do so?“ (Arrow, 1973, S. 197)

In theoretischer Hinsicht macht die *Signaling*-Theorie und der mit ihr verbundene Mechanismus der statistischen Diskriminierung auf einen wichtigen Sachverhalt aufmerksam: *Marktsignale* stellen – trotz ihrer probabilistischen Begründungsfigur – im Kern *Stereotype* über Verhaltenswahrscheinlichkeiten von Gruppenangehörigen dar[8]. Der auf diesen Stereotypen basierende Entscheidungsmodus von Beschäftigern basiert auf einem sozialpsychologischen Mechanismus, nämlich dem der „sozialen Kategorisierung“. Unter anderem begründet durch die Notwendigkeit der Reduktion von zu erbringenden (kognitiven) Informationsverarbeitungsleistungen, erhält die Definition von Kategorien eine wichtige Bedeutung bei der Erklärung der Außenwahrnehmung und Fremdbehandlung von Personen: „A major consequence of thinking of a person as a member of a particular category is that we generate additional information about that person.“ (Jones u.a., 1984, S. 156)

---

8 Jones u.a. (1984, S. 156; Hervorhebung H.S) definieren Stereotype als „sets of *expectations* of members of a social category“.

Insofern ist das Label „gering qualifiziert zu sein“ eine Klassifikationsleistung seitens der Beschäftiger und der Gesellschaft (vgl. auch Abschnitt 2.1). Dieses Label trägt als Marktsignal nicht nur zu Annahmen über eine geringe Leistungsfähigkeit von Personen seitens der Beschäftiger bei, sondern auch zu Annahmen über ihr Sozialverhalten und zur Bewertung ihres in *On-the-Job-screening*-Prozessen gezeigten Verhaltens[9] (Crocker, Major, & Steele, 1998; Jones u.a., 1984).

Ungeachtet ihrer wichtigen Erklärungsbeiträge kann die *Signaling*-Theorie jedoch unter anderem *nicht* erklären, warum sich die Erwerbschancen von Bildungsgruppen verschlechtern, obgleich die mit den vorgelegten Bildungsleistungen in Zusammenhang gebrachte Leistungsfähigkeit nicht ab-, sondern zunimmt. Dieses Erklärungsdefizit ergibt sich zum einen daraus, dass die *Signaling*-Theorie die Nachfrageseite – in ihrer Quantität und Qualität – außer Acht lässt und zum anderen weiterhin von der Annahme reiner Märkte ausgeht und die institutionelle Regulierung von Arbeitsmärkten ignoriert.

4.3 Integration der Nachfrageseite: Das Job-Competition-Modell

Die drei folgenden ökonomischen Theorien berücksichtigen die Nachfrageseite. Das *Job-Competition*-Modell (Thurow, 1975, 1979) behandelt dabei zunächst die Arbeitsnachfrage als fixe, relativ unspezifizierte Größe und das Verhältnis von Arbeitsangebot und -nachfrage als ein rein quantitatives Größenverhältnis. Zudem konkurrieren die Arbeitsanbieter nicht um Löhne (wie bei der Humankapital- und *Signaling*-Theorie), sondern um Arbeitsplätze, und Arbeitgeber suchen nach der bestmöglichen Person zu den geringst möglichen Kosten (Baron & Pfeffer, 1994; Sørensen & Kalleberg, 1981, S. 65f., 1994, S. 366; Thurow, 1999, S. 145). Dazu werden sowohl die Bewerber als auch die Arbeitsplätze in Rangreihen *(labor queue* und *job queue)* sortiert. Diese beiden Rangreihen werden durch Beschäftiger einander gegenübergestellt und Personen entsprechend ihres Rangplatzes in der Bewerberschlange rekrutiert. Für diesen Rangplatz ist dabei nicht die absolute Leistungsfähigkeit, sondern die *relative* Leistungsfähigkeit im Vergleich zum

9 Letzteres basiert auf der Tatsache, dass ein „Label“ aufgrund seiner Konnotation und implizierten Stereotypisierung einen Interpretationsrahmen für Verhalten bietet. So kann zum Beispiel das Zu-spät-Kommen zweier Personen aus unterschiedlichen Gruppen (Ausländer – Einheimischer, Personen ohne abgeschlossene Berufsausbildung – Facharbeiter) sehr unterschiedlich von Vorgesetzten wahrgenommen werden: zum Beispiel als „das war nicht anders zu erwarten“ (als Bestätigung der Erwartungen) versus „das kann jedem mal passieren“(als Ausrutscher).

Bewerberpool entscheidend (Sørensen & Kalleberg, 1981, S. 66)[10]. Von daher beruhen die Rekrutierungsentscheidungen von Beschäftigern – wie bei der *Signaling*-Theorie – auf Wahrscheinlichkeitsannahmen über die (zukünftige) Leistungsfähigkeit von Personen. Mehr noch, aufgrund der relativen Definition (und der damit einhergehenden Absage an eine von vornherein gegebene absolute Passung) ist vor allem die *Lern*fähigkeit *(trainability)* als Indikator für erwartbare Einarbeitungskosten für Beschäftiger von besonderem Interesse (Thurow, 1979, S. 18ff.): „Training costs are the basic determinant of rank order in the labor queue (...). Firms rank applicants on the basis of their ability to learn the jobs within the firms at the lowest training costs." (Thurow, 1979, S. 20 und 31)

Damit wird mit dem *Job-Competition*-Modell zwar die Signalwirkung von Bildung bzw. Bildungszertifikaten und ihre kategorisierende Wirkung in Rechnung gestellt: „(...) groups have expected positions in the labor queue, but individuals do not" (Thurow, 1979, S. 21); diese wird jedoch durch das Verhältnis von Arbeitsangebot und -nachfrage in zweierlei Hinsicht relativiert.

Zum einen entscheidet die Nachfrage über die Erwerbschancen der verschiedenen Bildungsgruppen. Ist die Lage auf dem Arbeitsmarkt entspannt, das heißt ist das Arbeitsangebot größer als die Nachfrage, dann können sich Beschäftiger aus dem Überangebot an Bewerbern die „Besten" für die vorhandenen Jobs aussuchen. Dadurch kann es geschehen, dass Personen unterhalb ihrer vorhandenen Leistungsfähigkeit eingesetzt werden. Ist die Lage auf dem Arbeitsmarkt angespannt, das heißt ist das Angebot kleiner als die Nachfrage, dann sind Arbeitgeber aufgrund ihres Wunsches, ihre vorhandenen Arbeitsplätze zu besetzen, gezwungen, die „Besten" aus dem Bewerberpool zu nehmen, auch wenn sie nicht optimal den Leistungsanforderungen entsprechen und vergleichsweise hohe Einarbeitungskosten zu erwarten sind. In einer solchen Situation sollten auch die Arbeitsmarktchancen von gering qualifizierten Personen besser sein als unter den Bedingungen eines entspannten Arbeitsmarkts: „If the labor market for this type of personnel becomes tight, there is a stronger tendency to tolerate poorer work, more absentism, more idling on the job, and so on than if the labor market is looser." (Reder, 1966, S. 311)

10 So allgemein formuliert gleicht diese Annahme dem *Kredentialismus* (siehe Kap. 7): „Credentials serve primarily to rank individuals rather than to certify absolute levels of competence." (Jencks u.a., 1972, S. 137) Der Unterschied zwischen *Job-Competition*-Modell und Kredentialismus besteht jedoch in der jeweils benannten Funktion, die diese Rangordnung zu erfüllen hat (Auswahloptimierung vs. Statusvererbung), und in der Frage, inwieweit Rangplätze mit „Kompetenzunterschieden" in Verbindung gebracht werden können.

Einschränkend ist jedoch zu sagen, dass dies nur bis zu einem gewissen Niveau getan wird. Das *Job-Competition*-Modell geht davon aus, dass Beschäftiger erst dann den Rangplatz von Bewerbern bestimmen, wenn sie diese im Hinblick auf die Einarbeitungskosten überhaupt für hinreichend „lernfähig" halten: „An individual who belongs to a group that has a lower probability of having a desired characteristic, or a higher probability of having an undesired characteristic, is not paid less, *he is completely excluded from the job in question.*" (Thurow, 1975, S. 174; Hervorhebung H.S.)

Daraus lässt sich ableiten, dass die Erwerbschancen der Gruppe gering qualifizierter Personen vom Verhältnis zwischen Angebot und Nachfrage abhängig sind – vorausgesetzt, sie werden von den Arbeitgebern für die jeweiligen Arbeitsplätze für „beschäftigungsfähig" gehalten.

Zum anderen relativiert sich der Signalwert von Bildung dadurch, dass Bildung mit dem *Job-Competition*-Modell als ein *positionales Gut* betrachtet wird (Hirsch, 1977, S. 53). Die Erwerbschancen einer Bildungsgruppe bestimmen sich damit aus der Verteilung des Qualifikationsangebots auf dem Arbeitsmarkt. Während der *Signaling*-Mechanismus auf einer Einzelbetrachtung der Bildungsgruppen bei der Bestimmung ihrer Erwerbschancen basiert (Wahrscheinlichkeit der absoluten Leistungsfähigkeit), verlangt das *Job-Competition*-Modell die Betrachtung der Position von Bildungsgruppen in ihrem *Verhältnis* zu den anderen Bildungsgruppen (Sørensen, 1998, S. 26).

Für die *Gruppe gering qualifizierter Personen* bedeutet dies zunächst: Je größer der Anteil an Personen mit höheren Bildungszertifikaten ist, desto niedriger ist ihr Rangplatz in der Bewerberschlange und desto geringer sind ihre Einstellungschancen im Vergleich zu höher qualifizierten Personen. Ob gering qualifizierte Personen durch den „späteren" Erwerb von Bildungszertifikaten ihren Rangplatz verbessern können, hängt zudem vom Bildungsverhalten der anderen Gesellschaftsmitglieder (bzw. Marktteilnehmer) ab. Erhöht sich das Bildungsangebot generell, so behalten sie ihren Rangplatz bei. Bildlich gesprochen: Stellen sich alle auf die Fußspitzen, so kann niemand besser sehen als zuvor, denn alles bleibt beim Alten: „More education for all leaves everyone in the same place. (…) If all do follow, (…), everyone expends more resources and ends up with the same position." (Hirsch, 1977, S. 49)

Die Abschätzung des Erfolgs einer solchen zusätzlichen Bildungsanstrengung führt jedoch nach Hirsch dazu, dass nicht alle an diesem Bildungswettbewerb teilnehmen (wollen) und damit Bildungsdifferenzen fortbestehen: „In practice, however, not everyone will follow; only those who assess that the individual benefit received from keeping up is worth the additional costs or effort will do so." (Hirsch, 1977, S. 49)

Hierzu ist anzumerken, dass das Bildungssystem nicht so „offen" für individuelle Bildungsentscheidungen ist, wie von Hirsch angenommen. Wie die Humankapital- und *Signaling*-Theorie geht er davon aus, dass der Besuch von Schule und Ausbildung primär durch individuelle Kalküle über spätere Erträge bestimmt wird. Doch sowohl die „Anzahl als auch die Verteilung der Bildungsabschlüsse (unterliegen) eher politischen und administrativen Kontrollen als Marktkräften" (Mayer & Müller, 1989, S. 44). Zudem bestimmt Bildung als positionales Gut nicht nur den Platz in der Bildungsverteilung und der Bewerberschlange, sondern auch den Platz im Stratifikationsgefüge einer Gesellschaft, den es unter Ausnutzung sozialer Machtkonstellationen zu verteidigen gilt (ausführlicher siehe Abschnitt 7.1 und 8.1). Damit intensivieren bei einem steigenden Bildungsangebot nicht nur Beschäftiger ihre *Screening*-Prozesse, sondern auch die bisher vergleichsweise erfolgreichen Gruppen der *Anbieter*seite sind an weiteren Bewertungskriterien (wie z.B. den so genannten *soft skills*) interessiert, um sich ihren Vorteil auf dem Arbeitsmarkt, sprich einen höheren Rangplatz in der Bewerberschlange, zu sichern (siehe Kap. 8).

Trotz dieser Einwände leistet das *Job-Competition*-Modell vier wichtige Beiträge zur Erklärung der Inzidenz geringerer Erwerbschancen von gering qualifizierten Personen (sowie bereits hinsichtlich der Veränderlichkeit des Ausmaßes ihrer Arbeitsmarktnachteile):

(1) Die Erwerbschancen gering qualifizierter Personen sind aufgrund ihres *relativen* Leistungsdefizits geringer als die anderer Bildungsgruppen. Damit haben sie zwar geringere Einstellungschancen und ein höheres Verbleibsrisiko in Arbeitslosigkeit als andere Personen – dies jedoch nicht (unbedingt), weil sie nicht *beschäftigungsfähig* sind, sondern weil das Arbeitsangebot die Nachfrage übersteigt (Harrison & Weiss, 1998, S. 20; Heylen, Goubert, & Omey, 1996, S. 25).

(2) Ihre *qualitative* Arbeitsmarktplatzierung (d.h. inwiefern sie zu qualifizierten Arbeitsplätzen Zugang haben) wird gleichfalls über das Verhältnis von Arbeitsangebot und -nachfrage bestimmt. Bei einem zu geringen Angebot an qualifizierten Arbeitskräften erhöhen sich ihre Zugangschancen zu qualifizierten Jobs.

(3) Beschäftiger werden gering qualifizierte Personen jedoch vom Zugang zu qualifizierten Jobs und im Extremfall sogar vom Zugang zu jeglichen Jobs ausschließen, wenn sie sie für „nicht beschäftigungsfähig" halten (d.h. wenn die erwarteten Einarbeitungskosten ihre erwartete Grenznutzenproduktivität, *added value,* übersteigen). Dabei spielt das Klassifikationsverhalten der Beschäftiger eine entscheidende Rolle, da die Klassifikation von gering qualifizierten Personen als „nicht beschäftigungsfähig" nicht auf einer objektiven

Kategorie, sondern auf einer relativen Bestimmung und damit sozial konstruierten Kategorie basiert[11].

(4) Qualifikationsanforderungen, die Beschäftiger für Arbeitsplätze als erforderlich definieren, sind nicht nur Ausdruck technischer Notwendigkeiten, sondern auch Resultat des Verhältnisses von Qualifikationsangebot und Arbeitsnachfrage (Sørensen & Kalleberg, 1981, S. 72; Thurow, 1975, 1999). Gibt es (so definiert) ein Überangebot an Bildung in einer Gesellschaft, so steigen die Einstellungsvoraussetzungen der Beschäftiger *(Upgrading)*, da Arbeitsplatzsuchende aufgrund der Marktsituation gezwungen sind, unterhalb ihrer Qualifikation zu arbeiten, um überhaupt Beschäftigung zu finden (vgl. Moss & Tilly, 1995, 2001):

> „Der Angebotsüberhang am Arbeitsmarkt, der ein Käufermarkt geworden ist, (erlaubt) es den Nachfragern, also den Beschäftigern, ihre Ansprüche an die qualitative Ausstattung der Arbeitnehmer hochzuschrauben und wählerischer mit dem Angebot umzugehen, und zwar nicht zwangsläufig aus Gründen der technischen Erforderlichkeit bestimmter Qualifikationen, sondern schlicht aus Gründen ihrer Marktmacht, die es ihnen erlaubt, Interessen an Zusatz- und Reservequalifikationen durchzusetzen." (Offe, 2000, S. 9)

Gibt es dagegen ein Unterangebot an Bildung, sind die Einstellungsvoraussetzungen geringer, um die vorhandenen Arbeitsplätze überhaupt besetzen zu können.

Damit liefert das *Job-Competition*-Modell – im Unterschied zu den beiden vorangegangenen Theorien – eine *überindividuelle* Erklärung für die schlechteren Erwerbschancen gering qualifizierter Personen. Es sind *nicht* mehr nur die geringeren Bildungsanstrengungen der *Individuen,* die über ihr Wohl und Wehe auf dem Arbeitsmarkt entscheiden, sondern es ist auch das Verhältnis von Qualifikationsangebot und -nachfrage. Selbst wenn die Einzelnen ihre Bildungsanstrengungen erhöhen, müssen sich ihre Chancen auf dem Arbeitsmarkt nicht verbessern – nämlich so lange nicht, wie es eine für die Nachfrage ausreichende Anzahl an höher qualifizierten Personen gibt.

Im Gegensatz zur Humankapital- und *Signaling*-Theorie sind im *Job-Competition*-Modell die Zu- und Abnahme der Arbeitslosigkeitsrisiken sowie qualitativen Platzierungschancen von gering qualifizierten Personen (wie auch die der anderen Marktteilnehmer) (a) nicht abhängig von ihrer absoluten Leistungsfähigkeit, sondern von ihrer relativen Position in der Bildungsverteilung und (b) nicht nur abhängig vom Angebot, sondern auch vom Verhältnis von Angebot und Nachfrage. Histo-

---

11 So stellt zum Beispiel in Deutschland entgegen der landläufigen Meinung der fehlende Schulabschluss an sich *kein* Ausschlusskriterium aus der (über-)betrieblichen Berufsausbildung dar. Es gibt hier weder eine formalrechtliche Eingangsvoraussetzung bezüglich der schulischen Vorbildung noch einen objektiven Maßstab für „Ausbildungsfähigkeit" (Biermann & Rützel, 1991, S. 415; Gerstenberger & Seitz, 1978, S. 163).

rische Unterschiede in der Bildungsbeteiligung sowie in der Berufsstruktur der Arbeitsnachfrage können daher zu Veränderungen der Erwerbschancen von gering qualifizierten Personen führen: „Changes in the supply of persons with certain characteristics (e.g., distribution of education) and changes in the availability of jobs at different levels of rewards will change the ranking order.“ (Sørensen & Kalleberg, 1981, S. 67)

Auch *innerhalb* der Gruppe der gering Qualifizierten kann es damit Unterschiede in den Erwerbschancen und -verläufen geben, da zum Aussortieren der als „leistungsunfähig“ klassifizierten Personen weitere Marktsignale (wie Berufserfahrung, Geschlecht, Alter u.Ä.) verwendet werden. Dies sollte insbesondere dann der Fall sein, wenn die Gruppe gering qualifizierter Personen sehr groß ist. Darüber hinaus kann das *Timing* des Berufseinstiegs von besonderer Bedeutung sein. Erfolgt der Erwerbseinstieg in Zeiten eines angespannten Arbeitsmarkts, dann sind die Bedingungen für den Zugang zu (qualifizierter) Beschäftigung bei gleicher Bildung schlechter als zu Zeiten eines entspannten Arbeitsmarkts (vgl. Sørensen & Kalleberg, 1994, S. 367). Dies kann, selbst wenn sich die Arbeitsmarktbedingungen im Laufe der Zeit verbessern, zu einer langfristigen Benachteiligung führen, da die Berufserfahrungen auf den „schlechteren“ Arbeitsplätzen zu Beginn des Erwerbsverlaufs diese Personen weiterhin in die unteren Rangplätze der Bewerberschlange kanalisieren und möglicherweise für qualifizierte Jobs aussortieren (Thurow, 1999). Analoge Kohorteneffekte gibt es für den Zeitpunkt von Arbeitslosigkeit und Wiedereinstiegen.

Damit leistet auch das *Job-Competition*-Modell einen wichtigen Beitrag zur meritokratischen Bildungsstory (siehe Abschnitt 2.3) – wenn auch längst nicht so präsent in der Öffentlichkeit und im Alltagsverständnis wie Humankapital- und *Signaling*-Theorie. Sowohl die Legitimation der ungleichen Erwerbschancen von Angehörigen unterschiedlicher Bildungsgruppen als auch die Legitimation ungleicher Chancen von formal gleich qualifizierten Personen wird den Kräften des Marktes überlassen, ohne dabei jedoch die individuelle Bildungsleistung zu unterminieren. Interindividuelle Unterschiede des „Investierens“ in Bildung werden immer noch belohnt, allerdings nur soweit es der Markt (sprich das jeweilige Verhältnis von Angebot und Nachfrage) zulässt. Darüber hinaus wurden folgende Einsichten des *Job-Competition*-Modells – allerdings leider unvollständig – vom öffentlichen Diskurs aufgenommen: In der Arbeitsmarktpolitik vieler Länder wird davon ausgegangen, dass sich die Arbeitsmarktchancen von Personen (insbesondere mit geringer Qualifikation) mit einer Verbesserung ihrer Qualifikation erhöhen. Ignoriert wird mit diesem individualistischen Lösungsansatz allerdings, dass sich damit nur der Rangplatz dieser Personen auf Kosten anderer Personen, die damit auf niedrigere Rangplätze verwiesen werden, erhöht (vgl. Sørensen, 1994a, S. 22). Wird das strukturelle Problem einer zu geringen Arbeitsnachfrage erkannt, werden häufig nur

Arbeitsplätze für die ausgegrenzten arbeitslosen Personengruppen verlangt. Nicht beachtet wird, dass es durch die Rekrutierung nach Rangplätzen sinnvoller sein kann, zusätzlich Arbeitsplätze auf anderen Qualifikationsniveaus zu schaffen, um so Mobilitätsketten von unten nach oben in Gang zu setzen, durch die den unterhalb ihres Qualifikationsniveaus beschäftigten Personen sowie den Arbeitslosen geholfen wäre und ein Lohndumping verhindert werden könnte (Bluestone & Harrison, 1988).

Abschließend ist darauf hinzuweisen, dass selbst in ökonomischer Hinsicht die Erklärung des *Job-Competition*-Modells aus (mindestens) zwei Gründen *unbefriedigend* ist. *Erstens* wird nicht beachtet, dass die Arbeitsmarktplatzierungen auch vom *Bewerbungsverhalten* abhängen, das unter anderem durch die Art der Jobs, durch verlangte Arbeitsplatzanforderungen, formale Einstiegsvoraussetzungen und nicht zuletzt durch solche Faktoren wie Arbeitszeit und -ort beeinflusst wird. Ein wesentlicher Grund für diese Nichtbeachtung ist – als *zweites* Problem –, dass bisher nur Personen statt Arbeitsplätze betrachtet wurden und damit sowohl die Struktur als auch die qualitativen Charakteristika von Arbeitsplätzen ignoriert wurden (vgl. Harrison, 1989, S. 164f.). Diese Defizite versuchen die beiden im Folgenden diskutierten Theorien (zumindest partiell) auszuräumen.

4.4 Nicht nur Personen, sondern Arbeitsplätze: Segmentationstheorien

Auch wenn das *Job-Competition*-Modell die Nachfrageseite einbezieht, so ist dennoch seine Grundidee, dass im Wesentlichen die individuelle Bildungsleistung als Indikator der Zugehörigkeit zu Gruppen mit unterschiedlichen *Trainability*-Niveaus über die (relativen) Arbeitsmarktchancen entscheidet. Zudem wird der Arbeitsmarkt als ein relativ homogener Markt begriffen, sodass die Arbeitsplatzstruktur außen vor bleibt. *Segmentationstheorien* gehen im Unterschied dazu davon aus, dass die Berufsstruktur der Arbeitsplätze nicht nur wichtiger als die individuelle Bildungsleistung ist, sondern dieser auch logisch vorgelagert ist (Baron & Bielby, 1980; Kalleberg & Griffin, 1980; Wright & Perrone, 1977)[12].

---

12 Diese Theorien und Ansätze werden auch dem *New Structuralism* zugerechnet, einer Strömung in der Arbeitsökonomie, die sich in den 1970er und 1980er Jahren etabliert hat (vgl. Jacoby, 1990). Ihr wesentliches Merkmal ist der Fokus auf Arbeitsmarkt- und Beschäftigungsinstitutionen. Ansätze des *New Structuralism* verwenden dabei drei zentrale Konzepte: „(...) asset specificity, deferred rewards and opportunism" (Jacoby, 1990, S. 323). Diese unterscheiden sich grundsätzlich von marxistischen Segmentationsansätzen (z.B. Bowles, 1985; Edwards, Reich, & Gordon, 1975; Gordon, Edwards, & Reich, 1982) in denen vor allem Opportunismus nicht als ein generelles Merkmal der menschlichen Natur, sondern als ein spezifisches Merkmal kapitalistischer Gesellschaften konzeptualisiert wird (vgl. Jacoby, 1990, S. 331).

Damit lenken Segmentationsansätze die Aufmerksamkeit weg von den Personen und hin zu den Arbeitsplätzen und ihren Strukturierungsmerkmalen (wie beispielsweise Qualifikationsanforderungen, Organisations-/Betriebsgröße, Autoritätsstrukturen, Arbeitsbedingungen und Entlohnung)[13]. Im Unterschied zu den bisher diskutierten Theorien sind Löhne damit durch die Arbeitsplätze definiert und nicht durch die Personen, die sie jeweils besetzen[14]. Damit verlassen wir die reine Arbeitsökonomie und bewegen uns in einem Grenzbereich zwischen Arbeitsökonomie und Industrie-/Arbeitssoziologie. Neben der entlohnten Arbeit zur Herstellung von Produkten und Erbringung von Dienstleistungen sind nun auch die gesellschaftlichen, insbesondere die organisatorischen Strukturen, in denen Arbeits- bzw. Beschäftigungsverhältnisse begründet sind, von Interesse (vgl. Mikl-Horke, 2000, S. 6). Ihrem Wesen nach sind diese Theorien dennoch *ökonomistisch,* da sie die organisatorische Arbeitsplatzstruktur vor allem aus dem Blickwinkel ihrer technologischen und produktiven Funktionalität betrachten und Rekrutierungsprozesse im Wesentlichen als Optimierungsprobleme konzeptualisieren (Baron & Pfeffer, 1994, S. 191; Sengenberger, 1978).

Es gibt vielfältige Varianten der Bestimmung von Arbeitsmarktsegmenten. Dazu gehören die Unterscheidung zwischen *primary – secondary* (Doeringer & Piore, 1971), zwischen *internal – external* (Doeringer & Piore, 1971; Kerr, 1954, 1960, 1977), zwischen *monopoly – competitive – state economic sectors* (Averitt, 1968; Bluestone, 1970; O'Connor, 1973) sowie die deutsche Variante der Unterscheidung zwischen betrieblichen – berufsfachlichen – (unspezifischen) Jedermannsarbeitsmärkten (Lutz & Sengenberger, 1974; Sengenberger, 1978, 1987). Zudem gehen diese Segmentationslinien mit einer geschlechterspezifischen Segmentation von Arbeitsmärkten einher, weil viele der *sekundären* Arbeitsplätze für Frauen „reserviert" sind, während Männer häufiger Zugang zu den *primären,*

13 Allerdings besteht bei Segmentationstheoretikern teilweise eine Konfusion zwischen der Personen- und der Arbeitsplatzebene (vgl. Sørensen & Kalleberg, 1994, S. 368). Ein Beispiel dafür liefern Dobischat, Seifert und Ahlene (2002), die in ihrer Untersuchung zur Weiterbildungsteilnahme Bezug auf die Segmentation von Arbeitsplätzen nehmen (S. 27), aber „Geringqualifizierte" (sic) als all jene Personen definieren, die auf un- und angelernten Arbeitsplätzen beschäftigt sind – und zwar unabhängig von ihrem jeweils vorhandenen individuellen Qualifikationsniveau (S. 25). Insofern schreiben sie Personen Eigenschaften von Arbeitsplätzen (bzw. Qualifikationsanforderungen) zu. Diese Konfusion ist unter anderem der Tatsache geschuldet, dass aufgrund des Fehlens von betrieblichen Personalrekrutierungsdaten zumeist auf Individualdaten (und damit *Personen*daten) zurückgegriffen wird, um die Rekrutierungsmuster interner und externer Arbeitsmärkte zu untersuchen (Baron, 1984, S. 40).

14 „Even if we know everything there is to know about individual behavior and performance, we cannot fully account for observed inequality without knowing about the properties of the positions people occupy." (Sørensen, 1996, S. 1335)

besser entlohnten und höher qualifizierten Arbeitsplätzen haben (Beck-Gernsheim, 1976; Bielby & Baron, 1986)[15]. Diese unterschiedlichen Ansätze sollen hier nicht detailliert diskutiert werden. Im Folgenden werden nur die prinzipiellen Überlegungen zur Arbeitsmarktsegmentation und ihr Erklärungsbeitrag in Bezug auf die Arbeitsmarktchancen von gering qualifizierten Personen dargestellt.

Die Definition von Teilarbeitsmärkten (Arbeitsmarktsegmenten) ist das Ergebnis betrieblich praktizierter Strategien und Politiken und basiert auf dem Interesse der Beschäftiger an einer möglichst effizienten Nutzung der beschäftigten Arbeitskräfte (Doeringer & Piore, 1971). Dabei wird zwischen Arbeitsplätzen unterschieden, bei denen betriebs- und/oder berufsspezifische Fähigkeiten und Kenntnisse von Bedeutung sind, und denen, für die keine spezifischen Kenntnisse notwendig sind und deren Arbeitsplatzinhaber leicht durch „jedermann/-frau" auf dem externen Markt ersetzbar sind. Primäre Arbeitsplätze (interne und berufsfachliche Arbeitsmärkte) sind daher in der Regel qualifizierte Arbeitsplätze, die relativ hohe Löhne, gute Arbeitsbedingungen, eine relativ hohe Beschäftigungssicherheit und Karriereoptionen bieten (Jacoby, 1990, S. 325; Piore, 1994, S. 359). Ziel dieser besseren Ausstattung ist es, Transaktionskosten zu sparen, sprich eine vom Beschäftiger nicht erwünschte Mobilität seitens der Beschäftigten zu verringern, eine gute Zusammenarbeit der Beschäftigten zu gewährleisten und die Betriebsbindung der für diese Arbeitsplätze benötigten Arbeitskräfte zu erhöhen (Jacoby, 1990, S. 332; Piore, 1979, S. XII; Williamson, 1975, 1985). Innerhalb der primären Arbeitsmärkte der einzelnen Wirtschaftsbereiche wird hinsichtlich des verlangten Qualifikationsniveaus und der damit verbundenen Arbeitsbedingungen zwischen *lower* und *upper tiers* unterschieden. Letztere umfassen professionelle und semiprofessionelle Arbeitsplätze, der untere Bereich *(lower tiers)* umfasst eher qualifizierte manuelle Arbeitsplätze und nichtmanuelle Tätigkeiten mit mittleren Qualifikationsanforderungen.

Im Unterschied dazu bestehen *Jedermannsarbeitsmärkte* aus manuellen und nichtmanuellen Einfacharbeitsplätzen. Sie sind dadurch gekennzeichnet, dass sie geringe berufs- und betriebsspezifische Qualifikationen erfordern, eine geringe Beschäftigungssicherheit aufweisen, ein höheres Entlassungsrisiko tragen, zumeist schlechte Arbeitsbedingungen mit sich bringen, sehr selten Gelegenheiten für die Aneignung qualifizierter berufsspezifischer Kenntnisse und Fähigkeiten bieten und damit kaum Zugang zu betriebsinternen Beförderungswegen eröffnen. Aufgrund ihrer restriktiven Arbeitsbedingungen sind sie „aus personalpolitischer Perspektive mit dem Etikett der austauschbaren Randbelegschaft versehen"

15 Für Ausführungen zur geschlechterspezifischen und ethnischen Segmentation siehe Kapitel 11 und 12.

(Dobischat u.a., 2002, S. 27). Auf Jedermannsarbeitsmärkten herrschen damit relativ uneingeschränkt die Gesetze von Angebot und Nachfrage, wie sie mit dem *Job-Competition*-Modell konzeptualisiert werden. Sie stellen weit weniger als üblicherweise angenommen ein Rekrutierungsreservoir für interne Märkte dar (Blossfeld & Mayer, 1988, S. 280). Im Sinne einer *sich selbst erfüllenden Prophezeiung* tragen Beschäftigte auf Jedermannsarbeitsplätzen aufgrund ihrer „unvorteilhaften" Arbeitsplatzcharakteristika ein höheres bzw. im Vergleich zu den Beschäftigten der qualifizierten Arbeitsmarktsegmente ein hohes Risiko kontinuierlich ungünstiger Erwerbskarrieren (Blossfeld & Mayer, 1988, S. 125; Piore, 1994, S. 359). Von daher verwundert es nicht, dass die empirische Forschung in vielen Ländern immer wieder gezeigt hat, dass die Platzierung in der ersten Erwerbstätigkeit zentral für den weiteren Erwerbsverlauf ist (vgl. z.B. Blossfeld, 1985; Ellwood, 1982; Kalleberg, 1996; Konietzka, 1999; Mayer & Carroll, 1987; Piore, 1975; Shavit & Blossfeld, 1993).

Bildungsleistung, Bildungszertifikate und Berufserfahrungen der Bewerber dienen den Beschäftigern als *screening device* für die Besetzung dieser unterschiedlich definierten und ausgestatteten Arbeitsplätze. In Gesellschaften mit einem starken (betrieblichen) Ausbildungssystem stehen Schul- und Ausbildungszertifikate sowie Hochschulabschlüsse als Qualifikationsnachweise zur Verfügung; in Gesellschaften mit schwach ausgeprägter Berufsausbildung sind es Schulabschlüsse, Hochschulabschlüsse und die erworbenen Berufserfahrungen (Russell & O'Connell, 2001, S. 15ff.; vgl. auch Brauns, Müller, & Steinmann, 1997; Shavit & Müller, 1998)[16]. Wie in der *Signaling*-Theorie und dem *Job-Competition*-Modell entwickelt, dienen sie als Indikator für die Verhaltenswahrscheinlichkeiten von Angehörigen der unterschiedlichen Bildungsgruppen (Piore, 1994, S. 359). Zugleich stellen sie aber – ähnlich wie in der Humankapitaltheorie – einen Indikator für die Passung zu den verlangten berufsspezifischen Qualifikationen dar. Für die fachlich spezialisierten Arbeitsplätze platzieren Beschäftiger damit vor allem Bewerber mit einem *entsprechenden* Qualifikationsnachweis auf die oberen Rangplätze, während Personen ohne die verlangten Qualifikationen und gering qualifizierte Personen (in dieser Reihenfolge) auf die unteren Rangplätze verwiesen werden. Da gering qualifizierte Personen so in jeder Bewerberschlange für qualifizierte Jobs – wenn sie denn überhaupt für „lernfähig" gehalten werden – hinten

---

16 Thurow (1999, S. 137) hebt entgegen der häufig geäußerten Meinung auch für die USA (mit ihrem „schwach standardisierten Bildungssystem", siehe Allmendinger, 1989) hervor, dass nicht absolvierte Schul- und *College*- bzw. Universitätsjahre, sondern Zertifikate von Bedeutung sind: „An extra year of college education has very little positive effect on earnings if the student does not complete a degree program."

stehen, haben sie die geringsten Chancen für den Zugang zu qualifizierten Jobs. Dies stabilisiert dauerhaft die Trennung zwischen den Teilarbeitsmärkten und insbesondere zwischen den qualifizierten und unspezifischen (Blossfeld & Mayer, 1988, S. 262).

Aber auch für Einfacharbeitsplätze stehen gering qualifizierte Personen in der Bewerberschlange hinten und bei einem Überangebot an Bewerbern möglicherweise zu weit hinten, sodass ihr Arbeitslosigkeitsrisiko nicht nur aufgrund der geringeren Beschäftigungssicherheit dieser Jobs, sondern auch aufgrund ihrer geringeren Wiedereinstiegschancen selbst in den Jedermannsarbeitsmarkt relativ hoch ist. Zudem führt der Kanalisierungsmechanismus von abgeschotteten Arbeitsmarktsegmenten auch im weiteren Erwerbsverlauf von gering qualifizierten Personen zu schlechteren Erwerbschancen. Dies ist unter anderem durch die erwerbsbiografische Fortschreibung von Leistungsannahmen zu erklären (Baron, 1984, S. 56).

Die Arbeitsmarktsegmente definieren damit eine horizontale (funktional-berufliche) sowie vertikale, auf einem Machtgefälle zwischen den Anbietern beruhende Strukturierung des Beschäftigungssystems (Mikl-Horke, 2000, S. 297; vgl. auch Piore, 1979, S. XIII). Aus Sicht der Beschäftiger ist die Segmentation eine Strategie der Verringerung des Zusammenhalts und der Solidarität zwischen Beschäftigtengruppen (vgl. Edwards, 1975, S. 21; Stinchcombe, 1979, S. 217): „Labor market segments are manifestations of an employer-dominated political system that seeks to pit on one group of workers against another." (Cain, 1989, S. 32)

Gleichzeitig verbindet sich damit eine Reduzierung der Arbeitsmarktkonkurrenz zwischen unterschiedlichen Beschäftigtengruppen (vgl. Carroll & Mayer, 1986)[17]: „People within those boundaries do not compete with people outside to more than a limited extent." (Stinchcombe, 1979, S. 217)

Qualifikation ist dabei in erster Linie ein *organisatorisches* Merkmal von Arbeitsplätzen. Die individuelle Bildungsleistung der Arbeitsanbieter ist hier nur insofern von Bedeutung, als sie den Beschäftigern bei der Suche nach „passenden" Arbeitskräften mittels *statistischer Diskriminierung* als *Signal* dient:

„Certain workers who possess the behavioural traits required to operate efficiently in primary jobs are trapped in the secondary jobs because of their superficial characteristics resemble those secondary workers. This identification occurs because employment decisions are generally made on the basis of a few readily (and hence inexpensively) assessed traits like race, demeanor,

17 Dies impliziert nicht, dass sich „unzureichend" bzw. „unpassend" qualifizierte Personen nicht bewerben, sondern nur, dass sie von vornherein keine oder im Vergleich zu den anderen geringere Wettbewerbschancen haben.

accent, educational attainment, test scores, and the like. Such traits tend to be statistically correlated with job performance but not necessarily (and probably not usually) causally related to it.“ (Piore, 1994, S. 359)

Daraus abgeleitet, stellt der Erwerb beruflicher Qualifikationen aufgrund der Arbeitsmarktsegmentierung auch eine *Anbieter*strategie dar, die das Marktmachtgefälle zwischen qualifizierten und unqualifizierten Anbietern von Ersteren ausnutzt (Mikl-Horke, 2000, S. 296) – wobei Beschäftiger mit der qualifikatorischen Definition ihrer Arbeitsplätze bestimmen, welche Qualifikationen machtrelevant sind. Bei dieser Definition und ihrer Institutionalisierung (fixiert in entsprechenden Gesetzgebungen zur Regulierung von Berufszertifikaten und -lizenzen) werden die qualifizierten bzw. zertifizierten Anbieter zum einen von Gewerkschaften, Berufsverbänden und ähnlichen Interessenvertretungen unterstützt (Baron, 1984, S. 55; Cain, 1989, S. 226f.; Rubery, 1978, S. 18f.). Zum anderen nehmen dabei die (bereits beschäftigten) Arbeitskräfte direkt und indirekt Einfluss, denn eine *bildungshomogene* Besetzung von Stellen erhöht die für Beschäftiger wichtige Kommunikation zwischen den Beschäftigten (Baron, 1984, S. 55; Stinchcombe, 1965; Tilly, 1998). Zudem sichert eine „bildungsadäquate“ Besetzung die Legitimität der Rekrutierungsentscheidungen, Anreize zur Leistungserbringung und die Unterstützung eines guten Betriebsklimas ab. Beides, bildungshomogene und -adäquate Besetzungen, weisen Rekrutierungsentscheidungen als *rational* und *meritokratisch* aus. Die Segmentationsansätze deuten damit auf *vier zentrale Sachverhalte* hin:

Erstens: Es sind nicht nur die Individuen, es ist nicht nur ihre Primärsozialisation in Familie und Schule, sondern es sind auch die institutionellen Rahmenbedingungen des Beschäftigungssystems mit seinen ungleichen Arbeitsbedingungen und Erwerbschancen, die das Verhalten der Individuen und, hier interessierend, ein unterschiedliches Verhalten der gering qualifizierten Personen bestimmen (vgl. Kerckhoff, 1976, 1995): „Poor work habits develop over the periods of discouragement, catalysing weak labor force attachment and alienation – the result is a vicious cycle of unemployment.“ (Ellwood, 1982, S. 350)

Wurden in den vorher diskutierten Theorien solche Dinge wie häufiger Arbeitsplatzwechsel, Unpünktlichkeit, geringe Leistungsbereitschaft und Absentismus ausschließlich als Personeneigenschaften gering qualifizierter Personen konzeptualisiert, so reflektiert das Segmentationskonzept, dass diese Verhaltensweisen auch das Ergebnis vorangegangener Erfahrungen auf Einfacharbeitsplätzen und der spezifischen Merkmale dieser Arbeitsplätze (wie geringes Anregungspotenzial, geringere Beschäftigungssicherheit usw.) sind. Da diese Eigenschaften bei der nächsten Personalrekrutierung wiederum wichtige Beurteilungskriterien darstellen, werden gering qualifizierte Personen „systematisch auf den sekundären Sektor beschränkt" (Blossfeld & Mayer, 1988, S. 265). Diese Eigenschaften sind daher nicht nur als exogene Faktoren, sondern auch als *endogene* Resultate von Rekrutierungsprozessen zu begreifen[18]:

„Each of the two sectors influences the worker's preferences, attitudes, and habits in ways that reinforce and shape the long-run progress, or lack thereof, of the worker's career. In the secondary sector, low wages, the lack of upward mobility, and instability in tenure – exacerbated by enervating periods of unemployment – have negative feedback effects on the worker's attitudes towards work and training. *Preferences are, therefore, endogenous.* The contrast with the typical neoclassical paradigm is evident." (Cain, 1989, S. 228; Hervorhebung H.S.)

Damit wird ein *intra*generationales Verständnis für die Arbeitsmarktprobleme gering qualifizierter Personen nahe gelegt.

Zweitens: Die Segmentationstheorien weisen darauf hin, dass eine vergleichsweise hohe Arbeitslosigkeit von gering qualifizierten Personen weniger eine Frage der Lohnhöhe ist – wie mithilfe der Humankapitaltheorie argumentiert wird –, sondern eher eine Folge der Arbeitsplatzcharakteristika von Einfacharbeitsplätzen: „Unemployment is concentrated among secondary workers and is related to the characteristics of their jobs rather than to the wage rates." (Applebaum, 1979, S. 42)

Drittens: In Erweiterung der *Signaling*-Theorie werden Bildungszertifikate nun auch in ihrer *symbolischen* Bedeutung betrachtet (und nicht nur ihrer funktionalen zur Ableitung der Wahrscheinlichkeit zukünftiger Leistungsfähigkeit). Mit der Berücksichtigung der Lizenzierung von Berufspositionen werden Bildungszertifikate zu Symbolen formaler Zugangsvoraussetzungen, sodass Rekrutierungsentscheidungen von Beschäftigern auch als eine „symbolisch vermittelte Zu-

18 Die Befunde der Weiterbildungsforschung (siehe z.B. Biersack, Dostal, Parmentier, Plicht, & Troll, 2001; Dobischat u.a., 2002) bekräftigen diese organisatorische Endogenität von Verhaltensfaktoren. Sie zeigen, dass Art und Umfang von beruflichen Weiterbildungsaktivitäten in starkem Maße durch die Charakteristika der Arbeitsplätze bestimmt werden. Dass es sich bei der Weiterbildungsintensität in der Tat eher um ein „Arbeitsplatzcharakteristikum" als um eine individuelle Eigenschaft von Personen handelt, signalisiert auch der historische Vergleich der Teilnahmequoten der unterschiedlichen beruflichen Statusgruppen (siehe Dobischat u.a., 2002, S. 26, Tab. 1). Obgleich auch ein Anstieg der Teilnahme an beruflicher Weiterbildung bei den Beschäftigten auf un- und angelernten Positionen seit 1979 von 4 auf 17 Prozent im Jahr 1997 festzustellen ist, hat sich der Abstand zu den anderen beruflichen Statuspositionen nicht verändert (bei den Beschäftigten auf Facharbeiterpositionen stieg die Teilnahme im gleichen Zeitraum von 11 % auf 35 %). Angesichts des höheren Anteils von Personen mit abgeschlossener Berufsausbildung auf diesen Einfacharbeitsplätzen im Jahr 1997 im Vergleich zu 1979 – wie es zum Beispiel der Verdrängungsmechanismus nahe legt (siehe Abschnitt 5.2) – kann diese gleichbleibende Teilnahmerelation nicht der „Lernunzulänglichkeit" und „Lernungewohntheit" der auf Einfacharbeitsplätzen Beschäftigten zugeschrieben werden, sondern kennzeichnet vielmehr eine der Organisation von Einfacharbeitsplätzen inhärente „Weiterbildungsabstinenz".

weisung von Berufspositionen“ thematisierbar werden (Graff, 1996, S. 278). Zertifikate dienen nicht nur als ein Leistungsnachweis, sondern stehen auch für formale Anrechte und Optionen.

Viertens: Im Unterschied zu den bisherigen, eher geschlechterneutralen Theorien werden mit dem Segmentationsansatz auch Geschlechterunterschiede sowie Unterschiede zwischen ethnischen Gruppen (siehe Kap. 11 und 12) als strukturelle und institutionelle Phänomene konzeptualisiert. Sie sind nicht (nur) Unterschieden in den Investitionsprozessen (vgl. Becker, 1991), sondern vielmehr organisatorischen Zielen (z.B. Arbeitsklima, Kommunikation, aber auch Entsolidarisierung) geschuldet, für deren Erreichung bildungs- und im weitesten Sinne sozial homogene Belegschaften dienlich sind (Stinchcombe, 1965; Tilly, 1998).

Leider hat sich nur die eine Hälfte dieser akademischen Bildungsstory im öffentlichen Leben etablieren können: Bildungszertifikate als Monopolisierungsstrategien (siehe z.B. die Tarifpolitik von Gewerkschaften mit Bezugnahme auf Ausbildungszertifikate) und die Charakterisierung von Einfacharbeitsplätzen als unattraktive Jedermanns- und *secondary* Jobs. Eine nur geringe Prägekraft für unsere Bildungs- und Arbeitsmarktpolitik hat jedoch die Einsicht in die institutionelle Generierung von Leistungsversagen und Leistungszurückhaltung seitens gering qualifizierter Personen gefunden. Ansonsten würde den heute vielerorts propagierten Konzepten der Aktivierung (z.B. dem *Hartz*-Konzept) nicht ein Deutungsmuster von „leistungsschwach“ zu Grunde liegen, das an individuellen Defiziten orientiert ist, sondern eher eines, das den strukturellen Verwundbarkeiten dieser Personen – aufgrund ihrer schlechten Arbeitsbedingungen auf Einfacharbeitsplätzen – Rechnung trägt.

Der Vorteil der Segmentationsidee ist, dass sie erklären kann, wie strukturelle Unterschiede von Arbeitsplätzen zu unterschiedlichen Erwerbskarrieren für verschiedene Beschäftigtengruppen führen, und dass der unterschiedliche Zugang zu diesen Arbeitsplatzkategorien, bei dem individuelle Qualifikationen eine wichtige Rolle spielen (aufgrund der *asset specifity* von Arbeitsplätzen), zur Ausprägung gruppenspezifischer Verhaltensweisen der Beschäftigten beiträgt. Theoretisch unterbelichtet bleibt aber, warum eine Mobilität von Einfacharbeitsplätzen zu qualifizierten Arbeitsplätzen nicht für alle Personen *un*möglich ist (Wial, 1991, S. 396). Osterman (1980) verfällt bei der Erklärung dieses Phänomens letztlich doch wieder auf die Personenebene und macht psychologische Unterschiede dafür verantwortlich. Er attribuiert diese Mobilitätsunterschiede (innerhalb von Qualifikationsgruppen) auf Unterschiede in der Bereitschaft und der Ambition für einen Wechsel auf qualifizierte Arbeitsplätze. Diese Art von Selbstselektionsprozessen als Resultat der oben dargestellten intragenerationalen, sich selbst erfüllenden Prophezeiung ist sicherlich eine Teilerklärung. Dennoch sollten auch strukturelle Ursachen für diese unterschiedlichen Mobilitätschancen beachtet werden, wie zum Beispiel Vakanzketten (siehe unten) und ein strukturell ungleicher Zugang zu Netzwerkressourcen und Arbeitsmarkt- bzw. Berufsinformationen (Tilly, 1998; Wial, 1991; siehe Abschnitt 7.1).

Dieses Problem einer „empirisch beobachtbaren Abweichung" von der theoretisch erwarteten Immobilität zwischen den Teilmärkten resultiert zum Teil daraus, dass die Segmentationsansätze die Angebot-Nachfrage-Relation weitgehend ausblenden. Zudem gehen sie – ähnlich wie das *Job-Competition*-Modell – von einer fixen Nachfrage aus, auf die es das (variable) Qualifikationsangebot zu verteilen gilt (vgl. Craig, Garnsey, & Rubery, 1985, S. 267 f.). Doch eine quantitative und qualitative Veränderung des Angebots kann auch zu Veränderungen in der Nachfragestruktur führen. Bei einem Unterangebot an qualifizierten Personen können Vereinfachungen von Arbeitsaufgaben oder Reorganisationen der Betriebsprozesse stattfinden, zum Beispiel durch veränderte Hierarchie- und Aufsichtsstrukturen sowie durch technologische „Unterstützungen" (Rosenbaum & Binder, 1997, S. 75; Rubery & Wilkinson, 1981, S. 113). Bei einem Überangebot können Beschäftiger hingegen ein *Upgrading* der Einstellungsvoraussetzungen oder ein *Upskilling* ihrer Arbeitsplätze vornehmen (siehe Erklärungsbeitrag des *Job-Competition*-Modells).

Im deutschen Kontext wurde Letzteres als *Absorptionsthese* (Teichler, Hartung, & Nuthmann, 1976; vgl. auch Lutz, 1979) diskutiert. Diese These legt nahe, dass Beschäftiger die Berufsstruktur verändern, um eine größere Zahl an formal höher Qualifizierten zu absorbieren und so unter anderem weiterhin Anreize der Leistungsbereitstellung aufrechtzuerhalten. Da die Beurteilung der Qualifikationen überdies den subjektiven Erfahrungen und Urteilen der Beschäftiger obliegt, sind für beide Richtungen nicht notwendigerweise objektiv ab- oder zunehmende Leistungspotenziale der Anbieterseite notwendig (siehe Abschnitt 5.2). Auch dies wird von den Segmentationsansätzen zu wenig berücksichtigt, da sie die Angebotsseite ausklammern.

Wie die vorangegangenen Theorien geht auch das Segmentationskonzept von der grundlegenden Annahme aus, dass, obgleich der Gesamtarbeitsmarkt in eine Reihe relativ abgeschotteter Teilmärkte zerfällt, die nicht allen Arbeitskräften in gleicher Weise zugänglich sind, es immer noch die Beschäftiger sind, die ihre Arbeitskräfte auswählen. Dieses theoretische Problem des Ausblendens von Selbstselektionsprozessen, das auch von der nachfolgenden Theorie (dem *informierten Vakanzkettenmodell)* nur partiell gelöst wird, resultiert unter anderem aus der geringen Einbettung des Marktverhaltens in die sozialen Beziehungen der Personen (auch außerhalb des Arbeitsmarkts) und sozialen Strukturen der Gesellschaft (siehe Kap. 6 und Teil III).

4.5 Die Synthese: Das informierte Vakanzkettenmodell

Trotz der wichtigen Erklärungsbeiträge des Segmentationskonzepts ist es notwendig, die Angebot-Nachfrage-Relation in die Erklärung zu integrieren, und zwar so, dass sowohl die Erklärungsdefizite des *Job-Competition*-Modells als auch die des Segmentationsansatzes konstruktiv behoben werden. Eine sozioökonomische Theorie, die dieses leistet, ist das *Vacancy-Competition*-Modell bzw. das Vakanzkettenmodell von Sørensen (1977, 1979; Sørensen & Kalleberg, 1981), das auf der Idee von *vacancy chains* (Vakanzketten) von White (1970) aufbaut. Es soll hier jedoch in seiner weiterentwickelten Version diskutiert werden, in die Sørensen (1983) die Weber'sche herrschaftstheoretische Idee von offenen und geschlossenen Positionen integriert hat (vgl. Weber, 1921/1984). Dies unterfüttert die im Segmentationskonzept formulierte Abschottung von Teilarbeitsmärkten und intragenerationale Verfestigung von Benachteiligungen auf dem Arbeitsmarkt. Um diese Erweiterungen zu kennzeichnen, wird im Folgenden der Begriff *informiertes Vakanzkettenmodell* verwendet.

Zunächst geht das informierte Vakanzkettenmodell allgemein davon aus, dass vor dem Aufstellen von Bewerberranglisten freie Stellen vorhanden sein müssen und dass Art und Anzahl dieser freien Stellen die Gelegenheitsstrukturen auf dem Arbeitsmarkt definieren (Allmendinger, 1989, S. 24; Sørensen, 1999, S. 20; Sørensen & Kalleberg, 1994, S. 366). Ob, wann, wo und für wen es Vakanzen gibt, darüber entscheidet der Charakter der Beschäftigungsverhältnisse für die verschiedenen Arbeitsplätze – nämlich, ob wir es mit *offenen* oder *geschlossenen* Positionen zu tun haben. Dies ist wiederum davon abhängig, welchem Segment die Arbeitsplätze angehören (dem primären qualifizierten Segment oder dem sekundären Jedermannsarbeitsmarkt) und welche arbeitsrechtlichen Rahmenbedingungen – insbesondere Kündigungsschutzregelungen – in einem Land bestehen (Allen, 1997; Dickens & Lang, 1988; Sørensen & Kalleberg, 1994). Die auf der Idee von Smith (1776/1974) basierenden neoklassischen Ansätze (wie beispielsweise die Humankapitaltheorie, die *Signaling*-Theorie und das *Job-Competition*-Modell), dass sich ein effizientes ökonomisches Gleichgewicht als „natürliche" Tendenz herstellt, unterstellen dabei generell „offene" Beschäftigungsverhältnisse, bei denen Beschäftiger sich ihrer Arbeitsplatzinhaber entledigen können, sobald bessere Bewerber auf dem Markt zur Verfügung stehen (Gregory & Stuart, 1989, S. 44). „Geschlossene", monopolistische Positionen hingegen sichern die Arbeitsplatzinhaber gegen externe Konkurrenz ab und schließen, solange der Arbeitsplatz besetzt ist, externe (auch bessere) Bewerber vom Zugang aus (vgl. Weber, 1921/1984, S. 73). Für sie ist der *Hire-and-fire*-Mechanismus außer Kraft gesetzt. Dabei handelt es sich aus zwei Gründen vor allem um qualifizierte Arbeitsplätze *(primary jobs)* (Sørensen, 1983, S. 213; Sørensen & Kalleberg, 1994, S. 368). Erstens ist der Personal„austausch“ auf diesen qualifizierten Arbeitsplätzen (im Vergleich zu Einfacharbeitsplätzen) aufgrund ihrer höheren Einarbeitungskosten mit hohen bzw. höheren Transaktionskosten verbunden. Zweitens verlangt die häufig stärkere wechselseitige Verschränkung von qualifizierten Arbeitsplätzen in der betrieblichen Arbeitsteilung eine höhere Personalstabilität (z.B. aufgrund notwendiger betriebsspezifischer Kenntnisse/Erfahrungen von betrieblichen Arbeits- und Kommunikationszusammenhängen). Aber auch der gesetzliche Kündigungsschutz, den es in vielen Ländern gibt und der häufig weitaus stärkere Entlassungshindernisse für qualifizierte Arbeitsplätze als für Einfacharbeitsplätze definiert, macht Personalentscheidungen kostenträchtig und veranlasst Unternehmen zu einer sorgfältigen Planung ihrer Personalrekrutierung und ihres Personaleinsatzes (vgl. Bosch, Kalina, Lehndorff, Wagner, & Weinkopf, 2001, S. 27).

Von daher sind viele der qualifizierten, aber auch Teile der Einfacharbeitsplätze (sofern sie dem Kündigungsschutz unterliegen) „geschlossene“ Beschäftigungsverhältnisse, deren Neubesetzung zunächst ein Freiwerden der Stellen verlangt (z.B. durch Verrentung, freiwillige Arbeitsplatzwechsel oder andersartige Ausstiege aus dem Erwerbsleben der Arbeitsplatzinhaber). Aufgrund dieser langfristigen Bindung an die ausgewählten Arbeitskräfte sind Beschäftiger daran interessiert, ihr Risiko einer „schlechten“ Rekrutierungsentscheidung zu minimieren, da sie „unproduktive“ Stelleninhaber aus geschlossenen Positionen nicht entfernen können – und selbst wenn sie es könnten, dies mit Verlusten bzw. hohen Transaktionskosten einherginge. Daher ist nicht nur das Interesse, die beste Person einzustellen (wie vom *Job-Competition*-Modell beschrieben), sondern auch das Interesse an einer Risikominimierung der entscheidende Anreiz für Beschäftiger, ihre Rekrutierungsentscheidungen auf der Basis von Rangreihen der Bewerber, definiert über beobachtbare *Screening*- und *Signaling*-Merkmale, zu treffen – und zwar solchen Merkmalen wie Bildungszertifikaten, die in einem vermeintlichen Zusammenhang zur (zukünftigen) Leistungs- und Lernfähigkeit von Personen stehen (Sørensen & Kalleberg, 1981, S. 66; 1994, S. 367). Mit dieser Einschränkung eines freien Marktes nimmt das informierte Vakanzkettenmodell zwei wichtige Erweiterungen hinsichtlich der Erklärung der geringeren Erwerbschancen von gering qualifizierten Personen vor.

Erste Erweiterung: Da Einfacharbeitsplätze sowohl in qualifikatorischer Hinsicht (Segmentationsargument) als auch in arbeitsrechtlicher Hinsicht seltener geschlossene, sondern weit häufiger offene Positionen darstellen, sind gering qualifizierte Personen häufiger einer Konkurrenz durch externe Bewerber ausgesetzt. Zudem verfügen sie aufgrund ihrer Erwerbskarrieren mit „offenen“ Einfacharbeitsplätzen zumeist nur über eine vergleichsweise kurze Betriebszugehörigkeit, sodass sie in geringerem Maße von Senioritätsregelungen und von einem mit der Betriebszugehörigkeit verbundenen Kündigungsschutz profitieren können. Diese „Offenheit" ist vor allem in Zeiten eines Überangebots an qualifizierten Arbeitskräften gefährlich, da dann auch diese vermehrt für Einfacharbeitsplätze zur Verfügung stehen und sich dadurch das Arbeitslosigkeitsrisiko für gering qualifizierte Personen erhöhen kann. Zudem sind in dieser Situation die Mobilitätsprozesse in das qualifizierte Arbeitsmarktsegment hinein sehr begrenzt, da kaum ein freiwilliges Räumen dieser Stellen (außer durch eine staatliche Initiierung zusätzlicher Verrentungsprozesse) zu erwarten ist. Im Unterschied dazu sind gering qualifizierte Personen auf Einfacharbeitsplätzen in Zeiten eines Unterangebots an (qualifizierten) Arbeitskräften einer relativ geringen externen Konkurrenz ausgesetzt. Bedroht werden ihre Arbeitsplätze in dieser Situation „nur" von Abbaustrategien wie deren Verlagerung ins Ausland oder deren Rationalisierung/Automatisierung. Zugleich haben sie in dieser Situation aber auch – vorausgesetzt, sie werden überhaupt für „beschäftigungsfähig" gehalten – Möglichkeiten, Zugang zu freien Vakanzen im qualifizierten Arbeitsmarktsegment bzw. zumindest in seinem unteren Qualifikationsbereich (in der Segmentationsterminologie als *lower tiers* des primären Sektors bezeichnet) zu erhalten (Sørensen, 1994b, S. 15). Das heißt, Mobilitätsprozesse von sekundären auf primäre Arbeitsplätze, wie sie von den Segmentationsansätzen nicht erklärt werden können, wären die Folge.

Diese Überlegungen führen zu zwei entgegengesetzten Einschätzungen der *Erwerbssituation von gering qualifizierten Personen*. Zum einen ist davon auszugehen, dass eine höhere Regulierungsdichte von Arbeitsmärkten (z.B. durch das Arbeitsrecht und Ausbildungsverordnungen) zu einer höheren „Geschlossenheit" von Positionen beiträgt, sodass es weniger Mobilität und Vakanzen gibt. Dies könnte zu einem erhöhten Risiko des Ausschlusses von gering qualifizierten Personen beitragen. Fraglich ist allerdings, ob sie von einer größeren „Offenheit" des Arbeitsmarkts in der Tat profitieren würden, da sie als Bewerber in der „Schlange" stets hinten stehen und als Stelleninhaber leichter durch qualifizierte Arbeitskräfte ersetzt werden könnten. Von daher bietet zum anderen eine größere Geschlossenheit von Beschäftigungsverhältnissen auch für jene unter ihnen einen höheren Schutz, denen der Zugang zu geschlossenen Beschäftigungsverhältnissen gelungen ist. Denn selbst bei einer späteren Erhöhung des Angebots an qualifizierten Arbeitskräften wäre es deutlich schwerer möglich, sie als Stelleninhaber zu verdrängen.

Dies bedeutet, dass die Unterschiede in den Erwerbschancen von gering und höher Qualifizierten vor allem aus der ungleichen Strukturierung ihres Arbeitsplatzwettbewerbs resultieren. Gering Qualifizierte sind häufiger einem *Marktwett-*

bewerb im offenen Positionssystem ausgesetzt, für den sie angesichts ihrer geringen oder fehlenden Bildungszertifikate (und meist auch schlechteren Berufserfahrungen) *positional* nicht gut ausgestattet sind. Personen mit höherer Bildungsleistung nehmen hingegen an einem *Vakanzwettbewerb* im geschlossenen Positionssystem teil, der ihnen einen relativ geschützten Zugang zu qualifizierten Stellen gewährleistet (Sørensen & Kalleberg, 1981, S. 68).

Zweite Erweiterung: Die Ideen des *Job-Competition*-Modells und der Segmentationskonzepte aufgreifend wird (zertifizierte) Bildung hier in ihrer zweifachen Bedeutung berücksichtigt: als *positionales Gut* auf der Personenebene und als *organisatorisches Merkmal von Arbeitsplätzen*. Dies impliziert stärker als bei den Segmentationskonzepten, dass diese Schließungsprozesse auch eine wichtige Anbieterstrategie sind, dienen sie doch der Sicherung eines privilegierten „Erwerbsspielraums" und „Erwerbsmonopols" (Weber, 1921/1984, S. 77). Hieraus kann eine Spezifizierung der intragenerationalen Kanalisierung von gering qualifizierten Personen in ungünstige Erwerbsverläufe (siehe Segmentationskonzepte) abgeleitet werden. Die Stärke dieser Kanalisierung hängt – ungeachtet des Leistungsvermögens gering qualifizierter Personen – entscheidend von den Bedingungen im *qualifizierten* Arbeitsmarktsegment ab. Je seltener dort Vakanzketten entstehen, desto abgeschotteter ist dieses Arbeitsmarktsegment für gering Qualifizierte und desto wichtiger ist ihre erste Platzierung auf dem Arbeitsmarkt, da diese über Möglichkeiten der Humankapitalakkumulation während der Erwerbstätigkeit entscheidet (vgl. Sørensen, 1999, S. 14; Thurow, 1999). Umgekehrt, je mehr Vakanzen es im Bereich der geschlossenen qualifizierten Positionen gibt, desto eher erhalten auch sie Zugang zu diesen Positionen, desto eher ist eine Erstplatzierung auf Einfacharbeitsplätzen „korrigierbar" und desto stabiler sind ihre weiteren Erwerbsverläufe. Wer von den gering qualifizierten Personen Zugang zu diesen attraktiveren Arbeitsplätzen erhält, darüber entscheidet auch ihre jeweilige soziale Ressourcenausstattung, wie zum Beispiel die individuelle Einbindung in Informationsnetzwerke, die Kenntnis über freie Vakanzen liefern (siehe Abschnitt 7.1).

Eingedenk des oben erwähnten Interesses von Beschäftigern an homogenen sozialen Belegschaften (in den Abteilungen oder gar im Unternehmen) sollten aber auch Marktsignale askriptiver Natur (beispielsweise Geschlecht und ethnische Herkunft) eine wichtige Rolle spielen. Die geschlechterspezifische Segmentation verringert die Chancen, dass gering qualifizierte Frauen von derartigen freien Vakanzen profitieren – wenn überhaupt, dann wären es zunächst unqualifizierte Männer (aufgrund der häufig männlich dominierten Belegschaft in den qualifizierten Arbeitsmarktsegmenten). Analoges gilt für gering Qualifizierte, die ethnischen Minderheiten angehören (siehe Kap. 12).

Wie alle ökonomischen Theorien leidet auch das (sozioökonomische) informierte Vakanzkettenmodell an der Grundkonstellation, dass die Arbeitsmarktplatzierung von Personen primär das Resultat der Rekrutierungsentscheidung der Beschäftiger ist. Autoselektionsprozesse seitens der Anbieter selbst werden nicht berücksichtigt.

Neu und wichtig ist allerdings die Einsicht des informierten Vakanzkettenmodells, dass der Beschäftiger sich seine Arbeitskräfte nicht nur aussucht, sondern sie „behalten muss", wenn es sich um geschlossene Beschäftigungsverhältnisse handelt. Dies hilft zu erklären, warum gering qualifizierte Personen, denen der Zugang zu diesen meist qualifizierten Positionen gelungen ist, nicht durch externe Bewerber mit einer höheren Qualifikation verdrängt werden können, und warum sie in dieser Situation gleichfalls relativ stabile und günstige Erwerbsverläufe aufweisen können. Dieser Zugang gelingt ihnen allerdings, wenn überhaupt, nur zu Zeiten eines Unterangebots an qualifizierten Arbeitskräften und unter der Voraussetzung, dass sie für diese Arbeitsplätze als hinreichend „beschäftigungsfähig" eingeschätzt werden. In der Regel sind sie eher mit der Beschäftigung auf „offenen" unqualifizierten Arbeitsplätzen konfrontiert. Von daher tragen sie ein höheres Entlassungsrisiko als Personen mit höheren Aus-/Bildungsabschlüssen (auf „geschlossenen" qualifizierten Positionen).

Bezüglich der Wiedereinstiegschancen von gering qualifizierten Personen bei Arbeitslosigkeit ist zu den Erwartungen der vorangegangenen Theorien zu ergänzen: Sie haben geringere Chancen und benötigen mehr Zeit, einen Wiedereinstieg zu bewerkstelligen (in Abhängigkeit von der Angebot-Nachfrage-Relation). Dies ist allerdings nicht (oder weniger) der Tatsache geschuldet, dass sie nach dem bestmöglichen Arbeitsplatz mit einem möglichst hohen Verdienst Ausschau halten – wie es in Suchtheorien (Franz, 1982; Johnson, 1978; Rothschild, 1978) erklärt wird –, sondern der Tatsache, dass sie aufgrund ihrer unteren Rangplätze in der Bewerberschlange sowie der meist definitorisch (formal) geforderten Arbeitsplatzqualifikationen weniger Angebote (trotz Bewerbung) erhalten (vgl. Leighton & Mincer, 1982, S. 259). Ihr höheres Langzeitarbeitslosigkeitsrisiko resultiert daher nicht primär aus einer mangelnden Bereitschaft, ein vorhandenes Angebot anzunehmen, sondern aus einer geringeren Wahrscheinlichkeit, „ausgewählt" zu werden (vgl. Heise, 1995, S. 762)[19]. Diese Erklärung hat auch politische Konsequen-

19 Mit zunehmender Arbeitslosigkeitsdauer kann es dann gleichwohl zu geringeren Suchanstrengungen seitens der Arbeitslosen kommen. Diese Abnahme ist allerdings nicht – wie mikroökonomisch unterstellt – exogener, sondern endogener Natur, das heißt ein Resultat der Anpassung an die „Situation" und eine mögliche *Coping*-Strategie aufgrund der fehlenden Erfolge bei zuvor unternommenen Bewerbungen (Hagen & Niemann, 2000; siehe ausführlicher Abschnitt 7.2 und 8.2).

zen. Die „Arbeitslosigkeitsfalle“ als Argumentationsfigur wird entkräftet. Das höhere Risiko der Langzeitarbeitslosigkeit von gering qualifizierten Personen ist somit wohl in den seltensten Fällen Ergebnis ihres ökonomischen Rationalitätskalküls und ihrer *Wahl*entscheidungen, einen Arbeitsplatz anzunehmen oder stattdessen den „Vorzug von Freiheit zu genießen“ (Bäcker & Hanesch 1997, S. 708 f.; Heise, 1996, S. 68 f.).

4.6 Zwischenfazit

Eine Zusammenfassung der ökonomischen Erklärungen für die schlechteren Arbeitsmarktchancen von gering qualifizierten Personen im Vergleich zu höher qualifizierten Personen ist in Tabelle 4.1 dargestellt. In ihr wird deutlich, dass zentrale Überlegungen der *Signaling*-Theorie, des *Job-Competition*-Modells und der Segmentationstheorien in das *informierte Vakanzkettenmodell* integriert sind. Selbst die Humankapitaltheorie findet in diesem Modell partiell ihren Niederschlag, da die größere „Geschlossenheit“ von qualifizierten Arbeitsplätzen nur deshalb als Reduzierung von Transaktionskosten und als Modell des Umgangs mit einer mangelnden Markttransparenz gesellschaftlich akzeptiert wird, weil zugleich der Qualifikationserwerb als ein individueller Investitionsprozess der Aneignung fachlicher Kenntnisse und Fähigkeiten sowie sozialer Kompetenzen betrachtet wird. Über die „Rendite“ dieses Investitionsprozesses entscheiden allerdings weniger die Individuen und ihr Grenzprodukt, sondern die strukturellen Bedingungen auf dem Arbeitsmarkt bzw. den Teilarbeitsmärkten, zu denen sie Zugang erhalten.

Ferner sind es weniger ihre individuellen Bildungsleistungen bzw. Kompetenzen und Fähigkeiten. Relevant sind die *zertifizierten* Bildungsleistungen von Personen, die eine Kategorisierung seitens der Beschäftiger erlauben, auf deren Basis Gruppenurteile hinsichtlich des wahrscheinlichen Verhaltens von Gruppenmitgliedern, ihrer „qualifikatorischen Passung“ zur Arbeitsplatzdefinition und der relativen Position von Bildungsgruppen innerhalb des Arbeitsangebots getroffen werden.

Tabelle 4.1: Ökonomische Theorien und ihr Erklärungsbeitrag für die vergleichsweise schlechten Arbeitsmarktchancen von gering qualifizierten Personen

Theorieansatz	Arbeitsmarktchancen	Bestimmungsebene von Bildung	Konzeption von Bildung bzw. Qualifikation	Erklärung für die schlechteren Erwerbschancen von gering Qualifizierten
Humankapital	Arbeitsangebot	Individualmerkmal	Individuelle Grenznutzenproduktivität	Absolutes Produktivitätsdefizit
Signaling	Arbeitsangebot	Gruppenmerkmal (statistische Diskriminierung)	Wahrscheinlichkeitsannahme über individuelle Leistungsfähigkeit *(ability)*	Wahrscheinlichkeitsannahme über absolutes Produktivitätsdefizit
Job competition	Verhältnis von Arbeitsangebot und -nachfrage	Gruppenmerkmal (positionales Gut)	Indikator relativer Leistungs- und vor allem Lernfähigkeit *(trainability)*	Unterer Rangplatz in der Bewerberschlange, aber Arbeitsmarktplatzierung abhängig von (a) Arbeitsnachfrage und (b) *trainability* (erwartete Einarbeitungskosten > *added value?*)
Segmentation	Arbeitsnachfrage	Qualifikatorisches Merkmal von Arbeitsplätzen	Zertifikate als Passung zur Organisation von Arbeitsplätzen	„Kanalisierung“ in Jedermannsarbeitsmarktsegmente, intragenerationale Verfestigung ungünstiger Erwerbschancen
Informiertes Vakanzkettenmodell[1]	Verhältnis von Arbeitsangebot und -nachfrage	Personenebene Arbeitsplatzebene	Positionales Gut mit *Signal*funktion Organisatorisches Merkmal von Arbeitsplätzen	Schlechte Platzierung in der Bewerberschlange → geringere Zugangschancen zu qualifizierten Arbeitsplätzen (meist geschlossene Beschäftigungsverhältnisse) → Kanalisierung in den („offenen“) Markt- statt Vakanzkettenwettbewerb

1 Einschließlich offene und geschlossene Beschäftigungsverhältnisse, Arbeitsmarktsegmente.

5 Ökonomische Erklärungen für die historische Verschlechterung der Arbeitsmarktchancen von gering Qualifizierten: *Verdrängung* und *Diskreditierung*

An expansion in the „output" of educational credentials will, by itself, reduce the information conveyed by the particular credentials involved (Hirsch, 1977, S. 48) – but it will increase the „information value" conveyed by holding no or only a lower-level credential. (H.S.)

Bisher wurde vor allem diskutiert, wie sich mit ökonomischen Theorien persistente und intragenerationale, das heißt über den Erwerbsverlauf hinweg anhaltende und zunehmende Benachteiligungen in den Erwerbschancen von gering qualifizierten Personen erklären lassen. Im Folgenden wird dargelegt, wie mit ihnen die sich *historisch* verschlechternden Erwerbschancen von gering qualifizierten Personen erklärt werden können. Betrachtet werden die letzten 50 Jahre.

5.1 Bildungsexpansion, Globalisierung, Flexibilisierung und IT-Revolution – Veränderte Rahmenbedingungen der Beschäftigung von gering Qualifizierten

In Zeiten hoher Beschäftigung und niedriger Arbeitslosigkeit waren die Erwerbschancen von gering qualifizierten Personen vergleichsweise gut. In der Boom- und Prosperitätsphase der *1960er Jahre bis Mitte der 1970er Jahre* überstieg die Arbeitslosenquote in allen Industrienationen nicht Friedmans „natürliches Niveau" einer normalen Sucharbeitslosigkeit (sie blieb unter 4%). Selbst in der ersten westdeutschen Rezession um 1966/67 blieb die Arbeitslosenquote deutlich unter 4 Prozent (Abb. 5.1). Zudem bestand ein Mangel an ausgebildeten Fachkräften. Die Expansion des allgemeinen Bildungssystems erfuhr in dieser Zeit in allen westlichen Nationen einen erneuten Schub. Mit einer erhöhten Zahl an Berufseinsteigern mit höheren Bildungsabschlüssen konnte jedoch (insbesondere in den westeuropäischen Ländern) erst ab Mitte/Ende der 1970er Jahre gerechnet werden. Bis Mitte der 1970er Jahre befanden sich daher vor allem noch jene Generationen auf dem Arbeitsmarkt, die im Krieg oder während der unmittelbaren Nachkriegsphase ihre Schulzeit absolviert hatten. Viele von ihnen betraten den Arbeitsmarkt zumeist ohne eine beruf-

Abbildung 5.1: Arbeitslosenquoten in Deutschland, 1948 bis 1998 (in %)

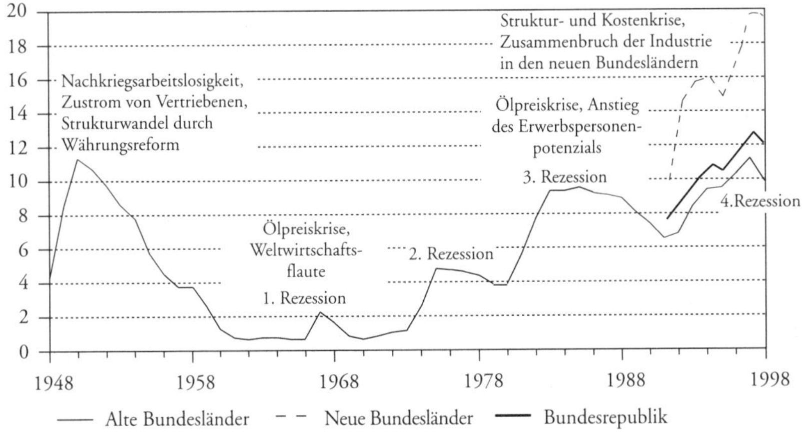

Arbeitslosenquote bezogen auf alle abhängig beschäftigten Erwerbspersonen.

Quelle: Arbeitsmarkt 1999 = Sondernummer der Amtlichen Nachrichten der Bundesanstalt für Arbeit (ANBA; Arbeitsmarktstatistik – Jahreszahlen = Sondernummern der ANBA, div. Jg.). Die Grafik wurde freundlicherweise von Ulrich Walwei, IAB, zur Verfügung gestellt.

liche oder universitäre Ausbildung. Auch in diesen Generationen hatten gering qualifizierte Personen zwar Wettbewerbsnachteile gegenüber höher Qualifizierten, doch angesichts des Angebotsmangels an qualifizierten und höher qualifizierten Personen war ihr Arbeitslosigkeitsrisiko deutlich geringer als heute. Und es gelang ihnen zum Teil, auf qualifi-zierten Arbeitsplätzen beschäftigt zu werden (siehe Tab. 10.2).

Mit den *Rezessionen seit Mitte der 1970er Jahre* und dem generellen Anstieg der Arbeitslosigkeit änderte sich ihre Situation deutlich. In allen Industrienationen nahm in den letzten 30 Jahren das (Langzeit-)Arbeitslosigkeitsrisiko von gering qualifizierten Personen überdurchschnittlich zu (vgl. für Schweden: Aberg, 2003; für die USA: Livingstone, 1998; für die Niederlande: Batenburg & de Witte, 2001). Zugleich hatten sie seltener Zugang zu qualifizierten Arbeitsplätzen. Wenn überhaupt, so gelang ihnen nur noch eine Beschäftigung auf Einfacharbeitsplätzen. Die Arbeitslosenquote der gering qualifizierten Personen ist seitdem schneller gestiegen als das Arbeitslosigkeitsrisiko von Personen mit höheren Bildungsabschlüssen (siehe Abb. 1.1). Insbesondere ihre Wiedereinstiegschancen haben sich, wie ihre überproportionale Präsenz unter den Langzeitarbeitslosen zeigt, deutlich verschlechtert. Daraus resultierte auch eine deutliche Verschlechterung ihrer Erwerbschancen im Vergleich zu gering Qualifizierten früherer Generationen.

In Westdeutschland stieg die Arbeitslosenquote von Personen ohne abgeschlossene Berufsausbildung („Ausbildungslose“) von 6 Prozent im Jahr 1975 auf über 20 Prozent seit Mitte der 1990er Jahre (Reinberg & Rauch, 1998, S. 13)[20]. Zudem sind heute etwa 50 Prozent der Langzeitarbeitslosen Personen ohne Berufsausbildung (Kress, Brinkmann, & Wiedemann, 1995, S. 746)[21]. Doch auch für (noch) beschäftigte Personen ohne Berufsausbildung hat sich die Erwerbssituation drastisch verändert. In den alten Bundesländern der BRD war 1999 jede/jeder Fünfte der erwerbstätigen Ausbildungslosen (21 %) nur in einem unsicheren Beschäftigungsverhältnis[22] tätig, in den neuen Bundesländern war es sogar jede/jeder Dritte (32 %) (Schreyer, 2000, S. 2)[23]. Von diesen „atypischen“ Beschäftigungsverhältnissen

20 Im Vergleich dazu stieg die Arbeitslosenquote bei den Personen mit abgeschlossener Lehr- oder Berufsschulausbildung von etwa 2 Prozent im Jahr 1975 auf 6 bis 8 Prozent seit Mitte der 1990er Jahre (Reinberg & Rauch, 1998, S. 13). Insgesamt erhöhte sich die Arbeitslosenquote in Westdeutschland in diesem Zeitraum von etwa 5 auf 10 Prozent (siehe Abb. 5.1). In den neuen Bundesländern stieg sie für Personen ohne Berufsausbildung seit dem Beitritt von 0 auf 50 Prozent.

21 In den alten Bundesländern war der Anteil gering qualifizierter Personen unter den Langzeitarbeitslosen mit 46 Prozent deutlich höher als in den neuen Bundesländern, wo Personen ohne abgeschlossene Berufsausbildung 20 Prozent der Langzeitarbeitslosen, Facharbeiter allerdings 67 Prozent stellten (Kress u.a., 1995, S. 746). Dieser Unterschied ist wohl auch den „Nachwehen“ der DDR und der ostdeutschen Transformation geschuldet. Das zentralisierte DDR-Ausbildungssystem hat wesentlich früher als der westdeutsche Ausbildungsmarkt den Anteil an Ausbildungslosen reduziert (Maaz, 2001; Mayer & Solga, 1994; Solga & Konietzka, 1999). Damit war die „Überalterung“ dieser Gruppe in der DDR deutlich höher als in der alten BRD (siehe Abschnitt 5.4), und so konnte mit der ostdeutschen Vorruhestandsregelung ein beachtlicher Teil an gering qualifizierten Personen „vom Markt genommen“ werden.

22 Dazu zählen befristete Arbeitsverhältnisse (einschließlich ABM), Leiharbeit, geringfügige Beschäftigung und freie Mitarbeit. Bei den Beschäftigten mit einer abgeschlossenen Lehrausbildung waren „nur“ 9 Prozent in den alten und 16 Prozent in den neuen Ländern in derartigen Beschäftigungsverhältnissen tätig (Schreyer, 2000, S. 2).

23 Dies zeigt unter anderem, dass eine Flexibilisierung der Arbeitsmärkte nicht unbedingt zu einer Verbesserung der Beschäftigungschancen gering qualifizierter Personen führt und das *Insider-Outsider*-Problem löst. Sowohl in den USA als auch in Westeuropa (einschließlich Deutschland) sind die Arbeitsmärkte in den letzten Jahrzehnten flexibler geworden, die Arbeitslosigkeitsquote liegt dennoch auf beiden Seiten des Atlantiks weit über dem Stand der 1950er und 1960er Jahre (Palley, 1999, S. 45). In Deutschland, Frankreich und Belgien wurde der Kündigungsschutz gelockert, in Spanien und den Niederlanden wurden die Tarifverhandlungen dezentralisiert, und in vielen westeuropäischen Ländern wurden Befristungsmöglichkeiten (insbesondere hinsichtlich der zulässigen Dauer befristeter Beschäftigungsverhältnisse) ausgeweitet (Blank, 1997; Ganßmann & Haas, 1999, 2001). Dies führte nicht zu dem versprochenen Beschäftigungs*wachstum* (begründet durch ein geringeres Risiko bei Neueinstellungen für Unternehmen), sondern häufig nur zu einer Umverteilung des vorhandenen Beschäftigungsvolumens (z.B. in den Niederlanden und Dänemark).

waren in den alten Bundesländern etwa 50 Prozent befristet (bzw. 9,7 % der Ausbildungslosen insgesamt), in den neuen Bundesländern waren davon zwei Drittel befristet (bzw. 24,3 % der Ausbildungslosen insgesamt) (Schreyer, 2001).

In der Arbeitsmarktforschung werden für diese Verschlechterung der Erwerbschancen von gering Qualifizierten vor allem drei Strukturverschiebungen als Ursachen genannt:

(1) die Zunahme an qualifizierten Arbeitskräften (Bildungsexpansion),
(2) die Verschärfung der Arbeitsmarktkonkurrenz durch eine Erhöhung des nationalen und internationalen Arbeitsangebots (Globalisierung),
(3) eine abnehmende Nachfrage nach gering qualifizierten Arbeitskräften infolge sektoraler und technologischer Veränderungen der Arbeitsplatzstruktur (De-Industrialisierung und dritte industrielle Revolution).

Darüber hinaus wird noch (4) die für zu gering gehaltene Zunahme an „flexiblen“ (sprich „offenen“) Beschäftigungsverhältnissen genannt.

Für die unter *(1)* genannte Strukturverschiebung ist vor allem die Bildungsexpansion verantwortlich. In allen westlichen Gesellschaften wurde durch sie ein erhöhtes, wenn nicht gar – bezogen auf die Nachfrage am Arbeitsmarkt – ein Überangebot an qualifizierten Personen bereitgestellt (Gerstenberger & Seltz, 1978; Lutz, 1979). Dieser Trend hin zu höherer Bildung hält an bzw. stagniert in einigen Ländern auf sehr hohem Niveau. So sank zwischen 1985 und 1995 zum Beispiel in Deutschland der Anteil der 25- bis 27-/28-Jährigen, die *nicht* über einen höheren Sekundarschulabschluss[24] verfügten, von 18 auf 13 Prozent. In Großbritannien sank dieser Anteil von 56 auf 46 Prozent, in Frankreich von 32 auf 24 Prozent, in den Niederlanden von 34 auf 26 Prozent und in Schweden von 22 auf 13 Prozent (Murray & Steedman, 1998, S. 391).

Die unter *(2)* angeführte zunehmende Arbeitsplatzknappheit resultiert zum einen aus einem erhöhten *nationalen* Arbeitsangebot. Diese Erhöhung wurde durch den Arbeitsmarkteintritt geburtenstarker Jahrgänge *(Babyboom)*, durch Zuwanderung und Übersiedlung, durch die erhöhte Arbeitsmarktbeteiligung von Frauen, Studierenden und Frührentnern/Rentnern verursacht (z.B. Gordon & Gordon, 1966, S. 5; Lawrence, 1984, 1985; Strikker, 1991, S. 22). Zum anderen wird mit zunehmender Globalisierung der Wirtschaft die Verlagerung von Arbeitsplätzen und insbesondere Einfacharbeitsplätzen in Billiglohnländer dafür verantwortlich gemacht (z.B. Castel, 2000, S. 355 f.; *Beschäftigungsmöglichkeiten für niedrig Qualifizierte*, 1995, S. 1). Von der *internationalen* Konkurrenz am stärksten betroffen ist die Textil- und Bekleidungsbranche. Darüber hinaus fand eine Verla-

---

24 Für Deutschland sind dies Personen, die maximal über die mittlere Reife verfügen und keinen Ausbildungsabschluss besitzen.

gerung von Arbeitsplätzen auch in folgenden Hoch- und Mittelhochtechnologiebereichen statt: Computerindustrie, wissenschaftlicher Instrumentenbau, Pharmazeutik, Elektronik, Chemie und Kraftfahrzeugbau (Hatzichronoglou, 1999, S. 5). Verbunden ist damit ein „neues Machtspiel zwischen territorial fixierten Akteuren – auf der einen Seite Arbeit, auf der anderen Seite Regierung, Parlament und Gewerkschaften – und nicht territorial gebundenen Akteuren wie Kapital, Finanz- und Handelsmächte. Das heißt: Kapital wird global, Arbeit bleibt lokal." (Beck, 1999, S. 470; vgl. auch Altvater & Mahnkopf, 1999) Als Folge dieser Verknappung der Arbeitsnachfrage bei einem gleichzeitig wachsenden, nationalen Bewerberpool ist der Spielraum für gering qualifizierte Personen bei der Arbeitsplatzsuche enger geworden (Bosch u.a., 2001, S. 19).

Eine Veränderung der Qualität der Arbeitsnachfrage wird *(3)* aus einer Verringerung der Nachfrage nach unqualifizierter Arbeit aufgrund erhöhter Qualifikationsanforderungen auf allen westeuropäischen sowie nordamerikanischen Arbeitsmärkten abgeleitet (Bamber & Lansbury, 1998, S. 69). Diese Verringerung wurde *zum einen* durch die De-Industrialisierung und den Strukturwandel hin zu einer Dienstleistungsgesellschaft verursacht, wodurch einfache und qualifizierte Jobs im Fertigungsbereich abgebaut wurden. In Deutschland ist der Anteil der Beschäftigten im warenproduzierenden Gewerbe an der Gesamtbeschäftigtenzahl seit 1970 kontinuierlich von 55 auf 44 Prozent im Jahr 1985 zurückgegangen – mit einer Perspektive von 30 Prozent für die Zeit nach 2000 (Prognos, 1993, S. 68*f.). Die Beschäftigung im Primärsektor sank ebenfalls von 32 Prozent (1930) auf 9 Prozent im Jahr 1960 und liegt seit Mitte der 1980er Jahre unter 5 Prozent (Esping-Andersen, 1999, S. 298). Damit sind in Deutschland gerade jene Sektoren rückläufig, in denen vor allem gering qualifizierte Personen beschäftigt werden[25]. In den 1990er Jahren haben Personen ohne abgeschlossene Berufsausbildung in Deutschland damit 1,2 Millionen Arbeitsplätze „verloren" (Reinberg & Walwei, 2000, S. 3).

In den anderen Industrienationen sehen die Entwicklungen ähnlich aus. In den USA sank die Beschäftigung im primären Sektor von 25 Prozent im Jahr 1930 auf 8 Prozent im Jahr 1960 und auf unter 3 Prozent seit Mitte der 1980er Jahre (Esping-Andersen 1999, S. 298ff.). Im manuellen industriellen Bereich nahm der Anteil der Beschäftigten auf qualifizierten als auch unqualifizierten Arbeitsplätzen zwischen 1960 und Mitte der 1980er Jahre um etwa ein Drittel ab und erreichte einen Beschäftigtenanteil von etwa 23 Prozent (Esping-Andersen, 1999, S. 301;

25 Im verarbeitenden Gewerbe sind etwa 41 Prozent, in den primären Dienstleistungen knapp die Hälfte der Personen ohne abgeschlossene Berufsausbildung beschäftigt (Reinberg, 1999, S. 438).

Rifkin, 1996, S. 7). In *Schweden* ging der Anteil einfacher manueller Arbeit zwischen 1960 und 1985 um 42 auf 12,4 Prozent und der Beschäftigungsanteil des primären Sektors um 68 auf 4,4 Prozent zurück (Esping-Andersen, 1999, S. 298ff.). Im Unterschied zu Deutschland und den USA stieg hier allerdings der Anteil an einfachen Dienstleistungen um 78 Prozent und erreichte Mitte der 1980er Jahre 17 Prozent (dafür gab es jedoch keinen relativen Zuwachs bei den qualifizierten Dienstleistungen).

Einen relativen und zum Teil absoluten Beschäftigungszuwachs verzeichnete hingegen der Dienstleistungsbereich, hier allerdings häufig nur bei den höherwertigen Tätigkeiten (Esping-Andersen, 1999, S. 301)[26]. Für eine Beschäftigung in diesem Bereich haben sich zugleich die *geforderten* sozialen und kulturellen Kompetenzen sowie die kognitive Flexibilität erhöht, da der Charakter dieser Arbeitsplätze „informaler" und „beziehungsförmiger" geworden sei (Castel, 2000, S. 356; Giloth, 1998, S. 5; Harrison & Weiss, 1998, S. 20f.).

Dies spiegelt sich auch in den „multidimensionalen Qualifikationsbegriffen" wider, die derzeit in der Diskussion sind (z.B. Berliner Memorandum der Beruflichen Bildung, 1999; A. Cordes, 1997; Schüssler, Spiess, Wendland, & Kukuk, 1999, S. 20f.;). Neben dem Fachwissen werden nun auch explizit personale und soziale Kompetenzen (wie z.B. Selbstbewusstsein, Neugier, Offenheit, Urteilsvermögen, sprachliche Ausdrucksfähigkeit, Teamfähigkeit) als integrale Bestandteile von Qualifikation definiert. Bei all dieser Euphorie für die so genannten *soft skills* darf natürlich nicht vergessen werden, dass der Erwerb dieser „weichen" Kompetenzen und Fähigkeiten sowie weiterer dem Erwerbsverlauf endogener *Signale* (wie z.B. Berufserfahrungen oder Reputation) sehr eng mit den Bildungserfahrungen und -leistungen verknüpft ist (siehe Abschnitt 4.4).

Die absoluten Beschäftigungsverluste im Herstellungsbereich konnten (zumindest in Deutschland) nur teilweise durch neue Arbeitsplätze im Dienstleistungsbereich kompensiert werden (Witt & Zydorek 2000, S. 23, vgl. auch Beck, 2002)[27]. Dies ist unter anderem dadurch zu erklären, dass computergesteuerte Ar-

---

26 In Deutschland erhöhten zum Beispiel Branchen mit hohem Ausbildungsniveau ihre Beschäftigung zwischen 1980 und 1995 um 20 Prozent. In Branchen mit niedriger „Humankapitalausstattung" wurde verstärkt rationalisiert und die Beschäftigung um 19 Prozent abgebaut (Enquete-Kommission, 2001, S. 132). Unberücksichtigt blieb bei diesen Berechnungen allerdings die illegale Beschäftigung.

27 Das US-amerikanische Jobwunder hat zwar zu einem absoluten Arbeitsplatzzuwachs geführt, dieser fand allerdings vorwiegend im Niedriglohnbereich statt. So gehörten zwei Drittel der 1994 neu geschaffenen Arbeitsplätze zum unteren Bereich der Lohnpyramide (Rifkin, 1996, S. 4). Ihre Besetzung mit qualifizierten Personen trug zugleich zu einem Lohndumping von qualifizierter Arbeit bei (vgl. Bluestone & Harrison, 1988).

beitsmittel (darunter auch Scannerkassen, Homebanking, elektronische Verkäufer) als *labor-saving technologies* vor allem der Rationalisierung und besseren Auslastung vorhandener Kapazitäten dienen (Rifkin, 1996, S. 23f.; Scherrer, 2002, S. 28f.).

Neben der De-Industrialisierung werden qualitative Veränderungen der Arbeitsnachfrage damit darüber hinaus mit Reorganisations-, Rationalisierungs- und Technisierungsprozessen auf Basis der neuen Informationstechnologien der dritten industriellen Revolution begründet (z.B. durch den Ersatz einer hierarchischen Arbeitsteilung durch anspruchsvollere, prozessorientierte und partizipative Arbeitsformen)[28]. Eine partizipative Arbeitsorganisation führt im Vergleich zu einer hierarchischen Arbeitsorganisation in zweierlei Hinsicht zu höheren Qualifikationsanforderungen (Gerlach & Jirjahn, 1998, S. 429): (a) durch eine Verbreiterung des Spektrums an Arbeitsaufgaben, die ein größeres Verständnis der grundlegenden Produktionszusammenhänge notwendig machen sowie erhöhte Anforderungen für die Behebung von Produktionsstörungen stellen, und (b) durch eine größere Bedeutung sozialer Kompetenzen infolge verstärkter Interaktionen sowie eines erhöhten Kommunikationsbedarfs. Des Weiteren wurden Informationstechnologien als Basistechnologien in nahezu allen beruflichen Tätigkeiten bedeutsam, obgleich sie nur in geringem Maße neue Berufe geschaffen haben (Mayer, 2000a, S. 386). In Deutschland arbeiteten zum Beispiel 1999 mehr als zwei Drittel der Beschäftigten überwiegend oder teilweise mit computergesteuerten Maschinen/Anlagen oder Bürogeräten (Troll, 2000a, 2000b). In den Berufsbereichen Produktion und Instandhaltung arbeiteten 42 Prozent der Beschäftigten überwiegend oder gelegentlich mit computergesteuerten Arbeitsmitteln, bei den Beschäftigten mit Dienstleistungs- und Infrastrukturaufgaben waren es sogar 69 Prozent (Troll, 2000a, S. 4). Selbst in solch einem Berufsbereich wie dem der Erzeugung von Produktionsgütern und Grundstoffen (z.B. Chemiearbeiter) hat sich der Verbreitungsgrad computergesteuerter Arbeitsmittel von 27 Prozent im Jahr 1992 auf 59 Prozent im Jahr 1999 erhöht, bei Beschäftigten mit bereichsübergreifenden Aufgaben (z.B. Lagerverwalter) stieg er von 21 auf 48 Prozent (Troll, 2000a, S. 5).

Im Unterschied zu Bravermans *Deskilling*-Prognose (1977) haben Unternehmen den intensivierten Wettbewerb also häufig mit Leistungsanreicherung *(job enrichment)* und Leistungsausweitung *(job enlargement)* beantwortet (Gallie, White, Cheng, & Tomlinson, 1998, S. 55; Klös, 1997b, S. 15): „The tendency is to automate low-skilled jobs and retain those jobs with relatively high skills."

28 Vgl. Bell, 1990; Blauner, 1964, 1974; Dahrendorf, 1983; Dostal, 1985; Gorz, 1983; Kern & Schumann, 1984; Kloas, 1985; Klös, 1997a; Negt, 1984; Reinberg & Walwei, 2000; Rifkin, 1996; Thurow, 1999.

(Noyelle, 1986, S. 106)[29] Gleichzeitig ist Braverman jedoch insofern Recht zu geben, dass dennoch eine Polarisierung – ein *IT-Skill-Gap* (Selhofer, 2000) – hinsichtlich der Ausstattung der Arbeitsplätze mit neuen Informations- und Kommunikationstechnologien zu beobachten ist, die den Beschäftigten auf Einfacharbeitsplätzen (d.h. der Mehrheit der gering Qualifizierten) eine deutlich geringere Chance des *On-the-Job-learning* von IT-Kompetenzen einräumt (Gallie u.a., 1998, S. 56). Schmidt (1999, S. 17) fasst diesen Wandel des industriellen Paradigmas der Arbeit folgendermaßen zusammen:

> „(…) wachsende Bedeutung von immaterieller Arbeit im Vergleich zu materieller Arbeit, Stärkung von Bottom-Up-Beziehungen gegenüber Top-Down-Beziehungen, Wechsel von personeller Überwachung des Arbeitshandelns zu kontrollierter Autonomie, Umorientierung von Tonnenleistung und Stückzahl zu Systemerfolg, Stabilisierung von Netzwerk-Relationen und Heterarchien statt Hierarchien, zunehmende Toleranz von Verhandlungen und kommunikativer Rationalität, Commitment statt Duldsamkeit, Subjektivierung der Arbeit usw."

Darüber hinaus gab es *(4)* einen Flexibilisierungsschub traditioneller Formen der Arbeits- und Beschäftigungsverhältnisse, zum Beispiel durch eine Zunahme befristeter Beschäftigungsverhältnisse sowie Kleinst- und Mikrounternehmen, (schein- bzw. pseudoselbstständige) *Freelancer,* Zeit- und Leiharbeit (Beck, 2002, S. 54; Witt & Zydorek, 2000, S. 42). In Belgien stieg der Anteil befristeter Beschäftigungsverhältnisse unter den Erwerbstätigen (ohne Auszubildende) im Zeitraum von 1988 bis 1998 von 3,4 auf 5,5 Prozent, in Frankreich von 4,6 auf 10,3 Prozent, in den Niederlanden von 7,0 auf 11,1 Prozent, in Spanien von 15,3 auf 24,3 Prozent. Selbst in Finnland und Schweden waren 1998 13,8 bzw. 11,3 Prozent der Erwerbstätigen nur befristet beschäftigt (Hoffmann & Walwei, 2000, S. 3). In Deutschland sind die Werte für Befristung und Leiharbeit zwar noch vergleichsweise gering, aber steigend und nach Qualifikationsgruppen differenziert (vgl. Noller & Vogel, 2002; Schröder, 1998, S. 196). 1999 waren in Westdeutschland 5,7 Prozent aller Erwerbstätigen befristet beschäftigt (ohne Auszubildende) und 0,5 Prozent in Leiharbeit tätig (Schreyer, 2001)[30]. Damit

---

29 Zum Beispiel versuchen fast 60 Prozent der von Klös (1997b, S. 15) befragten Aachener Unternehmen, ihre Rentabilität durch eine Aufgabenausweitung und -anreicherung zu sichern, nur gut ein Fünftel griff zur Verlagerungs- und Ausdünnungsstrategie.

30 In Ostdeutschland sind die Vergleichwerte etwas höher: 13,2 und 1,1 Prozent (Schreyer, 2001). Wie bei den befristeten Beschäftigungsverhältnissen (siehe oben) sind gering Qualifizierte auch unter den Leiharbeitern überproportional vertreten. In Westdeutschland waren 1,3 Prozent der Erwerbstätigen ohne Ausbildung als Leiharbeiter tätig. In den neuen Bundesländern waren sowohl Personen ohne abgeschlossene Berufsausbildung als auch Facharbeiter (jeweils 2,3 %) überdurchschnittlich oft als Leihkräfte beschäftigt. Leiharbeit betrifft vor allem den gewerblichen Bereich (vgl. Rudolph & Schröder, 1997). Dies erklärt den hohen Anteil an Männern unter den Leiharbeitern (80 %).

versuchen Firmen, sowohl am oberen als auch am unteren Ende der Qualifikationshierarchie ihre Flexibilität zu erhöhen (Noyelle, 1986, S. 99ff., 1990, S. 219). Dies bedeutet den Ersatz „geschlossener" durch „offene" Stellen. In der Literatur zu den Erwerbschancen von „Ungelernten" wird trotz dieser Zunahme vor allem der *Mangel* an offenen Positionen bzw. die ungenügende Deregulierung geschlossener Positionen für die Benachteiligung von gering qualifizierten Personen auf dem Arbeitsmarkt, insbesondere für ihr erhöhtes (Langzeit-)Arbeitslosigkeitsrisiko, verantwortlich gemacht. Doch gerade für gering qualifizierte Personen bedeutet diese Zunahme befristeter Beschäftigungsverhältnisse, dass sie *vermehrt* „freien" Wettbewerbssituationen ausgesetzt sind und sich ihre Zugangschancen zum Vakanzkettenwettbewerb dadurch nicht verbessert haben (siehe Abschnitt 4.5). Zugleich haben sie aufgrund der Zunahme an kurzfristigen Beschäftigungen nicht mehr, sondern eher weniger Möglichkeiten als vorher, ihre geringe(re) Ausgangsausstattung an Humankapitalressourcen durch ein *on-the-job training* zumindest partiell kompensieren zu können (Thurow, 1999, S. 142 und 145). Auch für den Ausbau von Reputationsnetzwerken – „recommendations from current workers" und „recommendations from previous employer" (Harrison & Weiss, 1998, S. 20) – steht in diesen Beschäftigungsverhältnissen weniger (bzw. nur ungenügend) Zeit zur Verfügung (vgl. Noller & Vogel, 2002; vgl. Abschnitt 7.1 und 8.1).

5.2 Verdrängung und Diskreditierung – Zwei komplementäre Erklärungsbeiträge

5.2.1 Verdrängungsthese

Aus den in Abschnitt 5.1 unter (1) und (2) genannten Strukturverschiebungen wurde in den 1970er und 1980er Jahren die so genannte *Verdrängungsthese* abgeleitet, die einen verstärkten Verdrängungswettbewerb auf dem Arbeitsmarkt von oben nach unten postuliert (z.B. Beck, Bolte, & Brater, 1978; Blossfeld, 1983, 1985, 1990; Fürstenberg, 1978; Haller, 1980; Lutz, 1979; Mertens, 1984). Sie ist auch heute noch die verbreitetste Erklärung für die sich verschlechternde Arbeitsmarktsituation von gering qualifizierten Personen (international siehe: Bills, 1992; Harrison & Weiss, 1998; Kalleberg, 1996; Mallet, 1998).

Theoretisch basiert die *Verdrängungsthese* auf der Humankapitaltheorie, der *Signaling*-Theorie und dem *Job-Competition*-Modell (siehe Kap. 4). In Anwendung dieser Theoriestränge wird das Verdrängungsargument in der Regel folgendermaßen formuliert[31]: Mit der Charakterisierung von Bildungszertifikaten als Signale individueller Leistungsfähigkeit und ihrer akzeptierten Nutzung als Auswahlkriterium haben gering qualifizierte Personen die schlechtesten Chancen auf dem Arbeitsmarkt. Ihre fehlenden Bildungszertifikate gelten als Indikator dafür, dass sie geringere Bildungsanstrengungen unternommen haben und höhere Einarbeitungskosten verursachen als jene Personen, die die Bildungsinstitutionen erfolgreich durchlaufen haben (Thurow, 1975, S. 174). Aus diesem Grund bevorzugen Arbeitgeber Zertifikatsträger. In Zeiten eines erhöhten und ausreichenden Angebots an qualifizierten Personen kommt es zu einer Reorganisation der Bewerberschlangen (Thurow, 1979, S. 22).

Zum einen verringern sich die Zugangschancen von gering qualifizierten Personen zu qualifizierten Arbeitsplätzen, da ein ausreichendes Angebot an höher qualifizierten Bewerbern für qualifizierte Arbeitsplätze vorhanden ist. Als Folge werden sie auf einfache Arbeitsplätze *verdrängt*. Damit werden zugleich auch interne Karrierewege für gering qualifizierte Personen beschnitten, da nun ausreichend qualifizierte Personen für eine direkte Besetzung anspruchsvoller Tätigkeiten auf dem Markt vorhanden sind: „(…) abandoning internal ladders that were once the access routes to higher level positions." (Noyelle, 1990, S. 219)

Zum anderen sind angesichts des Mangels einer ausreichenden Anzahl an höher qualifizierten Arbeitsplätzen nun auch höher qualifizierte Personen „gezwungen", Einfacharbeitsplätze anzunehmen. Reicht die Nachfrage für Einfacharbeitsplätze nicht für alle Bewerber aus, werden zuerst höher qualifizierte Personen eingestellt, sodass eine steigende Zahl von gering qualifizierten Personen sogar von ihren „angestammten" Einfacharbeitsplätzen (vgl. Segmentationskonzepte) und damit überproportional in die Arbeitslosigkeit *verdrängt* wird. Viele höher Qualifizierte entgehen in einer Überangebotssituation mit diesem „Spielraum nach unten" zwar dem Arbeitslosigkeitsschicksal, einen Preis zahlen jedoch auch sie – nämlich den der Unterforderung, des Stresses der weiteren Jobsuche und der Unzufriedenheit mit ihrem Job: „(…) disappointment rather then unemployment is the price these workers pay." (Applebaum, 1979, S. 42)

Für Gesellschaften mit einem institutionalisierten betrieblichen Ausbildungssystem zeigen sich darüber hinaus bei einer langjährigen Diskrepanz zwischen An-

31 Dabei muss von der Entwicklungslogik dieser drei Theorien ausgegangen werden (siehe Kap. 4). Erst aus dem „Zusammenspiel" dieser drei Theorien kann die Verdrängungsthese abgeleitet werden. Ihr alternatives Nebeneinander, wie Blossfeld (1983, S. 201; Hervorhebung im Original) sie diskutiert: „Das Ergebnis von *Signaling* und *Job competition* bei Qualifikationsüberhang ist das Gleiche: Verdrängung", ist dafür ungeeignet. Als wichtigster Einwand sei daran erinnert, dass die *Signaling*-Theorie die Nachfrageseite nicht berücksichtigt, diese jedoch zentral für das Verdrängungsargument ist.

gebot und Nachfrage auf dem *Ausbildungsmarkt* ähnliche Prozesse. Auch hier bevorzugen Betriebe zunehmend Bewerber mit höheren Schulabschlüssen und passen ihre Einstellungskriterien nach oben hin an (Blossfeld, 1989; Gerstenberger & Seltz, 1978, S. 163; Strikker, 1991, S. 8). Demzufolge werden immer höhere Schulabschlüsse notwendig, um sich einen Ausbildungsplatz sichern zu können. Jene, die bei diesem Bildungswettlauf nicht mithalten können, müssen mit schlechteren Ausbildungsplätzen als in früheren Generationen üblich vorlieb nehmen, wenn sie nicht ganz vom Ausbildungsmarkt *verdrängt* werden.

Bisher konnte mit der Verdrängungsthese eine abnehmende Platzierung von gering qualifizierten Personen auf qualifizierten Arbeitsplätzen sowie ihr (überproportional) zunehmendes Arbeitslosigkeitsrisiko in Zeiten eines Überangebots an höher qualifizierten Personen erklärt werden. Zur Erklärung ihrer geringen Wiedereinstiegschancen und ihres dadurch verursachten überproportionalen Langzeitarbeitslosigkeitsrisikos in einer derartigen Marktsituation ist das *Vakanzkettenmodell* in die Erklärung mit einzubeziehen (siehe Abschnitt 4.5). Bei stagnierenden oder rückläufigen Beschäftigungsmöglichkeiten reagieren Betriebe häufig zunächst mit einem Stopp bei Neueinstellungen, bevor es zu Kündigungen kommt (vgl. O'Higgins, 1997, 2001). Insofern stehen den „Wiedereinsteigern" nur freiwillig geräumte Arbeitsplätze (durch Verrentung, Aufstiegs- oder sonstige Arbeitsplatzmobilität, zum Beispiel aufgrund privater Gründe) *oder* die offenen, befristeten Beschäftigungsverhältnisse zur Verfügung. Für Erstere haben arbeitssuchende gering qualifizierte Personen angesichts ihres Platzes in der Bewerberschlange in der Konkurrenz mit höher qualifizierten Arbeitslosen schlechte Karten. Letztere – offene, befristete Jobs – bedeuten, selbst wenn sie ausgewählt werden, ein erhöhtes Risiko wiederkehrender Arbeitslosigkeit, bei dem sich Phasen befristeter Beschäftigung auf zumeist Einfacharbeitsplätzen und wiederkehrender Arbeitslosigkeit abwechseln.

Dennoch wird zur Verbesserung der Wiedereinstiegschancen von gering qualifizierten Personen immer wieder gefordert, die Deregulierung europäischer Arbeitsmärkte voranzutreiben und die Beschäftigungsverhältnisse weiter zu flexibilisieren, das heißt zu „*ent*sichern" (siehe oben). Nur so sei es nach Meinung der Proponenten dieser Flexibilisierung möglich, die Grenzlinie zwischen begünstigten *Insidern* und marginalisierten *Outsidern,* denen der Marktzutritt verwehrt wird, aufzubrechen (vgl. z.B. Arbeitsgruppe Benchmarking, 1999; Esping-Andersen, 1990, S. 228, 1999, S. 295; Parijs, 1987; Siebert, 1996, S. 11). Problematisch sind bei einer solchen „Lösung" die oben genannten Nachteile derartiger flexibler Beschäftigungsverhältnisse. Zudem kommt – gemäß dem *Job-Competition*-Modell – hinzu, dass Beschäftiger angesichts des möglicherweise kurzen Zeithorizonts dieser Beschäftigungen noch eher dazu neigen, möglichst höher qualifizierte Arbeitskräfte zu rekrutieren, da sie die Einarbeitungskosten möglichst gering halten wollen und sich langwierige Investitionen in ein betriebsspezifisches Humankapital wahrscheinlich nicht auszahlen (vgl. Sengenberger, 1986, 1994). Insofern hätten gering qualifizierte Personen selbst bei einer *weiteren* Zunahme befristeter Beschäftigungsverhältnisse wenig Aussicht auf bessere Wiedereinstiegschancen. Im Gegenteil, die bisher bereits erfolgte Deregulierung erhöhte gerade für sie das Entlassungs- bzw. Arbeitslosigkeitsrisiko nach Vertragsende, ohne ihre Wiedereinstiegschancen wirklich zu verbessern.

Aus den bisherigen Ausführungen zur Verdrängungsthese kann zugleich abgeleitet werden, dass das Betroffensein von derartigen Verdrängungsprozessen am Beginn der Erwerbskarrieren, also beim *Berufseinstieg,* langfristig besonders negative Konsequenzen für die Beschäftigungsfähigkeit und die weiteren Erwerbschancen hat. Sie erhöhen das Risiko eines permanenten *Locked-out*-Seins aus dem Arbeitsmarkt und schränken ihre Gelegenheiten eines *on-the-job trainings* und damit auch einer adäquaten Vorbereitung auf ein Erwerbs- und Berufsleben ein (Bancroft, 1966, S. 203; Blossfeld, 1990, S. 165).

Die Verdrängungsthese konnte sich gegen andere, in den 1970er Jahren gleichfalls diskutierte Thesen, die die Konsequenzen einer „Überproduktion" von höher qualifizierten Personen zum Inhalt hatten, durchsetzen. Dies war unter anderem der Tatsache geschuldet, dass empirisch keine überproportionale Zunahme der Arbeitslosigkeit von Akademikern beobachtet werden konnte, wie sie Schlaffke (1972) mit seiner *Proletarisierungsthese* prognostizierte. Auch wenn für die steigende Zahl formal höher Qualifizierter im Beschäftigungssystem nicht genügend ausbildungsadäquate Positionen zur Verfügung standen, so fächerten sich die Arbeitslosenquoten dennoch entsprechend dem Bildungsniveau von unten nach oben auf. Zudem war ein zunehmender Trend zu beobachten, dass Fachkräfte mit betrieblicher Ausbildung unterwertig beschäftigt wurden. Nach Tessaring (1995) arbeiteten Anfang der 1990er Jahre 25 bis 30 Prozent von ihnen auf Einfacharbeitsplätzen.

Ferner erzählt die Verdrängungsthese eine „Legitimationsstory" sozialer Ungleichheit (vgl. Blossfeld, 1983, S. 203; Boudon, 1979, S. 85). Mit ihr konnten die meritokratische Leitfigur und die „meritokratische Bildungshypothese" der Beschäftiger aufrechterhalten werden, das heißt, höhere Bildungsanstrengungen müssen mit einem höheren Status – sprich mit Vorteilen beim Zugang zu Arbeitsplätzen und insbesondere qualifizierten Arbeitsplätzen – belohnt werden, und dies gerade in Zeiten eines erhöhten Arbeitsmarktwettbewerbs (Bhagwati & Srinivasan, 1977, S. 2; Cohen & Pfeffer, 1986, S. 2f.; Jones u.a., 1984, S. 99ff. und 296; Sehringer, 1989, S. 179f.). Bildungsanstrengungen und -leistungen stellen so weiterhin *ein,* wenn nicht gar *das* entscheidende Selektionskriterium im Beschäftigungssystem dar. Die

Renditen mussten allerdings den veränderten Bedingungen im Bildungsangebot angepasst werden: Bildung zahlt sich immer noch aus, obgleich sie ihre Garantiefunktion für den Zugang zu bestimmten Berufs- und damit sozialen Positionen verlor. Dennoch – und so wird es von der Verdrängungsthese reflektiert – behielt Bildung den Charakter einer notwendigen Bedingung für diesen Zugang sowie den Charakter eines Konkurrenzvorteils in der Bewerberschlange (Handl, 1996, S. 251 f.; Hirsch, 1977, S. 53; Sørensen & Blossfeld, 1989, S. 94; Thurow, 1979, S. 30). Die Durchsetzungsfähigkeit der Verdrängungsthese gegenüber der *Absorptionsthese* (Teichler u.a., 1976) wird unten diskutiert.

Zusammenfassend ist zunächst festzuhalten: Die Argumentation der Verdrängungsthese basiert auf der Annahme, dass die abnehmenden Arbeitsmarktchancen gering qualifizierter Personen vor allem die Folge eines wachsenden *quantitativen* Ungleichgewichts zwischen Bildungsstruktur als Angebotsseite und Berufsstruktur als Nachfrageseite ist und dieses Ungleichgewicht daraus resultiere, dass sich die Arbeitsplatz- bzw. Berufsstruktur langsamer verändere als die Bildungsverteilung, sodass ein ausreichendes, wenn nicht gar Überangebot an qualifizierten Personen im Vergleich zur Nachfrage nach qualifizierten Arbeitskräften zur Verfügung steht (vgl. Müller-Benedict, 1999).

Ein *Upskilling* der Arbeitsplatzstruktur infolge sektoralen und technologischen Wandels (siehe Abschnitt 5.1) führt jedoch durch Veränderungen in der Nachfragestruktur gleichfalls zu einer *Verschärfung* der Erwerbssituation gering qualifizierter Personen. Dies wird üblicherweise in der Verdrängungsargumentation *nicht* berücksichtigt. Im Gegenteil, hier wird eine relative Konstanz der innerbetrieblichen Arbeitsteilung unterstellt und davon ausgegangen, dass die Bildungsexpansion nur das Arbeitsangebot, nicht jedoch die Arbeitsnachfrage verändert hat (vgl. z.B. Müller-Benedict, 1999; Noyelle, 1986, S. 102). Dies ist unter anderem der Tatsache geschuldet, dass die Segmentationsidee vernachlässigt wird. Diese weist nun darauf hin, dass die Qualifikationsstruktur der Arbeitsplätze dem *Matching*-Prozess von Personen zu Jobs vorgelagert ist und sich in „der Belegschaftsstruktur eines Betriebes nicht nur angebotsseitige, sondern auch nachfrageseitige Faktoren widerspiegeln“ (Gerlach & Jirjahn, 1998, S. 430). Die Qualifikationsstruktur der Arbeitsplätze kann nun jedoch bei einem erhöhten Angebot an höher qualifizierten Arbeitskräften – wie sie mit der Bildungsexpansion bereitgestellt werden – zu technologischen Veränderungen und Umstrukturierungen von Produktionsprozessen zu Gunsten höher qualifizierter Personen führen. So macht ein erhöhtes Angebot an qualifizierten Personen zum Beispiel bestimmte Produktionskonzepte überhaupt erst möglich. Somit hängt nicht nur die technologische Ausstattung, sondern auch die Organisation der innerbetrieblichen Arbeitsteilung mit vom Bildungssystem ab. In der Situation eines erhöhten Bildungsangebots ist das *Upskill-*

ing von Arbeitsplätzen sowohl aus Sicht der Beschäftiger als auch der Anbieter qualifizierter Arbeitskraft eine profitable Strategie. Für Erstere ermöglicht sie eine bessere Auslastung bereitgestellter „Humankapitalressourcen". Für Letztere sichert es das Aufrechterhalten eines Machtgefälles zu gering qualifizierten Personen sowie den Fortbestand ihrer Arbeitsplätze als „geschlossene" Beschäftigungsverhältnisse.

Die Berücksichtigung einer derartigen qualifikatorischen Erhöhung der Arbeitsplatzstruktur kann in das Verdrängungsargument eingebunden werden: Die Diskrepanz zwischen Arbeitsangebot und -nachfrage, die zu einer Verschlechterung der Erwerbschancen von gering qualifizierten Personen führt, wird sowohl durch das Bereitstellen eines Überangebots an qualifizierten Personen durch das Bildungssystem als auch durch ein *Upskilling* der Nachfrageseite – das zusätzlich zu einer (nachfrageseitigen) *Verdrängung* von gering Qualifizierten von ihren ehemals ausgeübten und nun aufgewerteten Tätigkeiten führt – verursacht. Der Verdienst des so *erweiterten Verdrängungsarguments* ist es, dass es auf strukturelle Ursachen der veränderten Erwerbssituation von gering Qualifizierten hinweist, die nicht nur eine Veränderung im Verhältnis von Angebot und Nachfrage aufgrund einer veränderten Angebots-, sondern auch einer veränderten Nachfragestruktur berücksichtigen.

Üblicherweise werden aus der überdurchschnittlich hohen Arbeitslosigkeit von gering qualifizierten Personen *kausal* vor allem höhere Qualifikationsanforderungen geschlussfolgert[32]. *Angebotsseitig* unterstützt die Verdrängungsthese dieses Argument, da auch sie davon ausgeht, dass vom Arbeitsmarkt verdrängten Personen im Allgemeinen und gering Qualifizierten im Besonderen *marktfähige* Qualifikationen fehlen. Das daraus abgeleitete Heilmittel für die Verbesserung der Erwerbschancen von gering qualifizierten Personen sind langfristige Qualifizierungsanstrengungen (z.B. Bäcker, 2000, S. 151; *Beschäftigungsmöglichkeiten für niedrig Qualifizierte,* 1995, S. 44; Bosch, 1998, S. 23; Bosch & Weinkopf, 2000; Pütz, 1995, S. 16; Rose, 1990, S. 10). Zugleich weist die Verdrängungsthese jedoch darauf hin, dass eine Qualifizierung allein keine gesamtgesellschaftliche, sondern bestenfalls eine individuelle Lösung darstellen würde. Der Konkurrenzkampf würde sich so nur auf die nächsthöhere Qualifikationsebene verlagern (Reinberg, 1999, S. 438). Ohne eine gleichzeitige Erhöhung des gesamtwirtschaftlichen Nachfrageniveaus hätten gering Qualifizierte angesichts der Selektionsprozesse auf dem Arbeitsmarkt keine besseren Beschäftigungschancen (Heise 1996, S. 272).

---

32 In Deutschland wird die generelle Notwendigkeit eines solchen Trends hin zu höheren Qualifikationsanforderungen auch als eine Verteidigung seines *high-skill equilibriums* (Soskice, 1994), seines auf hochwertige Produkte, anspruchsvolle und gut bezahlte Arbeitstätigkeiten setzenden Produktionsparadigmas, begründet (vgl. auch Freeman & Schettkat, 2000; Hancké & Callaghan, 1999; Lutz, 1989).

Auch die Arbeitsplatz-*Upskilling*-Erweiterung des Verdrängungsarguments ändert im Kern nichts daran, dass die abnehmenden Erwerbschancen gering qualifizierter Personen *nur* als Folge einer „ungünstigen" Veränderung des Verhältnisses von Arbeitsangebot und -nachfrage erklärt werden – sei es aufgrund eines erhöhten Bildungsangebots oder eines *Upskilling* von Arbeitsplätzen (Nachfrageseite). Ihre Beschäftigungsprobleme werden letztlich auf *Kapazitätsprobleme* reduziert (siehe z.B. Gordon & Gordon, 1966, S. 3f.; Mühlau & Horgan, 2001, S. 7; Wolbers, de Graaf, & Ultee, 2001, S. 14). Diese Reduktion auf ein rein strukturelles Missverhältnis von Angebot und Nachfrage ist – selbst bei einem Verbleiben in der ökonomischen Perspektive – defizitär. Ignoriert werden *kapazitätsunabhängige* Ursachen, die zu einer Verschlechterung der Arbeitsmarktlage von gering qualifizierten Personen beigetragen haben könnten und sollten. Dazu gehören: (a) die historische Veränderung der Zusammensetzung der Gruppe der gering Qualifizierten sowie (b) veränderte Arbeitsplatzdefinitionen, mit denen beachtet wird, dass Arbeitsmarktplatzierungen zugleich *soziale Statuspositionen* definieren.

Der „Einbau" dieser beiden Aspekte in die Verdrängungsthese ist nicht möglich. Sie führen zu sozioökonomischen Erklärungen, die den Verdrängungsmechanismus zwar nicht in Frage stellen, aber seine dominante Stellung in der bisherigen Forschung einschränken. Aus der historischen Veränderung der Gruppenzusammensetzung kann eine (bisher nicht beachtete) *Diskreditierungsthese* abgeleitet werden. Die Beachtung der statusdistributiven Funktion von *Arbeitsmarktplatzierungen* ist als *Absorptionsthese* bekannt.

5.2.2 Diskreditierungsthese

Die Verdrängungsthese unterstellt *erstens* eine Konstanz der Leistungsfähigkeit und sozialen Ressourcen der Bildungsgruppen (vgl. Blossfeld, 1983; Büchtemann, 1998). Sie ignoriert, dass die Bildungsexpansion zu einer „Abwanderung" der vergleichsweise Leistungsstärkeren (zumeist Kinder aus vergleichsweise sozial besser gestellten Familien) in die höheren Bildungsgruppen geführt haben sollte. Die Beachtung einer derartigen historischen Veränderung verweist auf einen von Stinchcombe (1987) als „demographic explanations" bezeichneten Kompositionseffekt (vgl. auch Coleman, 1991b, S. 9). *Zweitens* berücksichtigt die Verdrängungsthese nicht, dass sich die Außenwahrnehmung und Bewertung der Leistungsfähigkeit von Bildungsgruppen aufgrund veränderter Bildungsnormen ändern können: „Most managers are adhered to general societal norms when setting educational requirements." (Bills, 1988, S. 77) Zudem basiert sie *drittens* auf der Annahme, dass Beschäftiger bei einem Unterangebot an qualifizierten Arbeitskräften „gezwungen" wären, gering qualifizierte Personen auf qualifizierten Arbeitsplätzen zu beschäftigen. Dem muss jedoch nicht so sein. Vielmehr haben Beschäftiger vielfältige Gestaltungsmöglichkeiten, ihre Arbeitsvorgänge technologisch oder durch veränderte Arbeitsplatzbeschreibungen nicht nur auf-, sondern auch abzuwerten (vgl. Dostal, 1985; Gallie u.a., 1998; Rifkin, 1996; Thurow, 1999).

Aus diesen drei Aspekten ergibt sich folgende (kapazitätsunabhängige) Argumentation für eine neue Qualität der *Diskreditierung* von gering qualifizierten Personen als „Unfähige". Mit der Bildungsexpansion und der damit erwarteten erhöhten „Sortierleistung" von Bildungsinstitutionen sollten sich für Beschäftiger die symbolische Bedeutung eines fehlenden Bildungszertifikats sowie die Glaubwürdigkeit der damit „gegebenen" Information von Kompetenzdefiziten erhöht haben[33]. Genau dafür sprechen die Befunde der Forschung von Murnane und Levy (1996), Klös (1997a), Giloth (1998) und Heidenreich (1998). Sie konnten zeigen, dass Beschäftiger vor allem bei gering qualifizierten Personen (z.B. bei so genannten *high-school dropouts* und Personen mit fehlendem/niedrigem Schulabschluss oder ohne abgeschlossene Berufsausbildung) *in zunehmendem Maße* über deren geringe, wenn nicht gar generelle Nichtbeschäftigungsfähigkeit *(non-employability)* klagen – und zwar ungeachtet der Tatsache, dass sie mehr „wissen" und ein höheres Bildungsniveau (z.B. mehr Schuljahre) erreicht haben als gering qualifizierte Personen älterer Generationen.

„The managers emphasize that these are only tendencies, however; not all applicants with college degrees have these [basic soft; H.S.] skills, nor do all applicants with only a high school education lack them. The personnel departments tend to bypass applicants without college because today's high schools fail to teach these skills and the exceptions are hard to identify in interviews." (Murnane & Levy, 1996, S. 30f.)

Zu einer solchen Sichtweise und der damit einhergehenden stärkeren *Diskreditierung* von Personen mit geringerem Bildungserfolg kann zudem das gleichfalls gestiegene Bildungsniveau der Personalverantwortlichen beigetragen haben (Jones u.a., 1984, S. 109f.; ausführlicher in Abschnitt 7.2).

Der Bildungsmisserfolg gering qualifizierter Personen in ihrem bisherigen Leben scheint ihre Diskreditierung zu legitimieren. Wie für die *Signal*wirkung von erbrachten Bildungsleistungen in Abschnitt 4.2 dargestellt wurde, wird davon ausgegangen, dass dieses „erworbene" Merkmal der Kontrolle der Individuen unterliegt. Damit kann es als selbst verschuldete geringe Bildungsanstrengung gedeutet werden (Crocker u.a., 1998, S. 508). Wird berücksichtigt, dass der Signalwert von Bildungszertifikaten eine sozial konstruierte Norm ist und gering qualifizierte Personen heute zunehmend eine „normabweichende Minderheit" darstellen, dann

33 Vgl. Gerstenberger & Seltz, 1978, S. 163; Spence, 1974, S. 11; Weiss, 1995, S. 143, sowie Meyer & McEneany, 1999; Meyer & Scott, 1983; Planas, 1999.

erhöht sich das Risiko, dass gering qualifizierte Personen eher als früher als „Versager“ und „Unwillige“ diskreditiert werden (vgl. Fiske, 1998, S. 370). Das heißt, die *quantitative* Veränderung der Gruppe gering qualifizierter Personen wurde von einer *normativen* Veränderung des Phänomens geringer Bildung begleitet. Damit mögen Beschäftiger nicht nur ein *Upskilling* ihrer Arbeitsorganisation als Reaktion auf das erhöhte Bildungsangebot durchgeführt haben. Aufgrund ihrer gesunkenen Erwartungen hinsichtlich der Leistungsfähigkeit von gering qualifizierten Personen könnte auch ein verstärkter Ausschluss von gering Qualifizierten aus der Bewerberschlange generell oder im Falle ihrer Einstellung ein *Downskilling* (Vereinfachung) vormals qualifizierter Arbeitsplätze stattgefunden haben.

Interviews mit Managern und Personalchefs haben gezeigt, dass diese nicht nur daran interessiert sind, die besten Bewerber einzustellen. Sie versuchen auch zu vermeiden, von ihnen als unfähig eingeschätzte Personen einzustellen (vgl. Baron & Pfeffer, 1994; Bills, 1988; Harrison & Weiss, 1998; Rosenbaum & Binder, 1997; Sehringer, 1989). Einstellungsentscheidungen basieren nicht nur auf einem positiven *Screening*, sondern auch auf einem negativen *Screening* und dem Ausschluss bzw. der Nichteinstellung von Personen, die mit hoher Wahrscheinlichkeit „undesired characteristics“ haben (Thurow, 1975, S. 174):

> „Personalentscheidungen verlaufen meist nach dem Muster der *Negativselektion*, bei dem zunächst alle Beurteilungskriterien herangezogen werden, die eine problemlose Aussortierung der Bewerber ermöglichen, um damit die aus der Situation des Überangebotes resultierenden hohen Bewerberzahlen in *sozial legitimierter* Weise reduzieren zu können.“ (Sehringer, 1989, S. 179f.; Hervorhebung H.S.)

In diesen Interviews haben die Personalverantwortlichen zudem berichtet, dass, wenn sie dennoch Angehörige dieser Personengruppe (sprich gering qualifizierte Personen) einstellen müssen, sie sich gezwungen sehen, die Arbeitsanforderungen und deren Komplexität zu verringern. Sie reagieren darauf,

> „(...) by taking previously unnoted actions that increase labor market stratification. They increase supervisors' responsibility for explaining tasks at considerable costs to themselves, adjust jobs to match workers' skills, offer special accommodations to retain workers with valued skills, and use ‚on-the-job screening‘ and recruiting linkages to select workers.“ (Rosenbaum & Binder, 1997, S. 68)

Diese Reaktion ist jedoch weniger durch eine reale Leistungsunfähigkeit von gering qualifizierten Personen verursacht, sondern „(...) mediated by employer's organizational philosophies and their *culturally derived* assumptions about the *capacities of different categories of workers*“ (Gallie u.a., 1998, S. 56; Hervorhebung H.S.). Das heißt, sie wird durch die subjektive Bewertung der Wettbewerbsbedingungen, des Qualifikationsangebots der einzelnen Personenkategorien und der Gewinnträchtigkeit teurer technologischer Innovationen beeinflusst (Gallie u.a., 1998, S. 56).

Angesichts dieser Reaktion seitens der Beschäftiger ergibt sich das Paradox, dass, obgleich gering qualifizierte Personen heute in der Regel besser ausgebildet sind als ihre Eltern, sie im Vergleich zu früher eher Ausgrenzungserfahrungen auf dem Arbeitsmarkt fürchten müssen. Damit resultiert ihre zunehmende Benachteiligung auf dem Arbeitsmarkt nicht nur aus einer mit der Bildungsexpansion quasi verschobenen „statistischen Diskriminierung", das heißt einer probabilistischen Ableitung ihrer potenziellen Leistungs(un)fähigkeit, basierend auf ihrer Zugehörigkeit zur untersten Bildungskategorie, sondern auch aus einer *einseitig* auf sie bezogenen *Diskreditierung*.

Woher kommt diese Einseitigkeit? Die mit der Bildungsexpansion erwartete „leistungsmäßige" Homogenisierung der untersten Bildungsgruppe hätte *notwendigerweise* mit einer größeren Heterogenität im oberen Bildungsbereich einhergehen müssen, da in der Regel nur „Abwanderungen" nach oben und nicht zugleich nach unten stattgefunden haben. Demzufolge sollten die höheren Bildungsgruppen hinsichtlich ihrer Leistungsressourcen heterogener geworden sein, wodurch sich das Risiko für Beschäftiger erhöht, eine weniger „produktive" Person aus dem Pool der Zertifikatsträger auszuwählen. Mit der *Signaling*-Theorie (bzw. „statistischen Diskriminierung") wäre daher zu erwarten, dass sich historisch nicht nur der negative Einfluss eines fehlenden Bildungszertifikats auf die Beschäftigungschancen erhöhte (aufgrund der *Annahme* einer abnehmenden Leistungsfähigkeit dieser Personen), sondern sich der vormals positive Einfluss eines vorhandenen Bildungszertifikats zugleich abgeschwächt hat (aufgrund der zunehmenden Leistungsspreizung in der Gruppe der höher Qualifizierten). Im Unterschied dazu wird entsprechend der hier formulierten *Diskreditierungsthese* erwartet, dass sich der negative Einfluss eines fehlenden Bildungszertifikats auf die Beschäftigungschancen – bei gleichzeitiger Zunahme des positiven Einflusses eines vorhandenen Bildungszertifikats – erhöht hat, da die Distanz zwischen Zertifikatslosen und Zertifikatsträgern nun als größer wahrgenommen wird (vgl. Fiske, 1998, S. 386)[34].

Um jedoch nicht nur von Diskreditierung, sondern auch von „Stigmatisierung" als Resultat eines aktiven Deutungsprozesses seitens der Diskreditierenden wie Diskreditierten sprechen zu können, bedarf es einer Betrachtung der Verhaltensweisen der Diskreditierten selbst, das heißt ihrer Selbstselektionsprozesse. Dies ist unter anderem Gegenstand des soziologischen Erklärungsbeitrags (siehe Teil III).

---

34 Entgegen der mit einer zunehmenden *Diskreditierung* verbundenen „Grundüberzeugung" von Beschäftigern und Personalverantwortlichen ist in Ländern mit einem kleineren Anteil an gering qualifizierten Personen im Vergleich zu Ländern mit einem höheren Anteil (a) das mittlere Kompetenzniveau dieser gering Qualifizierten *nicht* niedriger und (b) die Varianz der Kompetenz innerhalb der gering qualifizierten Gruppe *nicht* signifikant geringer (siehe ausführlicher Solga, 2003b, S. 296f.).

5.2.3 Die Absorptionsthese – Keine Erklärung für die Arbeitsmarktprobleme von gering qualifizierten Personen

Die *Absorptionsthese* wurde (wie die Verdrängungsthese) in den 1970er Jahren formuliert. Ihre Hauptadvokaten, Ulrich Teichler, Dirk Hartung und Reinhard Nuthmann, waren Mitglieder der so genannten *Manpower*-Gruppe des Berliner Max-Planck-Instituts für Bildungsforschung (Hartung & Nuthmann, 1975; Hartung, Nuthmann, & Teichler, 1981; Teichler, 1974; Teichler u.a., 1976). Sie konstatiert, dass das vorhandene Potenzial an formal höher qualifizierten Personen durch einen veränderten Arbeitskräfteeinsatz und eine veränderte Qualifikationsdefinition von Berufen produktiv aufgefangen („absorbiert") werden kann. Das Ergebnis ist eine veränderte Statusposition dieser aufgewerteten Berufe, sodass sie von höher Qualifizierten ohne Statusverluste ausgeübt werden können. Untersuchungen zeigen nun in der Tat, dass ein *Upskilling* nicht nur aufgrund einer Anpassung an ein verändertes Bildungsangebot und eine erhöhte Bildungsnorm erfolgte, wie sie oben bereits diskutiert wurde. Vielmehr kam es zu einer realen (zum Teil aber auch fiktiven) Erhöhung von Qualifikationsanforderungen auch aus Gründen der Legitimation der Bevorzugung von höher Qualifizierten und der Erhöhung der Attraktivität dieser Arbeitsplätze für höher Qualifizierte (vgl. Gerstenberger & Seltz, 1978; Heylen u.a., 1996; Moss & Tilly, 1995). Dennoch stellt die Absorptionsthese damit nur eine ergänzende und keine die Verdrängungs- und Diskreditierungsthese ersetzende Erklärung dar. Sie kann die „unterwertige" Beschäftigung von höher qualifizierten Personen, wie sie in vielen Industrienationen heute zu beobachten ist, nicht erklären, da Arbeitsplätze zumindest formal (und damit in der Statistik) aufgewertet und so zu qualifizierten Arbeitsplätzen werden.

5.3 Zusammenfassung: Die historisch und intragenerational zunehmende Benachteiligung von gering Qualifizierten aus ökonomischer Perspektive

Als ökonomischer Erklärungsbeitrag für die sich historisch verschlechternden Arbeitsmarktchancen von gering qualifizierten Personen wurden zwei soziale Mechanismen herausgearbeitet. Der *Verdrängungsmechanismus* erklärt diese wachsende Benachteiligung über einen *Matching*-Prozess von Bewerberschlangen zu (freien) Arbeitsplätzen. Die Benachteiligung von gering qualifizierten Personen in diesen *Matching*-Prozessen wird als Resultat betrieblicher Selektionsprozesse, basierend auf Bildungsleistungen, und deren Verschärfung in der Situation eines

Überangebots an qualifizierten Personen konzeptualisiert. Der Verdrängungsmechanismus reflektiert damit einerseits strukturelle Ursachen der zunehmenden Benachteiligung von gering qualifizierten Personen, nämlich Veränderungen in der Angebot-und-Nachfrage-Relation. Für die Konsequenzen dieses strukturellen Ungleichgewichts für gering qualifizierte Personen werden andererseits interindividuelle Unterschiede der Arbeitsanbieter (ihre Bildungsleistungen) verantwortlich gemacht.

Wie Analysen von Franz (1999) zeigen, können diese Verdrängungseffekte und der Rückgang an unqualifizierten Arbeitsplätzen allerdings *nur* etwa 20 bis maximal 30 Prozent des Anstiegs der Arbeitslosigkeit von gering qualifizierten Personen in Westdeutschland erklären (vgl. auch Reinberg, 1999, S. 441). Zudem ist der Anteil an *unterwertiger* Beschäftigung in den 1990er Jahren konstant geblieben (Reinberg & Walwei, 2000, S. 3), die Arbeitslosenquote von gering qualifizierten Personen hat sich nichtsdestotrotz nahezu verdoppelt: In Westdeutschland stieg sie von 13 auf 24 Prozent im Zeitraum von 1990 bis 1997, in den neuen Bundesländern von 33 auf 54 Prozent von 1991 bis 1997.

Diese „Erklärungslücke" versucht der *Diskreditierungsmechanismus* partiell zu schließen. Im Unterschied zum Verdrängungsmechanismus, der eine *unveränderte* Bewertung von Bildungszertifikaten unterstellt, wird hier davon ausgegangen, dass mit den demografischen Veränderungen innerhalb der Bildungsgruppen infolge der Bildungsexpansion eine (einseitige) Veränderung der normativen Bewertung eines fehlenden bzw. niedrigen Bildungszertifikats einhergegangen ist. Anders formuliert, das Label *nur gering qualifiziert zu sein* hat mit der Bildungsexpansion eine neue Qualität erhalten. Dieses Label verweist gering qualifizierte Personen heute nicht mehr nur auf einen niedrigeren Rangplatz in der Bewerberschlange, sondern *exkludiert* sie vermehrt von bestimmten Bewerberschlangen. Die *Ranking*-Prozesse tragen also für gering qualifizierte Personen zunehmend den Charakter von *Sorting-out*-Prozessen. Die mit diesem Label markierten Personen gelten als „nicht beschäftigungsfähig" oder bestenfalls nur für Arbeitsplätze mit geringen und geringsten Anforderungen als beschäftigungsfähig. Die Ursache dieser Diskreditierung sind daher im Wesentlichen veränderte Bildungsnormen und zunehmende Selektionsprozesse durch Beschäftiger und Personalverantwortliche am unteren Ende der Bildungshierarchie.

Abschließend sei erwähnt, dass beide Erklärungsmechanismen nicht nur eine historische bzw. kohortenspezifische Zunahme der Benachteiligung von gering Qualifizierten, sondern auch eine Zunahme ihrer *intragenerationalen,* im Erwerbsverlauf kumulierenden Benachteiligung begründen. Sowohl die Verdrängung als auch die erhöhte Diskreditierung beim Berufseinstieg dieser Personen und ihre zunehmende Platzierung auf Einfacharbeitsplätzen tragen im Verlauf ihrer Erwerbsgeschichte dazu bei, dass sie begrenzter als früher die technischen Fertigkeiten und sozialen Kompetenzen für einen qualifizierten Arbeitsplatz *on the job* erwerben können. Als Folge tragen gering qualifizierte Personen, die beim Berufseinstieg mit Verdrängung und Diskreditierung konfrontiert wurden, ein erhöhtes Entlassungs- und Arbeitslosigkeitsrisiko über ihren gesamten Erwerbsverlauf, sodass sich der Abstand zwischen gering und höher Qualifizierten heute stärker als früher über den Erwerbsverlauf hinweg vergrößern dürfte.

5.4 Nachtrag: Gering Qualifizierte als eine „alternde Bildungskategorie"

Zur historischen Analyse der Erwerbschancen von gering qualifizierten Personen können zwei Perspektiven eingenommen werden: der Vergleich der Gesamtpopulation gering Qualifizierter zu bestimmten historischen Zeitpunkten (Querschnittsvergleich) oder der Vergleich von gering Qualifizierten unterschiedlicher Geburtskohorten zu bestimmten Zeitpunkten im Lebensverlauf (Geburtskohortenvergleich). Die Analyseperspektive des Buches ist die zweite Herangehensweise, der Kohortenvergleich.

In der öffentlichen Diskussion werden diese beiden Analyseebenen nicht voneinander getrennt. Qualifikationsspezifische Arbeitslosenquoten werden zumeist als alters*un*spezifische Quoten der Bildungsgruppen ausgewiesen und historische Veränderungen in den Erwerbschancen ihrer Angehörigen im historischen Querschnittsvergleich diskutiert. Darauf Bezug nehmend wird in diesem Abschnitt nun auch eine „Querschnitts"erklärung für die historische Abnahme der Erwerbschancen von gering qualifizierten Personen entwickelt, die im Wesentlichen auch auf den oben diskutierten ökonomischen Theorien beruht.

Als eine zentrale Grundlage der Diskreditierungsthese wurde die Veränderung der Zusammensetzung der Gruppe gering qualifizierter Personen hinsichtlich ihrer (erwarteten) Leistungsfähigkeit diskutiert. Eine weitere, wesentliche „demographic explanation" (Stinchcombe, 1987) bzw. Kompositionsveränderung wurde allerdings noch nicht angesprochen, nämlich die *veränderte Alterszusammensetzung* dieser Bildungskategorie (vgl. Eckstein, 1966, S. 49; Thurow, 1966, S. 261).

Infolge der Bildungsexpansion zeigte jede neue Geburtskohorte höhere Bildungs- und Ausbildungsquoten. So reduzierte sich zum Beispiel in Westdeutschland der Anteil der Jugendlichen, die die Schule nur mit einem Hauptschulabschluss verließen, von knapp 50 Prozent im Jahr 1970 auf nur 16 Prozent im Jahr 1998[35]. Der Anteil der Schulentlassenen *ohne* einen Hauptschulabschluss

35 Statistisches Bundesamt, Allgemeines Schulwesen, Fachserie 11, Reihe 1, diverse Jahrgänge; Statistisches Bundesamt, Bildung im Zahlenspiegel, diverse Jahrgänge.

halbierte sich im gleichen Zeitraum von 19 auf nur 9 Prozent. Gleichzeitig sank der Anteil der *deutschen* Jugendlichen, die bis zum Alter von 25 Jahren keine Ausbildung bzw. kein Studium abgeschlossen hatten[36]: von 47 Prozent in den Geburtsjahrgängen 1919–1921 auf rund 8 Prozent im Geburtsjahrgang 1971 (siehe Abb. 8.4)[37]. Bei den Männern reduzierte sich der Anteil der Ausbildungslosen von etwa 30 auf 6 Prozent. Bei den Frauen war dieser Rückgang noch eindrucksvoller: von fast 70 auf 8 Prozent. Im Jahr 1998 hatten damit nur 6 Prozent der ostdeutschen und 11 Prozent der westdeutschen 25- bis 29-Jährigen (einschließlich der Jugendlichen ausländischer Herkunft) keine abgeschlossene Berufsausbildung (BIBB/EMNID, 1999, S. 8)[38]. Bei den Jugendlichen *mit ausländischem Pass,* die das deutsche Schulsystem besucht haben, sank der Anteil der Schulentlassenen ohne Hauptschulabschluss gleichfalls, hier von 33 Prozent im Jahr 1983 auf 19 Prozent im Jahr 1998. Der Anteil der Ausbildungslosen an den 20- bis 29-jährigen ausländischen Jugendlichen liegt heute bei 33 Prozent (BIBB/EMNID, 1999, S. 41).

Ähnliche Prozesse haben mit der Bildungsexpansion auch in anderen Industrienationen stattgefunden. Erinnert sei in diesem Zusammenhang an die in Abschnitt 5.1 präsentierten abnehmenden Anteile an jungen Erwachsenen ohne höheren Sekundarschulabschluss in Schweden, Großbritannien, Frankreich und den Niederlanden.

Die logische Folge dieser Verschiebungen in der Bildungsbeteiligung ist, dass der „Zustrom" jüngerer Personen in die Gruppe gering qualifizierter Personen abgenommen hat, während ihr Zustrom in die höheren Bildungsgruppen zugenommen hat. Umgekehrt formuliert, der Altersdurchschnitt der Gruppe gering qualifizierter Personen hat sich historisch erhöht, die Altersdurchschnitte in den höheren Bildungsgruppen sind hingegen gesunken. Für Deutschland ergibt sich diesbezüglich heute folgendes Bild (Tab. 5.1): Von den 15- bis 64-jährigen Personen, die maximal über einen Hauptschulabschluss verfügen, gehören 29,4 Prozent der Altersgruppe *55 bis 64 Jahre* an, aber nur 15,6 Prozent der Altersgruppe *25 bis 34 Jahre*. Bei den Personen mit Abitur oder Fachhochschulreife sind hingegen nur 10,8 Prozent zwischen 55 und 64 Jahre alt, aber 33,3 Prozent zwischen 25 und 34

36 Personen, die sich im Alter von 25 Jahren noch in Ausbildung oder im Studium befanden, zählen nicht als „Ausbildungslose".

37 Diese Zahlenangaben beruhen auf eigenen Berechungen mit der *Deutschen Lebensverlaufsstudie* des Max-Planck-Instituts für Bildungsforschung (MPIfB). Für weitere Ausführungen zu dieser Studie siehe den Anhang am Ende des Buches.

38 Dieser Unterschied ist vor allem der starken Subventionierung von Ausbildungsplätzen und dem geringeren Ausländeranteil in den neuen Bundesländern zuzuschreiben (BIBB/EMNID, 1999, S. 38 und 73).

Tabelle 5.1: Anteil junger und älterer Personen in verschiedenen Bildungsgruppen, Deutschland[1], 1996 (in Zeilenprozenten)

Bildungsgruppe	25- bis 34-Jährige	55- bis 64-Jährige	Sonstige Jahrgänge	Insgesamt
Maximal Hauptschulabschluss	15,6	29,4	55,0	100
Abitur/Fachhochschulreife	33,3	10,8	55,9	100
Ohne Ausbildungsabschluss	14,0	28,1	57,9	100

1 Einschließlich der ausländischen Bevölkerung.

Quelle: Reinberg & Walwei, 2000, S. 6 und 32.

Jahre. Eine ähnliche Altersstruktur zeigt sich bei den Personen ohne abgeschlossene Berufsausbildung: 28,1 Prozent gehören der Altersgruppe *55 bis 64 Jahre* an, aber nur 14 Prozent der Altersgruppe *25 bis 34 Jahre*.

Diese Alterszusammensetzung kann in zweierlei Weise für eine aggregierte Sicht auf die Erwerbschancen gering qualifizierter Personen bedeutsam sein: erstens, wenn ältere Personen ein erhöhtes Entlassungsrisiko tragen, und zweitens, wenn sie geringere Wiedereinstiegschancen haben. Der Grund dafür könnte beispielsweise in einer geringeren Erwartung hinsichtlich der Leistungsfähigkeit „älterer Personen" in Folge veralteter Qualifikationen und/oder geringerer Renditeerwartungen für Investitionen in betriebsspezifisches Kapital seitens der Unternehmen liegen. Das heißt, es geht um die *Signal*wirkung des Merkmals *Alter* und die daraus auch resultierenden Prozesse „statistischer Diskriminierung" (siehe Abschnitt 4.2)[39]. Zudem könnten eine abnehmende körperliche Fitness oder gesundheitliche Einschränkungen sowie die *Erwartung* einer schlechteren körperlichen Verfassung älterer Personen diese selbst für Einfacharbeitsplätze, die zumeist eine hohe körperliche Disposition erfordern, disqualifizieren (Bäcker, 2000, S. 152; Karr, 1999, S. 1 und 7; Schäfer, 2000, S. 11).

Das Entlassungsrisiko älterer Personen hängt dabei von der „Geschlossenheit" ihrer Beschäftigungsverhältnisse ab. Entsprechend dem informierten Vakanzkettenmodell (siehe Abschnitt 4.5) sollten auf „offenen" Arbeitsplätzen und insbesondere „offenen" Einfacharbeitsplätzen – die nicht nur in arbeitsrechtlicher, sondern auch technisch-organisatorischer Hinsicht eine externe Rekrutierung bes-

39 Die Definition von „ältere" basiert nicht auf einer biologisch objektiven Fixgröße, sondern unterliegt sozialen Definitionsprozessen, wie sie beispielsweise die variierenden rechtlichen Festlegungen des Rentenalters oder die Diskussion um „ältere Arbeitslose" (zu denen heute bereits Mittvierziger gezählt werden) veranschaulichen.

ser ermöglichen – ältere Personen im Vergleich zu ihren jüngeren Arbeitskollegen ein höheres Entlassungsrisiko haben. Doch selbst wenn ältere Personen kein höheres Entlassungsrisiko tragen (z.B. aufgrund von Senioritätsregelungen), können sie im Vergleich zu jüngeren ein höheres Risiko haben, *dauerhaft* arbeitslos zu sein, und zwar dann, wenn sie geringere Wiedereinstiegschancen haben.

In Deutschland gibt es eine deutliche Abhängigkeit des Arbeitslosigkeitsrisikos und der Wiedereinstiegschancen vom Alter. Die Arbeitslosenquote von 55- bis 59-jährigen Westdeutschen war im Jahr 2000 mit 18 Prozent doppelt so hoch wie die Arbeitslosenquote der 20- bis 24-Jährigen sowie die durchschnittliche Arbeitslosenquote, die zwischen 8 und 9 Prozent lag (Datenreport, 2002, S. 104). Dies reflektiert die generell geringeren Wiedereinstiegschancen von älteren im Vergleich zu jüngeren Arbeitslosen – die zudem noch etwas schlechter sind, wenn sie über keine Ausbildung verfügen und/oder gesundheitlich beeinträchtigt sind, wie Tabelle 5.2 ausweist.

Zusammenfassend lässt sich daher folgende *Altersthese* für die abnehmenden Erwerbschancen der Gruppe gering qualifizierter Personen konstatieren: Der wachsende Anteil an älteren Angehörigen in der Gruppe gering qualifizierter Personen (ihre „Alterung") infolge der Bildungsexpansion und der gleichzeitig abnehmende Anteil älterer Angehöriger in den höheren Bildungsgruppen (ihre „Verjüngung") trugen zu einem Auseinanderdriften der qualifikationsgruppenspezifischen Arbeitslosenquoten und Wiedereinstiegschancen im historischen Querschnittsvergleich bei. Eine Ursache für dieses Auseinanderdriften ist daher weniger die „fehlende Qualifikation" gering qualifizierter Personen, sondern die unterschiedliche historische Entwicklung der Alterszusammensetzung von Bildungsgruppen.

Tabelle 5.2: Wiederbeschäftigungsquote nach Arbeitslosigkeit in Abhängigkeit von Alter und Ausbildungsniveau, Deutschland, 1997 (in % an den Arbeitslosen der jeweiligen Kategorie)

Bildungsgruppe	Wiedereinstiegsquote der	
	über 55-Jährigen	*unter* 55-Jährigen
Ohne Ausbildung		
– mit gesundheitlichen Einschränkungen	7,7	28,4
– ohne gesundheitliche Einschränkungen	19,8	40,5
Mit Ausbildung		
– mit gesundheitlichen Einschränkungen	11,3	39,3
– ohne gesundheitliche Einschränkungen	28,6	60,4

Quelle: Karr, 1999.

Die Beachtung dieser *alters*demografischen Veränderung der Gruppe gering qualifizierter Personen erklärt die historisch abnehmenden Erwerbschancen von gering qualifizierten Personen damit im historischen (nicht alterskontrollierten) Querschnittsvergleich von Bildungsgruppen, *nicht* jedoch im Geburtskohortenvergleich (d.h. im Vergleich ihrer jeweiligen Chancen beim Berufseinstieg und im Erwerbsverlauf als quasi *alterskontrollierte* Effekte). Wären die abnehmenden Chancen der Gruppe gering qualifizierter Personen daher allein durch diese altersdemografische Veränderung verursacht (technisch gesprochen: würde es bei Kontrolle der Alterszusammensetzung der Bildungsgruppen keine historische Veränderung ihrer Platzierungschancen und ihres Arbeitslosigkeitsrisikos geben), so hätten wir es „nur" mit einem transitorischen Generationenproblem zu tun. Gibt es hingegen selbst nach „Kontrolle" der Alterszusammensetzung weiterhin Unterschiede in den Erwerbschancen der Gruppe gering qualifizierter Personen verschiedener Geburtskohorten, so wird die historische Veränderung (auch) durch die beiden oben diskutierten sozialen Mechanismen der Verdrängung und der Diskreditierung hervorgerufen. Hinter den Trends in Abbildung 1.1 verbirgt sich in der Tat teilweise ein Alterseffekt. Doch selbst wenn nur die 25- bis 29-Jährigen betrachtet werden, bleibt eine beachtliche – wenn auch etwas geringere – Differenz bei den Arbeitslosenquoten von etwa 20 zu 7 Prozent (Ende der 1990er Jahre) erhalten.

Die Verdrängungsthese kennzeichnet dabei eher einen *Periodeneffekt,* da der Verdrängungsmechanismus im Prinzip alle Bildungs- und Altersgruppen, wenn auch in unterschiedlichem Maße, betrifft[40]. Sie impliziert, dass in bestimmten historischen Perioden (mit spezifischen Strukturbedingungen auf dem Arbeitsmarkt) auch qualifizierte Personen vermehrt unterhalb ihres erreichten Qualifikationsniveaus beschäftigt werden. Im Unterschied dazu charakterisiert die Diskreditierungsthese eher einen gruppenspezifischen *Kohorteneffekt,* denn sie formuliert einen Mechanismus, durch den sich die Chancen in gleichen Erwerbsverlaufsphasen für gering qualifizierte Personen mit unterschiedlicher Geburtskohortenzugehörigkeit verschlechtern.

Analog zu dem hier formulierten „Alterskompositionseffekt" wäre zu vermuten, dass eine historisch wachsende Kluft zwischen der untersten und den höheren Bildungsgruppen auch durch einen zunehmenden Anteil von *Angehörigen ethnischer Minderheiten* in der untersten Bildungsgruppe verursacht wurde (siehe dazu Kap. 12). Eine demografische Erklärung bezüglich des Frauenanteils in der Gruppe gering qualifizierter Personen wird unter anderem in Kapitel 11 entwickelt.

---

40 Für eine systematische Darstellung von Alters-, Perioden- und Kohorteneffekten siehe Mayer & Huinink, 1990.

6 „Asoziale Transaktionen" – Das Ausblenden sozialer Strukturen bei der Erklärung von Arbeitsmarktungleichheiten

Es wäre ungerecht, dem Unternehmen die gesamte Verantwortung für diese Situation in die Schuhe zu schieben. (Castel, 2000, S. 354)

Die beiden Erklärungsmechanismen der Ökonomie – Verdrängung und Diskreditierung – reflektieren die Antworten seitens der *Beschäftiger* auf den Anstieg der Bildungsbeteiligung in der Gesellschaft. Die Bildungsexpansion veranlasste Firmen und Organisationen, ihre Rekrutierungs- und Personalstrategien/-konzepte durch ein (formales) *Upgrading* ihrer Einstellungsstandards und/oder ein *Upskilling* ihrer Arbeitsplatz- und Organisationsstruktur den veränderten Angebotsbedingungen anzupassen. Die „Antworten" und Änderungen in den Verhaltensweisen der *Beschäftigungssuchenden* blieben jedoch ausgeblendet. Im Verdrängungs- wie Diskreditierungsargument wird damit die berufliche Platzierung von Personen vor allem den Auswahlaktivitäten der Beschäftiger zugeschrieben: „(...) by and large neo-classical economists: people arrive on the *employer's doorstep* with different attributes." (Bruegel, 1989, S. 191; Hervorhebung H.S.) Selbst in den Segmentationstheorien ist es letztlich das Beschäftigerverhalten, das die Rekrutierungsergebnisse primär bestimmt (vgl. Strober, 1989, S. 200). Prozesse der Selbstselektion werden *nicht* berücksichtigt. Bewerberpools sind jedoch keine Zufallsauswahl (Blalock, 1991, S. 132). Ignoriert wurden daher bisher Prozesse, durch die Personen sich selbst in den Kreis der Bewerber ein- oder ausschließen. Auch auf der Bewerberseite hat die Bildungsexpansion zu veränderten Handlungsspielräumen und Verhaltensweisen geführt, die gleichfalls in die Erklärung einzubeziehen sind.

Aus drei Gründen wurden bisher Prozesse der Autoselektion im Bewerbungsverhalten außer Acht gelassen: Autoselektion (1) aufgrund der Legitimation leistungsbezogener Einstellungs- und Personalkonzepte, (2) infolge einer verstärkten Selbsttypisierung seitens gering qualifizierter Personen (zum Teil hervorgerufen durch veränderte institutionelle Praxen im Bildungs- und Ausbildungssystem) sowie (3) als Resultat abnehmender Netzwerkressourcen für die Arbeitsplatzsuche und veränderter Modelle der Lebenserwartungen und -entwürfe.

Im Unterschied zu ökonomischen Theorien, die derartige Autoselektionsprozesse, wenn sie sie denn betrachten (wie z.B. in Suchtheorien), als individuelle Konditionierungen (alleinig) der Verantwortung der gering Qualifizierten zuschreiben (vgl. Krafeld, 2000, S. 43f.), werden diese Selbstselektionsprozesse in soziologischen Theorieangeboten als Folge struktureller Veränderungen im Bildungs-, Ausbildungs- und Beschäftigungssystem definiert (Sørensen, 1994a, S. 230; siehe Teil III). Dies wird unter anderem dadurch möglich, dass gering qualifizierte Personen hierbei nicht als atomisierte, sondern „sozial eingebettete" Akteure betrachtet werden (Granovetter, 1985, 1986, 1988). In Teil III wird auf die Veränderungen im Bewerbungsverhalten detailliert eingegangen. Zunächst seien hier (einführend) die diesbezüglichen Erklärungslücken der beiden ökonomischen Erklärungsmechanismen, Verdrängung und Diskreditierung, spezifiziert.

Akzeptanz „meritokratischer Personalstrategien" aus Akteursperspektive

Informationen, die bei der Rekrutierung, Entlassung und Beförderung von Arbeitskräften verwendet werden, müssen mit Legitimation ausgestattet sein. Werden sie nicht als legitime Mittel der Arbeitsmarktplatzierung gesehen, so werden Beschäftiger sie nicht (offiziell) einsetzen, da ihre dadurch begründeten Entscheidungen gesellschaftlich nicht akzeptiert werden und anfechtbar wären (Meyer & Rowan, 1977). Von daher verwenden sie legitimierte Mittel der Informationsgewinnung (Baron, 1984, S. 56; Beckert, 1996, S. 820). Die Legitimation von leistungsbezogenen Einstellungs- und Personalkonzepten sowie die (infolge von Verdrängung und Diskreditierung) verstärkte „Abqualifizierung" von Personen aufgrund kollektiver Standards und Stereotype kann mit Rückgriff auf die meritokratische Leitfigur in Bildungsgesellschaften erfolgen. Wie bereits im zweiten Kapitel gezeigt wurde, muss es sich dabei nicht um reale meritokratische Allokationsprozesse handeln. Es reicht, wenn es sich bei der meritokratischen Leitfigur um ein geteiltes gesellschaftliches Grundverständnis sozialer Ungleichheit in modernen Gesellschaften und damit ein handlungsleitendes Ordnungskonstrukt handelt. Bezogen auf die Personalentscheidungen von Unternehmen formulieren Salancik und Weiss dies folgendermaßen:

„It would not make sense to say it does not matter who is chosen [for a job; H.S.]. It is supposed to matter; the myth is that it does matter. Without this myth we would not invest much authority into those who are chosen. And that would make a difference for an organization." (Salancik 1977, S. 71)

„Why not other sorting mechanisms [als Bildungsleistung; H.S.]? (...) Firms would have to prove that the tests are valid and there is no other equally valid test." (Weiss, 1995, S. 145)

Doch unabhängig davon, ob es sich um einen Mythos formaler Qualifikationen (Sørensen, 1994b) oder um eine meritokratische Realität handelt, je stärker die individuelle Leistungserbringung und Bildungszertifikate ein notwendig zu erbringendes, legitimes Auswahlcharakteristikum darstellen, desto eher können formale Qualifikationen zum einen offensiv in Ausschreibungen und zum anderen von potenziellen Bewerbern zur Abschätzung ihrer Einstellungschancen verwendet werden (vgl. Blalock, 1991, S. 170). Aus beidem würde folgen, dass sich gering Qualifizierte nach der Bildungsexpansion – insbesondere dann, wenn sie nur noch eine marginale Gruppe darstellen – seltener auf qualifizierte Jobs bewerben als in Zeiten einer geringeren Bildungsbeteiligung. Sie wissen selbst, dass ihre Chancen bei einer Bewerbung heute gering(er) sind:

> „People may self-select out of certain jobs, if they perceive a (stereotypic) lack of fit." (Fiske, 1998, S. 384)

> „Stigmatised individuals may anticipate negative outcomes in certain social contexts or domains of life because they are aware that members of their group often experience negative outcomes in those domains or contexts, or because they believe that a person or situation is biased against them. Each of these circumstances may lead initially to psychological disengagement and eventually to disidentification." (Crocker u.a., 1998, S. 529)

Die ökonomischen Theorien blenden dies aus. Ihre Erklärung basiert auf utilitaristischen Vorannahmen über die Ausgestaltung von Rekrutierungsprozessen als (isolierte) Transaktionen (Jacoby, 1990, S. 330). Dabei liegt zudem alles in den Händen der Beschäftiger, während gering qualifizierte Personen „passive Opfer", nicht jedoch aktiv handelnde Akteure sind, die sich zunächst bewerben müssen, bevor Beschäftiger sie auswählen bzw. aussortieren können.

In *theoretischer* Hinsicht ist die Vernachlässigung von Selektionsprozessen im Bewerbungsverhalten gering qualifizierter Personen problematisch, da der Betrachtungsraum auf den Arbeitsmarkt begrenzt wird und Prozesse, die *vor* dem Eintritt in den Arbeitsmarkt stattgefunden haben, ausgeblendet werden. Mit der Berücksichtigung von Bildungszertifikaten in den Rekrutierungsentscheidungen der Beschäftiger stellt man zwar das Resultat dieser vorgelagerten Prozesse als „Zustände" in Rechnung, nämlich „gering qualifiziert zu sein". Der dynamische, prozessuale Charakter des Einmündens von Individuen in die Gruppe der gering Qualifizierten, die kumulativen Prozesse sozialer Ungleichheit über den *gesamten* Lebensverlauf und die dadurch verursachte kategoriale Verstetigung werden jedoch – soweit sie nicht direkt auf dem Arbeitsmarkt stattfinden – ignoriert.

In *arbeitsmarktpolitischer* Hinsicht macht die Beachtung von Autoselektionsprozessen ebenfalls einen großen Unterschied. Gemäß der ökonomischen Erklärung könnte man versuchen, Beschäftiger dahingehend zu „bilden", dass gering qualifizierte Personen vielleicht gar nicht so „leistungsunfähig" sind und sie ihnen doch eine Chance geben sollten (vgl. Reitz, 2001a, S. 26). Wenn jedoch die Verschlechterung der Erwerbschancen von gering qualifizierten Personen auch dadurch mitverursacht wurde, dass sie sich auf diese Arbeitsplätze (zunehmend) *nicht* mehr bewerben, dann hätte diese Strategie wenig Aussicht auf Erfolg.

Damit stellt sich die Frage: *Woher wissen gering qualifizierte Personen von ihrer Legitimation genießenden Inferiorität?* Oder mit Goffman (1974, S. 103) formuliert: Wo lernen sie den „normalen Standard" kennen; wo erfahren sie, dass sie, an ihm gemessen, disqualifiziert sind; und wie und wann lernen sie mit ihrer Inferiorität, zum Beispiel in Form reduzierter Arbeitsmarktansprüche, umzugehen? In der ökonomischen Theorie wird davon ausgegangen, dass gering qualifizierte Personen dies mit dem Betreten des Arbeitsmarkts in jeder einzelnen Arbeitsmarkttransaktion erfahren können. Dies wurde oben als *sich selbst erfüllende Prophezeiung* bei den Segmentationstheorien beschrieben (Abschnitt 4.4). Ihr gemäß entwickeln gering qualifizierte Personen mangelnde Kompetenzen und Arbeitstugenden infolge ihrer Platzierung auf Jedermannsarbeitsplätzen. Ellwood (1982) spitzt dies in seiner *Scaring*-These zu, in der er davon ausgeht, dass insbesondere Arbeitslosigkeit im jungen Alter bei den Betroffenen zu „Wunden" im Selbstkonzept führt und zugleich einen permanenten Makel konstituiert, die gemeinsam diesen Teufelskreis bzw. diese sich selbst erfüllende Prophezeiung einleiten und langfristig verschärfen.

Drei Sachverhalte werden an dieser ökonomischen Erklärung deutlich. *Erstens* werden erst die Prozesse *ab* dem Arbeitsmarkteinstieg betrachtet. Damit können sie zwar die Konsequenzen eines geringen Bildungserfolgs erfassen, nicht jedoch seinen Ursprung (vgl. Cain 1991, S. 129). *Zweitens* werden nur Transaktionen auf dem Arbeitsmarkt betrachtet, die soziale Umwelt gering qualifizierter Personen wird ignoriert. Diese Transaktionen und ihre Resultate (in Form von Arbeitsmarktplatzierungen) werden jedoch dadurch bestimmt, dass sich Anbieter und Nachfrager gegenüberstehen. Wer sich bei diesen Transaktionen gegenübersteht, das bleibt in ökonomischen Theorien ungeklärt. Beides verlangt, die Institutionen, die dem Arbeitsmarkt vorgelagert sind (Bildungs- und Ausbildungsinstitutionen), die soziale Umwelt und die Netzwerkeinbindung der Anbieter in die Betrachtung einzubeziehen. *Drittens* gehen ökonomische Theorien eher von isolierten Transaktionen aus. Notwendig ist es jedoch, die Verbindung der unterschiedlichen Statuspassagen und Transaktionen, die gering qualifizierte Personen in ihrem Leben durchlaufen, zu erfassen. Nur so kann die Kumulation der Fremd- und Selbstselektionsprozesse, die beide für ihre geringeren Erwerbschancen verantwortlich sind, in Rechnung gestellt werden (vgl. Mare, 1980): „Individuals may pass through a series of stages which at each point, may determine pool entry at later stages." (Blalock, 1991, S. 137)

Diese Überlegungen führen zu den beiden anderen oben genannten Ursachen zunehmender Autoselektionsprozesse seitens gering qualifizierter Personen: Selbsttypisierung und soziale Homogenisierung.

Selbsttypisierungsprozesse

Die Wahrnehmung, eine „normabweichende Minderheit“ zu sein, die Erfahrung negativer Fremdtypisierungsprozesse in ihrem bisherigen Lebensverlauf sowie ihre Misserfolgserfahrungen (in der Schule, auf dem Ausbildungsmarkt, bei früheren Bewerbungen) könnten vermehrt Prozesse der Selbstselektion bei gering qualifizierten Personen hervorgerufen haben. Diese „Versagens-“ und Diskreditierungserfahrungen erleben sie häufig nicht erst auf dem Arbeitsmarkt. Viele von ihnen haben ihre Inferiorität vor dem Hintergrund einer erhöhten Bildungsbeteiligung ihrer Altergenossen bereits im Schul- und Ausbildungssystem feststellen müssen. Eine erhöhte „Selbstselektion“ kann daher als Verarbeitungsmodus von Diskreditierungs- und Misserfolgserfahrungen für eine Abnahme der Bewerbungen von gering qualifizierten Personen auf qualifizierte Arbeitsplätze mitverantwortlich sein, da diese Erfahrungen zu *Cooling-out*-Prozessen führen können (Clark, 1960; Goffman, 1974) sowie zu einer verstärkten Antizipation von Chancenlosigkeit im Wettbewerb um (qualifizierte) Arbeitsplätze (Crocker u.a., 1998, S. 529; Jones u.a., 1984, S. 80).

Dies berücksichtigt, dass Bildungsgruppen und -zertifikate als institutionalisierte Leistungsnachweise, als Definitionen sozialer Normen und Erwartungen nicht nur die „Unsicherheit“ von Arbeitgebern bei der Auswahl und Einstellung von Personen reduzieren. Vielmehr wird mit ihnen allgemein „a stable structure of exchange“ (North, 1990, S. 394) bereitgestellt, die auch Definitionen der Machbarkeit für den Einzelnen, sprich den Arbeitsplatzsuchenden, stiftet. Dies kann mit dazu beigetragen haben, dass heutige gering qualifizierte Personen stärker das Stereotyp ihrer fehlenden „Passung zu qualifizierter Arbeit“ wahrnehmen und verinnerlicht haben (Fiske, 1998, S. 384) und sich seltener als früher auf qualifizierte Arbeitsplätze bewerben.

Derartige Selbsttypisierungsprozesse werden durch die jeweiligen *Tracking*-Mechanismen in Schul- und Ausbildungssystemen beeinflusst und können sich über die Kohorten hinweg verstärken, da ein „Verbleiben“ in den unteren Stufen des Bildungssystems, obgleich andere Personen in die höheren Stufen „abwandern“, Versagenserfahrungen manifest werden lassen können (vgl. DeLuca & Rosenbaum, 2000; Heinz, 1996; Schumann, Gerken, & Seus, 1991; Smyth, 1999; Wilson, 1990, S. 136). Insofern ist es unzulässig, die Frage, *wer denn heute noch zur Gruppe gering qualifizierter Personen gehört und welche Erfahrungen sie im Leistungswettbewerb gemacht haben bzw. machen*, auszublenden.

„Vernetzte" Akteure

Mit der Bildungsexpansion sollte sich die soziale Komposition der Gruppe gering qualifizierter Personen verändert haben (Stratifizierungseffekt) – und zwar insbesondere dann, wenn die „Abwanderung" in die höheren Bildungsgruppen keine Zufalls-, sondern eine „Positiv"auswahl darstellte. Diese stratifizierte Abwanderung kann einerseits die oben diskutierte *Diskreditierung* und *Selbsttypisierung* von gering qualifizierten Personen verstärkt haben. Untersuchungen in der Sozialpsychologie zeigen, dass die Gefahr einer derartigen Stigmatisierung umso höher ist, je niedriger der soziale Status einer Minderheit ist (z.B. Crocker u.a., 1998, S. 509; Jones u.a., 1984, S. 304).

Darüber hinaus können Selbstselektionsprozesse auch direkt durch strukturelle Ausgrenzungsrisiken verursacht worden sein. Die zunehmende sozioökonomische Homogenität der Gruppe gering qualifizierter Personen als *soziale Gruppe* kann zu einer Verringerung der Ressourcen für die Arbeitsplatzsuche beigetragen haben, das heißt zu einer Verringerung ihrer Netzwerkressourcen (Rekrutierungs- und Zubringernetzwerke), die zum Beispiel Informationen über vakante Stellen bereitstellen. Netzwerkressourcen betreffen sowohl die Verfügbarkeit über Kontakte als auch über externe Erfahrungen und Suchkompetenzen (Coleman, 1988, 1991a, S. 389 und 397; Granovetter, 1986, S. 15; Thurow, 1999, S. 142; Tilly, 1998, S. 236; Wial, 1991, S. 412). Mit einem vergleichsweise zunehmenden Anteil gering qualifizierter Personen aus sozial schwachen Familien erhöht sich auch der Anteil derjenigen, die über ihre Eltern und Freunde keine Verbindung zu (qualifizierten) Arbeitsplätzen haben (Baron, 1984, S. 43; Tepperman, & Djao, 1990, S. vii; Tilly, 1998, S. 236).

In funktionaler Hinsicht könnte dies mit einer verengten Sicht auf Berufserwartungen und -vorstellungen einhergegangen sein (Heinz, 1996; Heinz, Krüger, Rettke, Wachtveitl, & Witzel, 1985; Stauber & Walther, 1999). Das heißt, die veränderte soziale Zusammensetzung ihrer Bezugsgruppe und eine daraus resultierende Veränderung in den normativen Erwartungen ihrer alltäglichen Umwelt hinsichtlich eines „adäquaten Jobs" kann insbesondere die Suche nach einem qualifizierten Arbeitsplatz einschränken (Bruegel, 1989, S. 194; Wial, 1991, S. 403). Aus der Tatsache, dass immer weniger Familienmitglieder, Freunde und Bekannte von gering qualifizierten Personen in qualifizierten Jobs beschäftigt sind, könnte sich eine Veränderung in der normativen Berufsperspektive von gering qualifizierten Personen ergeben haben, sodass ihre Berufsperspektive seltener als früher auf eine Beschäftigung auf einem qualifizierten Arbeitsplatz hin ausgerichtet ist.

Durch diese Überlegungen wird bereits auf zweierlei hingewiesen: zum einen, dass sich in dem allseits bekannten positiven Zusammenhang von individueller

Bildungsleistung und Arbeitsmarkterfolg nicht nur die *Signal*wirkung von Bildungszertifikaten widerspiegelt. Angesichts des gleichfalls positiven Zusammenhangs von individueller Bildungsleistung und der Zusammensetzung wie Reichweite des Netzwerks von Personen (Campbell, Marsden, & Hurlbert, 1986, S. 111) „signalisiert" dieser Bildungs-Arbeitsmarkt-Zusammenhang auch die Netzwerkressourcen von Personen. Zum anderen ist *agency* bzw. die individuelle Gestaltungsfähigkeit weniger eine Eigenschaft von Individuen als vielmehr eine emergente Eigenschaft ihrer Einbindung in Netzwerke (Lee, 1998) und der Internalisierung sozialer Gruppenidentitäten. Beides wird ausführlicher Gegenstand im Teil III sein.

Zusammenfassung

Die Bedeutung der sozialen Einbindung von Personen lässt erkennen, dass die Verschlechterung der Arbeitsmarktchancen von gering qualifizierten Personen nicht nur das Resultat von Fremdselektionsprozessen – Verdrängung und Diskreditierung – ist. Selbstselektionsprozesse sind gleichfalls in Rechnung zu stellen. Dies bedeutet keinesfalls einen „Freispruch" für das selektive Rekrutierungsverhalten von Beschäftigern. Ohne Frage sind Beschäftiger zentrale Akteure bei der Auswahl von Personen für Ausbildungs- und Arbeitsplätze und beeinflussen somit die Arbeitsmarktchancen von Personen. Ihr Handeln setzt allerdings Bewerbungen seitens der Arbeitssuchenden und/oder Personalempfehlungen durch bereits Beschäftigte (d.h. selbstselektive Prozesse) voraus: „It is necessary to envision a process through which the preference of employers and the preferences of job-seekers combine to produce an outcome, that is, a distribution of persons in jobs." (Coleman, 1991b, S. 5)

Im Aggregat führt *beides* – ein verändertes Arbeitgeberverhalten gegenüber gering qualifizierten Personen sowie auch ein verändertes Bewerbungsverhalten von gering qualifizierten Personen – zu der beobachtbaren Abnahme der Erwerbschancen der Gruppe gering qualifizierter Personen. Hervorzuheben ist dabei jedoch, dass die Ursache dieser Selbstselektionsprozesse *struktureller* Natur ist und daher nicht (allein) durch individuelle „Reparaturen" beseitigt werden kann. Dazu bedarf es zunächst struktureller Veränderungen als *Voraussetzung* (Heinz, 1996; Sørensen, 1994b, 1996a; siehe Kap. 13).

Teil III
Soziologische Perspektive – Bildung als soziale Strukturkategorie von Erwerbs- und Lebenschancen

Soziale Schieflagen werden einerseits durch Fremdselektion erzeugt – diese Fremdselektion wird andererseits durch unterschiedlich ausgeprägte Prozesse der Selbstselektion ergänzt und bekommt damit ihre gesellschaftliche Gültigkeit. (Witzel, Helling, & Mönnich, 1996, S. 172)

In den folgenden Kapiteln werden die in Kapitel 6 diskutierten Defizite der ökonomischen Erklärungen der abnehmenden Erwerbschancen von gering qualifizierten Personen und die thesenartigen Vorschläge ihrer soziologischen „Behebung" aufgegriffen und theoretisch fundiert. Ziel ist es nicht, den Erklärungswert der Verdrängungs- und der Diskreditierungsthese zu eliminieren. Vielmehr geht es darum, soziologische Erklärungsmechanismen zu definieren, die vor allem das *Bewerbungsverhalten* zum Gegenstand haben. Im Unterschied zur ökonomischen Sichtweise, in der die Arbeitsplatzsuche und Bewerbung seitens der gering qualifizierten Personen *als gegeben* vorausgesetzt und darauf basierend Rekrutierungsentscheidungen abgeleitet werden, werden nun auch Erklärungen für Selbstselektionsprozesse und deren historische Veränderungen geliefert. Dazu werden jene Prozesse berücksichtigt, die dem Zustandekommen von Arbeitssuchende-Arbeitgeber-Interaktionen in einem Rekrutierungsverfahren vorgelagert sind. Dazu gehören zum einen die Such- und Entscheidungsprozesse gering qualifizierter Personen, mit denen sie selbst definieren, inwieweit sie als „Arbeitssuchende" für vakante Stellen aktiv werden. Zum anderen wird das Zustandekommen dieser Interaktionen durch Allokationsprozesse und *Gatekeeping*-Situationen im bisherigen Lebensverlauf mitbestimmt. Diese definieren sowohl die jeweils zur Verfügung stehenden Handlungsalternativen in Gestalt der erworbenen Humankapitalressourcen sowie Bildungs-, Ausbildungs- und Berufstrajektorien als auch die jeweils persönlich und gruppenspezifisch gemachten Erfahrungen von Ablehnung und Akzeptanz (Behrens & Rabe-Kleberg, 2000; Geulen, 2000).

Im Folgenden stehen daher die institutionelle und soziale Kategorisierung von Bildung, die Ursachen und Folgen von Bildungszertifizierung sowie die Verarbeitung von Zertifikatslosigkeit bzw. geringer Bildung seitens der betroffenen Individuen im Mittelpunkt. Ziel ist es, eine Brücke zwischen den Prozessen der Verursachung von geringer Bildung, den ihnen immanenten Definitionen sozialer Gruppen/Verkehrskreise und ihren Konsequenzen für den Erwerbsverlauf herzustellen. Dazu werden Bildungskategorien (hier insbesondere die Kategorie „geringe Bildung“) und ihre Angehörigen aus einer *relationalen* Perspektive – in ihren sozialen Beziehungen – betrachtet. Der Vorteil dieser relationalen Konzeptualisierung besteht darin, dass mit ihr das Verhalten der „Arbeitsanbieter“ als *Mitglieder sozialer Gruppen* (die über Bildungszertifikate definiert werden) seine Berücksichtigung findet[1].

Als Grundbausteine für eine derartige *relationale* Konzeptualisierung der Erwerbschancen von gering qualifizierten Personen bieten sich zwei soziologische Zugänge an. Mit Blick auf die Allokation sowie die Verwertbarkeit von – für die Arbeitsplatzsuche relevanten – Ressourcen kann das relationale Konzept des *opportunity hoarding* von Tilly (1998) herangezogen werden (Abschnitt 7.1). Es erlaubt, die Prozesse sozialer Schließung im Bildungssystem – bekannt als *Kredentialismus* – in Bezug zu sozial stratifizierten Netzwerken und Erfahrungsumwelten zu setzen. Mit Blick auf die Bewertungs- und Deutungsdimension von Zertifikatslosigkeit bzw. geringer Bildung und deren Konsequenzen für das Arbeitsmarktverhalten der „Anbieter“ finden sich Anknüpfungspunkte zum – gleichfalls relationalen – symbolischen Interaktionismus (Abschnitt 7.2): „Wir sind, was wir sind, durch unser Verhältnis zu anderen.“ (Mead, 1968, S. 430)

Als Erweiterung dieses interaktionistischen Paradigmas ist mithilfe neoinstitutioneller Überlegungen zugleich in Rechnung zu stellen, dass nicht nur unmittelbare Interaktionen als Konstruktionssituationen sozialer Identität von Bedeutung sind. Externe Vorgaben (wie z.B. Bildungsnormen) und empirisch vorhandenes Wissen über vergangene Interaktionen (geronnen in institutionellen Handlungs-

---

1 In der Soziologie gibt es zwei Definitionen der *Relationalität* sozialer Strukturen – als Gegensatz zur *singulären (monadic)* Eigenschaftsbestimmung (in der individuelle Eigenschaften von Akteuren einer Gruppe *ohne* Bezug auf die jeweils anderen Gruppen definiert werden). Sie wird erstens als kausalabhängige Existenz sozialer Gruppen definiert, so zum Beispiel in Klassen- und Konflikttheorien (z.B. Sørensen, 2000; Wright, 1989), und zweitens als soziale Interaktions- und Beziehungsstrukturen innerhalb und zwischen sozialen Gruppen, so zum Beispiel in Netzwerktheorien (z.B. Burt, 1992; Granovetter, 1985; White, Boorman, & Breiger, 1976). Beide Definitionen ergänzen sich. Zusammen ersetzen sie das „Individuum“ durch „soziale Beziehungen“. Erstere verweist dabei auf die strukturelle Notwendigkeit relational definierter Gruppen und Gruppenzugehörigkeiten (keine Mächtigen ohne Untergebene, keine Ausbeuter ohne Ausgebeutete, keine hoch Qualifizierten ohne gering Qualifizierte, keine Gesunden ohne Kranke), Letztere auf wesentliche Reproduktionsmechanismen dieser Kausalabhängigkeiten aufgrund damit gleichfalls strukturierter Verkehrskreise und Wahrnehmungsmuster. Gegenstand der folgenden Überlegungen sind vor allem Letztere, die sozialstrukturellen Verkehrskreise und Referenzsysteme.

praxen) können ebenfalls in reproduzierbaren, *intersubjektiven* Handlungsweisen resultieren (vgl. March & Olsen, 1984, S. 741). Indem Institutionen Symbole und Routinen definieren, liefern sie zugleich kulturelle Deutungsmuster und Referenzsysteme für konkrete Interaktionen sowie auch für die Selbstwahrnehmung und damit verbundene Handlungsstrategien seitens der Individuen. Damit wird hier der Akzent bei der Behandlung von Zertifikatslosigkeit bzw. geringer Bildung (einschränkend) auf die *soziale* Identitätsfindung – das Mead'sche „Me" – gelegt (Mead, 1968). Das heißt, basierend auf den im (Aus-)Bildungssystem beginnenden Prozessen des Klassifizierens, der sozialen Kategorisierung und Etikettierung wird die „Einschreibung" als Aspekt der Sozialisation und die Normativität von Bildungserfolg und -misserfolg als Aspekt der Selbst- und Fremdtypisierung gering qualifizierter Personen betont. Der Blick wird damit auf eine *sozial institutionalisierte* Identitätsschädigung gerichtet. Die Betonung dieses Sachverhalts gegenüber der individuellen („eigensinnigen") Verarbeitung externer Zuschreibungen (der Akzeptanz oder Ablehnung, der Versuche des Einzigartigbleibens) und der persönlichen Identität – dem Mead'schen „I" – ist dem Versuch geschuldet, intersubjektive Ursachen von Selbstselektionsprozessen seitens gering qualifizierter Personen in Bezug auf ihr Bewerberverhalten am Arbeitsmarkt abzuleiten. Kontingenz und Situationsspezifik werden so (zugegebenermaßen) unterminiert.

Die Verbindung dieser beiden theoretischen Zugänge – des *opportunity hoarding* und der Identitätsbildung bzw. Identitätsbeschädigung – wird über das Lebensverlaufskonzept hergestellt (Abschnitt 7.3). Der Lebensverlauf als normativ definiertes und institutionalisiertes Ablaufprogramm definiert dabei über die Zugehörigkeit zu Bildungskategorien die Mitgliedschaften in institutionellen Ordnungen und sozialen Verkehrskreisen (Mayer, 1998, S. 438), die ihrerseits als soziale Austauschprozesse gesellschaftliche Referenz- und Bewertungssysteme zur Verfügung stellen und persönliche wie gruppenspezifische Sozialisationserfahrungen vermitteln. In der Interdependenz von institutionellem Ablaufprogramm, kumulierten Erfahrungen und Ressourcen sowie lebenslanger Sozialisation entfaltet sich der Lebensverlauf von gering qualifizierten Personen als ein „selbstreferentieller Prozess" (Mayer, 1991b, S. 672), in dem ihre jeweils vorangegangene Lebensgeschichte *mit*bestimmt (nicht jedoch subjektlos determiniert), welche Lebenschancen sich später eröffnen. Der hier gewählte analytische Zugang der Konzeptualisierung von Struktur und Handeln im Lebenslauf geht dabei (angesichts des Fokus auf *institutionalisierte* Identitätszuschreibungen und -beschädigungen als kulturelle Deutungsmuster) von einer Parallelität und Komplementarität zwischen institutionalisiertem Programm und sozialem Handeln der Individuen aus (vgl. Kohli, 1985, S. 20f.). Die individuellen Interpretationen von Handlungssituationen sowie deren Veränderungen aufgrund von Kontingenzerfahrungen (vgl. Hoerning, 2000, S. 6) werden damit insofern ihrer Autonomie „beraubt“, als sie die Interaktionszusammenhänge hier gruppenspezifisch, nicht jedoch individuell definieren. Aber diese „Vernachlässigung“ hat den Vorteil, dass *Gatekeeping*-Prozesse und Sozialisationserfahrungen *kohortenspezifisch* thematisierbar werden. Sie erlaubt, eine gleichzeitige Ontologisierung von Struktur und Handeln zu vermeiden und die Historizität von Allokationsprozessen im Zusammenhang mit Veränderungen der gesellschaftlichen Rahmenbedingungen des Handelns einer Betrachtung zugänglich zu machen[2].

Für die Erklärung der *historischen* Veränderungen der Erwerbschancen gering qualifizierter Personen bedarf es einer Dynamisierung der hier verwendeten Konzepte und der durch sie benannten Mechanismen (der Zertifizierung als Ausdruck von Dominanzverhältnissen sowie der kategorialen Organisation von Handlungsspielräumen und Identitätsbeschädigungen als Ergebnis sozialer Kategorisierung, Etikettierung und institutionalisierter *Gatekeeping*-Trajektorien). Dies wird erstens über eine Berücksichtigung der *historischen Veränderlichkeit von Bildungskategorien* in Bezug auf ihre soziale Zusammensetzung und soziale Position sowie zweitens über die Thematisierung einer *historisch zunehmenden Radikalisierung* sozialer Ausschlussprozesse im Lebensverlauf von gering qualifizierten Personen erreicht (Kap. 8). Im Wesentlichen wird es darum gehen, die üblicherweise statische Konzeptualisierung von Bildungskategorien und deren jeweiliger Stellung innerhalb der Bildungshierarchie in ein historisch bewegliches und sich sozial wandelndes Verhältnis aufzulösen. Gerade diese *Dynamiken* in der Bildungshierarchie können – wie bereits die *Diskreditierungsthese* gezeigt hat (siehe Abschnitt 5.2) – eine wichtige Erklärungskomponente für die Veränderungen in den Erwerbschancen gering qualifizierter Personen darstellen.

Aus diesen Dynamiken werden zwei soziologische Mechanismen der Verschlechterung der Erwerbschancen gering qualifizierter Personen abgleitet: die *soziale Verarmung* ihrer sozialen Beziehungen (Abschnitt 8.1) sowie das Umschlagen einer („bloßen“) sozialen Identitätsbeschädigung durch einen geringen Bildungserfolg in ein *soziales Stigma* (Abschnitt 8.2). In Kapitel 9 wird anhand von Analysen der Bildungs- und Berufseinstiegsprozesse von westdeutschen Schulentlassenen ohne Schulabschluss exemplarisch aufgezeigt, wie sich mit der Bildungsexpansion institutionell deren Stigmatisierungsgefahren erhöht haben. Eine Zusammenfassung des soziologischen Erklärungsbeitrags sowie eine empirische Illustration für die Notwendigkeit eines „soziologischen Komplements“ erfolgen in Kapitel 10.

---

2 Für eine interessante Kritik an Giddens‘ Dualität von Struktur („Dualismus von Subjektivität und Objektivität“) siehe Archer, 1995, Kap. 4.

7 Sozialstrukturelle Ursachen der Arbeitsmarktinferiorität gering Qualifizierter – Kategoriale Grenzziehungen und institutionalisierte Identitäten

By a „matching process" of structure and agency we find a combination of lack of resources and institutional processes in constructing „disadvantage." (Stauber & Walther, 2000, S. 9)

Wie im Ökonomieteil (II) wird in einem ersten Schritt diskutiert, wie die soziologischen Theorieangebote – *opportunity hoarding* und Identitätsbeschädigung – *generell* die Inferiorität gering qualifizierter Personen auf dem Arbeitsmarkt erklären. Selektion wird dabei zu einem Zusammenspiel von Selbst- *und* Fremdselektion erweitert, indem in Rechnung gestellt wird, dass Bildungssysteme nicht nur eine Klassifizierung von Personen nach Bildungstiteln vornehmen. Über die Stratifikation der Handlungsspielräume für den Bildungs(titel)erwerb von Personen differenzieren, wenn nicht gar (wie im deutschen Bildungssystem) segmentieren sie zugleich die Sozialisations-, Erfahrungs- und Bewertungskontexte der Angehörigen der unterschiedlichen Bildungsgruppen.

Dem Vorwurf von Elster (1986, S. 22), „nothing is left to choice", soll eingangs noch entgegengesetzt werden, dass die hier verwendeten *strukturellen* Theorieansätze die Handlungsräume von Akteuren *nicht* so weit einschränken, dass sie ihnen keinerlei individuelle Handlungsautonomie zugestehen. Ihre theoretischen Annahmen basieren auf Wahrscheinlichkeitskonstruktionen, über die aus der Struktur gesellschaftlicher (Teil-)Systeme systematische Handlungsweisen abgeleitet werden können (vgl. Lieberson, 1998). Sie definieren „typische Chancen" mit Erkenntnisvorbehalt (Weber, 1921/1980, S. 9), das heißt „in angebbaren strukturellen Bedingungen begründete" Wahrscheinlichkeitsaussagen von Verhaltensabläufen (Dahrendorf, 1979, S. 96). Dies schließt „abweichendes" Verhalten aufgrund individueller und situationsspezifischer Konfigurationen nicht aus, auch wenn es *unwahrscheinlicher* ist als strukturkonformes Verhalten. Zudem ist zu bedenken, dass *Abweichungen* überhaupt erst mit der Definition von „Gelegenheiten und Grenzen menschlichen Handelns, die durch gesellschaftliche Normen und Sanktionen gegeben sind" (Dahrendorf, 1979, S. 43), definierbar werden – und zwar in doppelter Weise: zum einen als Abweichung von der Norm und zum anderen als Abweichung vom typischerweise von den Mitgliedern der jeweiligen Gruppe erwarteten Verhalten. Ersteres ist expliziter Gegenstand der hier verwendeten Theorien (z.B. als Abweichung von der jeweils vorherrschenden Bildungsnorm). Letzteres hieße folgende Fragen zu stellen: Für welche gering qualifizierten Personen verschlechtern sich *nicht* die Erwerbschancen, obgleich dies infolge der historischen strukturellen Veränderungen ihrer Handlungsspielräume und -optionen zu erwarten wäre? Wer von ihnen widersetzt sich trotz widriger Umstände erfolgreich den gesellschaftlichen Fremdzuschreibungen und „rebelliert" gegen die (zugeschriebene) soziale Identität? Diese Fragen werden im Folgenden, wie bereits erwähnt, nicht behandelt[3].

Abschließend sei hier noch ein kurzer Exkurs erlaubt, warum *Rational-Choice*-Erklärungen im Folgenden *keine* Verwendung finden, obgleich sie in der Bildungs- und Arbeitsmarktsoziologie einen etablierten Ansatz darstellen. Dass die zunehmende Verschlechterung der Erwerbschancen von gering qualifizierten Personen mehr als nur die Aggregation isolierter Zwei-Personen-Transaktionen ist, wird auch von *Rational-Choice*-Theoretikern wie Coleman (1991a) anerkannt. Die Interdependenz von Individuen und ihrem Handeln in sozialen und politischen (Teil-)Systemen führt – bewusst und unbewusst – zu emergenten Phänomenen auf der Makroebene, die über die Summe der Einzeltransaktionen hinausgehen. Dieses „Aggregationsparadox" (Boudon, 1974, S. 198) findet in der dritten Transformation der Coleman'schen „Badewanne" (Coleman, 1991a, S. 10), der Transformation der individuellen Handlungen in ein kollektives Ergebnis, seinen Niederschlag. Von Coleman unrevidiert bleibt allerdings die axiomatische Setzung eines nutzenmaximierenden Handelns auf der Mikroebene. Axiomatisch ist es insofern, als *Rational-Choice*-Theoretiker nicht die Entstehung von Interessen und Präferenzen erklären können (und wollen), sondern diese a priori als stabile Personeneigenschaften voraussetzen:

> „(...) all social action can be viewed from the standpoint of individuals maximizing their utility from a *stable set* of preferences and accumulating optimal accounts of information and other inputs to the multiple markets, monetized or not, in which they are involved." (Goldthorpe, 2000, S. 124; Hervorhebung H.S.)

Von daher können soziologische *Rational-Choice*-Erklärungen des ungleichen Bildungserwerbs von Individuen zwar eine *soziologische Komplettierung* der angebotsseitigen Humankapital- und *Signaling*-Theorie liefern (siehe Abschnitt 4.1 und

---

3 Diese Fragestellung wurde von Pfahl (2003b) im Rahmen der Nachwuchsgruppe „Ausbildungslosigkeit: Bedingungen und Folgen mangelnder Berufsausbildung" in ihrer Diplomarbeit zum Stigma-Management von Abgängern und Abgängerinnen von Schulen für Lernbehinderte bearbeitet und wird in ihrer derzeitigen Dissertationsforschung vertieft.

4.2). Sie können *soziale* Ursachen für die unterschiedlichen „Bildungsinvestitionen" aufdecken (vgl. Breen & Goldthorpe, 1997). Unbeachtet bleibt allerdings, dass der Bildungserwerb nicht nur vom individuellen Willen abhängt. *Rational-Choice*-Erklärungen übersehen, dass die individuell erbrachte *Bildungsleistung* – infolge der organisatorischen Struktur des Bildungs*angebots* (Schultypen, Kurssysteme, Zulassungsregeln für höhere Bildungseinrichtungen) sowie insbesondere in ihrer vergegenständlichten Form der Bildungszertifikate – ein Merkmal von Institutionen und damit ein kulturell und institutionell „zugeschriebenes" Merkmal ist (vgl. Allmendinger, 1999; Allmendinger & Leibfried, 2002; Fischer u.a., 1996, S. 104; Fiske, 1998, S. 376; Müller & Mayer, 1976, S. 10).

Bildungszertifikate spiegeln daher nicht nur die Wissensaneignung seitens der Individuen wider. Zunächst und vor allen Dingen sind sie das Resultat institutioneller Definitionen und Prozeduren, die zugleich objektivierte Sinn- und Interpretationsstrukturen festschreiben und als „Selbstverständlichkeiten" und „Gewissheiten" *zukünftige* Handlungsoptionen und Entscheidungsinterpretationen strukturieren (vgl. Vollmer, 1996). Diese Betrachtungsweise lässt sichtbar werden, dass die *Erwerbschancen* als Zugang zu sozialen Positionen deutlich stärker von institutionalisierten Dominanzverhältnissen[4] und sozialen Referenzsystemen (z.B. Bildungszertifikaten) sowie von der sozialen Relationalität von Akteur und Umwelt (oder – mit Granovetter [1985] – von ihrer *sozialen Einbettung)* präformiert werden als von individuellen Willensanstrengungen. Die im Unterschied dazu individualistische Betrachtungsweise von *Rational-Choice*-Erklärungen ist unter anderem der Tatsache geschuldet, dass immer nur das Handeln und die Handlungsziele „vereinzelter" Personen betrachtet werden, nicht jedoch ihre Interaktionen und deren endogene Handlungsfolgen.

4 Diese beruhen weniger auf Repressalien, Sanktionen und Verboten als auf weitgehender Zustimmung und sozialer Legitimität (siehe Kap. 2).

7.1 Kategoriale Opportunitätsstrukturen – Die Benachteiligung gering qualifizierter Personen als Konsequenz sozial stratifizierter Netzwerke und Erfahrungsumwelten

> *Categorical organization helps to produce individual differences as a consequence of structural differences in contacts, experiences, opportunities, and assistance or resistance from others. (Tilly, 1998, S. 236)*

Soziale Kategorien und Klassifikationssysteme (wie z.B. soziale Herkunft, Bildungszertifikate, ethnische Zugehörigkeit oder Geschlecht) stellen nicht nur Definitionskriterien für die Eigenschaften von Individuen zur Verfügung, sondern definieren zugleich *soziale Gruppen* mit gruppenspezifischen Erwartungen und Interessen, Erfahrungen, Verkehrs- und Interaktionsräumen. Mit diesem Perspektivenwechsel stellen Bildungskategorien nicht nur eine Verteilung *individueller* Leistungsfähigkeit, sondern zugleich eine Verteilung *gruppen*spezifischer sozialer Erfahrungen und Interaktionsräume dar (Tilly, 1998, S. 30). Erstere war Gegenstand der ökonomischen (und *Rational-Choice*-theoretischen) Erklärungsangebote. Letztere soll im Folgenden auf ihren Erklärungsbeitrag hinsichtlich bildungsdifferenzierter Erwerbschancen im Allgemeinen und der Einschränkung der Erwerbschancen von gering qualifizierten Personen im Besonderen befragt werden. Eine derartige Betrachtung von gering qualifizierten Personen als Gruppenmitglieder mit spezifischen Gelegenheits- und Interaktionsstrukturen erlaubt es dabei, nicht nur die Interaktionen zwischen individuellen Arbeitsanbietern und Arbeitgebern, sondern auch die Interaktionen *innerhalb* der Gruppe gering qualifizierter Personen in die Erklärung ihrer vergleichsweise schlechteren Erwerbschancen einzubeziehen.

Dabei ist zu klären, wie – durch welche Mechanismen – sichergestellt wird, dass Bildungszertifikate auf dem Arbeitsmarkt handlungsrelevant werden und eine Benachteiligung gering qualifizierter Personen bewirken. Um in einer relationalen Betrachtungsweise zu verbleiben, ist es notwendig, Mechanismen zu betrachten, die *Interaktionsmuster und -zusammenhänge* benennen, durch die *externe* Kategorien (und ihre Gruppenangehörigen) für *interne* Kategorisierungen des jeweils untersuchten Teilsystems Relevanz erhalten. Diese *Matching*-Prozesse von externen und internen Kategorien stellen dabei nicht Selbstzwecke sozialer Ordnung dar, vielmehr werden mit ihnen Organisationsziele des jeweiligen Teilsystems (z.B. des Bildungs- oder Erwerbssystems) erfüllt: „(…) e.g., how to sort students, whom to hire etc.“ (Tilly, 1998, S. 15). Sie senken dabei unter anderem Transaktionskosten und verschaffen Legitimation: „The matching of interior and exterior categories lowers transaction costs and increases stability." (S. 80)

Für die Untersuchung der Erwerbschancen gering qualifizierter Personen gilt es dabei, folgende *kategoriale Paarungen* zu betrachten: (a) die soziale Herkunft (als externe Kategorie) und die Bildungskategorien (wie Schultypen, schulinterne Kurssysteme, Bildungstitel) als interne Kategorisierung des Bildungssystems zur Differenzierung von individuell erbrachten Leistungen und (b) die Bildungszertifikate von Personen (als externe Kategorie) und die Qualifikationsstruktur von Arbeitsplätzen als (unternehmens- bzw.) organisationsinterne Kategorisierung von Arbeitsmärkten. Die Verbindung (b) zwischen externen und internen Kategorien wurde in den ökonomischen Theorien über die isolierten Rekrutierungsentscheidungen der Arbeitgeber hergestellt. Der vorgelagerte Konnex zwischen externer und interner Kategorisierung hinsichtlich des Bildungssystems (a) wurde nicht betrachtet. Sieht man (a) und (b) zudem als eine *Wirkungskette*, so wird zum einen deutlich, dass die soziale Herkunft eine wichtige soziale Dimension von Bildungskategorien als *soziale Gruppen* darstellt und daraus resultierende Unterschiede in der *sozialen* Zusammensetzung von Bildungsgruppen für die Arbeitsplatzsuche und ihren Erfolg zu berücksichtigen sind. Zum anderen wird auf eine Kumulation sozial ungleicher Erfahrungen von Angehörigen unterschiedlicher Bildungsgruppen nicht nur innerhalb des Arbeitsmarkts (wie bei Segmentationserklärungen, siehe Abschnitt 4.4), sondern auch außerhalb des Arbeitsmarkts verwiesen, die zumindest für die Arbeitsplatzsuche beim Erwerbseinstieg und, wenn sie auf dem Arbeitsmarkt nicht „revidiert" werden, auch für die Arbeitsplatzsuche generell handlungsrelevant sein sollten.

Tillys *relationales Konzept kategorialer Ungleichheit* basiert genau auf dieser Idee, wonach externe und interne Kategorien über Interaktionszusammenhänge zur Erfüllung von Organisationszielen miteinander verbunden werden (Tilly, 1998, S. 11, 72 und 75ff.): „(…) bounded categories (…) do crucial organizational work." (S. 6) Kategorien als soziale Gruppen definieren dabei Räume und symbolische Grenzen sozialer Beziehungen sowie kollektiver Erfahrungen. Zugleich bestimmen sie über gruppenspezifische Erfahrungskontexte – gestützt durch institutionalisierte kategoriale Referenzsysteme – die Deutungs- und Wahrnehmungsmuster von Gruppenangehörigen und -fremden (S. 72).

Als Hauptmechanismen dieser *kategorialen* Grenzziehungen und ihrer Funktion für die Produktion und Reproduktion sozialer Ungleichheit benennt Tilly (1998): die Ausbeutung, das „Horten von Gelegenheiten" *(opportunity hoarding)*, die Nachahmung *(emulation)* und die Anpassung *(adaptation)*. Es ist hier weder der Ort noch das Anliegen, diese vier Mechanismen detailliert darzustellen. Der Ausbeutungsmechanismus ist für die hier verfolgte Fragestellung nicht relevant. Ähnlich wie Roemer (1982a, b) versteht Tilly (1998, S. 10) darunter die Aneignung von Erträgen, die durch andere erbracht werden. Die Erwerbschancen gering qualifizierter Personen sollen hier jedoch nicht auf ihre ausbeutungsfreie Entlohnung hin untersucht werden, sondern darauf hin, warum sie schlechtere Erwerbschancen haben als Mitglieder der höheren Bildungskategorien. Für diese Art von kategorialer Ungleichheit zwischen „ausgebeuteten“ Gruppen benennt Tilly (1998, S. 10) den Mechanismus des „Hortens von Gelegenheiten“. Im Unterschied zum Ausbeutungsmechanismus (der auf der Aneignung fremder Arbeit basiert) zielt dieses „Horten von Gelegenheiten“ auf den *Ausschluss* bestimmter Gruppen vom Zugang zu Gelegenheiten und Privilegien ab. Es geht daher nicht um eine Enteignung von Teilhabenden, sondern um die „Verhinderung“ der Teilhabe selbst[5]. Die *Emulation* als Prozess der gesellschaftlich diffundierten Verwendung von kulturellen Bedeutungen kategorialer Definitionen und von sozialen (Gruppen-)Beziehungsmustern wird für die Erklärung der Erwerbschancen gering qualifizierter Personen ebenfalls herangezogen. Sie ist für die Realisierung eines *opportunity hoarding* sozialer Gruppen mitverantwortlich. Der *Adaptations*mechanismus, demzufolge kategoriale Ungleichheit aufgrund alltäglicher Routinen seitens der Mitglieder der jeweiligen Gruppe reproduziert wird und Persistenz erhält, ist hier gleichfalls von Bedeutung. Ein wesentlicher Bestandteil dieser Routinen ist die Konstruktion kategorialer Identitäten (Tilly, 1998, S. 217). Da es hier Anknüpfungspunkte zur Herstellung *institutioneller Identitäten* und ihren Konsequenzen gibt, wird dieser Mechanismus unter anderem Gegenstand von Abschnitt 7.2 sein.

Im Folgenden soll zunächst untersucht werden, wie – aufgrund des *opportunity hoarding* und der Emulation dazu notweniger kategorialer Handlungspraxen – Grenzen sozialer Interaktion zwischen Bildungsgruppen entstehen und welche Bedeutung sie für das Arbeitsmarktverhalten der Gruppenangehörigen haben. Entsprechend der oben genannten Wirkungskette sozialer Platzierung, beginnend mit der Geburt über das Bildungssystem bis hin zum Erwerbssystem, werden für zwei *Matching*-Prozesse relationale Erklärungen herausgearbeitet: für die Verbindung von sozialer Herkunft (extern) und Differenzierung von Bildungsleistungen (intern) und für die darauf aufbauende Verbindung von Bildungskategorien (extern) und quali-

5 Im Weiteren wird Tillys Begriff des *opportunity hoarding* verwendet und auf eine deutsche Übersetzung – wie zum Beispiel die sperrige Übersetzung des „Hortens von Gelegenheiten“ – verzichtet. Gängige deutsche Begriffe – wie soziale Schließung oder Monopolisierung von Gelegenheiten – sind als Übersetzung nicht geeignet, da mit ihrer gebräuchlichen Verwendung nur Teilbereiche des *opportunity hoarding* von Tilly erfasst werden, nämlich vor allem die Relationalität sozialer Strukturen in Bezug auf die notwendige Koexistenz sozialer Gruppen (einfacher formuliert: Man hat nur etwas davon, mehr zu haben, wenn andere weniger haben). Tillys opportunity hoarding beinhaltet aber auch den Aspekt gruppenspezifischer Interaktionsräume (siehe Fn. 1 zur relationalen Betrachtungsweise am Beginn von Teil III).

fikationsspezifischen Arbeitsmarktplatzierungen (intern). Im ersten Schritt „soziale Herkunft – Bildungskategorisierung" wird unter anderem mithilfe des Weber'schen Konzepts (Weber, 1921/1980, 1994) der sozialen Schließung und des darauf basierenden Konzepts des Kredentialismus die *Entstehung* der kategorialen Grenzziehung zwischen der Gruppe gering qualifizierter Personen und den höheren Bildungsgruppen erklärt. Im zweiten Schritt „Zugehörigkeit zu Bildungsgruppen – Zugang zu qualifikationsdifferenzierten Arbeitsplätzen" wird mithilfe der Granovetter'schen (Granovetter, 1974, 1985) Idee sozialer Netzwerke ihre *Bedeutung* für die Arbeitsplatzsuche gezeigt. Für beide *Matching*-Prozesse wird in Anlehnung an das neoinstitutionalistische Konzept die Reproduktion bzw. *Aufrechterhaltung* dieser bildungskategorialen Grenzziehungen über die Bedeutung und Legitimation von formalen Regelungen und Verfahren erklärt. Prozesse der sozialen Schließung im Bildungssystem und die Relevanz sozialer Netzwerke auf dem Arbeitsmarkt kennzeichnen dabei Prozesse des *opportunity hoarding;* die Verselbstständigung, Legitimationsmächtigkeit und sozialisatorische Wirkung institutioneller Regelungen stellen hingegen Prozesse der *Emulation* dar (und sind wichtige Grundlagen der *Adaptation,* siehe Abschnitt 7.2): „One great secret of categorical inequality is this: the routines, understanding, and justifications that organizational participants have acquired in other settings are so readily available for organizational work." (Tilly, 1998, S. 58)

7.1.1 Herkunftskategoriale Grenzziehungen im Bildungssystem

Bildungssysteme definieren mit ihren institutionellen Regelungen und Verfahren die Struktur des Bildungsangebots, die Zugangs-, Bewertungs- und Selektionskriterien sowie die jeweiligen schulischen Sozialisationskontexte. Mit der Struktur des Bildungsangebots werden Bildungsinhalte und Abschlüsse festgelegt, die bereits für eine faktische Begrenzung des Bewerberpools für nachfolgende Bildungsstufen oder Arbeitsmarktpositionen sorgen (vgl. Blalock, 1991, S. 170; Witte & Kalleberg, 1995, S. 297). Die Auswahlkriterien innerhalb des Bildungssystems sind zudem für strukturelle Separierungen der Schülerschaften verantwortlich. Diese können die Form einer geografischen Segregation (wie z.B. in den USA), eines *tracking*- bzw. Kurssystems innerhalb der Schule und/oder einer institutionellen Segregation mit unterschiedlichen Schultypen (wie z.B. in Deutschland) annehmen. Die schulinstitutionelle Karriere von Kindern bzw. Jugendlichen hängt somit nicht nur von ihrem Verhalten ab, sondern wesentlich auch von den Möglichkeiten, die ihnen die Organisation „Schule" bietet (Gomolla & Radtke, 2002, S. 55; Sørensen, 1998, S. 12).

Zudem sind Lernprozesse in modernen Bildungsinstitutionen – so zeigen vielfältige Untersuchungen – derart gestaltet, dass der Erfolg in der Schule bzw. der

Erwerb von Bildungszertifikaten (insbesondere von höheren Bildungszertifikaten) von der (Unterrichts-)Sprachbeherrschung, der außerschulischen Vorbildung, der Lernmotivation und den habitualisierten Lerngewohnheiten abhängig ist und damit die „Mitarbeit" der Eltern voraussetzt (vgl. Baumert & Schümer, 2001a; Bourdieu, 1982; Bourdieu & Passeron, 1971; Fend, Knörzer, Nagel, Specht, & Väth-Szusdiara, 1976)[6]. Ungleichheiten in der sozialen und kulturellen Ressourcenausstattung von Kindern unterschiedlicher sozialer Herkunft werden somit in der Schule sozial bedeutsam. Dies bedeutet zugleich, dass die Leistung gleich talentierter Kinder je nach ihrer sozialen Herkunft ungleich gefördert wird und zu ungleichen Bildungszertifikaten führt. Infolge dieser „unvollständigen" Kompensation ungleicher Herkunftsressourcen im Bildungssystem definieren bereits die Bildungszertifikate am Ende der Schulzeit Bildungsgruppen, die hinsichtlich der sozialen Herkunft ihrer jeweiligen Angehörigen verschieden sind. Kinder aus sozial schwächeren Schichten haben geringere Zugangschancen zu höheren Bildungsgruppen als Kinder aus bildungshöheren Schichten, und umgekehrt Kinder aus bildungshöheren Schichten sind seltener in unteren Bildungsgruppen anzutreffen als Kinder aus bildungsfernen Familien.

Darüber hinaus führen, wenn vorhanden, Formen schulischer Separation, da sie in der Regel auf den in der Schule gezeigten Leistungen basieren, bereits während der Schulzeit zu einer *herkunftsabhängigen* Kanalisierung[7], zu einer subkulturellen Abschottung von Schülerkreisen und damit zu einer Differenzierung der Lernumwelt und des Entwicklungsmilieus[8]. Die Auswirkungen dieses herkunftsabhängigen *Gatekeeping* sind vom Zeitpunkt, zu dem eine Trennung der Schülerschaft erfolgt, und von ihrer Irreversibilität (d.h. der Festschreibung auf den einmal „eingeschlagenen Pfad") abhängig (Allmendinger, 1989, S. 50; Baumert & Schümer, 2001a). Zeitpunkt und Definitivität bestimmen, wann und wie defini-

---

6 Selbst in Finnland – dem Leistungsspitzenreiter in der PISA-2000-Studie – gibt es einen Zusammenhang zwischen sozialer Herkunft und Leistungsniveau (Baumert & Schümer, 2001a, S. 382). Der Leistungsunterschied in der Lesekompetenz zwischen 15-Jährigen des oberen und unteren Viertels der Sozialstruktur beträgt auch hier etwa eine ganze PISA-Kompetenzstufe (insgesamt wurden fünf Kompetenzstufen definiert).

7 Konform mit dieser herkunftsabhängigen Kanalisierung haben vergleichende Untersuchungen gezeigt, dass der Effekt sozialer Herkunft am stärksten im Bildungssystem ist (Blossfeld & Shavit, 1993, S. 44). Anschließend ist die soziale Herkunft nicht minder bedeutsam, sie wirkt dann aber vermittelt über die herkunftsabhängig erworbenen Bildungszertifikate – und, wie im Folgenden gezeigt wird, über die dadurch konstituierten Verkehrskreise (siehe Abschnitt 7.1.2).

8 Vgl. Bourdieu, 1982; Bourdieu & Passeron, 1971; Bowles & Gintis, 1976; Coleman, 1965, 1966; Coleman, Hoffer, & Kilgore, 1981; Fend u.a., 1976; Fischer u.a., 1996; Friedeburg, 1997; Klemm, 1991; Shavit & Müller, 2000; Solga & Wagner, 2001.

tiv *herkunftsabhängig* getrennt wird. Im Ergebnis führt eine (institutionelle und/oder geografische) Segregation im Bildungssystem jedoch *generell* – wenn auch aufgrund dieser institutionellen Varianz in unterschiedlicher Stärke (Baumert & Schümer, 2001a, S. 379ff.) – in vierfacher Weise zu einer Benachteiligung von Kindern aus sozial schwächeren Schichten: Aufgrund ihrer schlechteren familiären Ressourcen für den Bildungserwerb besuchen sie häufiger untere *tracks* oder Schultypen, dadurch erfahren sie eine inhaltliche Reduzierung ihrer Lerninhalte und haben ein schlechteres Lernklima sowie geringere externe soziale Ressourcen, da sie vergleichsweise seltener Mitschüler und Mitschülerinnen und Freunde haben, die die – in der Schule und auf dem Arbeitsmarkt – hoch bewerteten Kulturfertigkeiten aus dem Elternhaus mitbringen. Im Umkehrschluss haben Kinder aus sozial höheren Schichten in vierfacher Weise einen Vorteil: Ihnen werden mit dem Besuch der höheren *tracks* und Schultypen anspruchsvollere Bildungsinhalte vermittelt; der Anregungsgehalt ihrer Lernumwelt ist höher; sowohl ihre Eltern als auch ihre MitschülerInnen können als Vorbilder, Motivatoren sowie Unterstützende mit hohem kulturellem und sozialem Kapital in Lernprozesse und Entscheidungsprozesse, die die Schulkarriere betreffen, eingreifen.

Durch diese herkunftsabhängigen Lern- und *Gatekeeping*-Prozesse im Bildungssystem wird die Zusammensetzung der Bildungsgruppen hinsichtlich ihrer sozialen Herkunft (Eltern) sowie der sozialen Herkunft ihrer Verkehrskreise (ihrer Freunde und Mitschüler) bestimmt. Zudem ist infolge der Sozialisation *in* der Familie und der damit gegebenen hohen Wahrscheinlichkeit der Internalisierung schichtspezifischer Lebensstile und Kulturpraxen davon auszugehen, dass Kinder unterschiedlicher Herkunft ungleiche Interessen entwickeln, unterschiedliche Freizeitaktivitäten verfolgen sowie bestimmte Verhaltensweisen präferieren und andere ablehnen (vgl. Bourdieu, 1982; Mansel & Palentien, 1998, S. 232). Dies verstärkt die Existenz schichtspezifischer Verkehrskreise von Kindern und Jugendlichen im Schulkontext und damit letztlich von Personen, die als Angehörige unterschiedlicher Bildungsgruppen auf den Arbeitsmarkt treten (werden). Damit verbunden sind Unterschiede sowohl in den zur Verfügung stehenden materiellen Ressourcen für eine (Ausbildungs- und) Arbeitsplatzsuche (Netzwerkressourcen) als auch in den immateriellen Ressourcen (schichtspezifische Erwartungen und Meinungen bezüglich der „Passung" von Berufen bzw. Arbeitsplätzen).

Bezogen auf *gering qualifizierte Personen* lässt sich aus diesen Überlegungen ableiten, dass sie *häufiger* als höher qualifizierte Personen aus sozial schwächeren Schichten stammen und ihre Eltern *häufiger* selbst Angehörige der unteren Bildungsgruppe sind. Gleiches ist für ihr Freundesnetzwerk zu erwarten. Da der Schul- und Familienkontext mitbestimmt, wen sie kennen lernen (können) und mit wem sie verkehren (sollten), sollten auch ihre Freunde *häufiger* aus bildungsfernen Familien kommen. Wie hoch dieser Anteil jeweils ist und wie groß der Unterschied zu den höheren Bildungsgruppen ist, hängt – wie bereits erwähnt – von der (jeweils historisch vorhandenen) Stratifikation des jeweiligen Bildungssystems einer Gesellschaft ab.

Bildungseinrichtungen und ihre schichtspezifisch unterschiedlichen Lern- und Erfahrungsumwelten führen letztlich damit real zu unterschiedlichen Kompetenzniveaus[9]. Die Ursachen dafür sind jedoch in den Konstruktionsprinzipien moderner Bildungsinstitutionen zu verorten. Dazu gehört unter anderem auch die Laufbahnlogik von Bildungskarrieren *(career tracking)*, deren Ausgangspunkt die aus der Familie mitgebrachten Ressourcen darstellen. Im Unterschied zu den ökonomischen Erklärungen, in denen Bildungsleistungen und -titel vor allem als unterschiedliche *individuelle Bildungsanstrengungen* der Bewerber gesehen werden, stellen gemäß diesen Überlegungen Bildungstitel eine Form des *opportunity hoarding* dar. Sie sind Ausdruck ungleicher *Bildungschancen*, die durch die institutionellen Rahmenbedingungen des Bildungserwerbs, die dahinter stehenden Dominanzkonstellationen zwischen sozialen Gruppen sowie Sozialisationserfahrungen und -kontexte hervorgebracht werden (Weber, 1994, S. 126). Bildungszertifikate basieren daher auf einem ungleichen Bildungszugang, nicht (unbedingt) – wie Anderson (2000, S. 123) unterstellt – auf ungleicher Begabung oder ungleichem Verdienst.

Für die Erklärung der Relevanz von sozialer Herkunft (auch) in modernen Bildungssystemen ist gemäß Tilly (1998, S. 7f.) nach Organisationszielen und Interessenkonstellationen zu suchen, für die das „Aufgreifen" der extern verfügbaren kategorialen Ordnung nach sozialen Schichten für intern zu organisierende Lern- und Auswahlprozesse vorteilhaft bzw. effizient und zugleich legitim ist[10]. Kon-

---

9 Meiner Meinung nach ist es daher falsch, die Allokations- und Legitimationsfunktion von Bildungszertifikaten so weit – wie Collins – überzubetonen, dass die Qualifizierungsfunktion von Bildung negiert wird: „The educationocracy is mostly bureaucratic hot air rather than a producer of real technical skills." (Collins, 1979, S. 7); „Grades are tied to accupational success primarily because of the certification value of educational degree rather than for the skills that they themselves may indicate." (S. 20)

10 Tilly (1998) selbst untersucht in seinem Buch *Durable Inequality* weder die Persistenz sozialer Ungleichheit in modernen Bildungssystemen noch die ungleichheitsgenerierende und -reproduzierende Wirkung von Bildungszertifikaten – und dies, obgleich insbesondere Letztere, wie im Folgenden dargestellt wird, eine wesentliche Komponente des *opportunity hoarding* darstellen. Dies ist einerseits der Tatsache geschuldet, dass seine Analysen (vielleicht zu) stark auf eine relationale Herangehensweise im Sinne von Netzwerken basieren und damit die andere relationale Dimension, nämlich die kausale Abhängigkeit von Gruppendefinitionen, vernachlässigt wird. Andererseits ist dies wahrscheinlich auch in dem Wunsch seiner Abgrenzung zu Weber – „Contraty to Weber, however, I argue that (...)" (Tilly, 1998, S. 7) – und damit auch zu Collins und Parkin (die beide nicht zitiert werden) sowie deren Konzept der *sozialen Schließung* begründet.

flikttheoretisch lassen sich als Ursache dieses „Aufgreifens" gesellschaftliche Verteilungskämpfe um Zugangschancen und Privilegien in einer Gesellschaft benennen (Lenski, 1966; Parkin, 1979, 1982; Weber, 1921/1980). In modernen Gesellschaften, in denen Ungleichheit nicht mehr über „Blut" und Herkunft legitimierbar ist und in denen eine gleichberechtigte Integration aller Gesellschaftsmitglieder zum demokratischen Grundverständnis gehört (siehe Kap. 2), gibt es zwei zentrale Kriterien, die soziale Ausschlussprozesse mit dem Ziel eines monopolisierten Zugangs zu Privilegien legitimieren: erstens Eigentum und zweitens akademische Qualifikationen im Besonderen und Bildungszertifikate im Allgemeinen (Parkin, 1982, S. 178). Die These des *Kredentialismus* – am prominentesten wohl vertreten von Collins (1979) in seinem Buch *The Credential Society* – definiert daher Bildungszertifikate als eine Form sozialer Schließung, die die Angehörigen der höheren sozialen Schichten dabei unterstützt, ihren sozialen Status an ihre Kinder zu vererben (vgl. auch Weber, 1994, S. 126).

Mit der „notwendigen Mitarbeit" der Eltern und der „unvollständigen" Kompensation ungleicher Herkunftsressourcen ist die moderne Schule so organisiert, dass Kinder statushöherer Schichten eine höhere Wahrscheinlichkeit haben, höhere Bildungszertifikate zu erwerben – auch wenn sie als demokratische Institution nicht garantieren kann, dass alle Kinder statushöherer Herkunft das zum Statuserhalt notwendige Bildungszertifikat erlangen, da sie die Kinder statusniedrigerer Schichten vom Schulbesuch nicht ausschließen kann (Sørensen, 2000, S. 1548). Bildungszertifikate definieren somit nicht nur einen irgendwie rationierten Zugang zu sozialen Mitgliedschaften, sondern dienen zugleich der intergenerationalen Aufrechterhaltung (Reproduktion) der jeweiligen Gruppenzugehörigkeit (Abercrombie, Warde, Soothill, Urry, & Walby, 1994, S. 48; Collins, 1979, S. 35f.; Jencks, 1972). Einen wichtigen Beitrag dafür leistet das meritokratische Ideal moderner Gesellschaften und dessen Leitfigur eines freien Wettbewerbs beim Bildungserwerb (siehe Kap. 2):

> „Wenn wir auf allen Gebieten das Verlangen nach der Einführung von geregelten Bildungsgängen und Fachprüfungen laut werden hören, so ist selbstverständlich nicht ein plötzlich erwachender ‚Bildungsdrang', sondern das Streben nach Beschränkung des Angebots für die Stellungen und deren Monopolisierung zugunsten der Besitzer von Bildungspatenten der Grund." (Weber, 1921/1980, S. 577)

Zudem ist zu bedenken, dass Lehrer und Lehrerinnen bzw. Bildungseinrichtungen in modernen Gesellschaften nicht nur die Aufgabe der Wissensvermittlung, sondern – zur Stützung des Leistungsprinzips – auch die Aufgabe der Leistungsdifferenzierung und ihrer Ausweisung (Allokationsfunktion) haben. Dabei bewegen sie sich in dem strukturellen Dilemma, dass sie (nur) gezeigte Leistungen bewerten können und sie ihre Schüler und Schülerinnen dabei nicht dem

Einfluss ihrer Familien entziehen können (wollen und sollen). Insofern bedienen sie sich einerseits eines in modernen Gesellschaften legitimen Instruments der Leistungsbewertung, nämlich dem der Schulnoten/Testergebnisse und der im Unterricht erbrachten Leistungen, ohne dabei jedoch andererseits von den familialen Ressourcen und damit den „Leistungsvorteilen" abstrahieren zu können und zu dürfen.

Aus der im *Kredentialismus* konstatierten Entgegensetzung von Statusvererbung und organisatorischer Effizienz wird in dieser Betrachtungsweise eine Interdependenz zwischen Statusvererbung und organisatorischer Effizienz. Das heißt, es geht im Wesentlichen nicht nur darum, *ob* Herkunftsunterschiede in der Schule relevant werden. Wir haben es mit einem durchaus verbreiteten, *emulierten Matching* externer Herkunftsressourcen und interner Leistungsdifferenzierung in Bildungssystemen zu tun, da die Einbeziehung „mitgebrachter" Ressourcen als Leistungspotenziale durchaus effizient ist. Vielmehr geht es darum, *in welchem Ausmaß* ein Zusammenhang zwischen Bildung und sozialer Herkunft besteht, das heißt inwieweit die „Effizienz" auf die Reproduktion der familialer Ressourcen *reduziert* wird oder nicht. Letzteres hängt von der institutionellen Ausgestaltung des Bildungssystems ab, wofür die jeweiligen Konfigurationen der Verteilungskämpfe im oben genannten Sinne *mit*verantwortlich zeichnen. Bevor auf die – mit diesen kategorialen Grenzziehungen im Bildungssystem einhergehenden – kategorialen Grenzziehungen im Arbeitsmarkt eingegangen wird, soll auch hier (wie bei den ökonomischen Theorien) der Beitrag dieser soziologischen Überlegungen zur *akademischen Bildungsstory* kurz dargelegt werden. Der Verweis auf die Klassifikationsleistung von Bildungssystemen, die Inkorporation der (externen) Kategorien sozialer Schichtung in ihre Qualifizierungs-, Selektions- und Allokationsfunktion sowie die sozialisatorischen und ressourcentheoretischen Konsequenzen institutionalisierter Klassifikationstrajektorien *könnten* in dreifacher Weise für unser (alltägliches) Bildungsverständnis prägend sein. *Erstens* verweisen sie auf die soziale Relevanz der familialen Herkunft für die Zugehörigkeit zu Bildungskategorien und damit auf eine „Einschränkung" der meritokratischen Verfasstheit moderner Gesellschaften. *Zweitens* legen sie nahe, die Zugehörigkeit zu Bildungskategorien als das Ergebnis von institutionell verankerten *Prozessen* zu begreifen. Dabei betonen sie, dass erst dieser Prozesscharakter der Kategorisierung im Bildungssystem Auskunft darüber geben kann, dass Bildungskategorien mehr als nur die *individuelle* Leistungserbringung widerspiegeln, sondern zugleich Ausdruck der Bedingungen und Chancen beim Leistungs*erwerb* sowie der Formierung *sozialer Gruppen* sind. *Drittens* verweisen sie (mit ihrem konflikttheoretischen Bezug auf die Statusvererbung) darauf, dass Bildungszertifikate die Konkurrenz in zertifikatsbasierten Kontexten (wie dem Arbeitsmarkt) begrenzen und damit eine Einschränkung des

Marktprinzips darstellen[11]. Von diesen drei Einsichten hat *nur* Letztere in unseren Alltagspraxen ihren Niederschlag gefunden – so zum Beispiel in dem Sog der Zertifizierung von nahezu jedweder Bildungsmaßnahme oder der Höherbewertung von *zertifizierten* Bildungsanstrengungen. Die Tatsache, dass es sich bei Bildungszertifikaten um eine „schichtspezifische Ungleichheit bei der ‚Zuteilung' von Lebenschancen handelt" (Klemm, 1991, S. 896), sowie der Prozesscharakter des Einmündens und Verstetigens von individuen in Bildungskategorien finden allerdings nur wenig Aufmerksamkeit im Alltag. Dies zeigt sich auch (zumindest in Deutschland) in der Diskussion über die PISA-2000-Studie (Baumert u.a., 2001) und dem Erstaunen darüber, dass man trotz der frühen schulischen Segregation und der international (gemäß der *gezeigten* Leistung) leistungshomogensten Schulklassen (Baumert & Schümer, 2001b, S. 454) *unter* dem internationalen Leistungsdurchschnitt liegt. Dies wird unter anderem mit dadurch verursacht, dass die akademische Bildungsstory der PISA-Forscher – im Unterschied zu der hier präsentierten – ein „funktionalistisch orientiertes Grundbildungsverständnis" vermittelt (Baumert, Stanat, & Demmrich, 2001, S. 17), dementsprechend die soziale Segregation im deutschen Bildungssystem als ein „unerwünschter Nebeneffekt" der frühen Verteilung auf institutionell getrennte Bildungsgänge charakterisiert wird (Baumert & Schümer, 2001b, S. 458). Die Tests der PISA-2000-Studie stellen für sie eine „Anwendung *erworbener* Kompetenzen" dar (Baumert u.a., 2001, S. 17; Hervorhebung H.S.), die sich die Schüler und Schülerinnen „in aller Regel nur" aneignen können, wenn sie ihnen im Unterricht präsentiert wurden (Tillmann & Meier, 2001, S. 473). Ausgeblendet wird mit dieser Betrachtung die oben angesprochene Mitarbeit der Eltern und damit eine Diskussion über das Grundverständnis von Schule, ob sie „Diener" oder „Gegenkraft" von Familie sein soll (siehe Abschnitt 2.1), das heißt inwieweit sie als *kompensatorisches* Korrektiv einer ungleichen Ausstattung an familialen Ressourcen für den Bildungserwerb fungieren soll.

In dieser (unversöhnlichen) Konkurrenz zwischen dem funktionalistischen und herrschaftskritischen Beitrag zur akademischen Bildungsstory obsiegt Ersterer – unter anderem deshalb, weil mit der Akzeptanz eines funktionalistischen Bildungsverständnisses „(...) der Schein der Geltung von Leistung aufrechterhalten werden kann, insoweit die vorangegangene ‚Zuschreibung der Fähigkeit zur Erbringung von Leistungen' außer Acht gelassen wird" (Mayer, 1975, S. 116; vgl. auch Ab-

11 Im folgenden Abschnitt (7.1.2) wird ein weiterer Mechanismus der Einschränkung der (Arbeitsmarkt-)Konkurrenz durch herkunftsabhängige Bildungskategorien benannt: ihre Konsequenzen hinsichtlich sozialstrukturell begrenzter Informations- und Rekrutierungsnetzwerke sowie Erfahrungs- und Erwartungskontexte.

schnitt 2.2)[12]. Zudem ist sie mit dem Bildungsverständnis der ökonomischen Theorien (siehe Kap. 4) kompatibel – ein Bildungsverständnis, mit dem gleichfalls vor allem der Aspekt der *individuellen* Kompetenzaneignung transportiert wird und in dem vom *relationalen* Aspekt von Bildung (als Dominanzverhältnis und konstitutives Element sozialer Beziehungen) abstrahiert wird.

7.1.2 Bildungskategoriale Grenzziehungen auf dem Arbeitsmarkt

Im Folgenden gilt es nun zu zeigen, wie diese kategorialen Grenzziehungen des Bildungssystems für den Arbeitsmarkt und insbesondere für die Arbeitsplatzsuche gering qualifizierter Personen relevant werden. Dafür sind erneut – wie auch schon bei den Grenzziehungen im Bildungssystem – die beiden Fragen zu beantworten (Tilly, 1998, S. 108): (a) Wozu brauchen Organisationen/Unternehmen Kategorien; und (b) welche Kategorien benutzen sie? Für die Beantwortung der ersten Frage gilt es, nach den Mechanismen des *opportunity hoarding* Ausschau zu halten, die dafür verantwortlich sind, dass Bildungskategorien am Arbeitsmarkt relevant sind. Für die zweite Frage ist nach Emulationsprozessen zu suchen, die erklären, warum Bildungskategorien nicht nur den Zugang zu einzelnen Organisationen bestimmen, sondern eine generelle Relevanz für Prozesse der Arbeitsmarktplatzierung besitzen.

Arbeitsmarktplatzierungen sind das Ergebnis von Suchprozessen seitens der Arbeitsanbieter und von Entscheidungsprozessen seitens der Arbeitgeber bzw. ihrer Personalverantwortlichen. In den ökonomischen Theorien wurde vor allem Letzteres zu erklären versucht. Dabei wurde allerdings von Prozessen der Arbeitsplatz- und Arbeitskräftesuche abstrahiert. Das Ausblenden dieser Suchprozesse bedeutet jedoch nicht nur, dass ein wesentlicher Aspekt von Platzierungsprozessen nicht beachtet wird. Vielmehr geht mit dieser Herangehensweise auch eine *Isolierung* von Arbeitsanbietern einher. Diese Isolierung wird im Folgenden aufgehoben. Arbeitsanbieter werden dazu als *Gruppenmitglieder* von Bildungskategorien begriffen, die sich – angesichts der Grenzziehungen im Bildungssystem – in dadurch „begrenzten" Verkehrskreisen und Erfahrungskontexten bewegen. Diese relationale Sichtweise ermöglicht zugleich, in die Arbeitsplatz- und Arbeitskräftesuche interdependente Rekrutierungs- und Anbieternetzwerke einzubeziehen (vgl. Marsden & Hurlbert, 1988, S. 1043; Tilly, 1998, S. 104). Erstere stellen eine Verbindung nach außen (aus den Unternehmen heraus) her, während Anbieternetzwerke eine Ver-

12 Dies gilt nicht nur für Deutschland, wie Lenhardt (2002) argumentiert, sondern auch für die USA: „Pratto et al. (1994) suggest that the view of the United States as an absolute meritocracy, where talent and work will out, is a legitimating myth that attributes poverty to a lack of merit." (Crocker, Major, & Steele, 1998, S. 509)

bindung von außen nach innen (in die Unternehmen hinein) bewerkstelligen respektive begrenzen. Über Rekrutierungsnetzwerke können Beschäftiger bei der Suche nach Arbeitskräften auf Informationen zu potenziellen Arbeitskräften durch ihre bereits Beschäftigten zurückgreifen. Komplementär dazu stellen Anbieternetzwerke die Verbindung von potenziellen Arbeitskräften zu bereits in einem Unternehmen Beschäftigten her. Diese Verbindungen sind sowohl für den Erhalt von Informationen über freie Arbeitsplätze als auch für die Reputation der Bewerber durch bereits Beschäftigte von Bedeutung (vgl. Granovetter, 1986, S. 15; Wial, 1991, S. 413f.). Die Interdependenz beider Netzwerkarten wird über die bereits Beschäftigten hergestellt.

Damit werden Grundvoraussetzungen für Bewerbungsprozesse in den Blick genommen, die von den ökonomischen Theorien unbeachtet blieben: Ohne Wissen über freie Arbeitsplätze gibt es keine Bewerbung. Zudem eröffnen Kontakte zu bereits Beschäftigten Einblicke in die Arbeitswelt der jeweiligen Unternehmen und die dort verlangten Qualifikationen, die ihrerseits für die Arbeitsuchenden für das Abschätzen der „Passung" und der Erfolgschancen einer Bewerbung von Bedeutung sind (Coleman, 1991a, S. 389; Marsden & Hurlbert, 1988, S. 1039; Wial, 1991, S. 402f.): „Stories by friends and relatives (...): The workers learn to generalize about the labor market on the basis of those experiences." (Wial, 1991, S. 409) Bei fehlenden Kontakten bleiben diese Erfahrungswelten und Informationsströme hingegen eher verschlossen.

Schließlich kann ein guter Leumund bzw. persönliche Fürsprache durch bereits Beschäftigte die (aufwendige) weitere Suche nach geeigneten Bewerbern seitens der Personalverantwortlichen beenden bzw. in einem Feld von „sonst gleichen" Bewerbern – in ihrer Funktion als „geborgtes soziales Kapital" (Burt, 1992) – ein wichtiges Auswahlkriterium darstellen (vgl. Runia, 2002, S. 29). Das Unternehmen verringert dadurch Suchkosten und erzielt Akzeptanz- und Legitimationsgewinne: „(...) that person [gefunden durch persönliche Kontakte; H.S.] may not be the single most qualified individual in the whole country, but will be qualified enough to do the job. Employers want a satisfactory, not an optimal, solution to their problem." (Tepperman & Djao, 1990, S. 48)

In dieser vielfältigen Weise sind Sozialkontakte damit ein konstitutives Element der Gelegenheitsstruktur von Personen (Burt, 1997, S. 339). Der Rückgriff auf Netzwerkbeziehungen bei der Arbeitsplatzsuche und bei Rekrutierungsentscheidungen stellt dabei insofern eine Form des *opportunity hoarding* – der Ressourcenmonopolisierung – dar, als Netzwerkmitglieder bevorzugt (sei es hinsichtlich der Informationsgewinnung, der Fürsprache oder letztlich ihrer Akzeptanz als KollegInnen im Arbeitsprozess) und Nichtangehörige dieser Netzwerke (also Personen ohne Verbindung zu bereits in bestimmten Unternehmen und auf bestimmten Arbeitsplätzen Beschäftigten) benachteiligt bzw. ausgeschlossen werden (Campbell, Marsden, & Hurlbert, 1986, S. 98; Lin, Ensel, & Vaughn, 1981). Dadurch wird zugleich ein *Matching* von organisationsexternen und -internen Kategorien hergestellt – nämlich zwischen den kategorialen Ordnungen, die für die Konstituierung von sozialen Gruppen und Netzwerken verantwortlich sind, und den kategorialen Ordnungen der organisationsinternen Arbeitsplatzbesetzung.

Diese Überlegungen werden im Folgenden auf das *Matching* von externen Bildungskategorien und Arbeitsplätzen mit unterschiedlichen Qualifikationsniveaus übertragen und für eine Erklärung der vergleichsweise schlechteren Arbeitsmarktplatzierungen von gering qualifizierten Personen fruchtbar gemacht[13].

Matching-Prozesse wurden bereits in den ökonomischen Erklärungsangeboten als ein wesentlicher Mechanismus der Arbeitsmarktplatzierung diskutiert (siehe Abschnitt 4.3). Hier wurden sie vor allem als Zuordnungen von Personen zu Arbeitsplätzen konzeptualisiert, für deren Zustandekommen die individuellen Eigenschaften der Personen (in unserem Zusammenhang: ihre zertifizierten Qualifikationen) verantwortlich zeichneten. In der relationalen Betrachtungsweise des gegenwärtigen Kapitels werden aus diesen *Matching*-Prozessen hingegen Verbindungen zwischen (externen) Bewerbern und (internen) Beschäftigten, für deren Existenz nun die Zugehörigkeit zu sozialen *Gruppen* ausschlaggebend wird. Bezogen auf Bildungskategorien – durch die sich, wie im Abschnitt 7.1.1 dargelegt wurde, abgegrenzte Räume sozialer Beziehungen bilden – wird damit zugleich die Produktivitätsannahme ökonomischer Erklärungen hinsichtlich der Sortierfunktion von Bildungszertifikaten zu einer *Beziehungs*annahme erweitert. Zum einen hängt der Erfolg des Arbeitsplatzzugangs über durch Bildungs*gruppen* konstituierte Netzwerke von der Zufriedenheit der Arbeitgeber mit den existierenden Besetzungen (d.h. mit den bereits Beschäftigten) ab. Ist diese gegeben, so ist für Arbeitgeber eine Rekrutierung von Netzwerkmitgliedern unter der Annahme ihrer sozialen Homogenität vorteilhaft, da sie quasi mit einem geringen Aufwand und Risiko bekommen, was sie schon haben und womit sie zufrieden sind. Zum anderen sind Produktivitätsdifferenzen mit unterschiedlichen Beziehungsstrukturen dahingehend verbunden, dass kategoriale Grenzziehungen bereits *außerhalb* des Unternehmens dafür verantwortlich sind, dass sich Angehörige unterschiedlicher Bil-

---

13 Andere derartige kategoriale *Matching*-Prozesse wären zum Beispiel das *Matching* der externen Codierung von Geschlecht und der organisationsinternen Spaltung in frauen- und männertypische Arbeitsplätze oder das *Matching* der extern verfügbaren kategorialen Ordnung nach ethnischer Herkunft und ethnisch segmentierten Berufsfeldern bzw. Teilarbeitsmärkten (siehe Kap. 11 und 12).

dungsgruppen in der Tat in ungleicher Weise – als „categorically aggregated experience" (Tilly, 1998, S. 107) – Kompetenzen aneignen konnten und verschiedene Kultur- und Kommunikationsstile internalisiert haben (die so genannten *soft skills*).

Über die erwartete individuelle Produktivität hinaus lassen sich hinsichtlich der Effizienz der *Gesamtorganisation* und der zu erfüllenden Arbeitsabläufe weitere organisationelle Vorteile einer Rekrutierung über *Bildungsgruppen*-Netzwerke anführen. Dazu gehören:

(a) Förderung der Einarbeitung und Zusammenarbeit: Eine derartige Rekrutierung schafft intern eine soziale Homogenität, Solidarität und ein Vertrauen zwischen (direkten) Arbeitskollegen, die die Zusammenarbeit und die Bereitschaft der Einarbeitung neuer Kollegen durch bereits vorhandene Beschäftigte erhöhen (Baron & Pfeffer, 1994, S. 192f.; Hohn & Windolf, 1985, S. 319; Tilly, 1998, S. 72). Eine wesentliche Rolle spielen dabei eine Vertrautheit mit den in der jeweiligen Gruppe praktizierten Umgangsformen[14] sowie auch sozialpsychologische Prozesse der sozialen Kategorisierung, die insbesondere die Wahrnehmung und Bewertung von Verhaltensweisen anderer Personen steuern. So werden allein bei bloßer *Kenntnis* kategorialer Zugehörigkeiten Personen der gleichen Kategorie als ähnlicher bewertet als Personen, die unterschiedlichen Kategorien angehören, und Verhaltensweisen unterschiedlich interpretiert (Fiske, 1998, S. 375; vgl. Brewer & Brown, 1998; Brown, 1996; Mielke, 1999)[15]:

> „Failure and negative behavior exhibited by an outgroup member are more likely to be attributed to internal dispositional causes than is the same negative behavior by an ingroup member (in which case it is more likely to be attributed to external or situational causes)." (Brewer & Brown, 1998, S. 560)

Die Zugehörigkeit zu Bildungskategorien (symbolisiert und beobachtbar in ihren Zertifikaten) stellt dabei – gerade in Bildungsgesellschaften – eine wichtige Dimension der Definition von Gruppenzugehörigkeiten (die zudem allen Individuen durch ihre eigenen Erfahrungen im Bildungssystem zur Verfügung steht) und darauf basierender sozialer Vergleiche dar.

(b) Legitimationsgewinn: Die damit bewerkstelligte Bildungshomogenität der Arbeitsplatzbesetzungen ermöglicht zugleich den Rückgriff auf das Leistungs-

---

14 „The choice of network partners is neither random nor fully exogenously determined. (...) [It is; H.S.] guided by homophily, the preference for interaction with those much like oneself." (Behrman, Kohler, & Watkins, 2001, S. 1f.)

15 Bei Unkenntnis von kategorialen Zugehörigkeiten fallen die Bewertungen von Unterschieden zwischen den Personen deutlich geringer aus. Eine Vielzahl von Studien in unterschiedlichen Ländern belegt: „The mere act of allocating people in to (arbitrary) social categories is sufficient to elicit biased judgments and discriminatory behavior." (Brewer & Brown, 1998, S. 563)

prinzip als ein in Bildungsgesellschaften legitimiertes und etabliertes Begründungsmuster (Tilly, 1998, S. 76 und 81; siehe Abschnitt 2.1): „Managers and workers devise or borrow beliefs that support current divisions of labor." (Tilly, 1998, S. 138) Bildungszertifikate lassen sich damit nicht nur in der Lesart des *Kredentialismus* als durch staatliche Gesetze und Verordnungen geregelte Lizenzen und Patente begreifen, die Eingangsvoraussetzungen definieren und darüber Bewerberpools auf dem (Ausbildungs- und) Arbeitsmarkt begrenzen (Blalock, 1991, S. 170; Collins, 1979, Kap. 7; Lenhardt, 2001, S. 317; Parkin, 1979, S. 54ff.; Sørensen, 1994b, S. 237, 2000, S. 1542f.)[16]: „But normally this concern for efficient performance recedes behind the interest in limiting the supply of candidates for the benefices and honors of a given occupation." (Weber, 1994, S. 129)

Bildungszertifikate tun dies auch über ihre kategorialen Grenzziehungen im Bildungssystem und ihr Potenzial, bildungshomogene Stellenbesetzungen quasi *im Nachhinein* als *„approved solutions"* zu rationalisieren (vgl. DiMaggio & Powell, 1983; March & Olsen, 1984; Meyer & Rowan, 1977) – wobei diese Stellenbesetzungen nicht nur Resultat eines Bildungs-*Signaling* (siehe Abschnitt 4.2) sind, sondern auch Ergebnis der sozialen Beziehungen innerhalb von Bildungsgruppen:

> „Familiar forms [of categorical organization such as educational categories; H.S.] transfer [into new organizational contexts; H.S.] more cheaply than unfamiliar forms and ease the process of articulation with other organizational forms such as educational institutions and state bureaucracies." (Tilly, 1998, S. 96)

16 Dieser Lesart folgt auch Blossfelds Verweis (1983, S. 217) hinsichtlich der Verregelung von Semiprofession, wonach „‚flexible Positionen' bei den Semiprofessionen durch die rechtliche Anhebung von Vorbildungsvoraussetzungen in ‚regulierte Positionen' umdefiniert" wurden. Sørensen (1998, 2000) verbindet diesen zertifikatsbasierten Prozess der Statusvererbung darüber hinaus mit dem Mechanismus des *rent seeking*, demgemäß Bildungszertifikate eine (Ricardo'sche) Monopolrente auf dem Arbeitsmarkt generieren. Das Problem in Sørensens theoretischen Überlegungen besteht darin, dass seine „Qualifikations-Monopolrenten" Abweichungen von einem vollkommen freien Wettbewerbsmarkt darstellen und damit eine Beseitigung sozialer Ungleichheit die Schaffung freier Wettbewerbsmärkte erfordern würde. Dies ist zweifelhaft. Zum einen wird auf Märkten nur die *Realisierung* von Wettbewerbsvorteilen bestimmt, nicht jedoch der *Zugang* zu rentengenerierendem „Eigentum" (wie Qualifikationen, Landbesitz usw.). Zum anderen bestimmen nicht nur Marktmechanismen, warum diese „Monopolrenten" als Wettbewerbsgewinne (und dann noch so „friedvoll") realisiert werden können. Zur Erklärung der Existenz und Akzeptanz struktureller sozialer Ungleichheiten bedarf es auch der Berücksichtigung von (marktunabhängigen) Machtasymmetrien, Normsetzungsprozessen und sozialen Beziehungsmustern (vgl. Fischer u.a., 1996, S. 156; Rueschemeyer & Mahoney, 2000, S. 1583).

Zudem haben Gewerkschaften, Berufs- und Industrieorganisationen ein Interesse an (weitgehend) bildungshomogenen Arbeitsplatzbesetzungen[17]. Dieses Interesse ist nicht zuletzt darin begründet, die Arbeitsmarktkonkurrenz für ihre Mitglieder zu begrenzen, die soziale Kohäsion der Belegschaft nicht zu schwächen und über die „qualifikatorische" Definition von Arbeitsplätzen entsprechende (Tarif-) Löhne aufrechtzuerhalten[18]:

> „The specialization of job titles may confer important advantages on incumbents, providing monopoly power and opportunities for idiosyncratic bargaining. (...) This is one reason why industrial unions traditionally have advocated detailed job titles." (Baron & Pfeffer, 1994, S. 197)

Zusammenfassend ist festzuhalten, dass Arbeitsmarktplatzierungen nicht nur aus einem *Matching* von Individuen zu Jobs resultieren, sondern auch aus einem über soziale Beziehungen und Gruppenzugehörigkeiten vermittelten *Matching*. Dieses *Matching* führt nicht nur zum Ausschluss einiger Gruppenmitglieder, sondern zur Exklusion ganzer Gruppen (Tilly, 1998, S. 105). *Bildungskategorien* als soziale Gruppen sind dabei in zweifacher Weise von Bedeutung. Zum einen definieren sie über die kategorialen Grenzziehungen im Bildungssystem sozial abgegrenzte Verkehrskreise. Zum anderen verleiht die Bildungshomogenität von Arbeitsplatzbesetzungen (selbst wenn sie primär über soziale Netzwerke erzeugt wurde) diesen Rekrutierungen Legitimität und verringert zugleich die Organisationskosten (z.B. hinsichtlich der Rekrutierung, der kollegialen Zusammenarbeit und industriellen Beziehungen). Beides erklärt auch, warum das *Matching* von (externen) Bildungskategorien und (internen) Qualifikationsdefinitionen von Arbeitsplätzen in modernen Gesellschaften eine so große Verbreitung gefunden hat *(Emulation)*.

---

17 Vgl. Applebaum, 1979, S. 42; Baron, 1984, S. 48; Hohn & Windolf, 1985, S. 318f.; Sørensen, 1998, S. 12, 2000, S. 1544; Sørensen & Kalleberg, 1981, S. 59; sowie Tepperman & Djao, 1990, S. 36.

18 Von daher verwundert es nicht, dass in Zeiten eines angespannten Arbeitsmarkts Gewerkschaften vor allem an der „Rettung" von Qualifikationsstandards interessiert sind und kaum Strategien zum Schutz der Arbeitsmarktchancen gering qualifizierter Personen – „(...) which, despite their limited skills, were once part of the internal labor market, but now are increasingly being relegated to a lower tier of the labor market" (Noyelle, 1990, S. 222) – entwickeln. Dies zeugt wohl eher von der Unwilligkeit als der Unfähigkeit von Gewerkschaften: „The inability [or unwillingness; H.S.] of unions to develop a strategy to respond to this weakening of status and to shelter jobs once structured as entry positions on a firm's employment ladder." (Noyelle, 1990, S. 222)

Erklärungsbeitrag für die Erwerbschancen von gering qualifizierten Personen

Mit diesen relationalen Überlegungen lassen sich die (generell) geringeren Erwerbschancen von *gering qualifizierten Personen* im Vergleich zu Angehörigen höherer Bildungsgruppen über „ärmere" Erfahrungs-, Anbieter- und Rekrutierungsnetzwerke erklären[19]. Infolge der kategorialen Grenzziehungen im Bildungssystem haben gering qualifizierte Personen vergleichsweise häufiger gering qualifizierte Eltern sowie Freunde/Bekannte und damit *seltener* (Netzwerk-)Verbindungen zu qualifizierten Arbeitsplätzen. Dies führt einerseits zu einem Verlust an Informationen über freie Stellen sowie an Erfahrungen, wie derartige Arbeitsplätze zu finden sind. Gering qualifizierte Personen erfahren damit weniger als höher qualifizierte Personen über das „Wo, Wann und Wie des sich Bewerbens" (Tessaring, 1998, S. 121; Wial, 1991, S. 412). Zum anderen kennen sie seltener als höher qualifizierte Personen Fürsprecher, die auf qualifizierten Arbeitsplätzen beschäftigt sind und in einem Unternehmen ihre Einstellung positiv beeinflussen können (Marsden & Hurlbert, 1988, S. 1039)[20]. Insbesondere für qualifizierte Positionen sind jedoch – so konnte die Forschung zeigen – Kontaktpersonen und ihre Aussagen bezüglich der potenziellen Bewerber (und ihrer *soft skills*) im Sinne eines „erweiterten internen Marktes" von zentraler Bedeutung (vgl. Runia, 2002, S. 22f.)[21].

Dabei hat sich gerade für Angehörige unterer Schichten (für die ein geringes Bildungsniveau eines der zentralen Definitionsmerkmale darstellt) gezeigt, dass nicht Granovetters (1973) *weak ties* (schwache Bindungen), sondern seine so genannten *strong ties* (d.h. die sozialen Beziehungen zu Familienmitgliedern, Verwandten und engen Freunden) bei deren Arbeitsplatzsuche von entscheidender Be-

---

19 Es gehört zu den zentralen und gesicherten Befunden der Netzwerkliteratur, dass die soziale Zusammensetzung und Reichweite von Netzwerken positiv mit der Höhe des Bildungsniveaus korrelieren (vgl. z.B. Burt, 1983; Campbell u.a., 1986, S. 111). Mit den kategorialen Grenzziehungen im Bildungssystem wird jedoch ein sozialer Mechanismus für das Zustandekommen dieser Korrelation geliefert.

20 Die Beschäftigung *einiger* gering qualifizierter Personen auf qualifizierten Arbeitsplätzen führt nicht unbedingt zu einer Verbesserung der Rekrutierungschancen anderer gering qualifizierter Personen, da diese infolge der oben angesprochenen Prozesse sozialer Kategorisierung zumeist als „Ausnahmen von der Regel" gesehen werden: „Positive experiences do not necessarily generalize to attitudes toward the group as a whole. (…) these individuals are perceived as ‚exceptions to the rule'." (Brewer & Brown, 1998, S. 580; siehe Abschnitt 7.2)

21 Gerade in Industriebetrieben und kleineren Unternehmen stellen soziale Kontakte, und hier insbesondere auch familiäre Kontakte, einen wichtigen, wenn nicht gar den wichtigsten Rekrutierungsweg dar (siehe Hartl u.a., 1998, S. 88ff.; Hohn & Windolf, 1985, S. 319; Sehringer, 1989, S. 86; für britische Unternehmen siehe Grieco, 1988).

deutung sind[22]. So gehört es zum Beispiel auch in Deutschland zur „Praxis vieler Betriebe, bevorzugt Kinder von Betriebsangehörigen einzustellen" (Koch, 1993, S. 9). Dies hat mindestens zwei Ursachen: (1) Unternehmen gehen bei der Rekrutierung gering qualifizierter Personen ein höheres Risiko einer „Fehl"besetzung ein als bei höher qualifizierten Personen (da die fehlenden oder niedrigen Bildungszertifikate nur Auskunft darüber geben, was eine Person *nicht* kann, nicht jedoch, was eine Person *kann*). Die Rekrutierung neuer gering qualifizierter Beschäftigter über enge Kontaktpersonen (wie insbesondere Familienmitglieder) hat daher den Vorteil, dass die bereits Beschäftigten mit ihrer Arbeitsleistung quasi indirekt Auskunft über die Leistungsfähigkeit der von ihnen empfohlenen Kandidaten geben – wobei davon ausgegangen wird, dass die soziale Homogenität des engen Netzwerks höher ist (sein sollte) als die des „weiten", auf schwachen Beziehungen basierenden Netzwerks. Zudem gehen enge Kontaktpersonen – wollen sie ihre gute Reputation im Unternehmen aufrechterhalten – eine höhere Verpflichtung ein, nur „gute" Personen zu empfehlen (vgl. z.B. Grieco, 1988). (2) Die häufigere Beschäftigung gering qualifizierter Personen auf Einfacharbeitsplätzen mit ihren kürzeren Beschäftigungsdauern (sei es aufgrund erhöhter Arbeitslosigkeit durch *last-in-first-out* oder schlechterer Kündigungsschutzregelungen) erschwert nicht nur die Aneignung von Qualifikationen im Arbeitsprozess, sondern auch den Aufbau von Arbeitskontakten (als *weak ties*), die für die weitere Jobsuche hilfreich sein könnten (Granovetter, 1986, S. 14 und 23)[23]. So verfügen sie zumeist auch langfristig häufiger nur – wenn überhaupt – über zuverlässige *strong ties*.

Bei hoher Arbeitslosigkeit – von der vergleichsweise häufiger ihre gering qualifizierten Eltern und Freunde betroffen sind – haben sie zudem generell wesentlich brüchigere Verbindungen in Unternehmen hinein. Sie befinden sich daher in einem Teufelskreis: Sie haben weniger Arbeitsplatzverbindungen als höher qualifizierte Personen infolge der Arbeitslosigkeit in ihrem Netzwerk, dadurch tragen sie ein erhöhtes (Langzeit-)Arbeitslosigkeitsrisiko und fallen damit selbst für ihre Freunde und Familienmitglieder als Verbindungen aus. Im Ergebnis sind nicht

---

22 Hier ist festzuhalten, dass Granovetter – wie der Titel seines Buches „Getting a Job: A Study of Contacts and *Careers*" (1974; Hervorhebung H.S.) indiziert – *weak ties* vor allem auf ihr Potenzial hin untersucht hat, inwieweit sie zu beruflichen Aufstiegen in *statushöhere* Positionen und zu erfolgreichen Wechseln in *einkommenshöhere* Positionen beitragen. Boxman, de Graaf und Flap (1991, S. 61) und Wegener (1989, S. 290f.) konnten daher die These auch nur für Personen mit einem hohen qualifikatorischen Ausgangsniveau bestätigen. Insofern ist die Diskussion um den Nutzen schwacher und starker Beziehungen eher eine für die oberen Bildungskategorien und scheinbar irrelevant für die Gruppe gering qualifizierter Personen.

23 Dabei geht auch Granovetter (1974) davon aus, dass gerade beim Erwerbseinstieg Familienkontakte eine zentrale Rolle spielen, während Arbeitskontakte (logischerweise) erst im späteren Erwerbsverlauf an Bedeutung gewinnen.

nur einige gering qualifizierte Personen (langzeit-)arbeitslos, sondern exponentiell mehr als in der Gruppe qualifizierter Personen.

Neben der Einbindung in Rekrutierungs- und Anbieternetzwerke stellen – wie oben erwähnt – Netzwerke auch Erfahrungs- und Bewertungskontexte dar. Sie vermitteln die normativen Erwartungen hinsichtlich eines „passenden und wünschenswerten Jobs“, wobei insbesondere die Berufserfahrungen der Familienmitglieder und Freunde die Berufsvorstellungen *junger* Menschen beeinflussen (Bruegel, 1989, S. 194; Schober-Gottwald, 1976, S. 181f.; Wial, 1991, S. 403 und 414). Infolge ihrer häufigeren sozialen Beziehungen zu anderen gering qualifizierten Personen sind in der Lebensumwelt von gering qualifizierten Personen weniger Netzwerkmitglieder auf einem qualifizierten Arbeitsplatz beschäftigt als bei höher qualifizierten Personen. Dies kann mit einem Informationsverlust über die realen Qualifikationsanforderungen auf qualifizierten Arbeitsplätzen einhergehen: „Perceptions are interpretation and not identical to the objective characteristics of jobs and therefore cannot be explained by those characteristics alone.“ (Wial, 1991, S. 408)

Eine häufigere Überschätzung dieser Anforderungen und ein daraus resultierendes Nichtbewerben auf qualifizierte Jobs sind die Folge. Überdies folgen gering Qualifizierte einer anderen normativen Berufsperspektive als höher Qualifizierte, das heißt, ihre Berufsperspektive ist weit seltener auf eine Beschäftigung auf einem qualifizierten Arbeitsplatz hin ausgerichtet.

Im Ergebnis haben gering qualifizierte Personen infolge ihrer geringeren (sozialen und kulturellen) Netzwerkressourcen und ihrer Erwerbsverläufe – die seltener als bei höher qualifizierten Personen qualifizierte Jobs beinhalten – *weniger Gelegenheiten* zu betriebsinternen Aufstiegen von Einfach- auf qualifizierte Arbeitsplätze, zu einem *On-the-Job-learning* der in diesen Jobs erwarteten Kompetenzen sowie zum Aufbau von Kontakten zu höher qualifizierten Personen. Als Folge findet eine (über ihre sozialen Beziehungen vermittelte) Selbstselektion auf Einfacharbeitsplätze nicht nur am Beginn des Erwerbslebens statt, sondern auch über den gesamten Erwerbsverlauf hinweg. Ihre geringe Bildung bzw. Zertifikatslosigkeit verliert daher mit zunehmendem Alter *nicht* an Bedeutung, da ihr fehlendes bzw. niedriges Zertifikat am Beginn der Erwerbskarriere mit der Definition von Handlungsspielräumen und Gelegenheitsstrukturen spätere Erfahrungs- und Lernumwelten vorstrukturiert.

Der zu erwartende empirische Befund hinsichtlich der Erwerbschancen gering qualifizierter Personen wäre damit der gleiche wie bei der ökonomischen Erklärung durch das informierte Vakanzkettenmodell (siehe Kap. 4). Auch die Ursache ihrer Benachteiligung ist die gleiche: eine bildungshomogene Rekrutierung und Arbeitsplatzbesetzung, durch die sich, *als sich selbst erfüllende Prophezeiung,* die Benachteiligung von gering Qualifizierten auf dem Arbeitsmarkt langfristig perpetuiert. Selbst der Entstehungsort ungleicher Bildungsleistungen ist der gleiche: die Bildungsinstitutionen. Verschieden sind jedoch (a) die Ursache ungleicher Bildungsleistungen und (b) der soziale Mechanismus, über den bildungshomogene Arbeitsplatzbesetzungen hergestellt werden.

Zu (a): In der ökonomischen Erklärung werden Bildungstitel vor allem als unterschiedliche *individuelle Bildungsanstrengungen* der Bewerber gesehen. Mit der Beachtung kategorialer Grenzziehungen im Bildungssystem sind Bildungstitel hingegen Ausdruck sozial ungleicher *Bildungschancen,* die nicht durch Unterschiede im individuellen Wollen (oder Können), sondern durch die institutionellen Rahmenbedingungen des Bildungserwerbs und die dahinter stehenden Organisationsziele (Tilly, 1998, S. 15) sowie die Dominanzverhältnisse zwischen sozialen Gruppen produziert werden (Weber, 1994, S. 126). Die hier gegebene Erklärung, der gemäß sich die kategorialen Grenzziehungen des Bildungssystems in kategorialen Grenzziehungen im Arbeitsmarkt fortsetzen, zeigt zudem auf, dass das Bewerbungsverhalten Zertifizierter wie Zertifikatsloser (höher wie gering qualifizierter Personen) durch ihre *sozialen Beziehungen* und *Erfahrungskontexte* strukturiert und motiviert wird. Es sind daher nicht nur die Beschäftiger, die auf der Basis von Bildungsleistungen auswählen, sondern auch die Bewerber und damit ebenso die gering qualifizierten Personen selbst, die entsprechend den gruppenspezifischen Vorstellungen und Berufserfahrungen, die mit einem niedrigen oder fehlenden Bildungszertifikat einhergehen, bestimmte Arbeitsmarkterwartungen entwickeln, die ihr Bewerbungsverhalten mitbestimmen. Da „das Aussichtslose (nicht) motiviert" (Titze, 1999, S. 112), sollten sie angesichts der Arbeitsmarkterfahrungen ihrer Eltern und Freunde geringere Erwartungen als qualifizierte Personen hinsichtlich ihrer Beschäftigungschancen generell und vor allem ihrer Chancen für qualifizierte Arbeitsplätze haben. Ihre vergleichsweise schlechtere Arbeitsmarktplatzierung ist von daher nicht nur Resultat von erfolglosen Bewerbungen, sondern kommt auch durch Nichtbewerbung zu Stande. Gerade für gering qualifizierte Personen sollte dieser Modus der Arbeitsplatzsuche über Netzwerke von besonders großer Bedeutung sein. Diese eher passive Art der Arbeitsplatzsuche, die weniger auf die Aneignung von Qualifikationen und langfristige strategische Planungen setzt, ist Ausdruck und Verarbeitungsleistung ihrer Perzeption, dass qualifizierte Jobs rar und hart umkämpft sind und sie sich in dieser Konkurrenz ohne Hilfe (Kontakte) chancenlos sehen (Wial, 1991, S. 408; siehe auch Abschnitt 7.2.2).

Zu (b): Damit ist ein erster Mechanismus benannt, der das Rekrutierungsverhalten nicht nur aus der Sicht *isolierter direkter* Transaktionen zwischen Bewerbern und Beschäftigern erklärt, sondern sowohl das Rekrutierungsverhalten der Beschäftiger als auch das Bewerbungsverhalten der Arbeitsplatzsuchenden in den *(vermittelten)* Kontext *sozialer Beziehungen* (Rekrutierungs- und Anbieternetzwerke) stellt.

Dabei handelt es sich seitens gering qualifizierter Personen um Selbstselektionsprozesse, denen *strukturelle Ausgrenzungsrisiken* zu Grunde liegen. Ihre Anbieternetzwerke werden über Bildungsinstitutionen und die durch ihre kategorialen Grenzziehungen hervorgebrachten Gruppenbildungen konstituiert, die dann wiederum zu benachteiligenden Gelegenheitsstrukturen hinsichtlich der Kompetenzaneignung im Erwerbsverlauf beitragen: „(...) categorically differentiated experience in a given setting produces differences in individual capacities, propensities, and social relations that transfer into other settings and cause differential performances, hence unequal rewards, in new settings." (Tilly, 1998, S. 86)

In Reflexion der ökonomischen Erklärungen (Kap. 4) können mit diesen Überlegungen wichtige Präzisierungen hinsichtlich der sozialen Mechanismen benannt werden, durch die das Bildungsniveau von Personen auf dem Arbeitsmarkt relevant wird. Zum einen ist der *Signalwert* von Bildungszertifikaten im Allgemeinen und von niedrigen bzw. fehlenden Zertifikaten im Besonderen nicht nur ein *direktes* Entscheidungsinstrument von Beschäftigern in Rekrutierungsprozessen (wenn bei *erfolgter* Bewerbung von gering qualifizierten Personen Beschäftiger quasi direkt aus einem Bewerberpool auswählen müssen). Der Signalwert ist auch *indirekter* Natur, da bereits Beschäftigte einer Bildungsgruppe bzw. – im hier diskutierten Fall – bereits gering qualifizierte Beschäftigte ein wesentliches Instrument des *Screening* und einen wichtigen Rekrutierungskanal für Neueinstellungen aus der gleichen Bildungsgruppe darstellen. Nur wenn sich bereits beschäftigte gering Qualifizierte auf ihren Arbeitsplätzen „bewährt" haben, können andere gering Qualifizierte von diesen Anbieternetzwerken (als Form eines *opportunity hoarding*) profitieren. Zum anderen sollte gerade in Kontexten mit *geschlossenen* Beschäftigungsverhältnissen ihre Einbindung in Netzwerke von zentraler Bedeutung sein, da hier das Interesse der Risikovermeidung seitens der Beschäftiger besonders hoch ist (siehe Abschnitt 4.5). Da jedoch die Netzwerkangehörigen von gering qualifizierten Personen zumeist selbst „nur" in offenen oder weniger geschlossenen Beschäftigungsverhältnissen beschäftigt sind, stellen die diesbezüglich fehlenden Netzwerkverbindungen (und damit fehlenden indirekten „*Screening*-Erfolge", siehe oben) eine *doppelte Benachteiligung* für gering qualifizierte Personen dar – weder ihre individuellen Bildungszertifikate noch ihre sozialen Verbindungen vermindern für Beschäftiger das „Risiko" ihrer Beschäftigung auf qualifizierten Arbeitsplätzen.

Bisher wurde ausgeführt, wie Bildungskategorien als Ergebnis kategorialer Grenzziehungen im Bildungssystem soziale Gruppen im Hinblick auf ihre *Ressourcen* definieren. Der Fokus lag damit vor allem auf der Betrachtung von sozialen Beziehungen *innerhalb* der Gruppe gering qualifizierter Personen. Unberücksichtigt blieb allerdings, dass Bildungskategorien als soziale Gruppen gruppenspezifischen Wahrnehmungs- und Zuschreibungsmustern unterliegen. Für Selbstselektionsprozesse seitens gering qualifizierter Personen auf dem Arbeitsmarkt sollten daher nicht nur ihre Benachteiligung im Hinblick auf die ihnen zur Verfügung stehenden Ressourcen verantwortlich sein. Von Bedeutung sollten dafür ebenfalls ihr gruppenspezifischer Umgang mit der Umwelt, das heißt ihre sozialen Beziehungen zu anderen Bildungsgruppen und deren Referenzsystemen, sein. Als Resultat ihrer Interpretationen vorangegangener Erfahrungen, ihrer erlebten negativen Fremdzuschreibungen (beginnend im Bildungssystem) und einer darauf basierenden Abwägung von Erfolgschancen wären Selbstselektionsprozesse seitens gering qualifizierter Personen folglich auch Strategien zur Vermeidung von Situationen mit einem hohen Misserfolgsrisiko. Dies wird nun spezifiziert.

7.2 „Geringe Bildung" als institutionelle Identitätsbeschädigung

> *Still, categories do not maintain themselves – they must be talked about as real; people must be assigned to them and held accountable to them, challenges must be resisted. (Schwalbe, 2000, S. 777)*

Die bisher verwendete Terminologie „gering qualifizierte Personen" und „Zertifikatslose" klingt umständlich. Aus dem Alltagssprachgebrauch, aber auch aus der Wissenschaft kennen wir eher solche Begriffe wie „Benachteiligte", „Ungelernte", „Unqualifizierte", teilweise sogar „Lernbeeinträchtigte" und ähnliche (vgl. BIBB, 2002, S. 1). Mit der Verwendung der Begriffe „gering qualifizierte Personen" und „Zertifikatslose" wird versucht, auf die *gesellschaftliche Produktion* dieser Personengruppe hinzuweisen. Sie kennzeichnen *nicht* Personen mit geringer Qualifikation, sondern Personen, die *vom (Aus-)Bildungssystem* zu wenig qualifiziert und/oder ohne Zertifikat entlassen wurden. Statt der Markierung eines individuellen Leistungsdefizits sollen sie eine Lokalisierung der Ursachen geringer Bildung im Bildungssystem selbst signalisieren (vgl. Schober-Gottwald, 1976, S. 183). Im Unterschied dazu kommen mit Begriffen wie „Benachteiligte", „Ungelernte" usw. „(...) nicht [nur; H.S.] gesellschaftliche Verwerfungen in den Blick – wie beabsichtigt –, sondern mit ihnen sind auch Diskriminierungen und negative Zuschreibungen, Ausgrenzungen verbunden" (Rützel, 1997, S. 82)[24]. Unabhängig davon, ob man dieser semantischen Unterscheidung folgt, sollen im Folgenden

24 In ähnlicher Weise wird in der (kritischen) Literatur zu Behinderung der Versuch unternommen, bereits semantisch auf die Unterscheidung zwischen den *individuellen* Beeinträchtigungen („Personen mit Beeinträchtigungen") und der *gesellschaftlichen Behinderung* dieser Personen („behinderte Personen") hinzuweisen (z.B. Cloerkes, 2003).

die mit dieser „gesellschaftlichen Produktion" einhergehenden Zuschreibungsprozesse sowie deren Konsequenzen für das Bewerbungsverhalten gering qualifizierter Personen Gegenstand der Betrachtung sein. Dabei geht es darum, eine Verbindung herzustellen zwischen den Prozessen der sozialen Identitätsbildung – bzw. für den hier betrachteten Personenkreises zwischen der sozialen „Identitätsbeschädigung" – im (Aus-)Bildungssystem und dem Identitätsmanagement (d.h. dem „strategischen" Umgang mit dieser zugeschriebenen Identität im Kontext von Bildung und Arbeitsmarkt):

„People engage in a wide variety of strategies to maintain, protect, and enhance their self-esteem, both personal (...), and collective (...)." (Crocker u.a.,1998, S. 518)

„Markables themselves often hold stereotypes of what others think or feel about them, and these stereotypes guide their behavior with nonmarkables." (Jones u.a., 1984, S. 181)

Es geht damit um die Aneignung von „Interaktionsskripten" – als „a coherent sequence of events expected by the individual, involving him either as a participant or as an observer" (Jones u.a., 1984, S. 189) –, die einerseits als „shared local knowledge" (Tilly, 1998, S. 53) den in Abschnitt 7.1 dargestellten bildungskategorialen Handlungsroutinen eine gemeinsame soziale Bedeutung verleihen und andererseits über erfahrene Fremdwahrnehmungen dem Handeln gering qualifizierter Personen Orientierungswissen zur Verfügung stellen. Insofern handelt es sich um Prozesse der *Adaptation,* durch die höher sowie gering qualifizierte Personen zur Reproduktion und Aufrechterhaltung sozialer Ungleichheit beitragen (Tilly, 1998, S. 98).

Dazu wird im Folgenden zunächst die Bildungskarriere (letztlich) gering qualifizierter Personen aus der Sicht des symbolischen Interaktionismus und der neoinstitutionellen Perspektive betrachtet und nach den allgemeinen Konsequenzen gefragt, die sich daraus für zukünftige Handlungsweisen ergeben (könnten). In einem zweiten Schritt werden deren Auswirkungen für das Arbeitsmarkt- und insbesondere das Bewerbungsverhalten gering qualifizierter Personen dargestellt.

7.2.1 „Abkühlende" Bildungslaufbahnen, Identitätszuschreibungen und Identitätsmanagement

Schulen haben in modernen Gesellschaften einen mehrfachen Bildungsauftrag zu erfüllen. Es geht unter anderem um die Herausbildung eines mündigen (demokratiefähigen), eines die gesellschaftlichen Normen akzeptierenden und eines (akademisch) gebildeten Individuums. Nicht zuletzt deshalb haben Bildungsprozesse in diesen Gesellschaften den Charakter einer Laufbahnlogik *(career tracking)* – zum Beispiel in Form von altershomogenen Klassenstufen, Kurssystemen und ihren Eingangsvoraussetzungen, Schulwechseln beim Übergang in die Sekundarstufe I oder II sowie in Form von Übergangsregeln in der beruflichen Aus- und Hochschulbildung (vgl. DeLuca & Rosenbaum, 2000, S. 1; Fend u.a., 1976, S. 10; Friedeburg, 1986, S. 176)[25]. Das Definitionskriterium für das Passieren dieser Laufbahnstufen bestimmt sich aus der Vermittlung des in demokratisch verfassten Gesellschaften anerkannten Leistungsprinzips (siehe Abschnitt 2.1): Es ist der akademische Erfolg von Kindern und Jugendlichen in der Schule, gemessen anhand von *genormten* Leistungen durch Schulnoten oder Leistungstests (vgl. Blaug, 2001, S. 45). Über diese Laufbahnlogik erfolgt die sozialisatorische Einbindung der nachwachsenden Generation in normative Erwartungskontexte, unter anderem in die individualistische Wettbewerbskultur von Bildungsgesellschaften (siehe Kap. 2): „The coin of status in the classroom is good grades." (Gerard, 1983, S. 872)

Von allen Kindern wird das erfolgreiche Absolvieren dieser Bildungslaufbahnen erwartet, daran werden sie gemessen. Sie lernen dabei zugleich, wer sie – gemessen an der Erfüllung dieser Erwartungen und Anforderungen in der Schule – im Vergleich (bzw. im Wettbewerb) zu ihren Altersgenossen sind. Der hierarchischen und relational abhängigen Leistungsmessung im Schulalltag (von sehr gut bis sehr schlecht, von leistungsstark bis leistungsschwach) sind damit jedoch Möglichkeiten einer *vertikalen Kategorisierung* von Schülern und Schülerinnen in Bezug auf ihr Lern- und Klassenraumverhalten inhärent: „Die Gesellschaft schafft die Mittel zur Kategorisierung von Personen und den kompletten Satz von Attributen, die man für die Mitglieder jeder dieser Kategorien als gewöhnlich und natürlich empfindet." (Goffman, 1974, S. 9f.)

So werden mittels der hier verwendeten formalen und normierten Bewertungsverfahren „Abweichungen" nach unten *konstituiert*[26]. Insofern „ist abweichendes Verhalten keine Qualität der Handlung, die eine Person begeht, sondern vielmehr eine Konsequenz der Anwendung von Regeln durch andere" (Becker, 1981, S. 8). Dabei werden diese Abweichungen häufig in einem Prozess der „Personalisierung" mit solch ontologisch naturalisierenden – der Wettbewerbsidee zwar widersprechenden, aber dennoch individualisierenden – Definitionen wie *Begabungs*mangel, *Intelligenz*defizit, Verhaltens- und Lernprobleme *(„Lernbehinderte")* versehen

25 Zugleich wird damit ein *kumulatives* Modell des Bildungserwerbs „offeriert", dessen Ausgangspunkt die aus der Familie mitgebrachten Ressourcen darstellen (siehe Abschnitt 7.1.1, *Kategoriale Grenzziehungen im Bildungssystem*).

26 Natürlich werden damit auch „Abweichungen" nach oben konstituiert, die häufig seitens der Mitschüler und Mitschülerinnen mit dem negativ konnotierten Label des Strebertums versehen werden. Die Identitätsbildungsprozesse der so etikettierten Kinder und Jugendlichen sollen hier jedoch nicht behandelt werden.

(Ulrich, 1996). Dies kann einerseits bei den so Klassifizierten zu verringerten Leistungsaspirationen und -anstrengungen führen[27]. Andererseits werden „Abweichungen" so öffentlich gemacht, sodass sie sowohl für Lehrer und Lehrerinnen als auch für Mitschüler und Mitschülerinnen wahrnehmbar sind und auf der Basis der damit einhergehenden antizipatorischen Erwartungen deren Verhalten gegenüber den so etikettierten Schülern und Schülerinnen mitbestimmen: „(...) was zunächst bloße Etikettierung war, wird nun von Dritten als Persönlichkeitsmerkmal verstanden" (Ulrich, 2003, S. 30) und droht aufgrund des psychologischen Halo-Effekts mit weiteren negativen Zuschreibungen und Identitätszumutungen einherzugehen (Secord & Backman, 1977, S. 420). Hinsichtlich der Lehrer und Lehrerinnen besteht hierbei die „Gefahr eines pädagogischen Pessimismus", dessen Folge gering(re) Leistungserwartungen, -anforderungen und verzerrte Leistungsbewertungen sind (bzw. sein können) (Fend, 2001, S. 347; Fend u.a., 1976, S. 105). Hinsichtlich der Mitschüler und Mitschülerinnen besteht die Gefahr, dass die so etikettierten Kinder inner- *und* außerhalb des Unterrichts ständig auf diesen „Makel" festgelegt werden[28]: „(...) teachers disparagement of a student tells other students that this student will get less support from teachers." (DeLuca & Rosenbaum, 2000, S. 9)

Von ihnen wird damit verlangt, dass sie bessere Schulleistungen und eine darüber definierte „Normalität unter den Bedingungen der Ausgrenzung und Diskriminierung, verbunden mit der Verheißung von Integration und gesellschaft-

---

27 So hat die internationale TIMS-Studie unter anderem (für Australien, Kanada, Island, Irland, Japan, Neuseeland, Portugal und die USA) gezeigt, dass Jugendliche der 8. Klasse, die natürliche Begabung für gute Mathematikleistungen für wichtig halten, deutlich geringere Testergebnisse erreichten als Jugendliche, die diese Meinung nicht teilen (OECD, 2000a, S. 318; für Deutschland liegen keine Angaben vor).

28 Insbesondere in Schulsystemen mit separaten Förderklassen oder gar Sonderschulen werden die Schwächen dieser Schüler ins Rampenlicht gerückt und öffentlich bekannt gemacht (Blaug, 2001, S. 45). Diese Separation kann zwar „entlastend" für diese Kinder hinsichtlich des unmittelbaren Unterrichtsgeschehens sein (siehe *Big-Fish-Little-Pond*-Effekt von Marsh & Craven, 1998) – gleichwohl ist in Rechnung zu stellen, dass sich auch in diesen Klassen und Schulen ein schülergruppenspezifisches, wiederum hierarchisches System der Leistungsbewertung (wenn auch auf niedrigerem Niveau) herstellt (vgl. Gerard, 1983, S. 871). Zudem sind diese Kinder und Jugendlichen dadurch weder vor Etikettierungsprozessen in Interaktionen mit Gleichaltrigen außerhalb der Klasse bzw. der Schule noch in Interaktionen nach Beendigung der Schule geschützt: „Such schools [and classes] are a dumping group for ‚bad' students and symbolize the failure of [or in; H.S.] the regular system." (Rumberger, 2001, S. 27) Ferner führt diese Separation innerhalb des Unterrichts zu einem verarmten Lernklima hinsichtlich des Aspirationsniveaus der Schüler und Schülerinnen sowie des Erwartungshorizonts des Lehrpersonals (Büchner & Krüger, 1996; Coleman, 1965, S. 117, 1966, S. 183; Fend u.a., 1973, S. 890, 1976, S. 26f.; Fischer u.a., 1996, S. 164; Heckhausen, 1974; Mansel & Palentien, 1998, S. 236). Dies gilt in Deutschland zunehmend auch für Hauptschulen.

licher Teilhabe (herstellen)" (Warzecha, 2001, S. 71; vgl. auch Bourdieu u.a., 1997, S. 527ff.; Stauber & Walther, 2000). Für viele dieser Kinder und Jugendlichen gestaltet sich der Schulalltag mithin als ein Wechselspiel von *Feedback-loops* des Scheiterns und Abkühlungseffekten (Clark, 1960; Goffman, 1952; Stauber & Walther, 1999, S. 50). Resultat derartiger Prozesse von Ablehnung oder Zurückweisung können Schulangst, Anomie (Gefühl der Machtlosigkeit) sowie Entfremdung und Distanzierung leistungsschwacher Schüler vom Lernprozess sein (DeLuca & Rosenbaum, 2000, S. 1 und 6; Entwisle, Alexander, & Olson, 1997; Fend u.a., 1976, S. 145; Fine, 1991; Smyth, 1999, S. 492; Steele, 1997, S. 623; Turner, 1964): „There is even evidence of a universal connection between stigmatization and poor school achievement. If ability stigmatization can cause disidentification with school, then it may do this wherever it occurs in the world." (Crocker u.a., 1998, S. 537)

Ausdruck dafür sind unter anderem die hohen Schulverweigerungsquoten in Europa, den USA, Australien und Neuseeland (Blaug, 2001, S. 45; Forum Bildung, 2001, S. 42f.; Smyth, 1999, S. 496). Sie liegt im OECD-Durchschnitt bei 5 Prozent. Je höher die Wahrscheinlichkeit des „Fehlens in der Schule" ist – so konnte basierend auf den Ergebnissen der TIMS-Studie gezeigt werden –, desto geringer ist die Leistung der Schüler sowie desto geringer der Leistungsdurchschnitt der Schule (OECD, 2000a, S. 239f.)[29].

Im Folgenden soll kurz dargestellt werden, welche Interaktions- und Identitätsbildungsmuster diesen *Abkühlungs*prozessen zu Grunde liegen, da sie nicht nur für die Konstituierung von Handlungsorientierungen und -mustern *gering qualifizierter Personen* im Schulkontext und im Bildungserwerb von Bedeutung sind. Im Sinne von *Typisierungen* von Verhaltenserwartungen und -weisen bestimmen

---

29 Eine Untersuchung der Schulverweigerung in Köln konnte diesbezüglich zeigen, dass der Anteil an Haupt- und Sonderschülern mit „häufigem" Schulschwänzen oder gänzlichem Fernbleiben vom Unterricht am höchsten ist (15% bzw. 13%), während dieser Anteil in Realschulen und Gymnasien deutlich niedriger ist (6% bzw. 5%) (Schreiber-Kittl & Schröpfer, 2002, S. 53). Der Anteil bei den Haupt- und Sonderschülern ist wahrscheinlich noch höher, da es hier viele Befragungsausfälle durch das Fehlen am Tag der Befragung gab. Dieser Befund wurde auch durch andere deutsche regionale Studien bestätigt (dargestellt in Schreiber-Kittl & Schröpfer, 2002). Als Gründe für das Schulschwänzen wurden in einer weiteren deutschen Befragung vor allem ein negatives Verhältnis zu Lehrern und Mitschülern genannt (S. 100). Zudem waren unter den Schulschwänzern und Schulverweigerern in hohem Maße Jugendliche, die ein- oder mehrmals eine Klasse wiederholen mussten (S. 101): „Die befragten Schülerinnen und Schüler empfanden ‚Sitzenbleiben' durchweg als Makel, als eine soziale Diskriminierung: In ihren eigenen Augen und denen der anderen hatten sie versagt. Sie mussten die vertraute Gruppe verlassen und fanden sich in fremden Lerngruppen und zwischen jüngeren Schülern wieder." (Schreiber-Kittl & Schröpfer, 2002, S. 160; vgl. auch Brügelmann, 2000)

sie als institutionalisierte und – über generalisierte individuelle Erfahrungen – internalisierte Handlungsmuster auch *langfristig* deren „Zugang zur Welt“ (Berger & Luckmann, 1980, S. 56ff.) und werden insofern für deren Arbeitsmarktverhalten relevant.

In ihren sozialen Interaktionen im Schulalltag bewerten Kinder das Verhalten ihres Gegenübers und erfahren zugleich die Bewertung und Beurteilung ihres eigenen Verhaltens durch ihre Mitschüler und Mitschülerinnen sowie ihre Lehrer und Lehrerinnen. Konstitutiv für diese Bewertungen und ihre Interpretation sind Typisierungen und Kategorisierungen sozialen Verhaltens: zum einen als sozialpsychologischer Prozess der Informationsverarbeitung (Fiske, 1998, S. 375; Jones u.a., 1984, S. 155f.) und zum anderen als Vergesellschaftungsprozess, durch den sie über Gruppenzugehörigkeiten definieren lernen, wer sie sind, um aufeinander bezogen sozial handlungsfähig zu werden bzw. zu sein:

> „Um den Menschen zu erkennen, sehen wir ihn nicht nach seiner reinen Individualität, sondern getragen, erhoben oder auch erniedrigt durch den allgemeinen Typus, unter den wir ihn rechnen.“ (Simmel, 1908/1958, S. 24) „Die Bewußtseinsprozesse, mit denen sich Vergesellschaftung vollzieht: die Einheit aus Vielen, die gegenseitige Bestimmung der Einzelnen, die Wechselbeziehung der Einzelnen für die Totalität der anderen und dieser Totalität für den Einzelnen – verlaufen unter dieser ganz prinzipiellen, nicht abstrakt bewußten, aber in der Realität der Praxis sich ausdrückenden Voraussetzung: daß die Individualität des Einzelnen in der Struktur der Allgemeinheit eine Stelle findet.“ (S. 30)

Für diese Bewertungen und Kategorisierungen werden *signifikante Symbole* verwendet, die in gemeinsam geteilter Bedeutung Auskunft über die Handlungskonsequenzen ihres Verhaltens in Interaktionszusammenhängen geben. Zu einem der wichtigsten signifikanten Symbole im Schulalltag gehört die Leistungsbewertung in Form von Lehrerurteilen im Unterricht, Noten, Testergebnissen und schließlich Bildungsabschlüssen, da sie – gemäß einer neoinstitutionalistischen Perspektive – für selbstverständlich gehalten werden und (legitimierte) Maßstäbe für die Beurteilung angemessenen Verhaltens in der Schule moderner Gesellschaften darstellen (vgl. Hasse & Krücken, 1999, S. 10; March & Olsen, 1984, S. 741)[30]. Als sozial anerkannte Definition von Anforderungen und Pflichten werden sie zu einem intersubjektiven Interpretationsfilter, der in Form einer – aus den gezeigten Schulleistungen abgeleiteten – *Bildungskategori-*

30 Dieser Bezug zur neoinstitutionalistisch erklärten Verselbstständigung von symbolischen Strukturen (wie z.B. von Klassifikationssystemen) und Regeln ist notwendig, da weder die sozialpsychologischen Theorien sozialer Kategorisierung noch der symbolische Interaktionismus erklären können, *welche* Kategorien reproduzierbar, situationsübergreifend und intersubjektiv in Interaktionen angewendet werden. Beide thematisieren „nur“, *warum* Kategorisierungen notwendig sind und *wie* sie Interaktionen beeinflussen.

sierung nicht nur Informationen über das Handeln des Gegenübers in den vielfältigen Situationen im Schulalltag liefert, sondern zugleich auch die Selbstwahrnehmung der Schüler und Schülerinnen hinsichtlich ihrer Leistung im Vergleich zu und in Reaktion auf die anderen formt: „Segmenting the world into a manageable number of categories does not just help us to simplify and make sense of it, it also serves one other very important function – that of defining who we are." (Brown, 1996, S. 546)

Ganz im Sinne Meads (1968) handelt es sich damit um die Herausbildung einer sozialen Identität („Me"), als „meiner Vorstellung von dem Bild, das der andere von mir hat, bzw. auf primitiverer Stufe meiner Verinnerlichung seiner Erwartungen an mich" (Joas, 2002, S. 176). Die in der Schule vermittelten Fremdbilder in Form von leistungsdefinierten Schülerkategorien führen zugleich zu Etikettierungen[31], durch die sich die Kinder und Jugendlichen wie durch ein *looking glass self* (Cooley, 1992) aus der Perspektive der anderen betrachten und ihr Leistungs- wie auch Sozialverhalten daran ausrichten.

Als individuelle Reflexionsleistung (wenn auch sozial vorstrukturiert und durch institutionalisierte symbolische Strukturen gestützt; vgl. Bourdieu, 1982, S. 246) und zunehmende soziale Integration der nachwachsenden Generation beinhaltet diese Identitätsbildung über Schulleistungen nicht nur die Reflexion der Erwartungen eines Anderen *(significant other)*, sondern auch die eines – in der Abstraktion aller bedeutsamen Anderen – „generalisierten Anderen" *(generalized other)*. *Schlechte Schulleistungen* werden in der Schule durch diesen *generalized other* in dreierlei Hinsicht als „Abweichung" von der sozialen – von der Mehrheit der Gesellschaft formell oder informell getragenen – Norm der Leistungserbringung vermittelt: *erstens* als Verstoß gegen gesellschaftlich vorherrschende Bildungsstandards mit dem Verweis auf zukünftige Restriktionen im Erwerbsleben (hier kommt es unter anderem zum Verweis auf körperlich schwere oder „abstoßende" Berufe, wie Müllkutscher, Straßenfeger usw., oder auf drohende Arbeits-

31 Das soziologische Etikettieren bzw. *Labeling* (Becker, 1963) unterscheidet sich von der sozialpsychologischen *Stereotypisierung* (als die Beurteilung und „Wahrnehmung einer Person im Lichte ihrer Zugehörigkeit zu einer sozialen Kategorie und die Verwendung von für die Kategorie typischen Merkmalsdimensionen und -ausprägungen für die Beurteilung dieser Person"; Mielke, 1999, S. 5). Das *Labeling* – als Kennzeichnung der Abweichung von gesellschaftlich geltenden Normen – rekurriert auf die Unterscheidung von „Normalität" und „Abweichung", während die Stereotypisierung keine Normverletzung beinhalten muss (z.B. werden Frauen gerade in Erwartung eines *normkonformen* Verhaltens des Gebärens von Kindern von Arbeitgebern als „weniger produktiv und stärker fluktuativ" stereotypisiert). Wenn Stereotype die Form (negativer) Vorurteile annehmen und in dieser Weise die Beziehung zwischen Gruppen beeinflussen, lässt sich jedoch ein klarer Bezug zwischen beiden Herangehensweisen aufzeigen (Blumer, 1961; Fiske, 1998, S. 357).

losigkeit), *zweitens* als *Dead-End*-Erklärung hinsichtlich der intellektuellen Fähigkeiten dieser Schüler und Schülerinnen im Sinne von „Was Hänschen nicht lernt, lernt Hans nimmermehr", und/oder *drittens* als soziale Verantwortungslosigkeit, da sie ihren Beitrag zum Gemeinwohl in Form guter Schulleistungen scheinbar nicht erbringen wollen (vgl. Jones u.a., 1984, S. 208).

Gerade für Letzteres ist es wichtig, an die *meritokratische Rhetorik* moderner Gesellschaften zu erinnern (vgl. Abschnitt 2.1), demzufolge Bildung ein „erworbenes" Merkmal von Personen darstellt. Dies implizierte eine individuelle „Kontrollfähigkeit" über den Bildungserwerb, die bei „Versagen" – so ist auch aus der Sozialpsychologie hinlänglich bekannt (Crocker u.a., 1998, S. 508; Jones u.a., 1984, S. 24) – zu einer größeren Ablehnung und schärferen Zuschreibung von Negativattributen führt bzw. führen kann. Dies ist nicht zuletzt der Tatsache geschuldet, dass diese unterstellte Kontrollierbarkeit im Sinne einer *just world hypothesis* einer Rechtfertigung einer solchen Behandlung von leistungsschwachen Schülern und Schülerinnen dient und zugleich den Schülern und Schülerinnen mit guten und sehr guten Leistungen das Gefühl von Sicherheit vermittelt, da sie sich „normal" verhalten (vgl. Link, 1997, S. 22). Aufgrund ihres Misserfolgs in der Schule besteht so die Gefahr, dass aus leistungsschwachen Schülern und Schülerinnen *deviante* Individuen *gemacht werden*, die

> „(...) dem Anschein nach freiwillig und offen den sozialen Platz, der ihnen gewährt wird, zu akzeptieren verweigern und die irregulär und irgendwie rebellisch handeln in Verbindung mit unseren grundlegenden Institutionen. (...) Anscheinend benutzen sie nicht die vorhandenen Gelegenheiten für das Emporkommen in den verschiedenen bewährten Startbahnen der Gesellschaft." (Goffman, 1974, S. 175f.)

Ihre schlechteren Schulleistungen werden diesen Schülern und Schülerinnen sowohl von den Lehrern und Lehrerinnen als auch von ihren besseren Mitschülern und Mitschülerinnen als „abweichendes" Verhalten durch Reaktionen der Ignoranz, Ablehnung, Erniedrigung oder Verurteilung ihres Verhaltens gespiegelt: „Social identities are fundamentally relational and comparative: they define the individual as similar to or different from, as better or worse than, members of other groups." (Crocker u.a., 1998, S. 526)

In einem sozialisatorischen Prozess der Rollenübernahme *(role-taking)* – des Sich-Sehens aus der Perspektive der anderen und der Beachtung dieses (vorgestellten) Fremdbildes im eigenen Handeln – haben sie stets erneut ablehnende Reaktionen und negative Fremdzuschreibungen zu verarbeiten und lernen dabei zugleich, wie sich andere Personen verhalten, wenn sie von ihren schlechten Schulleistungen erfahren und sie als Mitglieder der *Gruppe* schlechter Schüler und Schülerinnen identifizieren (Crocker u.a., 1998, S. 505; Roos, 1999, S. 27): „Die Natur eines Individuums, wie es sich selbst und wir sie ihm zuschreiben, wird durch die Natur seiner Gruppenanschlüsse erzeugt." (Goffman, 1974, S. 141)

Dabei lernen sie zum einen, dass es sich bei *Schulleistungen* um von anderen Personen wahrnehmbare, gesellschaftlich hochbewertete sowie als „zuverlässig" bewertete Zeichen zur Charakterisierung von Personen (wenn auch als Gruppenmitglieder) handelt[32]. Gerade die „Zuweisung eines Devianzstatus durch öffentliche Definitionsinstanzen [wie die Schule; H.S.] greift (...) so massiv in die Lebenswelt des Einzelnen ein, dass er an der Identitätsfrage: ‚Wie sehen mich die anderen – wie sehe ich mich selbst?' gar nicht vorbeikommt" (Frey, 1987, S. 179). Zum anderen lernen sie mit dieser (zugeschriebenen) sozialen Identität der „Leistungsschwäche" (und ihrer Interpretation als in der Regel selbst verschuldet infolge ihres „abweichenden" Schul- und Lernverhaltens) umzugehen[33]. Im Umgang mit dieser – im Bildungssystem und seiner hierarchischen Bildungskategorisierung angelegten – „institutionalisierten Identitätsbeschädigung" stehen diesen als leistungsschwach etikettierten Schülern und Schülerinnen *zwei generelle Typen von Handlungsweisen* zur Verfügung: eine „Verdopplung" ihrer Anstrengungen als Rebellion und Protest *oder* ein Sich-Fügen als Anpassung an das Fremdbild (mit oder ohne Korrektur des individuellen Selbstbildes) (vgl. Schumann u.a. 1991, S. 39).

Beide sind aufgrund der relativen Autonomie der persönlichen oder Ich-Identität (des Mead'schen „I") gegenüber der sozialen Identität (die eine Depersonalisierung von Individuen als Repräsentanten einer sozialen Kategorie vornimmt und Interaktionsrollen definiert) möglich (Krappmann, 1971). Dadurch wird dem Individuum eine *Identitäts*interpretation *(role-making*[34]*)* erlaubt, die selbst bei „beschädigter" sozialer Identität bzw. negativem Fremdbild nicht zu einem Verlust an persönlicher Identität führen muss, sondern im Gegenteil ihre Aufrechterhaltung durch die Trennung von sozialer und individueller Ebene ermöglicht (vgl. Brewer & Brown, 1998, S. 560; Schumann u.a., 1991, S. 33). In der

---

32 Dies ist unter anderem der Tatsache geschuldet, dass Schulleistungen eine „eindeutige" Unterscheidung zwischen Angehörigen und Nichtangehörigen von Bildungskategorien erlauben (vgl. Brown, 1996, S. 544).

33 Die Schulzeit ist – wie sozialpsychologische Untersuchungen gezeigt haben – dabei besonders relevant: „The age at which this awareness (of the negative connotations of their social identity in the eyes of others) develops is not always clear, but it is likely to be well established by adolescence" (Crocker u.a., 1998, S. 517) sowie „Failures undermine it (the belief in one's personal efficacy), especially if failures occur before a sense of efficacy is firmly established" (Bandura, 1995, S. 3).

34 „Wenn wir der Reflexion fähig sind, dann sind wir das, was wir sind und im Verlauf unserer Lebensgeschichte werden, aber immer auch ein Stück durch uns selbst." (Ritsert, 2001, S. 110)

Tat gibt es Personen, die nach dem ersten Muster – der Erhöhung ihrer Anstrengungen – verfahren (Crocker u.a. 1998, S. 530)[35]. Doch selbst ihre Anstrengungen stoßen immer wieder an die Grenzen des (institutionalisierten) Fremdbildes ihrer Altersgenossen/Altersgenossinnen und Lehrer/Lehrerinnen, deren stereotype Sichtweise den Handlungsspielraum dieser Jugendlichen für davon „abweichendes" Verhalten begrenzt (Fiske, 1998, S. 370; Jones u.a., 1984, S. 207)[36].

Diese Restriktion ist umso stärker ausgeprägt, je kleiner die Gruppe leistungsschwacher Schüler und Schülerinnen ist und insbesondere dann, wenn sie nur eine „Minderheit" darstellen. Hier ist die Wahrscheinlichkeit relativ gering, dass viele von ihnen das Fremdbild der anderen durch ihr Verhalten „verletzen" und damit zu einer Widerlegung und Veränderung dieses negativen Fremdbildes ihrer Gruppe beitragen (Fiske, 1998, S. 370). Für diese geringere Wahrscheinlichkeit bei kleiner Gruppengröße gibt es *drei Gründe.*

(1) Als „normabweichende Minderheit" haben sie eine geringere Definitionsmacht in Aushandlungsprozessen (Jones u.a., 1984, S. 304; Reskin, 2000b, S. 323).

(2) Ihre dadurch fehlgeschlagenen Versuche einer erhöhten Anstrengung gehen mit „Verwundungen" einher, die letztlich doch einen Rückzug bewirken können (Jones u.a., 1984, S. 206).

(3) Zudem ist bei kleiner Gruppengröße eine höhere soziale Homogenität der Gruppe leistungsschwacher Schüler und Schülerinnen hinsichtlich einer eher bildungsfernen Familie und *Peergroup* wahrscheinlich. Damit stehen ihnen weniger „high-status link persons" (Jones u.a., 1984, S. 197) zur „normalen" Welt zur Verfügung; es gibt weniger „Widerspruch" aus der eigenen sozialen Gruppe hinsichtlich bildungsferner Verhaltensweisen[37]; und es gibt vermehrt Prozesse einer „doppelten negativen Kategorisierung" durch ihre Umwelt – nämlich „leistungs- *und* sozial schwach" (Jones u.a., 1984, S. 304).

Die oben zitierte Schulverweigerung und Lernzurückhaltung leistungsschwacher Schüler und Schülerinnen signalisieren daher für viele dieser Jugendlichen eher ein Identitätsmanagement der zweiten Variante, den „Rückzug" bzw. das *Span-*

35 „Wer sie sind und warum sie es sind, gehört zu den Forschungsdesideraten der soziologischen wie sozialpsychologischen Forschung (vgl. Crocker u.a., 1998, S. 530).

36 Hier ist wohl generell in Rechnung zu stellen, dass die relative Autonomie des „I" gegenüber den sozialen Zuschreibungen für Personen, die von positiven Zuschreibungen betroffen sind, höher ist als für Personen, die sich negativen Zuschreibungen zu widersetzen haben. Während Erstere leichter mal „verstoßen" können, ohne dass es bei ihnen gleich zur *Regel* gemacht wird, bedarf es bei Letzteren besonderer Anstrengungen, um (a) den zugeschriebenen (zugestandenen) Handlungsspielraum verlassen zu können und (b) zu erreichen, dass ein solch „unerwartetes" Verhalten nicht *nur* als eine *Ausnahme* bewertet wird.

37 Hier gäbe es auch interessante Anknüpfungspunkte zu Bourdieus Habitusformen (1982).

*nungs*management. Dabei handelt es sich seitens dieser Jugendlichen nicht unbedingt um eine passive *Anpassung*, sondern eher um eine *Bewahrung* eines Stücks persönlicher Identität (Goffman, 1977, S. 602). Das heißt, die „sorgsame" Selbstselektion der Felder bzw. Situationen, die sie eher aufsuchen und die sie meiden, verschafft ihnen eine gewisse Souveränität (Geulen, 2000, S. 198f.; Jones u.a., 1984, S. 196). In diesem Sinne sind sie nicht nur passive Opfer, sondern handeln auch eigenständig und *gestalten* ihr Leben:

> „It is easier for a marked person to act *as if* the stereotype is true, whether or not he privately accepts it." (Jones u.a., 1984, S. 207; Hervorhebung H.S.)

> „This pattern of disengaging self-evaluations from feedback received in a domain, even while recognizing that domain as being important, makes sense if the domain is one that is highly valued in the larger society but that is subject of negative stereotypes." (Crocker u.a., 1998, S. 530)

Zudem internalisieren sie mit ihrer Sozialisation im Bildungssystem häufig das Bewertungssystem nach Leistung, da es ihnen einerseits die (wenn auch vage) Chance lässt, es doch noch zu schaffen (siehe Abschnitt 2.2), und da es andererseits über gemeinschaftliche Interaktionen im Lauf der Zeit zu einer *Normierung* der Bedeutung von (wie es im symbolischen Interaktionismus bezeichnet wird) „Dingen" – hier von Leistung – kommt. Dafür werden sowohl eigene Interaktionserfahrungen als auch beobachtete Erfahrungen verarbeitet:

> „[Marked; H.S.] individuals may anticipate negative outcomes in certain social contexts or domains of life because they are aware that members of their group often experience negative outcomes in those domains or contexts, or because they believe that a person or situation is biased against them." (Crocker u.a., 1998, S. 529)

Empirische Beispiele für derartige Selbstselektion und Selbsttypisierungsprozesse sind folgende Phänomene: Für westdeutsche Jugendliche ohne Ausbildungsabschluss werden immer häufiger als Gründe für den Ausbildungsverzicht ihre Resignation aufgrund von antizipierten Problemen bei der Ausbildungssuche sowie ihre ungenügende berufliche Orientierung genannt (BIBB/EMNID, 1999, S. 44; Davids, 1994, S. 10; Pütz, 1995, S. 19; Twardy, 1992, S. 8). So haben sich einer EMNID-Untersuchung von 20- bis 24-jährigen Jugendlichen im Jahr 1990 zufolge 70 Prozent der Sonderschulabsolventen und 67 Prozent der Hauptschüler ohne Abschluss, die ohne Ausbildungsabschluss waren, *nie* um einen Ausbildungsplatz beworben (Beinke, 1992, S. 50). Viele dieser Jugendlichen sehen sich als chancenlos, sind schulmüde und wollen, wenn sie die Schule verlassen, Geld verdienen[38].

38 Die BIBB/EMNID-Untersuchung im Jahr 1998 – in der 20- bis 29-jährige junge Erwachsene ohne Berufsabschluss befragt wurden – bestätigte diese Größenordnung und Gründe für den „Ausbildungsverzicht" (BIBB/EMNID, 1999, S. 42ff.).

Diese Selbstselektionsprozesse sind unter anderem der Angst vor „Entdeckung" ihrer fehlenden Schulleistungen geschuldet (Jones u.a., 1984, S. 30). Sie kennzeichnen jedoch nicht nur ein Spannungsmanagement im Sinne eines „defensiven Sichverkriechens" (Goffman, 1974, S. 27), sondern in gewisser Weise auch ein aktives Management, mit dem sie letztlich *selbst* entscheiden, wann sie welche (diskreditierenden) Informationen über sich preisgeben (wollen) (Geulen, 2000, S. 199; Goffman, 1974, S. 57). Dabei besteht jedoch die Gefahr einer „normativen Misere" (Goffman, 1974, S. 159) – nämlich dann, wenn sie sich mit dieser Strategie der Selbstselektion von der Gesellschaft entfremden bzw. zu „Außenseitern" werden (Becker, 1963): „Indeed, early academic deficiency is one of the leading predictors of aggressive life-styles and participation in antisocial activities." (Bandura, 1995, S. 19)

Dies ist häufig das Ergebnis eines Teufelskreises, in dem sich diese Kinder und Jugendlichen befinden. Etikettierungsprozesse aufgrund fehlender Schulleistungen sowie eine fehlende bzw. unzureichende Förderung (siehe *Kategoriale Grenzziehungen im Bildungssystem*, Abschnitt 7.1.1) können zu einem *Disengagement* in der Schule führen[39], das dann wiederum eine weitere Verschlechterung ihrer Schulleistungen zur Folge hat, sodass in späteren Interaktionszusammenhängen ihre Interaktionspartner (zunächst) auf eine geringere individuelle Leistungsfähigkeit rekurrieren und blockierte Gelegenheiten unberücksichtigt bleiben. Die Konsequenz ist ein erneutes *Disengagement* auch in diesen Kontexten und damit wiederum der Verlust von Gelegenheiten zum Kompetenzerwerb[40]:

> „A vicious circle may occur in which discrimination and blocked opportunities in a particular domain lead to a devaluing of that domain to protect self-esteem, which in turn produces decreased motivations to achieve in that domain. Lack of achievement in that domain is then erroneously interpreted by others as reflecting lack of ability, rather than blocked opportunities." (Crocker u.a., 1998, S. 530)

In historischen und sozialen Kontexten, wo eine geringe(re) Leistungserbringung zur *moralischen Defizit*charakterisierung von Personen verwendet wird und die sozi-

---

39 Eine geringe Identifikation mit Schule und Leistung generell kann sie vor einem Verlust an Selbstwertgefühl schützen (jedoch bei gleichzeitigem Verlust an Selbstwirksamkeit und interner Kontrollüberzeugung; Bandura, 1995) und ihnen ermöglichen, eine relativ hohe Zufriedenheit mit ihrem Leben aufrechtzuerhalten: „Disidentification can have positive implications for self-esteem (…). Research, conducted over a time span of more than 20 years, leads to the surprising conclusion that prejudice against members of stigmatized and oppressed groups generally does not result in lowered self-esteem for members of those groups, (…) on average, (they) are not particularly dissatisfied with their lives." (Crocker u.a., 1998, S. 530f.)

40 Wir sehen hier, dass dieser Teufelskreis weit früher beginnt, als er in den segmentationstheoretischen Erklärungen reflektiert wird (siehe Abschnitt 4.4 und 4.5).

ale Identität(sbeschädigung) gering qualifizierter Personen – im Sinne Goffmans (1974) – einen „master status" in ihren Interaktionen mit der Umwelt erhält, kann aus dieser negativen Zuschreibung sogar ein *soziales Stigma* werden (siehe Abschnitt 8.2; vgl. Crocker u.a., 1998, S. 506). Dabei spielt wiederum die Gruppengröße eine wichtige Rolle, da sie Auskunft darüber gibt, wie „abweichend" ihre fehlende Leistung ist: „(...) power inherent in significant numbers" (Jones u.a. 1984, S. 315ff.). Sozialpsychologische Untersuchungen konnten nachweisen, dass die Stigmatisierungsgefahr bei einem negativ bewerteten Gruppenmerkmal umso geringer ist, je häufiger es auftritt (d.h. je „gewöhnlicher" es ist), bzw. dass sie umgekehrt umso höher ist, je „seltener" („ungewöhnlicher") es ist (Jones u.a., 1984, S. 92). Eine wesentliche Rolle spielen hierbei sicherlich auch die darin materialisierten Dominanzrelationen hinsichtlich der *Definitionsmacht* der einzelnen Gruppen in Interaktionen.

Drei Gesichtspunkte gilt es in *Zusammenfassung* dieser Ausführungen hervorzuheben. *Erstens:* Die Schule und das Ausbildungssystem sind für gering qualifizierte Personen die Orte, wo sie ihre Inferiorität noch *vor* dem Übergang in den Arbeitsmarkt erfahren und den Umgang damit „erlernen". Die *Phasen des Lernprozesses ihrer Inferiorität* (Goffman, 1974, S. 103) lassen sich folgendermaßen beschreiben: (a) Sie erlernen in der Schule und auf dem Ausbildungsmarkt den „normalen" Standard – nämlich den Erfolg im Bildungssystem, definiert als den Besitz guter Schulnoten/Testergebnisse, eines höheren Schulabschlusses sowie in einigen Gesellschaften eines Ausbildungsabschlusses; (b) sie erfahren, dass sie, gemessen an diesem Standard, „disqualifiziert" sind; und (c) sie lernen den Umgang mit ihrem Makel der „Leistungsschwäche", indem sie ihre Ansprüche und Hoffnungen, damit aber auch ihre Eigeninitiative reduzieren.

Zweitens: Die „Anpassung an das aktuell Mögliche [wird; H.S.] zu ihrem dominanten Interpretationsmuster der Alltagsbewältigung" (Stauber & Walther, 1999, S. 55). Eine kurzfristige Situationsbewältigung erhält den Vorrang vor langfristigen Zielen. Ihre oft kürzere Zeitperspektive ist damit „nicht nur Handlungsfolge, sondern auch Handlungsdeterminante", die zugleich „verhindert, daß der Spielraum genutzt wird, der selbst in stagnierenden Lebensverhältnissen vorhanden ist" (Kohli, 1978, S. 26; vgl. Mannheim, 1940, S. 56, 104ff. und 181).

Drittens: Die Antwort auf die Frage, ob und insbesondere in welchem Ausmaß geringe Bildung ein diskreditierendes Gruppenmerkmal darstellt, ist abhängig von der jeweiligen Leistungsideologie einer Gesellschaft sowie von der Gestaltung des Bildungssystems und seiner Kategorisierungssymbole und -prozesse. Überdies kann sich die „Antwort" historisch verändern, zum Beispiel aufgrund einer veränderten Gruppengröße oder durch Veränderungen im Bildungs- und Ausbildungssystem (ausführlicher in Abschnitt 8.2).

7.2.2 Spannungsmanagement und Arbeitsmarktverhalten

Welche Schlussfolgerungen lassen sich daraus hinsichtlich des Arbeitsmarktverhaltens gering qualifizierter Personen ableiten? *Erstens* ist es aufgrund des im Schulalltag internalisierten Referenzsystems *Leistung* nicht unwahrscheinlich, dass gering qualifizierte Jugendliche vergleichsweise häufiger als höher qualifizierte Jugendliche von einem fehlenden „Fit“ zwischen ihrem Leistungsniveau und qualifizierten Arbeitsplätzen ausgehen. Eine höhere Nichtbewerbungsquote bei gering qualifizierten Jugendlichen ist die Folge: „People may self-select out of certain jobs, if they perceive a (stereotypic) lack of fit. (...) Lack of fit is more an issue for low-status targets than for high-status targets.“ (Fiske, 1998, S. 384)

Zweitens könnten gering qualifizierte Jugendliche von Bewerbungen auf qualifizierte Arbeitsplätze Abstand nehmen, da diese zu einem „Moment der Wahrheit“ ihrer geringen Bildung werden können (Goffman, 1974, S. 47). Jetzt könnte Tatsache werden, was Lehrer und Lehrerinnen, Ausbilder, vielleicht auch ihre Mitschüler und Mitschülerinnen sowie ihre Altersgenossen und -genossinnen über ihre Risiken auf dem Arbeitsmarkt angesichts der fehlenden Bildungsleistungen „prophezeit“ haben. Eine Strategie der Vermeidung dieser „Wahrheiten“ sowie erneuter Ablehnung und Erniedrigung ist daher unter anderem eine fehlende Bewerbungsaktivität für diese Arbeitsplätze ihrerseits: „The marked person may still be able to improve his life in society by reducing the mark's saliency (e.g., not applying for certain jobs).“ (Jones u.a., 1984, S. 34)

Im schlimmsten Fall können sie sich auch ganz vom Arbeitsmarkt zurückziehen – ein höherer Anteil an Arbeitslosen (im Vergleich zu höher qualifizierten Personen), ein Sich-Einrichten auf ein Leben mit Sozialhilfe oder sogar ohne (um auch hier möglichen Ablehnungen zu entgehen) wären die Folgen.

Drittens wissen oder können sie antizipieren, dass der Zugang zu qualifizierten Jobs in der Regel eine Ausbildung „voraussetzt“. Wir haben es hier – zwar nicht ausschließlich, so doch weit häufiger als bei höher qualifizierten Jugendlichen – mit jungen Menschen zu tun, die aufgrund vorangegangener Erfahrungen des Versagens im Schulalltag schwer für Bildungsmaßnahmen zu motivieren sind, die häufig Probleme bei einfachen Sozialkompetenzen (wie z.B. Pünktlichkeit, Zielstrebigkeit, Ausdauer) aufweisen und die neben einer rein fachlichen Schulung einen großen Bedarf an Vermittlung sozialer Qualifikationen haben (BIBB, 2000, S. 2038; A. Cordes, 1997, S. 78; Hill & Trube, 1981, S. 154; Postel, 1990, S. 36; Weinkopf, 2000, S. 289). Ich möchte nicht behaupten, dass alle gering qualifizierten Jugendlichen gravierende Probleme haben, aber die Gefahr, dass sie davon in höherem Maße betroffen sind als höher qualifizierte Jugendliche, ist wohl angesichts ihrer schulischen Vorgeschichte größer. Das Spannungsmanagement einer derartigen Identitätsbeschädigung im Schulalltag könnte damit zu Selbstselektionsprozessen seitens gering qualifizierter Personen führen, die zu ihren geringeren Chancen einer Platzierung auf qualifizierten Arbeitsplätzen und zu einem höheren Arbeitslosigkeitsrisiko (im Vergleich zu höher qualifizierten Personen) beitragen.

Viertens: Darüber hinaus treffen gering qualifizierte Personen, wenn sie sich bewerben, quasi in einem neuen Gewand wieder auf ihre – aus der Schulzeit bekannten – „alten" Interaktionsmuster. Aus ihren „leistungsstärkeren" Mitschülern und Mitschülerinnen sind nun potenzielle Arbeitskollegen und Personalverantwortliche geworden. Auch Letztere transportieren Gruppendefinitionen und -bilder, die sie in ihrer Zeit im Bildungssystem internalisiert und praktiziert haben, auf den Arbeitsmarkt. Ihre Typisierung leistungsschwacher Mitschüler und Mitschülerinnen – verbunden mit der impliziten Annahme einer lebensgeschichtlichen Kontinuität von Personen und ihrem Handeln – tragen so zu einer Ablehnung bzw. Nichtrekrutierung gering qualifizierter Personen bei (siehe Abschnitt 7.1):

> „Indem sie [diese Typisierungen; H.S.] zur Grundlage für die entsprechende Behandlung der Person werden, erzeugen sie selber diese Kontinuität. Sie sind also – wie alle sozialen Etikettierungsprozesse – Prophezeiungen, die sich selbst erfüllen." (Kohli, 1978, S. 26f.)

> „Category labels make a difference, because once a label is applied, further information processing is guided by its connotation." (Jones u.a., 1984, S. 6)

Der Befund, dass mit steigendem Bildungsniveau von Personalverantwortlichen die Rekrutierungschancen von gering qualifizierten Personen abnehmen (Jones u.a., 1984, S. 109f.), könnte daher nicht nur durch deren geringe Produktivitätserwartungen in Bezug auf gering qualifizierte Personen zu erklären sein (siehe *Signaling*-Theorie, Abschnitt 4.2), sondern – in Anbetracht ihrer sozialen Distanz als Angehörige einer anderen Bildungskategorie/-gruppe – auch einer Fortsetzung der Interaktionsmuster und sozialen Identitätsdefinitionen aus der Schulzeit geschuldet sein. Gleiches gilt für die Ablehnung seitens potenzieller Arbeitskollegen, wie sie in Abschnitt 7.1.2 *(Kategoriale Grenzziehungen auf dem Arbeitsmarkt)* dargestellt wurde. Auch hier könnte eine Tradierung bzw. der Import von außerhalb des Arbeitsmarkts üblichen Interaktionsmustern und Gruppendefinitionen in den Arbeitskontext hinein bedeutsam sein (vgl. Fiske, 1998, S. 390).

Zusammenfassend signalisieren all diese Handlungskonsequenzen einer institutionalisierten Identitätsbeschädigung gering qualifizierter Personen, dass bei ihnen die Vergangenheit die Oberhand über Gegenwart und Zukunft gewinnt – und dies mit der Folge einer eher „unerwünschten", da Benachteiligungen fortschreibenden *individuellen Konstanz* im Lebenslauf (vgl. Weymann, Mader, Dietrich, &

Dahms, 1980, S. 85). Angesichts ihres kurzfristigen Agierens im *Spannungsmanagement* und ihrer „vom Schulkontext abgelösten“ bzw. verselbstständigten Fremdbilder sind ihre Optionen, ihr Leben teleologisch zu ordnen, das heißt „auf einen bestimmten biographischen Fluchtpunkt [nämlich auf das Einmünden in eine unbefristete, möglichst qualifizierte Vollzeiterwerbstätigkeit auf dem ersten Arbeitsmarkt; H.S.] hin zu organisieren“ (Kohli, 1994, S. 221; vgl. Kohn, 1994, S. 436), eingeschränkter als bei ihren höher qualifizierten Altersgenossen und Altersgenossinnen. Im Resultat beobachten wir, dass gering qualifizierte Personen seltener auf qualifizierten Arbeitsplätzen beschäftigt und stärker von Nichterwerbstätigkeit betroffen sind. Zudem wird deutlich, dass die Arbeitsmarktentscheidungen von gering qualifizierten Personen nicht unbedingt der Logik einer „Ertragskalkulation“ (wie sie die ökonomischen Theorien voraussetzen) folgen. Sowohl die sozial ungleiche Ressourcenausstattung von Bildungsgruppen (siehe Abschnitt 7.1) als auch die Aneignung und der Umgang mit „bildungskategorialen“ Identitätskonstruktionen – wie sie hier verhandelt wurden – legen die Beachtung der sozialen Einbettung von (eigenen wie fremden) Arbeitsmarktentscheidungen in den Kontext von Werten, Normen und sozialen Beziehungen nahe.

7.3 Zwischenfazit: Gering Qualifizierte aus der Sicht ihrer Lebensverläufe

Social structure limits what you get, but also what you want.
(Tepperman & Djao, 1990, S. 56)

Die Ausführungen haben gezeigt, dass sich die Erwerbschancen von gering qualifizierten Personen weder über singuläres Handeln noch über isolierte Transaktionen zwischen Arbeitsanbieter und -nachfrager erklären lassen. Diesen Transaktionen vorgelagert und ihr Zustandekommen bestimmend sind sozial eingebettete, „vernetzte“ Such-, Informations- und/oder Reputationsprozesse. Als Gruppenmitglieder sind die Erwerbschancen gering qualifizierter Personen daher in mehrfacher Weise mit den Lebens- und Erwerbsverläufen ihrer (zumeist auch gering qualifizierten) Eltern, Freunde, Bekannten, Arbeitskollegen verbunden, von diesen abhängig und durch sie negativ beeinflusst – und zwar in Form von:

- bildungskategorial definierten Anbieter- und Rekrutierungsnetzwerken,
- eingeschränkten Erfahrungs- und Erwartungskontexten,
- negativen sozialen Identitätszuschreibungen für alle Netzwerkmitglieder,
- geringeren Erwerbsambitionen ihrer Netzwerkmitglieder, die „lebende“ Modelle des Umgangs mit diesen Zuschreibungen (und damit Orientierungshilfen für ihr Spannungsmanagement) darstellen, sowie

- durch geringere qualifikatorische Ressourcen der Angehörigen ihrer Verkehrskreise und ihres Netzwerks für die Kompetenzentwicklung.

Gleichzeitig werden sie durch die kategorialen Grenzziehungen im Bildungssystem sowie im Arbeitsmarkt *(opportunity hoarding)* und die Definition von Gruppenzugehörigkeit und -ausschluss (soziale Identitätskonstruktionen und identitätsinterpretative Handlungsmuster) von den besseren Ressourcen der anderen Bildungsgruppen ausgeschlossen.

Die Ausführungen zum *role-making* haben überdies verdeutlicht, dass ihre „Abweichungen" im qualifikatorischen und sozialen Bereich im „Zusammenspiel institutioneller und individueller Dynamiken über den Lebenslauf" (Heinz, 2000, S. 4) häufig das Ergebnis eines in der Familie beginnenden, in den (Aus-)Bildungsinstitutionen fortgeschriebenen und beim Erwerbseinstieg festgeschriebenen, ungünstig verlaufenden Sozialisationsprozesses sind. Insofern greifen die ökonomischen Erklärungsangebote, gemäß denen die geringeren Erwerbschancen gering qualifizierter Personen *erst* aus den Prozessen seit dem Arbeitsmarkteinstieg und vor allem aus dem Entscheidungsverhalten der Beschäftiger resultieren, zu kurz. Eine Lebens- und nicht nur Erwerbsverlaufsperspektive, die berücksichtigt, dass Individuen unter anderem auf der Grundlage ihrer kumulierten Erfahrungen und Ressourcen handeln (Bandura, 1995, S. 23; Mayer, 1998, S. 439), ermöglicht so eine Einbeziehung der *Ursachen* geringer Bildungsleistungen sowie ihrer handlungsrelevanten Verarbeitung *seitens* der gering qualifizierten Personen selbst.

Das bisher in diesem Kapitel entwickelte Erklärungsangebot für die geringeren Erwerbschancen dieser Bildungsgruppe bietet damit eine weitere Gegenargumentation[41] zur derzeit prominenten Forderung in der ökonomischen wie soziologischen Forschung, mit der Berücksichtigung „aller möglichen" *individuellen* Eigenschaften und Merkmale die so genannte *unbeobachtete Heterogenität* zu reduzieren (eines der wichtigsten Themen der Methodenentwicklung). Nur so sei es möglich – so die Annahme –, die wirklichen Kausalmechanismen zu entdecken. Zunächst ist dagegen einzuwenden, dass *Gatekeepers* (wie z.B. Beschäftiger, Lehrer usw.) auch nicht mehr „beobachten" können als Forscher und sie zudem keine komplizierten Modellrechnungen zu Wahrscheinlichkeiten anstellen. Sie beobachten zum Großteil daher nur wenige Merkmale und nutzen darauf basierende „Selektionsregeln" (siehe Abschnitt 4.2). Wichtiger ist aber noch darauf hinzuweisen, dass mit dieser „Kontroll"perspektive *kontinuierliche* Prozesse der Ungleichheitsgenerierung über Residualdefinitionen bis zur Unkenntlichkeit parzelliert werden. Mit der Konzeptualisierung von *Matching*-Pozessen von *internen* und

41 Eine erste Gegenargumentation wurde bereits am Ende der Darstellung der *Signaling*-Theorie geliefert (siehe Abschnitt 4.2).

externen Kategorien wird in der relationalen und zugleich lebensverlaufsdynamischen Erklärung die *unbeobachtete Heterogenität* selbst zum Bestandteil der theoretischen Erklärung ungleicher Arbeitsmarktchancen – statt empirisch kontrolliert und damit eliminiert. Diese Heterogenität wird nicht als Widerspiegelung *exogener* Eigenschaften von *Individuen* gesehen, sondern als *endogenes* Resultat der (Fremd- und Selbst-)Allokation von Personen in die unterschiedlichen Bildungs*gruppen* hinein (vgl. Granovetter, 1986, S. 8):

> „Accumulated over time in multiple organizational settings, the operation of categorical boundaries means that members of different categories arrive in new settings with differential capacities and social ties. Those differential capacities and social ties produce different performances, which then generate unequal rewards in the new settings." (Tilly, 1998, S. 114)

Ferner ist hervorzuheben, dass eine Betrachtung von Bildungsgruppen als Konstruktion von „Normalität" und „Abweichung", der daraus resultierenden sozialen Identitätskonstruktionen und der damit verbundenen (gesellschaftlich definierten) individuellen Normalisierungspflichten – wie es hier geschehen ist – die hinter dem *individuellen* Merkmal stattfindende gesellschaftliche bzw. institutionelle „Produktion" von unterschiedlich „gebildeten" Personen in den Blick nehmen kann. Der Erwerb von Bildung und Bildungszertifikaten ist damit mehr als nur ein individueller „Investitionsprozess". Er wird zu einem *lebensalterbezogenen* Prozess des Absolvierens institutionalisierter Stationen im Bildungs-, Ausbildungs- sowie Erwerbssystem (Kohli, 1985, S. 2), der durch institutionelle bildungskategoriale Gelegenheitsstrukturen (wie z.B. durch formale Zulassungsregeln und Altersgrenzen) und die damit verbundenen kategorialen Grenzziehungen gleichermaßen beeinflusst wird.

Auf der Basis der „Normalbiografie" moderner Gesellschaften (Levy, 1977) – für die es unerheblich ist, wie viele sie empirisch realisieren (vgl. Wilensky, 1960, S. 557) – stellt das „individuelle" Durchlaufen dieser Institutionen Wissensstrukturen über regelhafte Übergänge, Definitionen von Machbarkeit und Bilanzierungskriterien für die Leistungsbewertung des Einzelnen durch andere und sich selbst zur Verfügung (vgl. Mayer & Müller, 1989). Damit wird geringe Bildung als *Abweichung* einerseits durch diese Institutionen und ihre formalen Regelungen konstituiert, da sie Möglichkeiten der Stereotypisierung sozialen Verhaltens auf Basis normativer Erwartungen bereitstellen. Andererseits – da der Lebenslauf auch Gestaltungsaufgabe und -leistung der Einzelnen selbst ist – wird diese „Abweichung" durch die Einzelnen (auch durch die gering Qualifizierten) und ihr Verhalten reproduziert. Dem äußeren Druck des Erreichens von „Normalität" – gemessen über die *individuelle Performanz* in den Lebenslaufinstitutionen (d.h. über ihr demonstriertes und von außen bewertetes Bildungsniveau) – begegnen sie vor allem mit Aktivitäten der Vermeidung von „Momenten der Wahrheit" ihrer

Nichtnormalität. Damit verlieren sie sowohl die Kumulativität von bildungskategorialen Bewertungs- und Aneignungsprozessen als auch die dazu erforderliche „Langsicht" der Lebensplanung aus dem Blick (vgl. Elias, 1939/1969, S. 336ff.; Mayer, 1998, S. 439; Stauber & Walther, 2000, S. 6) – und tragen so zu ihrer Verstetigung in der Gruppe gering qualifizierter Personen bei:

> „These differences among classes in time orientation or deferred gratification patterns reflect the level of uncertainty in living conditions or the variability of returns. Such uncertainty is not the fault of the ‚victims', but is a rational reaction to the expected high uncertainty of return." (Sørensen, 2000, S. 1539)

Mit dieser relationalen Betrachtungsweise von Bildung wird der *Individual*charakter von Bildung in ein *Gruppen*merkmal und einen Gruppenkontext aufgelöst. Die Bedeutung von Bildungszertifikaten für betriebliche Rekrutierungspraxen und damit für Arbeitsmarktchancen wird über ihre formalen Aspekte (als Merkmal von Individuen, zum Beispiel in Form des *Signaling* bzw. der Kompetenzausweisung) hinaus auf ihre informellen Aspekte (in Form von Anbieter- und Rekrutierungsnetzwerken) *und* identitätsinterpretativen Aspekte (Fremd- und Selbsttypisierungen von Arbeitsplatzsuchenden, bereits im Unternehmen Beschäftigten und Personalverantwortlichen als Angehörige unterschiedlicher Bildungs*gruppen*) ausgedehnt. Von daher werden im Unterschied zu den ökonomischen Erklärungsangeboten Selbstselektionsprozesse auf dem Arbeitsmarkt berücksichtigt. Zudem wird die Legitimation bildungsbasierter Arbeitsplatzbesetzungen nicht nur über die Definitionsmacht bürokratischer Regelungen und Prozeduren erklärbar. Vielmehr wird zugleich in Rechnung gestellt, dass über Netzwerkverbindungen hergestellte Personalrekrutierungen, da sie gleichfalls zu weitgehend bildungshomogenen Arbeitsplatzbesetzungen führen, mit der meritokratischen Formel rationalisiert und legitimiert werden können.

Als *Zwischenfazit* lässt sich festhalten: Die Auswahlprozesse der Beschäftiger bestimmen zwar die (schlechtere) Arbeitsmarktplatzierung von gering qualifizierten Personen mit, und zwar insbesondere dann, wenn diese sich beworben haben. Ihre geringeren Erwerbschancen sind aber auch – so wurde wohl deutlich – das Resultat einer bildungskategorial ungleichen Angebotskomponente, und zwar nicht nur im Hinblick auf ihr „individuelles Bildungsangebot" (wie in den ökonomischen Theorien berücksichtigt), sondern auch im Hinblick auf ihr „chancenreduzierendes" Bewerbungsverhalten.

Hiergegen könnte eingewendet werden, dass dies irrelevant ist, denn selbst wenn sich alle gering qualifizierten Personen auf alle freien Stellen bewerben würden, würden sie vergleichsweise häufiger als höher qualifizierte Personen von Personalverantwortlichen „aussortiert" werden. Dies mag zutreffen, aber dennoch ist eine Einbeziehung von Selbsttypisierungs- und -selektionsprozessen aus drei

Gründen *relevant*. *Erstens* werden aus gering qualifizierten Personen so „Subjekte" statt „Objekte". *Zweitens* wird aus dem Individualmerkmal „Bildungszertifikate" eine Gruppendefinition, wodurch die Erwerbschancen von gering qualifizierten Personen nicht nur durch ihr eigenes Verhalten, sondern auch durch das ihnen zugeschriebene Verhalten nachteilig beeinflusst werden. Auch hier gibt es einen wesentlichen Unterschied zu der in Abschnitt 4.2 behandelten „statistischen Diskriminierung", die gleichfalls auf Gruppenzugehörigkeiten beruht. Mit der statistischen Diskriminierung wird aus Bildungszertifikaten die potenzielle Leistungsfähigkeit von Individuen (über ihre Zugehörigkeit zu bestimmten Bildungskategorien) abgeleitet. Es ist damit ein probabilistisches Konstrukt der individuellen Leistungs- und Lernfähigkeit, das zu privilegierenden oder benachteiligenden *Fremd*selektionsprozessen führt. Im Unterschied dazu kennzeichnet die Definition von Bildungszertifikaten als soziale Identitätszuschreibungen und -beschädigungen einen Prozess sozialer Sinndeutung und Stereotypisierung auf der Basis *normativer* Verhaltenserwartungen. Es geht daher um die besondere Qualität der Markierung eines „normabweichenden", negativ konnotierten Verhaltens und dessen Konsequenzen für ein spannungsvolles Identitätsmanagement seitens der so etikettierten Personen, das auch zu *Selbst*typisierungen und -selektionsprozessen auf dem Arbeitsmarkt führt. Und *drittens* ist eine Beachtung dieser Selbstselektionsprozesse für politische Interventionen relevant, da nur so berücksichtigt wird, dass die Lebens- und Erwerbschancen gering qualifizierter Personen das gemeinsame und im Lebensverlauf sich *verstetigende* Resultat struktureller Ausgrenzungsrisiken, eingeschränkter sozialer Beziehungen und benachteiligender individueller Verhaltensweisen sind (siehe Kap. 13).

Eine grafische Darstellung der beiden diskutierten soziologischen, relationalen Erklärungsangebote für die schlechteren Erwerbschancen von gering qualifizierten Personen zeigt Abbildung 7.1. Diese Grafik ist zwar statischer Natur, insofern sie nicht die Dynamik von Prozessen des *opportunity hoarding* und des Identitätsmanagements *im Lebens- und Erwerbsverlauf* darstellt. Deutlich wird in dieser Abbildung allerdings, dass beide Mechanismen (über die Interaktionszusammenhänge) in Wechselbeziehung zueinander stehen und gemeinsam zu eingeschränkten Handlungsspielräumen für gering qualifizierte Personen auf dem Arbeitsmarkt führen.

Abbildung 7.1: Bildungszertifikate als relationales Merkmal

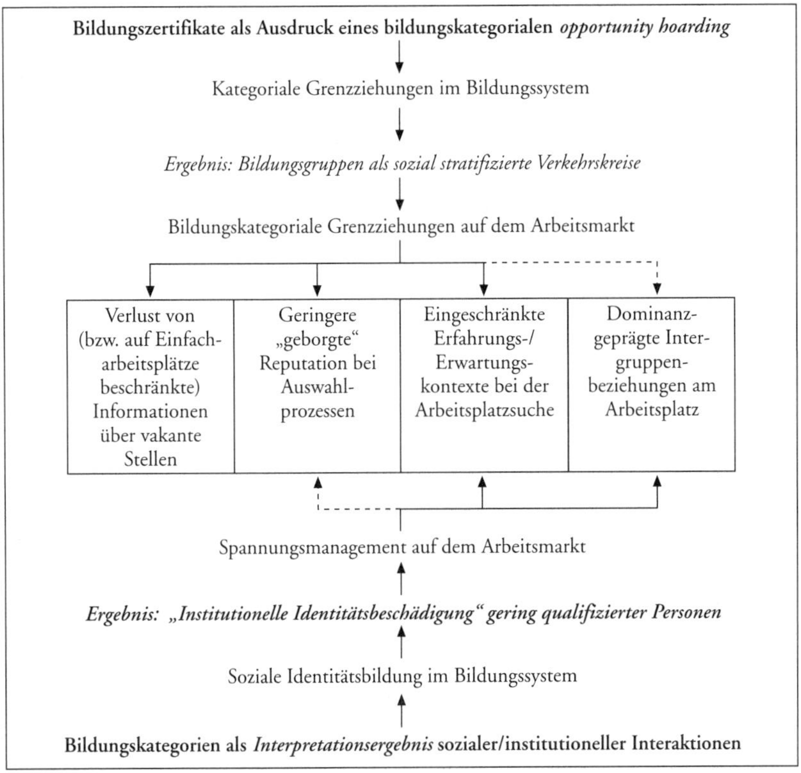

Durchgezogene Linien/Pfeile markieren einen direkten Zusammenhang; gestrichelte Linien/Pfeile markieren einen indirekten Zusammenhang.

8 Die historische Radikalisierung der Benachteiligung von gering Qualifizierten auf dem Arbeitsmarkt

There had been an overall rise in levels of educational attainment, but the very weakest young people had not been part of this trend (…). Rather than catching up, the least advantaged young people had been dropping further behind. (Roberts, 1997, S. 87)

Im Folgenden wird die statische Betrachtungsweise aufgehoben. Gegenstand dieses Kapitels ist damit die Frage, *ob* und *wie* sich mit den in Kapitel 7 entwickelten Mechanismen eine *Zunahme* der Arbeitsmarktinferiorität gering qualifizierter Personen bzw. eine *Verschlechterung* ihrer Arbeitsmarktchancen erklären lässt.

Bei der Entwicklung der *Diskreditierungsthese* (Abschnitt 5.2) wurde auf eine „demografische" Veränderung der Gruppenkompositionen von Bildungskategorien hingewiesen, wonach die höheren Bildungsgruppen infolge der gestiegenen Bildungsbeteiligung nachwachsender Generationen hinsichtlich der (gezeigten) individuellen Leistungsfähigkeit ihrer Gruppenangehörigen *heterogener* geworden sein sollten, die Gruppe gering qualifizierter Personen hingegen *homogener.* Diese Homogenisierung war allerdings – wenn sie denn stattgefunden hat – bei den unteren Bildungsgruppen gleichfalls mit einer Erhöhung des (absoluten) Niveaus der vermittelten Kompetenzen verbunden (z.B. durch eine Verlängerung der Pflichtschulzeit oder eine Zunahme akademischer Bestandteile in den Lehrplänen) (vgl. Übersicht in Rijken, 1999, S. 182)[42]:

„Personen, die heute nicht über das Mindestniveau an Bildung verfügen, sind in der Regel dennoch besser ausgebildet als ihre Eltern, doch müssen diejenigen, die heute nicht über diese Ausbildung verfügen, zunehmend die Ausgrenzung vom Arbeitsmarkt fürchten." (Planas, 1999, S. 66)

Aus der *einseitigen* gesellschaftlichen Erwartung einer leistungsmäßigen Homogenisierung der Gruppe der gering Qualifizierten wurde die *Diskreditierungsthese*

42 Dies wird oft vergessen (siehe z.B. bei Büchtemann, 1998, S. 19f.; Gerstenberger & Seltz, 1978, S. 163).

abgeleitet, in der ein verändertes, nun stärker diskreditierendes Einstellungs- und arbeitsplatzorganisatorisches Verhalten der Arbeitgeber gegenüber gering qualifizierten Personen als Erklärung für ihre abnehmenden Arbeitsmarktchancen formuliert wurde. Damit wurde *ein* Aspekt der – durch die Bildungsexpansion verursachten – Abnahme des *relativen* Anteils der Gruppe gering qualifizierter Personen in der Bildungshierarchie in die Erklärung einbezogen. Unberücksichtigt blieb allerdings, dass sich

– auch die soziale Zusammensetzung von Bildungsgruppen im Allgemeinen und die der Gruppe gering qualifizierter Personen im Besonderen verändert hat bzw. haben sollte. Insofern stellt sich die Frage, ob wir heute in Bezug auf soziale Herkunft (aber auch Geschlecht und ethnisch-kulturelle Herkunft, siehe Kap. 11 und 12) überhaupt noch die gleiche Population vorfinden, oder ob wir es nicht, historisch gesehen, mit einer anderen – wenn auch gleich etikettierten – sozialen Gruppe zu tun haben (vgl. Leschinsky & Mayer, 1999, S. 31; Mare, 1980, S. 295; Mayer, 1991a, 1999; Müller, 1998, S. 98; Müller & Haun, 1994, S. 39).
– Zudem sollte sich nicht nur die Wahrnehmung von gering qualifizierten Personen seitens der Arbeitgeber verändert haben, sondern auch die Fremd- und Selbsttypisierungsprozesse, die vor dem Arbeitsmarkteinstieg stattfinden, sowie das dadurch beeinflusste Bewerbungsverhalten seitens gering qualifizierter Personen.

Letzteres gerät in den Blick, wenn beachtet wird, dass die Bildungsexpansion nicht zu einem Bildungsanstieg geführt hat, durch den *alle* wie mit einem Fahrstuhl „insgesamt eine Etage höhergefahren" sind (Beck, 1986, S. 122). In *keiner* der westlichen Industrienationen führte die Bildungsexpansion zu einer Abschaffung der unteren Bildungsstufen. So gibt es beispielsweise in den USA immer noch unter den 16- bis 24-Jährigen etwa 11 Prozent *high-school dropouts*, das heißt mehr als jeder zehnte Jugendliche verlässt dort heutzutage die *high-school* ohne einen Sekundarschulabschluss (siehe Abb. 8.1); auch in Deutschland ist es möglich, die Schule nach der Pflichtschulzeit ohne einen Sekundarschulabschluss zu beenden (siehe Abb. 8.2); in der Schweiz dürfen Jugendliche gleichfalls weiterhin die Schule ohne höheren Sekundarschulabschluss verlassen (1976 waren es 22,5%, 1997 etwa 11,5%) (OECD, 1999c, S. 28); und selbst Schweden entließ im Jahr 2001 noch etwa 9 Prozent der 25- bis 34-Jährigen ohne höheren Sekundarschulabschluss (35 Jahre zuvor waren es 47%) (OECD, 1999b, S. 12). Damit ist zwar in all diesen Ländern der Anteil gering qualifizierter Personen zumeist deutlich gesunken, aber die *Kategorie* der gering Qualifizierten blieb bestehen – und zwar nicht nur relativ (im Vergleich zu Personen mit höheren Abschlüssen), sondern auch nominal.

Abbildung 8.1: Anteil der 16- bis 24-Jährigen, die als *dropouts* die Schule ohne *high-school degree* verlassen haben, USA, 1972 bis 1999 (in %)

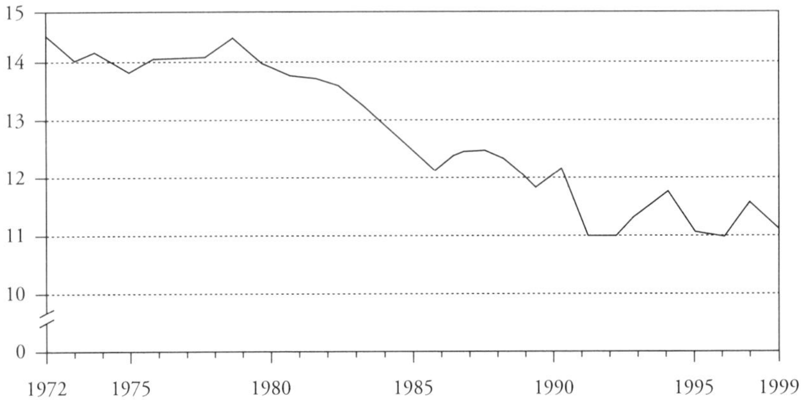

Quelle: Übernommen aus U.S. Department of Education, National Center for Education Statistics, 2000, S. iv.

Abbildung 8.2: Schulentlassene aus allgemein bildenden Schulen nach Abschlussart, Westdeutschland, 1965 bis 1998 (in %)

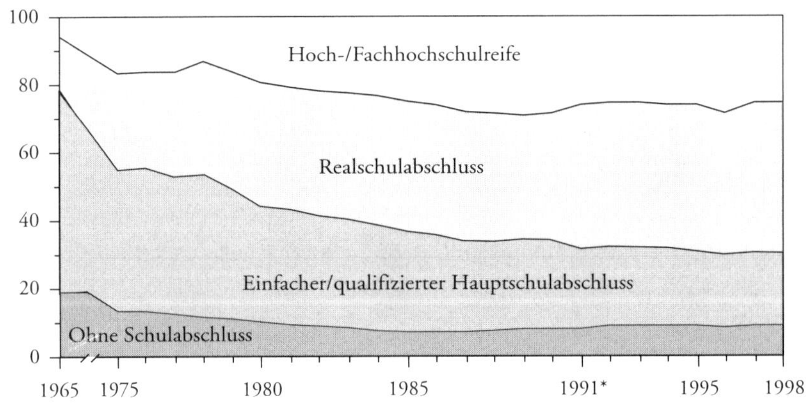

* Ab 1991 Gesamtdeutschland.

Quelle: Statistisches Bundesamt, Bildung im Zahlenspiegel, div. Jahrgänge, Fachserie 11, Reihe 1, div. Jahrgänge.

Zudem hat sich der Schwellenwert verändert, ab dem heutzutage ein geringes Bildungsniveau definiert wird. Während dazu in Deutschland in den 1960er Jahren Jugendliche ohne Sekundarschulabschluss und Schulabgänger/Schulabgängerinnen von Sonderschulen zählten, sind es seit den 1980er Jahren Jugendliche ohne Hauptschulabschluss, Sonderschüler/Sonderschülerinnen *sowie* Jugendliche, die die Schule nur mit einem (einfachen oder qualifizierten) Hauptschulabschluss verlassen. Denn selbst der Volks- bzw. Hauptschulabschluss, der in den 1960er Jahren mit einem Anteil von etwa 70 bis 80 Prozent an den Schulentlassenen noch den Regelschulabschluss darstellte, gilt heute als Schulabschluss *unterhalb* der „Mindestnorm" (Realschulabschluss; siehe Abb. 8.2).

Ähnliches gilt in Deutschland für den Besuch einer Hauptschule, der heute nicht mehr als *Regel*schulbesuch angesehen wird (siehe Abb. 8.3). Der Anteil der 13-Jährigen, die ein Gymnasium besuchen, hat sich seit den 1950er Jahren mehr als verdoppelt; der Anteil der Realschüler hat sich sogar verdreifacht. Im Gegenzug

Abbildung 8.3: Relativer Schulbesuch der 13-Jährigen nach Schulart, Westdeutschland, 1952 bis 1998 (in %)

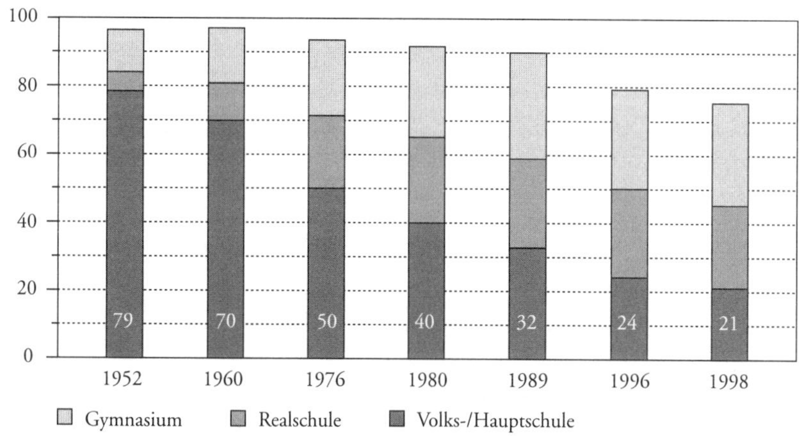

Einschließlich der ausländischen Schüler und Schülerinnen; Differenz zu 100 sind Sonderschulen, Gesamtschulen, Schulen mit mehreren Bildungsgängen, Waldorfschulen, ab 1996 Gesamtdeutschland.

Quelle: Datenreport, 1995, 1999; Grund- und Strukturdaten 1994/95; Hüfner & Naumann, 1977, S. 235; Köhler, 1992, S. 30; Statistisches Bundesamt, Fachserie 11, Reihe 1.

besuchen heute (in Gesamtdeutschland) nur noch etwa 20 Prozent der 13-Jährigen eine Hauptschule[43].

Darüber hinaus absolvieren heute fast alle Jugendlichen und jungen Erwachsenen in Deutschland eine *anerkannte berufliche Ausbildung* (siehe Abb. 8.4), sodass im historischen Vergleich wohl zu konstatieren ist: Während in den 1960er Jahren in Deutschland die Gruppe gering qualifizierter Personen aus Schulentlassenen ohne Sekundarschulabschluss bestand, schließt sie heute auch die Jugendlichen ohne abgeschlossene Berufsausbildung (vgl. Biermann & Rützel, 1991, S. 417; Mayer & Blossfeld, 1990, S. 310).

Abbildung 8.4: Anteil der jungen Erwachsenen (westdeutscher Herkunft) ohne Ausbildungsabschluss bis zum 25. Lebensjahr[1] (in %)

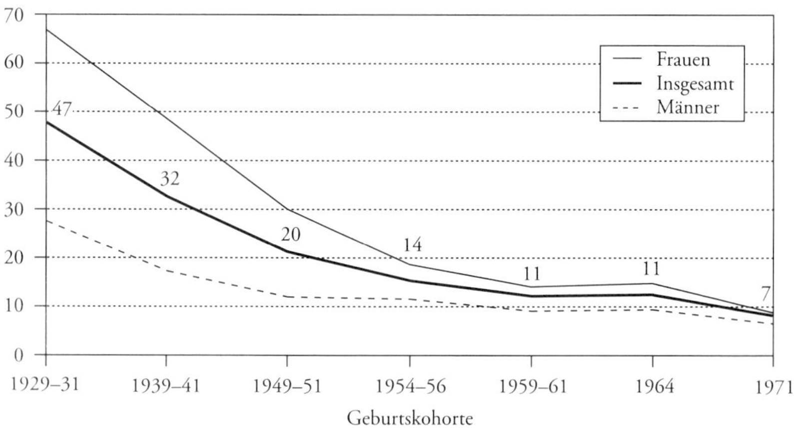

1 Personen, die sich im 25. Lebensjahr in Ausbildung befanden und noch keine Berufsausbildung abgeschlossen hatten, sind hier nicht mitgezählt.

Quelle: Eigene Berechnungen, MPIfB-Lebensverlaufsstudie, MPIfB-IAB-Studie der Geburtskohorten 1964/1971 (siehe Anhang am Ende des Buches).

43 Der Anteil der Hauptschüler und Hauptschülerinnen variiert regional sehr stark. Doch selbst in Bayern (44%) und Baden-Württemberg (32%) besuchten im Jahr 1998 weniger als die Hälfte der Schüler und Schülerinnen des Sekundarbereichs I eine Hauptschule. In allen anderen Bundesländern lag und liegt dieser Anteil unter 30 Prozent (z.B. in Berlin bei 11%, im Saarland sogar bei nur 5%). In Brandenburg wurde die Hauptschule nach der Wiedervereinigung gar nicht erst wieder eingeführt, und in Thüringen und Sachsen-Anhalt gibt es sie nur noch als einen *Schulzweig* an den Schulen mit mehreren Bildungsgängen.

Ähnliche relative Verschiebungen sind beispielsweise auch für die USA zu konstatieren. Selbst ein *high-school degree* gilt immer weniger als „ausreichender" Bildungsabschluss, da sich der Anteil der 25- bis 34-Jährigen, die nach der Schule (zumindest zeitweise) ein *College* besucht haben, zwischen 1940 und 1996 mehr als vervierfacht hat und im Jahr 1996 etwa 55 Prozent betrug (OECD, 1999d, S. 6).

Mit der Nichtabschaffung der Gruppe der Schulentlassenen „ohne (höheren) Sekundarschulabschluss" als unterste Bildungsgruppe ist so zum einen die Distanz zu den höheren Bildungsgruppen größer geworden. Zum anderen sind mit der Bildungsexpansion ehemals als Regelschulabschluss anerkannte Bildungsniveaus zu niedrigen – den Bildungsstandard nicht erfüllenden – Bildungsabschlüssen disqualifiziert worden. Von daher kam es mit der Bildungsexpansion und der höheren Bildungsbeteiligung in der Bevölkerung auch zu einer *Veränderung des Referenzsystems „Bildungserfolg"*, durch die sich die zu absolvierenden institutionalisierten (Aus-)Bildungstrajektorien und -erwartungen verändert bzw. erhöht haben. Damit gehören gering qualifizierte Personen heute in vielen westlichen Gesellschaften nicht nur einer zahlenmäßigen „Minderheit" an, sondern sie sind dies nun in einer Umwelt, in der mit der meritokratischen Rhetorik und gestützt durch die höhere Bildungsbeteiligung der „anderen" eine *Individualisierung* des Bildungserfolgs stattgefunden hat (siehe Abschnitt 2.1).

Diese beiden Konsequenzen, die gleichfalls aus einer Verkleinerung der Gruppe gering qualifizierter Personen resultieren, werden in den folgenden Ausführungen verhandelt und hinsichtlich ihrer Konsequenzen für Veränderungen in den bildungskategorialen ressourcendefinierten und symbolischen (identitätsbasierten) Grenzziehungen am Arbeitsmarkt diskutiert. Im Kern geht es dabei um einen *zweifachen Perspektivenwechsel. Erstens* erfolgt eine theoretische Konzeptualisierung der Ursachen und Folgen einer *veränderten Sozialkomposition* sozialer Gruppen (hier von Bildungsgruppen), durch die diese Kompositionsveränderung – im Gegensatz zur gängigen (ökonomischen wie soziologischen) Praxis des „Ich-habe-dafür-kontrolliert"-Verfahrens bzw. der „Kontrolle" der Sozialkompositionen von Gruppen[44] – selbst zu einem *Bestandteil* der Erklärung wird (Abschnitt 8.1). *Zweitens* werden Veränderungen in den Biografien gering qualifizierter Personen – einschließlich ihrer Bildungsbiografien – und historische Veränderungen in den Strukturen und institutionellen Arrangements des (Aus-)Bildungssystems einbezogen (Abschnitt 8.2). Hierbei geht es vor allem um die Berücksichtigung von *Kohorteneffekten*, das heißt um die (aufgrund ihrer unterschiedlichen historischen Lagerungen) spezifischen Prägungen der Lebens-, insbesondere der Bildungs- und Erwerbsverläufe gering qualifi-

44 Dies erfolgt mit der Begründung, dass diese Kompositionsveränderungen die „wahren Kausalerklärungen stören" würden.

zierter Personen unterschiedlicher Geburtsjahrgänge. Einen dieser Kohorteneffekte haben wir bereits mit der Diskreditierungsthese (Abschnitt 5.2) berücksichtigt, nämlich das *Upgrading* der Rekrutierungsstandards: „Different standards were in place when the older workers were hired." (Bills, 1988, S. 85) In diesem Kapitel werden nun geburtskohortenspezifische Veränderungen in den *Lebensläufen gering qualifizierter Personen* betrachtet, um so die Relevanz der These einer Stigmatisierung gering qualifizierter Personen als Resultat radikalisierter (Fremd- und Selbst-)Ausgrenzungsgeschichten im (Aus-)Bildungssystem und auf dem Arbeitsmarkt auszuloten.

Dieser Perspektivenwechsel ist keinesfalls nur rhetorischer, sondern auch theoretischer Natur. Dies wird augenfällig, sieht man sich die üblicherweise in der Soziologie präsentierte Erklärung für veränderte Bildungsrenditen bzw. für die historische Veränderung des Zusammenhangs von Bildung und beruflicher Platzierung an. Dazu bietet sich ein resümierendes Zitat von Blossfeld (1983) an – man findet diese Erklärung aber auch bei Beck (1985), Boudon (1974), Sørensen und Blossfeld (1989), Solga und Konietzka (1999) sowie vielen anderen:

> „Falls das formale Upgrading der Qualifikationsstruktur durch die Bildungsexpansion nicht mit einer entsprechenden Zunahme der Berufsmöglichkeiten einhergeht, werden Verdrängungsprozesse wirksam. (...) Da die Beschäftiger bei den Hoch- und Höherqualifizierten eine höhere Grenznutzenproduktivität vermuten (Arrow, Spence, Grieger, Clement, von Weizsäcker, Friedemann); weil die formal besser Ausgebildeten sich in einer günstigeren Wettbewerbsposition befinden (Vincens, Teichler, Hartung, Nuthmann, Beck, Brater, Bolte), weil die Beschäftiger bei den Hoch- und Höherqualifizierten eine höhere Leistungsfähigkeit und Leistungsmotivation annehmen (Lutz, Asendorf-Krings, Drexel, Kammerer, Nuber), weil die Höherqualifizierten mehr Schlüsselqualifikationen besitzen (Mertens, Kaiser); oder weil die Beschäftiger eine meritokratische Bildungshypothese haben (Boudon): werden sich die Beschäftigungsprobleme v.a. bei den formal geringst qualifizierten Ausgebildeten kumulieren, während höhere *Qualifikationen* sich in jedem Fall gegenüber niedrigeren *Qualifikationen* durchsetzen können." (Blossfeld, 1983, S. 205; Hervorhebung H.S.)

Die Erklärung der Verschlechterung der Arbeitsmarktchancen gering qualifizierter Personen ist demzufolge: Mehr Bildung ist notwendig, um den gleichen sozialen Status bzw. die gleiche berufliche Position zu erreichen wie die vorangegangene Generation; die einzig wahren Verlierer sind gering qualifizierte Personen, da ihnen nun die früheren Aufstiegsmöglichkeiten nach oben dadurch verschlossen bleiben und sie vermehrt vom Arbeitsmarkt in Arbeitslosigkeit verdrängt werden (vgl. auch Bourdieu, 1982, S. 225). Bei Beck liest sich dies – etwas literarischer – folgendermaßen:

> „Die ehemals **einheitlich** statuszuweisende Funktion von Ausbildung hat sich in dem vergangenen Jahrzehnt aufgespalten und zwar in eine *Negativauswahl der Nichtteilnahmeberechtigten* am Konkurrenzkampf um Status und die tatsächlich positive Zuteilung von Statuschancen. (...) Die Zertifikate, die im Bildungssystem vergeben werden, sind keine Schlüssel mehr zum Beschäftigungssystem, sondern nur noch zu den *Vorzimmern*, in denen die Schlüssel zu den

Türen des Beschäftigungssystems verteilt werden (...)." (Beck, 1985, S. 318; Hervorhebung im Original, fette Hervorhebung H.S.[45])

Dreierlei wird daran deutlich: (1) die soziologische Erklärung beschränkt sich auf das (ökonomische) Verdrängungsargument, erweitert um das Absorptionsargument aufgrund der statusdistributiven Funktion von Bildungszertifikaten (siehe Abschnitt 5.2), (2) die Zugehörigkeit zu unterschiedlichen Bildungsgruppen wird mit (relativen) *Qualifikations*unterschieden von *Individuen* gleichgesetzt, und (3) die Verschlechterung der Erwerbschancen resultiert im Wesentlichen aus dem „Aggregationsparadox" gestiegener individueller Bildungsanstrengungen: „The education structure is a result of the *aggregation of individual decisions* rather than being directly influenced by over-time change in the social and/or economic structure." (Boudon, 1974, S. 161; Hervorhebung H.S.)

Damit kann zwar der modernisierungstheoretischen und technikdeterministischen Erklärung für die wachsende Nachfrage nach so genannten weichen Kompetenzen *(soft skills)* (z.B. Murnane & Levy 1996; siehe auch Abschnitt 5.1) begegnet werden. Die Einbeziehung der *reproduktionstheoretischen* (bzw. statusdistributiven) Dimension von Bildungszertifikaten erlaubt es jedoch, die wachsende Nachfrage nach „Sozialkompetenzen" als einen notwendigen Mechanismus zur Aufrechterhaltung des „Marktwerts" von Bildungszertifikaten und ihrer intergenerationalen Reproduktionspotenziale zu begreifen (vgl. Blossfeld, 1983, S. 203; Collins, 1979, S. 197). Angesichts der ernormen Erhöhung des durchschnittlichen Bildungsniveaus (die gerade von Angehörigen der höheren Schichten – aber auch von SozialwissenschaftlerInnen – negativ konnotiert als *Bildungsinflation* bezeichnet wird; vgl. Buchmann, 1989, S. 48) ermöglicht der Verweis auf die „Notwendigkeit" sozialer Kompetenzen auch weiterhin einen schichtabhängigen Zugang zu knappen Positionen, wenn nicht gar zu Beschäftigung überhaupt. Zertifikatsträger können gegenüber Zertifikatslosen so bevorzugt und die nun größeren Bildungsgruppen der Zertifikatsträger (z.B. die Abiturienten, Universitäts- sowie Lehrabsolventen) können *intern* kulturell (schichtabhängig) differenziert werden.

Bildungszertifikate als Merkmal von *Institutionen,* als *Gruppen*definitionen, als Ausdruck von *Interaktions*zusammenhängen, als identitätsdefinierender und -bildender Bildungserwerbs*prozess* sowie die historischen Veränderungen in diesen Dimensionen von Bildung werden in dieser (üblichen) Argumentation jedoch *nicht* berücksichtigt. Mithin sind die folgenden Überlegungen mit einem theoretischen Perspektivenwechsel verbunden.

---

45 Von einer „einheitlichen" statuszuweisenden Funktion von Ausbildung zu sprechen, ist insofern problematisch, da beispielsweise etwa 70 Prozent der Frauen und 30 Prozent der Männer der Geburtsjahrgänge 1929–31 gar *keinen* Ausbildungsabschluss besaßen (siehe Abb. 8.4).

8.1 „Soziale Verarmung" – Abnehmende soziale Ressourcen gering qualifizierter Personen

> *Including individual-specific origin and social background variables – the possibility of residual heterogeneity through omitted variables is substantially reduced. (Gallie, White, Cheng, & Tomlinson, 1998, S. 133)*

Die im Eingangszitat dieses Kapitels formulierte Beobachtung von Gallie und seinen Kollegen, wonach sich die „unbeobachtete Heterogenität" hinsichtlich der Arbeitsmarktplatzierung, Arbeitsbedingungen und Erwerbsverläufe von Personen bei Berücksichtigung sozialer Herkunftsfaktoren verringert, ist zwar richtig (vgl. auch Ellwood, 1982, S. 368). Eine Erklärung, warum dies so ist, wird damit allerdings nicht gegeben (und ist im gesamten Buch von Gallie u.a. nicht zu finden). Diese Erklärung soll im Folgenden gegeben werden, und zwar in einer für die Arbeitsmarktchancen von gering qualifizierten Personen spezifizierten Formulierung. Die Hypothese lautet, dass aufgrund von Veränderungen der herkunftskategorialen Grenzziehungen im Bildungssystem und der daran anschließenden bildungskategorialen Grenzziehungen im Erwerbssystem die Bedeutung der sozialen Herkunft für die Arbeitsmarktchancen von gering qualifizierten Personen zugenommen hat. Eine „Kontrolle" relevanter Herkunftsvariablen bedeutet damit eine Berücksichtigung dieser Grenzziehungen und ihrer Konsequenzen hinsichtlich der veränderten Ressourcenausstattung der Gruppe gering qualifizierter Personen bei der Arbeitsplatzsuche. Kern dieser These ist die *Annahme einer „sozialen Verarmung"* der Gruppe der gering Qualifizierten. Zu ihrer Herleitung und Begründung werden im Folgenden die Überlegungen aus Abschnitt 7.1 herangezogen bzw. dynamisiert[46].

Die *Verdrängungsthese* sowie die *Diskreditierungsthese* (siehe Abschnitt 5.2) unterstellen eine Konstanz der sozialen Ressourcen der Bildungsgruppen. Sie ignorieren, dass die Bildungsexpansion zu einer sozial stratifizierten „Abwanderung" in die höheren Bildungsgruppen geführt haben sollte. Aus der Tatsache, dass mit der Bildungsexpansion die vorhandenen Bildungsstufen beibehalten wurden und die Bildungsbeteiligung vieler, jedoch *nicht aller* Personen gestiegen ist, ergibt sich die Notwendigkeit, dass auch weiterhin Personen in den untersten, althergebrachten Bildungskategorien – ohne höheren Sekundarschulabschluss und/oder ohne Ausbildungsabschluss – verbleiben: „Da, wo nur Expansion zugelassen wird, ändert

---

46 Tilly (1998) schenkt mit dem Ziel, die Persistenz von sozialen Ungleichheiten erklären zu wollen, den *Veränderungen* kategorialer Ungleichheit keine Aufmerksamkeit (vgl. Roos, 1999, S. 28).

sich die soziale Selektivität des Schulsystems wenig. Da, wo strukturelle Änderungen durchgeführt werden, läßt sich ein Mehr an Chancengleichheit erreichen.“ (Eigler, Hansen, & Klemm, 1980, S. 69)

Unter Berücksichtigung der Allokationsfunktion moderner Bildungssysteme und der damit verbundenen Ausweisung individueller Bildungsleistungen – bei der nicht nur die in der Schule erworbenen, sondern auch (weiterhin) die aus der Familie mitgebrachten Leistungsressourcen und Kenntnisse berücksichtigt werden[47] – muss (so die Überlegungen aus Abschnitt 7.1.1) der Zuwachs bei den höheren Bildungsniveaus vor allem durch jene Kinder hervorgebracht worden sein, die über vergleichsweise bessere soziale bzw. familiale Ressourcen verfügen. Damit hat die soziale Heterogenität der höheren Bildungsgruppen zugenommen – ihr gehören heute auch vermehrt Personen an, die nicht aus den oberen sozialen Schichten stammen, sondern aus mittleren und vereinzelt aus unteren Schichten. In der unteren Bildungsgruppe sind überproportional Kinder aus sozial schwächeren Familien verblieben. Die sozial stratifizierten Aufstiegschancen in die höheren Bildungsschichten sind daher zwangsläufig mit einer *größeren sozialen Homogenität* der niedrigsten Bildungsgruppe verbunden. Das heißt, hier hat sich die Wahrscheinlichkeit, dass ihre Angehörigen nun in stärkerem Maße als vor der Bildungsexpansion *überproportional* aus sozial schwachen Familien stammen, erhöht.

Dieser stratifizierte Abwanderungsprozess aus der untersten Bildungsgruppe *(ohne höhere Sekundarbildung)* hat in allen westlichen Gesellschaften stattgefunden. Dies zeigt sich daran, dass die soziale Ungleichheit in den Bildungschancen zwar nicht zugenommen hat, aber in der Regel gleich geblieben ist – und nur in sehr seltenen Fällen (z.B. Schweden) abgenommen hat (Erikson & Jonsson, 1996; Shavit & Blossfeld, 1993). Diese scheinbare Konstanz führt jedoch zu der paradoxen Folge, dass – bei einem positiven Zusammenhang von sozialer Herkunft und erreichtem Bildungsniveau sowie einer relativen Verringerung des Anteils der unteren Bildungskategorie – überproportional Kinder unterer Schichten vom Bildungssystem als zu „gering qualifiziert“ entlassen werden.

Den Überlegungen aus Abschnitt 7.1.2 zufolge ergibt sich aus dieser damit verbundenen sozialen Verarmung der *Gruppe* gering qualifizierter Personen folgende Erklärung für ihre historisch beobachtbaren *abnehmenden Erwerbschancen* (hinsichtlich ihres Zugangs zu qualifizierten Arbeitsplätzen und ihres Arbeitslosigkeitsrisikos). Die Folge dieser veränderten kategorialen Grenzziehungen im Bildungssystem ist eine *Verringerung* der Gruppenressourcen für die Arbeitsplatz-

47 Das heißt, die Mitarbeit der Eltern und die kulturellen Ressourcen der herkunftsdefinierten Verkehrskreise stellen weiterhin Leistungspotenziale dar, die ein Bestandteil der Leistungsbewertung in der Schule sind.

suche, die sowohl die Verfügbarkeit über Kontakte als auch über Erfahrungskontexte betreffen, sodass Nichtbewerbungen auf qualifizierte Arbeitsplätze innerhalb der Gruppe gering qualifizierter Personen zugenommen haben (bzw. haben könnten). Diesen Prozess möchte ich als *These der „sozialen Verarmung"* der Gruppe gering qualifizierter Personen bezeichnen.

Für eine Relevanz dieses „Verarmungsprozesses" lassen sich sechs Teilprozesse anführen. Sie basieren alle auf den Konsequenzen dieser Veränderung der sozialen Gruppenzusammensetzung bzw. dieser benachteiligenden Homogenisierung für das – über bildungskategorial definierte soziale Beziehungen bzw. Rekrutierungs- und Anbieternetzwerke hergestellte – *Matching* von Bewerbern und bereits Beschäftigten. Fünf dieser Prozesse führen zu einer Erhöhung von Nichtbewerbungen (d.h. von Selbstselektionsprozessen) gering qualifizierter Personen, einer dieser Prozesse zu einer Zunahme von Prozessen der Fremdausschließung (wenn nicht gar Diskriminierung).

Zu den Ursachen für eine Zunahme an *Selbstselektionsprozessen* innerhalb der Gruppe gering qualifizierter Personen gehören zunächst drei Prozesse, die *relativer* Natur sind (d.h. im technischen Sinne „Kompositionseffekte" darstellen und somit zwar zu einer historischen Verschlechterung der Chancen dieser *Gruppe* im Vergleich zu den anderen Bildungsgruppen führen, nicht jedoch zu einer historischen Verschlechterung der individuellen Chancen). Dazu gehören:

(1) *Ein relativer Informationsverlust:* Mit der relativen Erhöhung des Anteils an gering qualifizierten Personen aus sozial schwachen, bildungsfernen Familien erhöht sich in den jüngeren Geburtskohorten auch der Anteil derjenigen, die über ihre Eltern und Freunde *keine* Verbindung zu qualifizierten Arbeitsplätzen haben. Damit haben weniger gering qualifizierte Personen als früher Informationen über freie Stellen sowie seltener Zugriff auf Erfahrungen, wie derartige Arbeitsplätze zu finden sind.

(2) *Eine eingeschränktere Qualifikationsabschätzung:* Überdies haben weniger gering qualifizierte Personen Informationen über die *realen* Qualifikationsanforderungen. Eine *vermehrte* Überschätzung dieser Anforderungen und eine daraus resultierende relative Zunahme an Nichtbewerbungen auf qualifizierte Jobs sind die Folge (vgl. Erikson & Jonsson, 1996, S. 54).

(3) *Ein „Reputations"verlust:* Weniger gering qualifizierte Personen als früher kennen „Fürsprecher", die auf qualifizierten Arbeitsplätzen beschäftigt sind, sich dort durch ihre Arbeit als „geeignet" ausgezeichnet haben (d.h. ein vorteilhaftes indirektes *Screening* darstellen) und ihre Einstellung in einem Unternehmen positiv beeinflussen können.

Neben diesen Kompositionseffekten gibt es auch erhöhte Gefahren für Selbstselektionsprozesse, die *absoluter* Natur sind und mit einer Verschlechterung der

„individuellen" Chancen der verbliebenen gering qualifizierten Personen einhergehen. Dazu gehören:

(4) *Veränderte normative Erwartungen:* Mit der veränderten sozialen Zusammensetzung ihrer Bezugsgruppe sollten sich auch die normativen Erwartungen ihrer alltäglichen Umwelt hinsichtlich eines „adäquaten und wünschenswerten Jobs" verändert haben. Die Tatsache, dass immer weniger Familienmitglieder und auch Freunde sowie Bekannte von gering qualifizierten Personen auf qualifizierten Jobs beschäftigt sind, könnte dazu führen, dass ihre Berufsperspektive seltener als früher auf eine Beschäftigung auf einem qualifizierten Arbeitsplatz hin ausgerichtet ist. Dies könnte die Suche nach einem qualifizierten Arbeitsplatz verringert haben.

(5) *Zunehmende Arbeitslosigkeit im Netzwerk:* Aufgrund von Verdrängungs- und Diskreditierungsprozessen gibt es in ihren Verkehrskreisen häufiger als früher arbeitslose Personen. Dies führt zu einer Verschlechterung ihrer Anbieter- und Rekrutierungsnetzwerkressourcen und damit zu einem realen Verlust an Kontakten und Informationen (Gallie & Paugam, 2000, S. 17). Ein *erhöhtes Arbeitslosigkeitsrisiko* von gering qualifizierten Personen der jüngeren Geburtsjahrgänge (im Vergleich zu älteren Geburtsjahrgängen) wäre die Folge dieser sich gegenseitig verstärkenden Prozesse von Verdrängung, Diskreditierung und Nichtbewerben.

Die Ursache für eine erhöhte Gefahr von *Fremdselektionsprozessen*, die sich aus dieser „sozialen Verarmung" ergibt, ist:

(6) *Eine abnehmende „Passung" zu den Beschäftigten:* Die zunehmende Besetzung von qualifizierten wie einfachen Arbeitsplätzen mit qualifizierten Personen – infolge der sozialen Kompositionsveränderungen von Bildungsgruppen und der damit einhergehenden Veränderungsmusterbetrieblichen Rekrutierungs- und Anbieternetzwerke – führt dazu, dass das *Matching* von (organisations-)externen Bildungskategorien bzw. -gruppen zu den internen Kategorien der Beschäftigten für gering qualifizierte Personen den Zugang zu (freien) Arbeitsplätzen erschwert. Sie treffen immer seltener auf ihresgleichen und werden damit als „Gruppenfremde" immer weniger als „zukünftige" Arbeitskollegen akzeptiert und eingestellt[48]. Die Konsequenzen sind geringere Zugangschancen zu quali-

---

48 Neben der generellen Diskriminierung bzw. Ablehnung von „Gruppenfremden", verursacht durch Prozesse der sozialen Kategorisierung (siehe Abschnitt 7.1.2), kommt mit den Veränderungen im Bildungs- und Erwerbssystem hinzu, dass alle Bildungsgruppen hinsichtlich ihrer sozialen Position verunsichert sind und nach einer Neujustierung suchen. Dies verstärkt die Prozesse der Diskriminierung von Gruppenfremden: „Conditions of social change increase the motivation for intergroup discrimination for groups in all positions of the dominance hierarchy." (Brewer & Brown, 1998, S. 571)

fizierten, aber auch Einfacharbeitsplätzen sowie ein erhöhtes Arbeitslosigkeitsrisiko gering qualifizierter Personen.

In der Summe und ihrer wechselseitigen Verstärkung führen diese sechs Prozesse des *opportunity hoarding*, die sich als Konsequenz der „sozialen Verarmung" der Gruppe gering qualifizierter Personen ergeben, zu einem erhöhten Ausschluss von gering Qualifizierten von qualifizierten und Einfacharbeitsplätzen. Sie tragen mit dazu bei, dass eine derartige Selbstselektion (und der angesprochene fremdinitiierte Ausschließungsprozess) nicht nur am Beginn des Erwerbslebens, sondern vermehrt auch über den gesamten Erwerbsverlauf hinweg stattfindet.

Im Vergleich zur *Verdrängungsthese* erklärt die *These der „sozialen Verarmung"* der Gruppe gering qualifizierter Personen die Verschlechterung ihrer Arbeitsmarktchancen daher nicht aus einem „Mangel an Gelegenheiten" aufgrund eines erhöhten oder Überangebots an Qualifizierten (als Kapazitätsproblem), sondern aus einem „Mangel an Gelegenheiten" aufgrund einer schlechteren, sozial verarmten Verbindung zur Arbeitswelt. Damit sind auch vermehrt *strukturell bedingte* Selbstselektionsprozesse an der zunehmenden Arbeitsmarktinferiorität gering qualifizierter Personen beteiligt.

Dieser Stratifikationseffekt der Bildungsexpansion könnte bereits eine Verschlechterung der Erwerbschancen von gering qualifizierten Personen (mit) erklären. Es ist zu erwarten, dass die Varianz ihrer Beschäftigungschancen abgenommen hat, weil sich die Heterogenität der Verbindungen von gering qualifizierten Personen zur Arbeitswelt verringert hat, das heißt *ehemals* zur Gruppe der gering qualifizierten Personen Gehörende mit Anbindungen an qualifizierte Arbeitsplätze durch die Abwanderung in die höheren Bildungsgruppen quasi „abhanden" gekommen sind.

Dieses – vor allem auf der *Gruppenebene* operierende – Stratifikationsargument ist jedoch nur eine Erklärung für vermehrte Selbstselektionsprozesse und deren Konsequenzen für die Arbeitsmarktchancen gering qualifizierter Personen. Eine Verschlechterung der *individuellen* Chancen wurde bisher nur insofern berücksichtigt, als mit dieser sozialen Verarmung der Gruppe gering qualifizierter Personen auch eine veränderte normative Erwartung in Bezug auf einen „passenden Arbeitsplatz" zu erwarten ist. Im Folgenden wird eruiert, ob es weitere Gründe für eine Verschlechterung der *individuellen* Beschäftigungschancen der „verbliebenen" gering qualifizierten Personen gegeben hat. Dazu wird mit der *These einer zunehmenden Stigmatisierungsgefahr* untersucht, inwieweit sich die Handlungsweisen der „Verbliebenen" aufgrund eines veränderten Referenz- und Bewertungssystems „Bildungserfolg" modifiziert haben.

8.2 „Achtung: Stigmatisierungsgefahr!" – Normalisierungspflichten und ihre Arbeitsmarktkonsequenzen

Der beste Beweis der Möglichkeit ist immer noch die Wirklichkeit. Solche Hoffnung [de]motiviert Menschen auf vielfältige Weise dazu, ihre Lebensverhältnisse oder auch ihr Leben zu verändern. (Dahrendorf, 1979, S. 188; Einfügung H.S.)

Soziale Identitätskonstruktionen und ihre Konsequenzen sind als Ergebnis gesellschaftlicher Interpretations- und Definitionsprozesse keine fixen Größen (siehe Abschnitt 7.2). Sie sind kontextabhängig und unterliegen gesellschaftlichen Wandlungsprozessen. Signifikante Symbole und darauf basierende Typisierungen von Verhaltenserwartungen und -weisen können infolge einer Modifikation und Veränderung dieser Definitionsprozesse eine Bedeutungsverschiebung, wenn nicht gar einen Bedeutungswandel erfahren. Dies gilt auch für die soziale Identität der als „leistungsschwach" etikettierten Personen und deren Konsequenz einer „institutionellen Identitätsbeschädigung". Ob und wann „geringe Bildung" bzw. Zertifikatslosigkeit ein *soziales Stigma* in modernen Bildungsgesellschaften darstellt, hängt damit vom jeweiligen Referenzsystem „Bildungserfolg" ab. Dieses stellt das Bezugssystem dar, das den jeweiligen Normalitätserwartungen und -pflichten hinsichtlich des Bildungserwerbs und des zu erbringenden Bildungserfolgs zu Grunde liegt.

Im Folgenden soll dargelegt werden, ob und warum sich – mit einer abnehmenden Gruppengröße und veränderten sozialen Zusammensetzung der Gruppe gering qualifizierter Personen – die Gefahr erhöht, dass die „institutionelle Identitätsbeschädigung" gering qualifizierter Personen die Qualität von Stigmatisierungsprozessen annimmt. Als Resultat zutiefst diskreditierender Fremd- und Selbsttypisierungsprozesse könnte diese erhöhte Stigmatisierungsgefahr gering qualifizierter Personen mit dazu beitragen, dass (a) Interaktionen zwischen gering und höher qualifizierten Personen vermehrt vermieden werden und (b) dass das Spannungsmanagement seitens gering qualifizierter Personen die Qualität eines Stigma-Managements annimmt und so (im Vergleich zur Vergangenheit) zu einer nochmals *erhöhten* Selbstselektion auf dem (Ausbildungs- und) Arbeitsmarkt führt.

Zuvor ist es jedoch sinnvoll zu definieren, was unter einem „sozialen Stigma" zu verstehen ist. Stigmatisierung ist die Extremform einer negativen Identitätszuschreibung bzw. Etikettierung in Bezug auf Verhalten *und* Charakter (Goffman, 1974, S. 68). Wie in Abschnitt 7.2 dargestellt, handelt es sich damit auch bei der Stigmatisierung nicht um die Etikettierung *einzelner* Individuen, sondern um die

Etikettierung von Individuen als *Gruppen*mitglieder. Das mit dem Gruppenmerkmal bzw. „-etikett“ (Stigma-Symbol) in Verbindung gebrachte Verhalten wird nicht „nur“ als negativ abweichend bewertet, sondern geht mit einer sehr extensiv diskreditierenden Wirkung einher, die in vielfältigen Situationen und Kontexten von den etikettierten Personen erlebt wird (Goffman, 1974, S. 11; Jones u.a., 1984, S. 295). Mit dieser allgegenwärtigen *Defizit*-Charakterisierung von Personen und der damit verbundenen Gefahr, dass es Bestandteil ihres Selbstkonzepts wird (Crocker u.a., 1998, S. 508f.; Jones u.a. 1984, S. 124), erhalten Stigma-Symbole einen – wie Goffman (1974) in seinem Buch *Stigma: Über Techniken der Bewältigung beschädigter Identität* ausweist – „Masterstatus“ in den Interaktionen der so etikettierten Personen in den verschiedenen Lebensbereichen.

Goffman (1974, S. 12f.) unterscheidet drei Typen von Merkmalen, die über den Prozess sozialer Sinndeutungen als Stigma-Symbole sozial bedeutsam werden können: (1) Abscheulichkeiten des Körpers, (2) Stigmata, die als individuelle Charakterfehler interpretiert werden (wie Arbeitslosigkeit), und (3) phylogenetische Stigmata (Rasse, Religion, Nation, Klasse). Eine zutiefst diskreditierende und allgegenwärtige Wirkung erlangen diese Attribute (Stigma-Symbole) als Indikator für Normabweichung in Interaktionen dadurch:

- dass sie die Beschaffenheit haben, kontinuierlich für die Wahrnehmung erreichbar zu sein (Crocker u.a., 1998, S. 507; Goffman, 1974, S. 127; Jones u.a., 1984, S. 34),
- dass sie nicht nur sichtbar, sondern auch „eindeutig“ (evident) sind und so vermeintlich „unfehlbare“ Bewertungen ermöglichen (Crocker u.a., 1998, S. 505; Goffman, 1974, S. 64),
- dass sie in einer Gesellschaft als „erworbene“ und individuell „kontrollierbare“ Merkmale gelten, sodass ihre Existenz als das Ergebnis „unzureichender“ individueller Anstrengungen hinsichtlich der erwarteten und teilweise geforderten „Behebung“ gewertet wird (Jones u.a., 1984, S. 40, 56 und 208), und/oder
- dass sie nicht zu „korrigieren“ sind, da die Korrektur dieses zur Stigmatisierung verwendeten Merkmals nicht zur völligen „Normalisierung“ der Person führt, sondern nur eine „Transformation eines Ich mit einem bestimmten Makel zu einem Ich mit dem Kennzeichen, ein bestimmtes Makel korrigiert zu haben“, darstellt (z.B. bei Alkoholkranken) (Goffman, 1974, S. 18; Jones u.a., 1984, S. 40).

Darüber hinaus erhöht der *Umgang* mit anderen stigmatisierten Personen die eigene Stigmatisierungsgefahr (z.B. als Arbeitsloser) (Jones u.a., 1984, S. 71). Durch diesen Umgang nimmt die „Entdeckungsgefahr“ zu, dass man selbst Träger dieses negativ bewerteten Attributs ist. Des Weiteren begünstigt ein „solcher Umgang“ die Antizipation eines erwartungskonformen Verhaltens bei gruppenfremden Interaktionspartnern. Schließlich führt er zu indirekten, über die Erfahrung dieser Bekannten vermittelten Stigmatisierungserlebnissen bei den diskreditierbaren Personen.

Ferner trägt eine *angespannte ökonomische Situation* zu einer erhöhten Stigmatisierungsgefahr der so definierten Minoritäten bei, da diese ökonomische Unsicherheit Verunsicherungen hinsichtlich der sozialen Ordnung mit sich bringt. Diese Verunsicherungen führen – mit dem Ziel des Positionserhalts – zu verstärkten Abgrenzungsprozessen zwischen Gruppen sowie zu einer veränderten Haltung gegenüber den von der Gesellschaft aufzubringenden Kosten für „deviante Personen" (Biermann & Rützel, 1991, S. 414; Goffman, 1974, S. 171; Jones u.a., 1984, S. 99ff.).

Welche Schlussfolgerungen lassen sich hinsichtlich dieser Dimensionen sozialer Stigmatisierung angesichts der Bildungsexpansion und erhöhten Arbeitsmarktkonkurrenz für die Konsequenzen einer „geringen Bildung" ableiten? Inwiefern kann davon ausgegangen werden, dass die institutionelle Identitätsbeschädigung gering qualifizierter Personen mit fortschreitender Entwicklung der Bildungsgesellschaft eine stigmatisierende Qualität erhält? Zur Beantwortung dieser Fragen werden zunächst diese Dimensionen einer akuten Stigmatisierungsgefahr hinsichtlich des Attributs „geringe Bildung" bzw. Zertifikatslosigkeit diskutiert. Anschließend werden ihre Konsequenzen für das Spannungs- bzw. Stigma-Management gering qualifizierter Personen dargelegt. Dies soll thesenartig erfolgen.

Eine stark wachsende Bildungsbeteiligung erhöht die Diskreditierungsgefahr gegenüber gering Qualifizierten und verstärkt „beschädigende" Selbsttypisierungsprozesse

Mit der Bildungsexpansion hat sich in vielen westlichen Gesellschaften der Anteil gering qualifizierter Personen drastisch verringert. „Geringe Bildung" verwandelte sich damit von einem Massen- in ein „Randgruppen"phänomen. Da die Gruppengröße Auskunft darüber gibt, wie „abweichend" ein Verhalten bzw., im hier diskutierten Zusammenhang, wie „abweichend" eine nur geringe Bildungsleistung ist, stellen gering qualifizierte Personen heute mehr als früher eine *normabweichende* Minderheit dar (siehe Abschnitt 7.2.1). Dadurch erhöht sich die Gefahr, dass das Merkmal „geringe Bildung" bzw. Zertifikatslosigkeit verstärkt die Sinndeutung eines „individuellen Charakterfehlers" – dem zweiten Stigma-Typus von Goffman – erhält:

> „Die heutigen gering Qualifizierten befinden sich in einer grundlegend anderen Situation als ihre Eltern. Diese hatten die Arbeitswelt nach Abschluss der Pflichtschule betreten, während die heutigen gering Qualifizierten trotz einer bisweilen beachtlichen Zahl absolvierter Schuljahre *Schulversager* sind." (CEDEFOP, 1999, S. 14; Hervorhebung H.S.)

Zudem erhöht sich die Gefahr, dass heutige als „leistungsschwach" etikettierte Schüler und Schülerinnen diese Diskreditierung mit dem Verbleib in den unteren Kursstufen oder unteren Schultypen – die von immer weniger Schülern und Schülerinnen besucht werden – noch *stärker* in ihrem Schulalltag erfahren als „leistungsschwache" (aber zahlenmäßig stärker vertretene) Schüler und Schülerinnen früherer Generationen. Insbesondere in Gesellschaften mit stark *linear* konzipierten Bildungs- und Qualifikationslaufbahnen kann die erhöhte Bildungsbeteiligung dazu führen, dass eine mit „Leistungsschwäche bzw. -defiziten" verbundene soziale Marginalisierung (siehe Abschnitt 7.2.1) frühzeitiger stattfindet, da ein *langfristig* abweichendes Bildungsverhalten bereits bei der *ersten selektiven* Laufbahnstufe antizipiert wird (vgl. Chisholm, 1996, S. 32).

Diese verstärkt diskreditierende Wirkung geringer Bildung in Bezug auf Fremd- und Selbsttypisierungsprozesse wurde – wie nun gezeigt wird – mit der Bildungsexpansion von Prozessen einer erhöhten Wahrnehmbarkeit, „Evidenz", „Korrekturpflicht" sowie durch zunehmend „stigmatisierungsgefährdende" Verkehrskreise begleitet.

Eine erhöhte Aufmerksamkeit gegenüber dem Bildungserfolg und den Bildungszertifikaten führte zu einer erhöhten Wahrnehmbarkeit von „geringer Bildung"

Mit der Bildungsexpansion hat sich nicht nur die Bildungsbeteiligung erhöht. Verändert haben sich auch die Zustandsdefinitionen von Bildungserfolg und -misserfolg, die Regelungsdichte der Zertifizierung von Bildungsleistungen, die Alterskriterien und lebenszeitlichen Fristen, bis zu denen bestimmte Bildungsleistungen zu erbringen sind (vgl. Featherman, 1989, S. 62; Klemm, 1991, S. 887; Kohli, 1990, S. 15; Mayer, 1991b, S. 672). *Bildung* wird als Kontinuitätsbedingung in dieser Welt, in der die Anzahl der Übergangs- und Marktsituationen im (Aus-)Bildungs- und Erwerbssystem zugenommen hat, immer bedeutsamer (vgl. Hiller, 1996, S. 23; Plath, 2000, S. 589). Eine höhere Sekundarbildung und – in Ländern mit einem ausgeprägten beruflichen Bildungssystem wie zum Beispiel Deutschland, Schweiz, Österreich, Norwegen und Dänemark – eine berufliche Ausbildung werden in Gesellschaften mit einer stark gestiegenen Bildungsbeteiligung als *obligatorischer* Standard für den Arbeitsmarktzugang gesellschaftlich erwartet.

Sowohl institutionell als auch normativ wurde dies von einer zunehmenden „chronologischen Normalisierung von Verhaltensabläufen" begleitet (Kohli, 1994, S. 220). Die Anzahl und alterstypische Standardisierung der segmentierten Stufen der Bildungsverläufe und Übergangsarrangements in den Arbeitsmarkt haben zugenommen (Featherman, 1989, S. 69; Mayer & Müller, 1989, S. 58; Modell, Furstenberg, & Hershberg, 1976, S. 22). Dies resultierte in einer stärkeren Verpflichtung aller Gesellschaftsmitglieder auf die so genannte *Normalbiografie* – bestehend aus erfolgreichem Schulbesuch, abgeschlossener Berufs- oder Hochschulausbildung und kontinuierlicher (Voll- bzw. bei Frauen Teilzeit-)Erwerbstätigkeit –, da sie sowohl im Hinblick auf normative, wertbezogene Normalität als auch im Hinblick auf deskriptiv-statistische Normalität (Stichwort: erhöhte Bildungsbeteiligung) über regelhafte Übergänge und deren Machbarkeit Auskunft gibt (vgl. Mayer & Müller, 1989, S. 58). Diese „Normalisierung" verschärfte die Differenzierungslinie zwischen „regelhaft" und „abweichend" (Kohli, 1978, S. 22, 1990, S. 15) und erhöhte das Stigma des Atypischen für all jene, die diese *Normalbiografie* nicht aufweisen bzw. aufgrund ihrer niedrigen, wenn nicht gar fehlenden Bildungszertifikate nicht *aus*weisen können. Insofern sind – trotz aller Individualisierungs- und Destandardisierungsdiskurse[49] – *Abweichungen* heute leichter als in der Vergangenheit beobachtbar und definierbar. Abweichungen von der *Normalbiografie* durch gering qualifizierte Personen können daher heute mit erhöhten Ausgrenzungsrisiken – Stigmatisierungsgefahren – infolge diskreditierender Fremdtypisierungen und selbstselektiver Vermeidungsstrategien seitens der diskreditierbaren bzw. diskreditierten Personen einhergehen (vgl. Stauber & Walther, 2000, S. 16; siehe Kap. 9).

„Geringe Bildung" in Zeiten einer stark erhöhten Bildungsbeteiligung läuft Gefahr, als eine von individuellen – und nicht mehr von sozialen – Faktoren gesteuerte Permeabilität von Bildungsgruppenzugehörigkeiten gewertet und verstärkt mit Interpretationen der Selbstverschuldung und einer erhöhten Evidenz von „Leistungsdefiziten" verknüpft zu werden

Die Verantwortung (!) einer erfolgreichen und fristgemäßen Absolvierung dieser „Karriere"stufen der *Normalbiografie* wurde immer mehr in die Hände der Individuen gelegt (vgl. Elias, 1939/1969; Heinz, 1996, S. 159; Kohli, 1994, S. 233). Mit der – nun „standardmäßig" – höheren Bildungsbeteiligung der anderen ist der Makel, nur über eine Schulpflichtausbildung zu verfügen und diese gar ohne Abschluss beendet zu haben, größer geworden (Mayer, 1991b, S. 673): „Der Begriff ‚gering Qualifizierte' impliziert einen Mangel an etwas, das die Gesellschaft im allgemeinen als positiv wünschenswert ansieht und impliziert daher für

49 In den wissenschaftlichen wie politischen Diskursen der letzten Jahrzehnte haben solche Begriffe wie Individualisierung, Destandardisierung, Bastelbiografie, aber auch „Ich-AG" sowie alle möglichen Kombinationen mit dem Präfix „Selbst" einen festen Platz gefunden. Abweichungen von der „Normalbiografie" werden damit paradoxerweiser als Normalität ausgewiesen (vgl. z.B. Beck, 1986; Beck-Gernsheim, 1994; Berger, 1990), obgleich diese Normalbiografie als Bewertungsmaßstab ungemindert den institutionellen (und insbesondere bildungs-, sozial- und arbeitsrechtlichen) Regelungen zu Grunde liegt.

die solchermaßen Bezeichneten, dass sie in irgendeiner Weise unzulänglich sind." (CEDEFOP, 1999, S. 20)

Obgleich gering Qualifizierte heute über ein höheres Wissen als gering Qualifizierte in der Vergangenheit verfügen, wird „geringe Bildung" „historisch in die Nähe zum Analphabetentum gerückt" (Beck, 1986, S. 245f., 1985, S. 319; Artelt, Stanat, Schneider, & Schiefele, 2001, S. 70). Eine höhere Bildung scheint – mit der Verlängerung der staatlich finanzierten Schulpflicht und der Öffnung der höheren Bildungseinrichtungen nun auch für Kinder unterer Schichten – ein leicht(er) *erwerbbares* Gut geworden zu sein. Die Durchlässigkeit der Grenzen zu den höheren Bildungskategorien hat sich erhöht, wodurch der Verbleib in der unteren Bildungskategorie als „selbstverschuldet" und „abwendbar" gedeutet wird (vgl. Brewer & Brown, 1998, S. 571; Rützel, 1997, S. 82). Damit erhöht sich die Gefahr, dass die sozialen Gelegenheitsstrukturen des Bildungs- und Kompetenzerwerbs in der Schule, im Familien- und Bekanntenkreis ignoriert (d.h. „Chancengleichheit" als Realität interpretiert wird, siehe Kap. 2) sowie die „verbliebenen" gering qualifizierten Personen vermehrt als entweder „zu dumm" oder „zu faul" wahrgenommen werden bzw. als „lernunzugänglich" oder „lernungewohnt" stigmatisiert werden (vgl. Dobischat, Seifert, & Ahlene, 2002, S. 30). Ein Beispiel für eine derartige – auch in der Wissenschaft gängige – Interpretation ist: „In more prosperous states fewer students are likely to leave school because of family financial pressure – further *reducing the noise* in the relationship between ability and schooling." (Weiss, 1995, S. 143; Hervorhebung H.S.)

Ihre Schwierigkeiten in der Schule und beim Übergang ins Erwerbsleben werden vor allem als in ihren Persönlichkeitseigenschaften zu suchende Leistungs- und Motivationsdefizite definiert, sodass sie institutioneller *Sonder*bedingungen bedürfen, die ihnen *individuelle Normalisierungs*prozesse für eine Anpassung *ihrerseits* an die herrschende Bildungsnorm ermöglichen (vgl. Waldschmidt, 1998, S. 17):

> „Wenn also die Scheinwerfer auf die persönlichen Voraussetzungen der Jugendlichen gerichtet werden, dann geht es weniger um die Einlösung des Postulats der Chancengleichheit durch Strukturveränderungen in der Bildungs- und Erwerbslandschaft, sondern um die Forderung, *individuelle Leistungsbereitschaft* zu demonstrieren, die notfalls durch staatliche Fördermaßnahmen gestützt wird." (Heinz, 1996, S. 155; Hervorhebung H.S.)

Die schulischen und beruflichen Misserfolge gering qualifizierter Personen werden ihnen damit in den Interaktionen mit Lehrern und Lehrerinnen, Mitschülern und Mitschülerinnen, Mitarbeitern der Arbeitsämter sowie Akteuren auf dem Ausbildungs- und Arbeitsmarkt als „eine Serie persönlicher Niederlagen" gespiegelt (Heinz, 1996, S. 152), wodurch sich die Gefahr erhöht, dass diese Wahrnehmung sich schließlich auch im Selbstkonzept der Betroffenen festsetzt (S. 154).

Dies kann dazu führen, dass ein erhöhter Anteil an gering Qualifizierten auf ein dem Spannungsmanagement geschuldetes *Disengagement* zurückgreift, das ihre „Interaktionsfähigkeit“ (den Umgang mit Kollegen, Klienten/Kunden usw.) sowie ihr Engagement in der Arbeit, ihre Zuverlässigkeit und Lernmotivation mehr als in der Vergangenheit beeinträchtigt (vgl. Moss & Tilly, 1995, S. 361; Preiß, 2003, S. 59).

„Geringe Bildung“ als Minderheitenstatus bewegt sich immer stärker im Spannungsfeld von Korrekturnotwendigkeit und -unmöglichkeit

Mit der gestiegenen Bildungsbeteiligung wird von Jugendlichen, die die Schule „zu gering qualifiziert“ verlassen, erwartet, dass sie *ihre* Leistungsdefizite nachträglich korrigieren. Dies ist zum einen dadurch verursacht, dass sich gesellschaftlich die *Interpretation* einer wirtschaftlichen und kompetitiven Notwendigkeit einer höheren Bildung stärker durchgesetzt hat: „This belief in the importance of education and training for making a better world is based on faith and is not based on an empirically well established fact.“ (Sørensen, 1994b)

Zum anderen wird eine „Korrektur“ gesellschaftlich erwartet, das heißt, ohne „weitere“ Bildungsanstrengungen ist der Einstieg ins Berufsleben immer schwieriger möglich. Diese Korrektur*pflicht* resultiert auch aus der Annahme, dass es sich bei „geringer Bildung“ angesichts der Öffnung des Bildungssystems eher um individuelle „Charakterfehler“ und Persönlichkeitseigenschaften zu handeln scheint, die mit Bezug auf die soziale Verantwortung eines jeden Einzelnen zu beseitigen sind. Dies wird unter anderem daran deutlich, dass die Hilfsangebote für gering qualifizierte Jugendliche im Besonderen bzw. benachteiligte Jugendliche im Allgemeinen[50] „nach wie vor auf der Annahme eines weitgehend intakten Arbeitsmarktes und eines weiterhin für alle als erreichbar gedachten, durchschnittlichen lohnarbeitzentrierten Lebensentwurfes basieren“ (Krafeld, 2000, S. 41). Die „Fehler“ werden also *primär* bei den gering Qualifizierten gesucht, da sie – so die Interpretation – aufgrund *ihrer* (zu) geringen Bildungsleistungen nicht konkurrenzfähig und angesichts der modernen Berufswelt „nicht berufsreif“ sind (siehe Abschnitt 5.1).

50 „Disadvantaged youth“ ist der Begriff, der zumeist im angelsächsischen Raum verwendet wird, womit jedoch gleichfalls vor allem auf gering qualifizierte Jugendliche bzw. *Dropouts* rekurriert wird. Ferner wird auch im deutschen Sprachraum von „benachteiligten Jugendlichen“ gesprochen und dabei explizit oder implizit auf Personen mit einem „Leistungsdefizit“ Bezug genommen (siehe Abschnitt 7.2).

In vielen Gesellschaften wird diesen Jugendlichen in Form von Sonderprogrammen der Berufsbildung und/oder arbeitsmarktpolitischen Maßnahmen eine „zweite Chance“ gegeben, die sie nicht nur nutzen dürfen, sondern zumeist (um beispielsweise für Sozialtransfers anspruchsberechtigt zu sein) nutzen *müssen* (vgl. Eurydice, 1997; Flitner, Petry, & Richter, 1999, S. 60; OECD, 1999a, S. 37, 1999b, S. 26; Planas, 1999, S. 69). Es handelt sich damit um Institutionen, die auch diese von der Normalbiografie abweichenden Übergänge ins Erwerbsleben und diskontinuierlichen Erwerbsbiografien *kontinuierlich institutionalisieren* (vgl. Kohli, 1994, S. 229). Mit dieser Institutionalisierung einer *Normalisierungspflicht* erhöht sich jedoch die Gefahr, dass das Absolvieren einer solchen Maßnahme bzw. „zweiten Chance“ nicht als ein *Signal* für ihre Ausbildungs- und Lernbereitschaft gedeutet wird, sondern sowohl stigmatisierende Fremd- als auch Selbsttypisierungsprozesse in Gang setzt[51]. Gründe dafür sind, (a) dass jede „Sonderbehandlung“ – in Bezug auf Fremdtypisierungsprozesse – zugleich ein weiteres, auch wahrnehmbares Zeichen für „Abweichung“ darstellt, und (b) dass diese „Sonderbehandlung“ – in Bezug auf Selbsttypisierungsprozesse – erneut mit Misserfolgserlebnissen und Selektionserfahrungen verbunden ist (siehe auch Kap. 9).

Zu (a): Jede helfende Intervention hat nicht nur eine integrierende, sondern – mit ihren *Zielgruppen*definitionen – auch eine etikettierende Wirkung, da sie auf „abweichende“ Gruppenzugehörigkeiten, „Mängel“ und „Defizite“ hinweist (Jones u.a., 1984, S. 40; Stauber & Walther, 2000, S. 16; Steele, 1997, S. 625). Diese erneute Etikettierungsgefahr besteht insbesondere dann, wenn „Sondermaßnahmen“ als ungeeignet bzw. ineffektiv angesehen werden, Leistungsdefizite abzubauen (Jones u.a., 1984, S. 45). Davon sind vor allem jene „Maßnahmen“ betroffen, die in erster Linie arbeitsmarktpolitische – statt bildungspolitische – Ziele verfolgen (wie z.B. eine Verringerung von Jugendarbeitslosigkeit) (vgl. Stöcker, 1990, S. 16; Strikker, 1991, S. 35; Wiethold, 1981, S. 720). Zudem sind diese Jugendlichen in diesen „Sondermaßnahmen“ – ähnlich wie in den unteren Kurssystemen oder Schultypen – wieder *unter sich*. Neben dem „amtlichen Stempel des Defizitären“ fehlen also auch hier positive Vorbilder durch andere Teilnehmer und Teilnehmerinnen, sodass der Anregungsgehalt zum Erwerb personaler und sozialer Kompetenzen (wie z.B. Selbstbewusstsein, Verantwortungsbewusstsein, Anpassungsfähigkeit, Neugier, Offenheit, Urteilsvermögen, sprachliche Ausdrucksfähigkeit) – die als integrale Bestandteile von Qualifikation definiert werden – eher gering ist:

---

51 Vgl. auch Marquart, 1975, S. 1; Postel, 1990, S. 36; Stöcker, 1990, S. 16; Strikker, 1991, S. 36; Wiethold, 1981, S. 720.

> „Man könnte in den Worten Peter Bergers und Thomas Luckmanns sagen, dass [diese] Eingliederung tendenziell eine ‚sekundäre Sozialisation' bewirkt, also dem Individuum ‚institutionelle oder in Institutionalisierung gründende *Subwelten*' internalisiert." (Castel, 2000, S. 377; Hervorhebung im Original)

Ihre „Integration" über diese Sondermaßnahmen stellt für viele von ihnen eine Verlängerung ihrer „institutionellen Aussonderung" in der Schule dar. Sie konstituiert mit diesen „spezifischen Routen des Scheiterns" eine individuelle Konstanz in ihrem Lebenslauf (Stauber & Walther, 1999, S. 50). Mit ihrer Verpflichtung auf die *Normalbiografie*, bestehend aus Schule–Ausbildung–kontinuierlicher Vollzeiterwerbstätigkeit, wird das Modell der *Kumulation* im Lebensverlauf verallgemeinert und das Modell der *Kompensation* im späteren Lebensverlauf, das fast allen *Aktivierungs*maßnahmen für gering qualifizierte Personen zu Grunde liegt, von vornherein verneint. Zudem führte diese Verallgemeinerung historisch gesehen zu *längeren Aufenthalten* dieser Personen in den einzelnen Durchlaufstationen – Schule, Berufsschule, arbeitsmarktpolitische Maßnahmen –, die aufgrund ihrer dennoch fehlenden Schul- und überproportional häufig fehlenden Ausbildungsabschlüsse eine *zusätzliche Dimension* ihres Scheiterns im Bildungs- und Ausbildungssystem definieren.

Zu (b): Landen gering qualifizierte Jugendliche bei den Arbeitsämtern, wird ihnen zunächst erneut vermittelt, dass sie derzeit weder für eine reguläre Ausbildung noch für eine Beschäftigung geeignet sind. Berechtigt durch die Definition ihrer geringen Bildung als *individuelle* Leistungs- und Motivationsdefizite, werden sie dann – wie in (a) dargelegt – in ein „Parallelsystem ergänzender Angebote" der Ausbildungs- und Berufsvorbereitung (Braun, 2002, S. 768; Stauber & Walther, 2000, S. 12) kanalisiert. Um jedoch an diesen „Maßnahmen" teilnehmen zu können, müssen sie ihren fehlenden Schulabschluss als ein „Zeichen ihrer Unfähigkeit" (Castel, 2000, S. 411) für eine gleichberechtigte Beteiligung am Ausbildungsmarkt vorweisen und sich damit quasi einem Prozess der Selbststigmatisierung aussetzen.

Für gering qualifizierte Personen *beginnt* der Start in den Beruf mit diesen „Maßnahmen" heute zumeist nicht nur mit erneuten Misserfolgserlebnissen und Selektionserfahrungen. Mit der zweiten, dritten, vierten, ... Chance verlängert sich ihre „Versagensgeschichte" vielmehr in eine „irreversibel werdende Ausgrenzungsgeschichte aus Ressourcenverlust, Sanktionsbetroffenheit und Stigmaantizipation" (Bude, 1998, S. 377; Planas, 1999, S. 69). „Für viele von ihnen ist die Eingliederung keine *Etappe* mehr, sie ist zu einem *Zustand* geworden." (Castel, 2000, S. 376; Hervorhebung im Original)

Für sie gestaltet sich der Berufseinstieg daher mit diesen eher kurzfristigen – da nicht bildungs-, sondern arbeitsmarktpolitisch intendierten – Hilfsangeboten nicht als eine klar definierte, verlässliche Abfolge von Qualifikationsschritten, sondern als ein „diffuses Arrangement sich bietender Gelegenheiten“ (Heinz, 1995, S. 157). Dies verringert ihre Chancen hinsichtlich einer kontinuierlichen beruflichen Lebensplanung und beeinträchtigt in neuer Qualität ihr Selbstvertrauen sowie den Aufbau einer berufsorientierten Identität (S. 158). Viele dieser Jugendlichen bzw. jungen Erwachsenen fühlen sich durch diese „Chancen“ stigmatisiert und nehmen ihre berufsbezogenen Ansprüche und Motivationen zurück (Stauber & Walther, 1999, S. 21 und 55; vgl. auch Tepperman & Djao, 1990, S. 56).

Zusammengefasst lässt sich festhalten, dass die Korrektur des Makels „geringe Bildung“ durch den nachträglichen Erwerb eines höheren Schul- und/oder Ausbildungsabschlusses mit fortschreitender Bildungsbeteiligung erwartet wird, zugleich jedoch ein nahezu unmögliches Unterfangen darstellt – sei es, weil diese Korrekturanstrengungen dauerhaft als „Abweichung“ von der Normalbiografie identifizierbar werden[52], sei es, weil die an *individuellen Defiziten* orientierten „Integrations“angebote bzw. -pflichten einen solchen nachträglichen Erwerb erschweren sowie erneute Situationen des Scheiterns („Momente der Wahrheit“; Goffman, 1974, S. 47) definieren, denen sich gering Qualifizierte bei wiederholtem Misserfolg „entziehen“ (können).

Eine soziale Verarmung sowie „Ethnisierung“ der Gruppe gering qualifizierter Personen erhöhen die Gefahren einer stigmatisierenden „De-Personifizierung“

Mit der in Abschnitt 8.1 diskutierten *sozialen Verarmung* der Gruppe gering qualifizierter Personen erhöht sich zudem die Gefahr einer doppelten Stigmatisierung: Die Stigmatisierungsgefahr aufgrund der Deutung von „geringer Bildung“ als ein stark diskreditierender „individueller Charakterfehler“ (Stigma-Typ 2) verbindet sich mit der Gefahr einer Diskreditierung aufgrund des *phylogenetischen* Stigmas der sozialen Herkunft. Diese soziale Verarmung kann demzufolge nicht nur mit einem Ressourcenverlust einhergehen, sondern einen Zuschreibungspro-

---

52 Als empirischer Anhaltspunkt ist eine historisch-vergleichende Analyse für Westdeutschland für den Zeitraum von 1948 bis 1992 von Büchel (2002) interessant. Sie zeigt, dass sich für Personen mit *maximal einem Hauptschulabschluss*, die eine duale Ausbildung erfolgreich beendet haben, die anschließenden Beschäftigungschancen seit 1975 verschlechterten. Eine der wesentlichen Ursachen für diese Verschlechterung stellt die zunehmende Bedeutung des *Schulabschlusses* dar. Büchel (2002) konnte zeigen, dass im Zeitraum von 1948 bis 1974 bei erfolgreicher Ausbildung dem Verlassen der Schule ohne oder nur mit einem Hauptschulabschluss *keine* Bedeutung bei der Arbeitsmarktplatzierung zukam, während im Zeitraum von 1975 bis 1992 neben dem Ausbildungsabschluss das erfolgreiche Verlassen der Schule (nun immer mehr definiert über den Erwerb eines Realschulabschlusses) bedeutsam wurde.

zess in Gang setzen, durch den bei gering Qualifizierten zunächst von einer „niedrigen sozialen Herkunft" ausgegangen wird. Nimmt zudem der Anteil an Gruppenmitgliedern ethnisch-kultureller Minderheiten stark zu (siehe Kap. 12), dann kann dieser Prozess noch dadurch verschärft werden, dass man nun einer „ethnisierten" Gruppe angehört und viele der Vorurteile gegenüber „Ausländern" auch auf „einheimische" gering Qualifizierte übertragen werden.

In der Konsequenz können auch so die direkten und über Verkehrskreise vermittelten Diskreditierungserfahrungen zunehmen. Zugleich kann dies zu stärkeren Solidarisierungstendenzen unter den gering qualifizierten jungen Erwachsenen (innerhalb der jeweiligen ethnischen Gruppe) führen, durch die sich der „Widerspruch" hinsichtlich von der „Normalität" abweichender Verhaltensweisen verringert (vgl. Eckert, 2001; Jones u.a., 1984, S. 304). Dies ist nicht zuletzt auch der Tatsache geschuldet, dass es mit der erhöhten „Normalität" von Arbeitslosigkeit in ihrem Netzwerk immer problematischer wird, den Sinn des Lebens auf Erwerbsarbeit zu zentrieren (Gallie u.a., 1998, S. 186f.; Storz, 1997, S. 402).

Konsequenz: Zahlreichere und ausgeprägtere Diskreditierungserfahrungen erhöhen die Wahrscheinlichkeit eines Stigma-Managements seitens gering qualifizierter Personen beim Berufseinstieg und im Erwerbsverlauf

Deutlich wurde, dass mit der Abnahme des relativen Anteils an gering qualifizierten Personen die Sichtbarkeit von „geringer Bildung" sowie die Gefahr ihrer Interpretation als „selbst verschuldetes" abweichendes Verhalten zunehmen. „Geringe Bildung" in ihrer Verknüpfung mit einer verstärkt sozial schwachen (eventuell auch nachteiligen ethnisch-kulturellen) Herkunft wird so zu einem *Stigma*-Symbol, das in Interaktionen im (Aus-)Bildungs- und Erwerbssystem nur noch schwer zu „verheimlichen" ist. Mit jeder neuen Interaktion im (Aus-)Bildungssystem und auf dem Arbeitsmarkt können sich Überforderungen ergeben sowie mit Ängsten der „Entdeckung" und Diskreditierungserfahrungen einhergehen. Damit wächst die Gefahr, dass sich gering qualifizierte Personen, wenn sie diese Normalitätsnormen und -pflichten nicht erfüllen können, von der *Bildungsgesellschaft* entfremden.

Als Resultat dieser „normativen Misere" (Goffman, 1974, S. 160) bzw. „quasi permanenten Krisensituation latenter oder manifester Art" (Plath, 2000, S. 590) erwächst im Zusammenspiel von Fremd- und Selbsttypisierung eine „stabilisierte Benachteiligung" (Kohli, 1978, S. 17), die sie selbst bei vermehrten (nachträglichen) Bildungsanstrengungen immer weniger aufbrechen können. Mehr als in der Vergangenheit müssen sich gering qualifizierte Jugendliche und Erwachsene – angesichts der gestiegenen Bildungsnorm, insbesondere bei einer Arbeitsplatzknappheit – der „Optionslogik des Arbeitsmarktes beugen" (Heinz, 1996, S. 152; vgl. Beck, 1985, S. 320). Diese Options- bzw. Situationslogik erschwert jedoch eine fernzielorientierte, antizipative Lebensplanung. Dabei fehlt es ihnen und ihren „Qualifizierungslaufbahnen" – wie in den vorangegangenen Ausführungen dargelegt wurde – weder an Linearität, Kontinuität, Sequenzialität noch Biografizität (vgl. Kohli, 1994, S. 220). Im Gegenteil, diese haben in den letzten Jahrzehnten eher zu- als abgenommen, allerdings mit der fatalen Folge eines „kontinuierlichen Weges ins diskontinuierliche Aus"! Ihre vermehrt lückenlosen Lebensläufe des „Scheiterns" im Bildungs- wie *nun auch* im Ausbildungs- und Erwerbssystem sind Grundlage für eine verstärkt diskreditierende Fremdtypisierung seitens der Arbeitgeber, gelten sie ihnen doch als ein Beleg dafür, dass sich heutige gering qualifizierte Personen nicht – im Vergleich zur nun überwiegenden Mehrheit höher Qualifizierter – „den Forderungen der wirtschaftlichen Rationalität unterzogen" haben (Kohli, 1985, S. 15). Zum anderen führen die an sie herangetragenen Korrektur*pflichten* und ihre gleichzeitig vermehrten Anstrengungen der Vermeidung von „Entdeckungs- und Diskreditierungs"-Interaktionen zu einem weitgehend situationsorientierten und damit vorwiegend außengesteuerten Bewältigungsstil (Plath, 2000, S. 589).

All diese Erfahrungen, ihre Interpretation als unzureichende Leistungsvoraussetzungen für qualifizierte Arbeitsplätze und/oder als Resultat der Voreingenommenheit ihrer Umwelt sowie die Beobachtung von erfolglosen Bewerbungen in ihrem Bekanntenkreis können zu „Abkühlungsprozessen" und damit zu einer verstärkten Antizipation von Chancenlosigkeit im Wettbewerb um qualifizierte Arbeitsplätze führen. Dies kann dazu beigetragen haben, dass heutige gering qualifizierte Personen *stärker* das Stereotyp ihrer fehlenden „Passung" zu qualifizierter Arbeit wahrnehmen und verinnerlicht haben und sich *seltener als früher* auf qualifizierte Arbeitsplätze bewerben. Zudem könnte die häufigere Erfahrung von offizieller oder mittels „Maßnahmen" verdeckter Arbeitslosigkeit von heutigen gering qualifizierten Jugendlichen (im Unterschied zu der selteneren Jugendarbeitslosigkeit älterer Geburtsjahrgänge) zu einem langfristig anhaltenden „Rückzug" ihrerseits vom Arbeitsmarkt führen (vgl. Becker & Hills, 1979; Feldstein & Ellwood, 1982, S. 26; Wilson, 1990, S. 44).

Aus *Diskreditierung* im Schulalltag und auf dem Ausbildungs- sowie Arbeitsmarkt (siehe Abschnitt 5.2) und einer diese Diskreditierung mit einem *Stigma-Management* „beantwortenden" Identitätsbeschädigung kann so für gering qualifizierte Personen häufiger als früher ein Teufelskreis entstehen: Diskreditierung und verengte Gelegenheitsstrukturen können die Motivation und Anstrengungen bei der Suche nach einem Ausbildungs- und (qualifizierten) Arbeitsplatz verringern. Diese geringe(re)n Anstrengungen werden seitens der *Gatekeepers* im Berufsbildungssystem sowie der Beschäftiger als ein „Mangel" an Leistungswillen, -motivation und -fähigkeit gewertet und können so zu einer Perpetuierung blockierter Gelegenheiten führen (vgl. Blossfeld & Mayer, 1988, S. 265; Crocker u.a., 1998, S. 530; Tilly, 1998, S. 99).

Möglicherweise sind die in der Gruppe gering Qualifizierter „verbliebenen" Personen auch jene, die bereits in den früheren Geburtskohorten innerhalb der Gruppe gering qualifizierter Personen die schlechtesten Erwerbschancen hatten (siehe „reiner Stratifikationseffekt", Abschnitt 8.1). Die Ausführungen in diesem Abschnitt (8.2) implizieren jedoch, dass die heutige Vermittlung von Ausgrenzungs- und Stigmatisierungsprozessen über *Bildung* nicht nur zu ihrer höheren Sichtbarkeit beigetragen hat, sondern auch in einer neuen Qualität, einer Radikalisierung dieser Marginalisierungsprozesse und damit verbunden in einer Verschlechterung ihrer Erwerbschancen resultierte.

Exkurs zu anderen Lebensbereichen

Nicht nur auf dem Arbeitsmarkt ist eine Radikalisierung der Benachteiligung von gering qualifizierten Personen zu beobachten, auch auf dem *Heiratsmarkt* zeigt sich eine Verschlechterung ihrer Heiratschancen (vgl. z.B. Huinink, 1987, 1990; Papastefanou, 1990). Stärker als in früheren Geburtskohorten heiraten sie heute deutlich seltener als höher qualifizierte Personen. Des Weiteren wurde gezeigt, dass, wenn sie heiraten, sie dies deutlich früher als höher Qualifizierte tun und zugleich ein erhöhtes Scheidungsrisiko tragen (Huinink, 1995; Wagner, 1997).

Ferner gibt es bei Personen mit geringer Bildung einerseits häufiger Kinderlosigkeit als bei höher gebildeten Personen und andererseits sehr frühe Geburten (so genannte *teenage births*) (vgl. z.B. Furstenberg, 1976; Huinink, 1987, 1995; Papastefanou, 1990; Wilson, 1990). In den Geburtsjahrgängen 1967 bis 1972 waren 10 Prozent der Frauen ohne einen höheren Sekundarschulabschluss (ISCED 0–2) bei der Geburt ihres ersten Kindes maximal 19 Jahre alt. Gegenüber den Frauen mit einem höheren Sekundarschulabschluss (ISCED 3–4) hatten sie damit eine 3,2-mal so hohe Wahrscheinlichkeit einer *Teenage*-Geburt. In der zehn Jahre älteren Geburtskohorte (1957 bis 1962) lag dieser Anteil zwar noch bei 14 Prozent, doch der Abstand zu den Frauen mit höherem Sekundarschulabschluss war damals deutlich geringer („nur" zweimal so hoch)[53].

Diese historische Verschlechterung der Heiratschancen von gering qualifizierten Personen (geringere Heiratsraten und früherer Heiratszeitpunkt, begleitet von einer erhöhten Scheidungsquote) sowie ihr „abweichendes" Fertilitätsverhalten haben unter anderem zwei Ursachen: *Zum einen* sind dafür die verringerten

53 Quelle: *Fertility and Familiy Survey*. <www.unece.org/ead/pau/ffs/ger/nt17.pdf> (01.08.2003)

Erwerbschancen der gering qualifizierten Männer verantwortlich. So konstatiert Wilson (1990), dass infolge der Verschlechterung ihrer Arbeitsmarktintegration die Möglichkeiten, den Lebensunterhalt für eine Familie zu verdienen, abgenommen haben. Damit ist auch die „Heiratsfähigkeit“ (als ökonomische Verantwortung) sowie die „Heiratsneigung“ (als langfristiges *Commitment*) dieser jungen Männer zurückgegangen (vgl. Oppenheimer, 1994). Zugleich stellt die Mutterschaft – als eine akzeptierte soziale Rolle – für gering qualifizierte Frauen (wenn auch nun häufiger ohne „Legalisierung“ durch Heirat) sowohl eine Identifikations- als auch „Rückzugs“möglichkeit vom Arbeitsmarkt dar (Hakim, 1996; Wilson, 1990). *Zum anderen* erklären sich diese Veränderungen auch über das oben entwickelte Stratifikationsargument (siehe Abschnitt 8.1). So konnte Huinink (1990) zeigen, dass dieses – im Aggregat – veränderte Heirats- und Fertilitätsverhalten über die Kohorten hinweg nicht nur durch die veränderten Arbeitsmarktchancen, sondern auch durch eine sich historisch verändernde *Zusammensetzung* der Gruppe gering qualifizierter Personen verursacht wurde. Wir haben es daher sowohl mit Kompositionsveränderungen infolge eines stratifizierten Abwanderungsprozesses aus der Gruppe gering qualifizierter Personen zu tun als auch mit Verhaltensveränderungen seitens gering qualifizierter Personen infolge zunehmender struktureller Ausgrenzungsrisiken auf dem Arbeitsmarkt.

Wichtig für die hier behandelten Ausgrenzungsprozesse gering qualifizierter Personen bleibt zusammenfassend zu konstatieren, dass ihre Benachteiligung nicht nur auf den Arbeitsmarkt beschränkt ist, sondern auch in anderen Lebensbereichen – wie zum Beispiel der Familie – ihren Niederschlag findet und auch hier eine Radikalisierung ihrer sozialen Problemlagen zu beobachten ist. Dies erhöht die Gefahr, dass „geringe Bildung“ zunehmend einen *Masterstatus* in ihrem Leben erhält, der die Interaktionen in den vielfältigen Situationen des Lebens beeinflusst (vgl. Schroer, 2001, S. 34).

9 Institutionelle Stigmatisierungsgefahren für Jugendliche ohne Schulabschluss in Westdeutschland

Für Personen ohne „Marktmacht" ist ein „Rückfall in eine situative Lebensform, die mit Individualität im Sinn der Möglichkeit zu eigenständiger Wahl wenig zu tun hat", zu befürchten. (Kohli, 1990, S. 29)

Bezugnehmend auf Abschnitt 8.2 wird im folgenden Kapitel am Beispiel der historischen Veränderungen in den Übergangsbiografien von Jugendlichen ohne Schulabschluss in Westdeutschland gezeigt, dass eine stärkere Inklusion „abweichender" Gruppen in die *Normalbiografie* paradoxerweise zu erhöhten Ausgrenzungsrisiken und *Stigmatisierungsgefahren* (als Zusammenspiel von Etikettierung und Rückzug) führen kann. Die folgenden empirischen Analysen zeigen, wie sich die *institutionellen* Zuschreibungsprozesse im Verlauf der letzten 50 Jahre verändert haben und welche Konsequenzen dies für gering qualifizierte Jugendliche bzw. junge Erwachsene hatte. Mit dem Spannungsverhältnis zwischen ihrer heutigen stärkeren Partizipation an (Aus-)Bildung und ihrem dortigen gleichzeitigen „Versagen" werden die Ursachen und Folgen ihrer erhöhten Stigmatisierungsgefahren sichtbar.

Vorab seien noch drei kurze Vorbemerkungen erwähnt: *Erstens* beginnt natürlich auch ihr Lebenslauf mit der Geburt – und diese findet, wie empirische Untersuchungen zeigen (z.B. Solga, 2003a; Wagner, in Druck; Willand, 1987), in einem eher ungünstigen sozialen Umfeld statt. Ein hoher Anteil ihrer Familien ist unter anderem unvollständig, ihre Väter sind relativ häufig arbeitslos, und das Bildungsniveau ihrer Eltern ist eher gering. Eine hohe Kinderzahl sowie ein niedriges Einkommen erschweren diese Situation oft erheblich. *Zweitens:* Die Datenlage für diese Personengruppe ist miserabel. Um die Grobstruktur ihrer Lebensläufe im historischen Vergleich nachzeichnen zu können, werde ich die Daten der Deutschen Lebensverlaufsstudie des Max-Planck-Instituts für Bildungsforschung (MPIfB), Berlin, verwenden (siehe Anhang), an der allerdings nur unterdurchschnittlich viele Sonderschüler teilnahmen (Solga, 2004). Zudem werden nur Personen *westdeutscher Herkunft* betrachtet, da die Datenlage für Personen mit Migrationshintergrund noch schlechter ausfällt. In meinem Kapitel zum Bildungsbericht des

MPIfB (Solga, 2003a) habe ich jedoch versucht, für die letzten 20 Jahre ihre Situation so weit wie möglich mit dem vorhandenen Datenmaterial darzustellen (vgl. auch Kap. 12). Hervorzuheben ist an dieser Stelle dennoch, dass sie eine signifikante Teilpopulation der Gruppe gering qualifizierter Personen darstellen. So ist zum Beispiel ihre „Misserfolgsquote" im Schulsystem – gemessen am Anteil der Schulabgänger ohne Hauptschulabschluss – mit 20 Prozent heute mehr als doppelt so hoch wie bei Schulabgängern deutscher Herkunft. Zudem stellen sie in den alten Bundesländern 50 Prozent der jungen Erwachsenen ohne anerkannten Ausbildungsabschluss (BIBB/EMNID, 1999). *Drittens* wird aufgrund der deutlichen heutigen Überrepräsentanz männlicher Schulentlassener ohne Schulabschluss die männliche Form verwendet.

Ihr zweifaches Scheitern in der Schule

Wie in Abbildung 8.2 bereits ausgewiesen wurde, verließen 1965 etwa 20 Prozent der Jugendlichen die allgemein bildende Schule ohne einen Schulabschluss (d.h. weder mit einem qualifizierten noch mit einem einfachen Hauptschulabschluss)[54]. Seit Beginn der 1980er Jahre gehen „nur" noch 10 Prozent aller Schulabgänger und Schulabgängerinnen ohne einen Hauptschulabschluss ab. Bei den Mädchen beträgt der Anteil heute 7 Prozent, bei den Jungen 12 Prozent. Doch nicht nur sie sind *Außenseiter* des deutschen Schulsystems geworden, auch der Anteil der Schulabgänger *mit* einem Hauptschulabschluss hat sich drastisch verringert. 1965 betrug er 60 Prozent, heute nur noch 26 Prozent.

Früher wie heute haben Jugendliche ohne Schulabschluss (in den alten Bundesländern[55]) mehrheitlich eine Sonder- oder Hauptschule besucht. Seit den 1970er Jahren kommen sie zu etwa 40 Prozent von einer Sonderschule und zu etwa 50 Prozent von einer Hauptschule. Für Jugendliche, die eine *Sonderschule* besuchen, ist bereits mit dem Übergang in diesen Schultyp klar, dass sie es schwer haben werden, die Schule (wenigstens) mit einem Hauptschulabschluss zu verlassen. Ihre Erfolgschancen haben sich historisch nicht wesentlich verändert (siehe Solga, 2003a, Abb. 16.3; Powell, 2004). In den 1970er Jahren wie auch heute werden etwa 80 Prozent der Sonderschüler ohne einen Hauptschulabschluss entlas-

54 Dabei handelt es sich um Schulentlassene, die *entweder* durch Zurückstellung beim Schulbeginn und/oder Nichtversetzung im Verlauf ihres Schulbesuchs die 9. Klasse nicht erreicht haben *oder* die 9. Klasse nicht erfolgreich (im Sinne eines Versetzungs- bzw. Abschlusszeugnisses) beenden konnten.

55 In den neuen Bundesländern kommen sie heute in größerem Umfang auch von Schulen mit mehreren Bildungsgängen, da die Hauptschule in einigen neuen Bundesländern nicht eingeführt wurde. Detailliertere Informationen finden sich in Solga (2003a).

sen. Die „Misserfolgsquote" der Hauptschule hat sich in diesem Zeitraum zwar verringert – von 22 auf 13 Prozent. Doch angesichts des Wandels in der sozialen Bedeutung der Hauptschule (sie wird heute nur noch von 21 % eines Altersjahrgangs besucht) machen auch diese Hauptschüler (ohne Schulabschluss) – ähnlich wie die Sonderschüler – erste Erfahrungen einer „institutionellen Aussonderung". Angesichts des Schrumpfens der Hauptschule und ihrer sozialen „Entmischung" (Solga & Wagner, 2001) hätte man einen *Anstieg* der Nichtabschlussquote erwartet. Die Tatsache, dass dem nicht so ist, belegt eindrucksvoll die Macht institutioneller Regeln und Verfahren. Vor dem Hintergrund dieser relativ geringen Veränderung der Nichtabschlussquote bei einer in diesem Zeitraum jedoch sehr stark veränderten Schülerpopulation in diesen beiden Schultypen – sei es durch ihr Schrumpfen, wie bei der Hauptschule, oder ihren Ausbau, wie bei der Sonderschule – legt die neoinstitutionelle Erklärung nahe, dass die formalen Regelungen und Verfahren im deutschen Schulsystem ihre Wirksamkeit weitgehend unabhängig von den konkreten Positionsträgern in der Schule, das heißt den jeweiligen Schülern und Lehrern, entfalten (vgl. Kerckhoff, Raudenbush, & Glennie, 2001; Powell, 2004). Von daher ist ihr Schulbesuch eher als ein Status*zuweisungs*- und weniger als ein Status*erwerbs*prozess zu charakterisieren (Mayer & Blossfeld, 1990, S. 304).

Dieser Zuweisungsprozess dauert heute jedoch gerade für sie deutlich länger als früher (siehe Abb. 9.1). In den Geburtskohorten 1929–1931 (kurz 1930), 1939–1941 und 1949–1951 (kurz 1940/50) haben 50 Prozent der Personen ohne Schulabschluss die Schule spätestens im Alter von 14 Jahren und 4 Monaten verlassen. In den Kohorten 1964/71 hingegen besuchten 50 Prozent von ihnen die Schule auch noch im Alter von 16 $^1/_2$ Jahren und älter. Die Differenz der Mediane des Alters bei Schulende beträgt damit 28 Monate bzw. mehr als zwei Jahre. In keiner anderen Bildungsgruppe ist der Anstieg des Alters bei Schulende so hoch (bei den Abiturienten sind es drei Monate, bei jenen mit mittlerer Reife vier Monate und bei jenen mit einem Hauptschulabschluss anderthalb Jahre).

Damit besuchen Jugendliche ohne Schulabschluss paradoxerweise – abgesehen von den Abiturienten (hier beträgt der Median des Alters bei Schulende in allen vier Kohorten etwa 19 $^1/_2$ Jahre) – die Schule heute (gemessen am Median) etwa genauso lange wie Schulentlassene mit einer mittleren Reife und sogar zehn Monate – also ein Schuljahr – länger als Jugendliche, die die Schule mit einem Hauptschulabschluss verlassen. Zudem ist bei ihnen die Varianz nach oben am größten, sodass 25 Prozent von ihnen in den Geburtskohorten 1964/71 die Schule auch noch mit 17 $^1/_2$ Jahren und älter besuchen.

Diese Verlängerung ihrer Schulzeit hat (mindestens) drei Ursachen: (1) die generelle Verlängerung der Schulzeit in Haupt- und Sonderschulen um ein Jahr, (2)

Abbildung 9.1: Mediane des Alters beim Verlassen der allgemein bildenden Schule (nur Personen westdeutscher Herkunft)

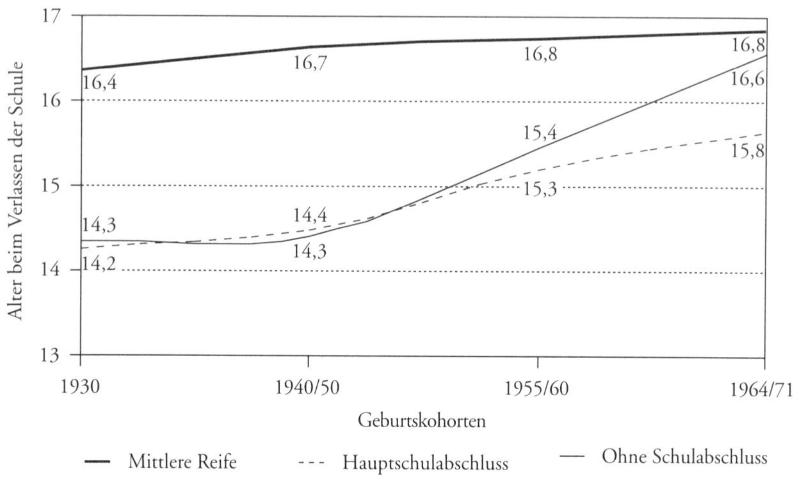

Für die Übersichtlichkeit wird die Kurve der Abiturienten nicht ausgewiesen.

Quelle: Eigene Berechnungen, Deutsche Lebensverlaufsstudie des Max-Planck-Instituts für Bildungsforschung, MPIfB-IAB-Kohortenstudie 1964/71.

die erhöhte gesellschaftliche Bildungsnorm und die sich daraus auch für sie ergebende *Pflicht,* es wenigstens mehrfach versucht zu haben, den Abschluss doch noch zu schaffen, und (3) ihre geringen Chancen auf dem Ausbildungsmarkt, die sie mangels anderer Alternativen zumindest offiziell länger in der Schule verbleiben lassen[56]. Letzteres zeigt zum Beispiel die gemeinsame Untersuchung zur Situation nicht vermittelter Ausbildungsstellenbewerber der Bundesanstalt für Arbeit und des Bundesinstituts für Berufsbildung im Jahr 2001 (BA/BIBB, 2002). Sie weist aus, dass 41 Prozent der bei den Arbeitsämtern vorstellig gewordenen *Ausbildungssuchenden,* die keinen Schulabschluss vorweisen können, in dem Jahr, wo sie eigentlich eine Ausbildung beginnen wollten, nun weiterhin – zumindest formal (unabhängig von ihren Fehlzeiten) – eine allgemein bildende Schule der

56 Zu diesem Ergebnis – längere Verweildauer in der Schule aufgrund mangelnder Alternativen auf dem Arbeitsmarkt – kommen auch Hauser u.a. (2000, S. 15) in Bezug auf ethnische Minderheiten für die USA: „That is, other things being equal, minorities stay in school longer than whites because they lack attractive opportunities outside of school."

Sekundarstufe I besuchen. Der Anteil bei den erfolglos gebliebenen Ausbildungssuchenden mit einem Haupt- oder höheren Schulabschluss liegt, einschließlich des Schulbesuchs in der Sekundarstufe II, unter oder bei 10 Prozent.

Damit sind sie heute beim Verlassen der Schule in zweifacher Weise benachteiligt: durch den fehlenden Schulabschluss *und* ihren deutlich längeren Schulbesuch. Im Unterschied zu früher *verfehlen* sie nicht nur den gesellschaftlichen Bildungsstandard. Ihr signifikant höheres Alter beim Verlassen der Schule führt zudem in neuer Qualität – im Sinne von: *„So lange auf der Schule und doch nicht geschafft" bzw. „Haben wohl die zur Verfügung gestellte Zeit nicht wirklich sinnvoll genutzt"* – vermehrt zu altersbasierten Selbst- und Fremdtypisierungsprozessen mit negativer Bilanz (Kohli, 1985, S. 15). Für sie hebt sich damit die von Kohli (S. 19) konstatierte Widersprüchlichkeit zwischen dem Alter als einem „noch verbleibenden askriptiven Merkmal" und der „Orientierung an erworbenen statt an zugeschriebenen Merkmalen" in modernen Gesellschaften auf. Für heutige Schulentlassene ohne Abschluss trägt das *Alter* beim Verlassen der Schule deutlich den Charakter eines „erworbenen" Merkmals – zumindest insofern, als mit seiner immanenten Bilanzierungsdimension auch eine *individualisierte* Fremd- und Selbsttypisierung von *Zeitvergeudung, Unfähigkeit und Verspätung* zur Verfügung steht.

Die neue Qualität des Scheiterns in der Ausbildung

Nach dem Verlassen der Schule wird von diesen Jugendlichen nun genauso wie von den Jugendlichen mit einem Schulabschluss erwartet, dass sie in eine unbefristete Vollzeiterwerbstätigkeit auf dem ersten Arbeitsmarkt einmünden. Der Weg dahin hat sich in den letzten 50 Jahren jedoch verändert. Begründet mit dem Wandel zur Bildungs- und Wissensgesellschaft (siehe Abschnitt 5.1), gilt es sich stärker als früher zunächst auf ein *qualifiziertes* Berufsleben „vorzubereiten". Dies hat in Deutschland zu einem „Einschub" einer berufsvorbereitenden und -bildenden Übergangsphase zwischen Schule und Erwerbstätigkeit für nahezu *alle* Schulentlassenen geführt. Der Weg ins Berufsbildungssystem, der früher vor allem von Personen mit Abitur und mittlerer Reife und Männern mit Hauptschulabschluss beschritten wurde, stellt heute selbst für Schulentlassene ohne Schulabschluss – Frauen wie Männer – die Normalität dar.

Wie aus Abbildung 9.2 deutlich wird, hat sich auch bei ihnen der Anteil an Personen mit einem Eintritt ins berufliche Bildungssystem erhöht: bei den Frauen von 31 auf 77 Prozent, bei den Männern von 76 auf 92 Prozent. Damit haben nur 23 Prozent der Frauen ohne Schulabschluss und 8 Prozent der schulabschlusslosen Männer der Geburtsjahrgänge 1964 und 1971 *nie* den Fuß ins berufliche Bil-

Abbildung 9.2: Anteil der Jugendlichen ohne Schulabschluss mit einem Wechsel ins berufliche Bildungssystem (nur Personen westdeutscher Herkunft, in %)

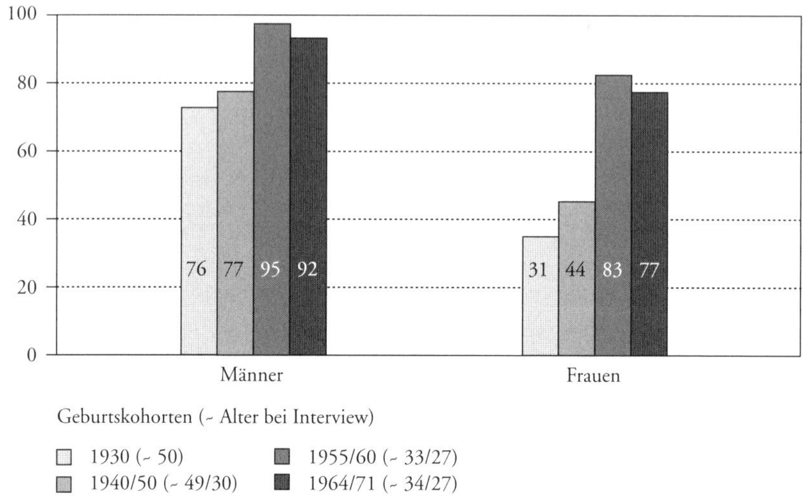

Quelle: Eigene Berechnungen, Deutsche Lebensverlaufsstudie des Max-Planck-Instituts für Bildungsforschung, MPIfB-IAB-Kohrtenstudie 1964/71.

dungssystem gesetzt[57]. Zudem zeigen Auswertungen (hier nicht dargestellt), dass auch sie – wie alle anderen Bildungsgruppen – mehrheitlich diesen Übergang innerhalb von zwei bis drei Monaten nach dem Dann-doch-Verlassen der Schule (d.h. nach den Ferien) vollziehen.

Doch sind sie damit in der *Normalbiografie* angekommen bzw. konnten sie dadurch ihren schulischen Misserfolg „korrigieren"? Die Antwort ist in dreifacher Hinsicht: *Nein. Erstens:* Im Vergleich zu den anderen Bildungsgruppen bedeutet ihr Übergang ins berufliche Bildungssystem weit seltener die Aufnahme einer *regulären* Ausbildung. Zwar stellt der fehlende Schulabschluss an sich *kein* Ausschlusskriterium für eine reguläre Berufsausbildung dar, da es keine formale Eingangsvoraussetzung bezüglich der schulischen Vorbildung und auch keinen objektiven Maßstab für „Ausbildungsfähigkeit" gibt. Dennoch, mit dem „amtlichen

57 Beziehungsweise bis zum Zeitpunkt des Interviews, siehe Angaben in Abbildung 9.2.

Stempel des Defizitären" versehen (nämlich ohne Schulabschluss zu sein und von einer Haupt-, wenn nicht gar Sonderschule zu kommen), haben sie weit weniger Chancen auf dem Ausbildungs*markt*[58].

Landen Jugendliche ohne Schulabschluss bei der Berufsberatung der Arbeitsämter, werden sie in ausbildungs- und berufsvorbereitende „Maßnahmen" kanalisiert. Sie haben damit die höchste Übergangsquote in diese durch das Sozialgesetzbuch (SGB) III geregelten Maßnahmen (Lappe, Preiß, & Raab, 1996).

> „Da die Zuweisung von Lehrstellen grundsätzlich aber keine staatliche Aufgabe ist, sind die verwaltenden Stellen verpflichtet, ihr eigenes Handeln in besonderer Weise zu legitimieren. Sie können dies nur dadurch erreichen, indem sie dem Jugendlichen einen ‚Devianzstatus' zuschreiben, der staatliche Intervention möglich bzw. erforderlich macht. Die Stigmatisierung als ‚Benachteiligter' ist somit eine zwingende Bedingung für staatliche Intervention und Hilfe." (Ulrich, 2003, S. 28)

Ziel der dort für sie definierten Maßnahmen ist es nun (und muss es institutionell-legitimatorisch sein), diese Jugendlichen ausbildungs- und beschäftigungs*reif* zu machen. Von den Berufsberatungen werden ihnen daher häufig nur Qualifizierungsmaßnahmen angeboten, die die Versäumnisse der Schulzeit wettmachen sollen. Sie werden zunächst in so genannte *Trainingsprogramme* vermittelt, das heißt Maßnahmen zur Leistungs- und Eignungsfeststellung *(Profiling)*, in Maßnahmen zur beruflichen Orientierung und Berufswahlentscheidung oder in Maßnahmen der Ausbildungsvorbereitung, insbesondere in schulischer Form (wie z.B. im Berufsvorbereitungsjahr oder in berufsvorbereitenden Förderlehrgängen der Arbeitsverwaltung).

Von daher verwundert es nicht, dass mit der Geburtskohorte 1955 – das heißt seit dem Ausbau berufsvorbereitender Maßnahmen Anfang/Mitte der 1970er Jahre – etwa 30 Prozent der *schulabschlusslosen* Personen, die (mindestens) eine berufliche Bildungsepisode vorweisen können, zunächst bzw. ausschließlich in eine solche berufsvorbereitende Maßnahme oder in eine berufsbildende Schule einmünden, wobei der Besuch Letzterer vordergründig dem Ziel des Nachholens von Schulabschlüssen dient (eigene Berechnungen auf Basis der Deutschen Lebensverlaufsstudie). Bei jenen mit Hauptschulabschluss oder mittlerer Reife waren es nur 10 bis 15 Prozent.

Von innen betrachtet beeinflussen diese segmentierenden *Gatekeeping*-Prozesse des schulischen und beruflichen Bildungssystems damit auch ihre Lernumgebung sowie gesellschaftliche Wahrnehmung (vgl. Behrens & Rabe-Kleberg,

---

58 Verantwortlich sind dafür zwei Prozesse: zum einen die verschärfte Konkurrenz auf dem angespannten Ausbildungsmarkt *(Verdrängung)* und zum anderen die Skepsis der Betriebe, dass diese Jugendlichen die Berufsschule erfolgreich absolvieren können *(Diskreditierung)*.

2000, S. 109). Die Tatsache, dass zum Beispiel im Jahr 2000/01 69 Prozent der Schüler im Berufsvorbereitungsjahr (BVJ) Personen ohne Schulabschluss[59] waren, bedeutet zugleich, dass diese Jugendlichen hier – ähnlich wie an „ihrer" Haupt- bzw. Sonderschule für Lernbehinderte – wieder *unter sich* sind. Darüber hinaus wird mit der Fortsetzung ihrer „institutionellen Ausgliederung" (Marquart, 1975, S. 1) weniger ein positives Signal ihrer Lernbereitschaft ausgesendet als vielmehr die „Gefahr einer andauernden Stigmatisierung" (Friebel, Epskamp, Knobloch, Montag, & Toth, 2000, S. 35) und einer Fortschreibung ihrer „Negativkarriere" erhöht (vgl. Eckert, 2001). Ferner sind Abbrüche dieser häufig schulischen Form vorprogrammiert. Es wird erwartet, dass die Jugendlichen den Schulabschluss in einem Jahr nachholen – und dies mit jenen Lerninhalten und Werten, „an denen viele dieser Jugendlichen bereits in der Grund- und Hauptschule gescheitert sind" (Schober-Gottwald, 1976, S. 183).

In ihrer Studie zu den Übergangsmustern von 2.323 18- bis 25-jährigen Frauen und Männern konnte Lex (1997, S. 232f.) dementsprechend feststellen, dass nur 30 Prozent der an diesen „Maßnahmen" teilnehmenden jungen Erwachsenen im Anschluss den Übergang in eine stabile Ausbildung oder Beschäftigung bewerkstelligten. Über die Hälfte (55%) der interviewten jungen Erwachsenen haben hingegen drei bis sechs Maßnahmestationen durchlaufen. Für diese Jugendlichen geht die Sinnhaftigkeit ihrer Bemühungen verloren (Preiß, 2003, S. 61). Ähnliches zeigen erste Ergebnisse zum Jugendsofortprogramm JUMP (Dietrich, 2001, S. 18): Von den 16- bis 18-jährigen JUMP-Teilnehmern war etwa ein Drittel im Anschluss an JUMP wieder in einer „Maßnahme", und mehr als 20 Prozent waren erneut arbeitslos. Bei den 24- bis 25-Jährigen wurden sogar mehr als 40 Prozent nach Abschluss der JUMP-Maßnahme erneut in die Arbeitslosigkeit entlassen, und weitere 20 Prozent dieser bereits *Mittzwanziger* befanden sich nach Abschluss der JUMP-Maßnahme in einer weiteren „Maßnahme".

Für diese jungen Erwachsenen – darunter befinden sich insbesondere jene ohne Schulabschluss – gibt es damit bereits vor dem 25. Lebensjahr Anzeichen einer sich verfestigenden *Arbeitslosigkeitsmaßnahmekarriere,* in der sie von Station zu Station weitergereicht werden und in der sie von Station zu Station mehr lernen müssen, dass es eher um ihr Unterkommen als um ihr Ankommen in der *Normalität* geht (Lex, 1997; vgl. auch Braun, 2002).

Deutlich wird, dass diese institutionellen *Sonder*bedingungen der Berufsvorbereitung Grundideen des *Normalisierungsprinzips* beinhalten, das für Menschen

59 Männer hatten infolge ihres höheren Anteils unter den Jugendlichen ohne Schulabschluss einen höheren Anteil im BVJ (62%) sowie im Berufsgrundbildungsjahr (BGJ) (69%) als Frauen.

mit Beeinträchtigungen und Behinderungen ab Mitte der 1970er Jahre in der Bundesrepublik etabliert wurde. So zielen diese Maßnahmen einerseits darauf ab, alle Jugendlichen in die berufliche Bildung einzubeziehen und ihnen andererseits „institutionelle Rahmenbedingungen zu schaffen, die *individuelle Normalisierungs*prozesse ermöglichen sollen" (Waldschmidt, 1998, S. 17; Hervorhebung H.S.). Doch damit haben sie *ihre* Normalisierungspflicht unter widersprüchlichen institutionellen Rahmenbedingungen zu erfüllen. Sie bedeuten sowohl soziale Diskriminierung und Ausgrenzung als auch soziale Integration und Teilhabe, sodass diese Jugendlichen Gefahr laufen, wie Bourdieu und seine Kollegen (1997, S. 527) es formuliert haben, zu „intern Ausgegrenzten" zu werden.

Diese Jugendlichen setzt die erhöhte Beteiligung im beruflichen Bildungssystem unter einen Normalisierungsdruck bzw. -zwang. In vielen Fällen führt dies eher zu einem erneuten Versagen, das als ein *individuelles* Versagen interpretiert und gewertet wird und weitere Demotivierungsprozesse zur Folge hat (vgl. Heinz, 1995, 1996). Insofern verwundert es nicht, dass die deutlich geringere Quote von Schulabgängern ohne Schulabschluss in *regulären* Ausbildungsverhältnissen nicht nur das Ergebnis von Fremd-, sondern auch Selbstselektionsprozessen ist. So gaben von den im Oktober 2001 nicht vermittelten Ausbildungsstellensuchenden ohne Schulabschluss auf die Frage: *Warum machen Sie zurzeit keine Lehre?* 49 Prozent an, dass ihre schulische Vorbildung nicht oder noch nicht ausreichend sei, und 14 Prozent, dass sie keine Chancen sahen, sich erfolgreich zu bewerben (BA/BIBB, 2002). Die entsprechenden Prozentzahlen für *alle* nicht vermittelten Personen betrugen 16 bzw. 6 Prozent.

Auswertungen der Lebensverlaufsstudie zeigen zudem, dass viele der Jugendlichen ohne Schulabschluss am Ende ihrer Schulzeit *keine* konkreten Ausbildungsvorstellungen hatten. Fast ein Drittel von ihnen hatte keinen Berufswunsch oder wusste nicht, was es werden sollte (Berechnungen hier nicht ausgewiesen)[60]. Im Ergebnis sollten auch ihre Suchaktivitäten eingeschränkt(er) gewesen sein, da damit nicht klar war, worauf sie sich bewerben sollten. Dafür spricht, dass der Anteil derjenigen, die keinen Berufswunsch hatten, bei den schulabschlusslosen Jugendlichen, die letztlich auch keinen Ausbildungsabschluss erworben haben, mit 26 Prozent deutlich höher ist als bei den schulabschlusslosen Jugendlichen mit einem Ausbildungsabschluss (18 %).

Ferner ist anzumerken, dass die *restlichen* Jugendlichen (aus Abb. 9.2), die ins berufliche Bildungssystem einmündeten, zwar eine Berufsausbildung begonnen haben – jedoch keinesfalls alle im dualen System bzw. in einer regulären Ausbil-

---

60 Bei den anderen Schulabschlussgruppen lag dieser Anteil unter 20 Prozent.

dung an einer (Berufs-)Fachschule. Unter ihnen befinden sich auch jene in staatlich geförderten schulischen, über- und außerbetrieblichen Ausbildungen.

Kommen wir nun zum zweiten *Nein* – es bezieht sich auf den Ausbildungserfolg. Abbildung 9.3 kann entnommen werden, dass sich der Anteil der *männlichen* schulabschlusslosen Personen, die im Alter von 25 Jahren keinen anerkannten Ausbildungsabschluss vorweisen konnten, in den letzten 50 Jahren nur wenig verringert hat. Für die 1930er Geburtskohorte lag dieser Anteil bei 37 Prozent, für die beiden jüngeren Geburtskohorten 1964/71 bei 32 Prozent. Überdies hat sich ihr relativer Abstand zu den Männern, die die Schule mit einem Hauptschulabschluss verlassen haben, erhöht. In der 1930er Kohorte hatten sie ein etwa anderthalbmal so hohes Risiko wie Abgänger mit Hauptschulabschluss, ohne Aus-

Abbildung 9.3: Anteil der Personen ohne abgeschlossene Berufsausbildung bis zum 25. Lebensjahr nach erreichtem Schulabschluss (nur Personen westdeutscher Herkunft, in %)

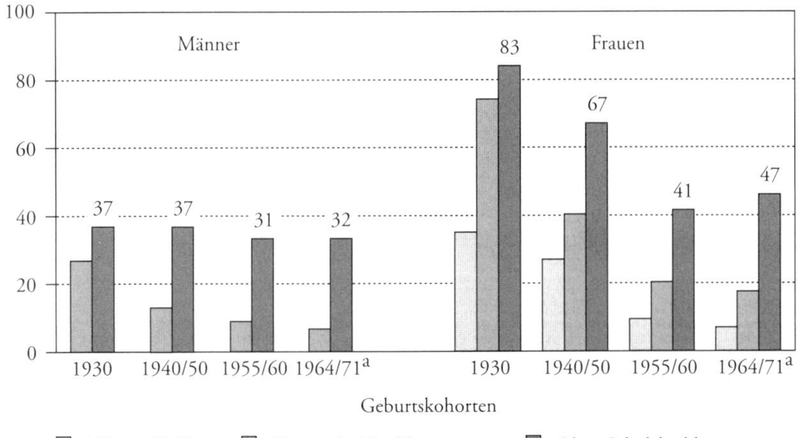

Auf die Ausweisung der Werte für Männer mit einer mittleren Reife wurde aus Gründen der Übersichtlichkeit verzichtet. Für die Frauen erweist sich die mittlere Reife als weiterer Vergleichswert aufgrund des geringeren Unterschieds zu Frauen mit einem Hauptschulabschluss als sinnvoll.

a Fallzahl für westdeutsche Jugendliche ohne Schulabschluss in den Kohorten 1964/71= 50 Männer und 31 Frauen.

Quelle: Eigene Berechnungen, Deutsche Lebensverlaufsstudie des Max-Planck-Instituts für Bildungsforschung, MPIfB-IAB-Kohortenstudie 1964/1971.

bildungsabschluss zu bleiben, in den Geburtskohorten 1964/71 jedoch ein viereinhalbmal so hohes.

Für *weibliche* Schulabgänger ohne Schulabschluss zeigt sich mit der generell angestiegenen Bildungsbeteiligung von jungen Frauen ein anderes Bild. Absolut betrachtet sank bei ihnen der Anteil der Ausbildungsabschlusslosen von gut 80 Prozent auf unter 50 Prozent. Zudem hat sich ihr relativer Abstand zu den Schulabgängerinnen mit einem Hauptschulabschluss in geringerem Maße als bei den Männern erhöht (von einem 1,8-mal höheren Risiko auf ein 3-faches Risiko). Letzteres widerspiegelt jedoch den bekannten Sachverhalt, dass Mädchen mit einem Hauptschulabschluss deutlich schlechtere Ausbildungschancen haben als Jungen mit einem Hauptschulabschluss, und ist damit nicht Ausdruck eines *Erfolgs* der schulabschlusslosen Frauen. Dieser Befund relativiert die generelle Formulierung von Hacket, Preißler und Ludwig-Mayerhofer (2001, S. 123), dass „die Jugendlichen ohne Schulabschluss nicht immer das Schlusslicht bilden und ihre Ausbildungschancen und Arbeitslosigkeitsrisiken sich nicht wesentlich von denen der Hauptschüler unterscheiden". Dies gilt nur für Frauen ohne Schulabschluss.

Eine weitere Auswertung zeigt zudem, dass in den 1964/71er Kohorten jene Personen ohne Schulabschluss, die in ihrer ersten Ausbildungsepisode in eine *berufsvorbereitende* Maßnahme einmündeten, langfristig deutlich häufiger ohne Ausbildungsabschluss blieben als schulabschlusslose Personen, deren erste Ausbildungsepisode eine Berufsausbildung (einschließlich über- und außerbetriebliche) gewesen ist. Erstere blieben zu etwa 40 Prozent ohne Ausbildungsabschluss, Letztere nur zu knapp 20 Prozent. Diese kontinuierliche Folge schulischer und beruflicher Misserfolge wird von ihnen und ihrer Umwelt – hatten sie doch scheinbar *so viele Chancen* – häufig als eine Serie persönlicher Niederlagen interpretiert und setzt sich schließlich auch im Selbstkonzept der Betroffenen fest (Heinz, 1996, S. 152).

Schließlich kann ein drittes *Nein* auf die Frage, ob Jugendliche ohne Schulabschluss mit ihrer fast vollständigen Beteiligung im beruflichen Bildungssystem in der *Normalbiografie* angekommen sind, formuliert werden – und zwar hinsichtlich ihrer Ausbildungsberufe. Selbst jene, die einen Ausbildungsabschluss vorweisen können, tragen in ihrer zukünftigen Erwerbskarriere ein deutlich höheres Arbeitslosigkeitsrisiko als Ausgebildete, die mit einem Hauptschul- oder höheren Schulabschluss die Schule verlassen haben (Reinberg & Walwei, 2000, S. 33). Eine Ursache dafür ist, dass ihnen nur die so genannten Behindertenberufe nach § 48 Berufsbildungsgesetz (die grundsätzlich bundesweit nicht anerkannt werden) sowie ein sehr kleines Segment an Ausbildungsberufen im Handwerk, in der Landwirtschaft sowie Hauswirtschaft im städtischen Bereich offen stehen. Diese Berufe gehören jedoch heute mehrheitlich zu den besonders beschäftigungsinstabilen, den schrumpfenden und stärker von Arbeitslosigkeit bedrohten Berufen (Solga, 2003a, 2004). Zudem absolvieren sie ihre Ausbildung hauptsächlich in Kleinbetrieben mit einer deutlich geringeren Übernahmequote oder außerbetrieblich, sodass sie ein deutlich höheres Risiko haben, an der nächsten *Schwelle* – beim Übergang in eine Beschäftigung – zu scheitern.

Diese Befunde verdeutlichen, dass ihre fast vollständige (teilweise ungewollte) Integration ins berufliche Bildungssystem in der Regel nicht zu einer gleichberechtigten Teilnahme führt. Abgesehen von den 12 Prozent, die nie im beruflichen Bildungssystem waren, nahmen 20 Prozent nur an berufs- und ausbildungsvorbereitenden „Maßnahmen" teil; 18 Prozent können Maßnahmeausbildungskarrieren vorweisen, und etwa 50 Prozent waren teils erfolgreich, teils erfolglos in berufsschulischen, betrieblichen, außer- bzw. überbetrieblichen Ausbildungen (eigene Berechnungen auf Basis der Deutschen Lebensverlaufsstudie, Geburtskohorten 1964/71). Für viele von ihnen glättet jedoch weder die Maßnahmekarriere noch ihre Ausbildung in den zumeist eher minderwertigen Berufen, wie im Folgenden gezeigt wird, den Übergang ins Erwerbsleben – und dies obgleich oder gerade weil sie vielfältige, aber gemessen am Standard „gescheiterte" Bemühungen im Qualifikationserwerb nachweisen können.

Das zunehmende Scheitern beim Erwerbseinstieg

Wie gestalten sich nun der Arbeitsmarkteinstieg und die Erwerbsbiografien dieser Jugendlichen (bis zum 25. Lebensjahr)? Gibt es wenigstens ein „verspätetes" Ankommen in der Normalbiografie? Abbildung 9.4 zeigt die Mediane des Alters beim Berufseinstieg. Ein Vergleich der Mediane (d.h. des Alters, bis zu dem 50 Prozent ihre erste [mindestens] sechsmonatige Erwerbstätigkeit aufgenommen haben) über die Kohorten hinweg verdeutlicht, dass der Arbeitsmarkteinstieg für Schulabgänger ohne Schulabschluss heute deutlich später stattfindet als in früheren Geburtskohorten.

Während in der 1930er Kohorte für die ersten 50 Prozent der Erwerbseinstieg bis zu einem Alter von 16 Jahren und 5 Monaten stattfand, dauerte er in den 1964/71er Kohorten bis zu einem Alter von 20 Jahren und 2 Monaten. Das ist im Kohortenvergleich ein Unterschied von 45 Monaten, also fast 4 Jahren (zur Erinnerung: Der Unterschied im Median des Alters bei Schulende betrug 28 Monate). Auch im Vergleich zu Schulentlassenen *mit Hauptschulabschluss* findet der Erwerbseinstieg von Jugendlichen ohne Schulabschluss heute relativ später statt – und dies, obgleich Erstere weit häufiger eine reguläre, zweieinhalb- bis dreijährige Ausbildung vor ihrer ersten Berufstätigkeit absolvierten. Dieser massive Anstieg des Alters beim Berufseinstieg der schulabschlusslosen Jugendlichen ist ab den Ge-

Abbildung 9.4: Mediane des Alters bei der ersten (mindestens sechsmonatigen) Erwerbstätigkeit (Alter in Jahren, nur Personen westdeutscher Herkunft)

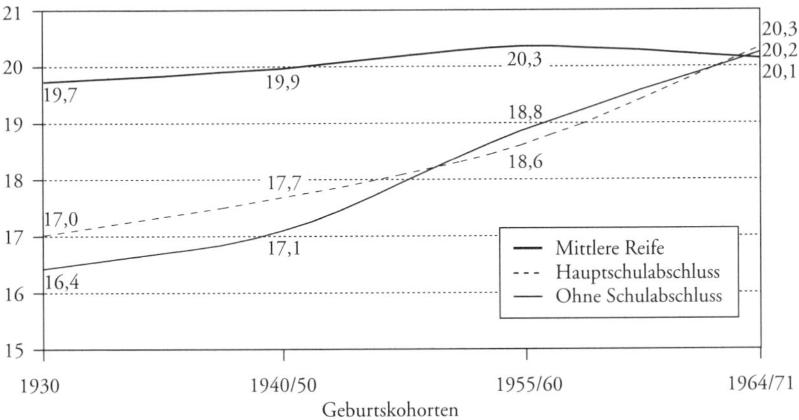

Aus Gründen der Übersichtlichkeit wird die Kurve für Abiturienten nicht ausgewiesen.

Quelle: Eigene Berechnungen, Deutsche Lebensverlaufsstudie des Max-Planck-Instituts für Bildungsforschung, MPIfB-IAB-Kohortenstudie 1964/71.

burtsjahrgängen 1955/1960 zu beobachten, das heißt seit dem die berufsvorbereitenden Maßnahmen für sie massiv ausgebaut wurden. Darüber hinaus ist der relativ späte Erwerbseinstieg auch ihrem höheren Arbeitslosigkeitsrisiko geschuldet (eigene Berechnungen mit der Lebensverlaufsstudie): Fast 40 Prozent der Jugendlichen ohne Schulabschluss waren zwischen dem Verlassen der Schule und dem 25. Lebensjahr mindestens einmal arbeitslos, 19 Prozent von ihnen waren in diesem Zeitraum sogar mehr als zwölf Monate arbeitslos gemeldet. Dieser Anteil ist mehr als doppelt so hoch wie bei den Jugendlichen, die die Schule mit einem Hauptschulabschluss verlassen haben.

Im Ergebnis war fast ein Viertel der schulabschlusslosen Jugendlichen seit dem Verlassen der Schule bis zum 25. Lebensjahr (was in der Regel eine Zeitdauer von etwa 7 bis 8 Jahren bedeutet) *weniger* als zwei Jahre erwerbstätig (siehe Abb. 9.5). Auch hier ist der Anteil etwa doppelt so hoch wie bei den Jugendlichen mit einem Hauptschulabschluss. Dieser Anteil hat sich im Kohortenvergleich deutlich erhöht, und auch im Vergleich zu jenen mit einem Hauptschulabschluss ist er überproportional angestiegen.

Abbildung 9.5: Anteil der Personen mit und ohne Hauptschulabschluss, die zwischen ihrem Schulende und dem 25. Lebensjahr *weniger als zwei Jahre erwerbstätig waren* (nur Personen westdeutscher Herkunft, in %)

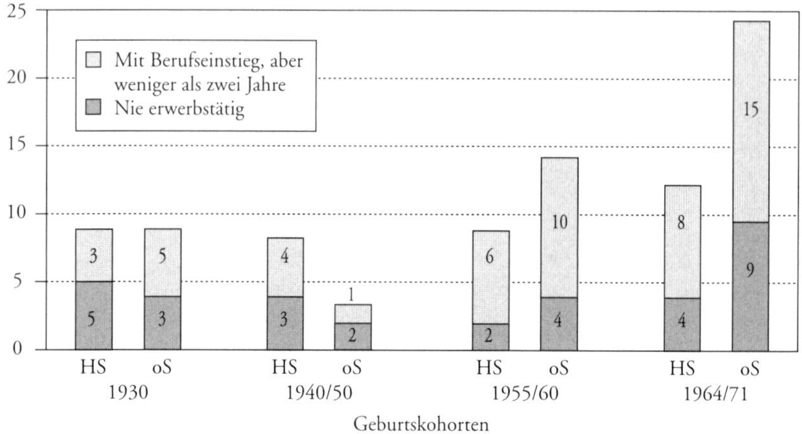

HS = Hauptschulabschluss, oS = ohne Schulabschluss.

Quelle: Eigene Berechnungen, Deutsche Lebensverlaufsstudie des Max-Planck-Instituts für Bildungsforschung, MPIfB-IAB-Kohortenstudie 1964/71.

Zudem ist zu beobachten, dass sich der Anteil derjenigen, die bis zum Zeitpunkt des Interviews (siehe Angaben in Abb. 9.2) noch nie erwerbstätig waren, gleichfalls stark erhöht hat. In den Kohorten 1964/71 hatten von den schulabschlusslosen jungen Erwachsenen immerhin fast 10 Prozent noch *nie* eine mindestens sechsmonatige Erwerbstätigkeit (bei den Personen mit Hauptschulabschluss und mittlerer Reife waren es nur knapp 4%). In den 1955/60er Kohorten (mit einem vergleichbaren Alter zum Interviewzeitpunkt) waren es hingegen nur 2 Prozent.

Ob mit oder ohne Ausbildungsabschluss haben Jugendliche ohne Schulabschluss aufgrund ihrer geringeren Ausbildungsabschlussquote und ihrer eher beschäftigungsinstabilen Ausbildungsberufe ein deutlich höheres Risiko *diskontinuierlicher* Erwerbskarrieren, bestehend aus einfacher Beschäftigung und perforierter Arbeitslosigkeit, oder einer generellen Ausgrenzung aus dem Arbeitsmarkt. Die *Normalbiografie* bleibt weiterhin für viele – mit ihren „Übergangsbiografien mit *open end*" (Tully & Wahler, 1985) – eine „unerfüllte Pflicht".

Fazit: Stigmatisierungsgefahren durch erhöhte Normalisierungspflichten

Die präsentierten Befunde zeigen, dass auch Jugendliche ohne Schulabschluss in immer stärkerem Maße an den in Deutschland *linear* konzipierten und hochgradig institutionalisierten Bildungs- und Qualifizierungslaufbahnen teilnehmen. Für viele von ihnen hat jedoch diese Institutionalisierung von „Maßnahmekarrieren" ein institutionelles Korsett geschaffen, das kaum ein „Entweichen" zulässt. Zudem erhöht sich die Konkurrenzfähigkeit dieser Jugendlichen durch diese Sondermaßnahmen nur wenig, da sie nicht „alternative" Übergangspfade darstellen, sondern letztlich zu sozial segmentierten und mittels individueller Defizite legitimierten („nicht berufsreif", „nicht ausbildungsreif", „nicht beschäftigungsfähig") Kanalisierungen jenseits der *Normalbiografie* führen (Wiethold, 1981, S. 720; Willand, 1987, S. 62). Mit ihrer Integration in die zahlreichen segmentierten Stufen der *Normalbiografie* haben die systemischen Sackgassen und institutionalisierten Übergangs-/Ausgrenzungsrisiken für sie zugenommen (Stauber & Walther, 1999, S. 3 und 56). Sie definieren für sie neue *Normalisierungspflichten*, ohne sie gleichzeitig mit den entsprechenden Ressourcen für ihre Bewältigung ausstatten zu können.

Berücksichtigt man den „Zuschreibungs-" und Etikettierungscharakter „geringer Bildung", so wird deutlich, dass die mit ihrer Integration ins Berufsbildungssystem definierten *Normalisierungspflichten* letztlich mit neuen Punkten bzw. Stationen des „Scheiterns" verbunden sind. Versuche, diese zu erfüllen, werden – infolge veränderter Bildungsnormen und angespannter Arbeitsmarktbedingungen – von ihnen immer häufiger verlangt. Zugleich sinken die Chancen, dass sie über diese Stationen in kontinuierliche Erwerbsarbeit einmünden können. Diese „verpassten bzw. erfolglosen" Chancen und die damit einhergehenden diskreditierenden Fremd- und Selbsttypisierungsprozesse erhöhen die Gefahr einer „institutionellen Identitätsbeschädigung" und können in der Konsequenz aus „geringer Bildung" ein soziales Stigma in Bildungsgesellschaften werden lassen.

Dieses pessimistische Bild ist in zweierlei Hinsicht etwas überzeichnet. *Erstens* ist anzuerkennen, dass einer signifikanten Anzahl von Jugendlichen ohne Schulabschluss die „Rückkehr" in die *Normalbiografie* gelingt – nämlich jenen, die mit und ohne Nachholen ihres Schulabschlusses in eine etwas höherwertige Ausbildung einmünden und auf deren Basis an einem relativ kontinuierlichen Erwerbsleben teilhaben können. Das sind aber – soweit man es aus den Erwerbsbiografien bis zum 25. Lebensjahr prognostizieren kann[61] – von den Personen der Geburtsjahr-

61 Gemessen über die Indikatoren: abgeschlossene Berufsausbildung bis zum Alter von 25 Jahren, zwischen dem Verlassen der Schule und dem 25. Lebensjahr länger als ein Jahr erwerbstätig und weniger als sieben Monate arbeitslos gewesen.

gänge 1964/71 nur etwa 40 Prozent. In Rechnung zu stellen ist dabei jedoch, dass hier nur von Personen westdeutscher Herkunft berichtet wurde und auch Schulentlassene von Sonderschulen deutlich unterrepräsentiert sind. Die bekannten Befunde zu den Übergangsmustern von Jugendlichen mit Migrationshintergrund und von Sonderschulentlassenen legen nahe, dass sie es deutlich schwerer haben als die hier betrachteten Personen (vgl. Solga, 2003a; Pfahl, 2003b). Insofern könnte in umgekehrter Weise argumentiert werden, dass in diesen Ausführungen das Bild *unter*zeichnet wurde bzw. die Schwierigkeiten von Jugendlichen ohne Schulabschluss unterschätzt wurden.

Zweitens wurden hier die „Eigenbeiträge und Widerstandsmöglichkeiten des Subjekts“ (Kohli, 1985, S. 20) nicht berücksichtigt. Doch für die Klärung der Frage, inwieweit sich die institutionellen Ausgrenzungsrisiken und die damit verbundenen Folgen einer „institutionellen Identitätsbeschädigung“ verschärft haben, zeigen diese Analysen, dass die „Abweichungen“ von der *Normalbiografie* konsequenzenreicher und nicht folgenloser geworden sind. Zudem verweist die hier gewählte Perspektive darauf, dass diese „Abweichungen“ durch die Lebenslaufinstitutionen selbst produziert werden. Demzufolge stellen die Lebensverläufe und Biografien von Jugendlichen ohne Schulabschluss – wie in Abschnitt 7.2 und 8.2 dargelegt – die *zu erklärende* Größe dar (und nicht die *erklärende* Größe, von der die ökonomischen Theorien in Kap. 4 und 5 ausgehen).

10 Der soziologische Erklärungsbeitrag – Notwendig, aber nicht hinreichend

> *Die Zahl spricht nicht von selbst; sie antwortet auf Fragen; und nur auf die bestimmte Frage nach dem „Wieviel?" – das „Was?" und „Wie?" muß ihr gegeben werden. (Geiger, 1932/1987, S. VII)*

Anliegen des Soziologieteils (Teil III) war es zu zeigen, dass eine ökonomische Erklärung der abnehmenden Beschäftigungschancen gering qualifizierter Personen nicht ausreicht und die Soziologie einen eigenständigen Beitrag zum Füllen der bestehenden Erklärungslücken leisten kann. Mit den beiden hier entwickelten Thesen – der *These einer sozialen Verarmung* der Gruppe gering qualifizierter Personen und der *Stigmatisierungsthese* – wurde vor allem die (in und über Interaktionen hergestellte) relationale Bedeutung von Bildungskategorien in die Betrachtung einbezogen. Zwar sind sowohl die (ökonomische) Verdrängungs- als auch Diskreditierungsthese *relativer* Natur, das heißt, sie beruhen auf der Annahme, dass das individuelle Bildungsniveau eine soziale Position innerhalb einer Hierarchie markiert. Sie sind jedoch nicht *relationaler* Natur. Mit ihrer Individualisierung von Bildung, dergemäß das erreichte Bildungsniveau allein von den Anstrengungen des Einzelnen abhängt, gehen sie weder von der *sozialen Notwendigkeit* der Koexistenz geringer und höherer Bildung aus, noch berücksichtigen sie die *Konstituierung sozial stratifizierter Beziehungsstrukturen und Verkehrskreise* durch die Zugehörigkeit zu Bildungskategorien.

Insbesondere Letzteres wird von den beiden Thesen dieses Teils aufgegriffen[62]. Mit der *Verarmungsthese* werden Bildungskategorien als Verkehrskreise sowie Netzwerkeinbindungen betrachtet, die aufgrund des *opportunity hoarding* zu

---

62 Die in meinem Aufsatz (Solga, 2002b) entwickelte „These der einschließenden Auslese mit Stigmatisierungseffekt" wurde hier in drei Einzelthesen zerlegt. Die *Verarmungsthese* beschreibt dabei den Prozess der „einschließenden Auslese", die *Diskreditierungs-* und die *Stigmatisierungsthese* den Prozess der erhöhten „Stigmatisierungsgefahr". Die Trennung dieser drei Mechanismen bei der Erklärung der wachsenden Arbeitsmarktprobleme gering qualifizierter Personen ist nicht nur theoretisch sinnvoll, sie ermöglicht auch Innergruppenunterschiede abzuleiten (siehe Zusammenfassung zu diesem Kap. sowie Kap. 11 und 12).

einem ungleichen Zugang zu Arbeitsplätzen führen. Infolge der Bildungsexpansion kommt es aufgrund der sozial stratifizierten Abwanderung aus der unteren Bildungskategorie zu einem überproportionalen Verbleib von Angehörigen sozial schwacher Schichten in der Gruppe gering qualifizierter Personen.

Das Hauptargument der *Stigmatisierungsthese* ist, dass sich mit der Bildungsexpansion und dem dadurch veränderten Referenzsystem *Bildungserfolg* die Beziehungsstrukturen zwischen Bildungskategorien und die darüber begründeten Identitätszuschreibungsprozesse verändert haben. Damit hat das Label, *nur gering qualifiziert zu sein,* eine neue Qualität erhalten. Es wurde zu einem modernen *Stigma.* Die Entstehung dieses Stigmas wurde dabei im Wesentlichen als eine Folge veränderter Bildungsnormen, einer erhöhten Diskreditierung außer- und innerhalb des Arbeitsmarkts sowie zunehmender Selbsttypisierungsprozesse von Personen am unteren Ende der Bildungshierarchie gesehen. Im Unterschied zur *Diskreditierungsthese* wird hier *nicht* von einer *individuellen* (wenn auch basierend auf der Gruppenzugehörigkeit erwarteten) Leistungsfähigkeit ausgegangen, sondern von einer *sozialen Konstruktion* von „Leistungsfähigkeit", mit der die „persönliche Identität" der Gruppenmitglieder gerade negiert werden soll.

Gemeinsam bewirken dieses signifikante (Stigma-)Symbol sowie die sozial verarmte Gruppenzusammensetzung, dass gering qualifizierte Personen heute nicht mehr nur einen niedrigeren Rangplatz in der Bewerberschlange innehaben. Vielmehr sind sie heute zunehmend von bestimmten Bewerberschlangen gänzlich *exkludiert.* Paradoxerweise führte die zunehmende Inklusion von Kindern in höhere Bildungsgänge und -kategorien zu einer stärkeren Exklusion der anteilsmäßig gering werdenden Nichtinkludierten. Mitverantwortlich dafür sind – wie mit den hier entwickelten soziologischen Erklärungen herausgearbeitet wurde – Selbstselektionsprozesse, basierend auf strukturellen Ausgrenzungsrisiken. Sie stellen einerseits Strategien zur Vermeidung von Situationen mit einem hohen Misserfolgsrisiko dar und sind andererseits Resultat fehlender Arbeitsmarkt- bzw. Arbeitsplatzverbindungen. Beides kann als „self-selection on the dependent variable" (Blalock, 1991, S. 19) zu einem Rückgang der Bewerbungen von gering qualifizierten Personen auf (qualifizierte) Arbeitsplätze und zu einer Erhöhung ihres Arbeitslosigkeitsrisikos beigetragen haben. Dabei kennzeichnet die erhöhte Selbstselektion als Antwort auf stigmatisierende Fremdtypisierungsprozesse *Verhaltensänderungen,* während sie als Folge verarmter Netzwerkressourcen vor allem aus Kompositionsveränderungen resultiert (vgl. Mayer, 1991b, S. 680).

Die hier entwickelten Thesen einer *sozialen Verarmung* und erhöhten Stigmatisierungsgefahr stellen dabei keine Gegenthesen zur Verdrängungs- und Diskreditierungsthese dar, sondern sind als *notwendige Ergänzung* zu begreifen. Zweifellos beeinflussen das ökonomische Verhältnis von Arbeitsangebot und -nachfrage sowie das Rekrutierungsverhalten der Beschäftiger die Zugangschancen gering qualifizierter Personen zu (qualifizierten) Jobs beachtlich – wenn auch nicht gänzlich. Überdies reichen die beiden soziologischen Erklärungen allein zur Erklärung der verringerten Erwerbschancen gering qualifizierter Personen nicht aus, da sie veränderte Wirtschaftsstrukturen und Arbeitsmarktbedingungen nur sehr partiell berücksichtigen – nämlich nur insofern, als damit Verteilungs- respektive Besitzstandsverteidigungskämpfe im Sinne des *opportunity hoarding* sowie verunsicherungsmindernde Gruppendefinitionsprozesse (insbesondere der Klassifizierung von „Gruppenfremden") zugespitzt werden. Die Bedeutung veränderter *Arbeitsnachfrage*strukturen ist jedoch untertheoretisiert. Eine weitere Diskussion der theoretischen und praktischen Interdependenz dieser vier (ökonomischen und soziologischen) Erklärungsmechanismen erfolgt in Kapitel 13.

Empirische Illustration: Diskreditierung, Stigmatisierung und soziale Verarmung der Gruppe ausbildungsloser Personen in Westdeutschland

Im Folgenden wird versucht, die Bedeutung der *sozialen Verarmung* und die Existenz einer erhöhten Diskreditierungs- und Stigmatisierungsgefahr gering qualifizierter Personen mithilfe von quantitativen Analysen nachzuweisen. Dies ist kein leichtes Unterfangen, da *Stigmatisierung* als ein aktiver Deutungsprozess, der sowohl vom Stigmatisierten als auch vom Stigmatisierenden vorgenommen wird, sich wohl eher für eine qualitative als für eine quantitative Untersuchung eignet. Der Gewinn einer quantitativen Untersuchung liegt jedoch darin, dass sie die unzureichende Erklärungskraft der *Verdrängungsthese* aufzudecken und Hinweise für eine systematische Existenz der im Alltag beobachtbaren stigmatisierenden Zuschreibungen zu liefern vermag.

Die Existenz von Selbst- und Fremdtypisierung kann hier allerdings nur auf *indirektem Weg* gezeigt werden, da die im Folgenden verwendeten Individualdaten und ihre Analyse mit dem von Sen (1986) als „revealed outcomes approach" bezeichneten Problem verbunden sind. Das heißt, die Präferenzen und Wahlhandlungen von Beschäftigern und gering qualifizierten Personen können hier nur aus ihrem beobachteten Verhalten – den realisierten Arbeitsmarktplatzierungen – abgeleitet werden. Es kann daher *empirisch nicht* festgestellt werden, zu welchem Anteil die realisierten Arbeitsmarktplatzierungen durch eine Fremdtypisierung (und durch welche Akteure im Schul-, Ausbildungs- oder Erwerbssystem) zu erklären sind und zu welchem Anteil durch Selbstselektionsprozesse. Dazu wäre es notwendig, nicht realisierte, sprich durch Beschäftiger „verhinderte" Arbeitsmarktplatzierungen und durch „Identitätsschädigungen" oder fehlende Netzwerkanbindungen verursachte, nicht intendierte Arbeitsmarktplatzierungen (seitens der gering

Qualifizierten) zu erheben. Eine solche Vorgehensweise setzt allerdings voraus, dass Zuschreibungs- und Selektionsprozesse von den Individuen stets bewusst als solche reflektiert werden. Wie die vorangegangenen Ausführungen nahe legen (Abschnitt 5.2, 7.2 und 8.2), ist dies aber nicht (immer) der Fall[63]. Zudem handelt es sich bei den Fremd- und Selbsttypisierungsprozessen um interdependente Prozesse, die zwar analytisch, nicht jedoch empirisch vollständig voneinander getrennt werden können. Anliegen der im Folgenden präsentierten empirischen Analysen ist es daher „nur" nachzuweisen, dass die in der Literatur dominierende Verdrängungsthese *unzureichend* ist und die Einbeziehung von strukturell bedingten Stigmatisierungs- sowie netzwerkbasierten Selbstselektionsprozessen ein *plausibles Füllen* (vgl. Hedström & Swedberg, 1996, S. 290) ihrer „Erklärungslücken" – wie sie in Kapitel 6 ausgewiesen wurden – erlaubt.

Wie in Kapitel 3 kurz dargestellt wurde, beinhaltet die Untersuchung von Erwerbschancen sowohl die Frage nach dem Erwerbsstatus, das heißt ob man Zugang zu Arbeit hat, als auch die Frage nach der beruflichen Position, das heißt zu welchen Arbeitsplätzen man Zugang hat. Eine Verschlechterung der Erwerbschancen gering qualifizierter Personen kann also anhand beider Dimensionen untersucht werden. Im Folgenden wird die Veränderung der *Zugangschancen zu qualifizierten Arbeitsplätzen* von gering qualifizierten Personen analysiert[64].

Empirische Erwartungen

Gemäß aller vier Thesen ist zu erwarten, dass der Anteil von gering qualifizierten Personen in qualifizierten Jobs abnimmt. Zudem sollte bei einem Überangebot an qualifizierten Personen der Anteil von qualifizierten Personen auf Einfacharbeitsplätzen zunehmen. Die *Verdrängungsthese* begründet dies mit einem erhöhten Angebot an qualifizierten Personen. In der *Diskreditierungsthese* wird die veränderte Perzeption der Beschäftiger dafür verantwortlich gemacht, die basierend auf diesem

---

63 Insofern sind auch Befragungen von Beschäftigern nicht unproblematisch. Ihre Rekrutierungsregeln und ihre Motivationen hinsichtlich ihrer Entscheidungen zur Arbeitsorganisation können gleichfalls nur über indirekte Ableitungen erfasst werden (Baron & Bielby, 1980, S. 748).

64 Für eine historisch vergleichende Untersuchung ihres erhöhten Arbeitslosigkeitsrisikos gibt es mehrere datentechnische Probleme. Dazu gehören unter anderem die fehlende Verfügbarkeit von Längsschnittdaten für ältere Geburtskohorten, mit denen zuverlässig auch kürzere Arbeitslosigkeitsepisoden abgebildet werden, sowie die historisch veränderten „Maßnahmen" zur (statistischen) Eindämmung der Jugendarbeitslosigkeit (bis zu einem Alter von 25 Jahren), die eine historische Vergleichbarkeit des Arbeitslosigkeitsrisikos bis zum Alter von 25 Jahren (das auch die jüngeren Geburtskohorten heute bereits erreicht haben) stark einschränken.

Überangebot von einer größeren Leistungsdistanz zwischen gering und höher Qualifizierten ausgehen und gering Qualifizierte zunehmend als „Leistungsunfähige" betrachten. Die *Verarmungsthese* begründet dies mit einer – über Rekrutierungs- und Anbieternetzwerke bewerkstelligten – „Okkupation" von Arbeitsplätzen aller Art durch qualifizierte Personen. In der *Stigmatisierungsthese* wird schließlich als Verarbeitungsmodus diskreditierender Fremd- und Selbsttypisierungsprozesse der „Selbstausschluss" seitens gering qualifizierter Personen als Ursache benannt.

Divergierende Erwartungen gibt es jedoch hinsichtlich der Arbeitsmarktchancen von gering qualifizierten Personen aus *unterschiedlichen Geburtskohorten*. Gemäß der *Verdrängungsthese* sollte sich der Anteil an gering Qualifizierten auf qualifizierten Jobs in Zeiten eines erhöhten Arbeitsmarktungleichgewichts verringern – allerdings nur dann, wenn ein ausreichendes oder sogar Überangebot an Qualifizierten zu konstatieren ist. Technisch gesprochen heißt das, ohne Kontrolle der Verteilungen von Arbeitsangebot und -nachfrage sollte der Einfluss eines fehlenden Bildungszertifikats über die Kohorten hinweg entsprechend dem Verhältnis von Arbeitsangebot und -nachfrage variieren; bei Kontrolle dieser Verteilungen hingegen – das heißt bei ihrer Konstanthaltung – sollte sich der Einfluss nicht verändern. Im Unterschied dazu ist mit den drei anderen Thesen zu erwarten, dass sich gerade bei Kontrolle dieser Verteilungen die Zugangschancen gering qualifizierter Personen zu qualifizierten Arbeitsplätzen verringert haben. Ein solcher Befund würde zunächst nachweisen, dass die Verdrängungsthese unzureichend ist, da dieser Befund nicht durch ein Kapazitäts- bzw. *Matching*-Problem von Angebot und Nachfrage zu erklären ist. Um dies zu untersuchen, werden *logistische Regressionen* geschätzt. Die abhängige Variable ist das Risiko, nur auf einem einfachen Arbeitsplatz beschäftigt zu sein.

Um die drei anderen Erklärungsmechanismen – eine verarmte Arbeitsmarktanbindung, Fremd- und Selbsttypisierungsprozesse – empirisch voneinander zu „trennen", wird folgende Vorgehensweise vorgeschlagen:

Erstens: Die Relevanz der *Verarmungsthese* würde durch folgende Befunde indiziert werden: Bei gleichzeitiger Berücksichtigung der Bildungsvariable gibt es in der logistischen Regression signifikante Effekte für die Herkunftsvariablen. Dies zeigt an, dass Personen aus sozial benachteiligten Familien eine geringere Zugangschance zu qualifizierten Arbeitsplätzen haben, zum Beispiel aufgrund geringerer Netzwerk- und/oder Erfahrungsressourcen. Kommen gering Qualifizierte der jüngeren Generation zudem vergleichsweise häufiger als früher aus sozial schwachen Herkunftsmilieus, dann würden diese „negativen" signifikanten Herkunft-/Ressourceneffekte die Gruppe gering qualifizierter Personen in der jüngeren Generation vergleichsweise stärker betreffen. Allerdings kann nicht ausgeschlossen werden, dass damit auch eine stärkere diskreditierende Fremdtypisierung seitens der Beschäftiger aufgrund eines „minderen sozialen Status" der Gruppe gering qualifizierter Personen der jüngeren Generation signalisiert wird (siehe Abschnitt 5.2 und 8.2).

Zweitens: Hat die Verschlechterung der Zugangschancen von gering qualifizierten Personen auch noch bei gleichzeitiger Berücksichtigung der sozialen Herkunftsbedingungen (als Indikatoren der verfügbaren Netzwerkressourcen und Erwerbsvorstellungen) Bestand, so wäre sie nicht allein durch „verarmungs"bedingte Selbstselektionsprozesse erklärbar. Vielmehr muss es weitere Gründe dafür geben – zum Beispiel eine *erhöhte Stigmatisierung* von gering qualifizierten Personen. Eine Trennung zwischen Fremd- und Selbsttypisierungsprozessen ist hier allerdings mit den vorhandenen Daten nicht möglich. Dass es sich dabei auch um *stigmatisierende Zuschreibungen* seitens der Beschäftiger handelt *(Diskreditierungsthese)*, wäre zum einen dadurch angezeigt, dass Selbstselektionsprozessen aufgrund einer antizipierten Chancenlosigkeit die Beobachtung einer solchen Chancenlosigkeit vorausgegangen sein muss. Zum anderen wäre eine erhöhte Diskreditierung seitens der Beschäftiger empirisch bekräftigt, wenn eine Verschlechterung der Zugangschancen nun auch für gering qualifizierte Personen mit teilweise erfolgreichen Bildungsanstrengungen – die in früheren Geburtskohorten einen „normalen Bildungsstatus" definiert haben – nachgewiesen werden kann (z.B. für ausbildungslose Personen *mit* einem höheren Sekundarschulabschluss).

Daten und Variablen

Für die empirischen Analysen werden Daten der Deutschen Lebensverlaufsstudie des Max-Planck-Instituts für Bildungsforschung verwendet (siehe Anhang). Sie basieren auf Lebensverlaufsinterviews mit *westdeutschen* Männern und Frauen der vier Geburtskohorten: 1929–31, 1939–41, 1949–51 und 1959–61 (im Folgenden: 1930, 1940, 1950 und 1960)[65].

Es stehen keine vergleichbaren Daten zu Personen nichtdeutscher Herkunft zur Verfügung. Der Diskreditierungseffekt wird damit wohl unterschätzt, da ein höherer Anteil von Angehörigen „ethnischer Minderheiten" in der Gruppe gering qualifizierter Personen (der zumindest für die 1960er Kohorte zu beobachten ist)

---

65 Die in der Deutschen Lebensverlaufsstudie vorhandenen Daten für die Kohorten 1964 und 1971 können nicht verwendet werden, da die Codierung der Berufsangaben zum Zeitpunkt der Analysen noch nicht beendet gewesen ist. Diese sind aber bei der Definition von Einfacharbeitsplätzen mit heranzuziehen. Die Daten der ostdeutschen Kohorten werden nicht analysiert, da ein Systemvergleich und die Relevanz dieser theoretischen Überlegungen für staatssozialistische und planwirtschaftliche Bedingungen nicht Gegenstand meiner Untersuchung ist (siehe Maaz, 2001).

eine derartige Diskreditierungsgefahr eher erhöhen würde (siehe Kap. 12). Zudem ist aus Analysen mit dem Mikrozensus bekannt, dass Antwortverweigerungen besonders bei den unteren und oberen Qualifikationsgruppen vorliegen (Riede & Emmerling, 1994). Auch dies kann zu einer Unterschätzung führen, da die besonders betroffenen „Fälle" (wie z.B. Sonderschüler/Sonderschülerinnen) unterproportional in der Stichprobe vorhanden sind (Solga, 2004).

Diese vier ausgewählten Kohorten repräsentieren unterschiedliche Stadien der Bildungsexpansion sowie unterschiedliche Gelegenheitsstrukturen auf dem Arbeitsmarkt (vgl. Allmendinger, 1989, S. 40; Blossfeld, 1990):

Kohorte	**Schulbesuch und Bildungsexpansion**	**Arbeitsmarktbedingungen beim Berufseinstieg**
1929–31	Vor der Bildungsexpansion (etwa 1950)	Mitte der 1940er bis Anfang der 1950er Jahre: unmittelbare Nachkriegszeit, Arbeitslosenrate von etwa 10 Prozent
1939–41/ 1949–51	Während der Bildungsexpansion	Mitte der 1950er bis Mitte der 1970er Jahre: Arbeitslosenrate von unter 4 Prozent
1959–61	Bildungsnorm: mindestens Realschule und abgeschlossene Berufsausbildung	Mitte der 1970er bis Mitte der 1980er Jahre: Arbeitslosenrate hat sich verdoppelt von 5 auf 10 Prozent

Die zentrale Variable der Analyse ist die Definition von *gering qualifizierten Personen* in einer Gesellschaft. Für die Analysen dieses Kapitels werden *Personen ohne abgeschlossene Berufsausbildung* als gering qualifizierte Personen definiert. Damit wird der historischen „Verbreiterung" der Definition von „geringer Bildung" – infolgedessen nach der Bildungsexpansion nicht nur der fehlende Schul-, sondern auch der fehlende Ausbildungsabschluss einen Status unterhalb des Bildungsstandards darstellt (siehe Abb. 8.4) – Rechnung getragen. Es handelt sich dabei um jene Personen, die bis zum 25. Lebensjahr keine Ausbildung abgeschlossen haben und sich in diesem Lebensalter auch nicht in Ausbildung befinden. Diese Definition dient der Identifikation von Personen, die sich mit hoher Wahrscheinlichkeit in einem persistenten Zustand von Ausbildungslosigkeit befinden und nicht nur in einem Übergangsstadium (Dahrendorf, 1956)[66].

Um das Bildungsniveau gering qualifizierter Personen über die Kohorten hinweg vergleichen zu können, werden die Ausbildungslosen zum einen nach ihrem Schulabschluss untergliedert in „ausbildungslos mit einem höheren Schulabschluss"

66 Nach dem 25. Lebensjahr begann und absolvierte nur noch ein sehr geringer Teil der Ausbildungslosen eine Berufsausbildung (Solga, 2000).

(mittlere Reife/Abitur) und „ausbildungslos mit maximal einem Hauptschulabschluss". Zum anderen werden sie hinsichtlich ihrer „Ausbildungsanstrengungen" unterteilt in „ausbildungslos ohne Ausbildungsversuch" und „ausbildungslos mit einer abgebrochenen Ausbildung"[67]. Die Unterscheidung nach dem Schulabschluss dient zugleich der Eruierung einer zunehmenden Diskreditierung seitens der Beschäftiger sowie Stigmatisierung. Es wird davon ausgegangen, dass bei ausbildungslosen Jugendlichen mit einem höheren Schulabschluss, da sie durchaus erfolgreich im Schulsystem waren, diskreditierende Fremd- und Selbsttypisierungsprozesse seltener auftreten als bei bereits in der Schule erfolglosen Jugendlichen ohne Ausbildungsabschluss (d.h. ausbildungslos mit maximal einem Hauptschulabschluss).

Die zweite zentrale Variable der Analyse ist die *Klassifizierung von Einfach- sowie qualifizierten Arbeitsplätzen.* Als Einfacharbeitsplätze werden Beschäftigungen in un- bzw. angelernten Arbeiter- und einfachen Angestelltentätigkeiten definiert[68]. Alle anderen Arbeitsplätze werden als qualifizierte Arbeitsplätze klassifiziert. Dabei wird die Platzierung in der ersten (sechsmonatigen) Erwerbstätigkeit untersucht, da diese – wie mehrfach in Teil II und III erwähnt – angesichts der Kumulativität von Arbeitsmarkterfahrungen für den weiteren Erwerbsverlauf von zentraler Bedeutung ist.

Die Ressourcen bei der Suche nach einem qualifizierten Job, die informative „Verbindung" zu solchen Arbeitsplätzen sowie die normativen Vorstellungen und Ziele bei der Arbeitsplatzsuche (siehe Abschnitt 7.1) werden über *zwei Herkunftsvariablen* abgebildet: die berufliche Stellung des Vaters und die Stabilität der Familienverhältnisse. Leider stehen in diesem Datensatz keine weiteren Informationen zur Verfügung, wie zum Beispiel Angaben zu Freunden, Bekannten und weiteren Verwandten, Angaben zu erfolglosen Bewerbungsversuchen und Ähnliches. Hinsichtlich der *beruflichen Stellung des Vaters* (als die befragten Personen 15 Jahre alt waren) ist die Beschäftigung des Vaters auf einem Einfacharbeitsplatz für die in Abschnitt 7.1 und 8.1 abgeleiteten ressourcenbedingten Selbstselektionsprozesse von besonderem Interesse. In Bezug auf die Kategorie „nicht erwerbstätig" ist zu berücksichtigen, dass sich die nicht erwerbstätigen Väter der um 1930 Geborenen

---

67 Im Unterschied zu Abbildung 9.2 werden hier nicht alle Übergänge ins berufliche Bildungssystem betrachtet, sondern nur Übergänge in *reguläre* (schulische, akademische, betriebliche oder außerbetriebliche) Ausbildungen, die bei erfolgreicher Beendigung zu einem anerkannten Ausbildungs- oder Fach-/Hochschulabschluss führen.

68 Hinsichtlich der einfachen Angestelltentätigkeiten ist zu erwähnen, dass dazu – gerade bei den Frauen – zum Teil auch Tätigkeiten gehören, für die man in Deutschland durchaus eine Ausbildung absolvieren kann (und vermehrt muss), ohne dass ihnen damit der Status einer qualifizierten Angestelltentätigkeit zugesprochen wird (z.B. bei Verkäufer/Verkäuferinnen, Friseure/Friseurinnen, Bürohilfskräfte u.Ä.).

Tabelle 10.1: Definition der unabhängigen sozioökonomischen Variablen

Indikatoren		Operationalisierung
1	Ausbildungsabschluss der (Stief-)Mutter	1 = Ohne anerkannten Ausbildungsabschluss 2 = Mit Ausbildungsabschluss (Lehre, Berufsfachschule, Fach-/Fachhochschule, Universität u.Ä.)
2	Ausbildungsabschluss des (Stief-)Vaters	
3	Berufliche Stellung des (Stief-)Vaters im 15. Lebensjahr der Zielperson	1 = In einfacher Tätigkeit beschäftigt (un- und angelernter Arbeiter, einfacher Angestellter, Heimarbeiter) 2 = In qualifizierter Tätigkeit beschäftigt (Facharbeiter und aufwärts, qualifizierter Angestellter und aufwärts, Selbstständiger in Landwirtschaft, Dienstleistung und Handwerk, freie akademische Berufe 3 = Nicht erwerbstätig 4 = Verstorben
4	Familiengröße	0 = Weniger als 4 Kinder in der Familie 1 = 4 und mehr Kinder
5	Index „Instabile Familienverhältnisse“	0 = Maximal einer der folgenden Indikatoren trifft zu („stabil“) 1 = 2 und mehr Indikatoren treffen zu („instabil“)
	Indikatoren	
	– Aufwachsen mit Stiefmutter – Aufwachsen mit Stiefvater	0 = Hatte nie eine Stiefmutter/einen Stiefvater 1 = Hatte bis zum 16. Lebensjahr eine Stiefmutter/einen Stiefvater
	– Tod der Mutter bis zum 16. Lebensjahr – Tod des Vaters bis zum 16. Lebensjahr	0 = Leibliche Mutter/Vater lebt im 16. Lebensjahr der Zielperson 1 = Leibliche Mutter/Vater ist bis zum 16. Lebensjahr der Zielperson gestorben
	– „Junge“ Mutter[1] – „Junger“ Vater	0 = Bei der Geburt des 1. Kindes älter als 21 Jahre 1 = Bei der Geburt des 1. Kindes maximal 21 Jahre alt

1 Gewählt wurde hier das für die hier betrachteten Geburtskohorten geltende Volljährigkeitsalter.

zu diesem Zeitpunkt im Krieg oder in Gefangenschaft befanden, während die nicht erwerbstätigen Väter der anderen Kohorten arbeitslos oder bereits verrentet waren. Für die Kategorie „Tod des Vaters“ ist zu bedenken, dass die Angehörigen der Kohorte 1939–41 aufgrund des Alters ihrer Väter im Zweiten Weltkrieg (sie waren bei Kriegsbeginn in ihren Zwanzigern) generell ein höheres Risiko hatten, ohne Vater aufwachsen zu müssen (Grundmann, 1992).

Die Variable *Instabilität der Familienverhältnisse* dient der Abbildung strukturell oder funktional beeinträchtigter Familien und damit als zusätzlicher Indikator für eingeschränkte Unterstützungspotenziale und Erwartungshorizonte der eigenen Umwelt (vgl. Lee & Burkam, 2000; Sørensen, Dumais, & Morgan, 1999, S. 16). Für die Bildung dieser Variablen werden der Tod eines Elternteils, das Aufwachsen mit Stiefeltern als Folge der Trennung der Eltern[69] sowie die frühe Elternschaft der Mutter oder des Vaters berücksichtigt. Letzteres dient als Signal dafür, dass die berufliche Entwicklung dieser „jungen" Eltern behindert worden sein kann und/oder normativ andere Rollenmuster und Lebensvorstellungen vermittelt worden sein können (vgl. Furstenberg, 1976; Wilson, 1990). Da die Fallzahlen für eine Einzelbetrachtung in den statistischen Analysen nicht ausreichen, wurde ein gemeinsamer Indikator gebildet (siehe Tab. 10.1). Weitere sozioökonomische familiäre Ressourcen werden durch das Ausbildungsniveau der Eltern und die Familiengröße abgebildet.

Empirische Analysen

In Abbildung 8.4 wurde bereits der Anteil an ausbildungslosen Personen in den vier Kohorten präsentiert (siehe auch Abb. 10.1). Er ist von 47 auf nur 11 Prozent gesunken. In Deutschland stellen Ausbildungslose heute zweifellos eine „normabweichende Minderheit" dar. Bei den Männern sank der Anteil der Ausbildungslosen von 27 auf 8 Prozent, bei den Frauen von 66 auf 13 Prozent. Der Blick auf die geschlechterspezifischen Anteile in der 1960er Kohorte zeigt überdies, dass mit der Bildungsexpansion die Ausgrenzung von Frauen aus dem Berufsbildungssystem beseitigt wurde, obgleich anzumerken ist, dass sich die Ausbildungsgänge und -felder von Männern und Frauen immer noch deutlich unterscheiden (Krüger, 1991, 1996; Rosenfeld & Trappe, 2002; Solga & Konietzka, 2000). Der leichte Anstieg des Anteils derjenigen, die sich im 25. Lebensjahr noch in Ausbildung befunden haben, ist durch den steigenden Anteil an Studierenden verursacht.

Zugleich wird in Abbildung 10.1 und 10.2 deutlich, dass sich – als Folge der Bildungsexpansion bzw. des abnehmenden Bevölkerungsanteils in den jüngeren Kohorten an Personen, die nur über einen Hauptschulabschluss verfügen (siehe Abb. 8.2) – der Anteil an ausbildungslosen Personen mit einem höheren Sekundarschulabschluss erhöht hat. Der Anteil Ausbildungsloser mit einem Hauptschulabschluss hat sich von 78 auf 60 Prozent verringert, und der Anteil Ausbildungsloser mit dem Abschluss der mittleren Reife oder gar einem Abitur hat sich von 9 auf 30 Prozent erhöht.

Überdies hat sich der Anteil jener ausbildungslosen Personen, die eine reguläre (schulische, akademische, betriebliche oder außerbetriebliche) Ausbildung begonnen, diese jedoch nicht beendet haben (oder beenden konnten), fast verdreifacht

69 Die Scheidung der Eltern wurde in der Kohorte 1959–61 nicht erfragt.

Abbildung 10.1: Qualifikationsniveau zum 25. Lebensjahr (nur Personen westdeutscher Herkunft, in %)

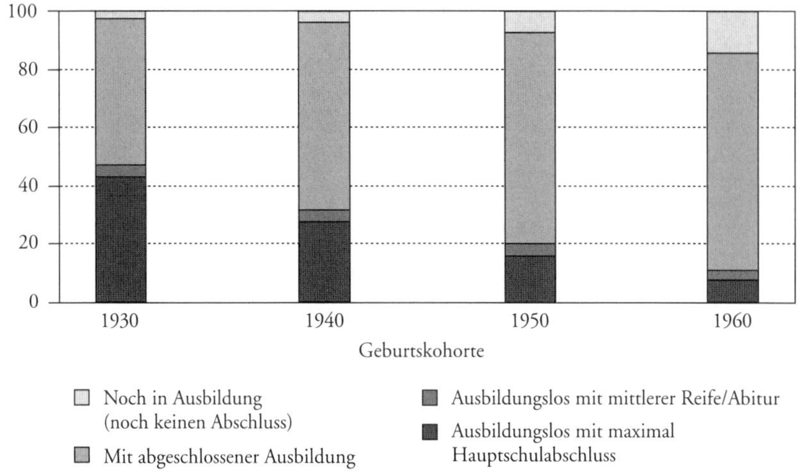

Quelle: Eigene Berechnungen, Deutsche Lebensverlaufsstudie des Max-Planck-Instituts für Bildungsforschung.

Abbildung 10.2: Zusammensetzung der Ausbildungslosen nach ihrem erreichten Schulabschluss beim Verlassen der Schule (nur Personen westdeutscher Herkunft, in %)

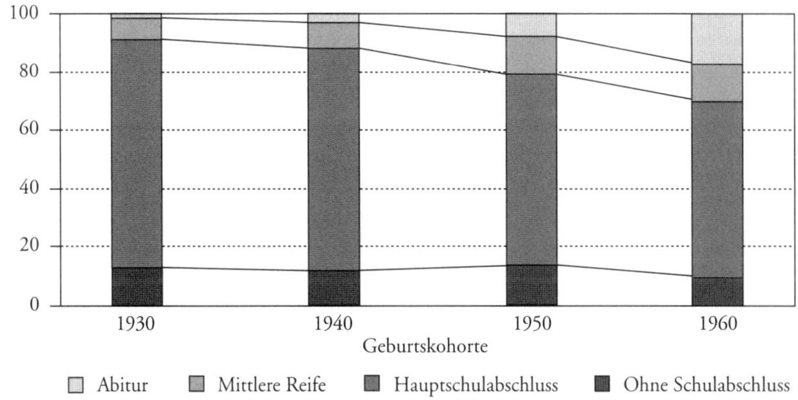

Quelle: Eigene Berechnungen, Deutsche Lebensverlaufsstudie des Max-Planck-Instituts für Bildungsforschung.

Abbildung 10.3: Ausbildungslose mit Ausbildungsversuch (nur Personen westdeutscher Herkunft, in %)

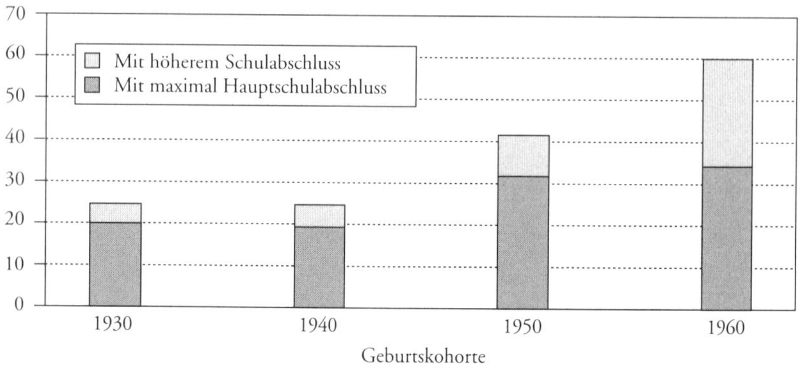

Quelle: Eigene Berechnungen, Deutsche Lebensverlaufsstudie des Max-Planck-Instituts für Bildungsforschung.

(siehe Abb. 10.3). Ihr Anteil stieg von 24 auf 60 Prozent (ihre Ausbildungsversuche erfolgten zu über 60% in privaten Betrieben). Dieser Anstieg resultierte vor allem aus den gestiegenen Ausbildungsanstrengungen ausbildungsloser Personen mit einem höheren Sekundarschulabschluss. Bei ihnen erhöhte sich der Anteil der Personen mit einem Ausbildungsversuch von 38 auf 75 Prozent, bei den Ausbildungslosen mit maximal einem Hauptschulabschluss erreichte er trotz eines Anstiegs nur 53 Prozent (in der 1930er Kohorte lag er bei 23%).

Tabelle 10.2 berichtet in der ersten Spalte über den Anteil an Personen, die in den vier Kohorten in ihrer ersten Erwerbstätigkeit auf Einfacharbeitsplätzen beschäftigt gewesen sind. Dieser Anteil sank von 53 auf 31 Prozent. In Spalte A sind die Anteile von *ausgebildeten* Personen, die nur auf einfachen Arbeitsplätzen beschäftigt gewesen sind, dargestellt. Dieser Anteil hat über die Kohorten hinweg etwas abgenommen. Zudem sieht man, dass ausgebildete Personen verstärkt bei Verringerung der Zahl der zu besetzenden Einfacharbeitsplätze in eine qualifizierte Beschäftigung einmünden konnten (Korrelation zwischen erster Spalte und Spalte A-Gesamt: $r = 0{,}98$, $p = 0{,}014$ einseitiger Test). In Spalte B ist der Anteil *ausbildungsloser* Personen ausgewiesen, die in ihrer ersten Erwerbstätigkeit „dennoch" in qualifizierte Tätigkeiten einmünden konnten. Wie erwartet, sank dieser Anteil sowohl bei den Männern als auch bei den Frauen über die Kohorten hinweg, das heißt, in den jüngeren Kohorten waren sie vermehrt nur noch auf Einfacharbeitsplätzen beschäftigt.

Tabelle 10.2: Berufliche Platzierung beim Berufseinstieg nach Qualifikationsniveau

Geburts-kohorte	% gering qualifizierte Jobs in der Kohorte	Gesamt			Männer			Frauen		
		A	B	C	A	B	C	A	B	C
1930	53	31	22	4	21	19	7	52	23	2
1940	44	28	21	9	14	28	2	53	19	16
1950	34	26	27	9	15	34	1	39	24	17
1960	31	24	15	10	19	17	4	28	14	16
Korrelation mit C		*–0,91*	*–0,25*		*0,93*	*–0,83*		*–0,51*	*–0,39*	
P > |z| [1]		*0,05*	*0,37*		*0,03*	*0,09*		*0,25*	*0,31*	

N = 2.979; Risikogruppe: alle Personen mit einem Berufseinstieg bis zum Interviewzeitpunkt, westdeutscher Herkunft.

A: Anteil an qualifizierten Personen auf Einfacharbeitsplätzen (in %).

B: Anteil an ausbildungslosen Personen auf qualifizierten Arbeitsplätzen (in %).

C: Prozentdifferenz zwischen Angebot an und Nachfrage nach qualifizierten Personen – gemessen als Differenz zwischen dem Anteil an qualifizierten Personen und dem Anteil an qualifizierten Arbeitsplätzen in der jeweiligen Kohorte (da alle Werte über Null liegen, gab es stets ein Überangebot).

1 Signifikanzniveau, einseitiger Test.

Quelle: Eigene Berechnungen; Deutsche Lebensverlaufsstudie des Max-Planck-Instituts für Bildungsforschung.

Für eine *Verdrängung von oben nach unten* aufgrund eines Überangebots an qualifizierten Arbeitskräften müsste nun *erstens* zutreffen: Je größer das Überangebot an qualifizierten Personen ist, desto höher ist das Risiko, dass qualifizierte Personen nur einfache Arbeitsplätze finden (positiver Zusammenhang zwischen Spalte A und C). Gleichzeitig müsste sich *zweitens* zeigen: Je größer das Überangebot ist, desto geringer ist die Chance, dass ausbildungslose Personen Zugang zu qualifizierten Arbeitsplätzen haben (negativer Zusammenhang zwischen Spalte B und C).

Für *Männer* stimmen die Korrelationskoeffizienten mit diesen theoretischen Erwartungen der Verdrängungsthese überein (signifikant, einseitiger Test, da richtungsbestimmte Hypothesen). Zudem bleibt der signifikante Zusammenhang zwischen der Angebot-Nachfrage-Relation (C) und dem Anteil qualifizierter Personen auf Einfacharbeitsplätzen (A) bestehen, wenn für den Anteil an Einfacharbeitsplätzen (Spalte 1) kontrolliert wird (r = 0,99, p = 0,05, einseitiger Test). Dies weist darauf hin, dass das Einfacharbeitsplatzrisiko für ausgebildete Personen nicht nur von der Nachfrage nach einfacher Arbeit, sondern – konform mit der

Verdrängungsthese – in der Tat von der Angebot- *und* Nachfragerelation abhängt. Für *Frauen* sind die Korrelationen zwischen den Spalten A und C sowie B und C weder signifikant noch eindeutig in den erwarteten Richtungen der Verdrängungsthese. Eine Ursache dafür könnte sein, dass viele Frauenberufe, obgleich sie eine Berufsausbildung erfordern, immer noch als einfache und nicht als qualifizierte Berufe angesehen werden (Solga & Konietzka, 2000).

Im nächsten Schritt werden nun mithilfe von *logistischen Regressionen* die Verteilungen des Arbeitsangebots und der Arbeitsnachfrage „konstant" gehalten. Die *abhängige Variable* ist das Risiko, nur auf einem einfachen Arbeitsplatz beschäftigt zu sein. Die geschätzten Effekte sind als *odds ratios* ausgewiesen. Werte größer als 1 kennzeichnen ein höheres Risiko der Platzierung auf einfachen Arbeitsplätzen als die Referenzkategorie, Werte kleiner als 1 ein geringeres Risiko. Die Tabellen 10.3 und 10.4 präsentieren die Modelle, sie unterscheiden sich in dem verwendeten Konzept der Messung des Bildungsniveaus der Ausbildungslosen. In Tabelle 10.3 wurden Ausbildungslose nach ihrem Schulabschluss, in Tabelle 10.4 (bei gleichzeitiger Berücksichtigung des Schulabschlusses) nach ihrer Ausbildungsanstrengung (mit und ohne Ausbildungsversuch) unterteilt.

Die Effekte des in Tabelle 10.3 ausgewiesenen Modells und von Modell 1 in Tabelle 10.4 (ohne gleichzeitige Berücksichtigung der Herkunftsvariablen) sind sehr ähnlich[70]. In der *1940er und 1950er Kohorte* hatten Ausbildungslose – ungeachtet ihres Schulabschlusses und ihrer Ausbildungsanstrengungen – im Vergleich zu denen der 1930er Kohorte ein geringeres Risiko der Beschäftigung auf Einfacharbeitsplätzen (jeweils das Produkt aus Hauptkohorteneffekt und dem dazugehörigen Qualifikationsinteraktionseffekt). Im Vergleich zu ihren ausgebildeten Altersgenossen hatten sie – wie die Ausbildungslosen der 1930er Kohorte – ein deutlich höheres Risiko (nur Haupteffekte des Qualifikationsniveaus, da Interaktionen für Kohorte 1940 und 1950 nicht signifikant sind).

Mit der *1960er Kohorte* verändert sich jedoch das Bild entscheidend. Ausbildungslose hatten nun eine deutlich geringere Zugangschance im Vergleich zu den Ausbildungslosen der 1930er Kohorte (sowie auch der 1940er und 1950er Kohorte). Für die Ausbildungslosen mit maximal einem Hauptschulabschluss war das Risiko dreimal so hoch wie in der 1930er Kohorte (0,72 × 4,11), für die Ausbildungslosen mit einem höheren Schulabschluss oder mit einem Ausbildungsver-

70 Der in allen Modellen signifikante Interaktionseffekt für jene „in Ausbildung zum Alter 25" in der 1960er Kohorte ist durch zweierlei verursacht: zum einen durch den höchsten Anteil an diesen Personen in der 1960er Kohorte (siehe Abb. 10.1), zum anderen durch den höheren Anteil an indirekten Übergängen von der Schule zum Studium in dieser Kohorte. Für diese Personen ist die erste Erwerbstätigkeit daher häufig nur ein Übergangsjob vor dem Studium.

Tabelle 10.3: Logistische Regression zum Risiko der Beschäftigung auf einem Einfacharbeitsplatz mit Unterscheidung der Ausbildungslosen nach ihrem Schulabschluss *(odds ratios)*

Unabhängige Variablen[1]	Exp(B)	P > |z|
Geschlecht (männlich)	1	
Weiblich	2,05*	0,000
Geburtskohorte (1930)	1	
1940	0,57*	0,004
1950	0,59*	0,009
1960	0,72**	0,073
Interaktion Geschlecht × Kohorte (weiblich – 1930)	1	
Weiblich – 1940	2,27*	0,002
Weiblich – 1950	1,38	0,222
Weiblich – 1960	0,71	0,164
Qualifikationsniveau zum Alter 25 – nach Schulabschluss		
(abgeschlossene Ausbildung)	1	
Ausbildungslos mit maximal Hauptschulabschluss	7,12*	0,000
Ausbildungslos mit mittlerer Reife/Abitur	2,31*	0,048
Noch in Ausbildung (bisher keinen Abschluss)	0,19	0,118
Interaktion Qualifikationsniveau × Kohorte		
Ausbildungslos mit maximal Hauptschulabschluss – 1940	1,12	0,700
Ausbildungslos mit maximal Hauptschulabschluss – 1950	1,35	0,356
Ausbildungslos mit maximal Hauptschulabschluss – 1960	4,11*	0,002
Ausbildungslos mit mittlerer Reife/Abitur – 1940	1,52	0,496
Ausbildungslos mit mittlerer Reife/Abitur – 1950	0,73	0,596
Ausbildungslos mit mittlerer Reife/Abitur – 1960	3,26**	0,052
Noch in Ausbildung – 1940	2,54	0,437
Noch in Ausbildung – 1950	1,40	0,784
Noch in Ausbildung – 1960	9,08*	0,041
Konstante	0,35*	0,000
Chi^2 des Gesamtmodells (Freiheitsgrade)	*829,1 (19)*	
Nagelkerke Pseudo R^2	*32,9*	
N (auf Einfacharbeitsplätzen beschäftigt)	*2.981 (1.180)*	

	Regression-*N*	Gesamt-*N* (% der Personen ohne Berufseinstieg)
N – 1930	678	708 (4,2%, von allen Frauen)
N – 1940	706	728 (3,0%)
N – 1950	691	733 (5,7%)
N – 1960	904	1.001 (9,7%, von allen Studierenden)

Risikogruppe: alle Personen mit einem Berufseinstieg bis zum Interviewzeitpunkt, westdeutscher Herkunft.

1 Kontrolliert für fehlende Angaben (Schätzung einer jeweiligen Missing-Kategorie).

* = signifikant mit $p < 0,05$; ** = signifikant mit $p < 0,1$.

Quelle: Eigene Berechnungen, Deutsche Lebensverlaufsstudie des Max-Planck-Instituts für Bildungsforschung.

Tabelle 10.4: Logistische Regression zum Risiko der Beschäftigung auf einem Einfacharbeitsplatz mit Unterscheidung der Ausbildungslosen nach Ausbildungsversuch *(odds ratios)*

Unabhängige Variablen[1]	Modell 1		Modell 2	
	Exp(B)	P > |z|	Exp(B)	P > |z|
Geschlecht (männlich)	1		1	
Weiblich	2,26*	0,000	2,32	0,000
Geburtskohorte (1930)	1		1	
1940	0,57*	0,005	0,52	0,002
1950	0,61*	0,016	0,062	0,021
1960	0,80	0,243	0,81	0,277
Interaktion Geschlecht × Kohorte (weiblich – 1930)	1			
Weiblich – 1940	2,06*	0,006	2,10	0,005
Weiblich – 1950	1,26	0,375	1,23	0,432
Weiblich – 1960	0,74	0,227	0,72	0,184
Schulabschluss (Abitur/mittlere Reife)	1		1	
Maximal einen Hauptschulabschluss	1,99*	0,000	1,80*	0,000
Qualifikationsniveau zum Alter 25 – nach Schulabschluss (abgeschlossene Ausbildung)	1		1	
Ausbildungslos mit maximal Hauptschulabschluss	5,15*	0,000	4,98*	0,000
Ausbildungslos mit mittlerer Reife/Abitur	7,18*	0,000	7,09*	0,000
Noch in Ausbildung (bisher keinen Abschluss)	0,26	0,203	0,24	0,179
Interaktion Qualifikationsniveau × Kohorte				
Ausbildungslos mit maximal Hauptschulabschluss – 1940	1,58	0,146	1,63	0,123
Ausbildungslos mit maximal Hauptschulabschluss – 1950	1,51	0,266	1,60	0,208
Ausbildungslos mit maximal Hauptschulabschluss – 1960	3,03*	0,026	2,86*	0,037
Ausbildungslos mit mittlerer Reife/Abitur – 1940	0,56	0,205	0,57	0,215
Ausbildungslos mit mittlerer Reife/Abitur – 1950	0,69	0,391	0,69	0,401
Ausbildungslos mit mittlerer Reife/Abitur – 1960	2,31**	0,089	2,41**	0,084
Noch in Ausbildung – 1940	2,95	0,367	2,93	0,375
Noch in Ausbildung – 1950	1,66	0,679	1,79	0,634
Noch in Ausbildung – 1960	9,92*	0,034	10,88*	0,028
Berufliche Stellung des Vaters (in qualifizierter Tätigkeit)			1	
In einfacher Tätigkeit beschäftigt			1,70*	0,000
Nicht erwerbstätig			1,15	0,423
Verstorben			1,54*	0,004
Index Instabile Familienverhältnisse (nein)			1	
Ja – instabil			1,42*	0,009
Konstante	0,20*	.000	0,17	0,000
Chi² des Gesamtmodells (Freiheitsgrade)	*847,7 (21)*		*879,9 (27)*	
Nagelkerke Pseudo R^2	*33,5*		*34,7*	
N (auf Einfacharbeitsplätzen beschäftigt)	*2.981 (1.180)*			

Risikogruppe: alle Personen mit einem Berufseinstieg bis zum Interviewzeitpunkt, westdeutscher Herkunft.
1 Kontrolliert für fehlende Angaben (Schätzung einer jeweiligen Missing-Kategorie).
* = signifikant mit $p < 0,05$; ** = signifikant mit $p < 0,1$.

Quelle: Eigene Berechnungen, Deutsche Lebensverlaufsstudie des Max-Planck-Instituts für Bildungsforschung.

such doppelt so hoch (0,72 × 3,26 bzw. 0,80 × 2,31) und für Ausbildungslose ohne Ausbildungsversuch mehr als doppelt so hoch (0,80 × 3,03). Zudem hat sich damit auch der Abstand zu ihren ausgebildeten Altersgenossen deutlich erhöht (jeweils das Produkt aus Haupteffekt des Qualifikationsniveaus und dem dazugehörigen Interaktionseffekt). Zum Beispiel hatten – wie Modell 1 (Tab. 10.4) ausweist – Ausbildungslose mit einem Ausbildungsversuch (und einem höheren Schulabschluss = Referenzkategorie bei der Variable „Schulabschluss“) nun ein 14-mal so hohes Risiko der Beschäftigung auf einem Einfacharbeitsplatz (7,18 × 2,31) wie Ausgebildete mit dem gleichen Schulabschlussniveau[71].

Die Tatsache, dass nach Kontrolle der Angebots- und Nachfrageverteilung weiterhin signifikante Effekte der Ausbildungsvariablen zu verzeichnen sind, legt die Schlussfolgerung nahe, dass das Verdrängungsargument nicht ausreicht, um die abnehmenden Beschäftigungschancen von gering qualifizierten Personen zu erklären. Vielmehr muss es über eine ungünstige Veränderung in der Angebot-Nachfrage-Relation hinaus weitere Gründe für die verminderten Zugangschancen von gering Qualifizierten zu qualifizierten Arbeitsplätzen geben. Zu diesen Gründen gehört auch eine zunehmende *Diskreditierung* ausbildungsloser Personen seitens der Beschäftiger. Dies wird – wie oben formuliert – durch zweierlei deutlich:

(a) In der 1960er Kohorte betrifft es auch Ausbildungslose, die ein deutlich höheres Bildungsniveau aufweisen als Ausbildungslose in der 1930er Kohorte. Während in der 1930er Kohorte *nur* die Ausbildungslosen mit maximal einem Hauptschulabschluss ein siebenmal so hohes Risiko der Beschäftigung auf einem Einfacharbeitsplatz im Vergleich zu ihren ausgebildeten Altersgenossen hatten, betraf es in der 1960er Kohorte auch jene Ausbildungslosen, die einen höheren Schulabschluss (die mittlere Reife oder das Abitur) vorweisen konnten (2,31 × 3,26; Tab. 10.3).

(b) Modell 2 (Tab. 10.4) zeigt ferner, dass sich die Effekte der Schul- und Ausbildungsvariablen nach Einführung der beiden zentralen Herkunftsvariablen (berufliche Stellung des Vaters und instabile Familienverhältnisse als Indikatoren für ressourcenbedingte Selbstselektionsprozesse) nicht wesentlich verändert haben.

Diese Effekte sind sicherlich nicht gänzlich einer zunehmenden diskreditierenden *Fremd*typisierung geschuldet, sondern sind – als „Antwort“ darauf – zugleich auch

---

71 Dieser erhöhte Abstand zwischen Ausgebildeten und Ausbildungslosen kann auch *nicht* dadurch erklärt werden, dass sich das Ausbildungsniveau der Gruppe der Ausgebildeten verändert hat. Der Anteil an ausgebildeten Personen, die bereits bis zum 25. Lebensjahr einen Fach- bzw. Hochschulabschluss erworben haben (und eine erste Erwerbstätigkeit bis zum Interviewzeitpunkt hatten), blieb nahezu konstant (7 %, 8 %, 11 % und 8 %).

Ausdruck einer zunehmenden „leistungsschwachen“ Selbsttypisierung und vermehrter Selbstselektionsprozesse infolge eines *Stigma-Managements* seitens der ausbildungslosen jungen Erwachsenen in der 1960er Kohorte. Letzteres wird durch die abnehmenden Zugangschancen von Ausbildungslosen mit einem „erfolglosen“ Ausbildungsversuch signalisiert (siehe Abschnitt 8.2).

Im letzten Teil der empirischen Analyse wird untersucht, inwieweit auch Selbstselektionsprozesse seitens gering qualifizierter Personen infolge einer *sozialen Verarmung* zu geringeren und sich über die Kohorten hinweg verringernden Zugangschancen beigetragen haben. Zunächst weisen die signifikanten Effekte der beiden untersuchten Herkunftsvariablen bei gleichzeitiger Berücksichtigung des Schul- und Ausbildungsniveaus in Modell 2 (Tab. 10.4) darauf hin, dass Personen mit einer geringeren faktischen und/oder normativen „Verbindung“ zu qualifizierten Jobs eine geringere Chance hatten, auf qualifizierten Arbeitsplätzen beschäftigt zu sein. Sollte sich nun zeigen, dass es diese Personen unter den Ausbildungslosen der 1960er Kohorte vergleichsweise häufiger als in früheren Kohorten gegeben hat, so wäre auch die *Gruppenkompositions*annahme hinsichtlich vermehrter Selbstselektionsprozesse seitens der gering qualifizierten Personen unterstützt.

Zur Analyse der Veränderung der Gruppenkomposition ausbildungsloser Personen über die vier Kohorten hinweg wurden drei separate logistische Regressionen geschätzt (siehe Tab. 10.5), in denen die soziale Komposition der Gruppe der Ausbildungslosen der 1930er Kohorte mit jeweils einer der anderen drei Kohorten verglichen wird. Die Grundgesamtheit in diesen Berechnungen sind *nur die ausbildungslosen Personen* der jeweils verglichenen Geburtskohorten[72]. Die abhängige Variable ist – gegeben die jeweiligen individuellen sozialen Merkmale – die Wahrscheinlichkeit der Zugehörigkeit zu einer der drei jüngeren Kohorten statt zur 1930er Kohorte. Für diesen Vergleich wurden die drei jüngeren Kohorten entsprechend der Gruppengröße und Geschlechterzusammensetzung der Gruppe der Ausbildungslosen in der 1930er Kohorte standardisiert.

Hinsichtlich der *beruflichen Stellung des Vaters* zeigt sich Folgendes: Zwar ist der Effekt für „Vater in einfacher Tätigkeit beschäftigt“ nicht signifikant (p = 0,14), dennoch geht der Effekt für die 1960er Kohorte in die erwartete Richtung. Zumindest in dieser Stichprobe war die relative Wahrscheinlichkeit, dass die Väter der Ausbildungslosen in der 1960er Kohorte nur auf Einfacharbeitsplätzen beschäftigt

72 Der historische Vergleich nur der ausbildungslosen Personen über die Kohorten hinweg wurde gewählt, um den erwarteten Prozess der sozialen Homogenisierung respektive „Verarmung“ dieser Gruppe zu untersuchen. Logistische Regressionen, in die alle Kohortenmitglieder einbezogen werden, würden im Unterschied dazu einen Vergleich der Ausbildungslosen mit den Ausgebildeten *innerhalb* der jeweiligen Kohorte vornehmen.

Tabelle 10.5: Logistische Regressionen zum Vergleich der sozialen Zusammensetzung der Gruppe der Ausbildungslosen in den drei jüngeren Kohorten mit der Kohorte 1930 *(odds ratios)*

Unabhängige Variablen[1]	Abhängige Variablen		
	Y (1940 = 1/ 1930 = 0)	Y (1950 = 1/ 1930 = 0)	Y (1960 = 1/ 1930 = 0)
Berufliche Stellung des Vaters (in qualifizierter Tätigkeit)	1	1	1
In einfacher Tätigkeit beschäftigt	0,86	1,06	1,40
Nicht erwerbstätig	0,08*	0,02*	0,37*
Verstorben	1,53**	0,42*	0,45*
Index Instabile Familienverhältnisse (nein)	1	1	1
Ja – instabil	0,94	1,03	2,21*
Ausbildungsniveau des Vaters (abgeschlossene Ausbildung)	1	1	1
Keine abgeschlossene Ausbildung	0,83	0,63*	0,92
Ausbildungsniveau der Mutter (abgeschlossene Ausbildung)	1	1	1
Keine abgeschlossene Ausbildung	0,70	0,50*	0,25*
Familiengröße (weniger als 4 Kinder)	1		1
4 und mehr Kinder	1,11	0,73	0,81
Konstante	1,71*	3,48*	2,12*
Chi² des Modells (Freiheitsgrade)	*88,3 (11)*	*154,6 (11)*	*203,4 (11)*
Nagelkerke Pseudo R^2	*16,6*	*27,6*	*35,9*

Risikogruppe: Nur Personen ohne Ausbildungsabschluss und nicht in Ausbildung zum Alter von 25 Jahren; standardisiert für die Gruppengröße und Geschlechterkomposition der Kohorte 1930 (*N* = 33)
1 Kontrolliert für fehlende Angaben (Schätzung einer jeweiligen Missing-Kategorie).
* = signifikant mit p < 0,05; ** = signifikant mit p < 0,1.

Quelle: Eigene Berechnungen, Deutsche Lebensverlaufsstudie des Max-Planck-Instituts für Bildungsforschung.

waren, höher als in der 1930er Kohorte (und auch in den beiden anderen Kohorten). Damit hatte ein vergleichsweise größerer Anteil in der 1960er Kohorte eine geringere Verbindung zu qualifizierten Jobs.

Diese Schlussfolgerung wird dadurch unterstützt, dass nur für die 1960er Kohorte ein signifikanter Effekt der Variable *instabile Familienverhältnisse* vorzufinden ist. Das Risiko, aus derartigen Familienverhältnissen zu kommen, war in der 1960er Kohorte doppelt so hoch wie in der 1930er Kohorte. Für die 1940er und die 1950er Kohorte sind die Effekte nicht signifikant. Dieses steigende Risiko instabiler Familienverhältnisse in der 1960er Kohorte im Vergleich zu den anderen drei Kohorten zeugt dabei *nicht* von einer generellen Zunahme derartiger Familienverhältnisse über die Kohorten hinweg – wie angesichts der Diskussion um Individualisierung und Auflösung traditioneller Familienverhältnisse vermutet werden könnte. Die Anteile von Befragten, die in der *Gesamtkohorte* in derartigen Verhältnissen aufwuchsen, waren relativ ähnlich (13%, 17%, 9% und 12%).

Der Effekt für „Vater nicht erwerbstätig" zeigt, dass das Arbeitslosigkeitsrisiko der Eltern der jüngeren Kohorten (in der Boomzeit zwischen Mitte der 1950er und Mitte der 1970er Jahre) längst nicht so hoch war wie das Risiko der Eltern der 1930er Kohorte, im Kriegsdienst oder in Gefangenschaft zu sein. Der signifikante Effekt in der 1940er Kohorte für „Vater verstorben" und das dennoch geringere Risiko der Beschäftigung auf einem Einfacharbeitsplatz für die Ausbildungslosen der 1940er Kohorte im Vergleich zur 1930er Kohorte (siehe Tab. 10.4: Produkt aus Kohortenhaupteffekt und Interaktionseffekt *Qualifikationsniveau × Kohorte*) verweisen darauf, dass der Tod des Vaters in einer Zeit, als dies einen beachtlichen Teil der jungen Bevölkerung betraf (in diesen Daten sind es 23% der Kohorte), zwar zu einer Benachteiligung innerhalb der Kohorte, nicht jedoch zu einem erhöhten „Verbindungsverlust" zu qualifizierten Jobs im Vergleich zu anderen Kohorten geführt hat.

Hinsichtlich der *Ausbildung der Eltern* scheint es keine Stratifikationsprozesse über die Zeit gegeben zu haben. Hier ist allerdings in Rechnung zu stellen, dass insbesondere die Eltern der 1960er Kohorte selbst schon eine höhere Bildungsbeteiligung aufwiesen. Der Anteil ausgebildeter Väter stieg über die Kohorten hinweg von 68 auf 86 Prozent, der Anteil ausgebildeter Mütter stieg von 20 auf 54 Prozent.

Zusammenfassend sind fünf Befunde zu konstatieren:

- Die Korrelationen zwischen Arbeitsmarktplatzierung und einem Überangebot an qualifizierten Personen haben verdeutlicht, dass in der Tat – zumindest bei den Männern – Verdrängungsprozesse von oben nach unten stattgefunden haben *(Verdrängungsthese)*.
- Die logistischen Regressionen (mit Kontrolle der Veränderungen in den Verteilungen von Bildungsangebot und -nachfrage) haben gezeigt, dass es über das Verdrängungsargument hinaus weitere Gründe der sich verschlechternden Beschäftigungschancen von gering Qualifizierten geben muss.
- Die erhöhte Benachteiligung von Ausbildungslosen mit einem höheren Sekundarschulabschluss in der 1960er Kohorte legt nahe, dass die Rekrutierungsentscheidungen von Beschäftigern auch von stigmatisierenden Zuschreibungen beeinflusst wurden *(Diskreditierungsthese)*.
- Zudem signalisiert die Verringerung der Zugangschancen zu qualifizierten Jobs für Ausbildungslose mit (mindestens) einem „erfolglosen" Ausbildungsversuch in der 1960er Kohorte, dass auch diskreditierende Selbsttypisierungs- und -selektionsprozesse seitens der Jugendlichen ohne abgeschlossene Berufsausbildung zugenommen haben *(Stigmatisierungsthese)*.

- Schließlich wurde gezeigt, dass Ausbildungslose der 1960er Kohorte vergleichsweise häufiger als in früheren Geburtskohorten aus sozialstrukturell und funktional benachteiligten Familien kamen. Dies signalisiert (siehe Tab. 10.4, Modell 2) eine geringere Verbindung zu qualifizierten Jobs *(These der sozialen Verarmung).*

Ferner trägt das hier gezeigte zunehmende Einmünden von gering qualifizierten Personen in nur Einfacharbeitsplätze im *Erwerbsverlauf* dazu bei, dass sie nur sehr begrenzt die technischen Fertigkeiten eines qualifizierten Arbeitsplatzes *on the job* erlangen können und überdies ein erhöhtes Entlassungs- und Arbeitslosigkeitsrisiko tragen (siehe Kap. 4). Damit dürfte sich der Abstand zwischen gering und höher qualifizierten Personen heute mehr als früher über den Erwerbsverlauf hinweg noch vergrößern (vgl. Thurow, 1999).

Diese Befunde verdeutlichen, dass es zwischen diesen vier Erklärungsmechanismen kein Entweder-oder gibt. Zumindest in Bezug auf die sich verschlechternden Zugangschancen zu qualifizierten Arbeitsplätzen für gering qualifizierte Personen in Westdeutschland tragen sowohl Verdrängung, Diskreditierung und Stigmatisierung als auch die „soziale Verarmung" der Gruppe gering qualifizierter Personen zur Erklärung bei[73]. Auch wenn mit den Analysen nicht das gleichfalls erhöhte Arbeitslosigkeitsrisiko gering qualifizierter Personen untersucht wurde (siehe Abschnitt 5.1), so zeigen die Analysen von Franz (1999), dass auch hier die so genannten Verdrängungseffekte (und der Rückgang an Einfacharbeitsplätzen) nur etwa 20 bis maximal 30 Prozent der gegenwärtigen Arbeitslosigkeit von gering qualifizierten Arbeitskräften in Westdeutschland erklären können (vgl. Reinberg, 1999, S. 441). Insofern gibt es hier gleichfalls eine „Erklärungslücke". Es liegt nahe, auch hier Verarmungs-, Diskreditierungs- und Stigmatisierungsprozesse von gering qualifizierten Personen zu vermuten.

Schließlich kann anhand der hier präsentierten Befunde noch auf die Relevanz der – natürlich auch in dieser sozialen Gruppe vorhandenen – *Heterogenität der Gruppe gering qualifizierter Personen* hingewiesen werden. Zwar haben gering qualifizierte – hier ausbildungslose – Personen generell geringere Erwerbschancen bzw. höhere Risiken im Vergleich zu ihren höher qualifizierten, ausgebildeten Altersgenossen (siehe Tab. 10.3 und 10.4). Doch je nach Grad ihrer sozialen Herkunftsbenachteiligung (als Ursache zusätzlicher Diskreditierung, individuell sozial verarmter Netzwerkressourcen und/oder geringerer Unterstützungspotenziale für

73 Einschränkend ist zu erwähnen, dass die empirische Relevanz der Diskreditierungs-, der Stigmatisierungs- und der Verarmungsthese letztlich aus einer Kohorte (der 1959–61er) abgeleitet wird. Anliegen dieser empirischen Analyse ist allerdings weniger der „Beweis" als vielmehr eine „Illustration" für die Notwendigkeit dieser „neuen" Erklärungen.

ihre Identitätsbildungsprozesse) fallen die Unterschiede zu den höher qualifizierten, ausgebildeten Personen niedriger oder höher aus.

Wie Tabelle 10.6 ausweist, haben gering qualifizierte Personen, deren Väter in qualifizierten Tätigkeiten beschäftigt waren und die in „stabilen" Familienverhältnissen aufgewachsen sind, innerhalb der gering qualifizierten Gruppe das geringste Risiko der Beschäftigung auf einem Einfacharbeitsplatz (statt auf einem qualifizierten Arbeitsplatz)[74]. Im Unterschied dazu haben gering qualifizierte Personen, deren Väter nur in einfachen Tätigkeiten beschäftigt waren und die in „instabilen" Familienverhältnissen aufgewachsen sind, das höchste Risiko der Beschäftigung auf einem Einfacharbeitsplatz. Dieses Risiko wird noch dadurch erhöht, dass sie zudem das höchste Risiko haben, nur maximal über einen Hauptschulabschluss zu verfügen (vgl. Solga, 2004, Tab. 2).

Diese Unterschiede in den individuellen „Herkunftsressourcen" stellen, da sie Einfluss auf die Such- sowie Fremd- und Selbstentscheidungsprozesse haben könnten, Ursachen für eine Varianz der gruppenspezifisch erwarteten Gelegenheitsstrukturen dar – *ohne* jedoch die Unterschiede zu den Ausgebildeten (insbesondere in der 1960er Kohorte) „ausradieren" zu können. Diese Innergruppenheterogenität ist sicherlich bei Berücksichtigung von Geschlecht und ethnisch-kultureller Herkunft noch größer. Dies ist unter anderem Gegenstand von Kapitel 11 und 12.

Tabelle 10.6: Varianz im Risiko der Beschäftigung auf einem Einfacharbeitsplatz in der ersten Berufstätigkeit nach sozialer Herkunft *gering qualifizierter Personen* (*odds ratios,* nur westdeutscher Herkunft)

Soziale Herkunft	Exp(B)[1]
Referenz: höhere soziale Herkunft	
Vater in qualifizierter Tätigkeit beschäftigt und „stabile" Familienverhältnisse	1
Vater in qualifizierter Tätigkeit beschäftigt und „instabile" Familienverhältnisse	1,4
Vater in einfacher Tätigkeit beschäftigt und „stabile" Familienverhältnisse	1,7
Vater in einfacher Tätigkeit beschäftigt und „instabile" Familienverhältnisse	2,4
Vater in einfacher Tätigkeit beschäftigt und „instabile" Familienverhältnisse und maximal Hauptschulabschluss	4,3

1 Kontrolliert für Ausbildungslosenkategorie (mit und ohne Ausbildungsversuch), Schulabschluss und Geschlecht.

Quelle: Geschätzte Effekte in Tabelle 10.4, Modell 2.

74 Da in Modell 2 (Tab. 10.4) mit Rücksicht auf die Fallzahlen keine Interaktionseffekte zwischen sozialer Herkunft und Qualifikationsniveau geschätzt wurden, gelten diese durchschnittlichen *odds ratios* auch für die Innergruppenheterogenität der Ausgebildeten.

Teil IV
De-Feminisierung und *Ethnisierung* von geringer Bildung – Die Inter- und Intrakohortenvarianz des Arbeitsmarktschicksals gering qualifizierter Personen

Race, gender, professional training, political affiliation, sexual preference – they all constitute the networks and categorical distinctions on which opportunity hoarding builds. (Tilly, 1998, S. 155)

Bisher wurde von der ethnisch-kulturellen Herkunft und Geschlechterzugehörigkeit gering qualifizierter Personen abstrahiert. Qualifikationsbasierte Rekrutierungsentscheidungsprozesse seitens der Beschäftiger und Personalverantwortlichen, kategoriale Grenzziehungen im Bildungs- und Erwerbssystem sowie institutionelle Identitätsbeschädigungen wurden als soziale *Grund*mechanismen der Konstituierung sozialer Bildungsungleichheiten und der Benachteiligung von gering qualifizierten Personen auf dem Arbeitsmarkt behandelt. Im Zusammenspiel mit den Folgen der Verringerung des Anteils an gering qualifizierten Personen aufgrund der Bildungsexpansion und der wirtschaftlichen Veränderungen seit den 1970er Jahren wurden aus diesen Grundmechanismen vier Prozesse abgeleitet – Verdrängung, Diskreditierung, soziale Verarmung und Stigmatisierung –, die für eine *historische Verschlechterung* der Arbeitsmarktbedingungen und Beschäftigungschancen gering qualifizierter Personen verantwortlich zeichnen.

Im Folgenden werden diese vier Prozesse nun unter Berücksichtigung von Geschlecht und ethnischer Zugehörigkeit diskutiert. Dabei gilt es, zwei Perspektiven zu unterscheiden: die Intra- und die Interkohortenvarianz. Hinsichtlich Ersterer interessieren Antworten auf die Frage, ob es Unterschiede zwischen gering qualifizierten Männern und Frauen bzw. gering qualifizierten Angehörigen der Mehrheitsgesellschaft und von ethnischen Minderheiten gibt. Mit Blick auf die Interkohortenvarianz wird im Unterschied dazu gefragt, wie sich die Gruppenzusammensetzung historisch verändert hat und welche Implikationen diese Kompositionsveränderungen für die Arbeitsmarktchancen der *Gruppe* gering qualifizierter Personen hatten und haben. Geschlecht und ethnische Zugehörigkeit werden hier als *demografische* Charakteristika von Bildungskategorien betrachtet. Zu erklären gilt es, wie die „Abwanderung" von Frauen aus der Gruppe gering qualifizierter Personen im Verlauf der Bildungsexpansion sowie das „Zurückbleiben" von Angehörigen ethnischer

Minderheiten in dieser Gruppe zu einem Auseinanderdriften der Erwerbschancen der Gruppe gering qualifizierter Personen und der Gruppe qualifizierter Personen beigetragen haben.

Diese demografische Betrachtungsweise steht zunächst im Mittelpunkt. Die Erklärungskraft derartiger „demographic explanations" (Stinchcombe, 1987) wurde bereits in Bezug auf das *Alter* diskutiert (siehe Abschnitt 5.4). Dort wurde aber auch bereits deutlich, dass sich diese beiden Betrachtungsebenen – Intra- und Interkohortenvarianz – nicht gänzlich voneinander trennen lassen. Der Erklärungsbeitrag der beobachtbaren „Alterung" der Gruppe gering qualifizierter Personen für die historisch abnehmenden Arbeitsmarktchancen dieser Gruppe basiert darauf, dass das *Alter* eine – über das Marktsignal *Bildungsniveau* hinaus – zusätzliche Determinante der Chancen am Arbeitsmarkt darstellt. Ähnlich verhält es sich mit der Relevanz der geschlechtlichen und ethnisch-kulturellen Zusammensetzung dieser Gruppe. Kompositionsveränderungen hinsichtlich dieser beiden Charakteristika leisten nur bei Inzidenz von entsprechenden *intra*kohortenspezifischen Unterschieden einen Erklärungsbeitrag (d.h., gibt es diese Unterschiede nicht, dann ist die Gruppenkomposition nach Geschlecht und Ethnie für die Arbeitsmarktchancen irrelevant).

Beide Erklärungsdimensionen stellen *eigenständige* Themen dar, die es wert wären, selbst Gegenstand detaillierter Diskussionen und Analysen zu sein. Diesbezügliche Überlegungen werden daher im Folgenden nicht vollständig sein und nur insoweit geliefert, wie sie für die hier behandelten vier Mechanismen notwendig sind. Im Unterschied zu den Ausführungen zur „Alterung" der Gruppe gering qualifizierter Personen, in denen vor allem der Zusammenhang zwischen dem Bildungs*niveau* und dem Alter (basierend auf dem ökonomischen informierten Vakanzkettenmodell) im Mittelpunkt stand, wird das Zusammenspiel von Bildung und Geschlecht bzw. ethnischer Zugehörigkeit im Folgenden stärker aus der soziologischen Perspektive von Bildung als Zugehörigkeit zu Bildungskategorien bzw. -gruppen diskutiert.

11 Die „Abwanderung“ von Frauen aus der Gruppe gering qualifizierter Personen

Dem männlichen drop-out gilt wenigstens noch die Anerkennung als negativer Held. (Warzecha, 2001, S. 73)

11.1 Interkohortenvarianz in der Geschlechterverteilung – Ein demografischer Erklärungsbeitrag

Es gehört heute zu den gesicherten Befunden der sozialwissenschaftlichen Forschung, dass in allen modernen Gesellschaften einer der zentralen Erfolge der Bildungsexpansion im Abbau, wenn nicht sogar in der Beseitigung von Geschlechterunterschieden in der Bildungsbeteiligung und dem erreichten Bildungsniveau zu sehen ist. Zur Illustration dieser deutlich höheren „Abwanderung“ von Frauen aus den unteren Bildungskategorien werden einige Befunde zu Westdeutschland präsentiert. Die Abbildungen 11.1 und 8.4 (in Kap. 8) zeigen, dass die Bildungsbeteiligung von Frauen – und zwar sowohl in Bezug auf die allgemein bildende Schule als auch die berufliche bzw. akademische Bildung – deutlich stärker gestiegen ist als bei den Männern. Während in der 1971er Kohorte nur noch etwa jede fünfte Frau eine Hauptschule besuchte (20%), gab es in der 1929–31er Kohorte das umgekehrte Bild (78%); hier besuchte nur jede fünfte Frau *nicht* die Haupt- respektive Volksschule. Damit überholten Frauen beim Zugang zu höheren Schultypen die Männer, bei denen der Anteil der Volks-/Hauptschüler von 75 auf 33 Prozent sank.

Ähnliches ist hinsichtlich einer abgeschlossenen Berufsausbildung (einschließlich akademischer Abschlüsse) zu beobachten (Abb. 8.4). Bei den Frauen (westdeutscher Herkunft) reduzierte sich der Anteil an Personen ohne abgeschlossene Ausbildung von 67 auf 8 Prozent, bei den Männern von 27 auf 6 Prozent. Die gemeinsame Betrachtung beider Abbildungen macht jedoch deutlich, dass Bildungsunterschiede zwischen Frauen und Männern (in Westdeutschland) zwar abgebaut, jedoch nicht vollständig beseitigt wurden. Trotz der höheren Bildungsbeteiligung von Frauen und

Abbildung 11.1: Anteil der Frauen und Männer, die am Ende ihrer Schulzeit eine Hauptschule besuchten (nur Personen westdeutscher Herkunft, in %)

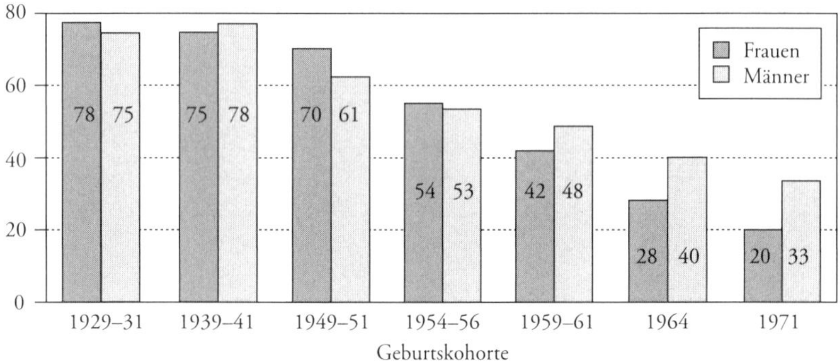

Quelle: Eigene Berechnungen, Deutsche Lebensverlaufsstudie des Max-Planck-Instituts für Bildungsforschung, MPIfB-IAB-Kohortenstudie 1964/71 (siehe Anhang am Ende des Buches).

ihrer höheren Erfolgsquote im allgemein bildenden Schulsystem[1] haben Frauen kein geringeres, sondern ein etwas höheres Risiko, ausbildungslos zu sein[2].

Dennoch, im Ergebnis dieser gestiegenen Bildungsbeteiligung von Frauen hat sich ihr Anteil unter den gering qualifizierten Personen deutlich verringert. Ihr Anteil an den Personen, die die Schule nur mit maximal einem Hauptschulabschluss verlassen haben, reduzierte sich um mehr als 10 Prozentpunkte; er sank von etwa 51 auf 39 Prozent (Abb. 11.2)[3].

1 Nur 7 Prozent der weiblichen, aber 11 Prozent der männlichen Schulentlassenen haben im Jahr 2000 die Schule ohne einen Schulabschluss verlassen (siehe Solga, 2003a).

2 Zudem absolvierten weniger Frauen eine Ausbildung im dualen System. Ihre erfolgreiche Teilnahme an vollzeitschulischen Ausbildungen bietet ihnen anschließend jedoch nicht nur geringere Verdienst-, sondern auch geringere berufliche Entwicklungsmöglichkeiten und Karrierechancen: „Vollzeitliche (weibliche) Ausbildungswege wurden nicht nach der seinerzeit für die duale Berufsausbildung einheitlichen Berufsbildungsgesetzgebung geregelt, d.h. v.a. die Abschlusszertifikate wurden in ihrem Marktwert nicht tarifrechtlich genormt und arbeitsorganisatorisch nicht als Berufsbilder gefasst, nicht als Baustein also für berufliche Karrierewege." (Krüger, 1996, S. 258)

3 Der Vergleich mit verfügbaren Angaben aus der amtlichen Statistik (weiß unterlegte Prozentangaben in Abb. 11.2) weist auf eine (geringe) Unterschätzung des Frauenanteils hin. Allerdings ist davon auszugehen, dass dies auch für die älteren Kohorten zutreffen sollte (für die solche Angaben leider nicht vorliegen). Insofern wird der Trend – die überproportionale „Abwanderung" von Frauen aus dieser Bildungskategorie – wohl adäquat in den hier verwendeten retrospektiven Lebensverlaufsdaten abgebildet.

Abbildung 11.2: Geschlechterzusammensetzung der Gruppe gering qualifizierter Personen – *Kriterium: nur maximal ein Volks- bzw. Hauptschulabschluss* (beim Verlassen der Schule) (nur Personen westdeutscher Herkunft, in %)

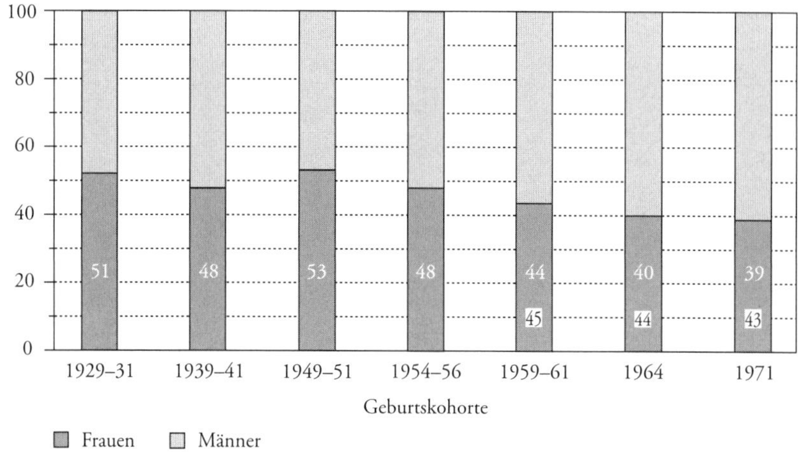

Mit Weiß unterlegte Prozentangaben = Amtliche Statistik der Schulentlassenen (für das Schuljahr: Kohortenmitte plus 16).

Quelle: Eigene Berechnungen; Deutsche Lebensverlaufsstudie des Max-Planck-Instituts für Bildungsforschung, MPIfB-IAB-Kohortenstudie 1964/71.

Hinsichtlich der Kategorie *ohne abgeschlossene Berufsausbildung* fällt die „Abwanderung" der Frauen sogar noch höher aus; hier nahm der Frauenanteil um etwa 20 Prozentpunkte ab und reduzierte sich von über 70 auf etwa 53 Prozent (Abb. 11.3)[4].

Welche Auswirkungen hatte dieser abnehmende Frauenanteil in der Gruppe gering qualifizierter Personen? Zur Beantwortung dieser Frage wird als erster Schritt die Entwicklung der relativen Arbeitsmarktbenachteiligung von Männern und Frauen in Bezug auf ihr *Arbeitslosigkeitsrisiko* untersucht. In Abbildung 11.4 ist diese Entwicklung für Westdeutschland für den Zeitraum von 1975 bis 1997

4 Mit der jüngsten Kohorte (1971) gibt es keinen signifikanten Geschlechterunterschied mehr im Ausbildungserfolg (kategorisiert in: „ohne Ausbildung", „mit abgeschlossener Ausbildung" und „in Ausbildung" im 25. Lebensjahr). Der Chi^2-Wert sank von 108,5 ($p \leq 0{,}000$) für die Kohorte 1929–31 auf 4,8 ($p \leq 0{,}089$), für die Kohorte 1971 und Cramers V von 0,279 auf 0,062.

Abbildung 11.3: Geschlechterzusammensetzung der Gruppe gering qualifizierter Personen – *Kriterium: ohne abgeschlossene Berufsausbildung bis zum 25. Lebensjahr*[1] (nur Personen westdeutscher Herkunft, in %)

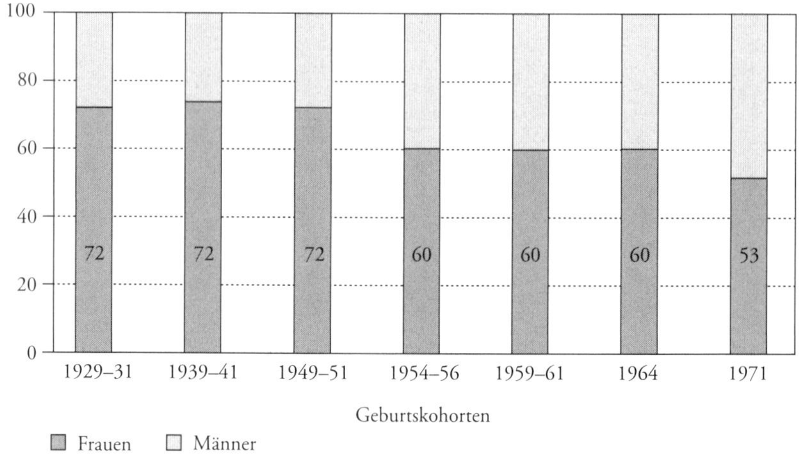

1 Personen, die sich im 25. Lebensjahr in Ausbildung befanden und noch keine Berufsausbildung abgeschlossen hatten, sind hier nicht mitgezählt.

Quelle: Eigene Berechnungen, Deutsche Lebensverlaufsstudie des Max-Planck-Instituts für Bildungsforschung, MPIfB-IAB-Kohortenstudie 1964/71.

dargestellt. Es zeigt sich, dass die (offizielle) Arbeitslosenquote gering qualifizierter Frauen seit den 1980er Jahren und insbesondere in den 1990er Jahren niedriger ist als die gering qualifizierter Männer (siehe Balken in Abb. 11.4). Zudem war die relative Arbeitsmarktbenachteiligung gering qualifizierter Frauen gegenüber Frauen mit einer abgeschlossenen Ausbildung im gesamten Zeitraum deutlich geringer als die relative Arbeitsmarktbenachteiligung gering qualifizierter Männer (siehe gestrichelte Linien in Abb. 11.4).

Insofern lässt sich die logische Schlussfolgerung ziehen: Wenn insbesondere die weniger in der Arbeitslosenstatistik erfassten *Frauen* die Gruppe gering qualifizierter Personen verlassen, dann gibt es eine Verschlechterung der Arbeitsmarktchancen gering qualifizierter Personen auf *Gruppenniveau* sowie eine wachsende Distanz zur Gruppe qualifizierter Personen. Von daher ist die stärkere Abwanderung der Frauen aus dieser Bildungsgruppe – als *demografische* Veränderung – Bestandteil

Abbildung 11.4: Arbeitslosenquoten und relative Arbeitsmarktbenachteiligung gering qualifizierter Männer und Frauen, Westdeutschland, 1975 bis 1997

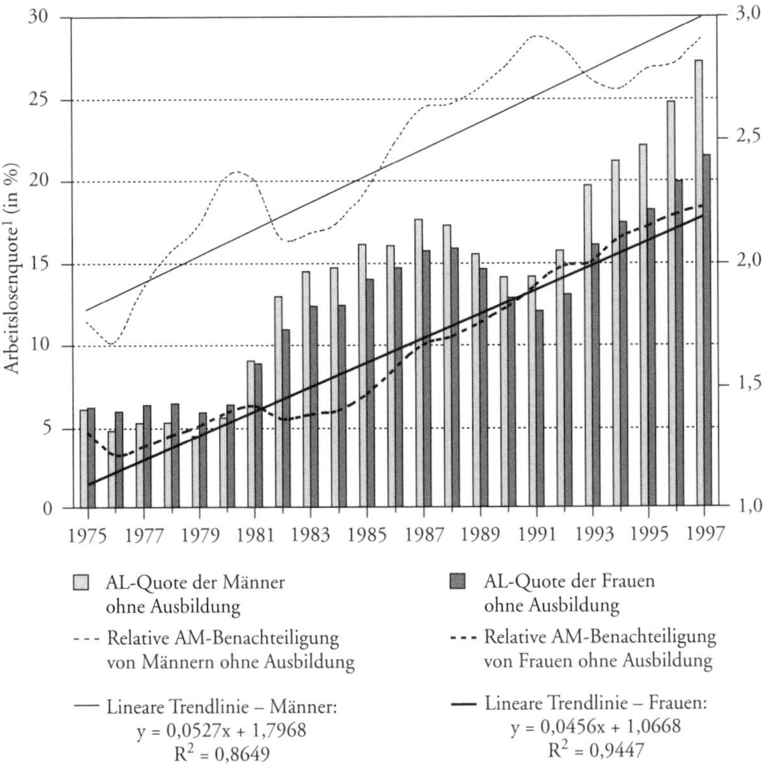

1 Arbeitslose in von Hundert aller zivilen Erwerbspersonen (ohne Auszubildende) ohne abgeschlossene Berufsausbildung.

2 Relative Arbeitsmarktbenachteiligung gering qualifizierter Frauen bzw. Männer – Arbeitslosenquote = Arbeitslosenquote der Peronen ohne abgeschlossene Berufsausbildung dividiert durch die Arbeitslosenquote insgesamt. Je höher der Index ist, desto größer ist die Benachteiligung gering qualifizierter Männer bzw. Frauen.

Quelle: Reinberg & Rauch, 1998, S. 13.

der Erklärung des historisch beobachtbaren Trends eines erhöhten Arbeitslosigkeitsrisikos der Gruppe gering qualifizierter Personen.

Hinzu kommt, dass sowohl für die in dieser Gruppe „verbliebenen" Frauen wie Männer das absolute wie relative Arbeitslosigkeitsrisiko zugenommen hat. Bei den gering qualifizierten Frauen verdreifachte sich die Arbeitslosenquote von 6,0 auf 21,4 Prozent; bei den gering qualifizierten Männern hat sie sich mit einem Anstieg von 6,1 auf 27,1 Prozent mehr als vervierfacht. Zudem verdoppelte sich bei den gering qualifizierten Frauen die *relative Benachteiligung* in den letzten 20 Jahren – dies bedeutet zugleich, dass sie für Frauen quasi überhaupt erst entstanden ist (siehe lineare Trendgleichung für die Frauen in Abb. 11.4). Sie stieg von einem Faktor von 1,0668 – durch den zunächst für das Jahr 1975 noch keine relative Schlechterstellung von Frauen ohne Ausbildungsabschluss ausgewiesen wird – auf einen Faktor von 2,0898. Bei den gering qualifizierten Männern nahm die relative Benachteiligung im Vergleich zum (höheren) Ausgangsniveau um etwa 40 Prozent zu und stieg von einem Faktor von 1,7986 auf 2,956. Das heißt, die Arbeitslosenquote gering qualifizierter Männer ist nicht mehr – wie im Jahr 1975 – „nur" doppelt, sondern dreimal so hoch wie die Arbeitslosenquote der Männer insgesamt[5].

Auch diese geschlechterspezifischen Trends unterstützten die oben formulierte demografische Erklärung: Obgleich bei den Frauen verdoppelt, bedeutet der heute geringere Frauenanteil in der Gruppe gering qualifizierter Personen eine zunehmende Diskrepanz zwischen dem Arbeitslosigkeitsrisiko der unteren Bildungskategorie und dem der höheren Bildungsgruppen. Zudem tragen die in der Gruppe gering qualifizierter Personen „verbliebenen" Frauen zu einem Wachsen dieser Diskrepanz bei, da auch bei ihnen das Arbeitslosigkeitsrisiko zugenommen hat.

Gegen diese Befunde lässt sich einwenden, dass die Arbeitsmarktbenachteiligung gering qualifizierter *Frauen* durch den Blick auf die Arbeitslosenquote unterschätzt wird. Es ist bekannt, dass die weibliche Erwerbs- bzw. Arbeitsmarktbeteiligung generell deutlich geringer ist als die von Männern – unter anderem aufgrund einer geringeren Arbeitslosigkeitsmeldung von Frauen (z.B. da sozial akzeptierte „Alternativrollen" zur Erwerbstätigkeit, wie die Hausfrau, zur Verfügung stehen oder da infolge der unstetigeren Erwerbsverläufe von Frauen keine oder deutlich geringere Ansprüche auf Arbeitslosengeld generiert wurden bzw. in Ländern mit Bedürftigkeitsregelungen angesichts des Erwerbseinkommens des Mannes keine Ansprüche bestehen).

---

5 Ähnliche Geschlechterunterschiede sowie Trends sind auch hinsichtlich des Langzeitarbeitslosigkeitsrisikos zu vermuten. Leider liegen hierzu keine qualifikations- sowie geschlechterspezifischen Zeitreihen vor.

Diese *Geschlechterdifferenz* in der Erwerbsbeteiligung besteht – wie in Abbildung 11.5 hinsichtlich der *Erwerbsquote* ausgewiesen wird – insbesondere für gering qualifizierte Frauen. Bei ihnen ist die Differenz zur männlichen Erwerbsbeteiligung in allen Ländern (mit Ausnahme von Irland) am größten[6]. Darüber hinaus zeigt Abbildung 11.6, dass die Benachteiligung von Frauen gegenüber Männern hinsichtlich der *Erwerbstätigen*quote in der gering qualifizierten Gruppe (ISCED = 0/1/2) gleichfalls in allen Ländern deutlich höher ausfällt als in der nächsthöheren Qualifikationsgruppe (ISCED = 3/4).

Diese geringere Erwerbsbeteiligung von (insbesondere gering qualifizierten) Frauen ändert jedoch nichts an der Tatsache, dass mit ihrem kleiner werdenden Anteil an der Gruppe gering qualifizierter Personen – respektive mit der erhöhten Präsenz von Männern in dieser Gruppe – die Arbeitsmarktbenachteiligung gering qualifizierter Personen hinsichtlich der *offiziellen Arbeitslosigkeit* auf *Gruppenniveau* zugenommen hat.

Wird allerdings die Arbeitsmarktbenachteiligung der Gruppe gering qualifizierter Personen aus der Perspektive der *Erwerbsbeteiligung* (Erwerbs- und Erwerbstätigenquote) betrachtet, so legen diese Befunde nahe, dass sich hier aufgrund des abnehmenden Frauenanteils die Arbeitsmarktsituation gering qualifizierter Personen auf Gruppenniveau „verbessert" hat. In allen – in Tabelle 11.1 aufgelisteten – Ländern ist (mit Ausnahme von Island und Portugal) die relative Benachteiligung von gering qualifizierten Frauen im Vergleich zu qualifizierten Frauen im Hinblick auf die Erwerbstätigenquote deutlich höher als bei den Männern (siehe Spalte 2 und 3). Zudem ist sie – wie die Werte von über 1 signalisieren – bei den Frauen (außer in Island und Portugal) immer vorhanden, während bei den Männern häufig keine oder nur eine sehr geringe Benachteiligung im Vergleich zu Männern mit einer höheren Sekundar- oder postsekundären, nichttertiären Bildung zu beobachten ist (so z.B. in der Schweiz, Dänemark, Irland, Island, Italien, Spanien und Portugal). Von daher wäre zu erwarten, dass sich mit der überproportionalen Abwanderung von Frauen hier eine Verbesserung der Arbeitsmarktchancen der *Gruppe* gering qualifizierter Personen beobachten lässt. Leider gibt es für die relative Arbeitsmarktbenachteiligung in Bezug auf die Erwerbstätigenquote keine historischen Zeitreihen.

---

6 Werte für ISCED 5A/5B/6 sind in Abbildung 11.5 aus Gründen der Übersichtlichkeit nicht dargestellt. Die Geschlechterdifferenzen für diese Qualifikationsgruppen sind immer niedriger als für die Gruppe ISCED 0/1/2. ISCED steht für *International Standard Classification of Education* (von 1997) der OECD (siehe OECD, 2000b, S. 371 f.). Diese definiert sieben vertikale Bildungsniveaustufen: 0 = vorschulische Bildung, 1 = Primarbildung, 2 = einfache Sekundarbildung (Sek I), 3 = höhere Sekundarbildung (Sek II), 4 = postsekundäre, nichttertiäre Bildung (z.B. Techniker- und Fachschulausbildungen), 5 = tertiäre Bildung (5A = Vollstudium, 5B = Kurzstudiengänge) und 6 = höhere tertiäre Bildung (z.B. Promotion).

Abbildung 11.5: Geschlechterdifferenz 25- bis 64-Jähriger in der Erwerbsbeteiligung nach Qualifikationsniveau, absolute Prozentdifferenz der Erwerbsquoten, 1998

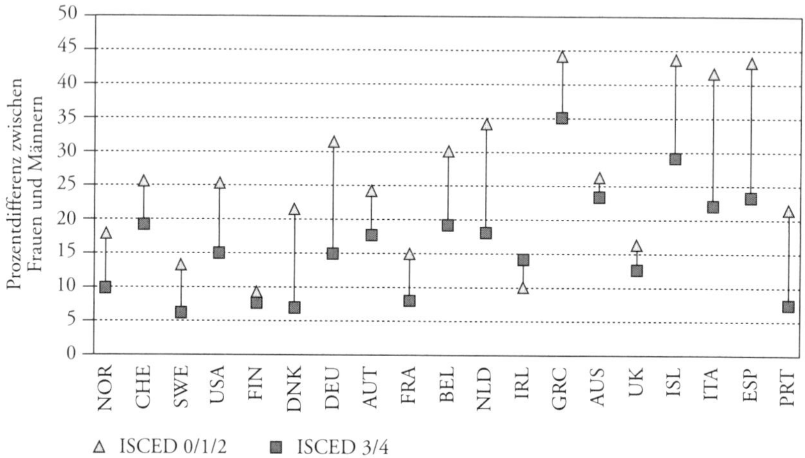

Aufsteigend sortiert nach Anteil an Personen ohne höheren Sekundarschulabschluss (siehe Abb. 11.7). *Prozentdifferenz* = Differenz zwischen der Erwerbsquote (Erwerbstätige plus Arbeitslose) der Männer und der Erwerbsquote der Frauen des jeweiligen Qualifikationsniveaus. Werte größer als Null signalisieren eine geringere Erwerbsquote/Arbeitsmarktbeteiligung von Frauen gegenüber Männern mit dem gleichen Qualifikationsniveau.
Interpretationsbeispiel – Norwegen (Wert = 18): Die Erwerbsquote von Frauen ohne höheren Sekundarschulabschluss ist im Vergleich zu Männern ohne höheren Sekundarschulabschluss um 18 Prozentpunkte geringer.
NOR = Norwegen, CHE = Schweiz, SWE = Schweden, CAN = Kanada, USA = Vereinigte Staaten, FIN = Finnland, DNK = Dänemark, DEU = Deutschland, AUT = Österreich, FRA = Frankreich, BEL = Belgien, NLD = Niederlande, IRL = Irland, GRC = Griechenland, AUS = Australien, UK = Großbritannien, ISL = Island, LUX = Luxemburg, ITA = Italien, ESP = Spanien, PRT = Portugal.

Quelle: OECD, 2000c, S. 269.

Die Befunde der *demografischen Erklärung zusammenfassend*, lässt sich konstatieren: Die stärkere „Abwanderung“ von Frauen (im Vergleich zu Männern) aus der Gruppe gering qualifizierter Personen verursacht hinsichtlich des *Arbeitslosigkeitsrisikos* einen Anstieg der absoluten und relativen Arbeitsmarktbenachteiligung dieser Gruppe. Die *Erwerbsbeteiligung* dieser Gruppe „verbesserte“ sich hingegen mit abnehmendem Frauenanteil, zudem verringerte sich hier der Abstand zu den höheren Bildungsgruppen.

Abbildung 11.6: Geschlechterdifferenz 25- bis 34-Jähriger in den Erwerbstätigenquoten bei gleicher Qualifikation, relative Benachteiligung, 1998

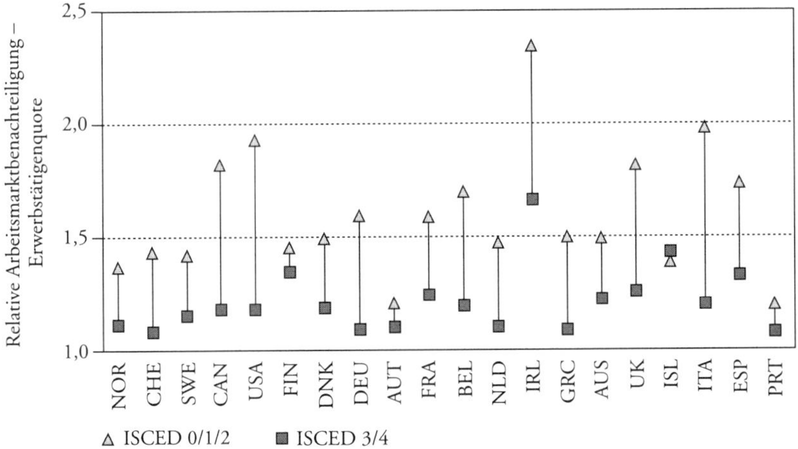

Relative Arbeitsmarktbenachteiligung von Frauen gegenüber Männern mit gleicher Qualifikation – Erwerbstätigenquote (Quotient aus Erwerbstätigen und Bevölkerung in der jeweils betrachteten Geschlechter- und Bildungsgruppe) = Erwerbstätigenquote der Männer ohne höheren Sekundarschulabschluss (ISCED 0/1/2) dividiert durch die Erwerbstätigenquote der Frauen ohne höheren Sekundarschulabschluss (ISCED 0/1/2), gleiche Berechnung für höheren Sekundarschulabschluss (ISCED 3/4).
Interpretationsbeispiel – USA (Wert = 1,9): Männer ohne höheren Sekundarschulabschluss hatten im Vergleich zu Frauen ohne höheren Sekundarschulabschluss eine fast doppelt so hohe Erwerbstätigenquote.
NOR = Norwegen, CHE = Schweiz, SWE = Schweden, CAN = Kanada, USA = Vereinigte Staaten, FIN = Finnland, DNK = Dänemark, DEU = Deutschland, AUT = Österreich, FRA = Frankreich, BEL = Belgien, NLD = Niederlande, IRL = Irland, GRC = Griechenland, AUS = Australien, UK = Großbritannien, ISL = Island, LUX = Luxemburg, ITA = Italien, ESP = Spanien, PRT = Portugal.

Quelle: Eigene Berechnung, Grundlage: Werte der Spalten 4 bis 6 aus Tabelle 11.1.

Tabelle 11.1: Übersicht über die Arbeitsmarktbenachteiligung gering qualifizierter Männer und Frauen im internationalen Vergleich, 1998

Land	Relative Arbeitsmarktbenachteiligung der 25- bis 29-jährigen gering Qualifizierten		Erwerbstätigenquote der 25- bis 29-jährigen Frauen		Erwerbstätigenquote der 25- bis 29-jährigen Männer	
			ISCED		ISCED	
	Frauen	Männer	0/1/2	3/4	0/1/2	3/4
NOR	1,23	1,09	62,9	77,3	82,6	89,7
CHE	1,30	1,05	64,1	83,4	87,6	92,0
SWE	1,41	1,22	50,0	70,6	67,7	82,3
CAN	1,63	1,18	42,3	68,9	69,9	82,2
USA	1,68	1,07	42,3	71,0	79,3	84,5
FIN	1,26	1,16	47,6	60,0	67,7	78,2
DNK	1,23	0,99	59,2	72,8	88,0	87,1
DEU	1,73	1,19	41,1	70,9	65,8	78,4
AUT	1,26	1,12	61,8	78,0	77,6	87,0
FRA	1,52	1,19	43,5	66,1	69,4	82,6
BEL	1,60	1,13	44,0	70,5	74,9	84,7
NLD	1,48	1,13	56,6	83,8	82,7	93,8
IRL	1,41	0,96	37,6	53,0	86,8	83,1
GRC	1,59	1,18	50,8	80,9	75,8	89,5
AUS	1,37	1,14	51,8	70,9	76,7	87,3
UK	1,96	1,39	35,2	68,9	62,5	86,8
ISL	0,92	0,95	68,2	62,6	89,5	85,0
ITA	1,43	0,88	36,9	52,8	72,4	63,9
ESP	1,22	0,93	43,7	53,2	75,7	70,3
PRT	0,96	0,84	72,2	69,2	90,3	75,8
r_F	–0,331		0,131			
r_M		**–0,566**			0,260	

r = Pearsons' Korrelationskoeffizient zwischen dem Anteil an gering qualifizierten Frauen bzw. Männern (siehe Abb. 11.7) und der jeweiligen Spalte. Werte > ± 0,45 sind als relativ starker Zusammenhang durch Fettdruck hervorgehoben. Dies entspricht dem „Zufallshöchstwert" von r bei n = 20 Freiheitsgraden und einer Irrtumswahrscheinlichkeit von 5 Prozent (vgl. Clauß, Finze, & Partzsch, 1995, S. 407).

Die Erwerbstätigenquote ist der Quotient aus Erwerbstätigen und Bevölkerung in der jeweils betrachteten Alters- und Bildungsgruppe.
Spalte 2: Index der relativen Arbeitsmarktbenachteiligung gering qualifizierter Frauen (25 bis 29 Jahre) – Erwerbstätigenquote = Erwerbstätigenquote der Personen mit höherem Sekundarschulabschluss (ISCED 3/4) dividiert durch die Erwerbstätigenquote der Personen ohne höheren Sekundarschulabschluss (ISCED 0/1/2). Je höher der Index ist, desto größer ist die Benachteiligung im Vergleich zu Personen mit höherem Sekundarschulabschluss. Spalte 3: Index der relativen Arbeitsmarktbenachteiligung gering qualifizierter Männer (25 bis 29 Jahre) – Erwerbstätigenquote = siehe Spalte 2. Spalte 4: Erwerbstätigenquote von Frauen ohne höheren Sekundarschulabschluss (ISCED 0/1/2) (25 bis 29 Jahre). Spalte 5: Erwerbstätigenquote von Frauen mit höherem Sekundarschulabschluss (ISCED 3/4) (25 bis 29 Jahre). Spalte 6: Erwerbstätigenquote von Männern ohne höheren Sekundarschulabschluss (ISCED 0/1/2) (25 bis 29 Jahre). Spalte 7: Erwerbstätigenquote von Männern mit höherem Sekundarschulabschluss (ISCED 3/4) (25 bis 29 Jahre).

Quelle: <http://www.oecd.org> (13.01.2003), Online-Datenbank „Labour Market Statistics – Indicators".

11.2 Erklärungen für die historischen Trends einer zunehmenden Arbeitsmarktbenachteiligung gering qualifizierter Männer und Frauen

Abschließend ist – über diese demografischen Überlegungen hinausgehend – zu erklären, wodurch (a) diese historischen Trends einer zunehmenden Arbeitsmarktbenachteiligung hinsichtlich der Arbeitslosigkeit *innerhalb* der Geschlechtergruppen und (b) die deutlich höhere *Geschlechterdifferenz* hinsichtlich der Erwerbsbeteiligung gerade bei gering qualifizierten Personen hervorgerufen wurden bzw. werden. Dies soll im Folgenden mit Blick auf die hier verhandelten vier Mechanismen geschehen.

Verdrängungsprozesse

Für das gestiegene absolute und relative Arbeitslosigkeitsrisiko gering qualifizierter *Frauen* (siehe Abb. 11.4) sind zum Teil verstärkte Verdrängungsprozesse verantwortlich. Zum einen hat sich bei ihnen die Arbeitsmarktkonkurrenz aufgrund eines stark angewachsenen Anteils an Frauen mit höheren (Aus-)Bildungsabschlüssen sowie eines formalen *Upskillings* von traditionell „un- und angelernten Frauenberufen" (z.B. der Verkäuferin, der Schreibkraft, der Lagerarbeiterin, der Hilfsnäherin u.Ä.) zu „Ausbildungsberufen" erhöht. Durch diesen – mit der Bildungsexpansion für Frauen quasi erst eingeführten – Wettbewerb mit höher qualifizierten und für diese Berufe ausgebildeten Frauen verringern sich die Chancen einer erfolgreichen Bewerbung für gering qualifizierte Frauen. Dies trägt zur Erklärung der zunehmenden Differenz zwischen gering und höher qualifizierten Frauen bei (abgebildet durch ihr wachsendes relatives Arbeitslosigkeitsrisiko in Abb. 11.4).

Zum anderen führten die fortbestehende Aufrechterhaltung einer geschlechterspezifischen Arbeitsmarktsegregation (vgl. Trappe & Rosenfeld, 2001), die damit verbundene erhöhte Gefahr der qualifikatorischen Abwertung von „Frauenberufen" als Einfacharbeitsplätze trotz notwendiger Berufsausbildung und der (unter anderem darüber begründete) geringere Grad an Geschlossenheit dieser Beschäftigungsverhältnisse dazu, dass qualifizierte Frauen in stärkerem Maße auf Einfacharbeitsplätze verwiesen werden als qualifizierte Männer. Diese höhere „Zumutbarkeit" für qualifizierte Frauen führt zwar einerseits – in Anlehnung an die *Crowding*-These von Bergman (1974) – zu einer stärkeren Arbeitsmarktkonkurrenz bei Frauen selbst auf dem Jedermannsarbeitsmarkt. Andererseits tragen damit jedoch *qualifizierte* Frauen ein höheres Beschäftigungsrisiko als qualifizierte Männer. Demzufolge fallen die Unterschiede im qualifikationsspezifischen Arbeitslosigkeitsrisiko bei Frauen geringer aus als bei Männern.

Die Relevanz dieser Überlegungen kann durch Befunde aus Tabelle 10.2 (in Kap. 10) gestützt werden. Ein Vergleich der Anteile von *qualifizierten* Männern und Frauen auf Einfacharbeitsplätzen zeigt, dass dieser Anteil selbst bei den zwischen 1959 und 1961 geborenen Frauen mit 28 Prozent deutlich höher war als bei den Männern mit einer abgeschlossenen Berufsausbildung (19 %). Des Weiteren kann aus dieser Tabelle abgelesen werden, dass der Abstand zwischen Frauen ohne und mit abgeschlossener Berufsausbildung, die nur auf Einfacharbeitsplätzen beschäftigt wurden, mit 58 Prozent immer noch etwas geringer war als bei den Männern (64 %)[7].

Auch bei den *Männern* haben sich die Arbeitsmarktrisiken von gering Qualifizierten durch Verdrängungsprozesse erhöht. Bei ihnen zeigt sich im Ländervergleich ein signifikant negativer Zusammenhang zwischen dem Anteil an gering qualifizierten Männern und ihren relativen Beschäftigungschancen (siehe Tab. 11.1). Das heißt, je geringer dieser Anteil ist, desto geringer ist die Erwerbstätigenquote gering qualifizierter Männer im Vergleich zu qualifizierten Männern. Dieser negative Zusammenhang wird nicht durch ein erhöhtes Arbeitsangebot (d.h. eine erhöhte Erwerbsbeteiligung) in Ländern mit einer gering qualifizierten „Minderheit" verursacht[8]. Verantwortlich für vermehrte Verdrängungsprozesse sind daher bei ihnen der abnehmende Anteil an ungelernten Jobs sowie das erhöhte Angebot an qualifizierten Personen (siehe Tab. 10.2).

Diskreditierung

Das zunehmende Arbeitslosigkeitsrisiko sowohl gering qualifizierter Männer wie Frauen ist darüber hinaus auch Diskreditierungsprozessen – wie sie in Abschnitt 5.2 diskutiert wurden – geschuldet, da in beiden Geschlechtergruppen gering qualifizierte Personen (gemessen über den Schul- und/oder Ausbildungsabschluss) heute eine negativ von der Norm abweichende Minderheit darstellen. Dieser Minderheitenstatus verbindet sich einerseits mit der *Annahme* einer negativen Leistungshomogenisierung infolge einer vermuteten „Abwanderung" der vergleichsweise Leistungsstärkeren sowie andererseits mit einer Wahrnehmungs-

---

7 Dieser Abstand hat sich bei den Frauen über die dort betrachteten Geburtskohorten (von der 1929–31er bis zur 1959–61er) hinweg allerdings von 25 auf 58 Prozent erhöht; bei den Männern reichte die Spannweite dieses Abstands nur von 51 bis 64 Prozent. Dies bekräftigt die oben formulierte Überlegung, dass die Bildungsexpansion bei Frauen überhaupt erst zu einem qualifikationsbasierten Arbeitsmarktwettbewerb führte.

8 Der in Tabelle 11.1 ausgewiesene Zusammenhang zwischen dem Anteil an gering qualifizierten Männern und ihrer Erwerbstätigenquote (Spalte 3) ist zwar positiv (r = 0,260), aber nicht signifikant.

veränderung: Die Zugehörigkeit zur Gruppe gering qualifizierter Personen ist heute stärker als früher mit der Konnotation eines individuelle Versagens verbunden, da der Abstand zwischen gering und höher qualifizierten Personen heute als größer wahrgenommen wird.

Bei den *Männern* führte der Bildungsanstieg infolge der Bildungsexpansion wohl eher zu einer Zunahme derartiger Diskreditierungsprozesse. Bei ihnen gab es bereits in der 1930er Kohorte eine markante Ausdifferenzierung von Bildungskategorien. Zudem war die Abnahme des Anteils gering qualifizierter Männer deutlich geringer als bei den Frauen. Dennoch hat diese Abnahme auch bei ihnen zu der neuen Qualität geführt, dass sie – mit einem Anteil von unter 30 Prozent, in einer Vielzahl der Länder auch von unter 20 Prozent – heute eine normabweichende Minderheit darstellen (siehe Abb. 11.7). Dies trägt zu einem stärker risikoaversen Rekrutierungsverhalten der Beschäftiger bei.

Bei den *Frauen* kann davon ausgegangen werden, dass derartige Diskreditierungsprozesse – mit der Entwicklung gering qualifizierter Frauen von der überwiegenden Mehrheit zur Minderheit – ein neuartiges Phänomen darstellen. Dies erklärt auch den Anstieg ihrer relativen Benachteiligung hinsichtlich des Arbeitslosigkeitsrisikos gegenüber höher qualifizierten Frauen von quasi „null“ auf eine

Abbildung 11.7: Anteil der Bevölkerung (in %) westlicher Industrienationen ohne höheren Sekundarschulabschluss (ISCED 0/1/2), 2001

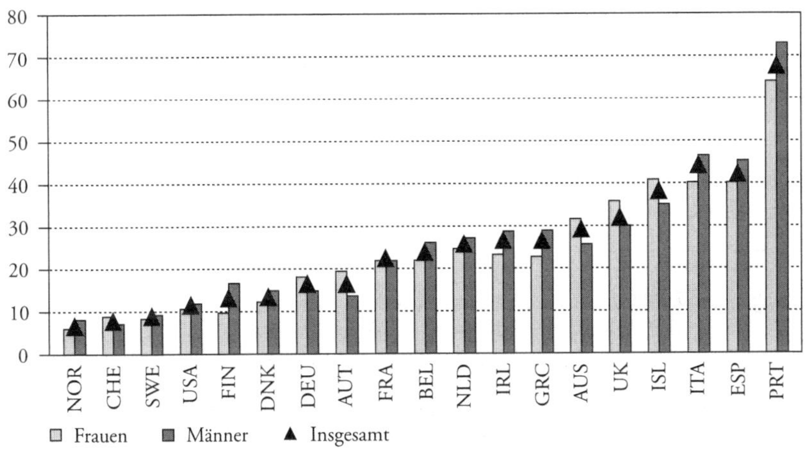

Quelle: OECD <http://www.oecd.org/xls/M00035000/M00035099.xls> (13.01.2003).

Risikoverdopplung. Zur Erklärung der deutlich höheren relativen Benachteiligung gering qualifizierter Frauen im Vergleich zu gering qualifizierten Männern hinsichtlich der *Erwerbsbeteiligung* (Abb. 11.5 und 11.6) tragen sicherlich auch geschlechterspezifische Diskreditierungsprozesse bei. So resultiert zum Beispiel die kumulative Wahrnehmung von gering qualifizierten Frauen als leistungsschwach, körperlich schwach sowie arbeitszeitlich unflexibel (aufgrund antizipierter familialer Anforderungen) in einer schlechteren Wettbewerbsposition bei einer Vielzahl von Einfacharbeitsplätzen gegenüber „nur" als leistungsschwach klassifizierten gering qualifizierten Männern.

Kategoriale Grenzziehungen und soziale Verarmung

Am markantesten sind die Geschlechterunterschiede wahrscheinlich hinsichtlich der Veränderungen in den kategorialen Grenzziehungen im Bildungssystem und auf dem Arbeitsmarkt sowie in den Konsequenzen der sozialen Verarmung der Gruppe gering qualifizierter Frauen und Männer. Bei den *Frauen* wurden bildungskategoriale Grenzziehungen mit der Bildungsexpansion im Prinzip erst etabliert, bei den Männern wurden hingegen vorhandene Grenzziehungen „nur" ausgebaut. Hinsichtlich der sozialen Herkunft ist zu konstatieren, dass der Abbau von Geschlechterungleichheiten im Bildungserwerb im Wesentlichen über die Einführung einer – bei den Männern bereits vorhandenen – herkunftsabhängigen Stratifikation der Bildungsbeteiligung bei Frauen erreicht wurde. Vor der Bildungsexpansion bestimmte die soziale Herkunft vor allem die Heiratschancen von Frauen, weit weniger jedoch ihre Bildungs- und Erwerbschancen[9]. Mit der Bildungsexpansion erhöhte sich das Bildungsniveau von Frauen nicht generell. Vielmehr wurden „nur" die Blockierungen der Bildungschancen der Töchter aus den höheren sozialen Schichten aufgehoben. Das Risiko, „unten" zu bleiben, betraf nun nicht mehr die große Mehrheit, sondern in der Regel nur noch Töchter aus sozial schwachen Familien. Das heißt zugleich, nun „konnten" auch Frauen (und nicht nur Männer) mit besseren Ver- und Anbindungen an den Arbeitsmarkt – aufgrund der sozialen Ressourcen ihrer Herkunftsfamilie sowie

9 Mayer (1991b, S. 677f.) zeigt zwar, dass der Zusammenhang zwischen dem Berufsprestige des Vaters und dem Ausbildungsniveau der Töchter (gemessen in Jahren) von der 1929–31er zur 1949–51er Kohorte hin abgenommen hat. Dies bildet jedoch nur den Prozess der wachsenden Ausbildungsbeteiligung von Frauen sowie die Öffnung des Ausbildungssystems im Wesentlichen für Frauen aus mittleren und höheren sozialen Schichten ab. Nicht berücksichtigt wird mit diesem Korrelationskoeffizienten die Halbierung des Anteils an ausbildungslosen Frauen von 67 Prozent in der Kohorte 1929–31 auf 29 Prozent in der Kohorte 1949–51 und damit die Einführung einer Ausdifferenzierung von Frauen nach ihrem erreichten Ausbildungsniveau.

ihrer Bekannten- und Freundesnetzwerke – die Gruppe der gering Qualifizierten verlassen.

Diese sozial stratifizierte „Abwanderung" aus der Gruppe gering qualifizierter Frauen bedeutet hinsichtlich der Veränderungen in den bildungskategorialen Grenzziehungen auf dem Arbeitsmarkt Folgendes:

- Die Zugangschancen zu qualifizierten Arbeitsplätzen haben sich für die „verbliebenen" gering qualifizierten Frauen verringert, da sie für ihre nun „ausgebildeten" Geschlechtsgenossinnen keine „passenden Kolleginnen" mehr darstellen – sei es aufgrund von *Ingroup*-Präferenzen (vgl. Brewer & Brown, 1998, S. 575; Reskin, 2000a, S. 708) oder aus Loyalitäts-, Kollegialitäts- und Kontrollgründen (für eine ausführliche Diskussion der „Passung" siehe Abschnitt 7.1 und 8.1).
- Generell haben sich ihre Zugangschancen zu Arbeitsplätzen verringert bzw. ihr Arbeitslosigkeitsrisiko erhöht, da sie infolge der Verschlechterung der sozialen Ressourcen ihrer Bildungsgruppe seltener als früher in betriebliche Rekrutierungs- wie Anbieternetzwerke eingebunden sind. Die über Netzwerke vermittelten *Matching*-Prozesse weiblicher Arbeitsuchender zu bereits beschäftigten Frauen sind insofern – über die Geschlechtersegregation hinaus – heute bildungsdifferenziert.
- Schließlich haben sich mit der höheren Bildungsbeteiligung von Frauen und der zunehmenden Verweisung von gering qualifizierten Frauen auf Einfacharbeitsplätze die Erwartungshorizonte innerhalb wie außerhalb der gering qualifizierten Gruppe bezüglich der Frage verändert, welche Arbeitsplätze heute Frauen ohne höheren Bildungsabschluss und/oder ohne Ausbildungsabschluss (noch) offen stehen bzw. welche Arbeitstätigkeiten von ihnen ausgeübt werden „können".

Auch bei *Männern* war eine soziale Verarmung ihrer Arbeitsmarktanbindung und Erfahrungskontexte an der Verschlechterung ihrer Erwerbschancen beteiligt. Mit der herkunftsabhängigen Abwanderung aus der Gruppe gering qualifizierter Personen kam es bei ihnen zu einer *Zunahme* der Bildungs- und Sozialdifferenzierung dieser für das Bewerbungsverhalten sowie für die Rekrutierungsentscheidungen wichtigen Faktoren.

Institutionelle Identitätsbeschädigung und Stigma-Management

Hervorzuhebende Geschlechterunterschiede gibt es zudem hinsichtlich der historischen Entwicklung einer institutionellen Identitätsbeschädigung bei gering qualifizierten Personen sowie hinsichtlich der Verarbeitungsformen im Stigma-Management. Die markant gestiegene Bildungsbeteiligung bei *Frauen* führte zu einer Re-Definition von geringer Bildung als quasi demografische Konnotation des weiblichen Geschlechts hin zu einer Individualattribution von „einzelnen" Frauen. Dieser Bedeutungswandel, durch den der Bildungserfolg nun auch für Mädchen und Frauen eine individualisierbare Leistung darstellt, etablierte daher für jene Frauen, die trotz der Öffnung des Bildungssystems „zurückblieben", eine soziale Identitätskonstruktion von „leistungsschwach" in ihrem Schulalltag sowie darauf begründete Stigmatisierungsgefahren.

Die Konsequenzen dieser erhöhten Stigmatisierungsgefahren werden allerdings bei ihnen weniger augenfällig, da sie – aufgrund vorhandener Geschlechterrollenangebote – auf andere Formen des Spannungsmanagements als gering qualifizierte Männer zurückgreifen (können). So haben leistungsschwache Schülerinnen geringere Fehlzeiten in der Schule im Vergleich zu schlechten Schülern (DeLuca & Rosenbaum, 2000; Smyth, 1999, S. 487), da „dem männlichen drop-out wenigstens noch die Anerkennung als negativer Held" bleibt (Warzecha, 2001, S. 73). Sie ziehen sich eher in eine Abwesenheit trotz physischer Anwesenheit zurück. Vom Arbeitsmarkt können sie sich mit der „Alternativrolle" der Hausfrau und Mutter abwenden, wofür einerseits der steigende Anteil sehr früher Geburten (so genannte *teenage births*) mit abnehmender Bildung spricht (siehe Ausführungen am Ende von Abschnitt 8.2) sowie andererseits die deutlich höhere Differenz in der Erwerbsbeteiligung zwischen gering und höher qualifizierten Frauen (siehe Tab. 11.1, Spalte 2) im Vergleich zur Differenz bei den Männern[10].

Bei gering qualifizierten *Männern* äußert sich das Stigma-Management häufiger (wenn auch nicht deterministisch) in Form delinquenten Verhaltens (vgl. Oberwittler, Blank, Köllisch, & Naplava, 2001, Kap. 5) oder als Resignation und Perspektivlosigkeit (vgl. Schumann, Gerken, & Seus, 1991, Abschnitt 9).

Zusammenfassend betrachtet ist davon auszugehen, dass am wachsenden *Arbeitslosigkeitsrisiko* von gering qualifizierten Männern wie Frauen in den letzten 50 Jahren die hier verhandelten vier Mechanismen *gemeinsam* beteiligt waren und sind. Bei den Männern handelt es sich dabei eher um eine Verstärkung ihrer Relevanz, bei den Frauen um eine „Etablierung" dieser vier Fremd- und Selbstselektionsprozesse – infolge der für sie mit der Bildungsexpansion eingeführten Differenzierungsprozesse in Bildungskategorien bzw. -gruppen. Die deutlich höhere

10 Nicht zu unterschätzen ist allerdings, dass die Erwerbsbeteiligung gering qualifizierter Männer etwas überschätzt wird. So sind mehr als 90 Prozent der Strafgefangenen Männer. Davon hat ein beachtlicher Teil nur ein geringes Bildungsniveau erreicht. <http://www.uni-konstanz.de/rtf/ki/Jugendkriminalitaet-2002-9.htm#_Toc20195568> (11.03.2003) (Kerner, 1993, S. 44; Oberwittler u.a., 2001).

Differenz in Bezug auf die *Erwerbsbeteiligung* zwischen gering und höher qualifizierten Frauen (im Vergleich zur Differenz bei den Männern) wird – wie oben formuliert – durch geschlechterspezifische Formen des Spannungs- bzw. Stigma-Managements mitverursacht.

12 Das „Zurückbleiben" von Angehörigen ethnischer Minderheiten in der Gruppe gering qualifizierter Personen

Racial revolution from exploitation to uselessness. (Rifkin, 1996, S. 80)

Im Folgenden wird zunächst die *Interkohortenvarianz* hinsichtlich des Anteils von Angehörigen ethnischer Minderheiten in der Gruppe gering qualifizierter Personen untersucht. Dahinter steht die These, dass sich dieser Anteil stärker als bei den höheren Bildungsgruppen erhöht und – angesichts des höheren Arbeitslosigkeitsrisikos von Angehörigen ethnischer Minderheiten – zu der beobachtbar steigenden Arbeitslosigkeitsquote der Gruppe gering qualifizierter Personen beigetragen hat.

Erklärungen für das höhere Arbeitslosigkeitsrisiko von gering qualifizierten Angehörigen ethnischer Minderheiten (d.h. für die *Intrakohortenvarianz*) werden daran anschließend mit Bezug auf die vier im Rahmen dieser Arbeit behandelten Mechanismen gesucht. Dabei wird mit Blick auf die Kumulation von „leistungsschwach", „sozial schwach" und „fremd" diskutiert, warum Angehörige ethnischer Minderheiten mit geringem Bildungsniveau bzw. fehlendem Bildungszertifikat *stärker* auf dem Arbeitsmarkt benachteiligt werden als gering qualifizierte Personen, die der „ethnischen Mehrheit" angehören – und dies obgleich auch Letztere zunehmend einen Minderheitenstatus in sozioökonomischer Hinsicht haben (siehe Kap. 8 und 10).

Zugleich gilt es über den reinen Kompositionseffekt der Interkohortenvarianz hinaus zu untersuchen, inwiefern ein erhöhter Anteil an Angehörigen ethnischer Minderheiten in der Gruppe gering qualifizierter Personen zu einer erhöhten Benachteiligung dieser Bildungsgruppe generell beigetragen haben könnte, zum Beispiel aufgrund „abfärbender" Stigmatisierungsgefahren (siehe Abschnitt 8.2) oder infolge einer Verstärkung der sozialen Verarmung durch ethnische Intragruppensegregation.

Die Ausführungen beginnen mit einer Begriffsbestimmung. Danach werden einige Befunde zu Deutschland vorgestellt. Anschließend erfolgt deren theoretische Reflexion in Bezug auf Verdrängung, Diskreditierung, soziale Verarmung und Stigmatisierung.

12.1 Begriffsbestimmung

Die Bestimmung des Begriffs „ethnische Minderheiten" ist in zweifacher Hinsicht schwierig – und zwar einerseits im Hinblick auf das Definitionskriterium und andererseits bezüglich der Zuordnung von Personen zu ethnischen „Entitäten". Diese Schwierigkeiten ergeben sich unter anderem aus der begrifflichen Verbindung von *Ethnie* und *Minderheit*. Die Unterscheidung von Mehrheit und Minderheit(en) kennzeichnet vor allem positionale Machtrelationen, für die entsprechende numerische Größenverhältnisse weder notwendig noch hinreichend sind (vgl. Hollingshead, 1949). Bei „Ethnie" handelt es sich *nicht* um ein ethnisch objektives Sein. Ethnische Einteilungen werden vielmehr diskursiv hergestellt. Nach *innen* bedeuten sie eine Anrufung von bestimmten Gemeinsamkeiten in Abgrenzung von darüber definierten „Fremdgruppen". Von *außen* stellen sie Zuschreibungen und zugleich Abgrenzungen dar. Insofern existiert Ethnie als (intern definierte) Handlungseinheit im Sinne einer agierenden *sozialen Gruppe* sowie als (extern) zugeschriebenes Merkmal im Sinne einer *sozialen Kategorie* (vgl. Calhoun, 1997; Elwert, 1982, S. 720; Jenkins, 1997).

Hinsichtlich des *Definitionskriteriums* resultiert aus der Verknüpfung dieser beiden Begriffe – Ethnie und Minderheit –, dass sich *ethnische Minderheiten* weder eindeutig auf Basis der Staatsangehörigkeit noch nach den Kriterien von Migration bzw. Einwanderung oder kultureller Verschiedenartigkeit definieren lassen. Diese Merkmale fundieren *als solche* keine eindeutigen Machtverhältnisse (als zugeschriebener Minderheitenstatus durch die dominante Mehrheit) und führen nicht *per se* zu „Wir"-Gruppenidentifikationen (als relevante soziale Bezugsgruppe).

So gibt es bei gleicher *Staatsbürgerschaft* dennoch ungleiche Machtpositionen ethnisch definierter Gruppen. Beispiele dafür sind die Unterscheidung zwischen Weißen und Schwarzen in den USA, Unterschiede zwischen der einheimischen Bevölkerung und den Staatsbürgern aus ehemaligen Kolonien in Frankreich, Großbritannien oder den Niederlanden sowie schließlich Unterschiede zwischen „Deutschland-Deutschen" und „Russland-Deutschen" oder zwischen „Deutschen" und „Türken", unabhängig davon, wo Letztere geboren wurden und ob sie einen deutschen Pass besitzen. Staatsbürgerrechte bestimmen mit den an sie geknüpften institutionellen Regelungen und Ansprüchen zwar Chancen und Risiken auf dem Arbeitsmarkt mit (z.B. durch die Notwendigkeit der Erlangung einer Arbeitserlaubnis und -berechtigung, verbunden mit der Notwendigkeit eines legalen Aufenthaltsstatus und der Zeitdauer dieser Gewährung). Die Behandlung von „Ausländern" ist dennoch unterschiedlich, da die Staatsbürgerschaft *per se* nicht die Zugehörigkeit zur dominanten Mehrheit bestimmt.

In gleicher Weise greift auch der Sachverhalt, ob man zur einheimischen Bevölkerung gehört oder durch *Migration* in einem Land ansässig geworden ist, für die Definition ethnischer Minderheiten zu kurz. Beispiele dafür sind erneut die USA sowie auch Australien, wo nicht die Ureinwohner, sondern die weißen *Einwanderer* die dominante Mehrheit darstellen. Mit Blick auf die europäische Einwanderungsgeschichte des 20. Jahrhunderts zeigt sich gleichfalls, dass nicht der Migrantenstatus für die Zugehörigkeit zu einer ethnischen Minderheit entscheidend ist. So werden zum Beispiel in Deutschland Migranten sehr unterschiedlich behandelt. Dabei sind – wie der Unterschied in der Behandlung von Dänen und Franzosen gegenüber Tschechen und Polen, gegenüber Spaniern, Italienern und Türken in Deutschland verdeutlicht – nicht allein das Herkunftsland und seine Zugehörigkeit zur westlichen Welt bzw. zum gleichen Kulturkreis von Bedeutung. Auch *kulturelle Gemeinsamkeiten und Verschiedenartigkeiten* (wie z.B. Sprache und Religion) sind kein eindeutiges Kriterium der Definition einer ethnischen Minderheit (so werden z.B. trotz gemeinsamer Religion und jeweiliger Fremdsprachlichkeit Polen, Italiener und Amerikaner in Deutschland nicht in gleicher Weise als „ethnische Minderheiten" definiert).

Hinsichtlich der zweiten Schwierigkeit, der *Zuordnung* von Personen zu ethnischen Minderheiten, gilt es angesichts der oben genannten „doppelten" Begriffsbildung zu berücksichtigen, dass ethnische Minderheiten sowohl in ihrer Bedeutung als zugeschriebenes Merkmal als auch als internalisiertes Identitätskonstrukt einem Definitionsprozess unterliegen. Wann, wo und wem der Status einer ethnischen Minderheit zugeschrieben wird, oder wann, wo und durch wen ethnisch-definierte soziale Handlungsbezüge hergestellt werden, unterliegt einem kontextabhängigen und sich in Interaktionen verstetigenden Definitionsprozess (vgl. Blumer, 1961). In diesem Prozess können die oben genannten Merkmale – wie Staatsbürgerschaft, Migrantenstatus und/oder kulturelle Verschiedenartigkeit – als *signifikante Symbole* und institutionalisierte Referenzsysteme herangezogen werden. Insofern haben wir es mit kontextabhängigen und sozial konstruierten „Entitäten" zu tun, deren „Grenzen" eher flüssiger als statistischer Natur sind (vgl. Barth, 1969; Hannan, 1994, S. 501; Williams, 1994, S. 52ff.).

Ohne weiter auf diese theoretische Diskussion eingehen zu können, werden im Folgenden „ethnische Minderheiten" vor allem als *zugeschriebenes Merkmal* behandelt, das unter Bezug auf ethnisch-kulturelle Verschiedenartigkeiten und/oder staatsbürgerschaftliche Regularien die Zuweisung eines minderen sozialen und ökonomischen Status legitimiert. Der Definitionsprozess der Zugehörigkeit zu ethnischen Minderheiten wird daher aus der Perspektive der *sozialen Kategorisierung* betrachtet, durch die von außen Gruppeneigenschaften definiert werden, deren Zuschreibung sich die Einzelpersonen in der Regel nicht entziehen können (Lieberson, 1994, S. 652).

Mit dieser Definition werden im europäischen Kontext *Arbeitsmigranten* aus Anwerberländern sowie Personen aus Exkolonien und im US-amerikanischen Kontext *Farbige* erfasst. Gemeinsam ist ihnen, dass ihnen – historisch betrachtet – als Sklaven, „Gastarbeiter“ oder kolonialisierte Völker vor allem Tätigkeiten mit geringen Qualifikationsanforderungen, schlechten Arbeitsbedingungen und einem geringen sozialen Ansehen zugewiesen wurden, die von Angehörigen der dominanten Mehrheit als Arbeitstätigkeiten abgelehnt wurden. Diese „Unterschichtung“ begünstigte den sozialen und ökonomischen Aufstieg von Angehörigen der dominanten Mehrheit (Hoffmann-Nowotny, 1987, S. 48). Dies wurde zudem durch eine staatlicherseits institutionelle Diskriminierung von ethnischen Minderheiten (durch eine Verwehrung oder Einschränkung von Bürgerrechten, wie zum Beispiel der Wahlberechtigung, der freien Wohnort- und Berufswahl) ermöglicht und unterstützt (Castles, 1984)[11]. Diese ungleiche Verortung im gesellschaftlichen Positionssystem trug in den westlichen Gesellschaften zu einer intergenerationalen Verfestigung der Trennung zwischen der dominanten Mehrheit und den ethnischen Minderheiten bei, sodass auch ihre Nachkommen von dieser ethnisierten Einteilung betroffen sind.

In den Prozessen der kategorialen Grenzziehungen und sozialen Verarmung der Gruppe gering qualifizierter Personen zeigt sich jedoch, dass dieser Zuschreibungscharakter und die Definition von Eigen- und Fremdgruppen auch zu einer Verfestigung *intra*ethnischer Verkehrskreise führen. Hier stellt „Ethnie“ demzufolge nicht nur eine (extern definierte) *soziale Kategorie* dar, sondern impliziert über innerethnische soziale Beziehungen – als Form des *opportunity hoarding* (siehe Abschnitt 7.1) – die Definition *sozialer Gruppen.*

12.2 Ethnische Minderheiten – Demografische Veränderungen der Gruppe gering qualifizierter Personen in Deutschland

Im Folgenden werden einige Befunde für *Deutschland* vorgestellt. Zu den wichtigen *ethnischen Minderheiten* in Deutschland zählen gemäß der oben formulierten Definition (a) die Arbeitsmigranten der 1960er Jahre aus den Anwerbe-

11 Im Sinne Webers (1994, S. 128) handelt es sich dabei auch um ein wirksames Instrument sozialer Schließung: „(...) establish a legal order that limits competition through formal monopolies“.

ländern und ihre Kinder, (b) die (Spät-)Aussiedler und Sinti/Roma – trotz ihres deutschen Passes – sowie (c) Asylsuchende und (Bürger-)Kriegsflüchtlinge[12].

Arbeitsmigranten (Italiener, Spanier, Griechen, Portugiesen, Jugoslawen, Marokkaner, Tunesier und Türken) wurden zwischen 1955 und 1973 fast ausschließlich als Arbeitskräfte für die industrielle Massenfertigung und Schwerindustrie nach Deutschland geholt. Im Jahr 1973 waren fast 75 Prozent dieser so genannten „Gastarbeiter" im Bereich der Metallerzeugung/-verarbeitung und im Baugewerbe beschäftigt, das heißt auf körperlich anstrengenden und unfallträchtigen Arbeitsplätzen (Han, 2000, S. 237). Lösch und Wahl (1977, S. 3) bezeichnen sie vor diesem Hintergrund auch als „importiertes Proletariat". Durch diese arbeitsmarktpolitisch für sie vorgesehenen oder von der einheimischen Bevölkerung „freigegebenen" Arbeitsplätze entstand eine *sektorale Konzentration* der Migranten im Arbeitsmarkt. Bis zum Anwerbestopp im Jahr 1973 kamen infolge des in den Verträgen vereinbarten „Rotationsprinzips" 14 Mio. Ausländer in die Bundesrepublik, davon kehrten etwa 11 Mio. in ihre Heimatländer zurück (Geißler, 2002, S. 287). Die „Nichtrückkehrer" leben inzwischen seit über 20 Jahren in Deutschland, ihre Kinder sowie teilweise Enkelkinder wurden in Deutschland geboren und besuch(t)en hier die Schule. Heute leben in Deutschland 7,3 Mio. Ausländer (8,9 % der Bevölkerung)[13]. Die sektorale Arbeitsmarktkonzentration von Migranten paart sich mit einer hohen ethnischen Konzentration in bestimmten Wohnquartieren. Ursache dafür sind Barrieren auf dem Wohnungsmarkt sowie (vor allem bei Immigranten aus südeuropäischen Ländern) eine familialverwandtschaftliche Kettenmigration, durch die insbesondere Verwandtschaftsbeziehungen als Ressource im Migrationsprozess eingesetzt werden (Han, 2000, S. 225; Nauck, 2001, S. 80 und 83)[14].

Aussiedler aus den ehemaligen Reichsgebieten stammen vor allem aus Polen, der ehemaligen Sowjetunion, der ehemaligen Tschechoslowakei, Rumänien sowie

---

12 Nach der deutschen Wiedervereinigung stellen in gleicher Weise die „Vertragsarbeiter" (aus Vietnam, Polen, Kuba, Moçambique und Angola) der ehemaligen DDR ethnische Minderheiten in Deutschland dar. Ihr Anteil von 1,2 Prozent vor der Wiedervereinigung und heute von 2,4 Prozent ist jedoch deutlich geringer als der von „westdeutschen" Arbeitsmigranten (Geißler, 2002, S. 283).

13 Ein Drittel der Ausländer lebt schon länger als 20 Jahre in Deutschland, über die Hälfte bereits länger als 10 Jahre, fast ein Fünftel (22 %) wurde in Deutschland geboren. „Hätten wir in den letzten 25 Jahren ein liberaleres Staatszugehörigkeitsrecht gehabt, hätten wir heute etwa 4 Mio. Ausländer und eine Ausländerquote von knapp 5 %." <http://www.integrationsbeauftragte.de/aktuell/zuwanderungsland> (10.02.2003)

14 Diese „Ressource" ist durchaus beachtlich. Anfang der 1970er Jahre hatten etwa 60 Prozent der Arbeitsmigranten Verwandte in Deutschland, Anfang der 1980er Jahre sogar etwa 70 Prozent (Nauck, 2001, S. 81).

Ungarn. Mit dem Zusammenbruch des Ostblocks gab es einen deutlichen Anstieg des Zuwanderungsstroms. Ihre Aufnahme in Deutschland erfolgte bis Ende 1992 auf der Grundlage des Bundesvertriebenengesetzes. Seit dem 01.01.1993 werden sie gemäß dem Kriegsfolgenbereinigungsgesetz als „Spätaussiedler" bezeichnet. Bis 1990 stammte der überwiegende Anteil von ihnen aus Polen und Rumänien, danach kamen sie zu 95 Prozent aus der ehemaligen Sowjetunion (Han, 2000, S. 88). Von 1950 bis 1990 wanderten mehr als 2 Mio. Aussiedler in die Bundesrepublik ein; allein 1990 waren es fast 400.000 Aussiedler. Danach sank die jährliche – nun kontingentierte – Aufnahmezahl der aufgenommenen (Spät-)Aussiedler auf rund 230.000, ab 1998 sogar auf etwa 100.000 (vgl. Statistisches Jahrbuch 1996, S. 85). Sie werden als „fremde Deutsche" wahrgenommen, auch wenn sie im Hinblick auf ihre deutsche Staatsbürgerschaft gegenüber den Arbeitsmigranten und deren Kindern (als „einheimische Ausländer") privilegiert sind (vgl. MAGS NW, 1992, S. 17). Ähnlich wie bei „Ausländern" sind ihre Wohnortwahl und die Anerkennung der Gleichwertigkeit ihrer im Auswanderungsland erworbenen Qualifikationen eingeschränkt. Von daher kommt es auch bei ihnen zu residentialen wie arbeitsmarktsektoralen Konzentrationsprozessen.

Die Anerkennungsquote für *Asylbewerber* lag zwischen 1960 und 2001 unter 10 Prozent[15]. Sie ist damit im internationalen Vergleich sehr niedrig (vgl. Geißler, 2002, S. 78; Han, 2000, S. 83). Nicht anerkannte Flüchtlinge wurden bzw. werden entweder in ihre Heimat zurückgeschickt oder als so genannte De-facto-Flüchtlinge in Deutschland geduldet – und zwar so lange, wie Gefahr für ihr Leben und ihre Freiheit besteht (gemäß der humanitären Schutzklausel des § 14 Abs. 1 AuslG). Der Blick auf die Herkunftsländer der Asylsuchenden widerspiegelt die weltpolitische Situation in der jeweiligen historischen Zeit. Bis Mitte der 1960er Jahre kamen sie vor allem aus den ehemaligen staatssozialistischen Gesellschaften, in den 1970er Jahren unter anderem aus Afrika und Lateinamerika, seit Ende der 1980er Jahre und verstärkt in den 1990er Jahren aus den Kriegs- und Krisenherden in der „Dritten Welt" sowie dem Irak, der Türkei, Exjugoslawien (insbesondere Kosovo-Albaner und Roma) und Afghanistan. Als anerkannte Flüchtlinge mit unbefristeter Aufenthaltsgenehmigung verfügen sie über eine Arbeitserlaubnis. Ansonsten wird eine (befristete) Arbeitserlaubnis nur sehr eingeschränkt erteilt (z.B. für die Bürgerkriegsflüchtlinge aus Exjugoslawien, nicht aber für Asylbewerber mit laufenden Verfahren), sodass viele der De-facto-Flüchtlinge ihren Lebensunterhalt über „Sozialhilfe" bzw. ab Juli 1993 über die

---

15 Das Inkrafttreten der Asylreform vom 01.07.1993 mit der dort definierten Möglichkeit der Grenzabweisung von Flüchtlingen aus so genannten „sicheren" Drittstaaten trug dazu bei, dass sich die Zahl der Asylanträge in Deutschland kontinuierlich verringerte.

noch geringeren Leistungen gemäß dem Asylbewerberleistungsgesetz bestreiten müssen.

Eine differenzierte *empirische* Betrachtung der so definierten ethnischen Minderheiten lässt sich im Folgenden leider nicht durchhalten. Dazu wäre es notwendig, das Herkunftsland sowie die Migrationsgründe zu kennen. Viele der verfügbaren Statistiken verwenden nur das Kriterium der Staatsangehörigkeit und weisen zudem – die so definierten – „Ausländer" häufig nur als *eine* Kategorie aus. Das bedeutet, dass (Spät-)Aussiedler sowie Angehörige aus Migrantenfamilien mit deutschem Pass für die Untersuchung ihres Bildungsniveaus und ihrer Erwerbschancen in der amtlichen Statistik oft nicht identifizierbar sind. Der Anteil der ausländischen Bevölkerung an der Gesamtbevölkerung kann daher nur als Proxy für den Bevölkerungsanteil ethnischer Minderheiten dienen. Dieser Anteil stieg von 1,2 Prozent im Jahr 1960 auf 8,9 Prozent im Jahr 2000 – eingedenk der (Spät-)Aussiedler und Einbürgerungen dürfte der Anteil ethnischer Minderheiten damit heute bei deutlich über 10 Prozent liegen.

Von den „Ausländern" waren 1960 etwa 41 Prozent sozialversicherungspflichtig beschäftigt, im Jahr 2000 hingegen nur 27 Prozent. Gründe für diese Abnahme sind (a) eine veränderte Altersverteilung der Ausländerpopulation (z.B. gibt es heute unter ihnen deutlich mehr Kinder und Rentner im Vergleich zu den 1960er und 1970er Jahren), (b) eine deutlich höhere Arbeitslosenquote (siehe Tab. 12.1) sowie (c) eine erhöhte „geringfügige" (somit nicht sozialversicherungspflichtige) Beschäftigung – insbesondere von Frauen im Dienstleistungsgewerbe.

Tabelle 12.1: Arbeitslosenquoten ausländischer Arbeitnehmer nach Herkunftsland, Westdeutschland, 1979, 1984 und 1998 (in %, in Klammern: relative Benachteiligung)

Jahr	Arbeitslosenquoten insgesamt	Arbeitslosenquoten Ausländer	Griechenland	Italien	Portugal	Spanien	Türkei
1979	3,2	3,9	3,6	4,5	1,7	2,9	4,2
		(1,2)	(1,1)	(1,4)	(0,5)	(0,9)	(1,3)
1984	8,6	12,7	11,7	13,9	7,3	8,8	14,4
		(1,5)	(1,4)	(1,6)	(0,8)	(1,0)	(1,7)
1998	9,8	18,3	17,7	17,6	12,4	12,3	22,7
		(1,9)	(1,8)	(1,8)	(1,3)	(1,3)	(2,3)

Relative Benachteiligung = Quotient aus Arbeitslosenquote der jeweiligen Ausländergruppe und Arbeitslosenquote insgesamt.

Quelle: Bundesanstalt für Arbeit.

Im Folgenden wird dargestellt, welchen Einfluss dieser steigende Anteil ethnischer Minderheiten in Deutschland auf die ethnische Herkunftsstruktur und das Arbeitslosigkeitsrisiko der Gruppe gering qualifizierter Personen hatte.

Unabhängig davon, ob gering qualifizierte Personen nach dem Kriterium eines fehlenden Schulabschlusses (bzw. für die heutige Zeit eines „nur" vorhandenen Hauptschulabschlusses) oder nach dem Kriterium eines fehlenden Ausbildungsabschlusses definiert werden, zeigt sich in beiden Fällen, dass der *Anteil an Personen nichtdeutscher Herkunft in der untersten Bildungsgruppe gestiegen* ist. Entsprechend Tabelle 12.2 ist der Anteil der Ausländer unter den Schulentlassenen *ohne Hauptschulabschuss* im Zeitraum von 1983 bis 1998 von 19,5 auf 24,5 Prozent angestiegen[16]. In der Gruppe der Schulentlassenen *mit nur einem* Hauptschulabschluss stieg ihr Anteil sogar von 7,2 auf 16,8 Prozent[17].

Die *Ausbildungsbeteiligung* (d.h. der Anteil der Jugendlichen zwischen 15 und 18 Jahren, die sich in einer Ausbildung befinden) stieg bei ausländischen Jugendlichen von 17,9 Prozent im Jahr 1981 auf den Höchstwert von 43,5 Prozent im Jahr 1994 an. In den Jahren danach sank der Anteil auf 37,8 Prozent (1998) ab. Insgesamt liegt die Ausbildungsbeteiligung dennoch weit unterhalb der der deutschen Jugendlichen – wo sich nach dem Höhepunkt 1990 von 85 Prozent im Jahr 1998 66 Prozent der 15- bis 18-Jährigen in einer Ausbildung befanden. Bei den 18- bis unter 25-Jährigen liegt die Ausbildungsbeteiligung[18] bei den Ausländern bei 24 Prozent (etwa 29% bei Türken, Griechen und Italienern, 25% bei Portugiesen und 34% bei Spaniern), bei den Deutschen beträgt sie hingegen fast 70 Prozent (Jeschek, 2002, S. 2527).

---

16 Die Schulstatistik weist den Anteil ausländischer Schüler erst seit 1983 aus. Die Verwendung der deutschen Schulstatistik hat natürlich eine eingeschränkte Aussagekraft, da hiermit nur das Bildungsniveau jener Ausländer erfasst wird, die in Deutschland eine allgemein bildende Schule besucht haben. Für die jüngeren Geburtsjahrgänge werden damit jedoch mehr als 50 Prozent eines Jahrgangs erfasst. Einer Untersuchung im Auftrag des ehemaligen Bundesministeriums für Arbeit und Sozialordnung (2001, Tab. 2.1) zufolge, hat sich bei Arbeitsmigranten (aus der Türkei, Exjugoslawien, Griechenland und Italien) und ihren Familienangehörigen der Schulbesuch im Herkunftsland drastisch verringert. Während von den 45-Jährigen und Älteren nur 7 Prozent *keine* Schule im Herkunftsland besucht haben, waren es bei den 25- bis 29-Jährigen mehr als ein Drittel. Bei den 15- bis 24-Jährigen gab es unter anderen aufgrund der Bürgerkriegsflüchtlinge aus Exjugoslawien wieder einen leichten Anstieg (hier besuchten 47% zumindest zeitweise eine Schule im Herkunftsland).

17 Da der Ausländeranteil in Ostdeutschland deutlich geringer ist und die (auch dort zahlreich) lebenden Spätaussiedler aufgrund ihres deutschen Passes nicht gesondert ausgewiesen werden, wird der Anteil ethnischer Minderheiten unter den ostdeutschen Schulentlassenen ohne oder mit einem niedrigen Schulabschluss nicht dargestellt.

18 *Ohne* Berücksichtigung von Schülern an beruflichen Schulen, an denen kein beruflicher Abschluss erreicht werden kann.

Tabelle 12.2: Anteil der ausländischen Schulentlassenen aus allgemein bildenden Schulen an den Schulabschlussgruppen, Westdeutschland[1], 1983 und 1998 (in %)

Entlassungsjahr	Anteil der Ausländer an allen Schulentlassenen	Abschluss nach Beendigung der Vollzeitschulpflicht			
		Ohne Hauptschulabschluss	Mit Hauptschulabschluss	Realschulabschluss	Fachhochschul-/Hochschulreife
1983	5,2	19,5	7,2	2,2	1,0
1998	11,6	24,5	16,8	8,8	4,7

Interpretationsbeispiel: 19,5 Prozent der Schulentlassenen *ohne Hauptschulabschluss* des Schuljahres 1982/83 waren Ausländer.
Ohne berufliche Schulen, Abendrealschulen, Abendgymnasien und Kollegs.

1 1983: Früheres Bundesgebiet, 1998: Alte Bundesländer (einschließlich Berlin-Ost).

Quelle: Statistisches Bundesamt, Fachserie 11, Reihe 1, Allgemein bildende Schulen, Schuljahr 1999/2000 und frühere Jahre.

Diese geringere Ausbildungsbeteiligung[19] zeigt sich auch in Bezug auf den Anteil der 25- bis 34-jährigen Personen nichtdeutscher Herkunft unter den Ausbildungslosen für die Jahre 1984 und 1998 (siehe Abb. 12.1). Hier gab es einen Anstieg des Anteils von Angehörigen ethnischer Minderheiten. Im Jahr 1984 war jeder Vierte ohne abgeschlossene Ausbildung nichtdeutscher Herkunft (26%), im Jahr 1998 war es bereits mehr als jeder Dritte (36%). Damit stieg ihr Anteil unter den gering qualifizierten Personen um etwa 10 Prozentpunkte.

Unter den Personen mit einem Lehrabschluss verdoppelte sich zwar auch der Anteil von Personen nichtdeutscher Herkunft und wuchs von 4 auf 9 Prozent. Dennoch stieg ihr Anteil insgesamt „nur" um 5 Prozent. Noch geringer fällt dieser Anstieg in der Gruppe der Fachhochschul- und Hochschulabsolventen aus (von 6% auf 7%)[20]. Ein gleichfalls gestiegener Anteil ausländischer Schulentlassener unter den *Abiturienten* war auch in Tabelle 12.2 zu beobachten. Doch auch hier

19 Zudem ist darauf hinzuweisen, dass nur 18 Prozent der deutschen Abgänger und Abgängerinnen, aber 35 Prozent der ausländischen Abgänger und Abgängerinnen ihre berufliche Schule (im Jahr 2000) *ohne* einen Abschluss verlassen haben (Jeschek, 2002, S. 2532).

20 Die sonstigen Ausbildungsabschlüsse (Berufsfachschule, Fachschule und andere – z.T. auch spezifische, im Ausland erworbene – Abschlüsse) wurden nicht ausgewiesen. Hier nahm der Anteil von Personen nichtdeutscher Herkunft ab. Eine Ursache dafür ist, dass von den Jugendlichen und jungen Erwachsenen nichtdeutscher Herkunft – mit ihrem Aufwachsen in Deutschland – weniger Ausbildungsabschlüsse im Herkunftsland erworben werden.

Abbildung 12.1: Anteil der 25- bis 34-jährigen Personen nichtdeutscher Herkunft[1] an den ausgewiesenen Ausbildungsgruppen[2], Westdeutschland, 1984 und 1998[3] (in %)

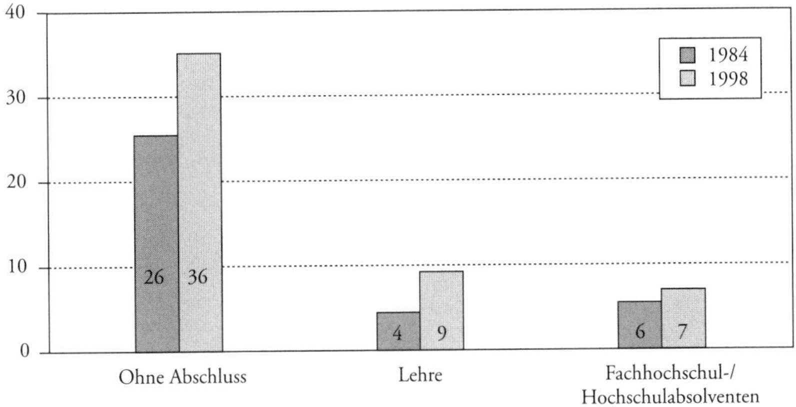

1 Grundlage der Zuordnung war das genannte Herkunftsland. Zur „nichtdeutschen“ Herkunft wurden alle Personen gezählt, die ein von Deutschland abweichendes Herkunftsland nannten.
2 Die Zuordnung zu Ausbildungsgruppen basiert auf Selbsteinschätzungen. Gezählt wurden alle genannten Abschlüsse, unabhängig davon, ob sie in Deutschland erworben wurden oder nicht.
3 Für 1984 handelt es sich um die Geburtskohorten von 1950 bis 1959, für 1988 um die Geburtskohorten von 1964 bis 1973.

Quelle: Eigene Berechnungen, personengewichtet (aufgrund des *Oversamplings* der Teilstichprobe B und D), Sozioökonomisches Panel des DIW, Wellen 1984 (Stichproben A = deutscher Haushaltsvorstand und B = nichtdeutscher Haushaltsvorstand) und 1998 (Stichproben A, B und D = Zuwanderer seit 1984).

war der Zuwachs mit 4 Prozent deutlich geringer als bei den Schulentlassenen ohne oder mit „nur“ einem Hauptschulabschluss.

Diese Befunde verdeutlichen insgesamt, dass Personen nichtdeutscher Herkunft in der Gruppe gering qualifizierter Personen heute in erhöhtem Maße vertreten sind und sie hier *keine* numerische Minderheit mehr darstellen.

Überdies ist zu ergänzen, dass sich hinter diesen Anteilen nichtdeutscher Personen sehr unterschiedliche Personengruppen verbergen. Abbildung 12.2 zeigt, dass der Anstieg nichtdeutscher Personen unter den Ausbildungslosen vor allem durch Personen türkischer Herkunft (als größte Migrantengruppe) und die als sonstige Herkunftsländer zusammengefasste Gruppe – unter denen sich ein hoher

Abbildung 12.2: Anteil der 25- bis 34-jährigen Personen nichtdeutscher Herkunft an den ausgewiesenen Ausbildungsgruppen nach Herkunftsland, Westdeutschland, 1984 und 1998 (in %)

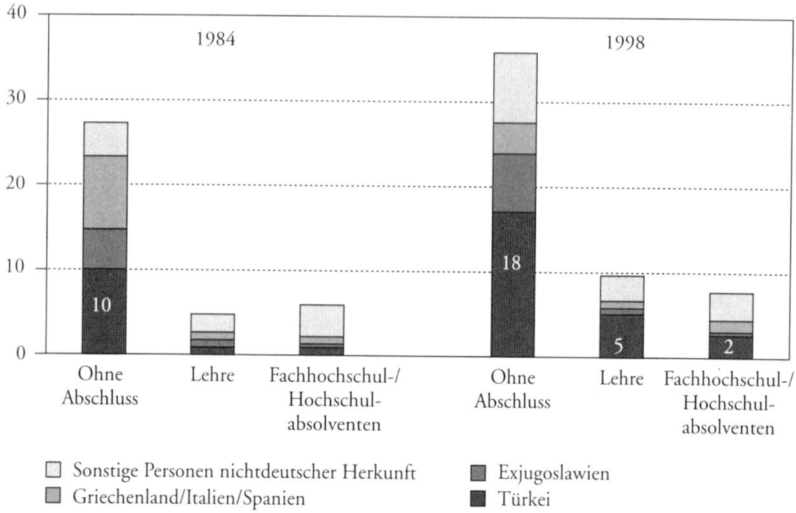

Für Definitionen der Zuordnung siehe Abbildung 12.1.

Quelle: Eigene Berechnungen, personengewichtet, Sozioökonomisches Panel des DIW, Wellen 1984 (Stichproben A und B) und 1998 (Stichproben A, B und D).

Anteil an Aussiedlern befindet – verursacht wurde. Der Anteil türkischer Personen verdoppelte sich annähernd (und stieg von 10% auf 18%), der Anteil von Personen aus sonstigen Herkunftsländern verdreifachte sich (stieg von 3% auf 9%). Eine Ursache für Letzteres war das generelle Anwachsen dieser Bevölkerungsgruppe mit der erhöhten Einreise seit Mitte/Ende der 1980er Jahre.

Im Gegenzug gab es eine starke Abnahme des Anteils von Personen aus Griechenland/Italien/Spanien in der Gesamtgruppe der Ausbildungslosen; hier sank der Anteil von 9 auf 3 Prozent. Dies führte dazu, dass sie 1984 noch 33 Prozent der ausbildungslosen Personen *nichtdeutscher* Herkunft ausmachten, im Jahr 1992 allerdings nur noch 12 Prozent. Bei Personen aus Exjugoslawien gab es keine nennenswerte Veränderung (1984: knapp 5% an der Gesamtgruppe der ausbildungslosen Personen und 17% an den Ausbildungslosen nichtdeutscher Herkunft; 1998 lagen diese Anteile bei 6% bzw. 16%).

Diese wachsenden Anteile der Angehörigen ethnischer Minderheiten an den höheren Bildungsgruppen sind zum einen Ausdruck ihres wachsenden Bevölkerungsanteils[21] und zum anderen Ausdruck ihrer gestiegenen Aus- und Bildungsbeteiligung, mit der sie jedoch (zumindest bisher) nicht das „deutsche Niveau“ erreichen konnten.

In Bezug auf Letzteres wird aus Abbildung 12.3 deutlich, dass sich – mit Ausnahme Exjugoslawiens und der sonstigen Herkunftsländer – bei den Angehörigen aus den ehemaligen Anwerberländern der Anteil ausbildungsloser Personen signi-

Abbildung 12.3: Anteil der 25- bis 34-jährigen Personen ohne abgeschlossene Berufsausbildung innerhalb der Herkunftslandgruppe, Westdeutschland, 1984 und 1998 (in %)

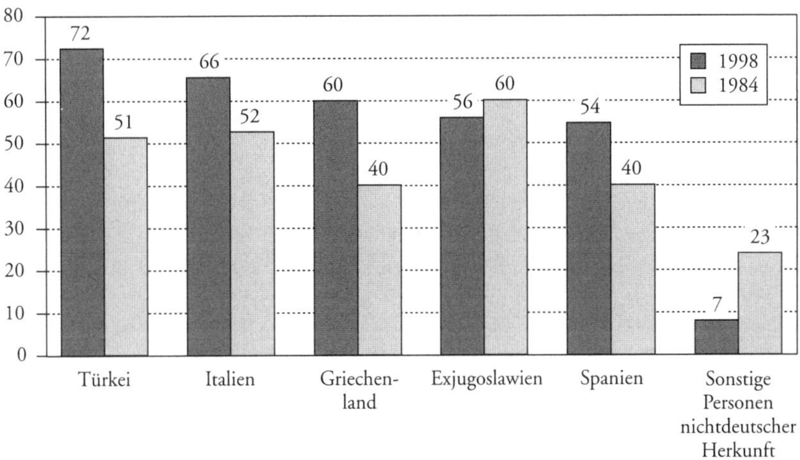

Quelle: Eigene Berechnungen, personengewichtet, Sozioökonomisches Panel des DIW, Wellen 1984 (Stichproben A und B) und 1998 (Stichproben A, B und D).

21 Unter den Schulentlassenen der alten Bundesländer (einschließlich Berlin-Ost) stieg der Anteil ausländischer Schüler und Schülerinnen von 1983 bis 1998 von 5 auf 12 Prozent (siehe Tab. 12.1, Spalte 2). Bei den – in Abbildung 12.7 ausgewiesenen – 25- bis 34-Jährigen stieg der Anteil von Personen nichtdeutscher Herkunft von 13 Prozent (1984) auf 16 Prozent (1998).

fikant verringert hat. Bei den Türken und Griechen sank er um 20 Prozentpunkte, bei den Spaniern und Italienern um etwa 15 Prozentpunkte[22].

Bei den Exjugoslawen stieg der Anteil ausbildungsloser Personen aufgrund der Bürgerkriegsflüchtlinge der 1990er Jahre leicht an. Bei den Personen aus den sonstigen Herkunftsländern gab es hingegen zwischen 1984 und 1998 sogar einen markanten Anstieg ausbildungsloser Personen von 7 auf 23 Prozent. Eine wichtige Rolle kommt dabei der verstärkten Zuwanderung aus der ehemaligen Sowjetunion, Polen und anderen osteuropäischen Ländern nach dem Zusammenbruch ihrer staatssozialistischen Systeme zu. Für viele der hier betrachteten 25- bis 34-Jährigen (im Jahr 1998) fand die Aus- bzw. Übersiedlung nach Deutschland als Jugendliche oder im jungen Erwachsenenalter statt[23]. Für sie bedeutete die Übersiedlung einen Bruch in ihrer Lebensplanung, der zugleich mit tiefgreifenden Orientierungsproblemen und einem „Abgleich" zweier Kulturen verbunden gewesen ist (Fricke, 1998, S. 34). Zudem resultierten daraus auch *alters*bedingte Probleme hinsichtlich ihrer schulischen Anbindung oder beim Übergang in Ausbildung bzw. den Beruf. Haben sie die Pflichtschulzeit bereits im Herkunftsland beendet, so erfuhren sie häufig einen schulischen Statusverlust, da ihr im Herkunftsland erworbener Schulabschluss im Gleichstellungsverfahren zumeist nur als Schulabschluss der Klasse 9 der Hauptschule anerkannt wurde. In den Herkunftsländern hätte er allerdings häufig für den Zugang zu einer weiterführenden Schule gereicht (Elsner, 1998, S. 14). Dies führte für sie in Deutschland zu Einschränkungen beim Zugang zu höheren Bildungseinrichtungen und auf dem Arbeitsmarkt (S. 14). Überdies haben ihre im Herkunftsland erworbenen Hochschul- und Ausbildungsabschlüsse oft keine „Passfähigkeit" zum bundesdeutschen System oder werden formal nicht anerkannt (S. 9)[24]. Rund ein Drittel der jungen Spätaussiedler hätte im Herkunftsland wahrscheinlich bessere Berufsperspektiven gehabt. Dieser nach der Umsied-

---

22 Die BIBB/EMNID-Befragung von 1998 kommt für die 20- bis 29-jährigen ausländischen Jugendlichen (Kriterium: Staatszugehörigkeit) zu geringeren „Ungelerntenquoten": Türken 40 Prozent, Griechen 37 Prozent, Exjugoslawen 25 Prozent, Italiener 22 Prozent, sonstige Staatszugehörigkeit 24 Prozent (Berufsbildungsbericht, 2000, S. 64f.). Dies kann einen anhaltenden Aufwärtstrend der Ausbildungsbeteiligung ausländischer Jugendlicher signalisieren. In Rechnung zu stellen ist allerdings, dass mit der Altersgruppe 20- bis 29-Jährige jedoch noch nicht jene Personen als „Personen ohne Berufsausbildung" erfasst werden, die ihre Ausbildung abbrechen oder ohne Abschluss beenden. Von daher ist auch hier mit einer höheren Ungelerntenquote zu rechnen, wenn diese Personen im Alter von 25 bis 34 Jahren betrachtet werden.

23 36 Prozent der Spätaussiedler waren bei ihrer Ankunft in Deutschland unter 20 Jahre alt, weitere 41 Prozent waren zwischen 20 und 45 Jahren (Fricke, 1998, S. 31).

24 Ähnliche Prozesse der Nichtanerkennung von Abschlüssen durch Verwaltungen und/oder Beschäftiger berichtet Reitz (2001a, S. 3f.) auch für gegenwärtige Zuwanderer in Kanada.

lung erfahrene berufliche Statusverlust blieb – angesichts „the double social and psychological insecurity" der Migrationssituation (Eisenstadt, 1952, S. 226) – nicht wirkungslos im Hinblick auf ihre Selbsteinschätzung und berufliche Zufriedenheit (Elsner, 1998, S. 49).

Hinsichtlich der erreichten *Schulabschlüsse* zeigt sich gleichfalls ein Anstieg der Bildungsbeteiligung ausländischer Personen (Abb. 12.4). Bei den jungen Ausländern und Ausländerinnen, die eine deutsche Schule besucht haben, ist der Anteil an höheren Bildungsabschlüssen (Realschulabschluss, Fachhochschulreife und Abitur) von 19 Prozent im Jahr 1983 auf knapp 40 Prozent im Jahr 1998 gestiegen. Das bedeutet einen markanten intergenerationalen Bildungsaufstieg. In der Elterngeneration hatten weit weniger Väter und Mütter einen höheren Sekundarschulabschluss (vgl. Nauck, 2001, S. 72). Bei den Jugendlichen mit *deutschem Pass* fiel dieser Anstieg – nicht zuletzt aufgrund der schlechteren Bildungschancen

Abbildung 12.4: Ausländische und deutsche Schulentlassene aus allgemein bildenden Schulen nach Abschlussart, Westdeutschland[1], 1983 und 1998 (in %)

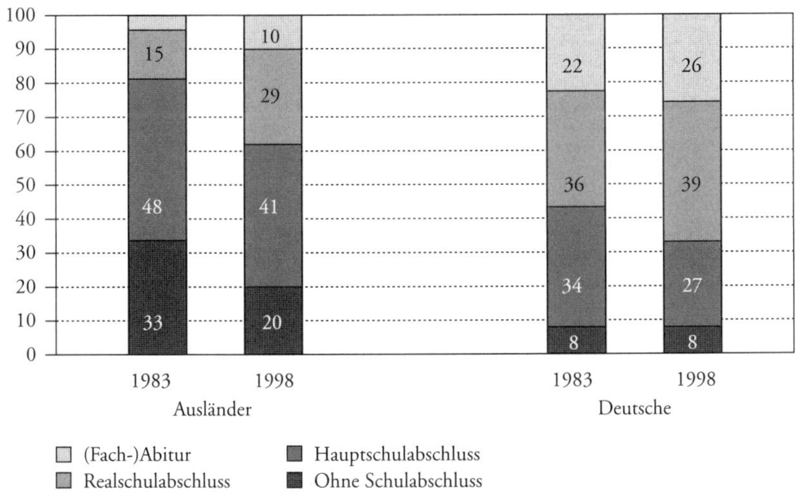

1 1983: Früheres Bundesgebiet; 1998: Alte Bundesländer (einschließlich Berlin-Ost).

Quelle: Statistisches Bundesamt, Fachserie 11, Reihe 1, Allgemein bildende Schulen.

von (Spät-)Aussiedlerkindern – deutlich geringer aus[25]. Im Jahr 1983 hatten etwa 58 Prozent mindestens einen Realschulabschluss, im Jahr 1998 65 Prozent.

Trotz dieser Anstiege hat sich der (Aus-)Bildungs*abstand* zwischen „einheimischen Deutschen" und Angehörigen ethnischer Minderheiten nicht wesentlich reduziert, da sich auch bei den „einheimischen deutschen" Jugendlichen das (Aus-) Bildungsniveau erhöhte (vgl. Kalter & Granato, 2002, S. 212f.)[26]. Zu erinnern ist auch hier an die Befunde aus Abbildung 8.4. Dort wurde gezeigt, dass bei den Personen westdeutscher Herkunft der Anteil an Ausbildungslosen von der 1950er bis zur 1971er Kohorte von 20 auf 7 Prozent gesunken ist.

Im Ergebnis bleibt festzuhalten, dass sich der Anteil von Angehörigen ethnischer Minderheiten in allen Bildungsgruppen – infolge ihres wachsenden Anteils an der Gesamtbevölkerung – erhöht hat. Zugleich ist aber auch zu konstatieren, dass diese Zunahme ihres Anteils – bzw. in diesem Fall das „Zurückbleiben" – in der Gruppe gering qualifizierter Personen am stärksten gewesen ist[27]. Dieser deutlich stärkere Anstieg in der Gruppe gering qualifizierter Personen trägt vor dem Hintergrund eines markant höheren – und historisch zugleich steigenden – Arbeitslosigkeitsrisikos von Angehörigen ethnischer Minderheiten zum Trend der historischen Verschlechterung der Arbeitsmarktchancen dieser Bildungsgruppe bei. Wie in Tabelle 12.1 ausgewiesen, war das Arbeitslosigkeitsrisiko ausländischer Arbeitnehmer (als Proxy für die Zugehörigkeit zu einer ethnischen Minderheit) im Jahr 1998 doppelt so hoch wie das von Personen mit deutschem Pass. Diese relative Benachteiligung hat sich seit 1979 stark erhöht. Zudem sind nationalitätsspezifische Unterschiede auszumachen. Das höchste relative Arbeitsmarktrisiko haben Türken, das geringste Portugiesen und Spanier. Diese Unterschiede verstärken den *demografischen* Erklärungsbeitrag für das wachsende (absolute und relative) Arbeitslosigkeitsrisiko der Gruppe gering qualifizierter Personen, da der Anteil der türkischen Personen unter den Ausbildungslosen zugenommen und der Anteil von Personen aus Griechenland, Italien und Spanien abgenommen hat[28].

---

25 Bei den Aussiedlern gibt es eine ausgeprägte intergenerationale *Abwärts*mobilität. Von ihren Eltern erlangte noch etwa die Hälfte einen Sekundarschulabschluss. Das wird von den Kindern – auch aus den oben genannten Gründen – nur selten erreicht (Nauck, 2001, S. 72).

26 Für die USA und Kanada wird der gleiche Befund berichtet (vgl. Borjas, 1999; Reitz, 2001b).

27 Für Schweden zeigen die Analysen von Aberg (2003, S. 212) gleichfalls einen zunehmenden Anteil an Migranten unter den gering Qualifizierten. Er liegt heute bei etwa 24 Prozent.

28 Dieser Unterschied wäre wahrscheinlich noch höher, wenn qualifikationsspezifische Arbeitslosenquoten für Ausländer berücksichtigt würden. Eine diesbezügliche Punktmessung oder gar Zeitreihe ist leider nicht verfügbar.

Aus Abbildung 12.5 wird im internationalen Vergleich deutlich, dass eine relative Arbeitsmarktbenachteiligung insbesondere von Nicht-EU-Bürgern in nahezu allen EU-Ländern vorhanden ist und dass diese zwischen 1983 und 2000 stark zugenommen hat. Zugleich zeigt sich, dass Nicht-EU-Ausländer vor allem in *Zuwanderungs*ländern (in denen der Anteil an Ausländern hoch ist) auf dem Arbeitsmarkt benachteiligt sind[29]. In den ehemaligen *Auswanderungs*ländern (wie Griechenland, Italien, Spanien, Irland und Portugal), in denen Zuwanderung ein neueres Phänomen darstellt und der Ausländeranteil noch relativ gering ist, zeigt sich (bisher) keine relative Benachteiligung von Ausländern auf dem Arbeitsmarkt. Von daher könnte die oben für Deutschland entwickelte demografische Erklärung, dass eine „Ethnisierung" der Gruppe gering qualifizierter Personen zur Abnahme der Erwerbschancen dieser Gruppe beigetragen hat, auch in anderen (Zuwanderungs-)Ländern von Bedeutung sein – und zwar dann, wenn Angehörige ethnischer Minderheiten auch dort ein deutlich geringeres Bildungsniveau als die einheimische Mehrheitsgesellschaft haben und damit der Anteil ethnischer Minderheiten in der Gruppe gering qualifizierter Personen zugenommen hat.

Leider liegen keine international vergleichbaren Informationen zur historischen Entwicklung des Bildungsniveaus von Migranten sowie des Anteils von Migranten in der Gruppe gering qualifizierter Personen vor. In Abbildung 12.6 sind jedoch für die *Zuwanderungs*länder zumindest die Unterschiede im Bildungsniveau zwischen Staatsangehörigen und Ausländern für das Jahr 1995 dargestellt. Neben Deutschland sind auch in den Niederlanden, Österreich und Großbritannien bei den Nicht-EU-Ausländern deutlich höhere Anteile an gering qualifizierten Personen festzustellen. Da Nicht-EU-Ausländer in diesen Ländern zugleich auch gegenüber den Staatsangehörigen (und den EU-Ausländern) ein deutlich höheres Arbeitslosigkeitsrisiko haben, könnte hier gleichfalls eine „Ethnisierung" der Gruppe gering qualifizierter Personen zu einem historisch gestiegenen Arbeitslosigkeitsniveau dieser Gruppe beigetragen haben.

29 Der Korrelationskoeffizient zwischen dem relativen Arbeitslosigkeitsrisiko der Nicht-EU-Ausländer im Jahr 2000 und dem Bevölkerungsanteil der Ausländer (1998) ist $r = 0{,}6$. Das heißt, je höher der Ausländeranteil ist, desto höher ist die Benachteiligung der Nicht-EU-Ausländer.

Abbildung 12.5: Anteil der Ausländern und ihr relatives Arbeitslosigkeitsrisiko gegenüber Staatsangehörigen in EU-Ländern, 1983 und 2000

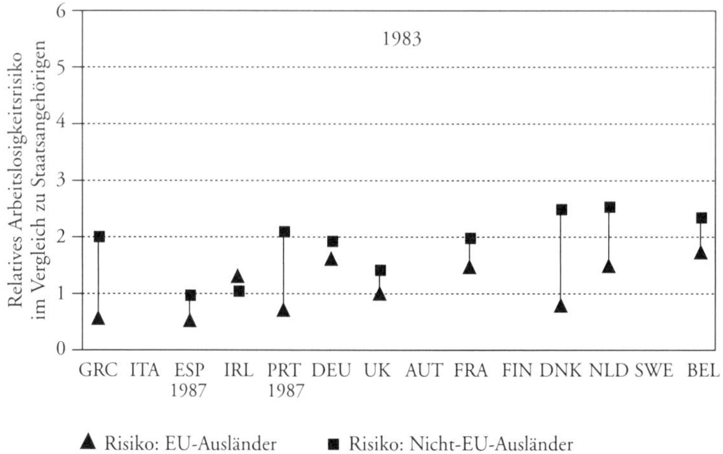

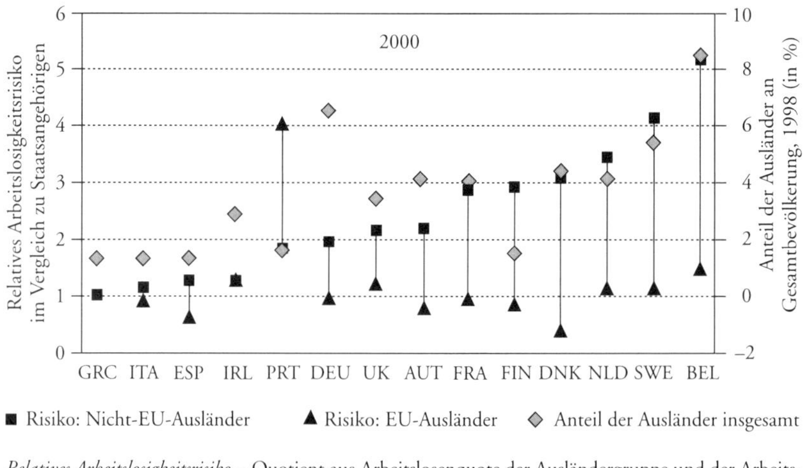

Relatives Arbeitslosigkeitsrisiko = Quotient aus Arbeitslosenquote der Ausländergruppe und der Arbeitslosenquote der Staatsangehörigen (das heißt zugleich, dass das Produkt aus der Arbeitslosenquote der Staatsangehörigen und dem in der Abbildung ausgewiesenen Faktor der Arbeitslosenquote der jeweiligen Ausländergruppe entspricht).
Datengrundlage für Arbeitslosenquoten: Eurostat Arbeitskräfteerhebung (15- bis 64-Jährige).

Quelle: Berechnet nach Stellungnahme des Instituts für Arbeitsmarkt- und Berufsforschung (IAB) der Bundesanstalt für Arbeit (2002, Tab. 2, Arbeitslosenquoten in EU-Ländern 1983–2000) und Salt (2001, S. 19).

Tabelle zur Abbildung 12.5

GRC	ITA	ESP[1]	IRL	PRT[1]	DEU	UK	AUT	FRA	FIN	DNK	NLD	SWE	BEL
1983													
Arbeitslosenquote der Staatsangehörigen													
8,1	–	20,8	15,0	7,6	6,1	11,1	–	7,5	–	9,8	11,4	–	11,7
Risiko: Nicht-EU-Ausländer													
2,0	–	1,0	1,1	2,1	2,0	1,4	–	2,0	–	2,5	2,4	–	2,4
Risiko: EU-Ausländer													
0,6	–	0,5	1,5	0,7	1,6	1,0	–	1,5	–	0,8	1,4	–	1,8
2000													
Arbeitslosenquote der Staatsangehörigen													
11,3	10,9	14,1	4,3	4,0	7,5	5,4	4,3	9,6	11,0	4,3	2,6	5,1	5,8
Risiko: Nicht-EU-Ausländer													
1,0	1,2	1,3	1,4	1,9	2,1	2,3	2,3	2,9	3,0	3,2	3,5	4,3	5,3
Risiko: EU-Ausländer													
1,0	0,8	0,7	1,5	4,1	1,0	1,2	0,8	1,0	0,9	0,4	1,2	1,2	1,6
Anteil der Ausländer insgesamt													
1,5	1,5	1,6	2,9	1,8	9,0	3,7	6,5	6,1	1,6	4,7	4,3	5,9	8,9
Anteil der Nicht-EU-Ausländer													
1,1	1,3	0,9	0,7	1,3	6,7	2,2	5,5	3,9	1,3	3,7	3,0	3,8	3,3

Relatives Arbeitslosigkeitsrisiko = Quotient aus Arbeitslosenquote der Ausländergruppe und der Arbeitslosenquote der Staatsangehörigen (das heißt zugleich, dass das Produkt aus der Arbeitslosenquote der Staatsangehörigen und dem in der Abbildung ausgewiesenen Faktor der Arbeitslosenquote der jeweiligen Ausländergruppe entspricht).
Datengrundlage für Arbeitslosenquoten: Eurostat Arbeitskräfteerhebung (15- bis 64-Jährige).
GRC = Griechenland, ITA = Italien, ESP = Spanien, IRL = Irland, PRT = Portugal, DEU = Deutschland, UK = Großbritannien, AUT = Österreich, FRA = Frankreich, FIN = Finnland, DNK = Dänemark, NLD = Niederlande, SWE = Schweden, BEL = Belgien.

1 1983 = 1987

Quelle: Berechnet nach Stellungnahme des Instituts für Arbeitsmarkt- und Berufsforschung (IAB) der Bundesanstalt für Arbeit (2002, Tab. 2, Arbeitslosenquoten in EU-Ländern 1983–2000) und Salt (2001, S. 19).

Abbildung 12.6: Anteil gering qualifizierter Personen (ISCED 0/1/2) nach Staatszugehörigkeit, 1995 (in %)

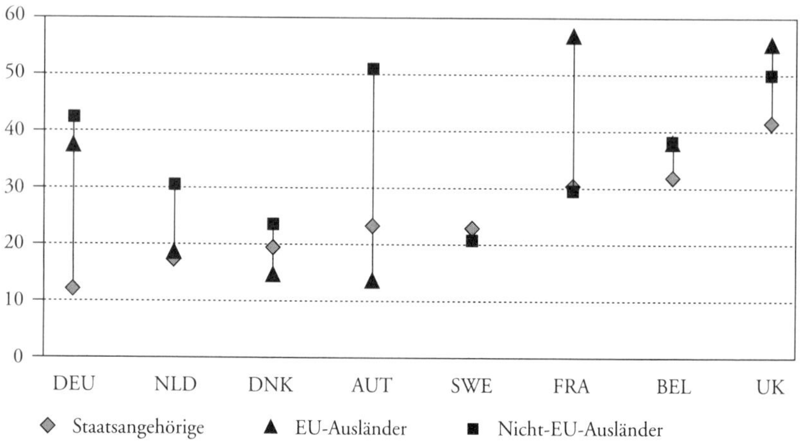

Nur EU-Länder mit einem Ausländeranteil an der Bevölkerung von mehr als 3 Prozent. Datengrundlage für Anteil gering qualifizierter Personen: Eurostat Arbeitskräfteerhebung (15- bis 64-Jährige). (Für Schweden liegen keine Angaben zu EU-Ausländern vor.)

Quelle: Tessaring, 1998, S. 221f.

12.3 Erklärungen für die zunehmende Arbeitsmarktbenachteiligung gering qualifizierter Personen aus ethnischen Minderheiten

Im vorhergehenden Abschnitt wurde der wachsende Anteil ethnischer Minderheiten in der Gruppe gering qualifizierter Personen als eine *demografische Erklärung* für die abnehmenden Arbeitsmarktchancen dieser Gruppe präsentiert. Ungeklärt geblieben ist, (a) warum sich bei den gering qualifizierten Personen aus ethnischen Minderheiten die Arbeitsmarktchancen im Generationenverlauf verschlechtert haben und (b) welche Rückwirkungen eine „Ethnisierung" der Gruppe gering qualifizierter Personen möglicherweise auch auf die Chancen der „zurückgebliebenen" – der dominanten Mehrheit zugehörigen – gering qualifizierten Personen gehabt hat. Dies wird nun diskutiert. Den theoretischen Rahmen dieser Betrachtungen liefern die vier in dieser Arbeit verhandelten Mechanismen.

Ethnisierte Verdrängungsprozesse

Das steigende Angebot an qualifizierten Personen sowie nun auch an höher qualifizierten Arbeitsuchenden und Arbeitslosen verschärfte die Anforderungs- und Selektionskriterien auf dem Arbeitsmarkt – und dies auch für Einfacharbeitsplätze (siehe Abschnitt 5.1 und 5.2). Davon sind zwar alle gering qualifizierten Personen betroffen, dennoch ist von einer relativen Chancenungleichheit entlang ethnischer Linien auszugehen. Während „einheimische" gering Qualifizierte – wenn sie sich denn bewerben (siehe Kap. 6 und 7) – „nur" mit höher qualifizierten Personen konkurrieren, verschärft sich für Angehörige ethnischer Minderheiten die Konkurrenzsituation innerhalb der Gruppe gering qualifizierter Personen. Für sie stellen nun auch die „einheimischen" gering Qualifizierten – da diesen gleichfalls nur noch das immer enger werdende Segment von Einfacharbeitsplätzen zur Verfügung steht (siehe Kap. 10) – eine erhöhte Konkurrenz in den Bewerberschlangen dieses Segments dar (vgl. Osterman, 1979, S. 195).

Dafür verantwortlich sind unter anderem „ethnisierte" Diskreditierungsprozesse (siehe unten). Zugleich verschlechtert sich mit der gestiegenen Bildungsbeteiligung ethnischer Minderheiten auch ihr Zugang zu Arbeitplätzen in der ethnischen Nischen- sowie Ergänzungsökonomie[30]. Auch hier ist der Bewerberpool qualifizierter geworden, sodass die Selektionskriterien und Arbeitplatzanforderungen erhöht werden konnten und wurden. Für gering qualifizierte Personen ethnischer Minderheiten entstand so eine mehrfach benachteiligende Segmentierung des Arbeitsmarkts: Die Segmentation entlang des Qualifikationskriteriums und entlang der ethnischen Zugehörigkeit (in Angehörige der Mehrheit und der ethnischen Minderheiten) geht bei ihnen nun einher mit einer Segmentation entlang der Qualifikation innerhalb des ethnischen Gewerbes. Zudem sind sie hinsichtlich der Branchen des ethnischen Gewerbes von einschränkenden ethnischen Grenzziehungen betroffen, da diese „Nischen" auf dem lokalen Arbeitsmarkt von bestimmten ethnischen Minderheiten besetzt sind (z.B. von Türken, Italienern, Griechen oder Russen) (vgl. Hillmann, 1998, S. 13; Tilly, 1998, Kap. 5).

Angesichts dieser – unter den Bedingungen einer Arbeitsplatzknappheit – erhöhten qualifikations und ethnisch strukturierten Arbeitsmarktkonkurrenz werden gering qualifizierte Personen ethnischer Minderheiten in noch stärkerem Maße als „einheimische" gering Qualifizierte aus dem Arbeitsmarkt verdrängt.

30 Für eine Begriffsbestimmung siehe Barth (1969) und Waldinger (1995). Tabelle 12.3 zeigt, dass in Westdeutschland der Anteil der Selbstständigen und mithelfenden Familienangehörigen bei ausländischen und deutschen Arbeitnehmern etwa gleich groß ist (etwa 10%). Dies signalisiert, dass das „ethnische Gewerbe" eine ernstzunehmende Beschäftigungsdimension ist.

Dieses erhöhte Verdrängungsrisiko verstetigt sich im Erwerbsverlauf, da gering Qualifizierte ethnischer Minderheiten infolge ihres höheren Arbeitslosigkeitsrisikos – durch das bei Wiedereinstiegen erhöhte Wechselraten produziert werden – in noch stärkerem Maße als „einheimische" gering Qualifizierte von der *Last-in-first-out*-Regel betroffen sind.

Erhöhte Diskreditierung durch „unerfüllte" Assimilationserwartungen bzw. -pflichten

Drei Faktoren sind für ethnische Intragruppenunterschiede hinsichtlich der Diskreditierungsgefahr gering qualifizierter Personen zu nennen: (1) die Arbeitsplatzanforderungen, (2) ethnisch-fundierte Perzeptionen seitens der Beschäftiger und Personalverantwortlichen sowie (3) die in Rekrutierungsverfahren verwendeten Auswahlprozeduren (Moss & Tilly, 1995, S. 367; vgl. Osterman, 1979, S. 195f.; Pettigrew & Taylor, 2001, S. 3764; Reitz, 2001a, S. 7; Tilly, 1998, S. 168).

Mit *Blick auf die Arbeitsplatzanforderungen* wird heute – selbst für Einfacharbeitsplätze – von Beschäftigern insbesondere auf den Mangel an interpersonellen und kommunikativen Kompetenzen seitens der gering qualifizierten Jugendlichen aus ethnischen Minderheiten hingewiesen (Klös, 1997b; Moss & Tilly, 1995, S. 364 und 372; Neckerman & Kirschenman, 1991). Obgleich sie zumeist deutlich besser als ihre Eltern die Sprache der Aufnahmegesellschaft – infolge ihres „hiesigen" Schulbesuchs – beherrschen (vgl. Nauck, 2001, S. 68), werden die Sprachkompetenzen in der Generationenfolge nicht als höher, sondern als geringer und unzureichend eingeschätzt. Gegenüber den gleichfalls formal gering qualifizierten „einheimischen" Jugendlichen erfährt die Einschätzung ihrer Sprachkompetenzen, ihrer *soft skills* sowie auch ihrer qualifikatorischen Leistungspotenziale aufgrund kultureller Verschiedenartigkeiten in den Verhaltensweisen und im Auftreten eine *weitere Disqualifizierung* – und zwar dadurch, dass sie als „ghetto speech mannerisms" ausgelegt werden (Gerard, 1983, S. 871). Bei Jugendlichen ethnischer Minderheiten verstärkt sich somit die negative Wirkung eines fehlenden formalen Bildungsabschlusses, da ihre ethnische Herkunft und die damit verbundenen zugeschriebenen negativen Individualattributionen „das Beschäftigungsrisiko aus Sicht der Unternehmen zu groß werden lassen" (Klös, 1997b, S. 26; vgl. Abschnitt 4.2 und 5.2).

Diese negativen Individualattributionen seitens der Beschäftiger und Personalverantwortlichen werden durch eine *generational veränderte Wahrnehmung* von Angehörigen ethnischer Minderheiten unterstützt. Während den älteren Generationen noch ein *strukturell* bedingtes Bildungsdefizit zugestanden wurde, laufen die jüngeren Generationen mit den Bürgerrechtsbewegungen, der Öffnung der

Schule und der offiziellen Bildungspolitik schulischer De-Segregation Gefahr, dass ihr geringeres Bildungsniveau als *individuell* verursachtes Defizit gewertet wird. Bei den Arbeitsmigranten kommt hinzu, dass ihre Eltern (als erste Ausländergeneration) hinsichtlich ihrer Qualifikationen noch als *positiv* ausgewählte Personen der Anwerberländer galten. Im Unterschied dazu werden heutige Jugendliche als Angehörige der zweiten und dritten Ausländergeneration nun als „Bildungsversager" im Schul- und Ausbildungssystem der Aufnahmegesellschaft definiert. Baker und Lenhardt (1988) betonen die integrative Wirkung des (deutschen) Bildungssystems, da es Kinder und Jugendliche unabhängig von ihrem staatsbürgerlichen Status „erfasst". Dies entspricht auch der Alltagsphilosophie: Ihre „Erfassung" durch die Schule wird mit einem Integrationsangebot seitens der Mehrheitsgesellschaft gleichgesetzt, aus dem im Gegenzug eine erhöhte Assimilationspflicht für die jüngeren Generationen ethnischer Minderheiten abgeleitet wird – zum Beispiel in Form des Erwerbs der kulturellen Praxen und der Umgangssprache der Mehrheitsgesellschaft sowie höherer Bildungszertifikate. Jene von ihnen, die trotz dieses vermeintlichen Integrationsangebots „scheitern" und keine höheren Bildungsleistungen vorweisen können, haben ihre Chance scheinbar nicht genutzt oder aus kognitiven Gründen nicht nutzen können: Betriebe erwarten heute „von den Jugendlichen ausländischer Herkunft eine sehr hohe Anpassungsfähigkeit, die perfekte Beherrschung der deutschen Sprache sowie überdurchschnittlich gute Noten im Abschlusszeugnis und bei den Einstellungstests" (DGB, 1999, S. 5).

Zudem haben viele der ethnischen Unternehmer (der zweiten und dritten Generation) nun selbst ein deutlich höheres Bildungsniveau (vgl. Goldberg & Sen, 1997, S. 77), wodurch sich auch bei ihnen die „Wertschätzung" von Bildung als Produktivitätskriterium erhöht hat (siehe auch Abschnitt 5.2 und 7.2).

Dass gering qualifizierte Personen aus ethnischen Minderheiten von derartigen Diskreditierungsprozessen betroffen sind, wird unter anderem in zwei Befunden zum *Ausbildungsmarkt* deutlich. Zum einen zeigen die Befunde aus Abschnitt 12.2, dass das *Upgrading* der Schulbildung bei den ethnischen Minderheiten („Ausländern") zwischen 1983 und 1998 deutlich höher ausgefallen ist als bei der einheimischen westdeutschen Bevölkerung. Bei Ersteren nahm der Anteil an mittleren und höheren Schulabschlüssen um 20 Prozentpunkte zu, bei Letzteren hingegen nur um 8 Prozentpunkte (siehe Abb. 12.4). Dieses Größenverhältnis spiegelt sich jedoch *nicht* in der Verringerung des Anteils ausbildungsloser Personen wider. Hier gab es in etwa eine gleiche Reduzierung. Dieser Anteil sank bei den Westdeutschen von 20 auf nur 7 Prozent (von der Kohorte 1949–51 bis zur Kohorte 1971), bei den jungen Erwachsenen nichtdeutscher Herkunft nahm er im Durchschnitt um 15 bis 20 Prozentpunkte ab, wenn Personen aus Exjugoslawien und Osteuropa nicht berücksichtigt werden (vgl. Abb. 8.4 und 12.3). Dies signalisiert, dass vergleichsweise mehr (west-)deutsche Personen ohne oder mit nur einem Hauptschulabschluss eine berufliche Ausbildung abschließen können als junge Erwachsene nichtdeutscher Herkunft[31]. Dies weist darauf hin, dass gering qualifizierte Jugendliche ethnischer Minderheiten in noch stärkerem Maße als gering qualifizierte deutsche Jugendliche Diskreditierungsprozessen ausgesetzt sind[32]. Der Befund von Hauser und Kollegen (Hauser, Simmons, & Pager, 2000, S. 15; Hervorhebung H.S.), dass „(...) *everything equal,* minorities stay in school longer than whites because they lack attractive opportunities outside of school", spricht dafür, dass im US-amerikanischen Kontext Gleiches zu beobachten ist (vgl. Kap. 9).

Zum anderen zeigen empirische Untersuchungen, dass, wenn Jugendliche nichtdeutscher Herkunft sich um einen betrieblichen Ausbildungsplatz bemühen, ihre Erfolgsaussichten deutlich geringer sind als die der (west-)deutschen Bewerber. Während sich 32 Prozent der ausbildungslosen ausländischen Jugendlichen mit niedrigen und mittleren Schulabschlüssen *erfolglos* um eine Ausbildung bewarben, lag diese Quote unter den deutschen Jugendlichen nur bei 14 Prozent (BIBB/EMNID, 1999, S. 47; vgl. Stegmann, 1981, S. 1). Diese Zahlen sprechen dafür, dass selbst innerhalb der Gruppe gering qualifizierter Personen ausländische bzw. nichtdeutsche Jugendliche gegenüber den deutschen Jugendlichen am Ausbildungsmarkt benachteiligt sind – und zwar auch dann, wenn sie ein vergleichbares Bewerbungsverhalten zeigen (vgl. Boos-Nünning, 1990, S. 22). Es ist wohl kaum davon auszugehen, dass eine derartige Ungleichbehandlung gering qualifizierter junger Erwachsener nichtdeutscher Herkunft gegenüber deutschen gering

---

31 Den 35 Prozent an westdeutschen Jugendlichen, die die Schule ohne oder nur mit einem Hauptschulabschluss im Jahr 1998 verlassen haben, stehen in der Geburtskohorte 1971 nur 7 Prozent an 25-Jährigen gegenüber, die keinen Ausbildungsabschluss vorweisen können (das ist ein Verhältnis von 5:1). Bei den ausländischen bzw. nichtdeutschen jungen Erwachsenen ist diese Differenz nur 62 Prozent zu durchschnittlich etwa 50 Prozent. Um gleichfalls ein Verhältnis von 5:1 zu erreichen, dürften nur 12,5 statt 50 Prozent von ihnen ausbildungslos sein.

32 Dies mag unter anderem auch erklären, warum es – laut Berufsbildungsbericht – bei den ausländischen und deutschen Ausbildungsanfängern und -anfängerinnen einen *gleich hohen* Anteil an Personen ohne Hauptschulabschluss gibt (etwa 5%), obgleich der Anteil der Schulabgänger und Schulabgängerinnen ohne Schulabschluss unter den ausländischen Jugendlichen (mit knapp 20%) deutlich *höher* ist als bei den deutschen Jugendlichen (mit etwa 8%). Bei den ausländischen Jugendlichen entspricht dies einer Zugangschance von nur 1:4, bei den deutschen Jugendlichen hingegen einer deutlich günstigeren von 1:1,6. Ihre Berufsschulpflicht leisten diese Jugendlichen nichtdeutscher Herkunft überproportional im Berufsvorbereitungs- oder Berufsgrundbildungsjahr (BVJ/BGJ) ab: 1995 war jeder sechste, 1998 sogar jeder fünfte Jugendliche im BVJ/BGJ nichtdeutscher Herkunft (Berufsbildungsbericht, 1997, S. 227; 2000, S. 281).

Qualifizierten seitens der Personalverantwortlichen nur auf den Ausbildungsmarkt beschränkt ist, sondern auch auf dem Arbeitsmarkt vorzufinden ist.

Moss und Tilly (1995, S. 372, 2001) sowie Reitz (2001a, S. 10) nennen als einen dritten Faktor für eine erhöhte Diskreditierungsgefahr ethnischer Minderheiten die verwendeten *Auswahlprozeduren,* in denen ein immer größerer Wert auf so genannte *soft skills* gelegt wird (vgl. Abschnitt 5.1). In ihren Untersuchungen zeigten sie, dass die *Bezugnahme* auf Qualifikationen und insbesondere auf *soft skills* seitens der Beschäftiger und Personalverantwortlichen häufig nur eine „rationale“ Legitimation ihrer Einstellungsentscheidungen darstellt (mit der zugleich ein öffentliches und sanktionierbares Diskriminierungsverhalten vermieden werden kann). Diese Bezugnahme erfolgte häufig unabhängig von der Frage, ob derartige harte und weiche Qualifikationen für den fraglichen Arbeitsplatz tatsächlich relevant waren (vgl. Neckerman & Kirschenman, 1991; Stanback, 1989, S. 216).

Kategoriale Grenzziehungen entlang von Bildung und ethnischer Zugehörigkeit

Die veränderte ethnische Zusammensetzung der Gruppe gering qualifizierter Personen trägt in zweifacher Hinsicht zu einer Verschlechterung der Ver- und Anbindung gering qualifizierter Personen an den Arbeitsmarkt bei: (a) durch eine Verringerung der Suchressourcen für „einheimische“ gering qualifizierte Personen aufgrund einer zunehmenden *Intra*gruppensegregation und (b) durch eine soziale Verarmung, die auch innerhalb der ethnischen Minderheiten infolge einer sozial stratifizierten „Abwanderung“ in höhere Bildungsgruppen stattfand und -findet. Das *Matching* von externen und internen Kategorien auf dem Arbeitsmarkt (siehe Abschnitt 7.1) über soziale Interaktionen innerhalb von Bildungsgruppen wird hier um grenzziehende Interaktionen innerhalb *ethnisierter* Bildungsgruppen erweitert[33].

Zu (a): Eine ethnische Segregation innerhalb der Gruppe gering qualifizierter Personen ist auf kategoriale Grenzziehungen auf dem Wohnungsmarkt, im damit verbundenen Schulbesuch sowie in der Freizeitgestaltung zurückzuführen[34]. Neben kulturellen Unterschieden und „Missverständnissen“ fehlt es an Gelegen-

33 In Abschnitt 11.2 fand eine Erweiterung um grenzziehende Interaktionen innerhalb *geschlechtlich* definierter Bildungsgruppen statt. Eine Betrachtung *ethnisch-geschlechtlich* definierter Bildungsgruppen wird hier *nicht* erfolgen. Die Gründe dafür sind ein noch größerer Mangel an empirischem Material (insbesondere für Frauen ethnischer Minderheiten) sowie die Komplexität einer solchen Betrachtung, die hier nicht zu leisten ist.

34 So beträgt zum Beispiel der Ausländeranteil an der Wohnbevölkerung in Berlin-Kreuzberg über 30 Prozent und unter den Schülern fast 50 Prozent – wobei manche Schulen dieses Berliner Bezirks auch eine Migrantenquote von 70 Prozent und höher haben. In anderen deutschen Großstädten (wie z.B. Hamburg, Frankfurt, Bremen) ist es ähnlich.

heiten zu (gleichberechtigten) Interaktionen. Zugleich stellen stabile Beziehungen in der „eigenen" Gruppe für Jugendliche ethnischer Minderheiten einen wichtigen Schutzfaktor gegen drohende Marginalisierung dar (vgl. Gerard, 1983, S. 872; Nauck, 2001, S. 107). Für „einheimische" gering qualifizierte Jugendliche ermöglicht eine ethnische Differenzierung zum einen eine „Erhöhung" ihres Selbstkonzepts – gibt es doch scheinbar noch „schlechtere" als sie – sowie zum anderen eine (auch in der Öffentlichkeit anerkannte) Ursachenbestimmung ihrer „Misere" außerhalb ihrer eigenen Person, nämlich bei den „Ausländern":

> „Perceived conflicts have a causal status similar to actual conflicts: ‚They' are taking all jobs, houses and so on – even though unemployment and homelessness rates in minority groups are frequently higher than those of the majority. The cognitive belief may be more important than the demographic facts." (Brewer & Brown, 1998, S. 566)

Stellvertretend für ethnisch getrennte Verkehrskreise seien zunächst die intra- und interethnischen Kontakte türkischer Jungen und Mädchen in Deutschland genannt (Nauck, 2001, S. 87). Diese berichten weit häufiger von intra- als von interethnischen Kontakten. Bei den türkischen Mädchen gaben etwa 54 Prozent an, eine türkische Freundin, Nachbarin oder Schulkameradin zu haben, jedoch nur 29 Prozent, auch eine deutsche Freundin, Nachbarin bzw. Schulkameradin zu haben. Bei den türkischen Jungen ist diese Differenz noch deutlicher: 74 Prozent haben einen türkischen Freund, Nachbarn oder Schulkameraden, aber nur 40 Prozent auch einen deutschen Freund, Nachbarn bzw. Schulkameraden.

Seitens der „Deutschen" ist *ein* möglicher Indikator ethnisch segregierter Verkehrskreise die Zahl der Körperverletzungen mit fremdenfeindlichem Tatmotiv (vgl. Meier & Preiß, 1995):

> „Das Gefühl, mit dem Rücken zur Wand zu stehen – gerade wenn sich die Misserfolgskette von der Schule bis in den Bereich der Arbeit hinein verlängert und schwierige familiäre Verhältnisse dann keinen emotionalen und materiellen Rückhalt zulassen –, begünstigt dann auch die Suche und das Greifen nach angebotenen Sündenböcken." (Preiß, 2003, S. 64)

Die Zahl dieser Körperverletzungen stieg von 236 Delikten im Jahr 1991 auf über 600 Delikte im Jahr 2002 (Verfassungsschutzbericht 2002, 2003, S. 32). Die Einwände gegen diese Statistiken sind bekannt (z.B., dass ein erhöhtes Polizeiaufkommen oder eine erhöhte Sensibilität der Polizei gegenüber derartigen Delikten zu einer erhöhten Zahl an Festnahmen führt), dennoch signalisieren diese „Delikte" das Vorhandensein ethnischer Grenzziehungen in einer Gesellschaft.

Diese ethnischen Grenzziehungen scheinen in erster Linie ethnische Minderheiten zu benachteiligen; Belege dafür finden sich unter *(b)*. Dennoch ist die „Ethnisierung" der Gruppe gering qualifizierter Personen angesichts dieser ethnischen

Intragruppensegregation auch für „einheimische" gering qualifizierte Personen mit einer Ressourcenverarmung verbunden. Ihre Informations- und Reputationsnetzwerke (Anbieternetzwerke) sowie ihre Zugänge zu Rekrutierungsnetzwerken begrenzen sich auf ein immer kleiner werdendes Segment der „einheimischen" gering Qualifizierten – die vorhandenen An- und Verbindungen von gering qualifizierten Personen ethnischer Minderheiten (die nun innerhalb der gering qualifizierten Gruppe eine numerische Signifikanz erhalten haben) bleiben ihnen versperrt.

Zu (b): Hinsichtlich der sozialen Verarmung der Gruppe gering qualifizierter Personen aus ethnischen Minderheiten gilt zunächst festzuhalten, dass ethnische Minderheiten im Vergleich zur „Mehrheit" – als Folge der „Unterschichtungsprozesse" bei der Einwanderung (siehe Abschnitt 12.1) – über schlechtere Arbeitsmarktplatzierungen verfügen. Von daher haben die nachwachsenden Generationen generell „sozial ärmere" Anbindungen an den (Ausbildungs- und) Arbeitsmarkt[35].

> „(...) nonwhites are less connected to the structure of jobs and have less influence on hiring even when they are connected." (Granovetter, 1986, S. 15)

> „Many employers rely on word-of-mouth recruiting of new employees, especially for unskilled jobs. Thus the current workforce, often disproportionately white, reproduces existing racial inequalities in employment by bringing in white friends and relatives as the next generation of workers." (Pettigrew & Taylor, 2001, S. 3764)

Dies zeigt sich nicht nur in dem höheren Arbeitslosigkeitsrisiko (siehe Tab. 12.1 und Abb. 12.5), sondern auch in den schlechteren beruflichen Positionen, die erwerbstätige Angehörige ethnischer Minderheiten besetzen. Tabelle 12.3 zeigt diesbezüglich für Westdeutschland eine deutliche Differenz zwischen einheimischen und ausländischen Arbeitnehmern. Der Anteil der auf Arbeiterpositionen beschäftigten Ausländer hat sich zwar zwischen 1987 und 2000 signifikant verringert (von 74% auf 61%), dennoch hat sich ihr Abstand zu den einheimischen Arbeiternehmern *nicht* verändert.

Auch im Jahr 2000 lag der Arbeiteranteil bei den ethnischen Minderheiten („Ausländern") mit 61 Prozent deutlich über dem Gesamtanteil (33%) und war

35 Doch „black teenagers (...) lack family, relatives and friends who have access to good jobs, (...) their dominant source for job-finding are formal agencies (employment agencies, manpower programs)" (Osterman, 1979, S. 194) – offizielle Institutionen, wie zum Beispiel Arbeitsämter, können hier nur partiell einen „Ausgleich" schaffen. Zum einen haben ihre Vermittlungsleistungen nicht die gleiche Qualität wie die „persönliche Fürsprache"; zum anderen haben die Angebote, die sie diesen Jugendlichen machen können, zum Teil eher demotivierenden, wenn nicht gar stigmatisierenden Charakter und können so zu ihrer Marginalisierung beitragen (siehe Abschnitt 8.2 und Kap. 9).

Tabelle 12.3: Erwerbstätige nach der Stellung im Beruf, 1950 bis 2000, Deutschland (in Zeilenprozenten[1])

	Jahr	Arbeiter[2]	Angestellte[3]	Beamte	Selbstständige und sonstige
Erwerbstätige insgesamt[4]	1950	49	16	4	31
	1984	40	38	9	13
	2000	33	49	7	11
Erwerbstätige Ausländer[5]	1987	74	19	–	7
	2000	61	30	–	10

1 Abweichungen von 100 Prozent entstehen durch Rundung.
2 Einschließlich der Auszubildenden in anerkannten gewerblichen Ausbildungsberufen.
3 Einschließlich der Auszubildenden in anerkannten kaufmännischen und technischen Ausbildungsberufen.
4 Früheres Bundesgebiet.
5 1987: früheres Bundesgebiet; 2000: Gesamtdeutschland.

Quelle: Datenreport, 1985, S. 83, 2000, S. 94; Bericht der Ausländerbeauftragten, 2002, Tab. 24.

damit etwa doppelt so hoch wie bei den einheimischen Arbeitnehmern. Diese Zahlen unterschätzen dabei noch die tatsächlichen Differenzen, da bei den ethnischen Minderheiten – unter anderem aufgrund ihres höheren Anteils an ausbildungslosen Personen – zudem der Anteil an *un- und angelernten* Arbeitern deutlich höher ist als bei deutschen Arbeitnehmern[36].

Überdies sind sie (infolge der mit der ursprünglichen Einwanderung verbundenen „Unterschichtung") vor allem in den „alten" und schrumpfenden Wirtschaftsbereichen, wie dem verarbeitenden Gewerbe und der industriellen Massenfertigung, beschäftigt (vgl. Abschnitt 12.1)[37]. Allein im verarbeitenden Gewerbe ging die Beschäftigung ausländischer Arbeitnehmer und Arbeitnehmerinnen zwischen 1993 und 1998 um 16 Prozent zurück, im Baugewerbe sogar um 22 Prozent (DGB, 1999, S. 2).

36 Ferner ist die Befristungsquote bei erwerbstätigen Ausländern deutlich höher. Bei ihnen stieg der Anteil an Beschäftigten mit befristeten Beschäftigungsverhältnissen zwischen Juni 1985 und April 2001 von 7,7 auf 11,1 Prozent, bei den erwerbstätigen Deutschen hingegen nur von 5,1 auf 6,5 Prozent (Datenquelle: Übersicht 3.7.2 der Zahlen-Fibel des IAB, <http://doku.iab.de/zfibel/03_07_02.xls> (18.02.2003).

37 Der Beschäftigtenanteil des produzierenden Gewerbes (des so genannten sekundären Sektors) sank im früheren Bundesgebiet von etwa 50 Prozent in den 1970er Jahren auf 33 Prozent im Jahr 2000 (Datenreport, 2000, S. 92).

Neben diesen erwerbsstrukturellen Unterschieden und Veränderungen in der Elterngeneration von ethnischen Minderheiten fand mit der Bildungsexpansion auch eine „positive Abwanderung" aus der Gruppe gering qualifizierter Personen bei den ethnischen Minderheiten – wie bei den „Einheimischen" (siehe Abschnitt 8.1 und Kap. 10) – statt. Das heißt, in die höheren Bildungsgruppen konnten vor allem Kinder ethnischer Minderheiten aus sozial besser gestellten Haushalten (definiert durch die berufliche Stellung und das Bildungsniveau der Eltern) und mit einem hohen Niveau der Beherrschung der *„Mehrheits"sprache bzw. der Sprache der Aufnahmegesellschaft* aufsteigen. Letzteres signalisiert zugleich, dass der Aufstieg vor allem jenen gelang (bzw. gewährt wurde), die eine hohe Assimilationsleistung vorweisen können. Durch diese „Abwanderung" verstärkte sich die soziale Verarmung der Gruppe gering qualifizierter Personen aus ethnischen Minderheiten hinsichtlich ihrer Arbeitsmarktanbindung.

Für eine derartige sozial stratifizierte Abwanderung auch bei Kindern ethnischer Minderheiten sprechen Befunde aus Schulleistungsuntersuchungen. Wie bereits Untersuchungen in den 1970er Jahren (vgl. Fend, Knörzer, Nagl, Specht, & Väth-Szusdziara, 1976, S. 95), so zeigen auch die Ergebnisse der PISA-2000-Studie (Baumert u.a., 2001) sowie der LAU-Untersuchungen[38] von 1996 und 1998, dass der Erfolg im deutschen Schulsystem primär von der Sprachbeherrschung, der sozialen Anpassung, der außerschulischen Vorbildung, der Motivation sowie der habitualisierten Lerngewohnheiten abhängig ist. Die Gesamtunterschiede beim Zugang zu höheren Schultypen (Gesamtschule, Realschule und Gymnasium)[39] zwischen Kindern mit und ohne Migrationshintergrund verringern sich bei „Kontrolle" der Sozialschicht[40]. Das heißt, generell werden Kinder bildungsfernerer Schichten beim Zugang in die höheren Bildungsschichten benachteiligt – soziale Herkunftsunterschiede werden in der Schule nicht kompensiert (siehe Abschnitt 7.1). Wenn zusätzlich die in der PISA-2000-Studie gezeigte

38 LAU-Untersuchung steht für: „Aspekte der Lernausgangslage und Lernentwicklung", durch geführt in Hamburg. Für die Ergebnisse der LAU-Untersuchung 1996 siehe <http://www.hamburger-bildungsserver.de/welcome.phtml?unten=/lau/lau5/> (26.02.2003), für 1998 siehe <http://www.hamburger-bildungsserver.de/lau/lau7/Kap6.htm#6> (26.02.2003).

39 Die Chance eines Gesamtschulbesuchs ist für Jugendliche mit *zwei deutschen* Eltern doppelt so hoch wie für Jugendliche mit *zwei nichtdeutschen* Eltern (und fast doppelt so hoch wie für Jugendliche mit *einem nichtdeutschen* Elternteil). Beim Realschulbesuch differieren die Beteiligungschancen um einen Faktor von 2,6 (bzw. 1,46) und beim Gymnasialbesuch um 4,4 (bzw. 3,46) (Baumert & Schümer, 2001a, Kap. 5 und Abschnitt 6.4).

40 Ähnliche Befunde gibt es auch für die USA für das *High-School-Dropout*-Risiko: „Differentials in *high-school dropout* between minority and majority students are primarily a function of family and socioeconomic background." (Hauser u.a., 2000, S. 15)

Lesekompetenz (als Indikator der Sprachbeherrschung) einbezogen wird, dann gibt es keine signifikanten Unterschiede mehr beim Zugang zu den unterschiedlichen Schultypen zwischen Kindern mit und ohne Migrationshintergrund (vgl. Baumert & Schümer, 2001a)[41].

Zudem offenbarten beide LAU-Untersuchungen eine Ungleichbehandlung von Kindern bildungsferner Familien sowie von Kindern ethnischer Minderheiten bei der Zuweisungs- und Benotungspraxis. Zum einen mussten Kinder bildungsferner Familien – denen überproportional Kinder nichtdeutscher Herkunft angehören – deutlich bessere Schulleistungen zeigen als Kinder aus bildungsstarken Familien, um nach der Grundschule eine Gymnasialempfehlung zu erhalten:

> „Weiterhin ist für alle weiterführenden Schulformen – wie an den Grundschulen – eine durch die Fachleistung nicht gedeckte tendenzielle Bevorzugung von Kindern zu konstatieren, deren Eltern einen höheren Bildungsabschluss besitzen. (…) Wie an den Haupt- und Realschulen ist diese unterschiedliche Handhabung der Übergangsregeln nicht allein mit der allgemeinen Fachleistung zu begründen: Kinder von Vätern ohne Schulabschluss müssen eine deutlich höhere Leistung erbringen als Kinder von Vätern mit Abitur (mehr als zehn Punkte zusätzlich auf dem Index), um dem Risiko einer Umschulung [vom Gymnasium runter] am Ende der Beobachtungsstufe zu entgehen."[42]

> „Diese Ergebnisse bestätigen zunächst die immer wieder berichtete Abhängigkeit der Empfehlungspraxis der Grundschulen von Faktoren des sozialen Kontextes. (…) Allerdings ist dem Einwand zu begegnen, daß sich die Chancen von Kindern aus verschiedenen Bildungsschichten nur deshalb unterscheiden, weil auch ihre Schulleistungen voneinander abweichen. Die Angaben zu den gruppenspezifischen Standards zeigen indessen jenseits allen vernünftigen Zweifels, daß die Grundschülerinnen und Grundschüler – je nach Bildungsnähe des Elternhauses – mit sehr unterschiedlichen Anforderungen konfrontiert werden: Das Kind eines Vaters ohne Schulabschluß muß ein Leistungsniveau aufweisen, das noch wesentlich über dem durchschnittlichen Testwert der ‚Springer' liegt, um mit einiger Wahrscheinlichkeit für das Gymnasium empfohlen zu werden. Dem Kind eines Vaters mit Abitur dagegen genügt eine Testleistung, die noch unter dem allgemeinen Durchschnitt liegt!"[43]

Zum anderen werden ausländische Schüler und Schülerinnen hinsichtlich der Gymnasialempfehlung tendenziell durch die Benotung, mit der diese Empfehlung begründet wird, benachteiligt[44]:

---

41 Das zeigt, es geht um die Beherrschung der „akademischen" Sprache und nicht um ein „Spielplatz-Deutsch".

42 Quelle: LAU-Untersuchung 1998 <http://www.hamburger-bildungsserver.de/lau/lau7/Kap6.htm#6.1> (26.02.2003).

43 Quelle: LAU-Untersuchung 1996 <http://www.hamburger-bildungsserver.de/welcome.phtml?unten=/lau/lau5/> (26.02.2003).

44 Hinzu kommen andere Formen der institutionellen Diskriminierungen, zum Beispiel in Form einer überproportional häufigen Zurückstellung beim Schulanfang sowie Klassenwiederholung, wodurch Kinder mit Migrationshintergrund eine höheres Risiko tragen, von einer „Überalterung" in altershomogen angelegten Klassenstufen negativ betroffen zu sein (vgl. Gomolla & Radtke, 2002).

„Für die Gymnasien ist eine tendenzielle Benachteiligung von ausländischen Schülerinnen und Schülern festzustellen. Diese zeigt sich nicht nur in den Übergangsentscheidungen – konkret also in dem Konferenzbeschluss, dass ein Schüler oder eine Schülerin das Gymnasium verlassen muss –, sondern auch in der Benotungspraxis, die dieser Entscheidung zugrunde liegt."[45]

Im Ergebnis bedeutet dies, dass der Zuwachs bei den höheren Bildungsgruppen vor allem auf einem Aufstieg jener Kinder mit Migrationshintergrund beruht, die sich *zu Hause* die Sprach- und kulturellen Kompetenzen der *Mehrheits*gesellschaft aneignen konnten/können[46].

Die negativen Effekte dieser sozial stratifizierten Abwanderung aus der Gruppe gering qualifizierter Angehöriger ethnischer Minderheiten im Hinblick auf die Anbindung an den Arbeitsmarkt (siehe Abschnitt 8.1) werden überdies durch eine sozial stratifizierte *Heiratsmigration* verstärkt. Heiratsmigration findet vor allem bei sozial schwachen (zumeist arbeitslosen) Migranten statt, da „der abgesicherte Aufenthaltsstatus häufig das Einzige ist, was sie auf dem Heiratsmarkt offerieren können" (Nauck, 2001, S. 22).[47] Damit gibt es vermehrt unter den Kindern aus bildungsschwachen Familien Kinder mit Müttern[48], die der ersten Einwanderungsgeneration angehören. Dies hat *zum einen* Folgen für den Sozialisations- und Akkulturationsprozess dieser Kinder (Nauck, 2001, S. 31 f.). Ihre Mütter als wichtigste Primärsozialisationsinstanz sprechen zumeist kein (oder nur ein sehr schlechtes) Deutsch. Der mit dieser Heirat verbundene Familiennachzug stellt ein zusätzliches Koordinierungsproblem in diesen Familien dar, das insbesondere für Familien mit unterdurchschnittlichem Bildungsniveau durch längere Trennungszeiten gekennzeichnet ist (Nauck, 2001, S. 34). Das einfache Assimilationsmodell bzw. Generationen-Sequenzmodell *(three-generation assimilation cycles)*, wonach

---

45 Quelle: LAU-Untersuchung 1998 <http://www.hamburger-bildungsserver.de/lau/lau7/Kap6.htm#6.1> (26.02.2003).

46 Dies scheint in Deutschland besonders schwerwiegend zu sein. In der PISA-2000-Studie zeigte sich für Norwegen und Schweden, dass sie auch wenn die Zuwanderer an ihrer Herkunftssprache als Umgangssprache in der Familie festhalten, sozial besser integriert sind (d.h., sie erreichen einen höheren sozioökonomischen Status) und ihre Kinder bessere Leseleistungen erreichen (Baumert & Schümer, 2001a, S. 397). Dennoch sind auch in diesen beiden Ländern Unterschiede – wenn auch geringere als in Deutschland – zwischen Kindern mit und ohne Migrationshintergrund festzustellen.

47 Das gilt nicht nur für Deutschland, sondern auch für die Niederlande und andere europäische Länder (vgl. Nauck, 2001, S. 20) sowie die USA (Portes & Jensen, 1989, S. 929). Gleichfalls zeigt sich, dass im Unterschied dazu *binationale* Partnerschaften häufig von höher gebildeten Personen eingegangen werden und insofern diese einen „Import von Humankapital (darstellen), da typischerweise der ausländische Ehepartner über einen gleich hohen oder höheren Bildungsgrad verfügt" (Nauck, 2001, S. 18).

48 Hinsichtlich der Zahl der Visa für Familiennachzug nach Deutschland gibt es mehr Visa für Frauen als für Männer (Nauck, 2001, S. 19).

die dritte Generation in der Aufnahmekultur angekommen ist (vgl. Esser, 1980, S. 40, 1990, S. 74; Kalter & Granato, 2002; Price, 1969, S. 204), besitzt demnach *keine* Allgemeingültigkeit (vgl. Seifert, 1992, S. 677), sondern ist vom Bildungsniveau sowie dem sozialen wie beruflichen Integrationsgrad der „zweiten Generation" abhängig.

Zum anderen hat dies aber auch Folgen für ihre (Ausbildungs- und) Erwerbschancen nach dem Verlassen der Schule. Ihre sozial schwachen Väter und Mütter (die z.T. einer neuen ersten Einwanderungsgeneration angehören) haben weit seltener zukunftsträchtige und einflussreiche Verbindungen zu Unternehmen, Beschäftigern und Personalverantwortlichen. Überdies ist das Erfahrungsumfeld der heutigen gering qualifizierten jungen Migranten angesichts der häufiger fehlenden Arbeitsmarktanbindung ihrer Eltern und *Peergroup*-Netzwerke deutlich eingeschränkter als früher (vgl. Abschnitt 7.1 und 8.1)[49].

Institutionelle Identitätsbeschädigung – Ethnische Segregation als Selbstschutz vor Marginalisierung

In Abschnitt 8.2 wurde die These formuliert, dass eine soziale Verarmung sowie „Ethnisierung" der Gruppe gering qualifizierter Personen die Gefahren einer stigmatisierenden „De-Personifizierung" erhöhen. Darauf soll nun im Zusammenhang mit dem vierten Erklärungsmechanismus für die abnehmenden Erwerbschancen der Gruppe gering qualifizierter Personen eingegangen werden. Für gering qualifizierte Angehörige ethnischer Minderheiten erhöht sich mit ihrer stärkeren *formalen* Integration in das Schulsystem die Stigmatisierungsgefahr in dreifacher Weise:

- Auch bei ihnen wird „geringe Bildung" nun stärker als ein „individueller Charakterfehler" (Stigmatyp 2) gedeutet.
- Angesichts der eben dargestellten sozialen Verarmungsprozesse erhöht sich auch für sie die Diskreditierungsgefahr aufgrund des *phylogenetischen* Stigmas der sozialen Herkunft (Stigmatyp 3).
- Und schließlich steht als „Ersatz" für die illegitim gewordene *phylogenetische* Stigmatisierung, basierend auf ethnischer Zugehörigkeit, nun die Deutung ihrer geringen Bildungsleistungen als „unzureichende Integrations- und Assimilationsleistungen" im Sinne eines „individuellen Charakterfehlers" zur Verfügung.

49 Paradoxerweise ist zugleich die Erwartung hinsichtlich der intergenerationalen Verbesserung der Arbeitsmarktplatzierung in Rechnung zu stellen. Damit hat sich der externe wie persönliche Druck insbesondere auf die jungen Männer erhöht, dass sie mehr erreichen als ihre Eltern/Väter – eine Erwartung, die sie bei geringem Bildungsniveau kaum erfüllen können (vgl. Wilson, 1994, S. 526).

Von den Kindern und Jugendlichen mit Migrationshintergrund wird de facto *einseitig* ihre Anpassung bzw. Assimilation als selbstverständlich vorausgesetzt (Forum Bildung, 2001, S. 19). Von daher wird ethnische Zugehörigkeit in modernen Gesellschaften immer stärker als ein über individuelle Anstrengungen der Assimilation „kontrollierbares" Merkmal gesehen (vgl. Nauck, 2001, S. 110f.). Statt der doppelten Benachteiligung „einheimischer" gering qualifizierter Personen erhöht sich bei ihnen die Gefahr einer dreifachen Benachteiligung: leistungsschwach, sozial schwach und „fremd" (bzw. „immer noch abweichend")[50]:

„(...) individuals who are less conventional in all respects are at greater risk of being labelled mentally ill than more conventional individuals." (Jones u.a., 1984, S. 108)

„Poverty and other socio-economic factors correlate highly with the incidence of disability among nearly all groups, and across most categories of disability. But once socio-economic factors are accounted for, the effect of race and ethnicity remains significant." (Parrish, 2000)

In der Konsequenz kann dies zu stärkeren Segregations- und Solidarisierungstendenzen innerhalb der ethnischen Gruppen führen, die als Verdichtung der sozialen Beziehungen vor diesem Hindergrund eine „verständliche Reaktion des Selbstschutzes vor Marginalisierung" bedeuten (Nauck, 2001, S. 111).

Eine andere Reaktion des Selbstschutzes vor Diskreditierungen ist eine gewisse Passivität im Bewerbungsverhalten auf dem Ausbildungs- und Arbeitsmarkt, wenn nicht gar der Rückzug (zur Vermeidung von so genannten „Momenten der Wahrheit", siehe Abschnitt 7.2 und 8.2). Für Deutschland konnte Letzteres insbesondere für ausländische junge Frauen gezeigt werden: Bei ihnen findet häufig bei einer fehlenden beruflichen Qualifikation sowie beruflichen Perspektive nach der Schule ein „Abtauchen" in die Herkunftsfamilie statt (Lex, 1997)[51].

Die Tendenz eines passiven Bewerbungsverhaltens ist bisher nur für den Ausbildungsmarkt (nicht jedoch für den Arbeitsmarkt) untersucht worden. Hier zeigt

---

50 Inwiefern mit dem stark gestiegenen Anteil an gering qualifizierten Angehörigen ethnisch-kultureller Minderheiten in der gering qualifizierten Gruppe zugleich Zuschreibungsprozesse für „einheimische" gering Qualifizierte verbunden sind – durch die Vorurteile gegenüber „Ausländern" auch auf sie „übertragen" werden, da sie nun einer „ethnisierten" Gruppe angehören –, wäre empirisch zu bestimmen. In Analogie zu den Unterbewertungs- und Abwertungsprozessen von Arbeitsplätzen mit hohem bzw. steigendem Frauenanteil scheinen derartige generalisierende Zuschreibungsprozesse für Personen aus der gering qualifizierten Gruppe nicht unwahrscheinlich zu sein.

51 32,4 Prozent der 20- bis 29-jährigen Frauen mit Migrationshintergrund gaben zum Zeitpunkt der BIBB/EMNID-Untersuchung im Jahr 1998 an, „Hausfrau" zu sein. Bei den jungen deutschen Männern und Frauen (zusammen) waren es nur 6,8 Prozent, bei den jungen Männern mit Migrationshintergrund ebenfalls nur 0,7 Prozent (Troltsch, o.J., Abb. 7).

sich, dass ausländische Jugendliche – insbesondere bei schwachen Schulleistungen – ihre Ausbildungsabsichten seltener als deutsche Jugendliche in konkrete Bewerbungen umsetzen (Stegmann, 1981, S. 1). So haben sich etwas mehr als die Hälfte der ausländischen jungen (20- bis 29-jährigen) Erwachsenen mit niedrigeren und mittleren Schulabschlüssen, die 1998 ohne abgeschlossene Berufsausbildung waren, *nie* um einen Ausbildungsplatz beworben (BIBB/EMNID, 1999, S. 47). Bei den deutschen ausbildungslosen Jugendlichen mit niedrigeren und mittleren Schulabschlüssen waren es vergleichsweise „nur" 22,8 Prozent. Als Gründe für „ihren Ausbildungsverzicht" nennen diese jungen Erwachsenen mit Migrationshintergrund Sprachdefizite, mangelnde gesellschaftliche Integration (erfahrene soziale Distanzen im Alltag) sowie (antizipierte) Ressentiments seitens der Ausbildungsbetriebe (Alba, Handl, & Müller, 1994, S. 235; Behringer, 1994, S. 36; Cordes, 1997, S. 78; Herrmann, 1995, S. 26; Schierholz, 1994, S. 53). Die in ihrem bisherigen Lebensverlauf – im Alltag, in der Schule und beim Übergang in den Arbeitsmarkt – gemachten Enttäuschungserfahrungen führen vielfach zu Demotivation, sodass sie aufgrund von Selbst- und Fremdselektionsprozessen letztlich eher eine Arbeit als eine Ausbildung suchen (Behringer, 1994, S. 36; Fricke, 1998, S. 49). Eine Antwort auf die Frage, ob und inwieweit die Enttäuschungserfahrungen und Demotivierungsprozesse auch zu einer erhöhten Passivität bei der Arbeitsplatzsuche führen, bleibt der weiteren Forschung vorbehalten. Sozialpsychologische Forschungen zur Entwicklung von Kontrollüberzeugungen bei Angehörigen ethnischer Minderheiten legen eine erhöhte Gefahr einer solchen „Fortschreibung", wenn nicht gar Verstärkung dieser adaptiven Passivität angesichts der *Interdependenz* von „discriminatory barriers and socioeconomic disadvantage" nahe (Bandura, 1995, S. 24).

12.4 Zusammenfassung: De-Feminisierung und Ethnisierung von geringer Bildung

Im vorliegenden Kapitel wurden die vier Erklärungsmechanismen zur dynamischen Bestimmung der Erwerbschancen gering qualifizierter Personen unter Berücksichtigung von Geschlecht und ethnischer Zugehörigkeit diskutiert. Die Darstellungen tragen einen eher theoretisch-explorativen Charakter und sind durch zukünftige Forschungsanstrengungen mit stringenten empirischen Analysen weiter abzustützen. Dies in Rechnung stellend kann aus den Diskussionen dieses Kapitels dennoch Folgendes gelernt werden.

Zunächst wurde wie bei der Altersverteilung (siehe Abschnitt 5.4) aus dem veränderten Frauenanteil bzw. Anteil ethnischer Minderheiten in der Gruppe gering qualifizierter Personen – „De-Feminisierung" und „Ethnisierung" – angesichts der jeweils *intra*gruppenspezifischen Arbeitslosigkeitsrisiken ein Erklärungsbeitrag für die historische Verschlechterung der Arbeitsmarktsituation auf Gruppenniveau abgeleitet (vgl. Abschnitt 11.1 und 12.2). Es wurde gezeigt, dass sich die Gruppenkomposition hinter den Kulissen des gleich bleibenden Gruppenlabels „geringe Bildung" stark verändert hat. Diese Veränderungen sind zugleich Ausdruck des *institutionellen Charakters* von „Bildungsversagen". „Bildungsversagen" ist damit *keine* Eigenschaft von Individuen, sondern wird durch institutionelle Rahmenbedingungen in zweifacher Weise definiert: (a) als relationale Bestimmung geringer Bildung in einem (Aus-)Bildungssystem und (b) als institutionelle Mechanismen, durch die Personenmerkmale im Bildungsprozess soziale Relevanz erhalten – hier Geschlechter- und ethnisch-kulturelle Zugehörigkeit (für das Merkmal „soziale Herkunft" siehe Abschnitt 7.1).

Zum anderen zeigen die Ausführungen, dass die vier hier verhandelten Mechanismen nicht nur zu einer Erklärung für die *historische Veränderung* der Erwerbschancen von gering qualifizierten Personen beitragen, sondern auch für die Erklärung von (querschnittsvergleichenden) Intragruppenunterschieden genutzt werden können (vgl. Abschnitt 11.2 und 12.3). Dabei gibt es einen – für die hier behandelte Fragestellung – sehr bedeutenden Unterschied zwischen Geschlecht und ethnische-kultureller Zugehörigkeit. Gemeinsam ist zwar beiden, dass sie so genannte zugeschriebene Merkmale bzw. von außen vorgenommene Individualattributionen darstellen (Lieberson, 1994, S. 649ff.). Zudem sind beide in der Regel sichtbare Merkmale, sodass derartige externe Zuschreibungen nicht durch ihr „Verbergen" umgangen werden können (vgl. Crocker, Major, & Steele, 1998, S. 507). Trotz dieser Gemeinsamkeiten zeigt sich jedoch, dass mit der *bloßen* Zugehörigkeit zu ethnischen Minderheiten (unabhängig vom Bildungsniveau) bereits Diskreditierungs- und Stigmatisierungsprozesse in Gang gesetzt werden, während die Geschlechterzugehörigkeit heute *erst* im Zusammenhang mit einem geringen Bildungsniveau zu gruppenspezifisch ausgestalteten Diskreditierungs- und Stigmatisierungsprozessen führt. Insofern sind heutige gering qualifizierte Angehörige ethnischer Minderheiten einer zweifachen Diskreditierungs- und Stigmatisierungsgefahr ausgesetzt: zum einen einer externen Gefahr aufgrund ihres ethnischen Minderheitenstatus und zum anderen – ähnlich wie „einheimische" gering Qualifizierte – einer gruppeninternen Gefahr aufgrund ihres sozialen und qualifikatorischen Minderheitenstatus.

13 Der Beitrag zur akademischen Bildungsstory – Zusammenfassung, Ausblick und politische Einsichten

> *The safety net and the problem of the last 15 per cent (...) – those young people who exit from the education system without having obtained a recognised qualification. (...) They may be bright but are more likely to be slow. They are almost certainly bored or frustrated to tears by the usual schools organised in the usual way. Many live in family circumstances that have caused great stress. Quite a few of these young people have given up on themselves and grown dispirited and resentful. (OECD, 1999a, S. 36)*

In diesem abschließenden Kapitel werden der Ertrag der Überlegungen dieses Buches bilanziert sowie bildungs- und arbeitsmarktpolitische Implikationen diskutiert. Anliegen des Buches war eine *(Re-)Soziologisierung* sowie *Dynamisierung* des Zusammenhangs von (geringer) Bildung und Beschäftigung (Kap. 1). Bildung und Bildungsprozesse wurden dazu in ihrer *Mehrdimensionalität* als Aneignungskontext zertifizierter Qualifikationen und Kompetenzen, als Konstituierungsbedingung *sozialer Gruppen* sowie als individuelle *Zuschreibungen* von Kompetenzen berücksichtigt – eingebettet in den historischen Kontext des Übergangs in die *Bildungsgesellschaft* (Kap. 2). Darauf basierend wurden nicht nur soziologische Erklärungen in die Arbeitsmarktforschung wiedereingeführt. Gleichfalls konnten ökonomische Transaktionen auf dem Arbeitsmarkt so als *soziale Beziehungen* zwischen den Marktakteuren (den Arbeitssuchenden, den Beschäftigten und Personalverantwortlichen) gefasst werden.

Der Zusammenhang von (geringer) Bildung und Beschäftigung wurde lebensverlaufsanalytisch als sequenzielle Abfolge des Aufenthalts im Bildungssystem, der Suchprozesse auf dem Arbeitsmarkt und der Rekrutierungsentscheidungen von Personalverantwortlichen betrachtet. Diese verlaufsanalytische Herangehensweise erlaubte eine Trennung zwischen dem *Ausgang* von Bewerbungsprozessen auf dem Arbeitsmarkt einerseits und ihrem *Zustandekommen* andererseits – oder anders formuliert, zwischen den Auswahlentscheidungen und den vorgelagerten Bewerbungsentscheidungen. Gemeinsam tragen sie als Fremd- und Selbstselektionsprozesse zum *Ergebnis* – nämlich zu den ungleichen Erwerbschancen von Angehörigen unterschiedlicher Bildungsgruppen und der persistenten sowie historisch wachsenden Arbeitsmarktinferiorität gering qualifizierter Personen – bei. Darüber hinaus haben beide Prozesskomponenten infolge der Bildungsexpansion und der

Arbeitsmarktentwicklung relevante Veränderungen erfahren. Mit der Bildungsexpansion kam es zu veränderten Binnenstrukturen, Außenwahrnehmungen und Interaktionsmustern von Bildungsgruppen; mit der Arbeitsmarktentwicklung gingen Veränderungen der Arbeitsplatzanforderungen und Wettbewerbsstrukturen einher.

Ökonomische Theorieangebote wurden vor allem für die Erklärung des *Ausgangs* von Bewerbungsprozessen bzw. von Auswahlentscheidungen herangezogen. Die Bewerbung gering qualifizierter Personen auf vakante Stellen voraussetzend, wurden – basierend auf dem informierten Vakanzkettenmodell (Kap. 4) – zwei Erklärungsmechanismen für den zunehmend negativen *Ausgang* ihrer Bewerbungsaktivitäten bzw. für ihre verstärkte Nichteinstellung auf Arbeitsplätze im primären sowie zunehmend auch im sekundären Segment des Arbeitsmarkts herausgearbeitet. Zum einen wurde der bekannte *Verdrängungsmechanismus* diskutiert, gemäß dem diese wachsende Benachteiligung aus einem *Mismatch*-Problem zwischen einem Überangebot an qualifizierten Arbeitskräften und einer unzureichenden Arbeitsnachfrage resultiert (Abschnitt 5.2). Im Kontext dieses strukturellen Ungleichgewichts sind Unterschiede zwischen den Arbeitsanbietern hinsichtlich ihrer erbrachten *Bildungsleistung* für die Rekrutierungsentscheidungen der Beschäftiger bedeutsamer geworden. Diese wachsende Bedeutsamkeit setzte allerdings voraus, dass Bildungszertifikate in der *Bildungsgesellschaft* (mehr denn je) als „zuverlässige" Indikatoren für die zu erwartenden Ausbildungskosten angesehen sowie als legitime und zugleich kollegialitätsstiftende Instrumente der Personalrekrutierung akzeptiert wurden und werden.

Zum anderen erklärt der *Diskreditierungsmechanismus* eine zunehmende *Exklusion* gering qualifizierter Personen von bestimmten Bewerberschlangen. Die Ursache einer wachsenden Diskreditierung gering qualifizierter Personen als „Unfähige" wurde in veränderten *Bildungsnormen* und deren handlungsleitender Relevanz für die höher gebildeten Personalverantwortlichen (mit ihrer „meritokratischen Bildungshypothese") gesehen. Die mit der Bildungsexpansion *erwartete* höhere „Sortierleistung" von Bildungsinstitutionen ging mit einer gestiegenen Glaubwürdigkeit von Kompetenzdefiziten bei fehlenden Zertifikaten einher. Dies beruht auf der Annahme, dass nun nicht mehr strukturelle Hindernisse, sondern vor allem individuelle Unzulänglichkeiten für das „Bildungsversagen" von Personen verantwortlich sind. Die *quantitative* Schrumpfung der Gruppe gering qualifizierter Personen wurde insofern von einer *normativen* Veränderung der Perzeption geringer Bildung begleitet, die den Ausschluss gering qualifizierter Personen von Bewerberschlangen zur Folge hatte. Diese *Annahme* einer gesunkenen Leistungsfähigkeit gering qualifizierter Personen sowie eines höheren Risikos ihrer Beschäftigung ist jedoch in der Tat vor allem einer Veränderung der *Bewertung* fehlender

Bildungsleistungen geschuldet, durch die dem *probabilistischen* Charakter statistischer Diskriminierung nun *gesicherte* und *notwendige* Züge zugesprochen wurden. Dieser Annahme einer als „gesichert" geltenden Leistungsunfähigkeit widerspricht jedoch zum einen, dass gering Qualifizierte heute über ein höheres Bildungsniveau verfügen als frühere Generationen, und zum anderen, dass es diesen – scheinbar logisch aus einer „Abwanderung" der leistungsstärkeren Personen in die höheren Bildungsgruppen folgenden – Zusammenhang zwischen abnehmender Gruppengröße und sinkender Intragruppenvarianz im Leistungsniveau *nicht* gibt (siehe Solga, 2003b, Abschnitt 11.1). Das Leistungsniveau dieser Gruppe ist vielmehr von den institutionellen und curricularen Rahmenbedingungen des Bildungssystems abhängig. Dennoch besteht die Erwartung einer „leistungsmäßigen" Homogenisierung der untersten Bildungsgruppe – mit der praktischen Folge, dass Beschäftiger selbst bei einem Unterangebot an *qualifizierten* Bewerbern heute seltener bereit sind, gering qualifizierte Personen einzustellen. Insofern hilft dieser Diskreditierungsmechanismus zu verstehen, warum gering qualifizierte Personen heute nicht mehr nur einfach als „gering qualifiziert" (aber – wenn es sein muss – „bildungsfähig") angesehen werden, sondern vielfach als „*zu* gering qualifiziert", wenn nicht sogar als generell „beschäftigungs*unfähig*" disqualifiziert werden.

Mit diesen beiden Erklärungsmechanismen werden das Verhältnis von Arbeitsangebot und -nachfrage sowie Prozesse der statistischen Diskriminierung – wobei Letztere (in einer soziologischen Lesart, d.h. mit Bezug auf *normative* Referenzsysteme) unter den Bedingungen der Bildungsgesellschaft und der zunehmenden Existenz von gering qualifizierten Personen als „normabweichende Minderheit" *Diskreditierungs*charakter annehmen können – als wichtige Ursachen für eine Bevorzugung höher qualifizierter Personen seitens der Beschäftiger und Personalverantwortlichen definiert. Darüber hinaus konnte mit beiden Erklärungsmechanismen nicht nur eine historische (kohortenspezifische) Zunahme der Benachteiligung von gering qualifizierten Personen, sondern auch eine Zunahme ihrer *intragenerationalen,* im Erwerbsverlauf kumulierenden Benachteiligung begründet werden. Sowohl eine Verdrängung als auch eine erhöhte Diskreditierung beim Berufseinstieg dieser Personen, das damit einhergehende erhöhte Arbeitslosigkeitsrisiko am Beginn des Erwerbsverlaufs sowie ihre zunehmende Platzierung auf Einfacharbeitsplätzen tragen im Verlauf ihrer Erwerbsgeschichte dazu bei, dass sie sich begrenzter als früher die auf dem Arbeitmarkt nachgefragten technischen Fertigkeiten und sozialen Kompetenzen *on the job* aneignen können. Der Gewinn dieser verlaufsanalytischen Perspektive von Verdrängung und Diskreditierung besteht in der *Endogenisierung* der – üblicherweise als *externe* Faktoren betrachteten – Erwerbserfahrungen, Arbeitseinstellungen sowie sozialen Kompetenzen von Angehörigen unterschiedlicher Bildungsgruppen.

Bereits diese ökonomische Teilerklärung des Zusammenhangs von Bildung und Beschäftigung (als Auswahlentscheidungen) zeigt, dass sich die Bedeutung von Bildung und Bildungszertifikaten für die Erwerbschancen vor allem aus ihrem *relativen* (und nicht aus ihrem absoluten) Charakter speist. Der *Vergleich* zu den Mitbewerbern ist entscheidend. Darüber hinaus wurde im Hinblick auf die relative Bildungsleistung deutlich, dass die Einschätzung der Kompetenzen von Bewerbern seitens der Beschäftiger weniger einen Wahrscheinlichkeits-, sondern vielmehr einen *Annahme*charakter besitzt (siehe Abschnitt 5.2); und dass Bildungszertifikate – über gesellschaftliche Leistungsdiskurse und die Erfordernisse des Rationalitätszuspruchs und Legitimationsgewinns von Entscheidungen (siehe Kap. 2 und 6) – bei der Konstituierung dieser *Annahme* eine zentrale Rolle spielen.

Angesichts des Ziels dieses Buches, einer (Re-)Soziologisierung des Zusammenhangs von Bildung und Beschäftigung, ist an dieser Stelle natürlich die Frage erlaubt, warum für diese Prozesskomponente – die Rekrutierungsentscheidungen – der Weg einer soziologischen Lesart ökonomischer Theorien gegangen und nicht auf soziologische – zum Beispiel gleichfalls relevante machttheoretische oder neoinstitutionalistische – Theorien zurückgegriffen wurde. Darauf seien zwei Antworten genannt: Zum einen handelt es sich bei diesen Rekrutierungsentscheidungen als Arbeitmarkttransaktionen zwischen Arbeitsanbieter und Arbeitsnachfrager sehr wohl auch um ökonomische Transaktionen. Zum anderen haben die hier verwendeten mikroökonomischen Theorien für die Erklärung dieser Transaktionen – allerdings eingebettet in eine soziologische Reflexion der Bildungsgesellschaft, durch die Beschäftiger ihren Geltungsanspruch als „rationale“ Akteure mittels bildungs(zertifikats)basierter Rekrutierungsprozesse herzustellen versuchen und durch die ein Verständnis von Qualifikationsanforderungen als Ideologie und als darüber „hergestellte“ Realität möglich wird – meiner Meinung nach den Vorteil, dass sie (im Unterschied zu den oben genannten soziologischen Ansätzen) *handlungstheoretische* Erklärungen erlauben.

Anders verhält es sich hingegen mit der Erklärung des *Zustandekommens* von Bewerbungssituationen und der hier zu Grunde liegenden Prozesse der Konstituierung von Bildungsgruppen und Gruppenidentitäten. Hier ist eine soziologische Herangehensweise unabdingbar – was unter anderem wohl ein Grund dafür ist, warum Selbstselektionsprozesse, obgleich durch sie die Bewerberpools erst konstituiert werden, in der bisherigen Arbeitsmarktforschung kaum Beachtung gefunden haben. Eine *soziologische Perspektive* eröffnet somit Möglichkeiten der Betrachtung jener Prozesse, die dem Zustandekommen von Arbeitssuchende-Arbeitgeber-Interaktionen in einem Bewerbungsverfahren vorgelagert sind. Dabei handelt es sich sowohl um die Such- und Entscheidungsprozesse gering qualifizierter Personen auf dem (Ausbildungs- und) Arbeitsmarkt selbst als auch um die Allokationsprozesse und *Gatekeeping*-Situationen im bisherigen Lebensverlauf gering qualifizierter Personen, die dieses Such- bzw. Bewerbungsverhalten mitbestimmen. Für die theoretische Analyse dieser Prozesse wurde eine *relationale* Betrachtungsweise von Bildungskategorien und ihrer Angehörigen verwendet. Der Vorteil dieser relationalen Konzeptualisierung besteht darin, dass Arbeitsanbieter als *Mitglieder sozialer (Bildungs-)Gruppen* betrachtet werden können. Insofern wird eine Berücksichtigung der informellen sowie der identitätsstiftenden Dimension von Bildung – oder anders formuliert, der Konstituierung sozial stratifizierter Beziehungsstrukturen und Verkehrskreise durch die Zugehörigkeit zu Bildungskategorien – möglich.

Tillys (1998) relationales Konzept des *opportunity hoarding* erlaubte die Einbeziehung sozial stratifizierter Netzwerke und Erfahrungsumwelten von Angehörigen unterschiedlicher Bildungsgruppen – und zwar als Folge von *herkunfts*kategorialen Grenzziehungen im Bildungssystem und *bildungs*kategorialen Grenzziehungen auf dem Arbeitsmarkt (Abschnitt 7.1). Hinsichtlich der identitätsstiftenden Bewertungs- und Deutungsdimension von Zertifikatslosigkeit bzw. geringer Bildung wurde auf theoretische Überlegungen des – gleichfalls relationalen – symbolischen Interaktionismus sowie auf neoinstitutionelle Überlegungen zurückgegriffen. Letztere ermöglichten eine Einbeziehung von institutionell definierten Symbolen und Routinen als kulturelle Deutungsmuster und Referenzsysteme von Interaktionszusammenhängen (Abschnitt 7.2). Der Akzent der Überlegungen lag dabei auf der *sozialen* Identitätsbildung bzw. auf einer *institutionellen Identitätsbeschädigung* gering qualifizierter Personen im Bildungs-, Ausbildungs- und Beschäftigungssystem. Basierend auf diesen soziologischen Theorien wurden zwei Erklärungsmechanismen abgeleitet, die vor allem das *Bewerbungsverhalten* gering qualifizierter Personen und dessen historische Veränderung zum Gegenstand haben: die *These einer sozialen Verarmung* der Gruppe gering qualifizierter Personen sowie eine *Stigmatisierungsthese.*

Der zentrale Mechanismus der *Verarmungsthese* besteht darin, dass Bildungskategorien als Verkehrskreise sowie Netzwerkeinbindungen aufgrund des *Matching* von Arbeitssuchenden zu bereits Beschäftigten (über Anbieter- und Rekrutierungsnetzwerke) zu einem ungleichen Zugang zu Arbeitsplätzen führen. Dem *Matching* von Personen zu Jobs bei den *Auswahlentscheidungen* der Beschäftiger wurde somit der vorgelagerte Prozess des *Matching* von „suchenden" Personen zu Arbeitsplatzinhabern (als Grundlage von Bewerbungsentscheidungen) an die Seite gestellt (Abschnitt 7.1). Aus dem überproportionalen *Verbleib* von Angehörigen sozial schwacher Schichten in der Gruppe gering qualifizierter Personen im Verlauf der Bildungsexpansion – als Folge der zumeist nur quantitativen, nicht jedoch qualitativ-strukturellen Öffnung des Zugangs zu höherer Bildung – wurde eine *Verarmung* der Einbindung gering qualifizierter Personen in Anbieter- und Rekrutierungsnetzwerke abgeleitet (Abschnitt 8.1). Im Unterschied zur gängigen „Kontrolle“ von Kompositionsveränderungen in der soziologischen sowie ökonomischen empirischen Forschung wurde so die demografische Veränderung der Binnenstruktur bzw. die *veränderte Sozialkomposition* sozialer Gruppen (hier von Bildungsgruppen) selbst zum *Bestandteil* der Erklärung.

Die *Stigmatisierungsthese* basiert auf der Überlegung, dass sich die Beziehungsstrukturen zwischen Bildungskategorien und die darüber begründeten Identitätszuschreibungsprozesse im Verlauf der Bildungsexpansion verändert haben. Die Erfahrungen gering qualifizierter Personen mit dem institutionalisierten Fremdbild von „Leistungsschwäche“ und die daraus resultierende Gefahr einer *sozialen Identitätsbeschädigung* gering qualifizierter Personen schränken als orientierungswirksame Bezugspunkte sozialen Handelns deren Such- und Entscheidungsprozesse im weiteren Lebenslauf ein (Abschnitt 7.2). Mit der Abnahme des relativen Anteils an gering qualifizierten Personen erhöhte sich die Sichtbarkeit von geringer Bildung sowie die Gefahr einer Interpretation als „selbstverschuldetes“ abweichendes Verhalten. *Geringe Bildung* läuft so in Bildungsgesellschaften Gefahr, zu einem *Stigma*-Symbol zu werden, das in Interaktionen im (Aus-)Bildungs- und Erwerbssystem nur noch schwer zu verheimlichen ist (Abschnitt 8.2). Mit jeder neuen Interaktion können sich Überforderungen ergeben sowie Ängste der „Entdeckung“ und Diskreditierungserfahrungen einhergehen. Diese Erfahrungen, ihre Interpretation als unzureichende Leistungsvoraussetzungen und/oder als Resultat der Voreingenommenheit ihrer Umwelt sowie die Beobachtung von erfolglosen Bewerbungen in ihrem Bekanntenkreis können zu *Abkühlungsprozessen* (d.h. einer verstärkten Antizipation von Chancenlosigkeit im Wettbewerb um Arbeitsplätze) führen, die in ihrer Konsequenz heute stärker als früher in eingeschränkten – wenn nicht gar „unterlassenen“ – Suchprozessen und Bewerbungsaktivitäten resultieren können.

Die *institutionelle Identitätsbeschädigung* gering qualifizierter Personen kann damit infolge der Individualisierung von Bildungsversagen im Verlauf der Bildungsexpansion mit zutiefst diskreditierenden Fremd- und Selbsttypisierungsprozessen einhergehen. Erlangt *geringe Bildung* einen (Goffman'schen) *Masterstatus* in den Interaktionen der als gering qualifiziert klassifizierten Personen in den verschiedenen Lebensbereichen, kann dies (im Vergleich zur Vergangenheit) zu einer nochmals *erhöhten* Selbstselektion auf dem (Ausbildungs- und) Arbeitsmarkt führen. Mit Blick auf den Lebensverlauf dieser Personen lassen sich daraus zwei Schlussfolgerungen ableiten: Erstens, werden solche etikettierenden und diskreditierenden Erfahrungen bereits in der Schule gemacht, so kann dies bereits hier zu nur schwer „korrigierbaren“ Selbstselektionsprozessen – in Form der Schulverweigerung – führen; und zweitens, je häufiger solche Erfahrungen gemacht werden (d.h., je geschlossener ihre Misserfolgskette ist), desto höher ist die Gefahr einer

Demotivierung gering qualifizierter Personen und ihres gänzlichen „Rückzugs“ vom Ausbildungs- und Arbeitsmarkt (siehe Abschnitt 7.2, 8.2 und Kap. 9).

Gemeinsam bewirken dieses signifikante (Stigma-)Symbol sowie die sozial verarmte Gruppenzusammensetzung, dass gering qualifizierte Personen heute nicht mehr nur einen niedrigeren Rangplatz in der Bewerberschlange innehaben. Vielmehr sind sie heute zunehmend von bestimmten Bewerberschlangen gänzlich *exkludiert*. Mitverantwortlich dafür sind – wie diese soziologischen Erklärungen nahe legen – auch Selbstselektionsprozesse, basierend auf *strukturellen* Ausgrenzungsrisiken. Sie stellen einerseits Strategien zur Vermeidung von Situationen mit einem hohen Misserfolgsrisiko dar und sind andererseits Resultat fehlender Arbeitsmarkt- bzw. Arbeitsplatzverbindungen. Erstere kennzeichnen *Verhaltens*änderungen, während Letztere vor allem aus *Kompositions*veränderungen resultieren. Doch auch diesen Kompositionsveränderungen sind – so wurde in Abschnitt 8.1 gezeigt – veränderte Erfahrungskontexte und Erwartungsstrukturen der Bezugsgruppe immanent, sodass die *soziale Verarmung* gleichfalls zu Verhaltensänderungen bei gering qualifizierten Personen der jüngeren Geburtskohorten führen kann.

Die in diesem Buch entwickelten vier ökonomischen und soziologischen Erklärungsmechanismen stellen keine Gegenthesen, sondern sich *notwendigerweise ergänzende* Mechanismen der Erklärung des Zusammenhangs von (geringer) Bildung und Beschäftigung dar. Diese ökonomischen und soziologischen Mechanismen sind – insbesondere für gering qualifizierte Personen – als Prozesse des Einmündens und Verstetigens in Bildungskategorien/-gruppen im Lebens- und Erwerbsverlauf miteinander verbunden. Dabei zeigte sich, dass alle vier Mechanismen in der einen oder anderen Weise einen Bezug zur *institutionellen* Definition von Bildungskategorien und deren Veränderung im Verlauf der Bildungsexpansion haben. Sie bestimmt die Zusammensetzung und Außenwahrnehmung sowie die Interaktionsmuster innerhalb und zwischen Bildungsgruppen. Selbst der Verdrängungsmechanismus bedarf der Voraussetzung, dass Bildung und ihre Zertifikate von den Arbeitsmarktakteuren als relevante Vergleichsdimension und Leistungssignale anerkannt werden – dem dient unter anderem die institutionelle Symbolik von Zertifikaten (siehe Kap. 2).

Darüber hinaus konnte gezeigt werden, dass es notwendig ist, Bildung nicht nur als ein Individualmerkmal der Kompetenzausweisung und -zuschreibung zu begreifen, sondern zugleich auch als Gruppenzugehörigkeit. Dies erlaubte, zum einen Prozesse sozialer Kategorisierung und Stereotypisierung einzubeziehen, die als darüber konstituierte bildungskategoriale Interaktionsmuster sowohl die Auswahl- als auch die Bewerbungsentscheidungen mitbestimmen (für gering qualifizierte Personen siehe dazu den Diskreditierungs- und den Stigmatisierungsmechanismus). Zum anderen wurde deutlich, dass es für die Erklärung ungleicher Arbeitsmarktchancen von Personen mit unterschiedlichem Bildungsniveau unerlässlich ist, die jeweilige materielle und immaterielle Ressourcenausstattung von Bildungs*gruppen* in die Konzeptualisierung von Suchprozessen auf dem Arbeitsmarkt einzubeziehen. Ungleiche Arbeitsmarktchancen sind das Ergebnis von Fremdselektionsprozessen (Auswahlentscheidungen) sowie auch Selbstselektionsprozessen (Bewerbungsentscheidungen). Ohne die Betrachtung von Bildung als Konstituierungsbedingung sozialer Gruppen wird Letzteres jedoch ausgeblendet.

Das Verdienst der historischen Betrachtungsweise des Buches ist zudem, dass die gesellschaftliche *Diffusion* bildungskategorial definierter Ungleichheiten ins Blickfeld gerückt werden konnte. Nur durch sie wurde sichtbar, dass es für Frauen und Angehörige ethnischer Minderheiten infolge der Bildungsexpansion im Prinzip erst zu einer Einführung der Differenzierung in Bildungskategorien und -gruppen kam, durch die ein „geschlechter- bzw. ethnisch-neutraler" Rekurs auf individuelle Leistungsunterschiede bei der Legitimation von Ungleichheiten überhaupt erst möglich wurde (Kap. 11 und 12). Die Bedeutung von Bildung in der *Bildungsgesellschaft* ist insofern nicht nur einer wachsenden Nachfrage nach (codifizierten) Kompetenzen, sondern auch einer *verallgemeinerten Anwendung* der „meritokratischen Leitfigur" auf alle Gesellschaftsmitglieder (unabhängig von ihrer sozialen Herkunft, ihrer Geschlechterzugehörigkeit oder ethnisch-kulturellen Zugehörigkeit) geschuldet (Abschnitt 2.1). Die „De-Feminisierung" und „Ethnisierung" der Gruppe gering qualifizierter Personen – das heißt der abnehmende Frauenanteil und der gestiegene Anteil von Angehörigen ethnischer Minderheiten in der untersten Bildungsgruppe – stellen zwar gemäß Stinchcombe (1987) *demografische Erklärungen* für die abnehmenden Arbeitsmarktchancen gering qualifizierter Personen auf Gruppenniveau (Kompositionsveränderungen) dar. Gleichwohl leisten diese Veränderungen auch einen Beitrag zu der individualisierenden Interpretationsfolie von Bildungserfolg und -misserfolg in der Bildungsgesellschaft. Der Verweis auf das individuelle Bildungsverhalten – statt auf Geschlecht und Ethnie – konnte insofern erst mit der Bildungsexpansion als Ursachenerklärung sozialer Ungleichheit etabliert werden.

Das Anliegen des Buches bestand – neben der Entwicklung einer neuen theoretischen Analyse der Gruppe gering qualifizierter Personen – gleichfalls in einer Kritik an der *statischen* Sozialstrukturanalyse sowie dem *eindimensionalen* Verständnis von Bildung in der Arbeitsmarktforschung als „formalem Qualifikationsausweis". Hinsichtlich Ersterem wurde deutlich, dass Veränderungen in der sozialen Zusammensetzung von Sozialkategorien (Kompositionsveränderungen) nicht vorschnell als bloße *Verteilungs*veränderungen behandelt werden können. Vielmehr ist ihr Potenzial für *Verhaltens*veränderungen in gezielter Weise zu eruieren.

Dies kann jedoch nicht – wie in der Sozialstrukturforschung üblich – methodologisch durch „Kontrolle" der Kompositionsveränderungen erfolgen. Dazu bedarf es einer theoretischen Reflexion dieser Veränderungen und eines darauf begründeten empirischen Forschungsdesigns (wie es in Kap. 10 versucht wurde). Verallgemeinernd kann daher festgehalten werden: Die Konsequenzen der Zugehörigkeit zu Sozialkategorien sind *kontextabhängig*. Auch wenn das Gruppenlabel unverändert bleibt, so verändern sich doch die Größe, die Zusammensetzung, die Wahrnehmungen und damit die soziale Position sozialer Gruppen.

Im Hinblick auf die Kritik am eindimensionalen Verständnis von Bildung erwies sich die hier berücksichtigte Mehrdimensionalität von Bildung als *formale* Kompetenzausweisung/-zuschreibung, als *informelle* Einbindung in Netzwerke und Beziehungsstrukturen sowie als *identitätsstiftendes* Zeichen für in Interaktionen hergestellte Selbst- und Fremdtypisierungsprozesse als sehr fruchtbar. Nur so konnten über das Verdrängungsargument hinausgehende Erklärungsursachen der wachsenden Arbeitsmarktinferiorität gering qualifizierter Personen in den Blick genommen werden. Als „Kehrseite" zu den gering qualifizierten Personen ist bei Berücksichtigung dieser Mehrdimensionalität für die *höheren* Bildungskategorien und deren Angehörigen gleichfalls ein Erklärungsgewinn zu erwarten. Auch ihre Erwerbschancen bestimmen sich nicht nur aus dem Verhältnis von Qualifikationsangebot und -nachfrage und den Auswahlentscheidungen der Beschäftiger. Als Ergebnis von Bewerbungs- und Auswahlentscheidungen sind auch ihre Chancen auf dem Arbeitsmarkt durch die relative sowie relationale Bewertung ihrer Bildungsleistungen, durch die jeweilige Ressourcenausstattung und normativen Erfahrungskontexte ihrer Verkehrskreise sowie durch die – basierend auf der sozialen Identitätszuschreibung als „Gebildete, Kompetente, Leistungsstarke" – fremd- und selbstzugestandenen Handlungsspielräume definiert.

Abschließend seien gleichwohl noch drei *Grenzen des Buches* (weniger des *Ansatzes*) genannt. *Erstens* wird vor allem eine theoretische Analyse der Arbeitsmarktbenachteiligung gering qualifizierter Personen und deren historische Veränderungen zur Verfügung gestellt, die bisher nur teilweise durch empirische Analysen fundiert ist. Es wird daher die Herausforderung auch der eigenen zukünftigen Arbeitsmarktforschung sein, die hier entwickelten theoretischen Überlegungen zur Mehrdimensionalität von Bildung mit empirischem Leben zu erfüllen. *Zweitens* wurde diese Mehrdimensionalität bisher nur für die Erklärung des Zusammenhangs von *geringer* Bildung und Beschäftigung berücksichtigt – wobei, abgesehen von Geschlecht und ethnischer Zugehörigkeit, homogene Bildungskategorien unterstellt wurden. Es liegt jedoch nahe, diese Homogenitätsannahme aufzuheben und die Mehrdimensionalität von Bildung für eine Behandlung der *intern* vorhandenen Differenzierungen bzw. der *Heterogenität* von Bildungsgruppen fruchtbar zu machen. In Bezug auf die Gruppe gering qualifizierter Personen in Deutschland – definiert über einen fehlenden Ausbildungsabschluss – besteht diese Heterogenität zum Beispiel in den jeweiligen Schullaufbahnen und Schulabschlüssen sowie dem Ausmaß an sozialer Benachteiligung aufgrund herkunfts-, geschlechter- und ethnisch-kategorialer Grenzziehungen. Für Geschlecht und ethnisch-kulturelle Zugehörigkeit wurden erste Überlegungen in Anwendung der vier Erklärungsmechanismen – Verdrängung, Diskreditierung, soziale Verarmung und Stigmatisierung – für die *intra*gruppendifferenzierten Erwerbschancen in der vorliegenden Arbeit entwickelt (Kap. 11 und 12). Die Heterogenität von Bildungsgruppen in Bezug auf ihre *Schulerfahrungen* und *sozialen Herkunftskontexte* wurde allerdings nur angedeutet (siehe Ausführungen zu Tab. 10.6). Für den deutschen Kontext beinhaltet die jeweilige Schulerfahrung in Bezug auf ausbildungslose Personen zum Beispiel die Frage, inwieweit sich bei Ausbildungslosen mit einer mittleren Reife oder einem Abitur Stigmatisierungs- und darauf begründete Selbstselektionsprozesse durch ein Einmünden in so genannte „Maßnahmekarrieren" quasi nachträglich – das heißt nach dem Verlassen der erfolgreich absolvierten Schule – einstellen können. Dieser Heterogenität zukünftig mehr Aufmerksamkeit zu schenken, bedeutet zugleich die Chance, die Relevanz und Kontextabhängigkeit der einzelnen Dimensionen von Bildung besser verstehen zu können. Eine derartige Fokusverschiebung von bildungskategorialen *Inter-* zu *Intra*gruppenunterschieden würde es – *drittens* – auch ermöglichen, die institutionellen Rahmenbedingungen von Bildungsprozessen in das vorgestellte Bildungskonzept stärker zu integrieren (siehe ansatzweise in Solga, 2003b, Kap. 11).

Politische Implikationen

> *Die Wissenschaftler bemühen sich, das Unmögliche möglich zu machen. Die Politiker bemühen sich oft, das Mögliche unmöglich zu machen. (Bertrand Russell, englischer Mathematiker/Philosoph)*

Zum Abschluss möchte ich die derzeitigen arbeitsmarktpolitischen Vorschläge zur Verbesserung der Erwerbssituation gering qualifizierter Personen vor dem Hintergrund der hier entwickelten theoretischen Analyse diskutieren. Da die Tagespolitik sehr schnelllebig ist, da ihre programmatischen Vorschläge und Instrumente kommen und gehen, wird diese Diskussion entlang der *Grundlinien* dieser Politikangebote strukturiert.

Mit dem Label der Gruppe – *gering Qualifizierte* – und der von der Wissenschaft angebotenen Hauptthese – der Verdrängungsthese – scheinen auch die

Hauptursachen ihrer Marginalisierung am Arbeitsmarkt definiert zu sein. Sie scheinen in folgenden *Defizit*phänomenen zu liegen:

- in einem Kompetenzdefizit gering qualifizierter Personen (Mangel an Qualifikation),
- in einem Mangel an Einfacharbeitplätzen (für die ihr Kompetenzniveau ausreichend wären) sowie
- in einem Motivationsdefizit (demzufolge sie aufgrund der sozialstaatlichen Leistungen keine Beschäftigung suchen).

Aus der Annahme eines Kompetenzdefizits ergibt sich das Anliegen der (angebotsseitigen) Verbesserung der (individuellen) Wettbewerbssituation gering qualifizierter Personen – und zwar durch eine nachträgliche Qualifizierung, eine Modularisierung der beruflichen Ausbildung sowie die Zertifizierung von erworbenen Teilqualifikationen[1]. Aus dem Arbeitsplatzmangel folgen die (nachfrageseitig begründeten) Vorschläge zum Ausbau eines Niedriglohnsektors und einer Deregulierung sowie Entbürokratisierung von Zeit-/Leiharbeit. Aus dem Motivationsmangel wird die Notwendigkeit einer Politik des „Förderns und Forderns", das heißt vor allem eine Veränderung von *Anreiz*strukturen durch Reduzierung bzw. Verschärfung der Bezugsbedingungen von sozialstaatlichen Leistungen (siehe Hartz IV), abgeleitet.

Der *generelle* Ruf nach Einfachqualifikationen, Einfacharbeitsplätzen und „Arbeitszwang" ist ein (politischer) Indikator des – in diesem Buch herausgearbeiteten – Prozesses der *Diskreditierung* gering qualifizierter Personen. Beschäftiger, Politiker, aber auch Wissenschaftler gehen in ihren Überlegungen zur Verbesserung der Erwerbssituation gering qualifizierter Personen davon aus, dass heutige gering qualifizierte Personen *generell* nur maximal für Einfacharbeitsplätze geeignet seien und dass das Beschäftigungsrisiko gering qualifizierter Personen durch eine „Öffnung" der Beschäftigungsverhältnisse (siehe Abschnitt 4.5) – das heißt eine Reduzierung von Beschäftigungssicherheit – verringert werden könne. Im Folgenden werden die vier genannten Grundlinien im Einzelnen diskutiert.

Nachträgliche Qualifikation und qualifikatorische Sonderwege

Bei den gegenwärtigen Politikvorschlägen, die eine Qualifizierung gering qualifizierter Personen favorisieren (sei es durch eine Verbesserung der bestehenden

1 Beispiele für derartige Modulzertifizierungen sind der „Qualifizierungspass" des Modellversuchs des Bundesinstituts für Berufsbildung in Zusammenarbeit mit dem Bildungswerk der Hessischen Wirtschaft oder der „Quali-Pass" der Freudenberg-Stiftung in Zusammenarbeit mit dem Kultusministerium und Landesarbeitsamt Baden-Württemberg (siehe Meifort, 2003).

Förderinstrumente oder die Institutionalisierung neuer „abgespeckter“ Ausbildungsberufe; vgl. Pütz, 1995), wird der Übergang zur Dienstleistungsgesellschaft für einen Wandel der nachgefragten *Qualifikationen* auf dem Arbeitsmarkt hin zu höheren Qualifikationsanforderungen und den Abbau von Einfacharbeitsplätzen verantwortlich gemacht (siehe Abschnitt 5.1). Daraus wird die Notwendigkeit der Unterstützung von Qualifizierungsanstrengungen abgeleitet (z.B. Bäcker, 2000, S. 151; Bosch, 1998, S. 23; Rose, 1990, S. 10). Selbst das „Etikett eines niedriger zu bewertenden Berufsabschlusses [sei; Einfügung H.S.] in diesen Fällen der Stigmatisierung Ungelernter vorzuziehen“ (Pütz 1996, S. 6). In Anbetracht der derzeit in der Diskussion befindlichen multidimensionalen Qualifikationsbegriffe (z.B. Schüssler, Spiess, Wendland, & Kukuk, 1999, S. 20f.; Berliner Memorandum der Beruflichen Bildung, 1999), in denen neben dem Fachwissen sowie universaler kognitiver Grundfertigkeiten auch personale und soziale Kompetenzen (wie z.B. Selbstbewusstsein, Neugier, Offenheit, Urteilsvermögen, sprachliche Ausdrucksfähigkeit, Teamfähigkeit) als integrale Bestandteile von Qualifikation definiert werden, ist es allerdings sehr unwahrscheinlich, dass diese Jugendlichen – selbst wenn sie über diverse Förderprogramme ausgebildet werden – „mit denjenigen Jugendlichen konkurrieren (können), die in die Normalausbildung münden“ (Postel, 1990, S. 36; vgl. Abschnitt 8.2 und Kap. 9).

Die vier – in diesem Buch entwickelten – Erklärungsmechanismen der Arbeitsmarktinferiorität gering qualifizierter Personen in Rechnung stellend, lassen sich folgende Einwände gegen diesen Politikansatz formulieren: Eine derartige Qualifizierung gering qualifizierter Personen würde zwar – möglicherweise – für einige von ihnen die individuellen Chancen erhöhen, der Verdrängungswettbewerb wäre damit jedoch nicht außer Kraft gesetzt. Mehr noch, die Proklamierung von Bildung und Qualifikation als „Zauberformel“ und „Allheilmittel“ im Kampf gegen die Arbeitslosigkeit gering qualifizierter Personen trägt infolge des zu Grunde liegenden individualistischen – statt systemischen – Handlungsparadigmas sogar zu einer weiteren Individualisierung ihrer Problemlagen bei (vgl. Geißler & Orthey, 1996, S. 196). Darüber hinaus können über eine nachträgliche Qualifizierung gering qualifizierter Personen – angesichts der etikettierenden, stigmatisierenden und „abschottenden“ Momente von Sonderwegen – nur in geringem Maße eine „Normalisierung“ ihrer Ausbildungs- und Erwerbsbiografie sowie der Zugang zu einer *arbeitsplatzbesitzenden* Bezugsgruppe bewerkstelligt werden. In der Regel handelt es sich bei diesen Qualifizierungsmaßnahmen um Maßnahmen in einem „Parallelsystem“, in dem gering qualifizierte Jugendliche „wieder unter sich sind“ und mit dem die Kanalisierungen und Zuschreibungen des Schulsystems fortgeschrieben werden (siehe Kap. 9). Insofern gehen sie kaum mit einer *sozialen Anreicherung* ihrer Umwelt einher (siehe Verarmungsmechanismus). Zudem bergen sie – insbesondere den Diskreditierungs- und Stigmatisierungsmechanismus berücksichtigend – die Gefahr in sich, zu einer Verfestigung (statt zu einer Aufhebung) des „Randgruppen- bzw. Minderheitenstatus“ gering qualifizierter Personen beizutragen.

Ausbau des Niedriglohnsektors

Der Vorschlag des Ausbaus des Niedriglohnsektors basiert auf dem neoklassischen Theorem „markträumender Löhne“, demzufolge Arbeitslosigkeit (wenn sie über das natürliche Niveau der Sucharbeitslosigkeit von 4% hinausgeht) ein Indikator für zu hohe Löhne und eine Überteuerung von Arbeit ist. Für eine Erhöhung der Nachfrage nach „einfachen Dienstleistungen“ – als Arbeitsplätze für gering qualifizierte Personen – werden dementsprechend marktgängige (Niedrig-)Löhne und „mindere Formen der sozialen Sicherung“ gefordert (Arbeitsgruppe Benchmarking, 1999, S. 3). Die zu Grunde liegende Idee ist eine Art „Korrektur“ des Abbaus einfacher Arbeitsplätze infolge der De-Industrialisierung durch einen Ausbau einfacher Arbeitsplätze im Dienstleistungsbereich, die – wie Klös (1997a, S. 47) meint – „ex definitione zum überwiegenden Teil für Geringqualifizierte zur Verfügung stünden“.

In Anbetracht des Verdrängungswettbewerbs besteht der Mangel an Arbeitsplätzen jedoch keinesfalls im unteren Qualifikationsbereich, vielmehr fehlen Arbeitsplätze im mittleren Qualifikationsbereich. Laut Tessaring (1995) sind 25 bis 30 Prozent der Fachkräfte mit betrieblichen Ausbildungen unterwertig, das heißt auf Arbeitsplätzen für gering qualifizierte Personen, beschäftigt (vgl. Büchel, 1998). Vergegenwärtigt man sich zudem, welche Tätigkeiten für den auszubauenden Niedriglohnbereich in Deutschland genannt werden, so wird deutlich, dass es eher um *niedrig bezahlte* als um gering qualifizierte Arbeitplätze geht. Die Rede ist von Tätigkeiten im Bereich von Handel/Restaurants/Hotels sowie im Bereich personen- und haushaltsbezogener sowie sozialer Dienstleistungen (Arbeitsgruppe Benchmarking, 1999, S. 17; Bayerisch-Sächsische Zukunftskommission, 1997; Klös, 1997a; Scharpf, 1993). Aus dem Vergleich zu den USA wird für diese Bereiche eine gravierende „Dienstleistungslücke“ in Deutschland abgeleitet. Vergessen wird hierbei die *Verberuflichung* dieser Tätigkeiten in Deutschland, das heißt, für viele von ihnen gibt es eine anerkannte berufliche Ausbildung – wie zum Beispiel für die Fachverkäuferin, Frisörin, die Hotel- und Reisekaufleute, die Altenpflege, für Maler und Maurer, aber auch für Kindergärtnerinnen (vgl. Meifort, 2003). Insofern stellen sie *nicht* – wie unter amerikanischen Verhältnissen – ein Arbeitsplatzpotenzial für gering qualifizierte (ausbildungslose) Personen dar. Der Ausbau von Niedriglohnarbeitsplätzen würde unter deutschen Verhältnissen demzufolge einem Lohndumping von qualifizierter Arbeit sowie einer Verschärfung des Trends hin zu unterwertiger Beschäftigung gleichkommen (Bluestone & Harrison, 1988; ISW 1993, S. 11; Sitte, 1998, S. 41; Spermann, 1999). Es wäre daher richtiger, von einem Arbeitsplatzpotenzial für „Geringverdienende" (Arbeitsgruppe Benchmarking, 1999, S. 25) zu reden, anstatt von einem Potenzial für „gering Qualifizierte"[2]. Diese Erwartung ist nicht unbegründet, wie die Erfahrungen aus den Niederlanden zeigen. Hier wurden nur 12 Prozent der subventionierten Niedriglohnarbeitsplätze mit gering qualifizierten Personen besetzt (Mühlau & Salverda, 1998; für Deutschland siehe: DIW 1999; für Großbritannien: Heylen, Goubert, & Omey, 1996, S. 25; für die USA: Freeman & Gottschalk, 1998).

An die „Alterung" der Gruppe gering qualifizierter Personen erinnernd (siehe Abschnitt 5.4), ist ferner auf eine „Empiriefalle" der neoliberalen Argumentation für einen Niedriglohnsektor hinzuweisen (Schäfer, 2000, S. 11). Diese Argumentation geht von einer niedrigen Produktivität aufgrund einer zu geringen *Qualifikation* und einer dadurch verursachten Arbeitslosigkeit aus. Ignoriert wird die Tatsache, dass der Anteil *älterer* Personen in der Gruppe gering qualifizierter Personen besonders hoch ist und „Alter" gleichfalls eine zentrale Ursache für Arbeitslosigkeit darstellt (vgl. Karr, 1999).

Hinsichtlich des Qualifizierungs- und des Niedriglohnansatzes lässt sich in einem ersten Fazit festhalten, dass eine Verbesserung der Erwerbschancen gering qualifizierter Personen eher durch eine generelle Erhöhung des Arbeitsplatzangebots – und zwar nicht nur für einfache Tätigkeiten, sondern im Gegenteil im mittleren Qualifikationsbereich – erzielt werden könnte. Dies könnte helfen, Mobilitätsketten von unten nach oben (statt von oben nach unten) in Gang zu setzten[3]. *Gleichzeitig* sollte der Versuch unternommen werden, gering qualifizierten Personen *langfristige* Qualifizierungsmöglichkeiten zu eröffnen – und zwar im Rahmen der „normalen Ausbildung" sowie durch eine Qualifizierung am Arbeitsplatz und eine *Stabilisierung* ihrer Beschäftigungsverhältnisse. Eine derartige Qualifizierungsphilosophie beinhaltet nicht nur eine Veränderung von *Individuen,* sondern setzt *systemische* Veränderungen im Ausbildungs- und Beschäftigungssystem voraus (vgl. Sørensen, 1994b, S. 22) – die allerdings eine entgegengesetzte Richtung im Vergleich zu den oben geforderten qualifikatorischen „Sonderwegen" und Deregulierungen verlan-

---

2 Dass qualifizierte Arbeitslose zunehmend für niedrig bezahlte und sozial schlechter gesicherte Beschäftigungsverhältnisse zur Verfügung stehen (werden), lässt schon die Verschärfung der Zumutbarkeitskriterien *bereits* mit der Reform des Arbeitsförderungsgesetzes von 1996 erkennen, durch die der Berufs- und Qualifikationsschutz von Arbeitslosen stark eingeschränkt wurde (Sitte, 1998, S. 41 ff.).

3 Hierbei wäre zu überlegen, inwieweit die Milliarden der Wirtschaftssubventionierung zur Vergrößerung der Beschäftigungsnachfrage im Niedriglohnbereich nicht sinnvoller in „qualifizierte" Arbeitsplätze im öffentlichen Sektor investiert wären.

gen würden. Notwendig wäre dazu der deutlich schwieriger zu bewerkstelligende *Umbau* des bestehenden (Aus-)Bildungs- und Beschäftigungssystems an Stelle der hier geforderten Etablierung neuer Institutionen (siehe „Denkanregungen" unten).

Zeit- und Leiharbeit

Zeit- und Leiharbeit wurden in Deutschland erst in den 1990er Jahren als arbeitsmarktpolitische Instrumente – insbesondere für Langzeitarbeitslose – salonfähig. Leiharbeitskräfte werden (nach den Regelungen der Arbeitnehmerüberlassung) befristet in regulären Betrieben eingesetzt. Dahinter steht die Idee, dass schwer vermittelbare Personen dadurch Gelegenheit bekommen, sich dort für eine Festanstellung bewähren zu können – das heißt ein risikofreies *Screening* zu „günstigen und flexiblen Konditionen" für Arbeitgeber (Schmachtenberg, 2003, S. 120). Für dieses Gelingen werden allerdings Vorbedingungen gestellt: so zum Beispiel der Ausschluss derjenigen aus Leiharbeit, „die nicht arbeitswillig und -fähig sind", und die Beseitigung von gravierenden Qualifikationsdefiziten vor einer Beschäftigung in der Leiharbeitsfirma (Oberste-Beulmann, 2003, S. 78f.). Der Feststellung dieser Qualifikations- und Motivationsdefizite dient unter anderem das so genannte *Profiling*. Diese Logik von Zeitarbeitsunternehmen, nur hoch motivierte Arbeitskräfte unter Vertrag zu nehmen, ist sinnfällig, wenn sie sich als Kooperationspartner für entleihende Unternehmen etablieren und langfristig am Markt halten wollen. Insofern verwundert es nicht, dass gering qualifizierte Personen, obgleich mit ihnen häufig die Ausweitung von Zeitarbeit begründet wird, im Vergleich zu ihrem (Langzeit-)Arbeitslosenanteil deutlich unterrepräsentiert sind. Der Anteil gering qualifizierter Personen betrug bei dem Unternehmen START *Zeitarbeit NRW GmbH* im Jahr 2001 gerade 8,8 Prozent bzw. im Zeitraum von 1995 bis 2001 nur 7,7 Prozent (Oberste-Beulmann, 2003, S. 84). Trotz dieser „positiven Vorauswahl" ist eine erste Bilanz im Hinblick auf die Verbesserung der Beschäftigungschancen gering qualifizierter Personen jedoch eher ernüchternd. Der Übernahmeanteil entliehener Arbeitskräfte betrug bei den gering qualifizierten Personen nur knapp 8 Prozent (S. 87)[4].

Die der Zeitarbeit zu Grunde liegende Logik des *flexiblen Einsatzes von Arbeitskräften* widerspricht dem Anliegen, gleichfalls ein Instrument zur Verbesserung der Erwerbschancen arbeitsloser gering qualifizierter Personen zu sein. Gerade gering qualifizierte Personen benötigen eine *Stabilisierung* von Beschäftigungs-

4 Die Übernahme in Festanstellung durch Zeitarbeit funktioniert vor allem bei jungen Personen. Von den entliehenen Arbeitskräften unter 25 Jahren wurden 35,6 Prozent übernommen (Oberste-Beulmann, 2003, S. 87) – eine Differenzierung nach Qualifikationsniveau wurde nicht veröffentlicht.

verhältnissen – als Gelegenheitsstruktur für langfristige *On-the-Job-learning*-Aktivitäten, zur Erhöhung der *betrieblichen* Anreize für eine Weiterbildung dieser Personengruppe sowie zum Aufbau von Kontakten (bzw. ihrer Einbindung in Anbieter- und Rekrutierungsnetzwerke). Zeitarbeit verlangt im Unterschied dazu eine hohe kognitive und räumliche Flexibilität, die bei gering qualifizierten Personen zu Überforderungen führen und in Bezug auf ihre strukturellen Ausgrenzungsrisiken (wie z.B. einer *sozialen Verarmung*) kaum Abhilfe schaffen kann[5].

Aktivierende Sozialpolitik: „Fördern und Fordern"

Mit der Deklarierung einer „Sozialhilfe-" und „Armutsfalle" wird schließlich der (deutsche) Sozialstaat selbst als Ursache der Beschäftigungsprobleme gering qualifizierter Personen benannt (Scharpf, 1993). Gefordert wird demzufolge eine größere Eigeninitiative und Flexibilität – zum Beispiel hinsichtlich der „räumliche(n) Mobilität von Arbeitslosen ohne enge soziale Bindung bzw. Verpflichtung"[6] – als „Gegenleistung" für Sozialtransfers (Schmachtenberg, 2003, S. 123). Diese „Fallen-Argumentation" suggeriert, dass das Arbeitslosengeld, die Arbeitslosen- sowie die Sozialhilfe „das bedingungslose Alternativangebot eines großzügigen Sozialstaates zu kräftezehrender Erwerbsarbeit (sei) – das Gegenteil ist der Fall" (Steffen, 2000, S. 128). Diese Argumentation detaillierter zu diskutieren, würde den Umfang dieser Arbeit sprengen. Insofern seien nur zwei Einwände als Illustration genannt. Zum einen liegt die Bezugsgrenze für die „Hilfe zum Lebensunterhalt" in Deutschland unterhalb der Armutsgrenze (der so genannten 50%-Grenze des durchschnittlichen Nettoäquivalenzeinkommens). Zum anderen unterstellt die Philosophie des „Förderns und Forderns" beim Bezug von Sozialtransfers ein *„free rider"*-Verhalten seitens langzeitarbeitsloser gering qualifizierter Personen. Dies beinhaltet eine einseitige Ursachenattribution auf die gering Qualifizierten und eine weitere soziale Diskreditierung. Ausgeblendet werden damit die *strukturellen* Ursachen in ihren Lebensgeschichten, die ein „Sich-arrangieren-Müssen" mit einen Leben außerhalb des Arbeitsmarkts gegebenenfalls *erforderlich* – wenn auch nicht wünschenswert – machen (siehe Abschnitt

---

5 Vor diesem Hintergrund wird die Aussage von Schmachtenberg (Bundesministerium für Wirtschaft und Arbeit) fragwürdig, dass „die Regelungen zur Ich-AG für gering Qualifizierte besonders attraktiv (sind)" (Schmachtenberg, 2003, S. 121). Sie bedeuten eine Verlagerung des Beschäftigungsrisikos auf die gering Qualifizierten selbst – denen hier paradoxerweise eine ausreichende Flexibilität für die Existenzgründung unterstellt wird, obgleich ihnen andernorts die Beschäftigungsfähigkeit (selbst unter Aufsicht und Anleitung) abgesprochen wird.

6 Zu dieser Personengruppe gehören gering qualifizierte Personen deutlich häufiger als höher Qualifizierte (siehe Ausführungen am Ende von Abschnitt 8.2).

7.2, 8.2 und Kap. 9). Vielmehr wird in unzulässiger Weise die folgende Beck'sche Interpretationsfolie (Beck, 1999, S. 468) unterstellt: „Es gibt ein Leben jenseits von Arbeitslosigkeit und Erwerbsarbeitsstress. Es gilt den Mangel an Erwerbsarbeit als *Wohlstand an Zeit* zu entdecken und den Sozialstaat auf diskontinuierliche und prekäre Erwerbsarbeit hin umzubauen“ – und „Sozialneid“ provoziert.

Politische Denkanregungen

Die gegenwärtigen Politikangebote basieren auf dem *eindimensionalen* Verständnis von Bildung als Qualifikationsausweis und stellen abhelfende Therapieversuche ohne jeden Vorbeugungseffekt dar. Mehr noch: Obgleich sie alle – der politischen Ressortdifferenzierung geschuldet – erst nach dem Verlassen der allgemein bildenden Schule ansetzen, wird nicht reflektiert, ob und inwieweit sie überhaupt in der Lage sind, Fehler zu korrigieren, die bereits in der Schulausbildung gemacht wurden. Ihr alleiniger Fokus, die Verbesserung der Beschäftigungschancen gering qualifizierter Personen durch *individuelle* Konditionierungen, ignoriert die systemischen Mängel, die der Diskreditierung, sozialen Verarmung und Stigmatisierung zu Grunde liegen (Heinz, 1996, S. 159; Krafeld, 2000, S. 43f.; Sørensen, 1994b, S. 2). Das soll nicht heißen, dass diese Angebote gänzlich nutzlos sind, „doch sich auf sie zu beschränken, bedeutet den Verzicht auf Intervention bei den Prozessen, die diese Situation hervorbringen“ (Castel, 2000, S. 16).

Anliegen dieses Buches war es nicht, *therapeutische* und arbeitsmarktpolitische Vorschläge zu entwickeln. Dennoch sollen abschließend einige Überlegungen hinsichtlich der arbeits- und bildungspolitischen Implikationen der hier vorgelegten Ursachenerklärungen für die Arbeitsmarktinferiorität gering qualifizierter Personen formuliert werden. In Anlehnung an Hirschman (1958) wird dabei auf Veränderungen fokussiert, die eine hohe Wahrscheinlichkeit haben, weitere erforderliche Veränderungen in Gang zu setzen.

Eine der zentralen politischen Implikationen dieses Buches ist sicherlich die *Notwendigkeit, die „Pflichtschule“ zu reformieren,* um die Gefahren eines Scheiterns dieser Jugendlichen und dadurch hervorgerufene Diskreditierungs- und Stigmatisierungsmomente zu verringern. Der derzeitige Fokus der Bildungspolitik auf ein vermehrtes *testing* – unter Beibehaltung der institutionellen Strukturen des Bildungssystems (wie das Sitzenbleiben und Zurückstellen oder die Segregation der Sekundarstufe) – ist zur Realisierung dieses Ziels wenig hilfreich. Das Wissen, dass sich früh im Entwicklungsprozess von Kindern die qualifikatorischen Potenziale sowie Identitätskonstrukte und -wahrnehmungen herauskristallisieren, verlangt nach früher Intervention (Bandura, Barbaranelli, Caprara, & Pastorelli, 2001, S. 202; Fend, Knörzer, Nagl, Specht, & Väth-Szusdziara, 1976, S. 72). Insofern klingt es schon fast wie eine Binsenweisheit, dass die „frühzeitige Förderung [zur Vermeidung der Produktion gering qualifizierter Personen; H.S.] erheblich erfolgreicher, aber auch sehr viel wirtschaftlicher (ist) als spätere Reparaturmaßnahmen" (Forum Bildung, 2000, S. 7). Zur Beseitigung stigmatisierender und soziokultureller Barrieren in der Leistungs- und Identitätsentwicklung bedarf es daher einer *Enthierarchisierung* und *sozialen Durchmischung* des Schulalltags sowie der Herausbildung einer *reziproken sozialen Verantwortungsstruktur* unter Kindern und Mitschülern (Crocker, Major, & Steele, 1998, S. 538; Fend u.a., 1976; Freeman, 1999, S. 29; Prengel, 1995). Letzteres dient der Anerkennung von Differenzen, ohne dass diese zu Benachteiligungen der einzelnen Individuen führen, zum Beispiel durch den Aufbau von Lernteams oder die Übernahme von Lernpatenschaften. Dadurch können ein gegenseitiges Verständnis und Erfahren unterschiedlicher Lebensumstände sowie soziale Kompetenzen wie gegenseitige Akzeptanz und Unterstützung aufgebaut werden.

Integrative Schulen scheinen besser in der Lage, all diesen Anforderungen gerecht zu werden und ein generelles Schulversagen zu vermeiden (Allmendinger & Leibfried, 2002; Fend u.a., 1976, S. 105). Darüber hinaus wäre es jedoch auch erforderlich, ein (neues) Bildungsverständnis zu etablieren, das bei allen Kindern von einer generellen Bildungsfähigkeit ausgeht und dementsprechend zum Ziel hat, möglichst alle Kinder mit dem erforderlichen (gesellschaftlichen) Mindestniveau an Bildung auszustatten (in Deutschland würde dies einen mittleren Schulabschluss bedeuten). In den Niederlanden findet – diesem Anliegen folgend – daher zum Beispiel eine Diskussion darüber statt, ob die gegenwärtige *alters*bezogene Schulpflicht durch eine *kompetenz*bezogene Schulpflicht ersetzt werden sollte (CEDEFOP, 1999, S. 41).

Neben diesem – zu favorisierenden – vorbeugenden Ansatz wäre hinsichtlich *abhelfender* Ansätze zukünftig stärker auf Bedingungen zu fokussieren, die zu Veränderungen in den Entscheidungsstrukturen und -situationen führen (Crocker u.a., 1998, S. 530; Piore, 1994, S. 360f.; Tilly, 1998, S. 244). In Bezug auf die *Bewerbungsentscheidungen* gering qualifizierter Jugendlicher wären Ansätze erforderlich, die nicht nur ihre, sondern auch die Erwerbssituation ihrer Eltern mit berücksichtigen: „(...) it will be difficult to change the perceptions of workers without first changing the nature of the jobs held by adult members of their communities." (Wial, 1991, S. 414f.) Zudem wäre in stärkerem Maße neben der Bereitstellung von institutionellen Ansprechpartnern (bei der Jugendhilfe oder im Arbeitsamt) auch über die Bereitstellung eines Ansprechpartners ihres *Vertrauens* – zum Beispiel von *job coaches* (siehe Pfahl, 2003b) – nachzudenken. Bei vielen jungen Menschen übernehmen Eltern diese Funktion und unterstützen den Schulbesuch sowie die Übergangsprozesse ihrer Kinder in den Ausbildungs- und

Arbeitsmarkt. Gerade bei gering qualifizierten Jugendlichen – so wurde gezeigt (siehe Abschnitt 7.1., 8.1 und Kap. 10) – können viele Eltern diesen Anforderungen nicht gerecht werden.

Im Hinblick auf die *Auswahlentscheidungen* von Personalverantwortlichen wäre stärker in Richtung einer *regulären* Ausbildung und Beschäftigung von gering qualifizierten Personen im *öffentlichen Sektor* nachzudenken. Es ist deutlich schwieriger, staatlicherseits Unternehmen von der Leistungsfähigkeit gering qualifizierter Personen überzeugen zu wollen, wenn der Staat und die Kommunen selbst – wie derzeit – *nicht* bereit sind, diesen Jugendlichen eine Chance in der regulären Ausbildung oder auf einem regulären Arbeitsplatz zu geben. Eine Ausdehnung des staatlichen Ausbildungsplatzangebots könnte unter anderem auch über eine höhere berufliche und finanzielle Attraktivität über-/außerbetrieblicher Ausbildungen erreicht werden – zum Beispiel im Sinne eines so genannten Übergangsmarkts (vgl. Schmid, 2002) durch eine angemessene Ausbildungsvergütung und eine (zumindest temporäre) Übernahmegarantie durch öffentliche Körperschaften. Hier läge ein bisher wenig genutztes Potenzial zum Abbau von Diskreditierungs- und Stigmatisierungsprozessen: Für Beschäftiger könnten so möglicherweise effektiver – als durch eine politische „Anrufung“ moralischer Verpflichtungen für das Gemeinwohl – Hemmschwellen hinsichtlich der Beschäftigung gering qualifizierter Personen verringert werden; für gering qualifizierte Jugendliche könnte sich so eher eine „normalisierende“ und (re-)motivierende Lebensperspektive eröffnen.

> *Ich kann freilich nicht sagen, ob es besser werden wird, wenn es anders wird; aber soviel kann ich sagen, es muss anders werden, wenn es gut werden soll. (Georg Christoph Lichtenberg, deutscher Physiker und Philosoph)*

Anhang
Verwendete Daten der Lebensverlaufsstudien des Max-Planck-Instituts für Bildungsforschung

In einigen Kapiteln (insbesondere in Kap. 9 und 10) wurden Daten der Studie „Lebensverläufe und gesellschaftlicher Wandel" des Max-Planck-Instituts für Bildungsforschung verwendet. Diese Studie wurde 1979 im DFG-Sonderforschungsbereich 3 „Mikroanalytische Grundlagen der Gesellschaftspolitik" von Karl Ulrich Mayer ins Leben gerufen und wird seit 1983 am Max-Planck-Institut für Bildungsforschung in Berlin fortgeführt. Sie umfasst inzwischen Angehörige aus sechs Geburtskohorten aus der alten Bundesrepublik und aus vier Geburtskohorten aus den neuen Bundesländern (Brückner & Mayer, 1995; Mayer & Brückner, 1989; Solga, 1996, 2001; Wagner, 1996). Für Westdeutschland wurden Personen der Geburtskohorten 1919–21 bis 1959–61 im Zehnjahresabstand sowie die Kohorte 1954–56 befragt, für Ostdeutschland Angehörige der Geburtskohorten 1929–31, 1939–41, 1951–53 und 1959–61[1]. Es handelt sich dabei jeweils um repräsentative Zufallsstichproben, geschichtet nach Geburtskohorten, Geschlecht und räumlicher Verteilung.

Überdies wurden Daten der Studie „Ausbildungs- und Berufsverläufe in Westdeutschland" für die Geburtsjahrgänge 1964 und 1971 genutzt (Hillmert & Kröhnert, 2001). Diese Studie wurde 1998 gemeinsam durch das Max-Planck-Institut für Bildungsforschung und das Institut für Arbeitsmarkt- und Berufsforschung (IAB) durchgeführt. Letzteres erhielt dafür auch Mittel des Europäischen Sozialfonds.

In all diesen Studien wurden die Wohn-, Ausbildungs-, Berufs- und Familienverhältnisse als *kontinuierliche Ereignisgeschichten* mithilfe retrospektiver standardisierter Lebensverlaufsinterviews erhoben. Damit besteht die Möglichkeit, die

1 Die Datenerhebung der sechs westdeutschen Geburtskohorten erfolgte zwischen 1981 und 1989, die der ostdeutschen Kohorten 1991/92 sowie nochmals 1996/97.

Lebensverläufe der befragten Männer und Frauen – in Bezug auf unterschiedliche Aspekte – Monat für Monat nachzuzeichnen. Aufgrund der in den Studien repräsentierten Geburtskohorten ist es möglich, die Lebensverläufe dieser Männer und Frauen in ihren jeweiligen historischen Kontextbedingungen zu betrachten und mittels des Kohortenvergleichs die Bedeutung der jeweiligen gesellschaftlichen Rahmenbedingungen in die Analyse zu integrieren.

Für die Analysen dieses Buches wurden nur die *westdeutschen* Daten verwendet. Ein Systemvergleich, mit dem die Relevanz der staatssozialistischen und planwirtschaftlichen Bedingungen sowie der Einfluss der Wende-/Transformationssituation untersucht werden könnte, hätte den Rahmen gesprengt.

In Bezug auf soziale und regionale Merkmale handelt es sich bei allen oben genannten und hier verwendeten Studien um repräsentative Stichproben der westdeutschen Bevölkerung mit deutscher Staatsbürgerschaft. Die Informationen zu Bildung, Ausbildung und Erwerbsverläufe sind – wie Analysen gezeigt haben – relativ zuverlässig (Blossfeld, 1987; Hillmert & Kröhnert, 2001; Solga, 2001). Dennoch gibt es Einschränkungen in der Repräsentativität der hier untersuchten sozialen Gruppe *gering qualifizierter Personen:* Sie sind etwas unterrepräsentiert, insbesondere da nur wenige Sonderschüler und Sonderschülerinnen an der Befragung teilgenommen haben und einschließlich der Geburtskohorte 1959–61 keine Personen mit ausländischem Pass befragt wurden. Für den Kohortenvergleich mussten daher auch für die Kohorten 1964 und 1971 Personen mit ausländischen Pass ausgeschlossen werden[2]. Die dargestellten Befunde sind damit in der Regel Ausdruck der Biografien von Personen westdeutscher Herkunft, die mindestens über einen Hauptschulabschluss verfügen. Insofern ist davon auszugehen, dass ihre Biografien eher noch die „positiven Fälle" darstellen – zumal wohl hinzu kommt, dass Personen mit *sehr negativen* Lebensverläufen an der Befragung eher nicht teilgenommen haben, um ein Berichten über „ihre Misserfolge" zu vermeiden (wie die Ausführungen in Abschnitt 7.2 und 8.2 nahe legen).

Diese Unterrepräsentativität ist typisch für *alle* repräsentativen Bevölkerungsumfragen. So zeigen zum Beispiel Analysen mit dem Mikrozensus, dass Antwortverweigerungen besonders bei den unteren und oberen Qualifikationsgruppen vorliegen (Riede & Emmerling, 1994). Gleiches gilt auch für das Sozioökonomische Panel (SOEP) des Deutschen Instituts für Wirtschaftsforschung. In Bezug auf

---

2 In diesen beiden Kohorten wurden insgesamt etwa 300 Personen nichtdeutscher Herkunft befragt. Aufgrund der großen Variabilität ihrer Herkunftsländer erlaubt diese Fallzahl keine tiefer gehenden Analysen für gering qualifizierte Personen nichtdeutscher Herkunft. In Kapitel 12 wurde daher auf die Daten des Sozioökonomischen Panels (SOEP) des DIW zurückgegriffen.

gering qualifizierte Personen ist dies unter anderem der Tatsache geschuldet, dass diese soziale Gruppe nicht nur – insbesondere heutzutage – eine „kleine“ Gruppe darstellt, sondern in der Regel auch eine „schwer zugängliche“ Gruppe (z.B. weil aufgrund der üblichen Verfahren der Stichprobenziehung aus „privaten Haushalten“ bestimmte Teilpopulationen wie Obdachlose, Kranke und Inhaftierte nicht befragt werden).

Die Datenlage für Analysen zu gering qualifizierten Personen ist damit äußerst schlecht. Es gibt keine eigenständigen und historisch vergleichbaren Repräsentativbefragungen für diese Gruppe, in denen Informationen zu ihrer sozialen Herkunft, ihren Bildungs-, Ausbildungs- und Erwerbsbiografien erhoben wurden. Von daher bietet die Lebensverlaufsstudie derzeit als *einzige* deutsche Datenbasis die Möglichkeit eines historischen Vergleichs der Schul-, Ausbildungs- und Erwerbsverläufe gering qualifizierter Personen.

Verwendete Fälle aus der *Lebensverlaufsstudie* – nur westdeutsche Befragte

Kohorte	Kürzel	Gesamt (absolut)	Ohne Schulabschluss am Ende der Schulzeit (in %)	Ohne abgeschlossene Berufsausbildung im Alter von 25 Jahren (in %)	Durchschnittliches Alter zum Interview
1929–31	1930	708	11	47	50
1939–41	1940	730	7	32	40
1949–51	1950	733	6	21	30
1954–56	1955	1.007	7	14	33
1959–61	1960	1.001	4	11	27
1964[a]	1964	1.356	3[b] (1964 und 1971 zusammen)	11	24
1971[a]	1971	1.284		7[c]	27
Gesamt		6.819	–	–	–

a Ohne Befragte mit ausländischer Herkunft sowie ohne Ostdeutsche, die nach dem Ende der Schulzeit nach Westdeutschland gezogen sind.

b Laut amtlicher Statistik verließen 1987 etwa 6 Prozent der deutschen Schulentlassenen die Schule ohne einen (Haupt-)Schulabschluss. Zu bedenken ist hier allerdings, dass es sich dabei um Schulabschlusskohorten handelt, während in der Tabelle Geburtskohorten ausgewiesen werden.

c In der BIBB/EMNID-Untersuchung (1999) hatten etwa 6 Prozent der 25- bis 29-jährigen Deutschen (einschließlich der Ostdeutschen) keine abgeschlossene Berufsausbildung. Bei den 25- bis 29-jährigen jungen Erwachsenen nichtdeutscher Herkunft betrug dieser Anteil 38 Prozent.

Literaturverzeichnis

Abercrombie, Nicholas, Warde, Alan, Soothill, Keith, Urry, John, & Walby, Sylvia. (1994). *Contemporary British society: A new introduction to sociology*. Cambridge, UK: Polity Press.

Aberg, Rune. (2003). Unemployment persistency, over-education and the employment chances of the less educated. *European Sociological Review, 19* (2), 199–216.

Alba, Richard D., Handl, Johann, & Müller, Walter. (1994). Ethnische Ungleichheit im Deutschen Bildungssystem. *Kölner Zeitschrift für Soziologie und Sozialpsychologie, 46* (2), 209–237.

Alford, Robert R., & Friedland, Roger. (1985). *Powers of theory*. Cambridge, UK: Cambridge University Press.

Allen, Jim. (1997). *Sector composition and the effect of education on wages*. Amsterdam: Thesis Publisher.

Allmendinger, Jutta. (1989). *Career mobility dynamics*. Berlin: Max-Planck-Institut für Bildungsforschung (Studien und Berichte 49).

Allmendinger, Jutta. (1999). Bildungsarmut: Zur Verschränkung von Bildungs- und Sozialpolitik. *Soziale Welt, 50* (1), 35–50.

Allmendinger, Jutta, & Leibfried, Stephan. (2002). Bildungsarmut im Sozialstaat. In Günter Burkart & Jürgen Wolf (Hrsg.), *Lebenszeiten. Erkundungen zur Soziologie der Generationen* (S. 287–316). Opladen: Leske + Budrich.

Altvater, Elmar, & Mahnkopf, Birgit. (1999). *Grenzen der Globalisierung. Ökonomie, Ökologie und Politik in der Weltgesellschaft* (4. Aufl.). Münster: Westfälisches Dampfboot.

Anderson, Elizabeth S. (2000). Warum eigentlich Gleichheit? In Angelika Krebs (Hrsg.), *Gleichheit oder Gerechtigkeit. Texte der neuen Egalitarismuskritik* (S. 117–171). Frankfurt a.M.: Suhrkamp.

Applebaum, Eileen. (1979). The labor market in post-Keynesian theory. In Michael J. Piore (Ed.), *Unemployment and inflation: Institutionalist and structuralist views* (pp. 33–45). White Plains, NY: M. E. Sharpe.

Arbeitsgruppe Benchmarking – Arbeitsgruppe Benchmarking des Bündnis für Arbeit, Ausbildung und Wettbewerbsfähigkeit. (1999). *Möglichkeiten zur Verbesserung der Beschäftigungschancen gering qualifizierter Arbeitnehmer.* Berlin: Presse- und Informationsamt der Bundesregierung.

Archer, Margaret S. (1995). *Realist social theory: The morphogenetic approach.* Cambridge, UK: Cambridge University Press.

Arrow, Kenneth J. (1972). Models of job discrimination. In A. H. Pascal (Ed.), *Racial discrimination in economic life* (pp. 83–102). Lexington, MA: Heath.
Arrow, Kenneth J. (1973). Higher education as a filter. *Journal of Public Economics, 2* (3), 193–216.
Artelt, Cordula, Stanat, Petra, Schneider, Wolfgang, & Schiefele, Ulrich. (2001). Lesekompetenz: Testkonzeption und Ergebnisse. In Jürgen Baumert, Eckhard Klieme, Michael Neubrand, Manfred Prenzel, Ulrich Schiefele, Wolfgang Schneider, Petra Stanat, Klaus-Jürgen Tillmann, & Manfred Weiß (Hrsg.), *PISA 2000. Basiskompetenzen von Schülerinnen und Schülern im internationalen Vergleich* (S. 69–137). Opladen: Leske + Budrich.
Averitt, Robert T. (1968). *The dual economy: The dynamics of American industry structure.* New York: Norton.

BA/BIBB – Bundesanstalt für Arbeit/Bundesinstitut für Berufsbildung. (2002). *Grundzählungen der Befragung von Bewerberinnen und Bewerbern nach Ausbildungsstellen, differenziert nach Geschlecht und Schulabschluss.* <http://www.bibb.de/forum/projekte/erste_schwell/6_2002/geschlecht_schule.pdf> (17.09.2002)
Bäcker, Gerhard. (2000). Vorsicht Falle! Niedriglöhne durch Kombi-Einkommen: Steigende Armut statt mehr Beschäftigung. In Claus Schäfer (Hrsg.), *Geringere Löhne – mehr Beschäftigung? Niedriglohn-Politik* (S. 144–174). Hamburg: VSA-Verlag.
Bäcker, Gerhard, & Hanesch, Walter. (1997). Kombi-Lohn: Kein Schlüssel zum Abbau der Arbeitslosigkeit! *WSI-Mitteilungen, 50* (10), 701–712.
Baker, David, & Lenhardt, Gero. (1988). Ausländerintegration, Schule und Staat. *Kölner Zeitschrift für Soziologie und Sozialpsychologie, 40* (1), 40–61.
Bamber, Greg J., & Lansbury, Russell D. (1998). *International and comparative employment relations: A study of industrialised market economies.* London: Sage.
Bancroft, Gertrude. (1966). Lessons from the pattern of unemployment in the last five years. In Robert Aaron Gordon & Margaret S. Gordon (Eds.), *Prosperity and unemployment* (pp. 191–226). New York: Wiley.
Bandura, Albert. (1995). *Self-efficacy in changing societies.* Cambridge, UK: Cambridge University Press.
Bandura, Albert, Barbaranelli, Claudio, Caprara, Gian Vittorio, & Pastorelli, Concetta. (2001). Self-efficacy beliefs as shapers of children's aspirations and career trajectories. *Child Development, 72* (1), 187–206.
Baron, James N. (1994). Organizational evidence of ascription in labor markets. In Paul Burstein (Ed.), *Equal employment opportunity: Labor market discrimination and public policy* (pp. 71–83). New York: Aldine de Gruyter.
Baron, James N., & Bielby, William T. (1980). Bringing the firms back in: Stratification, segmentation, and the organization of work. *American Sociological Review, 45* (5), 737–765.
Baron, James N., & Pfeffer, Jeffrey. (1994). The social psychology of organizations and inequality. *Social Psychological Quarterly, 57* (3), 190–209.
Barth, Frederik. (1969). Introduction. In Frederik Barth (Ed.), *Ethnic groups and boundaries: The social organisation of cultural differences* (pp. 9–38). London: Allen & Unwin.
Batenburg, Ronald, & de Witte, Marco. (2001). Underemployment in the Netherlands: How the dutch „poldermodel" failed to close the education-jobs gap. *Work, Employment & Society, 15* (1), 73–94.
Baumert, Jürgen, Klieme, Eckhard, Neubrand, Michael, Prenzel, Manfred, Schiefele, Ulrich, Schneider, Wolfgang, Stanat, Petra, Tillmann, Klaus-Jürgen, & Weiß, Manfred (Hrsg.). (2001). *PISA 2000. Basiskompetenzen von Schülerinnen und Schülern im internationalen Vergleich.* Opladen: Leske + Budrich.

Baumert, Jürgen, & Schümer, Gundel. (2001a). Familiäre Lebensverhältnisse, Bildungsbeteiligung und Kompetenzerwerb. In Jürgen Baumert, Eckhard Klieme, Michael Neubrand, Manfred Prenzel, Ulrich Schiefele, Wolfgang Schneider, Petra Stanat, Klaus-Jürgen Tillmann, & Manfred Weiß (Hrsg.), *PISA 2000. Basiskompetenzen von Schülerinnen und Schülern im internationalen Vergleich* (S. 323–407). Opladen: Leske + Budrich.

Baumert, Jürgen, & Schümer, Gundel. (2001b). Schulformen als selektionsbedingte Lernmilieus. In Jürgen Baumert, Eckhard Klieme, Michael Neubrand, Manfred Prenzel, Ulrich Schiefele, Wolfgang Schneider, Petra Stanat, Klaus-Jürgen Tillmann, & Manfred Weiß (Hrsg.), *PISA 2000. Basiskompetenzen von Schülerinnen und Schülern im internationalen Vergleich* (S. 454–467). Opladen: Leske + Budrich.

Baumert, Jürgen, Stanat, Petra, & Demmrich, Anke. (2001). Untersuchungsgegenstand, theoretische Grundlagen und Durchführung der Studie. In Jürgen Baumert, Eckhard Klieme, Michael Neubrand, Manfred Prenzel, Ulrich Schiefele, Wolfgang Schneider, Petra Stanat, Klaus-Jürgen Tillmann, & Manfred Weiß (Hrsg.), *PISA 2000. Basiskompetenzen von Schülerinnen und Schülern im internationalen Vergleich* (S. 15–68). Opladen: Leske + Budrich.

Bayerisch-Sächsische Zukunftskommission – Kommission für Zukunftsfragen der Freistaaten Bayern und Sachsen. (1997). *Erwerbstätigkeit und Arbeitslosigkeit in Deutschland. Entwicklungen, Ursachen und Maßnahmen: Teil III. Maßnahmen zur Verbesserung der Beschäftigungslage.* Bonn.

Beck, Stefan. (2002). Wachstumsperspektiven der deutschen Wirtschaft. In Stefan Beck, Gülay Caglar, & Christoph Scherrer (Hrsg.), *Nach der New Economy. Perspektiven der deutschen Wirtschaft* (S. 36–55). Münster: Westfälisches Dampfboot.

Beck, Ulrich. (1985). Ausbildung ohne Beschäftigung. Zum Strukturwandel des Bildungssystems im Strukturwandel der Arbeitsgesellschaft. In Stefan Hradil (Hrsg.), *Sozialstruktur im Umbruch* (S. 305–321). Opladen: Leske + Budrich.

Beck, Ulrich. (1986). *Risikogesellschaft: Auf dem Weg in eine andere Moderne.* Frankfurt a.M.: Suhrkamp.

Beck, Ulrich. (1999). Die Zukunft der Arbeit oder die Politische Ökonomie der Unsicherheit. *Berliner Journal für Soziologie, 9* (4), 467–478.

Beck, Ulrich, Bolte, Karl Martin, & Brater, Michael. (1978). Quantitative Veränderungen der Berufsstruktur als Voraussetzung expansiver Bildungspolitik. *Mitteilungen aus der Arbeitsmarkt- und Berufsforschung, 30* (2), 21–52.

Becker, Brain, & Hills, Stephen. (1979). Today's teenage unemployment – Tomorrow's working poor? *Monthly Labor Review, 102,* 67–71.

Becker, Gary S. (1964). *Human capital.* New York: National Bureau of Economic Research.

Becker, Gary S. (1986). The economic approach to human behavior. In Jon Elster (Ed.), *Rational choice* (pp. 108–122). Oxford, UK: Basil Blackwell.

Becker, Gary S. (1991). *A treatise on the family.* Cambridge, MA: Harvard University Press.

Becker, Howard S. (1963). *Outsiders: Studies in the sociology of deviance.* New York: Free Press of Glencoe.

Becker, Howard S. (1981). *Außenseiter. Zur Soziologie abweichenden Verhaltens.* Frankfurt a.M.: Fischer.

Beckert, Jens. (1996). What is sociological about economic sociology? Uncertainty and the embeddedness of economic action. *Theory and Society, 25* (6), 803–840.

Beck-Gernsheim, Elisabeth. (1976). *Der geschlechtsspezifische Arbeitsmarkt.* Frankfurt a.M.: Aspekte Verlag.

Beck-Gernsheim, Elisabeth. (1994). Individualisierungstheorie: Veränderungen des Lebenslaufs in der Moderne. In Heiner Keupp (Hrsg.), *Zugänge zum Subjekt* (S. 125–146). Frankfurt a.M.: Suhrkamp.

Behrens, Johann, & Rabe-Kleberg, Ursula. (2000). Gatekeeping im Lebensverlauf – Wer wacht an Statuspassagen? In Erika M. Hoerning (Hrsg.), *Biographische Sozialisation* (S. 101–135). Stuttgart: Lucius & Lucius.

Behringer, Friederike. (1994). Ausländerintegration und Bildungspolitik. *DIW-Wochenbericht, 61*, 33–38.

Behrman, Jere R., Kohler, Hans-Peter, & Watkins, Susan Cotts. (2001). *How can we measure the causal effects of social networks using observational data? Evidence from the diffusion of family planning and AIDS worries in South Nyanza District, Kenya.* Rostock: Max-Planck-Institut für demografische Forschung (MPIDR Working Paper 2001-022).

Beinke, Lothar. (1992). Chancen Lernbehinderter in der Berufsausbildung. *Arbeit und Sozialpolitik, 11/12*, 50–54.

Bell, Daniel. (1972). On meritocracy and equality. *The Public Interest, 29* (Fall), 29–68.

Bell, Daniel. (1975). *Die nachindustrielle Gesellschaft.* Frankfurt a.M.: Campus.

Bell, Daniel. (1990). Die Dritte technologische Revolution und ihre möglichen sozioökonomischen Konsequenzen. *Merkur, 44* (491), 28–47.

Bell, Daniel. (1994). The coming of post-industrial society. In David B. Grusky (Ed.), *Social stratification: Class, race, and gender in sociological perspective* (pp. 686–697). Boulder, CO: Westview Press.

Berg, Ivar E. (1971). *Education and jobs: The great training robbery.* Boston: Beacon Press.

Berger, Peter A. (1990). Ungleichheitsphasen: Stabilität und Instabilität als Aspekte ungleicher Lebenslagen. In Peter A. Berger & Stefan Hradil (Hrsg.), *Lebenslagen, Lebensläufe, Lebensstile* (S. 319–350). Göttingen: Schwartz.

Berger, Peter L., & Luckmann, Thomas. (1980). *Die gesellschaftliche Konstruktion der Wirklichkeit.* Frankfurt a.M.: Fischer Taschenbuch Verlag.

Bergmann, Barbara R. (1974). Occupational segregation, wages and profits when employer discriminate by race and sex. *Eastern Economic Journal, 1* (1), 103–110.

Bericht der Ausländerbeauftragten. (2002). *Bericht der Beauftragten der Bundesregierung für Ausländerfragen über die Lage der Ausländer in der Bundesrepublik Deutschland.* Berlin.

Berliner Memorandum der Beruflichen Bildung. (1999). Berlin: Senatsverwaltung für Arbeit, Berufliche Bildung und Frauen.

Berufsbildungsberichte. (diverse Jahrgänge). Bonn: Bundesministerium für Bildung und Forschung.

Beschäftigungsmöglichkeiten für niedrig Qualifizierte. (1995). Bonn: Friedrich-Ebert-Stiftung (Wirtschaftspolitische Diskurse 80).

Bhagwati, Jagdish N., & Srinivasan, T. N. (1977). Education in a „job ladder" model and the fairness-in-hiring rule. *Journal of Public Economics, 7* (1), 1–22.

BIBB – Bundesinstitut für Berufsbildung. (2000). Begleitforschung des Bundesinstituts für Berufsbildung zum Sofortprogramm der Bundesregierung. *ibv (Informationen für die Beratungs- und Vermittlungsdienste), 20*, 2035–2041.

BIBB – Bundesinstitut für Berufsbildung. (2002). *Förderung von Benachteiligten in der Berufsbildung.* Bonn: BIBB. <http://www.bibb.de/aufgaben/arbfeld/benachteiligt/benachteiligt2.htm> (17.09.2002)

BIBB/EMNID. (1999). *Jugendliche ohne Berufsausbildung. Eine BIBB/EMNID-Untersuchung.* Bonn: Bundesministerium für Bildung und Forschung.

Bielby, William T., & Baron, James N. (1986). Men and women at work: Sex segregation and statistical discrimination. *American Journal of Sociology, 91* (4), 759–799.

Biermann, Horst, & Rützel, Joseph. (1991). Benachteiligte in der Beruflichen Bildung – eine alte Gruppe mit neuen Risiken? *Berufsbildung, 45* (11/12), 414–421.

Biersack, Wolfgang, Dostal, Werner, Parmentier, Klaus, Plicht, Hannelore, & Troll, Lothar. (2001). *Arbeitssituation, Tätigkeitsprofil und Qualifikationsstruktur von Personengruppen des Arbeitsmarktes. Ergebnisse der BIBB/IAB-Erhebung 1998/99 im Überblick.* Nürnberg: Institut für Arbeitsmarkt- und Berufsforschung (Beiträge zur Arbeitsmarkt- und Berufsforschung 248).

Bills, David B. (1988). Educational credentials and hiring decisions. *Research in Social Stratification and Mobility, 7,* 71–97.

Bills, David B. (1992). The mutability of educational credentials as hiring criteria. *Work and Occupations, 19* (1), 79–95.

Blalock, Hubert M., Jr. (1991). *Understanding social inequality: Modeling allocation processes.* Newbury Park, CA: Sage.

Blank, Rebecca M. (1997). The misdiagnosis of eurosclerosis. *The American Prospect, 8* (January/February), 81–85.

Blau, Peter Michael, & Duncan, Otis Dudley. (1967). *The American occupational structure.* New York: Wiley.

Blaug, Mark. (2001). Was tun mit Schülern, die die Schule vorzeitig abbrechen? Eine Stellungnahme. *Europäische Zeitschrift „Berufsbildung", 22,* 45–52.

Blauner, Robert. (1964). *Alienation and freedom: The factory worker in his industry.* Chicago: University of Chicago Press.

Blauner, Robert. (1974). Entfremdung, Technologie und Arbeitsqualifikation bei tendenzieller Höherqualifizierung der Gesamtarbeitskraft. In Armin Hegelheimer (Hrsg.), *Texte zur Bildungsökonomie* (S. 446–451). Frankfurt a.M.: Ullstein.

Block, Ned Joel, & Dworkin, Gerald. (1976). *The IQ controversy: Critical readings.* New York: Pantheon Books.

Blossfeld, Hans-Peter. (1983). Höherqualifizierung und Verdrängung – Konsequenzen der Bildungsexpansion in den Siebziger Jahren. In Max Haller & Walter Müller (Hrsg.), *Beschäftigungssystem im gesellschaftlichen Wandel* (S. 184–240). Frankfurt a.M.: Campus.

Blossfeld, Hans-Peter. (1985). *Bildungsexpansion und Berufschancen. Empirische Analysen zur Lage der Berufsanfänger in der Bundesrepublik.* Frankfurt a.M.: Campus.

Blossfeld, Hans-Peter. (1987). Zur Repräsentativität der Sfb-3-Lebensverlaufsstudie. *Allgemeines Statistisches Archiv, 71,* 126–144.

Blossfeld, Hans-Peter. (1989). *Kohortendifferenzierung und Karriereprozeß.* Frankfurt a.M.: Campus.

Blossfeld, Hans-Peter. (1990). Changes in educational careers in the Federal Republic of Germany. *Sociology of Education, 63* (3), 165–177.

Blossfeld, Hans-Peter, Giannelli, Gianna, & Mayer, Karl Ulrich. (1993). Is there a new service proletariat? Expansion of the tertiary sector and social inequality in Germany. In Gøsta Esping-Andersen (Ed.), *Changing classes: Stratification and mobility in post-industrial societies* (pp. 109–135). Beverly Hills, CA: Sage.

Blossfeld, Hans-Peter, & Mayer, Karl Ulrich. (1988). Arbeitsmarktsegmentation in der Bundesrepublik Deutschland. *Kölner Zeitschrift für Soziologie und Sozialpsychologie, 40* (2), 262–283.

Blossfeld, Hans-Peter, & Shavit, Yossi. (1993). Dauerhafte Ungleichheiten. Zur Veränderung des Einflusses der sozialen Herkunft auf die Bildungschancen in dreizehn industrialisierten Ländern. *Zeitschrift für Pädagogik, 39* (1), 25–52.

Bluestone, Barry. (1970). The tripartite economy: Labor markets and the working poor. *Poverty and Human Resources Abstracts, 5,* 15–35.

Bluestone, Barry, & Harrison, Bennett. (1988). The growth of the low-wage employment: 1963–86. *The American Economic Review, 78* (2), 124–128.

Blumer, Herbert. (1961). Race prejudice as a sense of group position. In Jitsuichi Masuoka & Preston Valien (Eds.), *Race relations: Problems and theory* (pp. 217–227). Chapel Hill, NC: University of North Carolina.

Bolder, Axel, Heinz, Walter R., & Rodax, Klaus. (1996). Brücken bauen zwischen Bildung und Arbeit. In Axel Bolder, Walter R. Heinz, & Klaus Rodax (Hrsg.), *Jahrbuch Bildung und Arbeit* (S. 7–19). Opladen: Leske + Budrich.

Boos-Nünning, Ursula. (1990). Einwanderung ohne Einwanderungsentscheidung: Ausländische Familien in der Bundesrepublik Deutschland. *Aus Politik und Zeitgeschichte, B23–24*, 16–31.

Borjas, George J. (1999). *Heaven's door: Immigration policy and the American economy.* Princeton, NJ: Princeton University Press.

Bosch, Gerhard. (1998). Brauchen wir mehr Ungleichheit auf dem Arbeitsmarkt? *WSI-Mitteilungen, 51* (1), 15–25.

Bosch, Gerhard, & Weinkopf, Claudia. (2000). Niedriglöhne oder Innovation – kein Tausch von Qualität gegen Quantität. In Jürgen Schupp & Heike Solga (Hrsg.), *Niedrig entlohnt = niedrig qualifiziert? Chancen und Risiken eines Niedriglohnsektors in Deutschland.* Dokumentation der Tagungsbeiträge auf CD-ROM. Berlin: DIW/MPIfB (Nummerierung innerhalb der Beiträge).

Bosch, Gerhard, Kalina, Thorsten, Lehndorff, Steffen, Wagner, Alexandra, & Weinkopf, Claudia. (2001). *Zur Zukunft der Erwerbsarbeit.* Düsseldorf: Hans-Böckler-Stiftung (Arbeitspapier 43).

Boudon, Raymond. (1974). *Education, opportunity, and social inequality.* New York: Wiley.

Boudon, Raymond. (1979). *Widersprüche sozialen Handelns.* Darmstadt: Luchterhand.

Bourdieu, Pierre. (1982). *Die feinen Unterschiede.* Frankfurt a.M.: Suhrkamp.

Bourdieu, Pierre. (2001). *Wie die Kultur zum Bauern kommt. Über Bildung, Schule und Politik.* Hamburg: VSA-Verlag.

Bourdieu, Pierre, & Passeron, Jean-Pascal. (1971). *Die Illusion der Chancengleichheit.* Stuttgart: Klett.

Bourdieu, Pierre, u.a. (1997). *Das Elend der Welt.* Konstanz: Universitätsverlag Konstanz.

Bowles, Samuel S. (1985). The production process in a competitive economy: Walrasian, Neo-Hobbesian, and Marxian models. *American Economic Review, 75* (1), 16–36.

Bowles, Samuel S., & Gintis, Herbert. (1976). *Schooling in capitalist America.* London: Routledge & Kegan Paul.

Bowman, Mary J. (1966). The human investment revolution in economic thought. *Sociology of Education, 39* (2), 111–138.

Boxman, Edward A. W., de Graaf, Paul M., & Flap, Hendrik D. (1991). The impact of social and human capital on the income attainment of Dutch managers. *Social Networks, 13* (1), 51–73.

Braun, Frank. (2002). Jugendarbeitslosigkeit und Benachteiligtenförderung. In Rudolf Tippelt (Hrsg.), *Handbuch Bildungsforschung* (S. 761–774). Opladen: Leske + Budrich.

Brauns, Hildegard, Müller, Walter, & Steinmann, Susanne. (1997). *Educational expansion and returns to education: A comparative study on Germany, France, the UK, and Hungary*. Mannheim: Mannheimer Zentrum für Europäische Sozialforschung.

Braverman, Harry. (1977). *Die Arbeit im modernen Produktionsprozeß.* Frankfurt a.M.: Campus.

Breen, Richard, & Goldthorpe, John H. (1997). Explaining educational differentials. *Rationality and Society, 9* (3), 275–305.

Brewer, Marilynn B., & Brown, Rupert J. (1998). Intergroup relations. In Daniel T. Gilbert, Susan T. Fiske, & Gardner Lindzey (Eds.), *The handbook of social psychology* (4th ed., pp. 554–594). Boston: McGraw-Hill.

Bridges, William P. (1996). Educational credentials and the labor market. In Alan C. Kerckhoff (Ed.), *Generating social stratification* (pp. 173–200). Boulder, CO: Westview Press.

Brown, David K. (1995). *Degrees of control: A sociology of educational expansion and occupational credentialism.* New York: Columbia University, Teachers College.

Brown, Rupert J. (1996). Intergroup relations. In Miles Hewstone, Wolfgang Stroebe, & Goeffrey M. Stephenson (Eds.), *Introduction to social psychology: A European perspective* (pp. 530–561). Oxford, UK: Basil Blackwell.

Brückner, Hannah, & Mayer, Karl Ulrich. (1995). *Lebensverläufe und gesellschaftlicher Wandel. Konzeption, Design und Methodik der Erhebung von Lebensverläufen der Geburtsjahrgänge 1954–1956 und 1959–1961* (Teile I–III). Berlin: Max-Planck-Institut für Bildungsforschung (Materialien aus der Bildungsforschung 48).

Bruegel, Irene. (1989). Labour market discrimination. In John Eatwell, Murray Milgate, & Peter Newman (Eds.), *Social economics* (pp. 190–195). New York: Norton.

Brügelmann, Hans. (2000). Sitzenbleiben abschaffen? *Pädagogik, 52* (3), S. 50.

Büchel, Felix. (1998). *Zuviel gelernt? Ausbildungsinadäquate Erwerbstätigkeit in Deutschland.* Bielefeld: Bertelsmann.

Büchel, Felix. (2002). Successful apprenticeship-to-work transitions: On the longterm change in significance of the German school-leaving certificate. *International Journal of Manpower, 23* (5), 394–410.

Buchmann, Marlis. (1989). *The script of life in modern society: Entry into adulthood in a changing world.* Chicago: University of Chicago Press.

Büchner, Peter, & Krüger, Heinz-Hermann. (1996). Soziale Ungleichheiten beim Bildungserwerb innerhalb und außerhalb der Schule. *Aus Politik und Zeitgeschichte, B11,* 21–30.

Büchtemann, Christoph F. (1998). Shift in skill demand. In CEDEFOP (Ed.), *Agora – I: Raising the level of diplomas and their distribution on the labour market* (pp. 19–22). Thessaloniki: CEDEFOP.

Bude, Heinz. (1998). Die Überflüssigen als transversale Kategorie. In Peter A. Berger & Michael Vester (Hrsg.), *Alte Ungleichheiten – Neue Spaltungen* (S. 363–379). Opladen: Leske + Budrich.

Bundesbildungsministerium/Edelgard Bulmahn. (1999). *Mut zur Veränderung: Deutschland braucht neue Hochschulen.* Bonn: BMBF. <www.bmbf.de/pub/m-rede.pdf> (16.11.2004)

Bundesministerium für Arbeit und Sozialordnung. (2001). *Situation der ausländischen Arbeitnehmer und ihrer Familienangehörigen in der Bundesrepublik Deutschland. Repräsentativuntersuchung 2001: Tabellenband Teil A. Türkische, ehemalige jugoslawische, italienische sowie griechische Arbeitnehmer und ihre Familienangehörigen in den alten Bundesländern und im ehemaligen West-Berlin.* Berlin: Bundesministerium für Arbeit und Sozialordnung.

Burt, Ronald S. (1983). Range. In Ronald S. Burt & Michael J. Minor (Eds.), *Applied network analysis: A methodological introduction* (pp. 264–296). Beverly Hills, CA: Sage.

Burt, Ronald S. (1992). *Structural holes.* Cambridge, MA: Harvard University Press.

Burt, Ronald S. (1997). The contingent value of social capital. *Administrative Science Quarterly, 42* (June), 339–365.

Cain, Glen C. (1989). Segmented labour markets. In John Eatwell, Murray Milgate, & Peter Newman (Eds.), *Social economics* (pp. 225–230). New York: Norton.

Cain, Glen C. (1991). The uses and limits of statistical analysis in measuring economic discrimination. In Emily P. Hoffman (Ed.), *Essays on the economics of discrimination* (pp. 115–144). Kalamazoo, MI: W. E. Upjohn Institute for Employment Research.

Calhoun, Craig. (1997). *Nationalism.* Minneapolis, MN: University of Minneapolis Press.

Campbell, Karen E., Marsden, Peter V., & Hurlbert, Jeanne S. (1986). Social resources and socioeconomic status. *Social Networks, 8* (1), 97–117.

Carroll, Glenn R., & Mayer, Karl Ulrich. (1986). Job-shift patterns in the Federal Republic of Germany: The effects of social class, industrial sector, and organizational size. *American Sociological Review, 51* (3), 323–341.

Castel, Robert. (1996). Nicht Exklusion, sondern Desaffiliation. Ein Gespräch mit François Ewalt. *Das Argument, 38* (217), 775–780.

Castel, Robert. (2000). *Die Metamorphosen der sozialen Frage. Eine Chronik der Lohnarbeit.* Konstanz: Universitätsverlag Konstanz.

Castles, Stephen. (1984). *Here for good: Western Europe's new ethnic minorities.* London: Pluto.

CDU-Bundesgeschäftsstelle. (1994). *Erziehung und Ausbildung in unserem freiheitlichen und demokratischen Bildungssystem. Beschluss des 4. Parteitages der CDU Deutschland.* Bonn.

CEDEFOP (Hrsg.). (1999). *Agora – IV: Gering qualifizierte Personen am Arbeitsmarkt. Ausblick und politische Optionen.* Thessaloniki: CEDEFOP.

Chisholm, Lynne. (1996). Jugend und Bildung in Europa: Soziale Ungleichheiten in der zweiten Moderne. In Axel Bolder, Walter R. Heinz, & Klaus Rodax (Hrsg.), *Jahrbuch Bildung und Arbeit* (S. 20–35). Opladen: Leske + Budrich.

Clark, Burton R. (1960). The „cooling-out" function of higher education. *American Journal of Sociology, 65* (6), 569–576.

Clauß, Günter, Finze, Falk-Rüdiger, & Partzsch, Lothar. (1995). *Statistik für Soziologen, Pädagogen, Psychologen und Mediziner* (2. Aufl.). Thun: Harri Deutsch.

Clement, Wolfgang. (2000). Durch innovative Politik zu gerechter Teilhabe. In SPD Parteivorstand (Hrsg.), *Grundwerte heute: Gerechtigkeit. Materialien zur Programmdiskussion* (S. 9–16). Berlin: Braunschweig-Druck.

Cloerkes, Günther (Hrsg.). (2003). *Wie man behindert wird?* Heidelberg: Universitätsverlag Winter.

Cohen, Yinon, & Pfeffer, Jeffrey. (1986). Organizational hiring standards. *Administrative Science Quarterly, 31* (3), 1–24.

Cole, Stephen. (2001). Introduction: The social construction of sociology. In Stephen Cole (Ed.), *What's wrong with sociology?* (pp. 7–36). New Brunswick, NJ: Transaction Publisher.

Coleman, James S. (1965). *Adolescents and the schools.* New York: Basic Books.

Coleman, James S. (1966). *Equality of educational opportunity.* Washington, DC: U.S. Government Printing Office.

Coleman, James S. (1968). The concept of equality of educational opportunity. *Harvard Educational Review, 38* (1), 7–22.

Coleman, James S. (1988). Social capital in the creation of human capital. *American Journal of Sociology, 94* (3), 95–120 (Supplement).

Coleman, James S. (1991a). *Grundlagen der Sozialtheorie* (Bd. 1). München: Oldenbourg.

Coleman, James S. (1991b). Matching processes in the labor market. *Acta Sociologica, 34* (1), 3–12.

Coleman, James S., Hoffer, Thomas, & Kilgore, Sally. (1981). *Public and private schools.* Washington, DC: National Center for Education Statistics.

Collins, Randall. (1979). *The credential society: An historical sociology of education and stratification.* New York: Academic Press.

Cooley, Charles Horton. (1992). *Human nature and the social order* (2nd ed.). New Brunswick, NJ: Transaction Publications.

Cordes, Annemarie. (1997). Die schlüsselqualifizierte, allseits gebildete Persönlichkeit. *Neue Praxis, 26* (1), 77–84.

Craig, Christine, Garnsey, Elisabeth, & Rubery, Jill. (1985). Labor-market segmentation and women's employment. *International Labour Review, 124* (3), 267–280.

Crocker, Jennifer, Major, Brenda, & Steele, Claude. (1998). Social stigma. In Daniel T. Gilbert, Susan T. Fiske, & Gardner Lindzey (Eds.), *The handbook of social psychology* (4th ed., pp. 504–553). Boston: McGraw-Hill.

Dahrendorf, Ralf. (1956). Industrielle Fertigkeiten und soziale Schichtung. *Kölner Zeitschrift für Soziologie und Sozialpsychologie, 8* (4), 540–568.

Dahrendorf, Ralf. (1957). *Soziale Klassen und Klassenkonflikt in der industriellen Gesellschaft.* Stuttgart: Enke.

Dahrendorf, Ralf. (1965). *Bildung ist Bürgerrecht.* Hamburg: Nannen.

Dahrendorf, Ralf. (1972). Von der Industriegesellschaft zur Bildungsgesellschaft. Soll Deutschland wieder hinterherhinken? In *Bildungsplanung und Bildungspolitik* (S. 69–81). Frankfurt a.M.: Akademische Verlags-Gesellschaft.

Dahrendorf, Ralf. (1979). *Lebenschancen.* Frankfurt a.M.: Suhrkamp.

Dahrendorf, Ralf. (1983). Wenn der Arbeitsgesellschaft die Arbeit ausgeht. In Joachim Matthes (Hrsg.), *Krise der Arbeitsgesellschaft? Verhandlungen des 21. Deutschen Soziologentages in Bamberg 1982* (S. 25–37). Frankfurt a.M.: Campus.

Datenreport. (diverse Jahrgänge). Hrsg. vom Statistischen Bundesamt (ab 2000 in Zusammenarbeit mit WZB und ZUMA). Bonn: Bundeszentrale für Politische Bildung.

Davids, Sabine. (1994). Junge Erwachsene ohne anerkannte Berufsausbildung in den alten und neuen Bundesländern. In Bundesinstitut für Berufsbildung (Hrsg.), *Berufsausbildung nachholen. Wege zum nachträglichen Berufsabschluß für ungelernte (junge) Erwachsene* (S. 7–24). Bonn: BIBB.

Davis, Kingsley, & Moore, Wilbert E. (1945). Some principles of stratification. *American Sociological Review, 10* (2), 242–249.

DeLuca, Stefanie, & Rosenbaum, James E. (2000). *Are dropout decisions related to safety concerns, social isolation, and teacher disparagement?* <http://www.civilrightsproject.harvard.edu/research/dropouts/deluca.pdf> (12.02.2003)

Devine, Fiona. (1997). Towards a classless society? In Helen Jones (Ed.), *Towards a classless society* (pp. 201–224). London: Routlegde.

DGB – Deutscher Gewerkschaftsbund. (1999). *Hintergrund: Ausbildungschancen ausländischer Jugendlicher.* Berlin: DGB. <http://www.einblick.dgb.de/archiv/9918/tx991801.htm> (18.02.2003)

Dickens, William T., & Lang, Kevin. (1988). The reemergence of segmented labor market theory. *American Economic Review, 78* (2), 129–134.

Dietrich, Hans. (2001). *JUMP, das Jugendsofortprogramm. Unterschiede in den Förderjahren 1999 und 2000 und der Verbleib der Teilnehmer nach Maßnahmeende.* Nürnberg: Institut für Arbeitsmarkt- und Berufsforschung (IAB-Werkstattbericht 3).

Diewald, Martin. (1999). *Entwertungen, Umwertungen, Aufwertungen. Ostdeutsche Erwerbsverläufe zwischen Kontinuität und Wandel.* Habilitationsschrift, Freie Universität Berlin.

DiMaggio, Paul, & Powell, Walter W. (1983). The iron cage revisited: Institutional isomorphism and collective rationality in organizational fields. *American Sociological Review, 48* (2), 147–160.

DIW – Deutsches Institut für Wirtschaftsforschung. (1999). Zuschüsse zu den Sozialversicherungsbeiträgen im Niedriglohnbereich: Wenig zielgerichtet und teuer. *DIW-Wochenbericht, 66,* 499–509.

Dobischat, Rolf, Seifert, Helmut, & Ahlene, Eva. (2002). Betrieblich-berufliche Weiterbildung von Geringqualifizierten. Ein Politikfeld mit wachsendem Handlungsbedarf. *WSI-Mitteilungen, 55* (1), 25–31.

Doeringer, Peter, & Piore, Michael J. (1971). *Internal labor markets and manpower analysis.* Lexington, MA: Heath.

Dostal, Werner. (1985). Die Arbeitsmarktsituation für benachteiligte Jugendliche unter dem Einfluß des technologischen Wandels. *Jugend, Beruf, Gesellschaft, 36* (4), 202–210.

Douglas, Mary. (1991). *Wie Institutionen denken.* Frankfurt a.M.: Suhrkamp.

Durkheim, Emile. (1893/1992). *Über soziale Arbeitsteilung. Studie über die Organisation höherer Gesellschaften.* Frankfurt a.M.: Suhrkamp.

Durkheim, Emile. (1895/1995). *Die Regeln der soziologischen Methode* (hrsg. und eingeleitet von René König, 3. Aufl.). Frankfurt a.M.: Suhrkamp.

Eckert, Roland. (2001). Auf der Schattenseite der Meritokratie: Jugenddelinquenz und Bildungspolitik. In Günter Albrecht, Otto Backes, & Wolfgang Kühnel (Hrsg.), *Gewaltkriminalität – zwischen Mythos und Realität* (S. 458–474). Frankfurt a.M.: Suhrkamp.

Eckstein, Otto. (1966). Discussion. In Robert Aaron Gordon & Margaret S. Gordon (Eds.), *Prosperity and unemployment* (pp. 48–56). New York: Wiley.

Edwards, Richard C. (1975). The social relations of production in the firm and labor market structure. In Richard Clark Edwards, Michael Reich, & David M. Gordon (Eds.), *Labor market segmentation* (pp. 3–26). Lexington, MA: Heath.

Edwards, Richard C., Reich, Michael, & Gordon, David M. (Eds.). (1975). *Labor market segmentation.* Lexington, MA: Heath.

Eigler, Herbert, Hansen, Rolf, & Klemm, Klaus. (1980). Quantitative Entwicklungen: Wem hat die Bildungsexpansion genutzt? In Hans-Günter Rolff, Klaus Klemm, & Klaus-Jürgen Tillmann (Hrsg.), *Jahrbuch der Schulentwicklung. Daten, Beispiele und Perspektiven* (Bd. 1, S. 45–71). Weinheim: Beltz.

Eisenstadt, Shmuel N. (1952). The process of absorption of new immigrants in Israel. *Human Relations, 5,* 223–246.

Elias, Norbert. (1939/1969). *Über den Prozeß der Zivilisation* (2. Aufl.). Bern: Francke.

Ellwood, David. T. (1982). Teenage unemployment: Permanent scars or temporary blemishes? In Richard B. Freeman & David A. Wise (Eds.), *The youth labor market problem* (pp. 349–385). Chicago: University of Chicago Press.

Elsner, Hans. (1998). Untersuchung zur Wirkung institutionalisierter Sozialisationsangebote für die Integration jugendlicher Spätaussiedler. *Jahrbuch für Jugendsozialarbeit, 19,* 3–60.

Elster, Jon. (1986). Introduction. In Jon Elster (Ed.), *Rational choice* (pp. 1–33). Oxford, UK: Basil Blackwell.

Elwert, Georg. (1982). Probleme der Ausländerintegration. Gesellschaftliche Integration durch Binnenintegration? *Kölner Zeitschrift für Soziologie und Sozialpsychologie, 34* (4), 717–731.

England, Paula. (1994). Neoclassical economists' theories of discrimination. In Paul Burstein (Ed.), *Equal employment opportunity: Labor market discrimination and public policy* (pp. 59–69). New York: Aldine de Gruyter.

Enquete-Kommission – Enquete-Kommission „Globalisierung der Weltwirtschaft“ (Hrsg.). (2001). *Zwischenbericht. Deutscher Bundestag Drucksache 14/6910.* Berlin: Deutscher Bundestag.

Entwisle, Doris R., Alexander, Karl Len, & Olson, Linda Steffel. (1997). *Children, schools, and inequality.* Boulder, CO: Westview Press.

Erikson, Robert. (1974). *Identity youth & crises.* London: Faber & Faber.

Erikson, Robert, & Jonsson, Jan O. (1996). Introduction: Explaining class inequality in education. In Robert Erikson & Jan O. Jonsson (Eds.), *Can education be equalized?* (pp. 1–63). Boulder, CO: Westview Press.

Esping-Andersen, Gøsta. (1990). *The three worlds of welfare capitalism.* Cambridge, UK: Polity Press.

Esping-Andersen, Gøsta. (1999). Politics without class: Postindustrial cleavages in Europe and America. In Herbert Kitschelt, Peter Lange, Gary Marks, & John D. Stephens (Eds.), *Continuity and change in contemporary capitalism* (pp. 293–316). Cambridge, UK: Cambridge University Press.

Esser, Hartmut. (1980). *Aspekte der Wanderungssoziologie: Assimilation und Integration von Wanderern, ethnischen Gruppen und Minderheiten.* Neuwied: Luchterhand.

Esser, Hartmut. (1990). Nur eine Frage der Zeit? In Hartmut Esser & Jürgen Friedrichs (Hrsg.), *Generation und Identität. Theoretische und empirische Beiträge zur Migrationssoziologie* (S. 127–146). Opladen: Westdeutscher Verlag.

Eurydice. (1997). *Studie zu den Maßnahmen der Mitgliedsstaaten der Europäischen Union für Jugendliche, die das Bildungssystem ohne Qualifikation verlassen haben.* Brüssel: Europäische Eurydice-Informationsstelle (Informationsnetz zum Bildungswesen in Europa).

Faia, Michael A. (1981). Selection by certification: A neglected variable in stratification research. *American Journal of Sociology, 86* (4), 1093–1111.

Featherman, David L. (1989). Gesellschaftlicher Strukturwandel, soziale Mobilität und Lebenslauf. In Ansgar Weymann (Hrsg.), *Handlungsspielräume. Untersuchungen zur Individualisierung und Institutionalisierung von Lebensverläufen in der Moderne* (S. 61–75). Stuttgart: Enke.

Feldstein, Martin, & Ellwood, David T. (1982). Teenage unemployment: What is the problem? In Richard B. Freeman & David A. Wise (Eds.), *The youth labor market problem* (pp. 17–33). Chicago: University of Chicago Press.

Fend, Helmut. (2001). *Qualität im Bildungswesen. Schulforschung zu Systembedingungen, Schulprofilen und Lehrerleistung* (2. Aufl.). Weinheim: Juventa.

Fend, Helmut, Knörzer, Wolfgang, Nagl, Willibald, Specht, Werner, & Väth-Szusdziara, Roswith. (1973). Sozialisationseffekte unterschiedlicher Schulformen. *Zeitschrift für Pädagogik, 19* (6), 887–903.

Fend, Helmut, Knörzer, Wolfgang, Nagl, Willibald, Specht, Werner, & Väth-Szusdziara, Roswith. (1976). *Gesamtschule und dreigliedriges Schulsystem – eine Vergleichsstudie über Chancengleichheit und Durchlässigkeit. Gutachten und Studien der Bildungskommission* (Bd. 55). Stuttgart: Klett.

Fine, Ben. (1998). *Labour market theory: A constructive reassessment.* London: Routledge.

Fine, Michelle. (1991). *Framing dropouts.* Albany, NY: State University of New York Press.

Fischer, Claude S., Hout, Michael, Sanchez, Martin, Jankowski, Lucas, Samuel R., Swidler, Ann, & Voss, Kim. (1996). *Inequality by design: Cracking the bell curve myth.* Princeton, NJ: Princeton University Press.

Fiske, Susan T. (1998). Stereotyping, prejudice, and discrimination. In Daniel T. Gilbert, Susan T. Fiske, & Gardner Lindzey (Eds.), *Handbook of social psychology* (4th ed., pp. 357–411). New York: McGraw-Hill.

Fitzenberger, Bernd, & Franz, Wolfgang. (2000). Flexibilität der qualifikatorischen Lohnstruktur und Lastverteilung der Arbeitslosigkeit. Eine ökonometrische Analyse für Westdeutschland. In Bernhard Gahlen, Helmut Hesse, & Hans J. Ramser (Hrsg.), *Zunehmende Ungleichheit? Erklärungen und Konsequenzen.* (S. 47–79). Tübingen: Mohr (Schriftenreihe des wirtschaftswissenschaftlichen Seminars Ottobeuren).

Flitner, Andreas, Petry, Christian, & Richter, Ingo (Hrsg.). (1999). *Wege aus der Ausbildungskrise. Memorandum des Forums „Jugend – Bildung – Arbeit" mit Untersuchungsergebnissen des Instituts für Arbeitsmarkt- und Berufsforschung der Bundesanstalt für Arbeit.* Opladen: Leske + Budrich.

Forum Bildung. (2000). *Förderung von Chancengleichheit.* Bonn: BLK für Bildungsplanung und Forschungsförderung (Arbeitspapier 4).

Forum Bildung. (2001). *Förderung von Chancengleichheit. Bericht der Expertengruppe des Forum Bildung.* Bonn: BLK für Bildungsplanung und Forschungsförderung.

Franz, Wolfgang. (1982). Reservation wage of unemployed persons in the Federal Republic of Germany: Theory and empirical tests. *Zeitschrift für Wirtschafts- und Sozialforschung, 102* (1), 29–51.

Franz, Wolfgang. (1999). *The role of skills and technology.* Paper presented at the LSE and centre for economic performance conference on "Employability and exclusion: What governments can do?", ZEW, Mannheim.

Freeman, Richard B. (1999). *The new inequality.* Boston: Beacon Press.

Freeman, Richard B., & Gottschalk, Peter. (1998). Introduction. In Richard B. Freeman & Peter Gottschalk (Eds.), *Generating jobs: How to increase the demand for less-skilled workers* (pp. 1–17). New York: Russell Sage Foundation.

Freeman, Richard B., & Schettkat, Ronald. (2000). *The role of wage and skill differences in US–German employment differences.* Cambridge, MA: National Bureau of Economic Research (NBER Working Paper W7474).

Freeman, Richard B., & Wise, David A. (1982). The youth labor market problem: Its nature, causes, and consequences. In Richard B. Freeman & David A. Wise (Eds.), *The youth labor market problem* (pp. 1–16). Chicago: University of Chicago Press.

Frey, Hans-Peter. (1987). Die Änderungsdynamik abweichender Identitäten bei Jugendlichen. In Hans-Peter Frey & Karl Haußer (Hrsg.), *Identität. Entwicklungen psychologischer und soziologischer Forschung* (S. 179–192). Stuttgart: Enke.

Fricke, Peter. (1998). „Integriert oder desintegriert?" Berufliche, schulische und sprachliche Situation jugendlicher Spätaussiedler. In Friedrich-Ebert-Stiftung (Hrsg.), *Deutsch sein und doch fremd sein. Lebenssituation und -perspektiven jugendlicher Aussiedler.* Bonn: Friedrich-Ebert-Stiftung (Gesprächskreis Arbeit und Soziales 84). <http://www.fes.de/fulltext/asfo/00223004.htm#LOCE9E5> (10.03.2003)

Friebel, Harry, Epskamp, Heinrich, Knobloch, Brigitte, Montag, Stefanie, & Toth, Stephan. (2000). *Bildungsbeteiligung: Chancen und Risiken.* Opladen: Leske + Budrich.

von Friedeburg, Ludwig. (1986). Bildung als Instrument etatistischer Gesellschaftsorganisation. Notizen zur Geschichte des deutschen Bildungssystems. *Zeitschrift für Sozialisationsforschung und Erziehungssoziologie, 6* (2), 173–191.

von Friedeburg, Ludwig. (1997). Differenz und Integration im Bildungswesen der Moderne. *Zeitschrift für Sozialisationsforschung und Erziehungssoziologie, 17* (1), 42–54.

Furlong, Andy. (1997). Education and the reproduction of class-based inequalities. In Helen Jones (Ed.), *Towards a classless society* (pp. 56–71). London: Routlegde.

Furstenberg, Frank F., Jr. (1976). *Unplanned parenthood: The social consequences of teenage childbearing.* New York: Free Press.

Fürstenberg, Friedrich. (1978). Struktureller Qualifikationsüberhang und seine Folgen. In Gerhard Brinkmann (Hrsg.), *Ausbildungsgrad und Beschäftigung* (S. 83–95). Berlin: Duncker & Humblot.

Gallie, Duncan, & Paugam, Serge. (2000, November 9–11). *Unemployment, welfare regimes and social exclusion.* Paper presented at the UWWCLUS workshop Brussels, Project Paper 95-3003. <http://www.nuff.ox.ac.uk/projects/UWWCLUS/Papers/papers.htm> (15.06.2002)

Gallie, Duncan, White, Michael, Cheng, Yuan, & Tomlinson, Mark (Eds.). (1998). *Restructuring the employment relationship.* Oxford, UK: Clarendon Press.

Gans, Herbert. (1999). Workfare und die „wirtschaftlich Überflüssigen". In Sabine Lang, Margit Mayer, & Christoph Scherrer (Hrsg.), *Jobwunder USA – Modell für Deutschland?* (S. 239–251). Münster: Westfälisches Dampfboot.

Ganßmann, Heiner, & Haas, Michael. (1999). *Arbeitsmärkte im Vergleich. Rigidität und Flexibilität auf den Arbeitsmärkten der USA, Japans und der BRD.* Marburg: Schüren.

Ganßmann, Heiner, & Haas, Michael. (2001). *Arbeitsmärkte im Vergleich II. Rigidität und Flexibilität auf den Arbeitsmärkten in den Niederlanden, Dänemark und Schweden.* Marburg: Schüren.

Geiger, Theodor. (1932/1987). *Die soziale Schichtung des deutschen Volkes.* Stuttgart: Enke.

Geißler, Karlheinz A., & Kutscha, Günter. (1992). Modernisierung der Berufsbildung – Paradoxien und Parodontosen. Oder: Was ist modern an der Modernisierung der Berufsbildung und ihrer Theorie? In Martin Kipp, Reinhard Czycholl, Joachim Dikau, & Erhard Meueler (Hrsg.), *Paradoxien in der beruflichen Aus- und Weiterbildung. Zur Kritik ihrer Modernisierungskrisen* (S. 13–33). Frankfurt a.M.: Verlag der Gesellschaft zur Förderung arbeitsorientierter Forschung und Bildung.

Geißler, Karlheinz A., & Orthey, Frank Michael. (1996). Die Ungleichheit der Subjekte und die Gleichheit der Zumutungen. Erwachsenenbildung als Einheit von Differenzen. In Axel Bolder, Walter R. Heinz, & Klaus Rodax (Hrsg.), *Jahrbuch Bildung und Arbeit* (S. 188–216). Opladen: Leske + Budrich.

Geißler, Rainer. (2002). *Die Sozialstruktur Deutschlands. Die gesellschaftliche Entwicklung vor und nach der Vereinigung.* Opladen: Westdeutscher Verlag.

Gerard, Harold B. (1983). School desegregation. *American Psychologist, 38,* 869–877.

Gerlach, Kurt, & Jirjahn, Uwe. (1998). Technischer Fortschritt, Arbeitsorganisation und Qualifikation. *Mitteilungen aus der Arbeitsmarkt- und Berufsforschung, 31* (3), 426–437.

Gerstenberger, Friedrich, & Seltz, Rüdiger. (1978). Disproportionalitäten zwischen Ausbildungs- und Beschäftigungssystem. *Sozialwissenschaftliche Informationen für Unterricht und Studium, 4,* 160–165.

Geulen, Dieter. (2000). Zur Konzeptualisierung des Verhältnisses von externen und internen Bedingungen im Prozeß lebenslanger Sozialisation. In Erika M. Hoerning (Hrsg.), *Biographische Sozialisation* (S. 209–225). Stuttgart: Lucius & Lucius.

Giddens, Anthony. (1997). *Jenseits von Links und Rechts: Die Zukunft radikaler Demokratie.* Frankfurt a.M.: Suhrkamp.

Giddens, Anthony. (2000). Soziale Gerechtigkeit in der Programmdebatte der europäischen Sozialdemokratie. In SPD Parteivorstand (Hrsg.), *Grundwerte heute: Gerechtigkeit. Materialien zur Programmdiskussion* (S. 17–23). Berlin: Braunschweig-Druck.

Giddens, Anthony. (2001). *Die Frage der sozialen Ungleichheit.* Frankfurt a.M.: Suhrkamp.

Gildemeister, Regine, & Wetterer, Angelika. (1992). Wie Geschlechter gemacht werden. In Gudrun-Axeli Knapp & Angelika Wetterer (Hrsg.), *Traditionen Brüche: Entwicklungen feministischer Theorie* (S. 201–254). Freiburg i.Br.: Kore.

Giloth, Robert P. (1998). Jobs & economic development. In Robert P. Giloth (Ed.), *Jobs & economic development: Strategies and practice* (pp. 1–16). London: Sage.

Goffman, Erving. (1952). On cooling the mark out: Some aspects of adaptation and failure. *Psychiatry: Journal of Interpersonal Relations, 15* (4), 451–463.

Goffman, Erving. (1974). *Stigma: Über Techniken der Bewältigung beschädigter Identität.* Frankfurt a.M.: Suhrkamp.

Goffman, Erving. (1977). *Rahmen-Analyse. Ein Versuch über die Organisation von Alltagserfahrungen.* Frankfurt a.M.: Suhrkamp.

Goldberg, Andreas, & Sen, Faruk. (1997). Türkische Unternehmen in Deutschland. *Leviathan, 17* (Sonderheft), 63–84.

Goldthorpe, John H. (1996). Problems of meritocracy. In Robert Erikson & Jan O. Jonsson (Eds.), *Can education be equalized? The Swedish case in comparative perspective* (pp. 255–287). Boulder, CO: Westview Press.

Goldthorpe, John H. (2000). Rational action theory for sociology. In John H. Goldthorpe (Ed.), *On sociology: Numbers, narratives, and the integration of research and theory* (pp. 113–136). Oxford, UK: Oxford University Press.

Gomolla, Mechthild, & Radtke, Frank-Olaf. (2002). *Institutionelle Diskriminierung. Die Herstellung ethnischer Differenz in der Schule.* Opladen: Leske + Budrich.

Gordon, David M., Edwards, Richard C., & Reich, Michael. (1982). *Segmented work, divided workers.* Cambridge, UK: Cambridge University Press.

Gordon, Robert Aaron, & Gordon, Margaret S. (Eds.). (1966). *Prosperity and unemployment.* New York: Wiley.

Gorz, André. (1983). *Wege ins Paradies. Thesen zur Krise, Automation und Zukunft der Arbeit.* Berlin: Rothbuch.

Gou, Guang, & Stearns, Elizabeth. (2002). The social influences in the realization of genetical potential for intellectual development. *Social Forces, 80* (3), 881–910.

Gould, Stephen Jay. (1995). Mismeasure by any measure. In Russell Jacoby & Naomi Glauberman (Eds.), *The bell curve debate* (pp. 3–13). New York: Times Books.

Graff, Michael. (1996). Zur Bedeutung der Bildung im Prozeß der wirtschaftlichen Entwicklung. *Kölner Zeitschrift für Soziologie und Sozialpsychologie, 48* (2), 274–295.

Granovetter, Mark. (1973). The strength of weak ties. *American Journal of Sociology, 78* (6), 1360–1380.

Granovetter, Mark. (1974). *Getting a job: A study of contacts and careers.* Cambridge, MA: Harvard University Press.

Granovetter, Mark. (1985). Economic action and social structure: The problem of embeddedness. *American Journal of Sociology, 91* (3), 481–510.

Granovetter, Mark. (1986). Labor mobility, internal markets and job-matching: A comparison of the sociological and the economic approaches. *Research in Social Stratification and Mobility 5,* 3–39.

Granovetter, Mark. (1988). The sociological and economic approaches to labor market analysis. In George Farkas & Paula England (Eds.), *Industries, firms and jobs: Sociological and economic approaches* (pp. 187–216). New York: Plenum Press.

Gregory, Paul R., & Stuart, Robert C. (1989). *Comparative economic systems* (3rd ed.). Boston: Houghton Mifflin.

Grieco, Margaret. (1988). *Keeping it in the family: Social networks and employment chance.* London: Tavistock.

Groß, Martin. (2000). Bildungssysteme, soziale Ungleichheit und subjektive Selbsteinschätzung. *Zeitschrift für Soziologie, 29* (5), 375–396.

Grund- und Strukturdaten 1994/95 (hrsg. vom Bundesministerium für Bildung, Wissenschaft, Forschung und Technologie). Bonn.

Grundmann, Matthias. (1992). *Familienstruktur und Lebensverlauf: Historische und gesellschaftliche Bedingungen individueller Entwicklung.* Frankfurt a.M.: Campus.

Hacket, Anne, Preißler, Josef, & Ludwig-Mayerhofer, Wolfgang. (2001). Am unteren Ende der Bildungsgesellschaft. In Eva Barlösius & Wolfgang Ludwig-Mayerhofer (Hrsg.), *Die Armut der Gesellschaft* (S. 97–130). Opladen: Leske + Budrich.

Hagen, Christine, & Niemann, Heike. (2000). Schattierungen sozialer Ausgrenzung. Befunde einer qualitativen Längsschnittuntersuchung. In Felix Büchel, Martin Diewald, Peter Krause, Antje Mertens, & Heike Solga (Hrsg.), *Zwischen drinnen und draußen. Soziale Ausgrenzungen am deutschen Arbeitsmarkt* (S. 201–211). Opladen: Leske + Budrich.

Hakim, Catherine. (1996). *Key issues in women's work: Female heterogeneity and the polarisation of women's employment.* London: Athlone Press.

Haller, Max. (1980). Bildungsexpansion und die Entwicklung der Strukturen sozialer Ungleichheit. In Ulrich Beck, Karl Heinz Hörning, & Wilke Thomssen (Hrsg.), *Bildungsexpansion und betriebliche Beschäftigungspolitik. Aktuelle Entwicklungstendenzen im Vermittlungszusammenhang von Bildung und Beschäftigung* (S. 21–59). Frankfurt a.M.: Campus.

Halsey, Albert Henry. (1977). Towards meritocracy? The case of Britain. In Jerome Karabel & Albert Henry Halsey (Eds.), *Power and ideology in education* (pp. 173–186). New York: Oxford University Press.

Han, Petrus. (2000). *Soziologie der Migration.* Stuttgart: Lucius & Lucius.

Hancké, Bob, & Callaghan, Helen. (1999). Systemwettbewerb und -komplementarität? In Margit Mayer, Sabine Lang, & Christoph Scherrer (Hrsg.), *Jobwunder USA – Modell für Deutschland?* (S. 273–282). Münster: Westfälisches Dampfboot.

Handl, Johann. (1996). Hat sich die berufliche Wertigkeit der Bildungsabschlüsse in den achtziger Jahren verringert? Eine Analyse der abhängig erwerbstätigen, deutschen Berufsanfänger auf der Basis von Mikrozensusergebnissen. *Kölner Zeitschrift für Soziologie und Sozialpsychologie, 48* (2), 249–273.

Hannan, Michael T. (1994). Dynamics of ethnic boundaries. In David B. Grusky (Ed.), *Social stratification: Class, race, and gender in sociological perspective* (pp. 500–508). Boulder, CO: Westview Press.

Harhoff, Dietmar, & Kane, Thomas J. (1995). *Is the German apprenticeship system a panacea for the U.S. labor market?* Mannheim: ZEW (Discussion Paper 95-19).

Harrison, Bennett, & Weiss, Markus. (1998). Labor market restructuring and workforce development. In Robert P. Giloth (Ed.), *Jobs and economic development: Strategies and practice* (pp. 19–41). London: Sage.

Harrison, Roderick J. (1989). Identifying occupational labor markets in a national economy: A blockmodeling approach. *Research in Social Stratification and Mobility 8,* 129–176.

Hartl, Michaela, Kieser, Heiko, Ott, Jörg, Pokorny, Matthias, Urschler, Ulrike, & Walter, Volker. (1998). *Soziale Beziehungen und Personalauswahl. Eine empirische Studie über den Einfluß des kulturellen und sozialen Kapitals auf die Personalrekrutierung.* München: Hampp.

Hartung, Dirk, & Nuthmann, Reinhard. (1975). *Status- und Rekrutierungsprobleme als Folgen der Expansion des Bildungssystems.* Berlin: Max-Planck-Institut für Bildungsforschung (Studien und Berichte 32).

Hartung, Dirk, Nuthmann, Reinhard, & Teichler, Ulrich. (1981). *Bildung und Beschäftigung: Probleme, Konzepte, Forschungsperspektiven.* München: Saur.

Hasse, Raimund, & Krücken, Georg. (1999). *Neo-Institutionalismus.* Bielefeld: transcript-Verlag.

Hatzichronoglou, Thomas. (1999). *The globalization of industry in the OECD countries.* Paris: OECD (STI Working Paper 2). <http://www.oecd.org> (15.07.2001)

Hauser, Robert M., Simmons, Solon J., & Pager, Devah I. (2000). *High school dropout, race-ethnicity, and social background from the 1970s to the 1990s.* Wisconsin, MD: University of Wisconsin-Madison. <http://www.civilrightsproject.harvard.edu/research/dropouts/hauser.pdf> (12.02.2003)

Hechter, Michael. (1994). Towards a theory of ethnic change. In David B. Grusky (Ed.), *Social stratification: Class, race, and gender in sociological perspective* (pp. 487–500). Boulder, CO: Westview Press.

Heckhausen, Heinz. (1974). *Leistung und Chancengleichheit.* Göttingen: Hogrefe.

Hedström, Peter, & Swedberg, Richard. (1996). Social mechanisms. *Acta Sociologica, 39* (3), 281–308.

Heid, Helmut. (1988). Zur Paradoxie der bildungspolitischen Forderung nach Chancengleichheit. *Zeitschrift für Pädagogik, 38* (1), 1–17.

Heidenreich, Martin. (1998). Die duale Berufsausbildung zwischen industrieller Prägung und wissenschaftsgesellschaftlichen Herausforderungen. *Zeitschrift für Soziologie, 27* (5), 321–340.

Heimer, Carol A. (1984). Organizational and individual control of career-development in engineering project work. *Acta Sociologica, 27* (4), 283–310.

Heinz, Walter R. (1995). *Arbeit, Beruf und Lebenslauf.* Weinheim: Juventa.

Heinz, Walter R. (1996). Soziale Benachteiligung und berufliche Förderung Jugendlicher im regionalen und internationalen Vergleich. *Zeitschrift für Berufs- und Wirtschaftspädagogik, 92* (2), 151–161.

Heinz, Walter R. (2000). Editorial: Strukturbezogene Biographie- und Lebenslaufsforschung. Der Sfb 186 „Statuspassagen und Risikolagen im Lebensverlauf". In Walter R. Heinz (Hrsg.), *Übergänge: Individualisierung, Flexibilisierung und Institutionalisierung des Lebensverlaufs* (S. 4–8). Weinheim: Juventa (Zeitschrift für Soziologie der Erziehung und Sozialisation, 3. Beiheft).

Heinz, Walter R., Krüger, Helga, Rettke, Ursula, Wachtveitl, Erich, & Witzel, Andreas. (1985). *Hauptsache eine Lehrstelle. Jugendliche vor den Hürden des Arbeitsmarkts.* Weinheim: Beltz.

Heise, Arne. (1995). Wachstum ohne Beschäftigung – Langzeitarbeitslosigkeit eine Folge der „Eurosklerose"? *WSI-Mitteilungen, 48* (12), 760–768.

Heise, Arne. (1996). *Arbeit für Alle – Vision oder Illusion? Zu den Bestimmungsgründen der Beschäftigungsentwicklung in der Bundesrepublik Deutschland während der letzten beiden Dekaden.* Marburg: Metropolis.

Herrmann, Helga. (1995). Ausländische Jugendliche in Ausbildung und Beruf. *Aus Politik und Zeitgeschichte, B45,* 23–29.

Herrnstein, Richard J., & Murray, Charles. (1994). *The bell curve: Intelligence and class structure in American life.* New York: Free Press.

Heylen, Freddy, Goubert, Lucia, & Omey, Eddy. (1996). Unemployment in Europe: A problem of relative or aggregate demand for labour. *International Labour Market Review, 135,* 17–35.

Hill, Bernhard, & Trube, Achim. (1981). *Soziale Herkunft und berufliche Erwartungen von jugendlichen Arbeitslosen.* Duisburg: Verlag der Sozialwissenschaftlichen Kooperative.

Hiller, Gotthilf Gerhard. (1996). Chancen stiften statt ausgrenzen. *Berufliche Rehabilitation, 10* (1), 22–43.

Hillmert, Steffen, & Kröhnert, Steffen. (2001). *Vergleich der Lebensverlaufsstudie 64/71-West mit Erhebungen des Mikrozensus auf Basis ausgewählter Randverteilungen.* Berlin: Max-Planck-Institut für Bildungsforschung (Arbeitspapier 1 des Projekts „Ausbildungs- und Berufsverläufe der Geburtskohorten 1964 und 1971 in Westdeutschland").

Hillmann, Felicitas. (1998). *Türkische Unternehmerinnen und Beschäftigte im Berliner ethnischen Gewerbe.* Berlin: Wissenschaftszentrum Berlin für Sozialforschung (Discussion Paper FS I 98-107).

Hirsch, Fred. (1977). *Social limits to growth.* Cambridge, MA: Harvard University Press.

Hirschman, Albert O. (1958). *The strategy of economic development.* New Haven, CT: Yale University Press.

Hirschman, Albert O. (1970). *Exit, voice, and loyalty: Responses to decline in firms, organizations, and states.* Cambridge, MA: Harvard University Press.

Hoerning, Erika M. (2000). Biographische Sozialisation. In Erika M. Hoerning (Hrsg.), *Biographische Sozialisation* (S. 1–20). Stuttgart: Lucius & Lucius.

Hoffmann, Edeltraut, & Walwei, Ulrich. (2000). *Strukturwandel der Erwerbsarbeit: Was heißt eigentlich noch „normal"?* Nürnberg: Institut für Arbeitsmarkt- und Berufsforschung (IAB-Kurzbericht 14).

Hoffmann-Nowotny, Hans-Jürgen. (1987). Gastarbeiterwanderungen und soziale Spannungen. In Helga Reimann & Horst Reimann (Hrsg.), *Gastarbeiter. Analyse und Perspektiven eines sozialen Problems* (2. Aufl., S. 46–66). Opladen: Westdeutscher Verlag.

Hohn, Hans Willy, & Windolf, Paul. (1985). Prozesse sozialer Schließung im Arbeitsmarkt. In Helmut Knepel & Reinhard Hujer (Hrsg.), *Mobilitätsprozesse auf dem Arbeitsmarkt* (S. 305–327). Frankfurt a.M.: Campus.

Hollingshead, August B. (1949). *Elmtown's youth: The impact of social classes on adolescents.* New York: Wiley.

Hüfner, Klaus, & Naumann, Jens. (1977). *Konjunkturen der Bildungspolitik in der Bundesrepublik Deutschland* (Bd. 1). Stuttgart: Klett.

Huinink, Johannes. (1987). Soziale Herkunft, Bildung und das Alter bei Geburt des ersten Kindes. *Zeitschrift für Soziologie, 16* (2), 367–384.

Huinink, Johannes. (1990). Familie und Geburtenentwicklung. In Karl Ulrich Mayer (Hrsg.), *Lebensverläufe und sozialer Wandel* (S. 239–271). Opladen: Westdeutscher Verlag.

Huinink, Johannes. (1995). *Warum noch Familie? Zur Attraktivität von Partnerschaft und Elternschaft in unserer Gesellschaft.* Frankfurt a.M.: Campus.

Huinink, Johannes, & Solga, Heike. (1994). Occupational opportunities in the GDR: A privilege of the older generations. *Zeitschrift für Soziologie, 23* (3), 237–253.

Inkeles, Alex, & Smith, David H. (1974). *Becoming modern: Individual change in six developing countries.* London: Heinemann.

ISW – Institut für Südwestdeutsche Wirtschaftsforschung. (1993). *Stellungnahme zum Konzept der negativen Einkommenssteuer.* Stuttgart: ISW (ISW-Papiere 3).

Jacoby, Sanford M. (1990). The new institutionalism: What can it learn from the old? *Industrial Relations, 29* (2), 316–340.

Jencks, Christopher, with Smith, Marshall, Ackland, Henry, Bane, Mary Jo, Cohen, David, Gintis, Herbert, Heyns, Barbara, & Michelson, Stephan. (1972). *Inequality: A reassessment of the effect of family and schooling in America.* New York: Basic Books.

Jencks, Christopher, & Riesman, David. (1968). *The American revolution.* New York: Doubleday.

Jencks, Christopher, Smith, Marshall, Ackland, Henry, Bane, Mary Jo, Cohen, David, Gintis, Herbert, Heyns, Barbara, & Michelson, Stephan. (1994). Inequality: A reassessment of the effect of family and schooling in America. In David B. Grusky (Ed.), *Social stratification: Class, race, and gender in sociological perspective* (pp. 329–335). Boulder, CO: Westview Press.

Jenkins, Richard. (1997). *Rethinking ethnicity: Arguments and explanations.* London: Sage.

Jeschek, Wolfgang. (2002). Ausbildung junger Ausländer in Deutschland: Rückschritte bei der Berufsausbildung. *ibv (Informationen für die Beratungs- und Vermittlungsdienste), 34*, 2523–2533.

Joas, Hans. (2002). George Herbert Mead (1863–1931). In Dirk Kaesler (Hrsg.), *Klassiker der Soziologie. Von Auguste Comte bis Norbert Elias* (Bd. 1, S. 171–189). München: C. H. Beck.

Johnson, William R. (1978). Theory of job shopping. *Quarterly Journal of Economics, 92* (2), 261–277.

Jones, Edward E., Farina, Amerigo, Hastorf, Albert H., Markus, Hazel, Miller, Dale T., & Scott, Robert A. (1984). *Social stigma: The psychology of marked relationships.* New York: Freeman.

Kalleberg, Arne L. (1996). Changing contexts of careers. In Alan C. Kerckhoff (Ed.), *Generating social stratification* (pp. 343–358). Boulder, CO: Westview Press.

Kalleberg, Arne L., & Griffin, Larry J. (1980). Class, occupation, and inequality in job rewards. *American Journal of Sociology, 85* (4), 731–768.

Kalter, Frank, & Granato, Nadia. (2002). Demographic change, educational expansion, and structural assimilation of immigrants: The case of Germany. *European Sociological Review, 18* (2), 199–216.

Karr, Werner. (1999). *Kann der harte Kern der Arbeitslosigkeit durch einen Niedriglohnsektor aufgelöst werden?* Nürnberg: Institut für Arbeitsmarkt- und Berufsforschung (IAB-Kurzbericht 3).

Kerckhoff, Alan C. (1976). The status attainment process: Socialization or allocation? *Social Forces, 55* (2), 368–381.

Kerckhoff, Alan C. (1995). Institutional arrangements and stratification processes in industrial societies. *Annual Review of Sociology, 21*, 323–347.

Kerckhoff, Alan C., Raudenbush, Stephen W., & Glennie, Elizabeth. (2001). Education, cognitive skill, and labor force outcomes. *Sociology of Education, 74* (1), 1–24.

Kern, Horst, & Schumann, Michael. (1984). *Das Ende der Arbeitsteilung? Rationalisierung in der industriellen Produktion: Bestandsaufnahme, Trendbestimmung.* München: C. H. Beck.

Kerner, Hans-Jürgen. (1993). Jugendkriminalität zwischen Massenerscheinung und krimineller Karriere. Eine Problemskizze anhand neuerer statistischer Ergebnisse. In Werner Nickolai & Richard Reindl (Hrsg.), *Sozialarbeit und Kriminalpolitik* (S. 28–62). Freiburg i.Br.: Lambertus.

Kerr, Clark. (1954). The balkanization of labor markets. In E. Wight Bakke (Ed.), *Labor mobility and economic opportunities* (pp. 92–110). Cambridge, MA: MIT Press.

Kerr, Clark. (1960). *Industrialism and industrial man: The problems of labor and management in economic growth.* Cambridge, MA: Harvard University Press.

Kerr, Clark. (1977). *Labor markets and wage determination.* Berkeley, CA: University of California Press.

Kerr, Clark, Dunlop, John T., Harbison, Frederick H., & Myers, Charles A. (1966). *Der Mensch in der industriellen Gesellschaft: Die Probleme von Arbeit und Management unter den Bedingungen wirtschaftlichen Wachstums.* Frankfurt a.M.: Europäische Verlagsanstalt.

Keynes, John Maynard. (1973). *The general theory of employment* (Collected writings, Vol. XIV, pp. 109–123). London: Cambridge University Press.

Klemm, Klaus. (1991). Jugendliche ohne Ausbildung. Die „Kellerkinder" der Bildungsexpansion. *Zeitschrift für Pädagogik, 37* (6), 887–898.

Kloas, Peter-Werner. (1985). Arbeitsweltbezogene Jugendsozialarbeit und beruflicher Wandel – Welche pädagogischen Konzepte sind für die 90er Jahre erforderlich? *Jugend, Beruf, Gesellschaft, 36* (4), 211–218.

Klös, Hans-Peter. (1997a). Dienstleistungslücke und Niedriglohnsektor in Deutschland. *IW-Trends, 24,* 33–59.

Klös, Hans-Peter. (1997b). *Einfacharbeitsplätze. Stiefkinder des Arbeitsmarktes* (hrsg. vom Deutschen Institut für Wirtschaftsforschung). Köln: Deutscher Instituts-Verlag.

Koch, Alexander. (1993). Notwendige Zukunftsinvestition. *W&S (Zeitschrift für Wirtschaftliche und Soziale Bildung), 6,* 8–10.

Köhler, Helmut. (1992). *Bildungsbeteiligung und Sozialstruktur in der Bundesrepublik.* Berlin: Max-Planck-Institut für Bildungsforschung (Studien und Berichte 53).

Kohli, Martin. (1978). Erwartungen an eine Soziologie des Lebenslaufs. In Martin Kohli (Hrsg.), *Soziologie des Lebenslaufs* (S. 9–31). Neuwied: Luchterhand.

Kohli, Martin. (1985). Die Institutionalisierung des Lebenslaufs. *Kölner Zeitschrift für Soziologie und Sozialpsychologie, 37* (1), 1–29.

Kohli, Martin. (1990). Lebenslauf und Lebensalter als gesellschaftliche Konstruktionen: Elemente zu einem interkulturellen Vergleich. In Georg Elwert, Martin Kohli, & Harald K. Müller (Hrsg.), *Im Lauf der Zeit. Ethnographische Studien zur gesellschaftlichen Konstruktion von Lebensaltern* (S. 11–32). Saarbrücken: Breitenbach.

Kohli, Martin. (1994). Institutionalisierung und Individualisierung der Erwerbsbiographie. In Ulrich Beck & Elisabeth Beck-Gernsheim (Hrsg.), *Riskante Freiheiten. Individualisierung in modernen Gesellschaften* (S. 219–244). Frankfurt a.M.: Suhrkamp.

Kohn, Melvin L. (1994). Job complexity and adult personality. In David B. Grusky (Ed.), *Social stratification: Class, race, and gender in sociological perspective* (pp. 430–439). Boulder, CO: Westview Press.

Konietzka, Dirk. (1999). *Ausbildung und Beruf.* Opladen: Westdeutscher Verlag.

Krafeld, Franz Josef. (2000). *Die überflüssige Jugend der Arbeitsgesellschaft. Eine Herausforderung an die Pädagogik.* Opladen: Leske + Budrich.

Krappmann, Lothar. (1971). *Soziologische Dimensionen der Identität. Strukturelle Bedingungen für die Teilnahme an Interaktionsprozessen.* Stuttgart: Klett.

Krebs, Angelika. (2000). Einführung: Die neue Egalitarismuskritik im Überblick. In Angelika Krebs (Hrsg.), *Gleichheit oder Gerechtigkeit. Texte der neuen Egalitarismuskritik* (S. 7–37). Frankfurt a.M.: Suhrkamp.

Kress, Ulrike, Brinkmann, Christian, & Wiedemann, Eberhard. (1995). Entwicklung und Struktur der Langzeitarbeitslosigkeit. *WSI-Mitteilungen, 48* (12), 741–748.

Krüger, Helga. (1991). Doing gender – Geschlecht als Statuszuweisung im Berufsbildungssystem. In Ditmar Brock, Brigitte Hantsche, Gertrud Kühnlein, Heiner Meulemann, & Karen Schober (Hrsg.), *Übergänge in den Beruf* (S. 139–169). München: Deutsches Jugendinstitut.

Krüger, Helga. (1996). Die andere Bildungssegmentation. Berufssysteme und soziale Ungleichheit zwischen den Geschlechtern am Beispiel der Umstrukturierung in Pflegeberufen. In Axel Bolder, Walter R. Heinz, & Klaus Rodax (Hrsg.), *Jahrbuch Bildung und Arbeit* (S. 252–274). Opladen: Leske + Budrich.

Lamprecht, Markus. (1991). Möglichkeiten und Grenzen schulischer Chancengleichheit in westlichen Gesellschaften. In Volker Bornschier (Hrsg.), *Das Ende der sozialen Schichtung? Züricher Arbeiten zur gesellschaftlichen Konstruktion von sozialer Lage und Bewußtsein in der westlichen Zentrumsgesellschaft* (S. 126–153). Zürich: Seismo.

Lappe, Lothar, Preiß, Christine, & Raab, Erich. (1996). Fehlstart in den Beruf? Die Schwierigkeiten von Jugendlichen beim Einstieg ins Arbeitsleben. *DJI-Bulletin, 38* (8), 8–11.

Lawrence, Robert Z. (1984). Sectoral shifts and the size of the middle class. *Brookings Review, Fall,* 3–11.

Lawrence, Robert Z. (1985, June 23). The middle class is alive and well. *The New York Times.*
Lee, Nick. (1998). Towards an immature sociology. *The Sociological Review, 46* (1), 458–482.
Lee, Valerie E., & Burkam, David T. (2000). *Dropping out of high school: The role of school organization and structure.* Harvard Civil Rights Project. <http://www.civilrightsproject.harvard.edu/research/dropouts/lee.pdf> (19.03.2002)
Leighton, Linda, & Mincer, Jacob. (1982). Labor turnover and youth unemployment. In Richard B. Freeman & David A. Wise (Eds.), *The youth labor market problem* (pp. 235–267). Chicago: University of Chicago Press.
Lemann, Nicholas. (1999). *The big test: The secret history of the American meritocracy.* New York: Farrar, Straus and Giroux.
Lenhardt, Gero. (2001). Bildung. In Hans Joas (Hrsg.), *Lehrbuch der Soziologie* (S. 312–334). Frankfurt a.M.: Campus.
Lenhardt, Gero. (2002). *Die verspätete Entwicklung der deutschen Schule.* Berlin: Max-Planck-Institut für Bildungsforschung. <http://www.mpib-berlin.mpg.de/dok/full/lenhardt/pisa.pdf> (09.09.2002)
Lenski, Gerhard. (1966). *Power and privilege.* New York: McGraw-Hill.
Leschinsky, Achim, & Mayer, Karl Ulrich. (1999). Comprehensive schools and inequality of opportunity in the Federal Republic of Germany. In Achim Leschinsky & Karl Ulrich Mayer (Eds.), *The comprehensive school experiment revisited: Evidence from Western Europe* (2nd ed., pp. 13–39). Frankfurt a.M.: Lang.
Levy, René. (1977). *Der Lebenslauf als Statusbiographie: Die weibliche Normalbiographie in makrosoziologischer Perspektive.* Stuttgart: Enke.
Lex, Tilly. (1997). *Berufswege Jugendlicher zwischen Integration und Ausgrenzung.* München: Deutsches Jugendinstitut.
Lieberson, Stanley. (1994). Understanding ascriptive stratification: Some issues and principles. In David B. Grusky (Ed.), *Social stratification: Class, race, and gender in sociological perspective* (pp. 649–656). Boulder, CO: Westview Press.
Lieberson, Stanley. (1998). Causal analysis and comparative research: What can we learn from studies based on a small number of cases? In Hans-Peter Blossfeld & Gerald Prein (Eds.), *Causality, comparisons and bad practices in empirical docial research* (pp. 129–145). Boulder, CO: Westview Press.
Lin, Nan, Ensel, Walter M., & Vaughn, John E. (1981). Social resources and strength of ties: Structural factors in occupational status attainment. *American Sociological Review, 46* (4), 393–405.
Link, Jürgen. (1997). *Versuch über den Normalismus: Wie Normalität produziert wird.* Opladen: Westdeutscher Verlag.
Livingston, David W. (1998). *The education-jobs gap: Underemployment or economic democracy.* Boulder, CO: Westview Press.
Lösch, Hans, & Wahl, Klaus. (1977). *Familie und Sozialisation bei Ausländern und Obdachlosen.* München: Deutsches Jugendinstitut.
Lutz, Burkart. (1979). Die Interdependenz von Bildung und Beschäftigung und das Problem der Erklärung der Bildungsexpansion. In Joachim Matthes (Hrsg.), *Sozialer Wandel in Westeuropa* (S. 634–670). Frankfurt a.M.: Campus.
Lutz, Burkart. (1989). *Der kurze Traum immerwährender Prosperität. Eine Neuinterpretation der industriell-kapitalistischen Entwicklung im Europa des 20. Jahrhunderts.* Frankfurt a.M.: Campus.
Lutz, Burkart, & Sengenberger, Werner. (1974). *Arbeitsmarktstrukturen und öffentliche Arbeitsmarktpolitik.* Göttingen: Schwartz.

Maaz, Kai. (2001). *Konsequenzen von Ausbildungslosigkeit in unterschiedlichen Gesellschaftssystemen. Berufszugangschancen von Jugendlichen ohne Berufsausbildung in der DDR und der BRD in den 80er Jahren.* Diplomarbeit, Humboldt-Universität zu Berlin.

Mach, Bogdan W., & Solga, Heike. (1997). *Political loyalty and career mobility in the German Democratic Republic and the People's Republic of Poland.* Berlin: Max-Planck-Institut für Bildungsforschung (Arbeitsbericht 7/1997 des Projekts „Ostdeutsche Lebensverläufe im Transformationsprozeß").

Machonin, Pavel. (1970). Social stratification in contemporary Czechoslovakia. *American Journal of Sociology, 75* (5), 724–741.

MAGS NW. (1992). *Ausländer, Aussiedler und Einheimische als Nachbarn.* Wuppertal: Klüsener-Druck.

Mallet, Louis. (1998). Diploma and the labour market. In CEDEFOP (Ed.), *Agora – I: Raising the level of diplomas and their distribution on the labour market* (pp. 9–16). Thessaloniki: CEDEFOP.

Mannheim, Karl. (1940). *Man and society in an age reconstruction.* New York: Harcourt Brace & Co.

Mansel, Jürgen, & Palentien, Christian. (1998). Vererbung von Statuspositionen: Eine Legende aus vergangenen Zeiten? In Peter A. Berger & Michael Vester (Hrsg.), *Alte Ungleichheiten – Neue Spaltungen* (S. 231–253). Opladen: Leske + Budrich.

March, James G., & Olsen, Johan P. (1984). The new-institutionalism: Organizational factors in political life. *American Political Science Review, 78* (3), 734–749.

Mare, Robert D. (1980). Social background and school continuation decisions. *Journal of the American Statistical Association, 75* (370), 295–305.

Marquart, Regine. (1975). S*onderschule – und was dann? Zur Situation von Sonderschülern auf dem Arbeitsmarkt und im Beruf.* Frankfurt a.M.: Aspekte Verlag.

Marsden, Peter V., & Hurlbert, Jeanne S. (1988). Social resources and mobility outcomes: A replication and extension. *Social Forces, 66* (4), 1038–1059.

Marsh, Herbert W., & Craven, Rhonda G. (1998). The Big Fish Little Pond effect, optical illusions and misinterpretations: A response to Gross (1997). *Australasian Journal of Gifted Education, 7* (1), 16–28.

Marshall, Gordon, Swift, Adam, & Roberts, Stephen. (1997). *Against the odds? Social class and social justice in industrial societies.* Oxford: Oxford University Press.

Mayer, Karl Ulrich. (1975). *Ungleichheit und Mobilität im sozialen Bewusstsein. Untersuchungen zur Definition der Mobilitätssituation.* Opladen: Westdeutscher Verlag.

Mayer, Karl Ulrich. (1987). Lebenslaufforschung. In Wolfgang Voges (Hrsg.), *Methoden der Biographie- und Lebenslaufforschung* (S. 51–73). Opladen: Leske + Budrich.

Mayer, Karl Ulrich. (1991a). Lebenslauf und Bildung. *Unterricht, 19* (4), 313–332.

Mayer, Karl Ulrich. (1991b). Soziale Ungleichheit und die Differenzierung von Lebensverläufen. In Wolfgang Zapf (Hrsg.), *Die Modernisierung moderner Gesellschaften* (S. 667–687). Frankfurt a.M.: Campus.

Mayer, Karl Ulrich. (1994). Perspectives on systems, institutions and changes: Summary report. In CEDEFOP (Ed.), *The determinants of transitions in youth* (pp. 1–11). Berlin: CEDEFOP.

Mayer, Karl Ulrich. (1998). Lebensverlauf. In Bernhard Schäfers & Wolfgang Zapf (Hrsg.), *Handwörterbuch zur Gesellschaft Deutschlands* (S. 438–451). Opladen: Leske + Budrich.

Mayer, Karl Ulrich. (1999, May 26–28). *10 years British household panel project, 15 years German socio-economic panel and 20 years German life history study.* Paper presented at the conference „The Future of Longitudinal Analysis" on the occasion of the 10th anniversary of the Institute for Social and Economic Research, Essex, UK.

Mayer, Karl Ulrich. (2000a). Arbeit und Wissen. In Jürgen Kocka & Claus Offe (Hrsg.), *Geschichte und Zukunft der Arbeit* (S. 383–409). Frankfurt a.M.: Campus.

Mayer, Karl Ulrich. (2000b). Die Bildungsgesellschaft. In Armin Pongs (Hrsg.), *In welcher Gesellschaft leben wir eigentlich?* (Bd. 2, S. 193–218). München: Dilemma Verlag.

Mayer, Karl Ulrich, & Blossfeld, Hans-Peter. (1990). Die gesellschaftliche Konstruktion sozialer Ungleichheit im Lebensverlauf. In Peter A. Berger & Stefan Hradil (Hrsg.), *Lebenslagen, Lebensläufe, Lebensstile* (S. 297–318). Göttingen: Schwartz.

Mayer, Karl Ulrich, & Brückner, Erika. (1989). *Lebensverläufe und Wohlfahrtsentwicklung. Konzeption, Design und Methodik der Erhebung von Lebensverläufen der Geburtsjahrgänge 1929–1931, 1939–1941, 1949–1951* (Teile I–III). Berlin: Max-Planck-Institut für Bildungsforschung (Materialien aus der Bildungsforschung 35).

Mayer, Karl Ulrich, & Carroll, Glenn R. (1987). Jobs and classes: Structural constraints on career mobility. *European Sociological Review, 3* (1), 14–38.

Mayer, Karl Ulrich, & Huinink, Johannes. (1990). Alters-, Perioden- und Kohorteneffekte in der Analyse von Lebensverläufen oder: Lexis ade? In Karl Ulrich Mayer (Hrsg.), *Lebensverläufe und sozialer Wandel* (S. 442–459). Opladen: Westdeutscher Verlag (Kölner Zeitschrift für Soziologie und Sozialpsychologie, Sonderheft 31).

Mayer, Karl Ulrich, & Müller, Walter. (1989). Lebensverläufe im Wohlfahrtsstaat. In Ansgar Weymann (Hrsg.), *Handlungsspielräume* (S. 41–60). Stuttgart: Enke.

Mayer, Karl Ulrich, & Solga, Heike. (1994). Mobilität und Legitimität. Zum Vergleich der Chancenstrukturen in der alten DDR und der alten BRD oder: Haben Mobilitätschancen zu Stabilität und Zusammenbruch der DDR beigetragen? *Kölner Zeitschrift für Soziologie und Sozialpsychologie, 46* (2), 193–208.

Mayhew, Leon. (1970). Ascription in modern societies. In Edward O. Laumann, Paul M. Siegel, & Robert W. Hodge (Eds.), *The logic of social hierarchies* (pp. 308–323). Chicago: Markham Press.

McIntosh, Steven. (2000, November 9–11). *Skills and unemployment.* Paper presented at the UWWCLUS workshop Brussels, Project Paper 95-2006.
<http://www.nuff.ox.ac.uk/projects/UWWCLUS/Papers/papers.htm> (21.06.2002)

Mead, George Herbert. (1968). *Geist, Identität und Gesellschaft aus Sicht des Sozialbehaviorismus* (hrsg. von Charles Morris). Frankfurt a.M.: Suhrkamp.

Meier, Uta, & Preiß, Christine. (1995). Vor den Toren der Leistungsgesellschaft. In Deutsches Jugendinstitut (Hrsg.), *Gewalt gegen Fremde* (S. 127–148). München: DJI.

Meifort, Barbara. (2003). Die „einfachen" Tätigkeiten – Anforderungen und Qualifizierungserfordernisse aus der Sicht der Berufsbildungsforschung. In Friedrich-Ebert-Stiftung (Hrsg.), *Gering Qualifizierte – Verlierer am Arbeitsmarkt. Konzepte und Erfahrungen aus der Praxis* (S. 27–46). Bonn: Friedrich-Ebert-Stiftung (Gesprächskreis Arbeit und Soziales 101).

Mertens, Dieter. (1984). Das Qualifikationsparadox: Bildung und Beschäftigung bei kritischer Arbeitsmarktperspektive. *Zeitschrift für Pädagogik, 30* (3), 439–455.

Meyer, John W. (1994). The evolution of modern stratification systems. In David B. Grusky (Ed.), *Social stratification: Class, race, and gender in sociological perspective* (pp. 730–737). Boulder, CO: Westview Press.

Meyer, John W., & McEneaney, Elizabeth. (1999). Vergleichende und historische Reflektionen über das Curriculum. In Ivor F. Goodson, Stephan Hopmann, & Kurt Riquarts (Hrsg.), *Das Schulfach als Handlungsrahmen* (S. 177–190). Köln: Böhlau.

Meyer, John W., & Rowan, Brain. (1977). Institutionalized organizations: Formal structure as myth and ceremony. *American Journal of Sociology, 83* (2), 340–363.

Meyer, John W., & Scott, William Richard. (1983). *Organizational environments: Ritual and rationality.* Beverly Hills, CA: Sage.

Mielke, Rosemarie. (1999). *Soziale Kategorisierung und Vorurteil.* Bielefeld: Universität Bielefeld (Bielefelder Arbeiten zur Sozialpsychologie 192).

Mikl-Horke, Getraude. (2000). *Industrie- und Arbeitssoziologie.* München: Oldenbourg.

Mincer, Jacob. (1974). *Schooling, experience and earnings.* New York: Cambridge University Press.

Minssen, Heiner. (2001). Zumutung und Leitlinie. Der Fall Gruppenarbeit. *Zeitschrift für Soziologie, 30* (3), 185–198.

Modell, John, Furstenberg, Frank F., Jr., & Hershberg, Theodore. (1976). Social change and transition to adulthood in historical perspective. *Journal of Family History, 1* (1), 7–32.

Moss, Philip, & Tilly, Chris. (1995). Skills and race in hiring: Quantitative findings from face-to-face interviews. *Eastern Economic Journal, 21* (3), 357–374.

Moss, Philip, & Tilly, Chris. (2001). *Stories employers tell: Race, skill and hiring in America.* New York: Russell Sage Foundation.

Mueser, Peter. (1989). Discrimination. In John Eatwell, Murray Milgate, & Peter Newman (Eds.), *Social economics* (pp. 24–30). New York: Norton.

Mühlau, Peter, & Horgan, Justine. (2001). *Labour market status and the wage position of the low skilled: The role of institutions and of demand and supply, evidence from the international adult literacy survey.* Amsterdam: European Low-Wage Employment Research Network (LoWER Working Paper 05).

Mühlau, Peter, & Salverda, Wiemer. (1998, November 19-21). *Employment and earning effects of low-wage subsidies: The case of SPAK in the Netherlands.* Paper presented at the Conference on Policies for Low-Wage Employment and Social Exclusion in Europe, LoWER-network, Groningen, Netherlands.

Müller, Walter. (1998). Erwartete und unerwartete Folgen der Bildungsexpansion. In Jürgen Friedrichs, M. Rainer Lepsius, & Karl Ulrich Mayer (Hrsg.), *Die Diagnosefähigkeit der Soziologie* (S. 81–112). Opladen: Westdeutscher Verlag.

Müller, Walter, & Haun, Dietmar. (1994). Bildungsungleichheit im sozialen Wandel. *Kölner Zeitschrift für Soziologie und Sozialpsychologie, 46* (1), 1–42.

Müller, Walter, & Mayer, Karl Ulrich. (1976). *Chancengleichheit durch Bildung?* Stuttgart: Klett.

Müller-Benedict, Volker. (1999). Strukturelle Grenzen sozialer Mobilität. *Kölner Zeitschrift für Soziologie und Sozialpsychologie, 51,* 313–338.

Murnane, Richard, & Levy, Frank. (1996). *Teaching the new basic skills.* New York: Free Press.

Murray, Asa, & Steedman, Hilary. (1998). *Growing skills in Europe.* London: London School of Economics/Centre for Economic Performance (TSER Discussion Paper 399).

Mutz, Gerd, & Sing, Dorit. (2001). Soziale Integration durch Bürgerarbeit oder bürgerschaftliches Engagement? In Peter A. Berger & Dirk Konietzka (Hrsg.), *Die Erwerbsgesellschaft. Neue Ungleichheiten und Unsicherheiten* (S. 357–378). Opladen: Leske + Budrich (Sozialstrukturanalyse 16).

Nauck, Bernhard. (2001). *Solidarpotenziale von Migrantenfamilien. Expertise für den Gesprächskreis Migration und Integration.* Bonn: Friedrich-Ebert-Stiftung.

Neckerman, Kathryn M., & Kirschenman, Jollen. (1991). Hiring strategies, racial bias, and innercity workers: An investigation of employers' hiring decisions. *Social Problems, 38* (4), 433–447.

Negt, Oskar. (1984). *Lebendige Arbeit, enteignete Zeit. Politische und kulturelle Dimensionen des Kampfes um die Arbeitszeit.* Frankfurt a.M.: Campus.

Newman, Katherine S. (2000). Kummervolle Zeiten. *Mittelweg 36, 9* (3), 27–40.

Noller, Peter, & Vogel, Berthold. (2002, 18. Januar). *Beruflich-soziale Gefährdung. Werkstattbericht aus einem laufenden Forschungsprojekt zu befristeter Beschäftigung und Leiharbeit.* Vortrag auf dem Forschungskolloquium des SOFI, Göttingen.

North, Douglas. (1990). Institutions and their consequences for economic performance. In Karen Schweers Cook & Margaret Levi (Eds.), *The limits of rationality* (pp. 383–401). Chicago: University of Chicago Press.

Noyelle, Thierry. (1986). *Beyond industrial dualism: Market and segmentation in the new development.* Boulder, CO: Westview Press.

Noyelle, Thierry (Ed.). (1990). *Skills, wages, and productivity in the service sector.* Boulder, CO: Westview Press.

Oberste-Beulmann, Wilhelm. (2003). Verbesserte Integrationschancen von gering Qualifizierten durch Leiharbeit. In Friedrich-Ebert-Stiftung (Hrsg.), *Gering Qualifizierte – Verlierer am Arbeitsmarkt. Konzepte und Erfahrungen aus der Praxis* (S. 71–87). Bonn: Friedrich-Ebert-Stiftung (Gesprächskreis Arbeit und Soziales 101).

O'Connor, James. (1973). *The fiscal crisis of the state.* New York: St. Martin's Press.

O'Higgins, Naill. (1997). Die Herausforderung der Jugendarbeitslosigkeit. *Internationale Revue für Soziale Sicherheit, 50* (4), 67–100.

O'Higgins, Niall. (2001). *Youth unemployment and employment policy: A global perspective.* Geneva: International Labour Office.

Oberwittler, Dietrich, Blank, Thomas, Köllisch, Tilman, & Naplava, Thomas. (2001). *Soziale Lebenslagen und Delinquenz von Jugendlichen. Ergebnisse der MPI-Schulbefragung 1999 in Köln und Freiburg.* Freiburg: edition iuscrim (Arbeitsberichte des Max-Planck-Instituts 1). <http://www.iuscrim.mpg.de/forsch/onlinepub/schulbericht.pdf> (11.03.2003)

OECD – Organisation for Economic Co-operation and Development. (1999a). *Thematic review of the transition from initial education to working life: Denmark. Country Notes.* Paris: OECD.

OECD – Organisation for Economic Co-operation and Development. (1999b). *Thematic review of the transition from initial education to working life: Sweden.* Paris: OECD.

OECD – Organisation for Economic Co-operation and Development. (1999c). *Thematic review of the transition from initial education to working life: Switzerland.* Paris: OECD.

OECD – Organisation for Economic Co-operation and Development. (1999d). *Thematic review of the transition from initial education to working life: United States of America.* Paris: OECD.

OECD – Organisation for Economic Co-operation and Development. (2000a). *Education at a glance: OECD indicators 2000.* Paris: OECD.

OECD – Organisation for Economic Co-operation and Development. (2000b). *From initial education to working life: Making transitions work.* Paris: OECD.

Offe, Claus. (1975). Bildungssystem, Beschäftigungssystem und Bildungspolitik. Ansätze zu einer gesamtgesellschaftlichen Funktionsbestimmung des Bildungswesens. In Heinrich Roth & Dagmar Friedrich (Hrsg.), *Bildungsforschung* (S. 215–252). Stuttgart: Klett.

Offe, Claus. (2000). Der Niedriglohnsektor und das „Modell Deutschland". In Jürgen Schupp & Heike Solga (Hrsg.), *Niedrig entlohnt = niedrig qualifiziert? Chancen und Risiken eines Niedriglohnsektors in Deutschland.* Dokumentation der Tagungsbeiträge auf CD-ROM. Berlin: DIW/MPIfB (Nummerierung innerhalb der Beiträge). <http://www.mpib-berlin.mpg.de/en/institut/dok/full/solga/e2000.1336/index/Papers/Offe.pdf> (16.07.2001)

Oppenheimer, Valerie. (1994). Women's rising employment and the future of the family in industrial societies. *Population and Development Review, 20,* 293–342.

Osterman, Paul. (1979). The structure of the labor market for young men. In Michael J. Piore (Ed.), *Unemployment and inflation: Institutionalist and structuralist views* (pp. 186–196). White Plains, NY: M. E. Sharpe.

Osterman, Paul. (1980). *Getting started.* Cambridge, MA: MIT Press.

Osterman, Paul. (1993). Why don't „they" work? Employment patterns in a high pressure economy. *Social Science Research, 22,* 115–130.

Palley, Thomas. (1999). Arbeitslosigkeit und makroökonomische Weichenstellungen. In Sabine Lang, Margit Mayer, & Christoph Scherrer (Hrsg.), *Jobwunder USA – Modell für Deutschland* (S. 44–53). Münster: Westfälisches Dampfboot.

Papastefanou, Georgios. (1990). *Familiengründung und Lebenslauf.* Berlin: Max-Planck-Institut für Bildungsforschung (Studien und Berichte 50).

van Parijs, Philippe. (1987). A revolution in class theory. *Politics and Society, 15* (4), 453–482.

Parkin, Frank. (1979). *Marxism and class theory: A bourgeois critique.* London: Tavistock.

Parkin, Frank. (1982). Social closure and class formation. In Anthony Giddens & David Held (Eds.), *Classes, power, and conflict* (pp. 175–184). Basingstoke, UK: Macmillan.

Parrish, Thomas. (2000, November 17). *Disparities in the identification, funding, and provision of special education.* Paper presented at the conference „Minority Issues in Special Education in Public Schools" des Civil Rights Project, Harvard University, Cambridge, MA.

Parsons, Talcott. (1970). Equality and inequality in modern society, or social stratification revisited. In Edward O. Laumann (Ed.), *Social stratification: Research and theory for the 1970s* (pp. 13–72). Indianapolis, IN: Bobbs-Merill.

Parsons, Talcott. (1972). *Das System moderner Gesellschaften.* München: Juventa.

Peck, Jamie. (1999). „Help and hassle": Mittel, Motive und Methoden lokaler Workfare-Strategien. In Sabine Lang, Margit Mayer, & Christoph Scherrer (Hrsg.), *Jobwunder USA – Modell für Deutschland?* (S. 192–209). Münster: Westfälisches Dampfboot.

Pettigrew, Thomas F., & Taylor, Marylee C. (2001). Discrimination: Racial. In Neil J. Smelser & Paul B. Baltes (Eds.), *International encyclopedia of the social & behavioral sciences* (pp. 3762–3766). New York: Elsevier Science.

Pfahl, Lisa. (2003a). *Datenbericht „Jobcoaching". Zur Studie der Lebensverläufe von Schulabgängern von Sonderschulen für Lernbehinderte (NRW).* Berlin: Max-Planck-Institut für Bildungsforschung (Working Paper 1/2003 der Selbstständigen Nachwuchsgruppe „Ausbildungslosigkeit: Bedingungen und Folgen mangelnder Berufsausbildung"). <http://www.mpib-berlin.mpg.de/de/forschung/nwg/Arbeitsbericht_NWG_1_2003.pdf> (04.05.2003)

Pfahl, Lisa. (2003b). *Stigma-Management im Job-Coaching. Berufsorientierungen benachteiligter Jugendlicher.* Diplomarbeit, Freie Universität Berlin.

Phelps, Edmund. (1972). The statistical theory of racism and sexism. *American Economic Review, 62* (4), 659–661.

Picht, Georg. (1964). *Die Deutsche Bildungskatastrophe.* Olten: Walter-Verlag.

Piore, Michael J. (1975). Notes for a theory of labor market stratification. In Richard Edwards, Michael Reich, & David M. Gordon (Eds.), *Labor market segmentation* (pp. 125–150). Lexington, MA: Lexington Books.

Piore, Michael J. (1979). Introduction. In Michael J. Piore (Ed.), *Unemployment and inflation: Institutionalist and structuralist views* (pp. XI–XXX). White Plains, NY: M. E. Sharpe.

Piore, Michael J. (1994). The dual labor market: Theory and implications. In David B. Grusky (Ed.), *Social stratification: Class, race, and gender in sociological perspective* (pp. 359–361). Boulder, CO: Westview Press.

Planas, Jordi. (1999). Strategien und Optionen für eine allgemeine Mindestlernplattform: Welche Pflichtschule mit welchen Lehrplänen benötigen wir? Der Weg zu einer allgemeinen Mindestlernplattform. In CEDEFOP (Hrsg.), *Agora – IV: Gering qualifizierte Personen am Arbeitsmarkt. Ausblick und politische Optionen* (S. 67–73). Thessaloniki: CEDEFOP.

Plath, Hans-Eberhard. (2000). Arbeitsanforderungen im Wandel, Kompetenzen für die Zukunft. *Mitteilungen aus der Arbeitsmarkt- und Berufsforschung, 33* (4), 583–593.

Portes, Alejandro, & Jensen, Leif. (1989). The enclave and the entrants: Patterns of ethnic enterprise in Miami before and after mariel. *American Sociological Review, 54* (6), 929–949.

Postel, Christian. (1990). Statement. In Henning Schierholz (Hrsg.), *Berufsausbildung für lernbeeinträchtigte und sozial benachteiligte Jugendliche* (S. 33–38). Loccum: Evangelische Akademie (Loccumer Protokolle 17).

Powell, Justin. (2004). *Barriers to inclusion: The institutionalisation of special education in Germany and the United States.* Dissertation, Freie Universität Berlin.

Preiß, Christine. (2003). Jugend ohne Zukunft? Probleme der beruflichen Integration. In Lothar Lappe (Hrsg.), *Fehlstart in den Beruf? Jugendliche mit Schwierigkeiten beim Einstieg ins Arbeitsleben* (S. 51–69). München: Deutsches Jugendinstitut.

Prengel, Annedore. (1995). *Pädagogik der Vielfalt. Verschiedenheit und Gleichberechtigung in Interkultureller, Feministischer und Integrativer Pädagogik* (2. Aufl.). Opladen: Leske + Budrich.

Price, Charles. (1969). The study of assimilation. In John Archer Jackson (Ed.), *Migration* (pp. 181–237). Cambridge, UK: Cambridge University Press.

Prognos. (1993). *Prognos Deutschland Report Nr. 1. Die Bundesrepublik Deutschland 2000 – 2005 – 2010.* Basel: Prognos.

Pütz, Helmut. (1995). Berufliche Qualifizierung von „lernschwachen" jungen Menschen in Deutschland. *Europäische Zeitschrift „Berufsbildung", 6,* 16–22.

Pütz, Helmut. (1996). Eigene Ausbildungsgänge für besonders leistungsschwache Jugendliche. *Berufsbildung in Wissenschaft und Praxis, 2,* 3–9.

Reder, M. W. (1966). Discussion. In Robert Aaron Gordon & Margaret S. Gordon (Eds.), *Prosperity and unemployment* (pp. 308–313). New York: Wiley.

Reinberg, Alexander. (1999). Der qualifikatorische Strukturwandel auf dem deutschen Arbeitsmarkt. *Mitteilungen aus der Arbeitsmarkt- und Berufsforschung, 32* (4), 434–447.

Reinberg, Alexander, & Hummel, Markus. (2002). *Qualifikationsspezifische Arbeitslosenquoten – reale Entwicklung oder statistisches Artefakt?* Nürnberg: Institut für Arbeitsmarkt- und Berufsforschung (IAB-Werkstattbericht 4).

Reinberg, Alexander, & Rauch, Angela. (1998). *Bildung und Arbeitsmarkt: Der Trend zur höheren Qualifikation ist ungebrochen.* Nürnberg: Institut für Arbeitsmarkt- und Berufsforschung (IAB-Werkstattbericht 15).

Reinberg, Alexander, & Walwei, Ulrich. (2000). *Qualifizierungspotenziale von „Nicht-formal-Qualifizierten".* Nürnberg: Institut für Arbeitsmarkt- und Berufsforschung (IAB-Werkstattbericht 10).

Reitz, Jeffrey G. (2001a). *Immigrant skill utilization in the Canadian labour market: Implication of human capital research.* Cambrigde, MA: Harvard University, Weatherhead Centre for International Relations and Department of Sociology (Manuskript).

Reitz, Jeffrey G. (2001b). *Immigrant success and the expansion of education in American and Canadian cities, 1970–1990.* Cambrigde, MA: Harvard University, Weatherhead Centre for International Relations and Department of Sociology (Manuskript).

Reskin, Barbara F. (2000a). Getting it right: Sex and race inequality in work organizations. *Annual Review of Sociology, 26* (1), 707–709.

Reskin, Barbara F. (2000b). The proximate causes of employment discrimination. *American Sociological Review, 29* (2), 319–328.

Riede, Thomas, & Emmerling, Dieter. (1994). Analysen zur Freiwilligkeit der Auskunftserteilung im Mikrozensus. *Wirtschaft und Statistik, 46* (9), 733–742.

Riesman, Daniel. (1967/1997). Notes on meritocracy. In Daniel Bell & Stephen R. Graubard (Eds.), *Toward the year 2000: Work in progress* (pp. 265–276). Cambridge, MA: MIT Press.

Rifkin, Jeremy. (1996). *The end of work.* New York: Campus.

Rijken, Susanne. (1999). *Educational expansion and status attainment: A cross-national and over-time comparison.* Amsterdam: Thesis Publisher.

Riley, John G. (1976). Information, screening and human capital. *The American Economic Review, 66* (2), 254–260.

Ritsert, Jürgen. (2001). *Soziologie des Individuums. Eine Einführung.* Darmstadt: Wissenschaftliche Buchgesellschaft.

Roberts, Kenneth. (1997). Youth training. In Helen Jones (Ed.), *Towards a classless society* (pp. 72–95). London: Routlegde.

Roemer, John E. (1982a). *A general theory of exploitation and class.* Cambridge, MA: Harvard University Press.

Roemer, John E. (1982b). New directions in the Marxian theory of exploitation and class. *Politics & Society, 11* (3), 253–287.

Roos, Patricia A. (1999). Revisiting inequality (Book Review „Durable inequality" by Charles Tilly). *Contemporary Sociology, 28* (1), 26–29.

Rose, Richard. (1990). *What's new in youth employment policy? From producing jobs to producing training.* Berlin: Wissenschaftszentrum Berlin für Sozialforschung (WZB Discussion Papers 90-001).

Rosen, Sherwin. (1989). Human capital. In John Eatwell, Murray Milgate, & Peter Newman (Eds.), *Social economics* (pp. 136–155). New York: Norton.

Rosenbaum, James E. (1979). Tournament mobility: Career patterns in a corporation. *Administrative Science Quarterly, 24,* 220–241.

Rosenbaum, James E., & Binder, Amy. (1997). Do employers really need more educated youth? *Sociology of Education, 70* (1), 68–85.

Rosenfeld, Rachel, & Trappe, Heike. (2002). Occupational sex segregation in state socialist and market economies: Levels, patterns, and change in East and West Germany, 1980s and 1998. In Kevin T. Leicht (Ed.), *The future of market transition: Research in social stratification and mobility* (Vol. 19, pp. 231–267). Oxford, UK: Elsevier Science.

Rosenholtz, Susan J., & Simpson, Carl. (1984). The formation of ability conceptions: Developmental trend or social construction. *Review of Educational Research, 54* (1), 31–63.

Rothschild, Kurt W. (1978). Arbeitslose: Gibt's die? *Kyklos, 31* (1), 21–35.

Rousseau, Jean-Jacques. (1755/2000). *Abhandlung von dem Ursprung der Ungleichheit unter den Menschen* (hrsg. von Ursula Goldenbaum). Weimar: Verlag Hermann Böhlaus.

Rubery, Jill. (1978). Structured labour markets, worker organisation and low pay. *Cambridge Journal of Economics, 2* (1), 17–36.

Rubery, Jill, & Wilkinson, Frank. (1981). Work and segmented labour markets. In Frank Wilkinson (Ed.), *The dynamics of labour market segmentation* (pp. 115–132). London: Athlone Press.

Rudolph, Helmut, & Schröder, Esther. (1997). Arbeitnehmerüberlassung: Trends und Einsatzlogik. *Mitteilungen aus der Arbeitsmarkt- und Berufsforschung, 31* (1), 102–126.

Rueschemeyer, Dietrich, & Mahoney, James. (2000). A neo-utilitarian theory of class. *American Journal of Sociology, 105* (6), 1583–1591.

Rumberger, Russell W. (2001). *Why students drop out of school and what can be done.* Harvard Civil Rights Project.
<http://www.civilrightsproject.harvard.edu/research/dropouts/rumberger.pdf> (20.11.2002)

Runia, Peter. (2002). *Arbeitsmarkt und soziales Kapital. Eine komprimierte Darstellung theoretischer Grundlagen und empirischer Befunde.* Duisburg: Institut für Soziologie der Gerhard-Mercator-Univerität Duisburg (Duisburger Beiträge zur soziologischen Forschung 1).

Russell, Helen, & O'Connell, Philip J. (2001). Getting a job in Europe: The transition from unemployment to work among young people in nine European countries. *Work, Employment & Society, 15* (1), 1–24.

Rutter, Michael. (1997). Nature-nurture integration: The example of antisocial behavior. *American Psychologist, 52* (4), 390–398.

Rützel, Josef. (1997). Berufliche Bildung und Benachteiligte. Strukturelle Entwicklungen und Perspektiven der Förderung. In Werner Stark, Thilo Fitzner, & Christoph Schubert (Hrsg.), *Lernschwächere Jugendliche im Übergang zum Beruf* (S. 72–88). Stuttgart: Klett.

Salancik, Gerald Richard. (1977). Commitment is too easy. *Organizational Dynamics, 6* (1), 62–80.

Salt, John. (2001). Europe's migration field. In Bundesinstitut für Bevölkerungsforschung (Ed.), *Demographic and cultural specificity and integration of migrants* (pp. 13–43). Wiesbaden: BiB (Materialien zur Bevölkerungswissenschaft 103).

Scarr, Sandra. (1996). How people make their own environments: Implications for parents and policy makers. *Psychology, Public Policy, and Law, 2* (2), 204–228.

Schäfer, Claus. (2000). Neue Arbeitsplätze durch mehr oder weniger Niedriglöhne? In Claus Schäfer (Hrsg.), *Geringere Löhne – mehr Beschäftigung? Niedriglohn-Politik* (S. 7–19). Hamburg: VSA-Verlag.

Scharpf, Fritz. (1993). Von der Finanzierung der Arbeitslosigkeit zur Subventionierung niedriger Erwerbseinkommen. *Gewerkschaftliche Monatshefte, 44,* 433–443.

Schelsky, Helmut. (1962). *Schule und Erziehung in der industriellen Gesellschaft* (4. Aufl.). Würzburg: Werkbund-Verlag.

Scherrer, Christoph. (2002). Vorbild USA: New Economy und Jobwunder. In Stefan Beck, Gülay Caglar, & Christoph Scherrer (Hrsg.), *Nach der New Economy. Perspektiven der deutschen Wirtschaft* (S. 25–35). Münster: Westfälisches Dampfboot.

Schierholz, Henning (Hrsg.). (1994). *Einfach-Arbeitsplätze fallen weg – was wird aus den jungen Menschen?* Loccum: Evangelische Akademie (Loccumer Protokolle 52).

Schlaffke, Wilhelm. (1972). *Akademisches Proletariat.* Osnabrück: Fromm-Verlag.

Schmachtenberg, Rolf. (2003). Neue Perspektiven für gering Qualifizierte? Zu den Vorschlägen der Hartz-Kommission. In Friedrich-Ebert-Stiftung (Hrsg.), *Gering Qualifizierte – Verlierer am Arbeitsmarkt. Konzepte und Erfahrungen aus der Praxis* (S. 111–125). Bonn: Friedrich-Ebert-Stiftung (Gesprächskreis Arbeit und Soziales 101).

Schmid, Günther. (2002). *Wege in eine neue Vollbeschäftigung. Übergangsmärkte und aktivierende Arbeitsmarktpolitik.* Frankfurt a.M.: Campus.

Schmidt, Gert. (1999). Kein Ende der Arbeitsgesellschaft. In Gert Schmidt (Hrsg.), *Kein Ende der Arbeitsgesellschaft* (S. 9–28). Berlin: edition sigma.

Schober-Gottwald, Karen. (1976). Jugendliche ohne Berufsausbildung. Eine Literaturstudie unter besonderer Berücksichtigung bestehender und neu zu konzipierender Lösungsansätze und Maßnahmen. *Mitteilungen aus der Arbeitsmarkt- und Berufsforschung, 9* (2), 174–196.

Schreiber-Kittl, Maria, & Schröpfer, Haike. (2002). *Abgeschrieben? Ergebnisse einer empirischen Untersuchung über Schulverweigerer.* München: Deutsches Jugendinstitut.

Schreyer, Franziska. (2000). *„Unsichere" Beschäftigung trifft vor allem die Niedrigqualifizierten.* Nürnberg: Institut für Arbeitsmarkt- und Berufsforschung (IAB-Kurzbericht 15).

Schreyer, Franziska. (2001). „Unsichere" Beschäftigung und berufliche Qualifikation. Ein Blick auf Erwerbsarbeit jenseits des Normalarbeitsverhältnisses. In Werner Dostal, Klaus Parmentier, Hannelore Plicht, Angela Rauch, & Franziska Schreyer (Hrsg.), *Wandel der Erwerbsarbeit: Qualifikationsverwertung in sich verändernden Arbeitsstrukturen* (S. 147–172). Nürnberg: Institut für Arbeitsmarkt- und Berufsforschung (Beiträge zur Arbeitsmarkt- und Berufsforschung 246).

Schröder, Esther. (1998). Arbeitnehmerüberlassung in Deutschland – Entwicklung der gesetzlichen Regulierung und empirischen Bedeutung. In Jürgen Schupp, Felix Büchel, Martin Diewald, & Roland Habich (Hrsg.), *Arbeitsmarktstatistik zwischen Realität und Fiktion* (S. 183–209). Berlin: edition sigma.

Schroer, Markus. (2001). Die im Dunkeln sieht man doch. Inklusion, Exklusion und die Entdeckung der Überflüssigen. *Mittelweg 36, 19* (5), 33–48.

Schumann, Karl F., Gerken, Jutta, & Seus, Lydia. (1991). *„Ich wußt' ja selber, daß ich nicht grad der Beste bin ...". Zur Abkühlungsproblematik bei Mißerfolg im schulischen und beruflichen Bildungssystem.* Bremen: Universität Bremen (Arbeitspapier 12 des Sfb 186 „Statuspassagen und Risikolagen im Lebensverlauf").

Schüssler, Reinhard, Spiess, Katharina, Wendland, Daniela, & Kukuk, Martin. (1999). *Quantitative Projektion des Qualifikationsbedarfs bis 2010.* Nürnberg: Institut für Arbeitsmarkt- und Berufsforschung (Beiträge zur Arbeitsmarkt- und Berufsforschung 221).

Schwalbe, Michael. (2000). Charting future sociology: Inequality mechanisms, intersections, and global change. *Contemporary Sociology, 29* (6), 775–781.

Schweikert, Klaus, Grieger, Dorothea, Waninger, Wolf, Seifert, Hartmut, Moenikes, Wolfgang, Schmidt-Hackenberg, Dietrich, & Gaertner, Fritz. (1976). *Jugendliche ohne Berufsausbildung – ihre Herkunft, ihre Zukunft* (2. Aufl.). Hannover: Schroedel.

Secord, Paul F., & Backman, Carl W. (1977). *Sozialpsychologie. Ein Lehrbuch für Psychologen, Soziologen, Pädagogen* (2. Aufl.). Frankfurt a.M.: Fachbuchhandlung für Psychologie.

Sehringer, Roswitha. (1989). *Betriebliche Strategien der Personalrekrutierung.* Frankfurt a.M.: Campus.

Seifert, Wolfgang. (1992). Die zweite Ausländergeneration in der Bundesrepublik. Längsschnittbeobachtungen in der Berufseinstiegsphase. *Kölner Zeitschrift für Soziologie und Sozialpsychologie, 44* (4), 677–696.

Selhofer, Hannes. (2000). Skills shortage vs. job creation: A review of empirical evidence on the issue of ICTs and employment. *DIW-Vierteljahreshefte zur Wirtschaftsforschung, 69* (4), 510–526.

Sen, Amartya. (1986). Behavior and the concept of preference. In Jon Elster (Ed.), *Rational choice* (pp. 60–81). Oxford, UK: Basil Blackwell.

Sengenberger, Werner (Hrsg.). (1978). *Der gespaltene Arbeitsmarkt.* Frankfurt a.M.: Campus.

Sengenberger, Werner. (1986). Mangelnde Flexibilität auf dem Arbeitsmarkt als Ursache der Arbeitslosigkeit? In Hans-Jürgen Krupp, Bernd Rohwer, & Kurt W. Rothschild (Hrsg.), *Wege zur Vollbeschäftigung* (S. 91–106). Freiburg i.Br.: Verlag Rombach.

Sengenberger, Werner. (1987). *Struktur und Funktionsweise von Arbeitsmärkten.* Frankfurt a.M.: Campus.

Sengenberger, Werner. (1994). Das amerikanische Beschäftigungssystem – dem deutschen überlegen? *Wirtschaftsdienst, 64* (8), 400–406.

Shackleton, J. R. (Ed.). (1995). *Training for employment in Western Europe and the United States.* Aldershot, UK: Edward Elgar.

Shavit, Yossi, & Blossfeld, Hans-Peter (Eds.). (1993). *Persistent inequality: Changing educational attainment in thirteen countries.* Boulder, CO: Westview Press.

Shavit, Yossi, & Müller, Walter (Eds.). (1998). *From school to work: A comparative study of educational qualifications and occupational destinations.* Oxford, UK: Clarendon Press.

Shavit, Yossi, & Müller, Walter. (2000). Vocational secondary education: Where diversion and where safety net? *European Societies, 2* (1), 29–50.

Siebert, Horst. (1996). *Hundert Punkte für mehr Beschäftigung.* Kiel: Institut für Weltwirtschaft (Kieler Diskussionsbeiträge 264).

Simmel, Georg. (1908/1958). *Soziologie. Über die Formen der Vergesellschaftung* (Gesammelte Werke, Bd. 2, 4. Aufl.). Berlin: Duncker & Humblot.

Simon, Herbert A. (1991). Organizations and markets. *Journal of Economic Perspectives, 5* (2), 25–44.

Sitte, Ralf. (1998). Wer nicht genug verdient, dem soll gegeben werden. *Gewerkschaftliche Monatshefte, 49,* 36–47.

Smith, Adam. (1776/1974). *Der Wohlstand der Nationen.* München: Deutscher Taschenbuch Verlag. [Originalarbeit erschienen London 1776]

Smyth, Emer. (1999). Pupil performance, absenteeism and school dropout: A multidimensional analysis. *School Effectiveness and School Improvement, 10* (4), 480–502.

Solga, Heike. (1996). Lebensverläufe und historischer Wandel in der ehemaligen DDR. *ZA-Information, 38,* 28–38.

Solga, Heike. (2000). *Displacement or selection? Two explanations for the increasing vulnerability of less-educated persons.* Berlin: Max-Planck-Institut für Bildungsforschung (Working Paper 2/2000 der Selbstständigen Nachwuchsgruppe „Ausbildungslosigkeit: Bedingungen und Folgen mangelnder Berufsausbildung"). <http://www.mpib-berlin.mpg.de/en/forschung/nwg/NWG.Solga-WP2=2000.pdf> (16.09.2001)

Solga, Heike. (2001). Longitudinal surveys and the study of occupational mobility. *Quality & Quantity, 35* (3), 291–309.

Solga, Heike. (2002a). *Ausbildungslose und ihre Ausgrenzung.* Berlin: Max-Planck-Institut für Bildungsforschung (Working Paper 4/2002 der Selbstständigen Nachwuchsgruppe „Ausbildungslosigkeit: Bedingungen und Folgen mangelnder Berufsausbildung"). <http://www.mpib-berlin.mpg.de/de/forschung/nwg/NWG_solga_WP4_2002.pdf> (17.10.2002)

Solga, Heike. (2002b). „Ausbildungslosigkeit" als soziales Stigma in Bildungsgesellschaften. *Kölner Zeitschrift für Soziologie und Sozialpsychologie, 54* (3), 476–505.

Solga, Heike. (2003a). Jugendliche ohne Schulabschluss und ihre Wege in den Arbeitsmarkt. In Kai S. Cortina, Jürgen Baumert, Achim Leschinsky, Karl Ulrich Mayer, & Luitgard Trommer (Hrsg.), *Das Bildungswesen in der Bundesrepublik Deutschland. Strukturen und Entwicklungen im Überblick* (S. 710–754). Reinbek: Rowohlt.

Solga, Heike. (2003b). *Ohne Abschluss in die Bildungsgesellschaft.* Habilitationsschrift, Freie Universität Berlin.

Solga, Heike. (2004). Ausgrenzungsgefahren trotz Integration – Die Übergangsbiografien von Jugendlichen ohne Schulabschluss. In Steffen Hillmert & Karl Ulrich Mayer (Hrsg.), *Geboren 1964 und 1971. Neuere Untersuchungen zu Ausbildungs- und Berufschancen in Westdeutschland* (S. 39–63). Wiesbaden: VS Verlag für Sozialwissenschaften.

Solga, Heike, & Konietzka, Dirk. (1999). Occupational matching and social stratification: Theoretical insights and empirical observations taken from a German-German comparison. *European Sociological Review, 15* (1), 25–47.

Solga, Heike, & Konietzka, Dirk. (2000). Das Berufsprinzip des deutschen Arbeitsmarktes: Ein geschlechtsneutraler Allokationsmechanismus? *Schweizerische Zeitschrift für Soziologie, 26* (1), 111–147.

Solga, Heike, & Wagner, Sandra. (2001). Paradoxie der Bildungsexpansion: Die doppelte Benachteiligung von Hauptschülern. *Zeitschrift für Erziehungswissenschaft, 4* (1), 107–127.

Sørensen, Aage B. (1977). The structure of inequality and the process of attainment. *American Sociological Review, 42* (6), 965–978.

Sørensen, Aage B. (1979). A model and a metric for the analysis of the intragenerational status attainment process. *American Journal of Sociology, 85* (2), 361–384.

Sørensen, Aage B. (1983). Processes of open and closed positions in social structure. *Zeitschrift für Soziologie, 12* (3), 203–224.

Sørensen, Aage B. (1994a). The basic concepts of stratification research: Class, status, and power. In David B. Grusky (Ed.), *Social stratification: Class, race, and gender in sociological perspective* (pp. 229–241). Boulder, CO: Westview Press.

Sørensen, Aage B. (1994b, September 16–19). *The effect of opportunities and training on careers.* Paper presented at the workshop of „Network on Transitions in Youth", Seelisberg, Schweiz.

Sørensen, Aage B. (1996). The structural basis of social inequality. *American Journal of Sociology, 101* (5), 1333–1365.

Sørensen, Aage B. (1998). *Employment relations and class structure.* Unpublished manuscript, Harvard University, Department of Sociology, Cambridge, MA.

Sørensen, Aage B. (1999). *Statistical models and mechanisms of social processes.* Unpublished manuscript, Harvard University, Department of Sociology, Cambridge, MA.

Sørensen, Aage B. (2000). Symposium on class analysis: Toward a sounder basis for class analysis. *American Journal of Sociology, 105* (6), 1523–1558.

Sørensen, Aage B., & Blossfeld, Hans-Peter. (1989). Socioeconomic opportunities in Germany in the post-war period. *Research in Social Stratification and Mobility, 8,* 85–106.

Sørensen, Aage B., Dumais, Susan A., & Morgan, Stephen L. (1999). S*chool, learning and educational opportunity: A replication of the main conclusions of the equality of educational opportunity report.* Unpublished manuscript, Harvard University, Department of Sociology, Cambridge, MA.

Sørensen, Aage B., & Kalleberg, Arne L. (1981). An outline of a theory of matching persons to jobs. In Ivar Berg (Ed.), *Sociological perspectives on labor markets* (pp. 49–74). New York: Academic Press.

Sørensen, Aage B., & Kalleberg, Arne L. (1994). An outline of a theory of matching persons to jobs. In David B. Grusky (Ed.), *Social stratification: Class, race, and gender in sociological perspective* (pp. 362–369). Boulder, CO: Westview Press.

Soskice, David. (1994). Reconciling markets and institutions: The German apprenticeship system. In Lisa M. Lynch (Ed.), *Training and the private sector: International comparisons* (pp. 25–60). Chicago: University of Chicago Press.

Spence, Michael A. (1973). Job market signaling. *Quarterly Journal of Economics, 87* (3), 355–379.

Spence, Michael A. (1974). *Market signaling: Informational transfer in hiring and related screening processes.* Cambridge, MA: Harvard University Press.

Spermann, Alexander. (1999). Job creation in the low-wage sector: The role of employment subsides. In Franz Schober, Kishida Tamiki, & Yuko Arayama (Hrsg.), *Schriften zu Regional- und Verkehrsproblemen in Industrie- und Entwicklungsländern* (Bd. 65, S. 65–75). Berlin: Duncker & Humblot.

Stanback, Howard (1989). Race and economics. In John Eatwell, Murray Milgate, & Peter Newman (Eds.), *Social economics* (pp. 215–218). New York: Norton.

Statistisches Jahrbuch 1996. (1996). Hrsg. vom Statistischen Bundesamt, Wiesbaden.

Stauber, Barbara, & Walther, Andreas. (1999). *Institutionelle Risiken sozialer Ausgrenzung im deutschen Übergangssystem.* Nationaler Bericht für Deutschland zum TSER-Projekt „Misleading trajectories". Tübingen: IRIS e.V. <http://www.iris-egris.de/pdfs/tser-bericht-deutschland.pdf> (30.09.2002)

Stauber, Barbara, & Walther, Andreas. (2000). *Avoiding misleading trajectories: Transition dilemmas of young adults in Europe.* Tübingen: IRIS e.V. <http://www.nuff.ox.ac.uk/projects/UWWCLUS/Papers/papers.htm> (30.09.2002)

Steele, Claude M. (1997). How stereotypes shape intellectual identity and performance. *American Psychologist, 52* (6), 613–629.

Steffen, Johannes. (2000). Alcatraz. Gefangen im Sozialstaat. In Claus Schäfer (Hrsg.), *Geringere Löhne – mehr Beschäftigung? Niedriglohn-Politik* (S. 114–143). Hamburg: VSA-Verlag.

Stegmann, Heinz. (1981). Ausländische Jugendliche zwischen Schule und Beruf. *Mitteilungen aus der Arbeitsmarkt- und Berufsforschung, 14* (1), 1–10.

Stellungnahme des Instituts für Arbeitsmarkt- und Berufsforschung (IAB) der Bundesanstalt für Arbeit. (2002). Öffentliche Anhörung des Innenausschusses des Deutschen Bundestages am Mittwoch, den 16. Januar 2002 in Berlin. <http://www.dbein.bndlg.de/schily/docs/IAB_ZuwGE_0102.doc> (18.02.2003)

Stigler, George Joseph. (1962). Information in the labor market. *Journal of Political Economy, 70* (5), 94–105.

Stiglitz, Joseph E. (1975). The theory of „screening", education, and the distribution of income. *American Economic Review, 65* (3), 283–300.

Stinchcombe, Arthur L. (1965). Social structure and organizations. In James G. March (Ed.), *Handbook of organizations* (pp. 142–193). Chicago: Rand McNally.

Stinchcombe, Arthur L. (1979). Social mobility in industrial labor markets. *Acta Sociologica, 22* (3), 217–254.

Stinchcombe, Arthur L. (1987). *Constructing social theories.* Chicago: University of Chicago Press.

Stöcker, Fritz. (1990). Entwicklungstendenzen im System der Berufsausbildung unter besonderer Berücksichtigung ihrer Auswirkungen auf lernbeeinträchtigte und sozial benachteiligte Jugendliche. In Henning Schierholz (Hrsg.), *Berufsausbildung für lernbeeinträchtigte und sozial benachteiligte Jugendliche* (S. 8–19). Loccum: Evangelische Akademie (Loccumer Protokolle 17).

Storz, Michael. (1997). Schöne neue Arbeitswelt. Anmerkungen zur beruflichen (Teil-)Integration von marktbenachteiligten Jugendlichen und jungen Erwachsenen in post-industrieller Zeit. *Zeitschrift für Heilpädagogik, 48* (10), 398–405.

Strikker, Frank. (1991). *Benachteiligte im Berufsbildungssystem – Strukturen, Ursachen, künftige Entwicklung und Maßnahmen.* Diskussionspapiere der Enquete-Kommission „Zukünftige Bildungspolitik – Bildung 2000" des 11. Deutschen Bundestages. Bonn: Ausschuss für Bildung und Wissenschaft des Deutschen Bundestages.

Strober, Mary H. (1989). Occupational segregation. In John Eatwell, Murray Milgate, & Peter Newman (Eds.), *Social economics* (pp. 200–203). New York: Norton.

Szelenyi, Szonja. (1988). *Social mobility and class structure in Hungary and the United States.* Dissertation, University of Wisconsin, Madison.

Tanner, James M. (1994). Introduction: Growth in height as a mirror of the standard of living. In John Komlos (Ed.), *Stature, living standards, and economic development: Essays in anthropometric history* (pp. 1–6). Chicago: University of Chicago Press.

Teichler, Ulrich. (1974). Struktur des Hochschulwesens und „Bedarf" an sozialer Ungleichheit. *Mitteilungen aus der Arbeitsmarkt- und Berufsforschung, 8* (3), 197–209.

Teichler, Ulrich. (1976). *Das Dilemma der modernen Bildungsgesellschaft.* Stuttgart: Klett.

Teichler, Ulrich, Hartung, Dirk, & Nuthmann, Reinhard. (1976). *Hochschulexpansion und Bedarf der Gesellschaft. Wissenschaftliche Erklärungsansätze, bildungspolitische Konzeptionen und internationale Entwicklungstendenzen.* Stuttgart: Klett.

Tepperman, Lorne, & Djao, Angela. (1990). *Choices and chances.* New York: Harcourt Brace Jovanovich.

Tessaring, Manfred. (1995). *Perspektiven von Qualifikation und Erwerbsarbeit.* Referat im Rahmen des Symposiums „Arbeit und Qualifizierung im Wandel – eine regionale Initiative für Mittelfranken", 21.7.1995. Unveröff. Manuskript, Institut für Arbeitsmarkt- und Berufsforschung, Nürnberg.

Tessaring, Manfred. (1998). *Training for a changing society: A report on current vocational education and training research in Europe 1998* (Reference document). Thessaloniki: CEDEFOP.

Thurow, Lester C. (1966). Discussion. In Robert Aaron Gordon & Margaret S. Gordon (Eds.), *Prosperity and unemployment* (pp. 256–262). New York: Wiley.

Thurow, Lester C. (1972). Education and economic inequality. *The Public Interest, 28,* 66–81.

Thurow, Lester C. (1975). *Generating inequality.* New York: Basic Books.

Thurow, Lester C. (1979). A job competition model. In Michael J. Piore (Ed.), *Unemployment and inflation* (pp. 17–32). New York: M. E. Sharpe.

Thurow, Lester C. (1999). *Building wealth: The new rules for individuals, companies, and nations in a knowledge-based economy.* New York: HarperCollinsPublishers.

Tillmann, Klaus-Jürgen, & Meier, Ulrich. (2001). Schule, Familie und Freunde – Erfahrungen von Schülerinnen und Schülern in Deutschland. In Jürgen Baumert, Eckhard Klieme, Michael Neubrand, Manfred Prenzel, Ulrich Schiefele, Wolfgang Schneider, Petra Stanat, Klaus-Jürgen Tillmann, & Manfred Weiß (Hrsg.), *PISA 2000. Basiskompetenzen von Schülerinnen und Schülern im internationalen Vergleich* (S. 468–509). Opladen: Leske + Budrich.

Tilly, Charles. (1998). *Durable inequality.* Berkeley, CA: University of California Press.

Titze, Hartmut. (1999). Wie wächst das Bildungssystem? *Zeitschrift für Pädagogik, 45* (1), 103–120.

Trappe, Heike, & Rosenfeld, Rachel. (2001). Geschlechtsspezifische Segregation in der DDR und der BRD. Im Verlauf der Zeit und im Lebensverlauf. In Bettina Heintz (Hrsg.), *Geschlechtersoziologie* (S. 152–181). Wiesbaden: Westdeutscher Verlag (Kölner Zeitschrift für Soziologie und Sozialpsychologie, Sonderband 41).

Treiman, David. (1970). Industrialization and social stratification. In Edward O. Laumann (Ed.), *Social stratification: Research and theory for the 1970s* (pp. 207–234). Indianapolis, IN: Bobbs-Merill.

Troll, Lothar. (2000a). *Arbeitsmittel in Deutschland: Teil 1. Moderne Technik bringt neue Vielfalt in die Arbeitswelt.* Nürnberg: Institut für Arbeitsmarkt- und Berufsforschung (IAB-Kurzbericht 6).

Troll, Lothar. (2000b). *Arbeitsmittel in Deutschland: Teil 2. Moderne Technik kommt heute überall gut an.* Nürnberg: Institut für Arbeitsmarkt- und Berufsforschung (IAB-Kurzbericht 7).

Troltsch, Klaus. (o.J.). *Migranten und Migrantinnen in Deutschland. Ein Vergleich zu Bildungsbeteiligung und -chancen junger Erwachsener mit Migrationshintergrund.* <http://www.bibb.de/publikat/arbmat/migrant/migr_troltsch.pdf> (13.03.2003)

Tully, Claus J., & Wahler, Peter. (1985). Jugend und Ausbildung – Von der Statuspassage zur Übergangsbiographie mit „open end". *Schweizerische Zeitschrift für Soziologie, 11* (2), 191–212.

Turner, Ralph H. (1964). *The social context of ambition.* San Francisco: Chandler.

Turner, Ralph H. (1994). Sponsored and contest mobility and the school system. In David B. Grusky (Ed.), *Social stratification: Class, race, and gender in sociological perspective* (pp. 260–264). Boulder, CO: Westview Press.

Twardy, Martin (Hrsg.). (1992). *Neue Ausbildungskonzepte im Handwerk. Erster Zwischenbericht des Modellversuchs zur Ausbildung Jugendlicher ohne Hauptschulabschluß.* Köln: Kommissionsverlag Adalbert Carl.

Ulrich, Joachim Gerd. (1996). Attributionstheoretische Anmerkungen zur Evaluierung beruflicher Lernorte und Beratungsinstitutionen durch Jugendliche. In Maria Gaworik & Karen Schober (Hrsg.), *Berufswahl: Sozialisations- und Selektionsprozesse an der ersten Schwelle* (S. 269–285). Nürnberg: Institut für Arbeitsmarkt- und Berufsforschung (Beiträge aus der Arbeitsmarkt- und Berufsforschung 202).

Ulrich, Joachim Gerd. (2003). Benachteiligung – was ist das? Theoretische Überlegungen zu Stigmatisierung, Marginalisierung und Selektion. In Lothar Lappe (Hrsg.), *Fehlstart in den Beruf? Jugendliche mit Schwierigkeiten beim Einstieg ins Arbeitsleben* (S. 21–35). München: Deutsches Jugendinstitut.

U.S. Department of Education, National Center for Education Statistics. (2000). *Dropout rates in the United States: 1999* (NCES 2001-022, by Phillip Kaufman, Jin Y. Kwon, Steve Klein, & Christopher D. Chapman). Washington, DC: U.S. Department of Education.

Verfassungsschutzbericht 2002. (2003). Hrsg. vom Bundesministerium des Innern, Berlin.

Vollmer, Hendrik. (1996). Die Institutionalisierung lernender Organisationen. *Soziale Welt, 47* (3), 315–343.

Vorstand der SPD. (2001). *Beschlüsse des Parteitages der SPD in Nürnberg, 19. bis 22. November 2001.* Berlin: Vorstand der SPD, Referat Parteiorganisation. <http://www.spd.de/servlet/PB/show/1010138/beschlussbuch.pdf> (10.09.2002)

Wagner, Michael. (1996). Lebensverläufe und gesellschaftlicher Wandel: Die westdeutschen Teilstudien. *ZA-Information, 38,* 20–38.

Wagner, Michael. (1997). *Scheidung in Ost- und Westdeutschland. Zum Verhältnis von Ehestabilität und Sozialstruktur seit den 30er Jahren.* Frankfurt a.M.: Campus.

Wagner, Sandra. (in Druck). *Jugendliche ohne Berufsausbildung. Eine Längsschnittstudie zum Einfluss von Schule, Herkunft und Geschlecht auf ihre Bildungschancen.* Aachen: Shaker.

Waldinger, Roger. (1995). The „other side" of embeddedness: A case-study of the interplay between economy and ethnicity. *Ethnic and Racial Studies, 18* (3), 555–580.

Waldschmidt, Anne. (1998). Flexible Normalisierung oder stabile Ausgrenzung. *Soziale Probleme, 9* (1/2), 3–25.

Warzecha, Birgit. (2001). Normalität und Geschlecht in der Verhaltensdiagnostik. In Ulrike Schildmann (Hrsg.), *Normalität, Behinderung und Geschlecht. Ansätze und Perspektiven der Forschung* (S. 63–75). Opladen: Leske + Budrich.

Weber, Max. (1921/1980). *Wirtschaft und Gesellschaft* (5. Aufl.). Tübingen: Mohr.

Weber, Max. (1921/1984). *Soziologische Grundbegriffe.* Tübingen: Mohr.

Weber, Max. (1994). Open and closed relationships. In David B. Grusky (Ed.), *Social stratification: Class, race, and gender in sociological perspective* (pp. 126–129). Boulder, CO: Westview Press.

Wegener, Bernd. (1989). Vom Nutzen entfernter Bekannter. *Kölner Zeitschrift für Soziologie und Sozialpsychologie, 41*, 270–297.

Weinkopf, Claudia. (2000). Von der Dienstleistungslücke zu neuen intelligenten Arbeitsformen? Strategien zur Ausweitung der Dienstleistungsbeschäftigung. In Claus Schäfer (Hrsg.), *Geringere Löhne – mehr Beschäftigung? Niedriglohn-Politik* (S. 267–292). Hamburg: VSA-Verlag.

Weiss, Andrew. (1995). Human capital vs. signalling explanations of wages. *Journal of Economic Perspectives, 9* (4), 133–154.

Wesolowski, Wlodzimierz, & Mach, Bogdan W. (1985). Die unerfüllten Systemfunktionen sozialer Mobilität in einer sozialistischen Gesellschaft. In Hermann Strasser & John H. Goldthorpe (Hrsg.), *Die Analyse sozialer Ungleichheit: Kontinuität, Erneuerung, Innovation* (S. 205–237). Opladen: Westdeutscher Verlag.

Weymann, Ansgar, Mader, Wilhelm, Dieterich, Ingeborg, & Dahms, Wilhelm. (1980). *Der Hauptschulabschluß in der Weiterbildung.* Paderborn: Schöningh.

White, Harrison. (1970). *Chains of opportunity: System models of mobility in organizations.* Cambridge, MA: Harvard University Press.

White, Harrison C., Boorman, Scott A., & Breiger, Ronald L. (1976). Social structure from multiple networks. *American Journal of Sociology, 81* (4), 730–780.

Wial, Howard. (1991). Getting a good job: Mobility in a segmented labor market. *Industrial Relations, 30* (3), 396–416.

Wiethold, Franziska. (1981). Sinn und Unsinn von Berufsvorbereitungsmaßnahmen. *WSI-Mitteilungen, 34* (12), 717–726.

Wilensky, Harold L. (1960). Work, careers, and social integration. *International Social Science Journal, 12* (4), 543–560.

Willand, Hartmut. (1987). Zur Ausbildungs- und Beschäftigungssituation Jugendlicher mit niedrigem schulischen Qualifikationsniveau. *Didaktik der Berufs- und Arbeitswelt, 6* (3–4), 43–67.

Williams, Robin M., Jr. (1994). The sociology of ethnic conflicts. *Annual Review of Sociology, 20*, 49–79.

Williamson, Oliver E. (1975). *Markets and hierarchies.* New York: Free Press.

Williamson, Oliver E. (1985). *The economic institutions of capitalism.* New York: Free Press.

Wilson, William Julius. (1990). *The truly disadvantaged: The inner city, the underclass, and public policy.* Chicago: University of Chicago Press.

Wilson, William Julius. (1994). The declining significance of race: Blacks and changing American institutions. In David B. Grusky (Ed.), *Social stratification: Class, race, and gender in sociological perspective* (pp. 520–531). Boulder, CO: Westview Press.

Witt, Frank, & Zydorek, Christoph. (2000). *Informations- und Kommunikationstechnologien – Beschäftigung, Arbeitsformen und Umweltschutz.* Berlin: Wissenschaftszentrum Berlin für Sozialforschung (WZB Discussion Papers 00-501).

Witte, James C., & Kalleberg, Arne L. (1995). Matching training and jobs: The fit between vocational education and employment in the German labor market. *European Sociological Review, 11* (3), 293–315.

Witzel, Andreas, Helling, Vera, & Mönnich, Ingo. (1996). Die Statuspassage in den Beruf als Prozeß der Reproduktion sozialer Ungleichheit. In Axel Bolder, Walter R. Heinz, & Klaus Rodax (Hrsg.), *Jahrbuch Bildung und Arbeit* (S. 170–187). Opladen: Leske + Budrich.

Wolbers, Maarten, de Graaf, Paul H., & Ultee, Wout C. (2001). Trends in the occupational returns to educational credentials in the Dutch labor market: Changes in structures or in the association? *Acta Sociologica, 44* (1), 5–19.

Wright, Erik Olin. (1989). Inequality. In John Eatwell, Murray Milgate, & Peter Newman (Eds.), *Social economics* (pp. 156–164). New York: Norton.

Wright, Erik Olin. (1999). *Metatheoretical foundations of Charles Tilly's „durable inequality"*. Revised version of the paper presented at the sociological science history conference, Chicago, November 20–23, 1998. <http://www.ssc.wisc.edu/~wright/Tilly.PDF> (10.03.2000)

Wright, Erik Olin, & Perrone, Luca. (1977). Marxist class categories and income inequality. *American Sociological Review, 42* (1), 32–55.

Young, Michael. (1958). *The rise of the meritocracy, 1870–2033: An essay on education and equality.* Harmondsworth: Penguin.

Young, Michael. (1994). Meritocracy revisited. *Society, 31* (6), 87–89.

FachZeitschriften in den Budrich-Verlagen

Erziehungswissenschaft
Mitteilungsblatt der Deutschen Gesellschaft für Erziehungswissenschaft

Erziehungswissenschaft ist das offizielle Mitteilungsblatt der Deutschen Gesellschaft für Erziehungswissenschaft. Die Zeitschrift trägt den Informationsaustausch innerhalb der Gesellschaft und fördert die Diskussion über die Entwicklung des Faches.

femina politica
Zeitschrift für feministische Politik-Wissenschaft

femina politica ist die einzige Zeitschrift für feministische Politik-Wissenschaft im deutschsprachigen Raum. Sie wendet sich an politisch und politikwissenschaftlich Arbeitende, die den Gender-Aspekt bei ihrer Arbeit berücksichtigen. *femina politica* analysiert und kommentiert tagespolitische und politikwissenschaftliche Themen aus feministischer Perspektive, berichtet über Forschungsergebnisse, Projekte, Tagungen und einschlägige Neuerscheinungen.

Freiburger GeschlechterStudien

Budrich UniPress
Herausgegeben vom Zentrum für Anthropologie und Gender Studies (ZAG)
Die *Freiburger GeschlechterStudien* sind eine interdisziplinäre Zeitschrift im Bereich der Geschlechterforschung. Sie ermöglichen einerseits forschenden, lehrenden und studierenden Genderinteressierten den Blick über den Tellerrand des eigenen Fachbereichs hinaus. Andererseits fördern sie eine vertiefte Auseinandersetzung außeruniversitär Interessierter mit der Geschlechterthematik.

FachZeitschriften in den Budrich-Verlagen

Gender
Zeitschrift für Geschlecht, Kultur und Gesellschaft

Gender ist eine neue Zeitschrift, die sich der Frauen- und Geschlechterforschung aus interdisziplinärer sozial- und kulturwissenschaftlicher Perspektive nähert. Forschung, Theorie und Praxis finden hier ein prominentes Forum.

Gesellschaft. Wirtschaft. Politik (GWP)
Sozialwissenschaften für politische Bildung

GWP ist die älteste Fachzeitschrift in der Bundesrepublik für Studium und Praxis des sozialwissenschaftlichen Unterrichts. Als sozialwissenschaftliches Magazin ist sie der Aktualität wie dem Grundsätzlichen verpflichtet, der sorgfältigen Fundierung wie der lebendig wechselnden Stilistik.
GWP finden Sie im Internet unter www.gwp-pb.de

Pädagogische Korrespondenz

Budrich UniPress
Die Zeitschrift ist der „kritischen Zeitdiagnose in Pädagogik und Gesellschaft" verpflichtet. Herausgegeben vom Institut für Pädagogik und Gesellschaft e.V., Münster

Spirale der Zeit – Spiral of Time
Frauengeschichte sichtbar machen –
Making Women's History visible

Die zweisprachige Zeitschrift erzählt anschaulich unsere Geschichte von ihren Anfängen bis zu unserer Gegenwart neu. Mit dieser umfassenderen Sicht begegnet die Zeitschrift der bildungspolitischen Herausforderung an eine geschlechtergerechte Vermittlung von Geschichte in Schulen und öffentlichen Einrichtungen als Voraussetzung für eine geschlechterdemokratische Politik.